中牟年鉴

2015

中牟县人民政府　主办
中牟县地方志办公室　编

中州古籍出版社

图书在版编目（CIP）数据

中牟年鉴．2015/中牟县地方志办公室编．—郑州：中州古籍出版社，2016.2

ISBN 978-7-5348-5972-4

Ⅰ．①中…　Ⅱ．①中…　Ⅲ．①中牟县—2015—年鉴　Ⅳ．①Z526.14

中国版本图书馆CIP数据核字（2016）第039201号

责任编辑：谢晓敏

责任校对：徐　园

出 版 社：中州古籍出版社

（地址：郑州市经五路66号　邮政编码：450002）

发行单位：新华书店

承印单位：郑州方志印务有限公司　（0371—67811485）

开　　本：889mm×1194mm　1/16　　**印　　张**：31.75

字　　数：850千字　　**印　　数**：1—1600册

版　　次：2016年2月第1版　　**印　　次**：2016年2月第1次印刷

定　价：268.00元

本书如有印装质量问题，由承印厂负责调换。

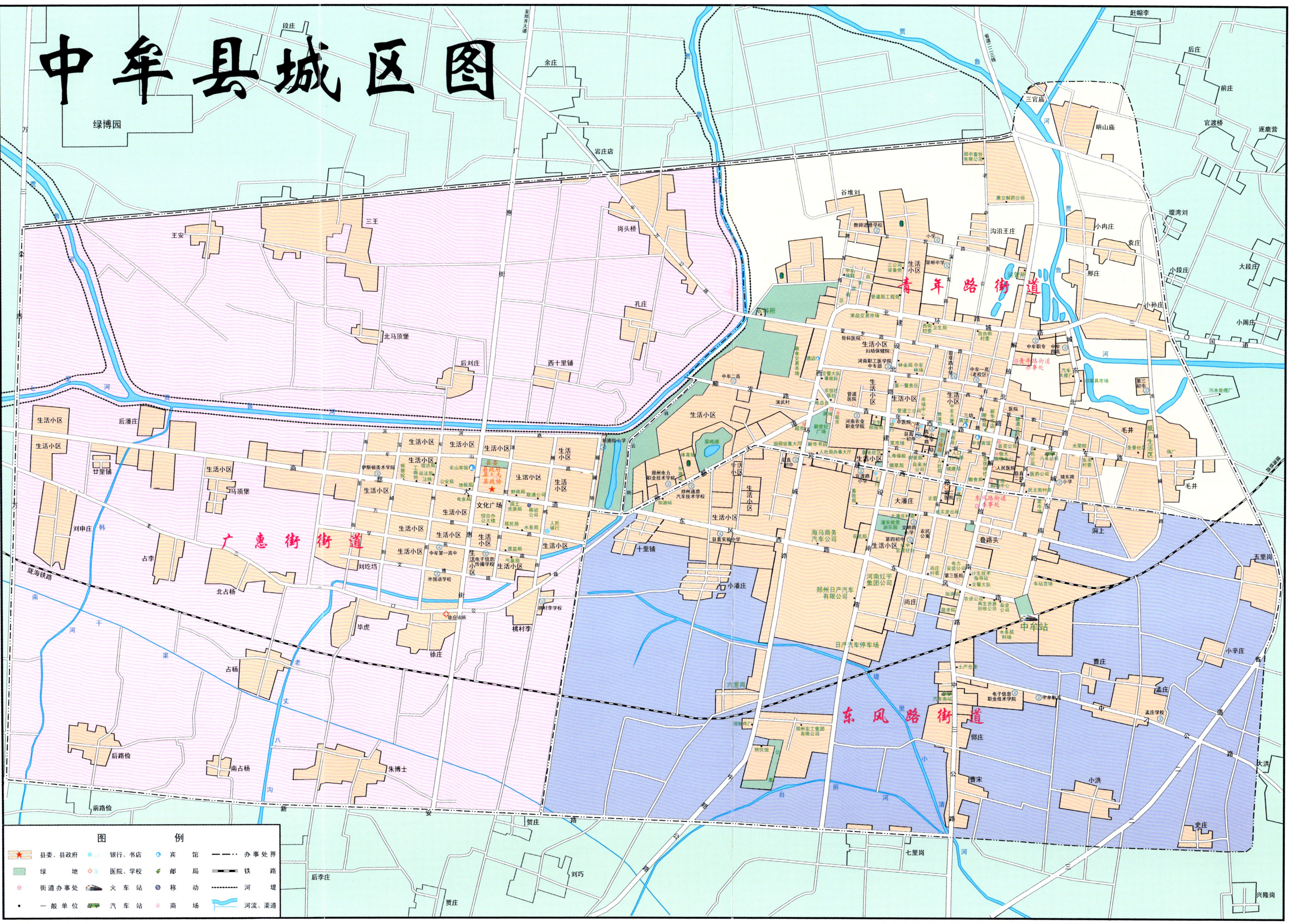
中牟县城区图
青年路街道
东风路街道
广惠街街道
中牟站
文化广场
陇海铁路
绿博园
段庄
余庄
岩店庄
三王
王安
岗头桥
孔庄
北马顶堡
后刘庄
西十里铺
后潘庄
廿里铺
马顶堡
刘申庄
占李
北占杨
占杨
毕虎
徐庄
桃村李
后路岭
南占杨
朱博士
前路岭
贺庄
刘巧
后李庄
贾庄
七里岗
兴隆岗
史庄
小洪
曹宋
郭庄
孟庄
曹庄
小辛庄
五里岗
大洪
小潘庄
十里铺
大潘庄
尚庄
洞上
毛井
明山庙
三官庙
谷堆刘
沟沿王庄
小内庄
袁庄
邢庄
小孙庄
小段庄
大段庄
小周庄
堤湾刘
官渡桥
逐鹿营
前庄
后庄
赶輖李
刘圪垱
图例
县委、县政府
银行、书店
宾馆
办事处界
绿地
医院、学校
邮局
铁路
街道办事处
火车站
移动
河堤
一般单位
汽车站
商场
河流、渠道

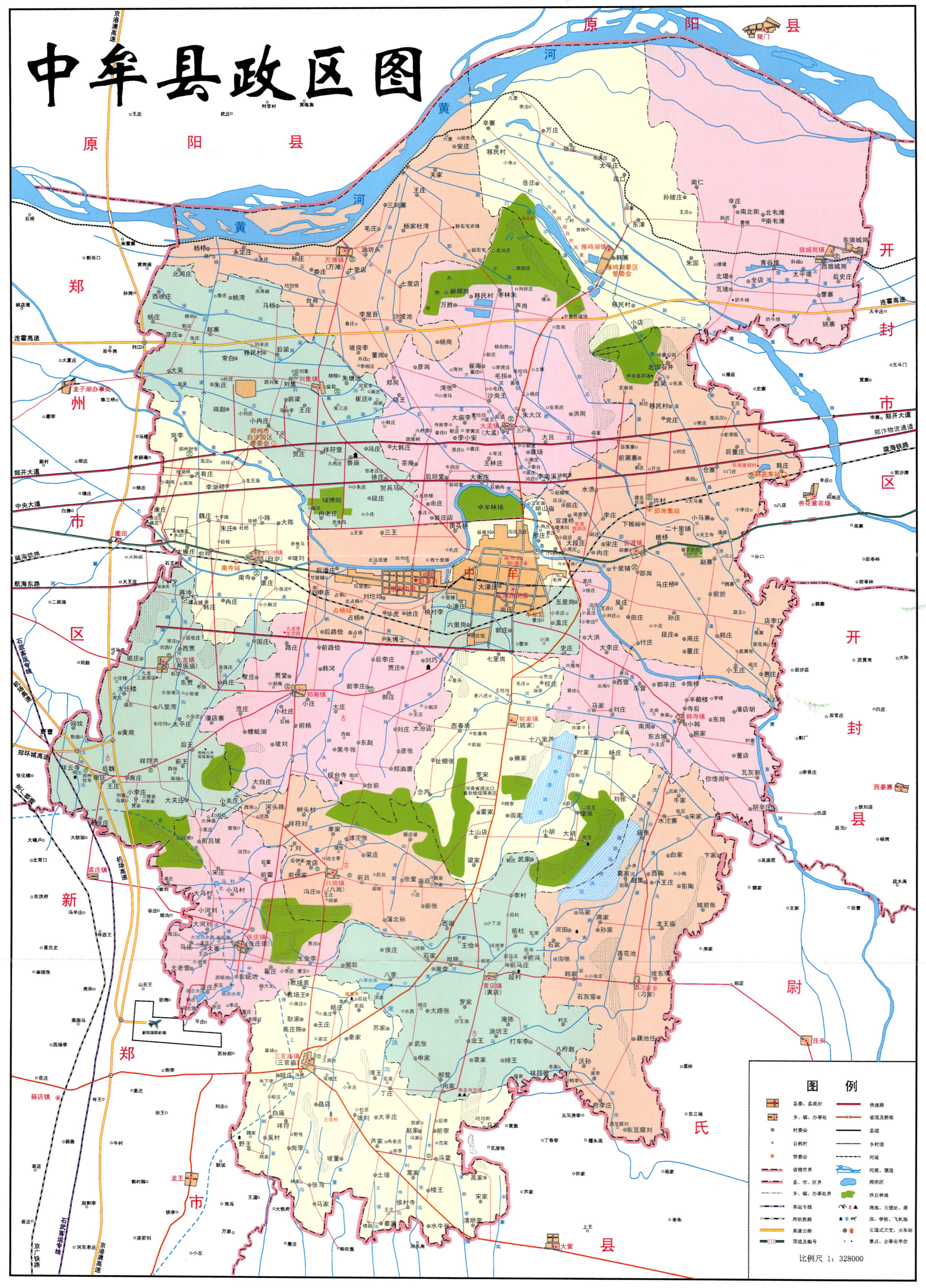

中牟县政区图
原阳县
黄河
郑州市
郑州区
开封市
开封县
尉氏县
新郑市
原阳
郑州
新郑
开封
郑开大道
连霍高速
陇海铁路
中央大道
航海东路
京港澳高速
郑州国际机场
万滩镇
刘集镇
雁鸣湖镇
狼城岗镇
大孟镇
官渡镇
白沙镇
九龙镇
郑庵镇
韩寺镇
姚家镇
八岗镇
张庄镇
黄店镇
刁家乡
三官庙镇
中牟林场
东风路街道
青年路街道
广惠街街道
南寺站
中牟站
图例
县委、县政府
乡、镇、办事处
村委会
自然村
管委会
省辖市界
县、市、区界
乡、镇、办事处界
客运专线
准轨铁路
高速公路
国道及编号
快速路
省道及桥梁
县道
乡村道
河堤
河流、湖泊
湿地
沙丘林地
比例尺 1：328000

《中牟年鉴》编纂委员会

《中牟年鉴》编辑部

数字中牟·2014

中牟县辖：1 个乡，10 个镇，3 个街道，439 个自然村、273 个行政村和 11 个社区

总面积：1406 平方公里（含托管区域）

其中，耕地 74699.03 公顷

县城建成区面积：20 平方公里

年末常住人口：471892 人

其中，城镇人口：189559 人

城镇化率 40.17%

地区生产总值：242.9 亿元

第一产业增加值：22.9 亿元

第二产业增加值：135.0 亿元

工业增加值：114.5 亿元

第三产业增加值：85.0 亿元

第一、二、三产业构成：9.4∶55.6∶35.0

地方公共财政预算收入：31.7 亿元

财政一般预算支出：50.7 亿元

固定资产投资：273.4 亿元

社会消费品零售总额：80.0 亿元

出口总值：10883 万美元

实际使用外商直接投资：5235 万美元

房屋新开工面积：53 万平方米

商品房销售面积：39.4 万平方米

货物运输量：2720 万吨

旅客运输量：1387 万人次

接待游客：584.06 万人次

旅游业总收入：55.46 亿元

实施科技项目：55 项

专利申请量：305 项

专利授权量：119 项

普通中小学在校生：91214 人

卫生职业机构床位：2959 张

卫生技术人员：2347 人

全社会供电量：184187 万千瓦小时

金融机构各项存款余额：272.7 亿元

金融机构各项贷款余额：148.6 亿元

城乡居民储蓄存款余额：183.3 亿元

城镇居民人均可支配收入：22724 元

农村居民人均纯收入：13849 元

空气质量优良天数：280 天

荣誉中牟 · 2014

⊙中牟县经国务院教育督导委员会验收，成为国家义务教育发展基本均衡县

⊙中牟县通过国家爱卫办期满复验，再获国家卫生县城称号

⊙中牟县被中国科协评为“2011—2015”全国科普示范县

⊙中牟县被河南省委、河南省人民政府授予2014年度省信访工作先进县称号

⊙中牟县连续第23年获得河南省人民政府颁发的“红旗渠精神杯”

⊙中牟县委办公室被评为河南省政策研究先进单位、河南省党委系统信息工作先进集体、河南省保密工作先进单位

⊙中牟县纪委监察局被河南省人民政府评为河南省政风行风评议组织工作先进单位

⊙中牟县人民政府办公室被河南省人民政府评为2014年度全省政府系统政务信息工作先进单位

⊙中牟县卫生局被国家卫生和计划生育委员会评为全国疾病控制先进集体

⊙中牟县公安局经侦大队被公安部经济犯罪侦查局授予全国县级公安机关三级经侦大队称号，刑事科学技术室被公安部评为全国示范刑事科学技术室，刑侦大队被评为全省优秀公安基层单位

⊙郑州现代农业示范区被农业部和共青团中央联合确定为全国青少年农业科普示范基地

⊙中牟县政务服务中心被国家标准化管理委员会确定为国家级服务业标准化试点单位，成为全省第一家县级“全国试点”单位。

⊙中牟县民政局被中共河南省委宣传部评为全省先进基层党校

⊙中牟县城乡建设局被河南省人民政府评为2014年度全省商务中心区和特色商业区发展先进单位

⊙中牟县城乡建设局、教育体育局、食品药品监督管理局、国税局、气象局、青年路街道办事处被河南省委、河南省人民政府授予省级文明单位荣誉称号

⊙中牟汽车产业集聚区被河南省人民政府评为河南省一星级产业集聚区

⊙中牟县人力资源和社会保障局被河南省人民政府评为2014年度河南省城乡居民养老保险

荣誉中牟·2014

工作先进单位

⊙中牟县商务局被河南省人民政府授予省对外开放先进单位称号

⊙中牟县畜牧局被河南省人民政府评为河南省畜牧系统先进集体

⊙中牟县城乡规划局被河南省住房和建设厅授予全省村镇规划建设先进单位称号

⊙中牟县交通运输局被河南省交通运输厅评为省好路杯竞赛“金杯县”

⊙中牟县教育体育局被河南省体育局授予河南省全民健身活动先进单位称号，被河南省老年人体育协会授予河南省老年人体育工作先进单位称号

⊙中牟县机关事务管理局被河南省委省政府机关事务管理局、河南省发展和改革委员会、河南省财政厅联合授予 省级公共机构节能示范单位称号

⊙中牟县财政局被河南省财政厅评为财政总决算工作先进单位和市县部门决算编审工作先进单位

⊙中牟县财政国库集中收付中心被河南省共青团委授予河南省青年文明号、河南省五四红旗团支部称号

⊙中牟县土壤肥料工作站被河南省土壤肥料工作站评为 2014 年全省土肥系统工作先进单位

⊙中牟县粮食局被河南省粮食局评为 2014 年度全省粮食流通监督检查工作先进单位、粮食储粮“一符四无”活动先进单位

⊙中牟国家级中心测报点被河南省林业厅评为全省林业有害生物监测预报先进中心测报点

⊙中牟国有林场被河南省爱卫会命名为省级卫生先进单位

⊙中牟县邮政局被河南省邮政公司、河南省邮政工会授予 2014 年度优秀企业

⊙中牟县盐务管理局被河南省盐务管理局评为食盐专营先进单位

⊙中牟县供电公司连续第五次被中华全国总工会和国家安全生产监督管理总局联合授予全国“安康杯”竞赛优胜单位称号，被河南省质量技术监督局授予河南省诚信计量示范单位称号，被河南省总工会、河南省教育厅授予金秋助学捐资先进单位称号

⊙方特欢乐世界被全国旅游景区质量等级评定委员会确定为国家 4A 级旅游景区

荣誉中牟·2014

⊙郑州绿博园被河南省委授予省级文明景区称号

⊙河南万邦国际农产品物流股份有限公司被商务部授予商贸流通业典型统计调查企业称号，被中国市场协会批发市场发展委员授予全国转型升级示范市场称号，被全国城市农贸中心联合会评为2014年度全国农产品批发市场行业（综合类）十强市场，被河南省农业厅评为2014年度河南省农业信息采集工作先进单位

⊙管道三公司中亚A、B线工程获中国施工管理协会颁发的全国优质工程金质奖，中贵3标段工程获中国工程建设焊接协会颁发的全国优秀焊接工程一等奖、中国质量协会石油分会授予的2014年度石油工业用户满意建筑工程称号，西二线鲁山压气站获中国安装协会颁发的中国安装工程优质奖，长呼管道工程获中国工程建设焊接协会授予的全国优秀焊接工程称号

⊙郑州日产公司获科学技术部火炬高新技术产业开发中心颁发的国家火炬计划重点高新技术企业证书，获河南省工业和信息化厅、河南省财政厅授予的河南省技术创新示范企业称号，获河南省信用建设促进会、河南省企业信用评审委员会办公室授予的河南省信用建设示范单位称号

⊙郑州东工实业有限公司获得河南省2014年度质量兴企、科技创新优秀企业，河南省安全生产标准化二级企业（机械）称号

⊙中牟河务局牟山公司被河南省安全生产监督管理局评为安全生产示范单位，被河南省信用建设促进会和河南省企业评审委员会评为河南省信用建设示范单位

⊙河南红宇集团被河南省国防科学技术工业局评为河南省国防科技工业统计工作先进单位、河南国防科技工业职业教育先进单位

⊙河南农业职业学院被评为全国职业教育先进单位、2012—2014年度河南省文明标兵学校

⊙青年路街道办事处被中华全国总工会评为全国百家示范乡镇（街道）工会，被河南省总工会、河南省安全生产监督管理局评为河南省“安康杯”竞赛优胜单位；青年路街道党校被中共河南省委宣传部评为全省示范基层党校

⊙青年路街道东关村被河南省爱国卫生运动委员会评为省级卫生村

2014 年 3 月 17 日，中共中央总书记习近平在兰考焦裕禄纪念园亲切接见前来参观学习的中牟县干部

2014 年 6 月 5 日，河南省委书记、河南省人大常委会主任郭庚茂（左四）调研中牟县畜牧业发展情况

2014 年 6 月 5 日，河南省委书记、河南省人大常委会主任郭庚茂（前中）到中牟·国家农业公园调研现代农业生产情况

2014 年 2 月 26 日，河南省委常委、省纪委书记尹晋华（前中）到中牟·国家农业公园调研

◀ 2014年4月20日，河南省委常委、郑州市委书记吴天君（前中）参观中牟县首届农业嘉年华场馆

▶ 2014年9月24日，原河南省人大常委会主任任克礼（右三）到姚家镇弘亿庄园调研

◀ 2014年6月11日，郑州市人大常委会主任白红战（前中）到万邦国际农产品物流城视察

重要会议 >>>>

▶ 2014年2月12日至15日，中牟县第十三届人大第三次会议召开

◀ 2014年8月5日，中牟县第十三届人大第四次会议开幕

▶ 2014年2月12日至14日，中牟县第九届政协第三次会议召开

重要会议 >>>>

◀ 2014 年 3 月 10 日，中牟县党的群众路线教育实践活动动员大会召开

▶ 2014 年 4 月 3 日，中牟县新型城镇化建设 2014 年第 1 次观摩讲评会召开

◀ 2014 年 4 月 30 日，中牟县庆祝“五一”国际劳动节暨劳动模范（先进工作者）表彰大会召开

2014年9月9日，中牟县庆祝第三十个教师节暨表彰大会召开

2014年10月11日，第六届“中牟县十大杰出(优秀)青年”表彰会召开

2014年3月22日，中共中牟县第十一届纪律检查委员会第四次全体（扩大）会议召开

农历除夕，中牟县四大班子领导到中牟电视台慰问值班工作人员

2014 年 7 月 10 日，中牟县委书记路红卫，县委副书记、代县长潘开名，县委副书记楚惠东实地察看社区建设情况

▶ 2014 年 3 月 31 日，中牟县委书记路红卫到雁鸣湖镇九堡村调研党的群众路线教育实践活动开展情况

◀ 2014 年 6 月 24 日，中牟县委书记路红卫等领导察看城乡路网建设情况

▶ 2014 年 3 月 2 日，中牟县委书记路红卫参加首届农业嘉年华活动工作推进会

政务活动 >>>>

▶ 2014 年 7 月 9 日，中牟县代县长潘开名到九堡控导工程察看黄河防汛工作

◀ 2014 年 7 月 22 日，中牟县代县长潘开名代表县政府与绿博文化产业园区规划设计专业园区项目方签约

▼ 2014 年 9 月 25 日，中牟县县长潘开名等领导察看解放路特色商业街区二期拆迁工作进展情况

▶ 2014 年 3 月 3 日，中牟县委副书记楚惠东等领导调研中牟·国家农业公园建设情况

▶ 2014 年 3 月 18 日，中牟县委副书记楚惠东调研雁鸣湖镇社区建设情况

▶ 2014 年 5 月 24 日，中牟县人大常委会主任刘玉玲等视察县重点工作进展情况

▶ 2014 年 11 月 14 日，中牟县人大常委会主任刘玉玲等视察狼城岗镇姚砦社区道路建设情况

◀ 2014 年 6 月 25 日，中牟县政协主席李延中等视察全县快速路网建设情况

▶ 2014 年 2 月 7 日，中牟县政协主席李延中走访慰问青年路街道贫困家庭

◀ 2014 年 5 月 22 日，中牟县委常委、县纪委书记张永宪在东风路街道史庄村调研

▶ 2014 年 3 月 31 日，中牟县委常委、常务副县长李文岭到县行政服务中心调研

◀ 2014 年 11 月 24 日，中牟县委常委、县委办公室主任张书勤陪同省科技厅领导到中牟农业科技园区调研

◀ 2014年4月1日，中牟县委常委、统战部部长王兴林深入企业调研党的群众路线教育实践活动开展情况

▶ 2014年9月28日，中牟县委常委、政法委书记李晓亮到基层调研平安建设工作

◀ 2014年8月1日，中牟县委常委、组织部部长王朝杰察看绿博园区道路建设情况

中牟县解放路城中村改造安置房项目开工奠基

解放路地下人行通道浇筑施工现场

文通路铁路立交桥建成通车

新型城镇化建设 >>>>

潘安园

四牟园

城乡路网建设（中牟汽车产业集聚区内）

贾鲁河生态治理工程·河面

贾鲁河生态治理工程·堤岸

新型城镇化建设 >>>>

中牟县人民政府与中房联合集团举行姚家镇综合开发建设项目合作框架协议签约仪式

姚家镇小胡社区即将建成（王书堂　摄）

在建的绿博 1 号安置区

广惠街生态廊道

郑庵镇春晖社区

雁鸣湖镇镇区社区东村

雁鸣湖镇韩寨社区群众抽签选房现场

雁鸣湖镇镇区社区天然气入户开通

园区建设 >>>>

万邦名车汇等 7 个项目在中牟汽车产业集聚区集中开工奠基

在建的中牟汽车产业集聚区污水处理厂

日本客商参观考察中牟汽车产业集聚区建设

郑州日产新车上市

郑州日产 20 万产能扩建项目涂装车间建成

红宇集团承建的日本和歌山冷库工程竣工

美国客商对东工公司 CS 电动车进行 DOT 认证

海马商务汽车焊接车间

园区建设 >>>>

华夏历史文明传承创新示范区（五、六期）项目正式签约

凤凰国际文化产业园项目签约

深圳怡亚通项目动工奠基

郑州至开封城际铁路绿博园站建成

建成的新城大道

平安大道铺油现场

方特水上乐园开业迎宾

园区建设 >>>>

● 辅仁药业集团熙德隆肿瘤药品项目在官渡工业园区奠基

● 智利客商马里奥．费南蒂诺（左二）到万邦市场考察，并洽谈智利水产、海鲜在此销售事宜

● 万邦海鲜、淡水鱼、冻品区交易区开业

● 万邦果蔬交易区

中牟·国家农业公园建设鸟瞰图

首届郑州中牟·国家农业公园嘉年华开幕

嘉年华场馆——精品农业会展馆

农业成果展示

嘉年华场馆景观小品——繁荣树

嘉年华场馆——水培种植科普展馆

名优花卉——百合种植基地

中牟县举办“网格大讲堂”

《中牟网格》走进村（社区）活动现场

举办以网格化管理为主题的演讲比赛

网格下沉人员联合执法取缔非法生产企业

中牟县第六初中建成并投入使用

郑州市第二届师德巡回报告会在中牟一高举行

中牟县第三届运动会暨首届全民健身大会开幕

▶ 法国农业部食品、农业及农村事务总参事法布里斯·德雷弗斯和法国农业部农业教育监察长弗兰克·拉普雷参观河南农业职业学院校史馆

◀ 易斯顿美术学院接待美国一大学代表团来访

▶ 气象科普园在中牟·国家农业公园嘉年华活动期间开园

中牟县庆祝建国 65 周年书画摄影展开幕（王泉水　摄）

中牟县书法家们到大孟镇王林庄村为村民义写春联（王泉水　摄）

市级非物质文化遗产面塑传承人校艳坡为小朋友制作糖画

唱响中牟电视歌手大赛现场

管道三公司录制管道铁军《小苹果》MV（孙亚珂　摄）

第 14 届雁鸣湖大闸蟹美食文化节开幕

中牟县委书记路红卫到雁鸣湖镇九堡村走访慰问困难群众

“六一”前夕，中牟县领导与姚家镇春岗幼儿园小朋友欢度节日

中牟县在“郑州慈善日”，举办慈善捐赠活动

中牟县卫生局组织医疗专家到雁鸣湖镇九堡村义诊

中牟县政务服务中心到大孟镇岳吴庄村开展送行政服务活动

中牟县供电公司青年志愿者深入留守老人家里讲解安全用电常识

编辑说明

一、《中牟年鉴》是在中共中牟县委领导下，由中牟县人民政府主办，中牟县地方志办公室(《中牟年鉴》编辑部)承办的地方性综合年鉴。该鉴2009年创刊，每年出版一卷。《中牟年鉴》（2015）是创刊以来出版的第5卷。

二、《中牟年鉴》（2015）全面系统记载2014年中牟县自然、政治、经济、文化和社会发展的主要情况，为机关、企事业单位等组织以及外来投资者和社会各界人士了解中牟、研究中牟、建设中牟提供丰富翔实的地情资料。

三、《中牟年鉴》采用条目体和分类编辑法，记述内容按类目、分目、条目三个层次排列。条目是全书的基本记述单位，以黑体字外加【 】排版显示。

四、《中牟年鉴》(2015)共设26个类目，依次是特载、大事记、县情概要、“三大主体”工作、中国共产党、人民代表大会、人民政府、人民政协、群众团体与工商联、国防建设、法制、农业和农村工作、工业和信息化、商贸服务业、交通通信、城乡建设环境保护、银行保险业、经济管理与监督、教育体育、科技气象、文化旅游、卫生、社会生活、乡镇（街道）概况、人物、附录。全书除文字内容外，还收录反映领导活动、部门工作、行业发展、城乡新貌、重要成绩等方面的照片。

五、《中牟年鉴》所辑录的内容由县直各单位、各乡镇（街道）及部分驻县单位提供和审核，资料真实可靠。有些数据由于统计方法、统计口径、资料来源及使用角度的不同可能不尽一致。在引用本书的相关数据时，请以统计数据为准，如果无统计数据，以相关部门数据为准。

六、《中牟年鉴》在编纂出版过程中得到全县各级领导的关心及各乡镇（街道）、各部门、各单位的大力支持与协助，各单位资料收集和初稿撰写人员付出了艰辛努力，特在此一并表示衷心的感谢。本卷《中牟年鉴》中的疏漏和错误之处，敬请读者批评指正。

目　录

特　载

大事记

县情概要

“三大主体”工作

中国共产党

人民代表大会

人民政府

人民政协

群众团体与工商联

国防建设

法 制

农业和农村工作

工业和信息化

商贸服务业

交通　通信

城乡建设　环境保护

银行保险业

经济管理与监督

教育　体育

科技　气象

文化　旅游

卫　生

社会生活

乡镇（街道）概况

人　物

附　录

特　载

在县委十一届八次全体（扩大）会议上的讲话

（2014年7月21日）

中共中牟县委书记　路红卫

同志们：

刚才，潘县长全面传达了市委十届九次全体（扩大）会议的精神。这次市委全会以“开放创新”为主题，先考察后开会，全面总结了郑州都市区三年行动计划实施以来的工作理念、工作思路、工作措施和工作成效，对比宁苏杭客观分析了存在的问题、不足和面临的形势，并就如何做好下半年的工作、完成好三年行动计划提出了明确要求，特别是吴书记、马市长的讲话对近年来工作经验的总结既有理论高度又有具体实践，是近年来对郑州工作比较系统、比较全面的梳理和归纳。大家一定要认真学习和领会好这次会议的精神实质，切实把思想统一到市委、市政府的各项决策部署上来，结合中牟的实际，认真抓好各项工作部署的贯彻落实。下面，围绕这个主题讲以下几个方面：

一、正确看待、客观分析今年以来的工作

今年以来，在市委、市政府的正确领导下，我们以“三大主体工作”为统揽，以“建设都市型田园城市”为目标，以“四个体系”建设为路径，认真贯彻落实“抓改革、强投资、调结构、求提升”总要求，全县经济社会保持了持续健康稳定发展的良好态势。一是主要经济指标稳中有增。上半年全县地区生产总值完成110亿元，同比增长8%；固定资产投资完成130亿元，同比增长23%；地方财政总收入完成25.6亿元，同比增长22.5%；地方公共财政预算收入完成18.5亿元，同比增长13.9%，收入规模在郑州市六县（市）和全省均位居第二位，其中，税收收入完成11.8亿元，同比增长16%，占公共财政预算收入的63.6%；全县金融机构各项存款余额为266.1亿元，比年初增长14.7%，贷款余额为138.2亿元，比年初增长13.5%。二是新型城镇化建设稳步推进。按照新型城镇化建设三年行动计划，以交通道路为先导，从轰轰烈烈到扎扎实实，从全面开花到突出重点，基础设施、产业项目、生态建设、水系建设、农村社区等各项工作有序推进、有力展开，上半年全县新型城镇化建设投资达到近百亿元，从总量上看，在全市位列前三位，各项工作基本达到两年半时间节点的要求。三是现代产业体系构建取得重大突破。汽车产业形成了“21+50”（平方公里）基本谋划到位、规划到位，正在按照吴书记5月9日视察中牟时的指示要求，以国际化、全球化的视野进一步提高谋划深度和规划水平，特别是随着比克项目的入驻实施、日产扩能的顺利推进，应该说中牟的汽车产业已经进入“量”“质”并重、转型升级的发展阶段。华强项目水世界顺利开园、梦幻王国加快推进、三期拆迁全面完成，比高集团、韩国产业园等大项目、好项目纷至沓来，以绿博园区为核心，总投资240亿元的华夏历史文明传承创新示范区深度启动，正在向着吴书记提出的“打造国际化、现代化时尚创意文化旅游新城”的目标迈进；以基础设施建设为带动的官渡工业园，主体框架加快构建，承载能力不断增强；众多龙头项目带动的都市型现代农业已经破题，以中牟·国家农业公园首届农业嘉年华的成功举办为标志，中牟现代农业成效初显。四是以网格化为载体依靠群众推进工作落实长效机制运行良好。与党的群众路线教育实践活动相结合，一大批群众关心的热点难点问题得到有效化解。同时，不断加大惠民力度，群众生活持续改善，经济建设、政治建设、文化建设、社会建设和生态文明建设进一步加强，社会稳定，政通人和。

在肯定成绩的同时，我们也要清醒地看到，由于受到区划调整等诸多不利因素的影响，全县经济下行压力明显变大，主要经济指标增速持续回落，有的甚至排名靠后：生产总值、第二产业增加值、第三产业增加值、地方公共预算收入、社会消费品零售总额、固定资产投资、规模以上工业增加值、出口总值、实际利用外资、农民人均现金收入等10项指标位于全市后三位，其中，生产总值、第三产业增加值、规模以上工业增加值、农民人均现金收入等4项指标的增速在全市排名最后一位；出口总值、实际利用外资甚至出现60%以上的负增长。分析原因，我认为有以下几个方面的原因。一是产业结构调整缓慢。第一产业比重与郑州其他县（市）区相比仍然偏高，第二产业增速较慢，汽车产业仍然一业独大，第三产业结构仍不合理，房地产、餐饮等传统服务业比重较大，金融、电子商务等现代服务业规模较小，时尚文化旅游产业有待进一步培育和提升。二是政府投资项目进展相对缓慢。2014年政府投资建设项目89个，目前开工项目38个，投资额占年度计划的25%，受土地指标、环评、建设资金等因素影响，尚有51个政府性投资项目没有开工。三是重点项目入库缓慢。截至6月底，全县有投资进度的项目139个，占全年项目总数的65.9%；实际开工建设项目106个，比去年同期减少14个；已入库的投资项目72个，比去年同期减少2个；未入库项目34个，比去年同期减少12个。四是融资压力不断加大。中央对政府融资进行了规范和严格限制，缩小了融资范围，减少了融资主体，融资难度进一步加大。一些融资项目借款协议虽已签订，因现有可用抵押物不足，导致资金无法到位。五是各产业园区功能集合构建有待进一步加强。产业层次不高、产业布局不合理、基础设施和配套服务设施建设不完善；投融资、土地整理、人力资源、公共服务、主导产业培育、科技创新等平台建设相对滞后；个别项目建设和产业发展存在“散、乱”现象，产业结构上仍存在趋同化、低档化现象，尚未形成专业化分工和上下游合作关系，产业链条发展不够完善。六是部分重大项目落地难、推进慢状况尚未根本转变；强买强卖、强装强卸和阻挠施工现象时有发生，发展环境有待进一步优化。七是部分公务人员的服务意识、工作作风、履职能力与中牟当前的发展形势还不相适应，担当意识不强，依法行政水平还需要进一步提升。这些问题，需要我们在下一步工作中认真加以改进。

二、以市委十届九次全会为指导，进一步强化措施，确保全面完成三年行动计划和全年目标任务

为全面贯彻落实市委十届九次全体（扩大）会议精神，在时间过半，任务完成情况不乐观的情况下，我们要聚焦重点、迎难而上、克难攻坚，进一步加大各项工作推进力度和落实强度，迅速扭转被动局面，全面完成三年行动计划和全年目标任务，具体来讲，就是抓好以下六个方面。

1. 抓项目建设。项目是产业发展的载体、是经济发展的抓手，我们固定资产投资的总量和增速上不去，主要原因也是因为项目少、项目小、推进慢。所以，我们要按照“续建项目抓投产、在建项目抓进度、开工项目抓保障、前期项目抓落地”的原则，切实加快项目建设。在产业项目上，一是要加大推进比克新能源汽车产业集群、日产扩能、汽车服务业博览园、方特梦幻王国、深圳怡亚通、泸州老窖中部总部基地、辅仁药业总部等在建项目的推进力度，确保年内有一批大项目投产。二是加大协调力度，搞好项目服务，加快推进华强三期、比克汉丰科技园、万邦名车汇等项目尽快开工建设。三是加大对拟签约项目的跟踪力度，争取近期能与航盛电子、比高集团等一批大项目正式签约。四是认真落实“五职招商”责任制，突出产业链条招商和产业集群聚商，注重引外和培内并举，瞄准国内外500强、行业20强等“三力”型企业，围绕三大主导产业，年底前再引进一批大项目、好项目。在新型城镇化建设项目上，一是加快推进城乡路网、县城基础设施改造提升工程等25个在建项目，确保年底前除跨年度任务外其余工程全部竣工。二是抓好解放路特色街区改造建设，确保年底前启动安置房建设。三是抓好姚家、大孟、雁鸣湖、刁家四个重点乡镇的全域城镇化工作。

2. 抓机制建立。2012年初，市委、市政府以八个专项领导小组为载体，建立了市级领导班子工作推进机制，形成了“党委统一领导、政府分工负责、四大班子通力协作”的工作局面。用吴书记的话说，取得了显著效果，作用发挥越来越好。今后郑州市推进工作也主要是依靠这八个专项工作组指导推动，但是目前我县还是原有的“10+2+1”工作领导小组，和市里八个专项工作组的架构不对应、不对口，很多工作无法衔接，不利于工作的开展和协调。为理顺工作机制，方便工作开展，县委、县政府研究近期也要根据市里的八个领导小组，成立相应的工作架构。县委办已经拿出了初步意见，修改完善后将于近期下发。希望各领导小组成立后能够按照各自分工职责，充分发挥各县级领导班子成员的工作积极性、主动性、创造性和统筹协调作用，尽快建立完善“责权明晰、分级负责、主动高效、督查评价”的工作推进机制。同时，各领导小组要积极行动、主动对接，围绕市定的三年行动计划和五年工作目标，尽快理清当前各自的工作重点、目标任务和时间节点，提前谋划、制订方案、研究措施。

3. 抓园区发展。产业园区是经济建设的主战场，我县4个园区经过近年来的持续发展已粗具规模，但是都普遍存在站位不高、谋划不深、基础设施和服务设施不全、专业技术人员不足、创新能力不强、工作效率不高等问题，直接影响园区的可持续发展。为此，一是要进一步强化顶层设计。要按照吴书记对中牟提出的“站在建设国际化、现代化的高度来谋划、提升、推动工作”的要求，进一步提高站位、开拓思路，全面提升总体规划、专项规划和详细规划，以高标准的顶层设计，促进产业发展提档升级。二是进一步加大投入。以“三年搭建架构、五年基本建成”为目标，结合四个产业集聚区各自规划和产业集群发展需要，以道路建设为先导，以高强度的投资，加快推进水、电、气、暖、排污等基础设施建设，全面提升园区承载力。三是进一步强化工作力量。要选拔一批具有专业技术、熟悉工作流程的高素质干部，充实到四个园区，强化工作力量，服务园区发展，切实解决人员少、专业技术人员更少的问题。四是进一步强化科技创新。要按照市里“完善市、县两级产业投资基金、风险投资基金、各类要素配套扶持政策的‘两基金一扶持’保障体系和以县（市）区为单位的孵化器、加速器、科技创业园‘两器一园’载体平台，建设‘产学研政资介’相结合的科技自主创新体系”的要求，加快县级平台建设，增强创新内生发展动力。近期，我们将依托比克电池，计划在汽车工业园建立一个以新能源汽车为主导的“孵化器+加速器+创业园”创新创业平台；在绿博园区，依托清华同方，通过建立规划设计专业园区，打造创新创业平台，推动形成良好的创新创业环境。五是进一步强化要素保障。加快4个园区质量检测中心、科技研发中心、信息沟通中心、人才培训中心、产品营销中心、土地整理中心等公共服务平台建设，采取节约挖潜、盘活存量、加快投融资平台建设、整合资金资源、开展劳动力定向培训、积极引进各层次人才等措施，加强土地、资金、人才要素建设，合理配置生产要素，支撑产业快速、可持续发展。

4. 抓效率提升。一是强化行政审批制度改革，提高审批效率。要以“一站式”服务，“一条龙”审批为原则，进一步研究制定办事流程优化改革方案，最大限度地压缩审批时间。二是统筹好法制部门统一把关和签批效率的关系。法制部门把关本来是要进一步降低合同的缔结的风险，但是不能因为法制部门的统一把关，而使工作效率降低，影响项目的推动。所以，我们要树立效率意识，从法制部门把关到主管领导审批、分管副县长审批、县长审批，要有一定的时间限制，不能久拖不决。三是强化要素保障效率。例如，资金拨付的效率问题，有的项目资金县长批了一两个月，但是就是不能及时拨付到位，在一些程序上浪费很多时间，所以资金的拨付一定要提高效率，县长签批以后要及时地予以拨付。同时，融资工作也要提高效率、加快速度，不能因为资金的问题影响工作。

5. 抓环境优化。环境就是竞争力，就是生产力。中牟县是发展的热土，“三区”叠加，项目会越来越多，资金会越来越多，如果我们不抓不管，不好现象任其发展的话，小问题会慢慢演变成大问题。虽然我们在不断地抓，不断地治，但问题还不断出现。坏风气的传染性反弹性是很大的。我们要下决心治理，敢抓敢管，会抓会管，常抓常管。①重拳出击。只要接到项目单位反映这方面的问题，就要着手调查，延伸调查。纪检、监察、检察机关，对人民群众、基层单位、项目单位反映的干部服务上的问题、效率上的问题、廉洁上的问题要发挥职能作用，要有作为。②发挥政法机关“刀把子”作用。政法部门要形成合力，要始终保持对犯罪分子的高压、震慑的态势，对社会上出现的那些违法违纪、堵门堵路、强装强卸、强买强卖、敲诈勒索、盗窃、聚众闹事、恶意上访，发现一起，打击一起，果断处置，不耽误时机。③治庸治懒治散。纪检优化部门不能单纯的就事说事，要防患于未然，多搞一些教育性的、防范性的工作，多搞一些警示教育，同时要重点解决少数干部能力平庸、碌碌无为、行为懒惰、得过且过、自由散漫、不守纪律等不作为、慢作为、乱作为问题。

6. 抓统筹推进。当前各项工作千头万绪，既不能面面俱到，也不能顾此失彼，要学会弹钢琴，突出重点，统筹推进。例如，新型城镇化建设，大孟、雁鸣湖、姚家、刁家四个乡镇的全域城镇化是重点，在这四个镇里，“双十”（10个社区开工达到1000户、入住达到500户）和“五个一”（5个社区开工达到500户，入住达到300户）社区是重点，当前工作拆迁是重点，拆不出来就建不起来，其他工作也会受阻。强投资的重点则是基础设施建设，年初县委、县政府把投资的大盘子定了，各个园区都是争着往自己的盘子里盛，都是嫌少，但是现在看来全县只投了几十个亿，这说明我们工作推进的速度不快、力度不大，改投的没有投到位，今后，凡是县里安排的投资项目在规定时间内开不了工，我们就考虑削减你这个园区的政府性投资项目。

同志们，实现全年各项工作目标和三年行动计划，任务艰巨、责任重大，我们要在省市党委、政府坚强领导下，以更加饱满的热情、更加振奋的精神、更加有效的措施、更加务实的作风，开拓创新、扎实工作，为建设都市型田园城市、率先实现“四个河南”作出新的更大的贡献！

（审核：董宝强　供稿：李　璠）

凝心聚力　务实求进
为建设都市型田园城市而不懈奋斗

在中牟县2013年度工作总结表彰暨2014年上半年工作推进会议上的讲话

（2014年4月4日）

中共中牟县委书记　路红卫

同志们：

今天，我们在这里召开大会，主要任务是对在2013年全县各项工作中取得突出成绩的单位和个人进行表彰奖励，对2014年上半年工作进行再安排、再部署，以资鼓励先进，激励后进，进一步树立导向，凝心聚力，推动工作再上新台阶，确保在“三年行动计划”的收官之年，夺取全面的决定性胜利！

刚才，潘县长对2013年的各项工作进行了系统的回顾总结，对2014年上半年各项工作进行了详细的安排部署，讲得很好，我完全同意，希望大家会后认真抓好贯彻落实。

下面，我围绕祝贺先进、学习先进、争做先进、服务先进谈4点意见。

一、祝贺先进

我们每年都要总结，总结都要表彰，但今年的总结和表彰又有着特别的意义。2012年5月，全市新型城镇化建设工作正式启动。两年来，经过“三大主体”工作的推动、“10+2+1”工程的实践，我们对新型城镇化、新型工业化的特点把握越来越熟悉，对难点的克服越来越得心应手，可以说越干越会干，越干越喜欢，越干越好看。

刚才，我们为新型城镇化建设、现代产业体系构建、网格化社会管理和村组干部绩效考核等10大类、522个先进单位和个人举行了隆重的颁奖仪式。其实，应该表彰的远不止这些，对于表彰，再多也不为多。这些先进单位和个人以务实的工作、骄人的成绩，为中牟县经济社会发展作出了突出贡献，是全县各条战线的先锋队，是广大干部群众的排头兵。今天，他们作为先进，光荣地接受全县人民给予的荣誉、奖赏，受之无愧、理所应当。他们的拼搏进取是中牟精神的一个缩影，也是中牟今后取得更大发展必须大力弘扬的楷模。在此，我代表县四大班子向受到表彰的单位和个人表示热烈的祝贺！向为新型城镇化建设付出艰辛努力的同志们表示诚挚的慰问！

二、学习先进

我们表彰先进，鼓励优秀，某种程度上来说，是因为这种创优秀、争先进的精神比较稀缺，这种先进、优秀的典型还比较少。以纳税企业为例，刚才我们表彰了郑州日产，去年企业纳税中的地方留成达到1.2亿元；再比如郑银村镇银行，只有几栋楼，就纳税2375万元。这些企业，在各自的领域得了先进，作了示范，是一面旗帜，更是一种精神。表彰这些企业，就是希望这类企业在中牟越来越多，越来越有竞争力。如果我们有10家、有100家像日产那样的企业，或者像郑银村镇银行一样的企业，大家面临的竞争压力肯定不会像现在这样大。如果我们的干部都像受表彰的干部那样、我们的乡镇和部门都像受表彰的乡镇和部门那样，我们的发展程度、质量和百姓的幸福指数，肯定比现在要高。

所以，我们表彰先进不仅仅是让先进者得到荣誉，更重要的是为大家树立一个榜样，通过榜样发现自身的问题和不足，进而产生学习先进、追赶先进的内在动力。从这个意义来说，我们今天的表彰会，也是一个报告会、动员会。

总结受到表彰的集体和个人，我们可以发现有3个共同特点，值得比照和学习。

1. 干的精神。去年9月份，全市新型城镇化建设现场会在中牟县召开；去年年底，我们县的新型城镇化建设工作被郑州市命名表彰；今年3月，姚家镇、大孟镇、雁鸣湖镇被郑州市评为2013年“十快”、“十强”乡镇。这些荣誉的取得，背后是艰辛的付出和“干”的精神。大家对县里安排的各项工作，能够不讨价还价，先把活儿接下来，想尽办法推进。特别是新型城镇化建设工作，时间紧、任务重、专业人员少、各项准备不足，即便在这样的情况下，县委一声令下，各乡（镇、街道）、各部门迅速跟进，将思想统一到县委、县政府的决策部署上来，发扬“一年干几年活，一人干几人活”精神，很快形成了大刀阔斧、势如破竹的工作势头。正是这种不讲条件、认真负责的“干”字精神，为中牟的大发展、大跨越提供了有力保障。比如解放路拆迁，尽管难度很大，之前多次研究，一直没有启动，但县委、县政府作出部署后，两个街道迎难而上，仅用20多天时间就实现了一期拆迁的大头落地，兄弟县市也多次组织前来学习，他们纷纷为我们农业县能用这么短的时间，完成这么重的拆迁任务感到震撼和钦佩，市委主要领导也肯定、表扬了这项工作。

2. 抢的精神。就是要争分夺秒、夙夜在公，抢抓发展机遇、狠抓工作落实，实现了工作的超常规发展。2013年，全县15项主要经济指标中，有4项在郑州市排名第一（第一产业增加值、规模以下工业增加值、建筑业增加值、地方公共财政预算收入），有3项增速排名第二（第三产业增加值、金融机构存款余额、城乡居民储蓄存款余额），有2项排名第三（农村居民人均纯收入、金融机构贷款余额）。

3. 争的精神。就是创先争优，就是以最快的速度、最高的标准，向最好的效果迈进。

①争先。无论是部门、乡镇，还是企业、村组，都树立了强烈的争先意识。比如，在村组干部职业化管理中，村级党组织在推动发展、促进和谐上事事争先，先后有48名村级党组织书记被纳入职业化管理，享受到股级干部工资待遇；比如，在对上项目争取上，以争取省重点项目为例，我们连续3年走在全省前列，2012年、2013年，我县省重点项目的总量在郑州市6县市中排名第一；今年，我县共申报重点项目79个，列入省重点项目56个，在郑州各县市中仍然最多，与10个省管县的总量持平，与18个省辖市比，仅次于郑州、洛阳、濮阳和新乡4个地方。这就是争先。

②争气。区划调整后，中牟县元气大伤，我县土地面积减少32.4%、经济总量减少49%、财政收入减少40%、建设用地指标减少78%。在这种情况下，我们提出“发达的乡镇划走了，要让剩下的乡镇都发达”的理念，全县上下拧成一股绳，勠力同心，实现了经济快速发展。去年，地方财政总收入完成39.3亿元，同比增长了41.1%；地方公共财政预算收入完成29.9亿元，同比增长了54.1%。这就是争气。

③争光。大家严格树立高标准意识，高质量推进各项工作，向高目标迈进，一些工作得到了行业和系统的最高荣誉，比如林业局拿到的全国绿化模范先进县的荣誉，还有连续23年的“红旗渠精神杯”。这个不但参与具体争先、创建工作的同志感到光彩，领导同志感到光彩，全县人民也都感到很光彩。这就是争光。

三、争当先进

尽管去年工作取得了很大成绩，但今年工作的开局并不尽如人意。从经济指标看，不够好看。初步预计，第一季度全县GDP完成48亿元，同比增长7%，低于9%的预期；地方公共财政预算收入完成9.04亿元，同比增长11.85%，但与去年54%的增速和今年15%的预期都要低得多；规模以上工业增加值完成18亿元，同比增长8%，低于10%的预期目标；固定资产投资完成29亿元，同比增长25%，刚刚达到预期目标。大家可以看，一些指标都比去前年要低得多。实际上，我们制定预期目标时，就已经充分考虑了区划调整因素、把目标降下来了，但即便如此，预期目标还是没有完成。

从观摩情况看，昨天，我们进行了全县新型城镇化建设“10 +2 +1”工程的第1次集中观摩，大家可以看到许多工程，仅有塔吊林立的形象，没有机械轰鸣的场面，进度远落后于既定目标。有些工作，比如绿化，按照既定目标，现在绿化工作应该结束了，可是直到现在，已经4月初了，这项工作仍没有完成。因此，要保持两年来中牟县好的发展势头，我们只有拿出更大的劲头，坚持方向不变，步子不乱，努力在各项工作上争先进、比高低。

1. 乡镇（街道）要在新型城镇化建设上争先进。在这方面，重点乡镇（街道）要在城镇化建设上争先进。虽然两年多的发展，我们的新型城镇化建设取得了阶段性的成绩，但是离我们“建设都市型田园城市、打造郑汴牵手的中原明珠”这样的目标距离还很远，离我们停下脚步歇一歇的时候还很远。如果我们能够抓住机遇，咬紧牙关，大干三五年，中牟的发展就将从此走上发展快车道；如果我们松弛懈怠，错过了机遇，那么我们就将回到10多年前，在郑州市永居末位。所以，我们只有继续发扬“一年干几年活、一人干几人活”的奋斗精神，继续加快路网体系、生态体系、产业体系、现代城镇体系建设，才能持续新型城镇化建设好的趋势、好的态势和好的气势，实现“保持连续性，再上新台阶”。

2. 新型城镇化建设要在入住户数上定先后。从观摩看，我们很多社区建设处于半停滞状态，大家不能因为我们这段时间不强调这项工作，就放松了要求，要按照“六通十有两集中”标准加快推进配套，要积极探索“边建设边入住”等建设模式，早日使群众住上新房，引导和带动更多的村民建房、入住。

3. 产业集聚区要在引进好的项目上见分晓。“手中有粮，遇事不慌”。产业集聚区比什么？比有没有对中牟经济社会发展影响长远的好项目、大项目，也就是常说的“三力”型项目，比好项目的落地率，落地的好项目的投产率。比如绿博产业园区，仅用一年时间就引进了海宁皮革城、广州恒大、蓝天集团等全国知名企业、上市企业。汽车产业园引进的比克新能源，使中牟在新能源汽车的发展上抢占了一个先机。所以说，产业集聚区比谁干得好，谁是先进，就要在项目上去比。因为基础设施的投资，是政府根据产业集聚区的建设需要、投资的次序和资金的总量来安排的，要比就只能比谁引进的项目好、谁引进的项目大、谁引进的项目多。

4. 企业要在纳税上显水平。中牟的企业数量少、质量低，规模以上企业只有119家，比郑州其他5个县市规上企业最多的新密少433家，比5个县市规上企业最少的登封少176家。中牟的快速发展，不仅要体现在企业数量上的快速增加，还要能够培养出一大批个头大、业绩好，有国际影响力、国内辐射力、国内外资源整合力的“三力”型企业和朝阳产业。具体来讲，一个是可持续，立足中牟，开阔视野，以胸怀百年的胸襟，把企业做成祖祖辈辈都可以传承的百年老店。另一个就是要履行好社会责任。履行好社会责任，最重要的一个体现是纳税，企业要多纳税、纳好税，不偷税、不漏税，特别是不能把应该缴到中牟的税缴到其他区域。此外，企业还要在服务社会、服务环境、服务员工上作出应有的贡献。

5. 县直单位要在获得国家级先进上展身手。衡量部门的工作水平，一个重要标准，就是完成县委、县政府交办的各项工作的同时，在行业、系统内的排名、位次。各部门要树立创先争优意识，努力在系统内有名次、上水平、出亮点。

6. 村级党组织要在推动发展、促进和谐上比高低。重点要做好3个方面工作。①维护发展环境。不能因为局部利益妨害整体利益，甚至唆使群众扰乱发展环境。②调解社会矛盾。对于群众中出现的各种矛盾，要第一时间到现场，第一时间上报，第一时间调解，疏导群众情绪，化解社会矛盾。③处理民生民情。对于群众反映的生产生活上的各种困难，要主动解决、及时解决、妥善解决。

以上6个方面，既是一个要求，也算是一个目标。今后我们的工作就要围绕这6项工作来定先后、比输赢，谁干得好就鼓励谁，谁落在后面了，就要请谁说出理由，做出承诺，直至予以问责。

四、服务先进

我们一切工作的目标都是为了让中牟的群众过上更幸福的生活，让老百姓早日过上城市人一样生活，根本路径就是新型城镇化建设。我们所有的工作都要围绕服务、保障新型城镇化建设来进行，也就是说要创造好环境。

1. 要教育引导群众支持新型城镇化建设。①培训群众。人社部门要切实负起责任，指导好对群众的培训，逐步提高群众的就业技能。以企业用工为例，群众非常渴望能够在家门口就业，这也是衡量新型城镇化建设成效的一个重要指标。但是，群众未经培训，没有专业技能，企业不愿意用，即便用了，质量也达不到我们的标准。比如我县国家农业公园某个地方的建设，用的就是附近的村民。因为村里面地被占用，村干部就找乡干部，乡干部找农业公园管委会商量，“看哪些活农民能干?”结果政府不少花钱，干出来的活儿没法看，根本原因就在于群众没有培训，不具备相应的作业技能。②教育群众。借鉴刘集镇、青年路街道等地方的经验，定期对群众、群众代表进行培训，引导群众认同、理解、支持新型城镇化建设，往高处说，是认同我们的事业，拥护党的领导。③打击破坏环境的顽劣分子。对于个别扰乱施工环境，屡次教育不予改正的人，要硬起手腕坚决予以打击，起到“打击一起，震慑一片，安定一年”的效果。④继续开展“争做文明中牟人”活动。今年3月初，为迎接全市绿化廊道观摩，文岭县长领着政府办、林业局的同志走到郑民高速北的雁鸣大道上，发现路边挂着横幅，上面写着“专门出售各种占地撑杆、占地树苗”，这叫为非作歹、助纣为虐；走到韩寺镇境内，还是郑民高速，两边的老百姓都在地里突击建大棚、栽树苗，明目张胆地骗取青苗补偿款。今天早上吃饭时，听一位领导同志说，昨天雁鸣湖镇的群众到农业公园的工地偷东西，被发现和阻止后，直接变成硬抢和打人。举这些例子，就是想说明，我们的发展环境仍然很差，我们的干部在维护中牟形象，维护中牟发展环境上仍然有很多工作需要做。特别是我们乡镇的书记，村里面的支书、村委主任，不能成为这些人背后的“撑杆”。他们怎么敢这样?!难道我们的乡镇党委、政府在这些地方失去控制力、影响力了吗？所以，除了要治理管理，还要教育引导，让群众知耻守法，文明向善，而非一门心思利用企业入驻的机会，抢抓“机遇”，抢捞一把。

2. 教育引导党员干部服务新型城镇化建设。①倡导一种精神，就是把公家的事、把工作当成自己家的事去干。如果把为企业办手续的事当成自己家里的事，一定能办成。我们说，改革要遇河搭桥，见山开路，一个重要方面，就是需要大家把工作上的事当成自己家的事，积极作为、主动协调、有力推动。②营造一种氛围，即创先争优的氛围。惠东书记有句话我印象很深，就是“任何工作都有技术含量”，“任何工作都可以做得像一朵花儿一样好看，让人赏心悦目，关键看用心不用心，关键看认真不认真。”目前，存在的问题是不认真。为什么说不认真？比如说建立一种工作机制，想出了一种办法，都是为了解决当前问题研究出来的，研究出来了大家都要去执行，去维护它的权威，但操作中往往流于形式。比如，我经常提到的房地产验收办法，七八个部门坐到一块研究了一个文件，目的就是避免房地产企业开发完走了，留下一个烂摊子，无人管问。这个文件在我未来中牟任职之前就已经制订好了，但是放在那里谁也不把关，这就是不认真。再比如说网格化管理，我们对外讲，对上汇报“我们有几千名干部沉在网格”，但是沉在哪里看不到。以违法建筑为例，这个首先应该由网格员发现，但实际上大多是领导先发现的。最近几天，媒体不断地“宣传”中牟，先是报道中牟作为“产粮大县不产粮”，接着报道利海集团的土地问题，后来又说中牟的“菜贱伤农”。这3件事，没有 1 个网格员上报。更让我们难以理解的是，这些媒体每次来都采访了很多人，这个采访不是说针孔摄像大家不知道，都是肩扛摄像机，大家为什么不上报？我举个这个例子是想说，我们很多的工作办法、机制都是针对一些需要解决的问题去，研究出来的一种办法。但是大家都不用，都不认真。下一步我们要树立一种结果导向或者叫目标导向，县委、县政府定目标、定时间、看结果，完成了就是好干部，该表彰的表彰，有重用机会的推荐。如果定了目标，定了时间，你完不成，就换位置。③树立一种导向。我们不要花拳绣腿型的干部，不要眼皮子只往上看的干部，也不要整天撵着领导汇报工作的干部，而是要踏踏实实干事，不让领导操心的干部。因为，我们该操心的事，我们自己心里清楚，你该操心的事，需要你自己心里明白，让你的上级领导替你操心，那就是你的耻辱。要以实干论英雄，谁在新型城镇化建设中，在现代产业体系构建中，在依靠网格推进各项工作的落实中干得好、评价高，有业绩、有亮点，我们就重用谁，不胜任的就换岗。

3. 要认真发挥好现有的工作体制机制。以刚才说的媒体关注中牟这件事来说，一个是因为中牟距离郑州近，中牟近两年发展快，一定程度上代表了郑州的新型城镇化的形象，另一个方面说明我们的现有体制机制没有发挥作用。所以，对于现有的工作体制机制，一定要抓好落实。①按照“双基双治双安”要求，抓好基层党组织与城乡基层群众性自治组织、法治与德治建设，实现安全稳定、安居乐业。下一步，在“双基双治双安”上大家要多动脑筋、多想办法。②认真落实网格化管理工作。要真推行。今天提个要求，就是县直单位沉到网格上的干部一定要沉下去。一个单位大的几百人，里面离不开、能干的人并不多，其他人都要沉到网格上。③继续推行村组干部绩效考核和职业化管理工作。④继续推行“四议两公开”工作法。⑤切实抓好党的群众路线教育实践活动。希望我们的局长、乡镇（街道）党（工）委书记抓好这几件事，真正认真抓，必有作用。

同志们，发展如逆水行舟，不进则退，让我们以时不我待的紧迫感、舍我其谁的责任感、勇立潮头的担当感，以不达目的誓不罢休的决心和信心，以更加饱满的工作热情、更加务实的工作作风，共同为“建设都市型田园城市，打造郑汴牵手的中原明珠”作出新的更大的贡献！

谢谢大家！

（审核：董宝强　供稿：李　璠）

政府工作报告

——在中牟县第十三届人民代表大会第五次会议上

（2015 年 1 月 29 日）

中牟县人民政府县长　潘开名

各位代表：

现在，我代表县人民政府，向大会报告工作，请予审议，并请各位政协委员和其他列席人员提出意见。

一、2014 年工作回顾

2014 年，县人民政府在上级党委、政府和县委的正确领导下，深入贯彻党的十八大、十八届三中四中全会和习近平总书记系列重要讲话精神，以“三大主体”工作为统揽，抓改革，强投资，调结构，求提升，全力推动经济发展和民生改善，较好地完成了县十三届人大三次会议确定的各项目标任务。

（一）发展态势持续向好

各项指标稳步增长。发展质量和效益实现双提高。全县生产总值完成 243 亿元，同比增长 7%；地方财政总收入完成 43.9 亿元，同比增长 11.9%；地方公共财政预算收入完成 31.7 亿元，同比增长 5.8%；固定资产投资完成 273 亿元，同比增长 18.7%；城镇居民人均可支配收入预计达到 22600 元，同比增长 9.9%；农民人均纯收入预计达到 13900 元，同比增长 10.8%。

发展载体不断夯实。园区承载能力和集聚效应实现双提升。各类园区基础设施投资完成 110 亿元，建成区面积新增 11.8 平方公里；固定资产投资完成 253.7 亿元，占全县的 92%；规模以上工业主营业务收入 249 亿元，占全县的 66.4%；实现税收 19.2 亿元，占全县的 60.1%。汽车产业集聚区位列省一星级产业集聚区第 1 名；绿博文化产业园在全市 17 个服务业专业园区中，发展速度位居首位；官渡工业园和现代农业示范区建设成效显著。

发展活力不断显现。改革和创新实现双提速。重点领域改革持续推进，启动“五单一网”制度改革，行政审批事项削减 53.3%，审批时间缩减 72%，政务服务中心成为全省第一家“国家级行政服务标准化示范单位”，行政审批更加高效；健全行政合同法制审核机制，强化行政印章集中管理，行政权力运作更加规范；实行“零基预算”和“综合预算”，继续推行公务卡制度，“三公”经费同比下降 27%，公务支出明显缩减，财政预算管理更加科学。科技创新水平不断提升，新认定市级以上高新技术企业 2 家，高新技术产业增加值达到 31 亿元；新增省级名牌和优质产品 18 个，申请专利 305 项；累计实施科研项目 32 项，建成市级以上研发中心 4 个，比克汉丰科技园、比克中创创业园项目加快建设，郑州日产・郑州泰新汽车零部件研发中心基本建成；国家农业公园成为“全国青少年农业科普示范基地”。

发展后劲不断增强。招商引资和项目建设实现双突破。招商引资取得新成效，围绕主导产业定位，积极开展定向招商、专题招商、链式招商，新签约项目 79 个，协议资金 927 亿元，其中亿元以上项目 69 个；引进域外境内资金 84 亿元，实际利用外资 5240 万美元，进出口总额达到 2.1 亿美元。项目建设取得新突破，44 个省市重点项目全部开工建设，完成投资 251 亿元，占年度计划投资的 120%。

（二）产业体系加快构建

新型工业引领作用更加明显。以汽车产业为主导，不断完善新型工业体系，工业经济保持了较快增长态势，全县规模以上工业企业由区划调整后的99家发展到129家，规模以上工业增加值完成96亿元，同比增长7%。汽车产业不断壮大，整车和零部件企业分别达到6家、190家，汽车年产量15万台；郑州凯雪成功上市，郑州日产20万台扩能、郑州豫兴等74个项目开工，郑州奥雪、郑州博奥等36个项目投产；汽车产业年产值突破500亿元。新能源产业强势起步，投资15亿元的比克电池项目建成投产，19亿元的比克新能源汽车项目总装、焊接车间基本建成，20亿元的国能电池项目实现签约。生物医药产业加快发展，投资8.8亿元的辅仁药业郑州基地加快建设，5.6亿元的豫港制药建成投产。

现代农业基础作用更加稳固。以都市生态农业为方向，不断巩固农业基础地位，农业产业增加值完成23亿元，同比增长4%。都市生态农业加快发展，国家农业公园实现开园迎宾，成功举办郑州市首届农业嘉年华；弘亿国际草莓产业园功能更加完善。农业产业化经营水平不断提升，新认定省级龙头企业3家，新增农民专业合作社37家，新建农业标准化生产示范基地3600亩。农业生产条件持续改善，新增有效灌溉面积1万亩，发展节水灌溉面积8.7万亩，连续23年获得“红旗渠精神杯”；新增设施农业1000亩；农业机械化率达到82%；水产养殖业和畜牧业标准化、生态化水平明显提高。

现代服务业拉动作用更加突出。以时尚文化创意旅游产业为引领，推动服务业提档升级，社会消费品零售总额达80亿元，同比增长13.3%。时尚文化创意旅游产业提速发展，启动绿博文化产业园规划设计园项目，引进河南城乡建筑设计院、博雅文化科技产业基地等项目5个；“中华复兴之路”和绿博文化产业园游客服务中心实现开工，方特水上世界对外开放，方特欢乐世界成为国家4A级旅游景区；成功举办第14届雁鸣湖大闸蟹美食节；绿博园、雁鸣湖等旅游景点吸引游客能力持续增强。全年全县累计接待游客580万人次，实现旅游收入55.5亿元。金融业平稳运行，全县金融机构各项存款余额达到273亿元，比年初增长17.7%；贷款余额达到148.6亿元，比年初增长22%；累计完成税收2.1亿元，成为支撑全县财政收入的第四大行业。商贸业快速发展，万邦物流城二期实现运营，年交易额达到500亿元；海宁皮革城、深圳怡亚通等项目开工建设；汽车博览园建成商铺70万平方米，万邦名车汇、河南大行汽车等8个项目开工建设，宏达车业广场实现营业。房地产业健康发展，商品房累计销售面积106万平方米，销售金额58.7亿元。

（三）新型城镇化稳妥推进

规划体系不断健全。城乡总体规划形成初步成果，汽车产业集聚区、官渡组团控制性详细规划编制完成，万滩镇、黄店镇、雁鸣湖镇、大孟镇总体规划获批实施，城中村改造及合村并城社区控制性详细规划全部编制完成。城区、园区、新市镇、社区统筹发展的新型城镇化空间规划体系初步形成。

路网体系日臻完善。郑开城际铁路建成通车。新建改造城区道路15条、园区道路47条、社区道路6条，总里程154.4公里；开工建设跨陇海铁路立交桥4座，竣工2座。互联互通、方便快捷的路网体系更加完善。

城区功能显著提升。解放路特色商业街区加快建设，主路面具备通车条件，安置房建设已经启动；新建改造自来水管网13.8公里、电网197.2公里、雨污水管网33公里，建成变电站2座；郑州新区污水处理厂和南水北调十里头水厂开工建设，城区综合承载能力显著提升。新增供热面积70万平方米，新建公共绿地17.9万平方米，新建公厕8座，四牟园实行常态化管理并全面对公众开放；国家卫生县城通过复验，群众生活满意度不断提高。

社区建设稳步实施。姚家、雁鸣湖等新市镇建设稳步推进，29个新型农村社区建设不断加快，启动合村并城、城中村改造项目19个，开工建设安置房812万平方米，竣工328万平方米，回迁群众1586户、6700人。新实施社区基础设施和公共服务设施项目28个，城乡一体化步伐进一步加快。

生态建设深入推进。生态绿化成效明显，营造生态林1.5万亩，建成省道223线、雁鸣大道北段等生态廊道63条，新增绿化面积3400万平方米。都市区水城初具形象，丁村沟、运粮河、鹭鸣湖等水系治理工程全部竣工，贾鲁河生态治理工程成效初显，三刘寨引黄灌区调蓄工程顺利推进，全县新增水域面积2000亩。大气污染防治强力推进，升级改造PM2.5环境空气质量监测系统，严格控制扬尘污染，城区燃煤锅炉拆改全部完成，机关黄标车全部淘汰。

（四）群众生活全面改善

就业和社会保障进一步加强。积极推进就业创业，建成中牟县人力资源市场，新增城镇就业3400人，实现农村劳动力转移就业1.9万人，城镇登记失业率控制在4%以内，发放小额担保贷款2011万元。提高社会保障水平，建成农村养老服务中心示范点14家；实现养老、医疗、工伤、生育、失业保险“五险合一”；补偿新农合医疗费用1.5亿元，发放救助金3365万元；全年募集善款2200万元，帮扶困难对象2600人次，位居全市第一。

社会事业全面发展。不断完善卫生计生服务体系，妇幼保健院新院、公共卫生服务中心投入使用，中医院新院开工建设；人民医院、中医院、妇幼保健院及13家乡镇卫生院药房托管工作全面推进；对5680对育龄夫妇免费开展孕前优生健康检查，人口自然增长率控制在7‰以内。加快发展教育事业，完成城区中小学运动场改造工程和空调安装工程；新建、改扩建6所中小学、15所幼儿园，六初中和商都路小学建成投入使用；发放资助金1100万元，资助学生2.8万人次；继续实施高中免费教育和平行招生；顺利通过国家义务教育发展基本均衡县验收。繁荣发展文化体育事业，成功举办第三届运动会暨首届全民健身大会；免费送戏下乡176场，放映公益电影3252场，举办周末广场文化活动50场；免费为已入住社区农户实施有线电视数字化转换。

社会大局和谐稳定。深入实施“坚持依靠群众、推进工作落实”长效机制，排查问题41164起，解决37386起。大力开展“违法建设整治年”专项治理活动，拆除违法建设面积32.4万平方米，违法建设行为得到有效遏制。扎实开展“营造良好发展环境、严厉打击突出违法行为”专项治理活动，经济发展环境进一步好转。持续开展“五无”村（社区）创建活动，75%以上的行政村达到创建标准。全面开展“十万群众助雷霆”活动，切实加强技防建设，社会治安防控体系不断完善。创新群众工作机制，将信访工作纳入法治化轨道。深入开展食品药品安全专项整治，人民群众饮食、用药安全得到有效保障。严抓安全生产不放松，安全生产形势持续稳定好转，社会安全指数进一步上升。

过去的一年，我们不断加强政府自身建设，紧紧围绕“为民、务实、清廉”主题，深入开展党的群众路线教育实践活动，进一步转变了工作作风，密切了干群关系，全县上下干事创业、加快发展的氛围越来越浓厚。我们严格执行人大及其常委会的决议决定，自觉接受政协监督，全年共办理人大代表议案、建议129件，政协委员提案108件。全面推进依法行政，推行服务型行政执法，深化政务公开，法治政府建设取得新进展。加强廉政建设，强化行政监察，建立财政大监督和审计全覆盖机制，反腐倡廉工作取得新成效。积极推进民主法治和精神文明建设，公民法治意识、道德素质和城乡文明程度不断提升。同时，统计、物价、粮食、档案、气象、人防、民族宗教、外事侨务、应急管理、地方史志等工作统筹推进，老龄、妇女、儿童、残疾人、慈善等事业取得新成绩，国防教育和国防后备力量建设取得新成效。

各位代表！一年来工作成绩的取得，是上级正确领导的结果，是县四大班子团结拼搏的结果，是全县人民共同努力的结果，是方方面面大力支持的结果。在此，我代表县人民政府，向所有关心、支持和参与中牟发展建设的同志们、朋友们表示衷心的感谢，并致以崇高的敬意！

各位代表！在肯定成绩的同时，我们清醒

地认识到经济社会发展中还存在一些矛盾和问题：一是经济社会发展的基础还不够坚实，经济总量还不够大；二是收支矛盾较为突出，经济结构不尽合理，调结构、求提升任务依然艰巨；三是城市管理水平不高，精细化管理跟不上城市建设步伐；四是部分安置房建设进展较慢，与群众期盼还有一定差距；五是发展环境仍需优化，阻工扰工、强买强卖现象依然存在；六是部分干部主动作为意识不强，攻坚能力不足，敢于担当精神不够。对于这些问题，我们将采取有效措施，不断加以改进和解决。

二、2015 年政府工作总体要求和目标

当前，在宏观经济环境下，我国已进入“增速换挡、结构优化、动力转换”的经济发展新常态，但对我县来讲，依然拥有诸多发展机遇。国家正在推进新型城镇化和全面深化改革，沿海产业正在加速向中西部转移，中原经济区、郑州航空港经济综合实验区、郑州都市区建设正在加速推进，郑汴融城正在加快实施；我县被确定为河南省城乡一体化示范区，省市必将在政策上给予倾斜和支持，我县城乡一体化步伐将会进一步加快；特别是我县经过近几年的发展，发展思路更加清晰，基础设施更加完善，产业集聚效应更加凸显，政府适应市场化要求的能力越来越强，发展环境越来越优。总体来讲，我县综合优势不断在增强，机遇仍然大于挑战。我们必须坚定信心，乘势而上，加快经济转型，推动科学发展。

2015 年，是全面深化改革的关键之年、全面推进依法治国的开局之年，也是我县全面完成“十二五”规划的收官之年、实施新三年行动计划的启动之年。今年政府工作的总体要求是：全面贯彻党的十八大及十八届三中、四中全会精神，认真落实上级各项决策部署，坚持稳中求进工作总基调，紧紧围绕城乡一体、产城融合、环境优美、社会和谐的发展要求，立足新起点、作为新常态，突出抓好“统筹城乡发展、优化产业体系、加快改革创新、改善民生福祉”四项重点任务，努力开创我县都市型田园城市建设新局面。

综合考量经济社会发展中的各种因素，建议今年全县经济社会发展主要预期目标为：地区生产总值增长 9% 左右。其中，一、二、三产业增加值分别增长 4%、9.5%、9%；规模以上工业增加值增长 10%；固定资产投资增长 18%；地方公共财政预算收入增长 14%；社会消费品零售总额增长 12%；城镇居民人均可支配收入增长 9%；农民人均纯收入增长 9%；人口自然增长率控制在 7‰以内。

实现上述目标，我们将重点抓好四项任务。一是统筹城乡发展。以人的城镇化为核心，以城镇规划为引领，以交通路网、生态廊道、生态水系、社区建设及公共服务配套设施完善为重点，统筹发展城区、园区、新市镇、社区。二是优化产业体系。以园区建设为载体，大力发展汽车产业、时尚文化创意旅游产业、都市生态农业“三大主导产业”，加快构建互相融合、协调发展的现代产业体系。三是加快改革创新。以“五单一网”制度改革、财税体制改革为重点带动改革全面深化，不断激发经济发展新活力。认真落实“两金一扶”政策，以创新创业平台建设为载体，加快人才引进和培育，着力构建科技自主创新体系。四是改善民生福祉。围绕就医、就学、出行等与群众利益密切相关的问题，加快发展社会事业，加大民生投入，提升公共服务水平，使改革发展成果更多地惠及广大人民群众。

各位代表！在经济新常态下，我们只有认清新形势、抢抓新机遇、采取新措施、激发新干劲，才能破解发展新难题，实现工作新突破。

三、2015 年重点工作

今年，我们将全力做好以下七个方面的工作：

（一）*加快新型城镇化建设，着力构建城乡一体化发展新格局*。以建设城乡一体化示范区为统领，以新型城镇化新三年行动计划为指导，坚持以人为本，积极稳妥、科学有序推进新型城镇化。

强化规划龙头作用。坚持规划先行，按照“全域中牟、一体发展”理念，着力实现“五规合一”，加快编制城乡总体规划，编制完成县域公共服务设施、市政基础设施等专项规划。严格规划执行，进一步加强规划事前控制和批后监管，切实维护规划的严肃性和权威性。

完善路网体系。积极配合省市做好国道310、国道107改线和机西高速、郑徐客专建设；建成解放路跨陇海铁路立交桥，畅通贯穿县域南北的大通道；加快建设广惠街跨陇海铁路立交桥，建成新月路等8条城乡道路和盛园路等12条园区道路，逐步完善内联外畅的综合交通体系。

提升城区功能。同步推进县城东区改造提升和西区开发建设，重点抓好解放路特色商业街区安置房建设，加快县城东区改造升级步伐；围绕群众生活服务，推进县城西区学校、医院、商业等重点项目建设，不断提升西区宜居水平。持续加大基础设施建设力度，新建改造雨污水管网31.7公里、电网77公里、供水管网9公里，建设垃圾中转站3个，进一步提升城市承载力。积极开展交通秩序整治，倡导文明出行，完善交通标志等配套设施，努力解决县城东区交通拥堵。深入开展环境卫生和违法建设专项治理，对私搭乱建、占道经营、乱倒垃圾等行为开展集中整治，营造良好市容环境。努力理顺城市管理体制，积极实施城市精细化管理，不断提高城市管理水平。

加快园区发展。围绕“组团发展、产城融合、产城互动”思路，高标准、高质量建设产业园区。逐步完善、提升各类园区总体规划、控制性详细规划、产业规划及景观、基础设施等专项规划。建设变电站3座，铺设雨污水管网137公里、自来水管网101公里、电网61公里；加快推进园区投融资、手续代办等服务平台建设。着力将绿博文化产业园建成国际化、现代化时尚文化创意旅游中心；将汽车产业集聚区打造成省二星级产业集聚区；加快官渡工业园基础设施和项目建设进度。力争全县各类园区总产值突破800亿元。

稳步推进新型社区建设。按照突出重点、分类推进的原则，优先对产业集聚区、县城规划区周边3公里内和主干道两侧符合条件的村庄进行拆迁改造。按照政府主导、市场开发的思路，对具备条件的重点乡镇进行推介，吸引社会资金参与开发。按照边建设边安置的方法，加快推进首套安置房建设，年内实施合村并城项目13个，城中村改造项目18个，新型农村社区和新市镇建设项目16个，开工建设安置房543万平方米，力争回迁群众达到2.4万人以上。按照“六通十有两集中”的标准，新建、续建新型农村社区基础设施项目13个，配建公共服务设施项目10个，不断优化社区居民生活条件。按照“进得来、落得住、转得出”的要求，把促进有能力在城镇稳定就业和生活的常住人口有序实现市民化作为首要任务，探索建立有利于农村人口有序转移各项体制机制，稳步推进城镇常住人口基本公共服务全覆盖。

（二）*加快新型工业体系建设，着力实现产业转型升级新突破*。坚持以汽车产业为主导，抓创新、优服务，全面提升工业经济整体实力。

提升产业发展水平。巩固汽车整车及零部件产业的龙头地位，主动对接国内知名汽车整车制造企业，努力引进中高档品牌汽车、专用车整车项目；支持整车制造企业扩能改造，加快实施郑州日产20万台扩能项目和郑州奥雪专用车二期项目，力争整车产量突破25万台；推动汽车零部件产业集聚发展，加快河南泰戈、郑州豫兴等63个项目建设，确保郑州信威、郑州中鼎等13个项目竣工投产。大力发展战略性新兴产业，优先发展新能源汽车产业，紧盯国内外新能源汽车发展方向，加快完善电机、电控、电池等新能源汽车全产业链条，重点实施比克新能源新材料产业园、河南国能等项目，力争年内比克电池形成160万支生产规模，比克新能源纯电动汽车实现量产。积极发展生物医药、装备制造和电子信息产业，力争四环药业、九州计算机等5个项目实现开工建设，侨联生物、瑞光印务、博凯医药等项目基本建成，辅仁二期、欧帕二期等项目竣工投产。

完善企业服务体系。建立县级领导和职能部门分包企业长效机制，梳理制约企业发展的问题，列入企业服务台账，确保及时解决到位；设立三大主导产业扶持资金，支持企业发展技术含量高、成长性强的项目，加大对小微企业的扶持力度，推动企业把市场做大、实力做强；加强与金融部门的联系与合作，千方百计为企业提供融资服务，切实解决企业融资难问题；完善上市企业后备名录库，继续做好上市企业培育工作，鼓励企业通过上市直接融资。

（三）*加快都市生态农业发展，着力增创农业发展新优势。*坚持都市生态农业发展方向，促进农业集聚、集中发展，带动农业基础条件改善、综合效益提升。

加快农业发展转型升级。全面加快现代都市生态农业示范区建设，带动农业发展转型升级。大力推进“三大示范区”建设，规范国家农业公园运营和管理，完善休闲观光功能，提升园区服务水平，确保园区效益明显提升；加快草莓产业示范区特色化、产业化、规模化建设，带动全县设施农业全面发展；支持以万邦为主体的农业服务业示范区发展，开工建设80万平方米的粮油市场，不断完善农产品物流体系。积极推进现代都市生态农业示范园建设，强化项目管理，新发展总面积2万亩的6个现代都市生态农业示范园，逐步实施路网、休闲、灌排、农业装备和生态环保体系建设，提升园区发展水平。

提升农业发展综合效益。扶持发展农业经营主体，新认定市级龙头企业3家，规范农民专业合作社20家。不断提高农产品质量，推进“三品一标”农产品认证登记，新认定绿色、有机、无公害农产品产地3万亩。持续提升水产养殖水平，开展水产品产地准出试点工作，提高雁鸣湖大闸蟹养殖标准，巩固黄河鲤鱼养殖基地。努力提高粮食生产能力，加快万亩示范方高标准粮田建设，继续做好小麦良种补贴、测土配方施肥、新品种与新技术的引进与推广工作。

改善农业发展基础条件。优化灌溉条件，继续实施农田灌溉机井升级改造工程和官渡镇、狼城岗镇农田水利现代化示范乡镇建设工程，新打机井689眼，配套水泵2320套，改善灌溉面积8.1万亩，新增节水灌溉面积7.7万亩。改善农业生产通行条件，新建赵寨桥和小雁河桥，改造危桥10座。提高农业机械化水平，严格落实农机购置补贴政策，农业机械化率提高至82.5%。

（四）*加快服务业发展，着力打造经济增长新亮点。*以打造国际化时尚文化创意旅游中心为目标，重点发展时尚文化创意旅游产业，统筹发展商贸流通、金融保险和房地产业。

注重发展多元化旅游产业。突出时尚、文化、创意和休闲特色，最大限度吸引游客，加快向千万人次旅游目的地迈进。大力发展时尚文化创意游，确保方特梦幻王国“五一”实现开园迎宾，切实加快“中华复兴之路”主题园建设，强力推进绿博文化产业园规划设计园、海宁皮革文化创意基地园、清华同方电子科技园及南部时尚文化园建设，开工建设华夏历史文明传承创新主题园、凤凰卫视国际文化产业园，力争“周星驰影视创意奇幻世界”、国龙黄河梦工厂等文化产业项目签约入驻。积极推广生态游，以国家农业公园为载体，举办好第二届郑州农业嘉年华和第十五届雁鸣湖大闸蟹美食节；以现代都市生态农业示范园建设为依托，积极开发观光、采摘等项目，着力实现农业体验与休闲观光有机融合。拉长旅游产业链条，全力发展全域旅游，完善“吃、住、行、游、购、娱”为一体的产业链条，着力建设主题公园、美食休闲中心、时尚星级酒店、购物综合体，打造旅游新亮点。力争全县全年游客突破600万人次，实现旅游总收入60亿元以上。

统筹发展商贸流通业。着力构建集聚、高效的现代商贸和流通体系。加快建设汽车服务业博览园，开工建设北京海亿、河南豪永等12个项目，努力打造集汽车文化展示、销售和服务等功能为一体的现代化汽车服务业集聚区。继续提升万邦物流城集散能力，实现年交易量1600万吨、交易额540亿元。积极推进商贸综合体项目建设，加快杉杉奥特莱斯、金满地商业街等项目建设进度。着力发展电子商务，加快深圳怡亚通建设，支持万邦电子商务交易平台建设。

健康发展房地产业。以满足不同层次居民住房需求为出发点，稳步发展房地产业。重点解决群众住房困难问题，抓好保障性住房建设，加快安置房建设。不断规范房地产开发行为，严格落实商品房配建小学、幼儿园等公共服务设施规定，限制小规模房地产开发，严禁小产权房建设。积极推进楼宇经济、总部经济发展，筹划建设城市综合体、写字楼、高档酒店等高品位商业楼盘。切实改善物业管理，强化物业管理行业自律意识，加强老旧家属院及无主楼院管理，提升物业管理服务水平。

积极发展金融保险业。加快引进竞争力强、对地方经济发展贡献大的金融机构；以服务三农为宗旨，深化农村金融机构改革，落实农村金融机构扶持政策；优化金融生态环境，争创金融生态县。鼓励推行居民大病社会保险及农村小额人身保险，不断扩大保险业务覆盖范围。加大对非法集资打击和查处力度，切实规范金融市场秩序。

（五）加快改革开放创新，着力激发经济发展新活力。坚持把改革、开放、创新作为“一举求多效”的综合性举措，以改革解难题、破瓶颈，以创新增动力、转方式，以开放带全局、促发展。

推进重点领域改革。加快政府职能转变，完成政府机构改革任务，深化园区管理套合制度改革，持续“两集中两到位”改革，推行“五单一网”制度改革，积极推广政府购买服务。深化财税体制改革，全面实行财政预决算公开，清理规范财税优惠政策，积极培育新的税收增长点，提高财政资金使用效益；加强政府性债务分类管理，防范化解财政金融风险。推进农村产权制度改革，加快农村土地承包经营权、宅基地使用权确权登记颁证工作；建立农村土地流转服务平台，规范农村土地流转。拓宽城市建设融资渠道，鼓励社会资本参与新型城镇化建设，积极推行政府与社会资本合作模式。同步推进教育、文化、医疗卫生、土地管理、社会治理等领域改革。

提升开放水平。优化招商环境，全面落实招商“三位一体”项目分包机制、“五职”招商责任制，完善招商引资和项目落地衔接机制，为企业提供一站式办公、零阻碍服务，打造高效率、无干扰的招商环境。强化链式招商，围绕三大主导产业，持续开展以商招商、延链补链招商和专业化、集群式招商，提升优势产业集聚度和关联度。突出招大引强，聚集招商力量，紧盯国内外500强、行业20强企业，着力引进一批战略支撑项目和重大产业配套项目，加快推动产业优化升级。力争年内新签约项目80个以上，超10亿元项目15个以上；引进域外资金90亿元，实际利用外资5500万美元。

抓好重大项目建设。强化项目支撑、投资拉动，强力推进73个亿元以上、32个10亿元以上重大项目建设，以重点项目推动稳增长、调结构、促转型。完善项目推进机制，着力破解瓶颈制约，全力以赴抓前期、强督导、快推进。依法打击各类扰乱施工和破坏建设环境的行为，为项目建设创造良好环境。

提升创新水平。注重创新平台建设，加大创新创业综合体建设力度，重点推进比克汉丰科技园、比克中创创业园、未来汽车科技园、未来汽车设计园等项目建设。强化企业自主创新能力，立足主导产业，支持企业组建产业技术创新联盟，推动企业技术和产业结构优化升级；鼓励企业商务模式创新，构建线上线下相统一的全渠道销售模式和个性化、定制化生产模式。加快人才培育引进，围绕我县主导产业及未来新兴产业，制定高端人才引进计划，实现人才链、创新链、产业链和服务链的融合对接，为我县发展提供人才智力支撑。

（六）加快生态文明建设，着力打造美丽中牟新形象。把生态建设放在更加突出的位置，统筹实施“蓝天、绿地、碧水、清静、改善农村人居环境”五大工程，让群众呼吸上清新的空气，饮用上干净的水，在宜居的环境里生活。

深入实施蓝天工程。建立健全城区扬尘污染防治机制，严厉整治建筑施工、道路施工、渣土运输等各类扬尘污染。加强机动车尾气污染监管，加快淘汰社会黄标车。加大秸秆禁烧和综合利用力度，开展城区街道两侧露天烧烤专项治理。

着力打造绿地工程。将生态绿化和城乡基础设施建设有机结合，加快推进三刘寨引黄灌区调蓄工程二期绿化；建成23条生态廊道，新增绿化面积270万平方米；利用规模林地改造森林公园2300亩；营造生态林1万亩；持续推进河道两岸、道路两侧绿化，着力打造绿意盎然的生态环境。

持续推进碧水工程。把水环境改善作为田园城市建设的重要任务，开展河流清洁行动，改善城乡水环境质量。深入实施都市区水城建设，完成贾鲁河（万三路至农科所桥段）生态水系治理工程，加快三刘寨引黄灌区调蓄工程进度。加强工业污水防治，加大河流断面监测力度，强化企业排污监管。抓好水资源综合开发利用，开工建设官渡、东漳2座污水处理厂。完善水源保障体系，力争南水北调十里头水厂年内完工，初步形成以丹江水为主水源，引黄水、地下水为备水源的供水系统；实施农村集中供水厂水质净化处理升级改造，新解决7000人的安全饮水问题。

积极推动清静工程。全面改善城市声环境质量，严格控制噪声污染，强化施工工地、商户广播、小区装修等噪声整治；严格城市噪声敏感区域夜间施工审批，及时受理噪声投诉，营造安静生活环境。

稳步实施农村人居环境改善工程。以创建省人居环境达标村为载体，以建设宜居村庄（社区）为导向，开展以垃圾清除、污水治理为主要内容的环境综合整治，建立完善村庄（社区）长效保洁机制，提升农村（社区）人居环境水平，创建市级卫生镇1个，省级卫生村5个、市级卫生村20个。

*（七）加快民生改善和社会事业发展，着力推动群众生活质量新提升。*顺应人民群众期待，继续加大投入，切实改善民生，让群众过上更加美好的生活。

加快发展社会事业。千方百计扩大就业，整合资源、典型引路，充分发挥政府和市场的积极作用，重点做好被征地农民的就业工作。新增城镇就业再就业2700人、农村劳动力转移就业12500人，发放小额担保贷款2000万元。增强社会保障能力，保持城乡居民养老保险、基本医疗保险参保率在98%以上；积极实施五险合一政策；完善养老、优抚、助残、救孤、济困等制度，建成社会福利中心；继续开展全民慈善活动，争创国家六星级慈善城市。优先发展教育事业，继续加大教育投资力度，提高农村教师生活补贴标准，新建、改建中小学8所、幼儿园2所，继续对乡镇初中、农村寄宿制小学运动场进行改造；加强学前教育管理，巩固提高义务教育均衡发展水平，持续抓好高中教育及职业教育。提高医疗卫生和计生服务水平，推进县级公立医院综合改革，加大人才队伍和信息化建设力度；完善慢性病防控体系建设，争创“国家级慢性病综合防控示范区”；加快中医院新院建设进度，开工建设刁家乡卫生院门诊病房综合楼，启动河南省县级示范监督所建设项目；加强计生服务能力建设，完善计生奖励扶助政策，免费开展孕前优生健康检查，提高出生人口素质。积极发展文化体育事业，启动文化活动中心、广播电视中心建设前期工作，加强公共文化设施网络建设；加大基层文化队伍培养力度，积极扶持文艺团体发展，推动创作一批优秀文艺精品；年内举办20次民间文艺活动、500场送文化下乡活动，不断丰富群众文化生活；广泛开展全民健身运动，提高人民群众身体素质。

全力促进社会和谐。着眼“双安”、推进“双治”、强化“双基”，突出系统治理、依法治理、综合治理、源头治理，加快从传统社会管理向现代社会治理转变。深入推进“坚持依靠群众、推进工作落实”长效机制，以社会化服务为方向，以提升管理信息化水平为抓手，进一步增强网格化管理实效。加大信用体系建设，努力打造诚信中牟。完善群体性事件苗头隐患排查、预警机制和应急处置机制，提升预防处置群体性事件水平。畅通信访渠道，及时就地解决群众合理诉求，依法按政策解决群众反映强烈的信访问题。积极开展食品药品和农产品质量安全专项整治，深化重点领域、重点时节综合治理，确保人民群众“舌尖上的安全”。加大安全领域监管力度，杜绝重特大安全事故发生。加强法制宣传教育，提升全社会法治化管理水平。深入实施全民素质提升工程，努力提高全民文明素质。

同时，加强国防动员和国防后备力量建设，深入开展人防、双拥共建工作，关心老龄、妇女、儿童、青少年、残疾人事业，认真做好统计、物价、档案、气象、民族宗教、外事侨务、地方史志等工作。

四、切实加强政府自身建设

新的一年，新要求、新任务对政府自身建设提出了更高要求。县政府将积极适应新常态，全面推进依法行政，持续改进工作作风，切实转变政府职能，始终坚持清正廉洁，努力打造法治、高效、服务、廉洁政府。

（一）全面推进依法行政。把法治思维和法治方式贯穿于工作的全过程，加强领导干部法律法规知识培训，强化领导干部依法依规办事能力。自觉接受县人大及其常委会的法律监督，虚心接受县政协民主监督，认真办理人大代表建议、政协委员提案，诚恳接受社会监督。继续完善行政机关合同审核备案制，严格行政机关合同会商、审查等程序，加强合同管理。规范行政复议和行政应诉案件处理程序，严格执行案件败诉责任追究制。完善政府信息公开制度、决策咨询制度、风险评估制度，按制度办事、靠制度管人、用制度管权，促进政府工作公开透明，让权力在阳光下运行。

（二）持续改进工作作风。巩固党的群众路线教育实践活动成果，持续整治“四风”，从大处着眼小处入手，严查工作日午间饮酒、开会迟到早退等行为。加大考核力度，强化行政问责，严肃追究不作为、乱作为行为，杜绝慵懒散慢浮，推动干部职工切实转变工作作风。强化领导干部特别是行政一把手的责任意识和担当意识，彻底消除“明哲保身、不思进取、不求有功、但求无过”的思想，确保认准的事项、决定的工作，定下一件、抓实一件、成功一件。增强学习的主动性和系统性，提升领导干部创造性开展工作的能力、适应新时期工作要求的能力。

（三）加快转变政府职能。以政府机构改革为契机，进一步理顺和规范部门职能，健全协调机制，着力解决权责不清、职能交叉、互为前置等问题。优化政务服务，推动政府职能加快向创造良好发展环境、提供优质公共服务、维护公平正义转变。加快“五单一网”制度改革，建立“权力清单”和“责任清单”，严格落实违规用权监督问责机制，做到“法无授权不可为、法定职责必须为”。全面推行服务承诺、首问负责、限时办结等制度，杜绝推诿扯皮，不断提高政府公信力和执行力。

（四）始终坚持清正廉洁。严格落实党风廉政建设主体责任，严格执行中央“八项规定”、国务院“约法三章”及省市各项规定。加强对重点领域、关键环节、重要岗位权力运行的监督管理，严查政府投资工程、国有资产管理、行政审批、土地出让、财政资金管理等领域腐败行为，严格落实农村集体“三资”管理制度，坚决防止和纠正损害群众利益的不正之风。加大“吃空饷”清查力度，严控“三公”经费支出，确保只减不增，切实将有限的财力用在民生工程、基础设施建设和优势产业投入上。

各位代表！面对新常态、谋求新发展，是人民寄予的殷切厚望，是时代赋予的神圣职责。我们将不负众望、不辱使命，以更加坚定的信念、更加昂扬的斗志、更加务实的举措，锐意进取、克难攻坚，为把我县建设成为自然之美、社会公正、城乡和谐的都市型田园城市而努力奋斗！

名词解释

“三大主体”工作：新型城镇化建设、现代产业体系构建、“坚持依靠群众、推进工作落实”长效机制。

五单一网："五单"即"五个清单"，指行政权责清单、行政审批事项清单、产业集聚区企业投资项目管理负面清单、行政事业性收费清单、政府基金清单；"一网"指政务服务网。

零基预算：是指在编制成本费用预算时，不考虑以往会计期间所发生的费用项目或费用数额，而是以所有的预算支出为零作为出发点，一切从实际需要与可能出发，逐项审议预算期内各项费用的内容及其开支标准是否合理，在综合平衡的基础上编制费用预算的一种方法。

综合预算：是指在编制部门预算时，将中央部门的财政拨款收入、预算外收入、事业收入、事业单位经营收入以及其他收入统筹考虑来安排部门预算支出的一种预算管理模式。

"三公"经费：指政府部门公务出国经费、公务用车购置及运行费、公务接待费用三项。

"五无"村：无连续性侵财案件、无进京非访赴省集访等有影响的信访事件、无重大民转刑案件、无违法犯罪活动聚集场所、无重大公共安全事故的村庄。

两金一扶："两金"指（科技）创业投资引导基金和产业发展引导资金；"一扶"指从投入、土地、环境、人才、财税、市场、服务等方面研究制定一系列有针对性、前瞻性和"含金量"的扶持政策，为创新创业提供政策保障。

五规合一：指将产业发展规划、城市总体规划、土地利用总体规划、生态建设规划、基础设施建设进行充分衔接。

六通十有两集中：六通指通自来水、电、四级公路、宽带、有线电视、天然气；十有指有社区综合服务中心、标准化卫生室、连锁超市、文体活动中心、科技文化中心、幼儿园和小学、养老院、治安管理室、邮政所、金融网点；两集中指垃圾集中收集、污水集中处理。

战略性新兴产业：是指建立在重大前沿科技突破基础上，代表未来科技和产业发展新方向，体现当今世界知识经济、循环经济、低碳经济发展潮流，尚处于成长初期、未来发展潜力巨大，对经济社会具有全局带动和重大引领作用的产业。我国将节能环保、新一代信息技术、生物、高端装备制造、新能源、新材料和新能源汽车七个产业作为战略性新兴产业。

县长质量奖：是县政府对为中牟县质量振兴作出突出贡献的单位，授予的最高质量奖项。

三品一标：是对无公害农产品、绿色食品、有机食品和农产品地理标志的总称。

"三力型"项目：具有国际影响力、国内辐射力、国内外资源整合力项目。

两集中两到位：为深化行政审批制度改革，建立规范高效的审批运行机制，提高行政服务效能，推进一个行政机关的审批事项向一个处室集中、行政审批处室向行政审批服务中心集中，保障进驻行政审批服务中心的审批事项到位、审批权限到位。

"三位一体"项目分包机制：指县级领导、项目所在地主要领导、招商工作主管部门负责人"三位一体"，统筹负责项目谋划和协调推进工作，及时协调解决项目引进、落地和建设中遇到的各种困难和问题，并建立台账进行跟踪督办。

"五职"招商责任制：即郑州市辖各县（市）区、开发区党政正职和主管招商、工业和城建的行政副职牵头，按照"一个企业、一个团队、一套方案"的思路，采取主动对接、高层洽谈等形式，深入行业龙头目标企业开展"一对一"小分队定向招商。

五险合一：指养老、工伤、医疗、生育、失业等保险，一站式服务、一票征缴。

双安：双治、双基："双安"，指维护社会安全稳定、保障人民安居乐业；"双治"，指推进法治、德治；"双基"，指健全基层组织、完善基础制度。

"约法三章"：指政府性的楼堂馆所一律不得新建，财政供养人员只减不增，公费接待、公费出国、公费购车只减不增。

（审核：雍超 供稿：张恒献）

编辑：徐 园

大事记

2014年大事记

1　月

1日　中牟县启动第三次全国经济普查登记和数据采集工作。

6日　河南省委常委、副省长刘满仓和郑州市省辖市正市长级干部王林贺到万邦物流城，调研农产品流通行情。

7日　水利部和黄河水利委员会有关负责人到中牟县调研水利工作。

9日　河南省政府对2012年度农田水利基本建设“红旗渠精神杯”竞赛活动先进集体和先进个人进行表彰。中牟县再夺2012年度全省“红旗渠精神杯”。

9日　郑州市政协主席李秀奇带领部分市政协委员到中牟县视察新型农村社区建设工作。县领导杨福平、刘海燕陪同。

13日　官渡镇党庄社区一期工程开工奠基。副县长任程伟出席开工仪式。

14日　河南省公安厅厅长王小洪到中牟县慰问模范公安民警家属。县委书记杨福平，副县长、县公安局局长牛健陪同。

16日　中牟县雁鸣湖镇镇区社区和刁家乡付李庄社区正式开通天然气，在全省率先实现了新型农村社区通天然气。县领导杨福平、路红卫、楚惠东、刘玉玲出席开通仪式。

16日　中牟县总投资7.5亿元的海宁皮革城项目正式签约。该项目用地面积约150亩，是以购物旅游为主题的国家AAAA级旅游景区。

21日　河南省委常委、郑州市委书记吴天君到中牟县视察汽车产业发展建设情况。县领导杨福平、路红卫陪同视察。

21日　郑州市省辖市正市长级干部王林贺，郑州市政协副主席李玉辉一行来到大孟镇，分别慰问镇敬老院院民、低保对象孟宪周、困难党员孟庆培、优抚对象孟祥合，给他们送去慰问金、大米、面粉、食用油、棉被等物品。

22日　中牟县郑开大道升级改造工程正式动工。

22日　郑州市委、市政府考核中牟县计划生育“三到位”工作。

28日　中牟县第四届优秀农民工表彰大会召开，中牟县委、县政府对503名优秀农民工和关爱农民工十佳单位进行表彰。

1月　中牟县荣获2013中原网络传媒盛典网络行政先进单位称号。

1月　青年路街道办事处被中华全国总工会评为2013年度全国百家示范乡镇（街道）工会。

2　月

12日　中牟县在人民文化广场举办元宵节民间文艺大赛，各乡镇（街道）34支民间文艺团队的1800多人参赛。

13—15日　中牟县第十三届人民代表大会第三次会议在牟山宾馆人民会堂召开。

17日　中牟县青年路街道西街社区荣获国家减灾委、民政部授予的2013年度全国综合减灾示范社区称号。

26日　河南省委常委、纪委书记尹晋华一行到中牟县调研经济社会发展情况。市领导郭锝昌，县领导路红卫、张永宪、张书勤陪同。

27日　中牟县社会保险局在官渡大街西段挂牌成立。县委常委、常务副县长李文岭出席挂牌仪式。

2 月 刚果民主共和国商务考察团一行到中牟县雁鸣湖镇区考察访问。

3 月

13 日 中牟县十三届人大常委会第十九次会议召开。会议接受路红卫辞去中牟县人民政府县长职务，任命潘开名为中牟县人民政府副县长、代理县长职务。

9 日 河南省委常委、郑州市委书记吴天君到中牟县调研鹭鸣湖水系治理及景观廊道绿化工程建设工作。县领导路红卫、潘开名、楚惠东、李文岭、杨书立陪同调研。

10 日 中共中牟县委召开中牟县党的群众路线教育实践活动会议。中牟县党的群众路线教育实践活动正式启动。11 月 13 日，中牟县召开大会对全县活动开展情况进行总结。

15 日 河南省妇联主席陈砚秋、郑州市妇联主席马斐颖到中牟县调研“妇女之家”和“巾帼现代农业科技示范基地”。县领导李延中、李鸿欣陪同调研。

17 日 县委书记路红卫带领四大班子领导和各乡（镇、街道）主要负责人赴兰考学习焦裕禄精神时巧遇中共中央总书记、国家主席习近平在兰考县调研指导教育实践活动。国家主席习近平和县委书记路红卫就教育实践活动进行了交流。

18 日 郑州副市长马健到中牟县调研工业经济运行情况。县委书记路红卫，县委副书记、代县长潘开名，县委常委、政法委书记李晓亮，副县长张胜利陪同调研。

20 日 荥阳市委书记宋书杰率团到中牟县考察新型城镇化建设。县领导路红卫、刘玉玲、李延中、张书勤、任程伟、张胜利陪同调研。

23 日 郑州市第六届海棠文化节开幕。开幕式上公布了“最美绿城人”评选结果，中牟籍救火战士张鑫获评“最美绿城人”。

23 日 河南万邦国际农产品物流股份有限公司被商务部授予商贸流通业典型统计调查企业称号。

26 日 深圳怡亚通“盛泽中央广场”在绿博文化产业园区奠基。县委常委、组织部长王朝杰出席奠基仪式。

26 日 辅仁药业集团在中牟官渡工业园区郑州医药生产基地项目现场，举行项目开工奠基仪式。郑州市副市长杨福平、中牟县县委书记路红卫出席了仪式。

26 日 黄委会河南省河务局局长牛玉国带领调研组调研中牟县生态水系工程。市领导王林贺、杨福平，及县领导路红卫、杨书立等陪同调研。

28 日 郑州市中级人民法院院长于东辉到中牟县大孟镇朱大汉村、刘集镇人民法庭落实“五个一”工作措施。县领导路红卫、李晓亮陪同。

3 月 路红卫任中共中牟县委书记。

3 月 国家发改委网站公布《河南省主体功能区规划》，中牟县整区域被划为国家级重点开发区域。

3 月 中牟县南水北调配套工程开工建设。其分水口门位于小河刘村东北。中牟县设计年供水量 2740 万吨。

4 月

2 日 英方代表与广东利海举行签约仪式，牛津国际公学郑州分校正式落户中牟县雁鸣湖镇。县委副书记、代县长潘开名出席签约仪式。

8 日 计划投资 3 亿元、占地 300 亩的牛津公学项目在雁鸣湖景区奠基。

8 日 日本客商到中牟县考察标准化厂房建设情况。县委副书记、代县长潘开名，副县长张胜利陪同考察。

11 日 省委宣传部副部长李宏伟到青年路街道办事处察看基层党校建设情况。市委宣传部副部长董建山，县委副书记、代县长潘开名陪同。

11 日 河南省政府在全省产业集聚区建设工作会议上，表彰了 2013 年“十强、十快、十先进”产业集聚区。其中，中牟汽车产业集聚区被授予一星级产业集聚区的荣誉称号。

13 日　郑州市副市长杨福平调研中牟县芹菜销售价格偏低情况，以及中牟国家农业公园项目建设、农业嘉年华筹备工作。县领导路红卫、潘开名、楚惠东、张书勤、张建锋陪同。

14 日　农业部中国动物疫病预防控制中心党委书记陈伟生一行，对中牟县动物疫病防控情况、基层动物防疫体系建设进行调研。

15 日　河南省卫生厅手足口病督导专家组到中牟县督导检查手足口病防控工作。

17 日　首届郑州中牟·国家农业公园嘉年华在中牟国家农业公园开幕。其主题为“体验都市农业，感受田园生活”，活动 5 月 3 日结束。郑州市省辖市正市长级干部王林贺宣布开幕，县委书记路红卫致辞。郑州市农委主任周亚民，县领导楚惠东等出席开幕式。

17 日　国家林业局、省林业厅、市林业局有关领导到中牟县检查野生动物保护工作。

19 日　新乡县县长高炜一行带领考察团到中牟县参观新型农村社区建设和三大主导产业发展情况。县领导潘开名、李文岭、张胜利、李庆中陪同考察。

20 日　河南省委常委、郑州市委书记吴天君参观首届农业嘉年华场馆。

22 日　河南省首家生态环境保护法庭在中牟县人民法院挂牌成立。县领导李晓亮等出席揭牌仪式。

22 日　河南省重大林业有害生物防控工作会议在三门峡市召开，中牟国家级中心测报点获全省林业有害生物监测预报先进中心测报点称号。

25 日　中牟县举办郑州市大型豫剧《焦裕禄》首场巡回演出。市委第六督导组组长、省委党校副校长韩斌，市委宣传部副部长董建山，全县副县级以上领导干部到场观看演出。

25 日　焦作市修武县县长卢希望带领考察组对中牟县现代农业建设情况进行考察。县委常委、常务副县长李文岭陪同考察。

27 日　河南省委农村工作办公室常务副主任安伟、郑州市副市长杨福平、郑州市农委主任周亚民到中牟县调研中牟·国家农业公园建设及嘉年华活动开展情况。县委书记路红卫，县委常委、县委办主任张书勤陪同调研。

28 日　郑州市管城回族区区委书记袁三军率考察团到中牟县考察学习新型城镇化建设。县领导路红卫、刘玉玲、李延中、任程伟、李庆中陪同。

29 日　中牟县举行县人民医院、中医院加入郑州市人民医院医疗集团签约仪式。郑州市副市长刘东，县委副书记、代县长潘开名，副县长王洪波出席签约仪式。

30 日　中牟县庆祝“五一”国际劳动节暨 2008—2014 年度劳动模范（先进工作者）表彰大会在县四大班子机关综合办公楼二楼报告厅举行。县四大班子领导路红卫、潘开名、楚惠东、刘玉玲、李延中等出席。

4 月　郑州华强文化科技有限公司第三期项目“郑州中华复兴之路文化科技园区”开工建设。项目占地约 800 亩，其中主题园区占地约 580 亩，计划投资 28 亿元。

4 月　在郑州市政府召开的 2013 年度郑州市组团新区产业集聚区建设先进单位表彰会上，郑州中牟汽车产业集聚区获得 2013 年度郑州市两强产业集聚区称号，中牟新区获得 2013 年度郑州市两强组团新区称号，中牟绿博文化产业园获得 2013 年度郑州市五快专业园区称号。

5　月

5 日　郑州市上街区区委书记樊福太带领上街区党政考察团到中牟县考察学习。县领导路红卫、潘开名、楚惠东、刘玉玲、张书勤、张建锋、李庆中陪同。

7 日　河南省医改办调研组到中牟县调研 2013 年度基本公共卫生服务项目开展情况、实施效果以及项目资金落实、管理、使用情况。副县长王洪波陪同。

8 日　郑州市委第六督导组组长韩斌到中牟县督导教育实践活动。县委常委、组织部部长王朝杰陪同。

9 日　河南省委常委、郑州市委书记吴天君到中牟县调研时，提出以绿博为核心，建设国际化、现代化时尚创意旅游文化新城，打造东方“奥兰多”的新要求。

13 日 河南省政协副主席龚立群率调研组就“提高自主创新能力大力发展现代装备制造业”到中牟县汽车产业园调研。郑州市领导王跃华，中牟县领导路红卫、潘开名、王兴林、申宏尧陪同调研。

13 日 焦作市武陟县县委书记、县长闫小杏率领党政考察团到中牟县参观考察新型城镇化建设工作。县领导路红卫、潘开名等陪同。

14 日 河南省“红旗渠精神杯”视察组到中牟县参观农田水利基本建设工作。副县长张建锋陪同。

15 日 河南省检察院检察长蔡宁到中牟县检察院调研教育实践活动。郑州市副市长吴忠华，郑州市检察院检察长刘建国，县委副书记、代县长潘开名，县委常委、政法委书记李晓亮陪同调研。

17 日 科技部专家组到中牟县调研农业科技园区建设情况。河南省科技厅厅长贾跃，县委副书记、代县长潘开名，县委常委、县委办主任张书勤等陪同调研。

21 日 中牟县首家跨市农民专业合作社联合社河南萩娇农业专业合作社联合社成立。

21 日 郑州市委第六督导组组长韩斌到中牟县督导教育实践活动第一环节“回头看”开展情况。县委副书记楚惠东，县委常委、组织部部长王朝杰陪同。

27 日 中牟县人大常委会主任刘玉玲主持召开十三届人大常委会第二十一次会议，县人大常委会领导冯政忠、郭礼印、段长兴、李鸿欣、李五群、李长宝、王家伦、孙玉霞、田金锁参加会议。县委常务副县长李文岭列席。

28 日 比克（汉丰）科技园、比克（中创）创业园在中牟县汽车产业集聚区集中开工。县委副书记、代县长潘开名，副县长张胜利，县政府党组副书记李庆中出席奠基仪式。

28 日 投资 1 亿元，建筑面积 2.4 万平方米的中牟县妇幼保健院新院正式投入使用。

28 日 中牟火车站客票代售中心正式开业。郑州车站有关领导参加开业典礼。

6 月

5 日 河南省委书记郭庚茂到中牟·国家农业公园调研。

6 日 河南中牟农村商业银行股份有限公司创立大会召开；7 月 12 日，挂牌开业。

6 日 中牟县 2014 年白内障患者免费复明工程在县第二人民医院正式启动。县领导楚惠东参加仪式。

9 日 中牟县汽车产业集聚区郑州日产、郑州泰新汽车零部件研发中心暨 15 个项目集中开工奠基。此次集中开工项目总投资 43 亿元，总占地面积约 755 亩，总建筑面积约 80 万平方米。

11 日 国家农开办外资处处长李建民到中牟县察看农业综合开发项目建设工作。副县长王洪波陪同。

11 日 郑州市人大常委会主任白红战到中牟县调研产业集聚区重点项目建设工作。县领导路红卫、刘玉玲、郭礼印、杨书立、张胜利陪同调研。

11 日 郑州市政协副主席吴晓君到刘集镇察看指导“委员之家”建设工作。县政协主席李延中、副主席刘海燕陪同。

12 日 郑州市委常委、纪委书记郭锝昌到狼城岗镇北堤村走访调研，并与村委会班子成员和群众代表进行座谈。县委书记路红卫，县委常委、纪委书记张永宪陪同。

12 日 郑州市委宣传部常务副部长徐西平到中牟县实地考察绿博文化产业园区、郑州华强文化科技产业基地等文化产业项目。县委常委、组织部部长王朝杰陪同。

14 日 广东省河南商会到中牟县汽车产业集聚区考察。副县长张胜利陪同。

16 日 中牟县举行郑州泰祥汽车产业物流园二期项目奠基仪式。郑州泰祥汽车产业物流园位于中牟县汽车产业集聚区，郑庵镇前李庄村，项目总投资 16 亿元，占地 1348 亩，总建筑面积 77 万平方米。

17 日　郑州市首批旅游标准化试点单位终期验收组到绿博园验收旅游标准化工作。

20 日　中牟县被正式授予河南省慢性病综合防控示范区称号。

24 日　中牟县解放路城中村改造安置房项目开工奠基。县领导潘开名、楚惠东、李延中、张永宪、李文岭、任程伟、朱清伟、李季扬出席奠基仪式。

24 日　中牟县第十届中牟西瓜擂台赛在河南万邦国际农产品物流城举行，200 多名种瓜高手参赛。韩寺镇大洪村村民洪昆以总分第一的成绩成为擂主，姚家镇罗宋村村民宋深定以 33.4 斤重的大西瓜夺得“瓜王”称号。

26 日　中国汽车行业协会的相关负责人和参加中国（郑州）国际汽车后市场博览会第十一届国际汽车用品暨改装博览会开幕式的各地市领导，到中牟县参观中国汽车服务业博览园宏达车业广场，听取关于中牟汽车服务业博览园的工程概况介绍。副县长张胜利参加相关活动。

26 日　河南省畜牧厅有关负责人到中牟县检查无公害畜产品生产工作。

30 日　中牟县汽车产业集聚区万邦社区、公租房、学校等 7 个项目集中开工奠基。县领导楚惠东、李文岭等出席奠基仪式。

6 月　河南省畜牧局到中牟县检查验收“千万吨奶业跨越工程”建设工作。

7　月

1 日　中牟县首个村级社区矫正工作站——官渡镇党庄村社区矫正工作站成立。县政府党组副书记李庆中出席揭牌仪式。

4 日　河南省卫生监督局局长袁立波带领省示范卫生监督机构评审组，对中牟县卫生监督所创建省级示范卫生监督机构工作进行评审。

6 日　郑州方特水上乐园开业。它是华强集团继方特欢乐世界后，在华中地区推出的又一精品项目。

8 日　河南省统计局普查中心到中牟汽车产业集聚区调研“四上”企业入名录库工作。副县长张胜利陪同调研。

8 日　郑州市委常委、纪委书记郭锝昌主持召开中牟县委常委党的群众路线教育实践活动专题民主生活会。省委市委联合督导组组长韩斌出席。县委书记路红卫代表县委常委会通报常委班子及个人对照检查情况；其他县委常委会领导也分别对照检查。

8 日　郑州市委常委、统战部部长王跃华带领督查组，到中牟县督查比克新能源新材料产业园建设情况。县领导张胜利、李庆中陪同。

9 日　民政部副部长顾朝曦带领国务院《信访条例》执法检查组到中牟县检查信访工作开展情况。郑州市副市长吴忠华，县领导路红卫、潘开名、李晓亮等陪同。

9 日　河南省畜牧局副局长王全周到中牟县调研畜牧业生产工作。

12 日　中牟县农村商业银行股份有限公司开业暨“百企授信”新闻发布会召开。县委书记路红卫，省农村信用社联合社、河南银监局、农村中小金融机构有关负责人和社会各界代表及企业家代表 300 余人出席。

14 日　中牟县人大常委会党组班子召开专题民主生活会。省市联合督导组组长韩斌出席会议。县人大常委会班子成员刘玉玲等分别作了对照检查。

14 日　中牟县政协党组班子召开专题民主生活会。省、市委第六督导组副组长拓新强出席会议。县政协党组班子成员李延中等分别作了对照检查。

15 日　河南省气象局调研组到中牟县调研气象现代化建设及综合改革工作。副县长杨勇陪同调研。

17 日　韩国客商参观考察中牟县经济社会发展情况。郑州市人大常委会副主任张学军，县委副书记楚惠东，县委常委、组织部部长王堃杰陪同考察。

17 日　河南省质监局到中牟县政务服务中心，检查指导国家级行政服务标准化示范单位创建工作。

21 日　中共中牟县第十一届委员会第八次

全体（扩大）会议召开。会议贯彻郑州市委十届九次全会精神，总结分析中牟县2014年上半年工作，进一步统一思想，凝聚力量，明确工作重点，狠抓工作落实，确保三年行动计划和全年目标任务圆满完成。路红卫、潘开名、楚惠东、刘玉玲、李延中等县四大班子领导出席会议。

22日　中牟县举行绿博文化产业园规划设计专业园区入驻项目集中签约仪式。县领导路红卫、潘开名、王朝杰、魏玉坤、陈振宇出席签约仪式。

22日　中牟县首个村级便民服务站在黄店镇杓王村正式揭牌成立，让老百姓真正享受到“家门口”“零距离”“一站式”的便民服务。县人大常委会副主任冯政忠、副县长杨勇出席揭牌仪式。

22日　福建省福鼎市考察团到中牟县考察中牟郑银村镇银行建设工作。县领导杨帆陪同。

22日　河南省总工会第六检查组到中牟县总工会帮扶中心检查帮扶资金使用情况。

23日　中牟县林业局成功救助一只国家二级保护动物——夜鹭。

24日　省委督导组领导王流章和市领导郭锝昌一行调研中牟县党的群众路线教育实践活动开展情况。

25日　中共中央组织部领导来万邦考察工作。

25日　河南省政府重点项目建设领导小组办公室副主任黄亚军到中牟县调研省重点项目建设情况。县委常委、常务副县长李文岭陪同调研。

29日　中国人口与发展研究中心一行到中牟县调研。

30日　中牟县被河南省政府评为“河南省畜牧系统先进集体”，奶业集聚区建设项目被市委、市政府列为2014年度郑州市重点项目。

8　月

6日　中牟县第十三届人民代表大会第四次会议开幕。7日上午，圆满完成大会各项议程后胜利闭幕。会议选举潘开名为中牟县人民政府县长。

6日　河南省生态畜牧业项目领导小组到中牟县检查生态畜牧项目建设进展情况。

7日　河南省人大执法调研组到中牟县调研加快新型城镇化进程中规划管理情况。县领导潘开名、郭礼印、任程伟陪同调研。

7日　广西省南宁市考察团来中牟县万邦考察市场运营情况。

8日　郑州·中牟韩国产业园推介会在北京举行。韩国驻华使馆商务公使衔参赞李镐俊，河南省人大常委会副主任张大卫，河南省外侨办副主任郭俊峰，郑州市人大常委会副主任、郑州市总工会主席张学军，县领导路红卫、王朝杰、张胜利及韩国企业家出席推介会。

12日　河南省委副书记、省长谢伏瞻到中牟县人民医院调研中牟县征兵工作。

12日　郑州市委常委、统战部部长王跃华到中牟县察看重点项目建设情况。县领导王朝杰、张胜利、李庆中陪同察看。

13日　河南省委政法委常务副书记李承先，县委书记路红卫，副县长牛健出席县委政法委召开领导班子专题民主生活会。

14日　河北省保定市博野县县委书记陈春霞带领考察团到中牟县考察新型城镇化建设工作。县委书记路红卫，县委常委、常务副县长李文岭陪同考察。

14日　河南省档案局副局长刘延龙到中牟县调研档案工作。

15日　山西省运城市委副书记陈振亮带领考察团到中牟县参观考察产业集聚区建设工作。郑州市副市长杨福平，县领导路红卫、潘开名、张书勤陪同考察。

19日　郑州市政协副主席崔凡到中牟县视察招商引资工作。县领导朱清伟、朱怀召陪同视察。

20日　中牟县大孟镇举行杉杉奥特莱斯广场项目奠基仪式。县领导潘开名、田金锁出席，副县长任程伟主持奠基仪式。

21日　河南省委政法委副书记刘晓云到中

牟县调研平安建设宣传月活动并召开座谈会。郑州市副市长吴忠华，县领导路红卫、潘开名、李晓亮陪同并出席座谈会。

26日 山西省运城市盐湖区委副书记郭一民带领党政考察团到中牟县参观考察产业集聚区建设和重点项目建设工作。

28日 山西省永济市市长带领党政考察团对中牟县新型城镇化发展情况进行考察。

29日 河南省发改委、农业厅，郑州市发改委、农委到中牟县调研都市型现代农业建设工作进展情况，并召开座谈会。

8月 河南省爱卫办专家组对中牟县国家卫生县城复审工作进行考核验收。

8月 中牟县跻身全省首批示范卫生监督创建单位行列。副县长王洪波出席河南省示范卫生监督机构创建工作启动会，并与省卫计委签署共建协议。

8月 河南省常务副省长李克带队到中牟汽车产业集聚区进行观摩。

9　月

3日 河南省司法厅副厅长周济生陪同欧盟法律援助合作项目考察团到刘集镇司法所考察基层法律援助工作。

4日 山西省运城市垣曲县县委副书记尚玉良带领考察团到中牟县参观考察经济社会发展工作。县领导张书勤、王兴林陪同。

9日 中共中牟县委、中牟县人民政府召开中牟县第30个教师节庆祝表彰大会。

10日 中牟县委宣传部联合中牟县文化广电和旅游局举办历时3个多月的“大美中牟，蓝菲之星”歌手大赛，有400多歌手报名参赛。

12日 郑州市政协副主席吴晓君带领视察组到中牟县视察文化产业重点项目建设及运营情况。郑州市文广新局党委书记、局长王霄鹂，县领导王洪波、石小书、任文利陪同视察。

15日 河南省发改委重点项目办公室领导到中牟县视察重点项目建设工作。县委常委、常务副县长李文岭陪同视察。

20日 河南省委组织部领导调研中牟县基层民主科学决策制度和机制建设工作。

20日 第14届雁鸣湖大闸蟹美食文化节在中牟·国家农业公园盛大开幕。

22日 2014美巡中国系列赛第九站比赛——建业天筑·河南公开赛首次来到河南，在圣安德鲁斯（郑州）高尔夫俱乐部举行一场为期一周（22日—28日）的高尔夫精彩赛事。来自24个国家和地区的140多名选手参赛，央视职业高尔夫球频道、新浪网、新华网等对赛事进行跟踪报道。

26日 中牟县汽车服务业博览园内的郑州宏达国际车业广场开园试营业，同时第十届中部汽车用品秋季订货会暨2014年首届汽车用品行业经营高峰论坛会在宏达车业广场开幕。县领导张胜利、李庆中应邀出席开幕仪式。

26日 商丘市柘城县委书记梁辉带领党政考察团到中牟县考察。县委副书记楚惠东、副县长张胜利陪同。

29日 郑州市副市长马健带领市有关单位负责人视察中牟县安全生产工作。县长潘开名陪同视察。

30日 中牟县姚家镇综合开发建设项目签约仪式举行。县领导路红卫、潘开名、楚惠东、郭礼印、杨书立、朱怀召出席仪式。姚家镇和相关部门主要负责人参加签约仪式。

30日 中牟县在烈士陵园举行首个国家烈士纪念日烈士公祭活动。县四大班子领导参加活动。

9月 美国比尔盖茨全球结核病疫苗基金会（AERAS）博士薇淇（Vikey）到中牟县考察结核病防治工作，并寻求“基因重组结核病疫苗”项目合作。

9月 河南省质监局到中牟县政务服务中心对创建国家级行政服务标准化示范单位工作进行中期评估。

10　月

10日 河南省总工会副主席杨会卿到中牟县调研劳动保护工作。

11日 中牟县在人民文化广场举行2014

"郑州慈善日"捐款活动。当天，现场举牌捐款达2200万元，名列郑州市各县市区第一名。郑州市慈善总会会长姚待献，县委书记路红卫，县长潘开名，县委副书记楚惠东，县人大常委会主任刘玉玲，县政协主席李延中等县四大班子领导出席仪式。

11日 中牟县举办中牟县中医院新址暨计划生育服务指导站项目开工仪式。县中医院新址位于县城西区，计划投资3亿元、总建筑面积79969.5平方米。县领导潘开名、张永宪等出席开工仪式。

12日 中牟县第三届运动会暨全民健身大会在中牟县第一高级中学正式开幕。11月14日，中牟县第三届运动会暨首届全民健身大会闭幕。运动会有91个部门单位和42个学校1.5万人参加，是中牟县历年来规模最大、参赛人数最多、参与群众最广泛的一次大型群众性体育盛会。

14日 中央文明办、财政部、教育部审核通过河南省上报的关于2014年中央专项彩票公益金支持乡村学校少年宫项目名单。其中，中牟县刁家乡中心小学获得2014年中央专项资金支持。

20日 中牟县太极文化研究会的赵王欣带领11名会员，在第十届郑州国际少林武术节上与40多个国家，1896名参赛选手同台竞技，过关斩将，最终获得陈式太极拳金奖，陈氏太极剑银奖。

22日 郑州市委宣传部常务副部长徐西平组织各县（市）区委宣传部分管副部长到中牟县绿博文化产业园区进行现场观摩。

28日 中牟县国家级文物保护单位寿圣寺双塔抢险维修加固工程通过河南省古建筑专家组验收。

28日 省市联合督导组到中牟县检查指导教育实践活动。县委副书记楚惠东，县委常委、组织部部长王朝杰陪同检查。

10月 四川省自贡市自流井区党政考察团到中牟县考察现代农业发展和集聚区建设等方面工作。县委常委、县委办主任张书勤陪同考察。

10月 计划投资7.5亿元、占地1000余亩的得源·雁鸣湖通用航空起降中心项目投入试飞运营。

11　月

4日 原郑州市政协主席李秀奇来到中牟县春晖社区察看春晖小学建设和管理运行情况。县政协领导李延中、申宏尧陪同。

11日 河南省残联党组书记、理事长李国成到中牟县调研指导残疾人基本生活状况调查培训工作。

16日 中牟汽车产业集聚区汽车零部件园举行11个项目集中开工奠基仪式。此次集中开工的11个项目，总投资约21亿元，总占地面积约368亩，总建筑面积约57万平方米。县领导潘开名、李文岭、张胜利、李庆中出席奠基仪式。

17日 郑州绿博园景区被河南省文明办、省住房和城乡建设厅、省旅游局联合授予河南省文明风景旅游区称号。

17日 中残联政研室主任陈新民带领督导组到中牟县广惠街街道占杨村，督导第三批残疾人基本服务状况和需求专项调查及监测工作省级培训情况。

19日 县文联邀请原河南省文联主席何南丁，原河南省文联副主席孙荪，河南省文联副主席、河南省文学院院长何弘，省作协副主席杨晓敏、王剑冰、乔叶，著名作家孟宪明，《散文选刊》主编葛一敏等一行到中牟县参观采风。

20日 国家卫生计生委督导组到中牟县检查指导慢性病防治工作。

21日 俄罗斯中国和平统一促进会访问团到中牟县参观郑州日产汽车有限公司。县委常委、统战部部长王兴林陪同参观。

21日 河南省打击劣质油品专项行动督导组到中牟县检查指导打击劣质油品专项行动工作。

25日 郑州市人大常委会副主任王铁良到中牟县调研都市型现代农业建设工作。

25 日　郑州市政府督查组到中牟县督查农村食品市场“四打击四规范”专项整治工作。

26 日　河南省委常委、郑州市委书记吴天君带领市直有关单位负责人到中牟县进行调研。

27 日　国家农业科技园区协同创新战略联盟秘书处办公室主任张少云到中牟县中牟·国家农业公园、万邦国际农产品物流园考察指导郑州市国家农业科技园区创建工作。省市领导刘保民、马健，县领导路红卫、杨书立陪同考察。

27 日　中牟县选手、县商务局闫思帆在河南省文明办主办的“文明河南与爱同行”志愿服务演讲比赛总决赛中，获得一等奖。

11 月　中牟县第一部乡镇志——《雁鸣湖镇志》正式出版。

12　月

2 日　郑州市政协副主席张建国到中牟县察看指导政协工作。

3 日　郑州市复退军人先进事迹中牟报告会在中牟县民政局举行。

8 日　南阳市唐河县考察团到中牟县考察城市规划建设及都市型现代农业建设工作。县领导潘开名、楚惠东、张书勤陪同考察。

9 日　全国义务教育发展基本均衡县督导评估组到中牟县督导评估。中牟县以优异成绩顺利通过国家义务教育发展基本均衡县的评估验收。

12 日　中牟县演艺中心排练出的中牟县现实题材现代豫剧小品和精品戏曲《拆迁之喜》《爷俩竞选》《铡包勉》在中牟县委党校进行首场汇报演出，受到观众欢迎。

12 日　郑州方特欢乐世界经河南省旅游景区等级评定委员会组织评定，成为中牟县第二个国家 AAAA 级景区。

15 日　中牟县汽车产业集聚区举行万邦名车汇、汽车电子商务中心等 7 个项目集中开工奠基仪式。县领导李文岭、张胜利、李庆中出席开工奠基仪式。

16 日　中牟县政务服务中心被国家标准化管理委员会确认为国家级服务业标准化试点单位，成为全省第一家县级全国试点。

16 日　河南省人大常委会农工委调研组到中牟县调研畜牧产业化集群建设工作。县领导李鸿欣、杨勇陪同调研。

19 日　中牟县雁鸣湖镇政府与河南博澳实业集团签约万庄新型城镇化项目。县领导潘开名、楚惠东、张书勤、杨书立出席签约仪式。

20 日　郑州“华夏历史文明传承创新示范区”第五、六期项目签约仪式在郑州举行。河南省省委常委、郑州市委书记吴天君，河南副省长张广智，郑州市委副书记、市长马懿，郑州市委常委、统战部部长王跃华，郑州副市长刘东，中牟县县长潘开名和深圳华强集团总裁梁光伟等出席签约仪式。

20 日　中华复兴之路主题公园暨绿博游客服务中心郑州绿博文化新城开工奠基。

25 日　省市委第六联合督导组组长韩斌到中牟县督导党的群众路线教育实践活动整改落实“回头看”工作。县长潘开名，县委常委、组织部长王朝杰陪同。

26 日　河南省档案安全评估组对中牟县档案馆档案安全风险评估工作检查验收。

27 日　中国产业集聚研究专家、微博区域专家团到中牟县调研春峰果蔬专业合作社建设工作。

28 日　第四届中国特色镇发展论坛发布首届中国特色镇发展创新典型案例征集活动评选结果。中牟县雁鸣湖镇入选最佳案例。

30 日　中央编办三司副司长陈颖到中牟县调研行政审批制度改革和机构编制管理工作。县长潘开名，县委常委、常务副县长李文岭陪同调研。

31 日　中牟县被确定为河南省城乡一体化示范区。

31 日　中牟县顺利通过国家卫生县城届满复核验收。

12 月　中牟县以全省第二名的成绩，顺利通过国务院教育督导委员会检查组对国家义务教育发展基本均衡县的评估验收。

12月 河南省编办调研组到中牟县政务服务中心调研指导行政审批制度改革和机构编制工作。

12月 在第二届河南民间艺术展活动中，中牟县官渡镇许村黑陶烧制技艺传承人许道先的作品《镂空鱼瓶》荣获三等奖并被河南省博物馆收藏。

12月 大孟镇被文化部授予中国民间文化艺术之乡（中国武术之乡）称号。

年底 《中牟年鉴》（2013）在中国版协年鉴工作委员会组织的第五届年鉴编纂出版质量评比中，连续获得综合三等奖、框架设计三等奖、条目编写三等奖和装帧设计二等奖共4项国家级奖励。这在中牟县地方史志编纂历史上是第一次。

当年 中牟县依法进行第八届村民委员会换届选举工作。全县274个村委会（其中一个为村委会体制社区）全部进行换届选举，成功率为100%。

（各有关单位供稿）

编辑：冯喜平

县情概要

自然环境

【概况】 中牟县位于北纬34°26′—34°56′、东经113°46′—114°12′（包含托管区域）之间，地处中原腹地、河南省中部偏东，隶属郑州市。东邻古都开封市，西接省会郑州市，南与新郑市、尉氏县接壤，北濒黄河与原阳县相望。中牟古称圃田，西汉初始置县。汉高帝十二年（公元前195年）称中牟侯国，武帝元鼎五年（公元前112年）复为县；隋开皇元年（公元581年）改称内牟，十八年改内牟为圃田；唐武德三年（公元620年）置牟州，武德四年废牟州仍为县。其后行政区隶属虽多有变化，县名至今未变，治所多在今县城一带。新中国成立后，中牟曾属陈留专区、郑州专区、开封专区，1983年7月划归郑州市市辖县。境域南北最大长度（坐标顶点距离）55公里，东西最大宽度39公里，全县总面积1406平方公里，县城建成区面积20平方公里。下辖11乡镇、3个街道办事处（包含托管区域）。

【地质地貌】 中牟县境内地层上部为距今200万年的新生代第四纪松散沉积物发育而成，沉积岩为黄河冲积物和洪积物，土壤有亚砂土和粉砂土两大类，杂有亚砂土和黑色淤泥夹层。受沉积初期基面不平及地质构造差异的影响，总厚度变化很大，其规律是北厚南薄，黄河大堤至县城的厚度为350—250米，县城以南厚度剧减，至姚家一带，厚度仅有30—40米。受新华夏系构造体系的影响，城北隐伏有一条南北走向的大断层破碎带。近期的构造体系对县境的地层厚度也有影响，地层厚度变化呈西升东降趋势。

中牟县属黄淮平原，全县土地岗、洼相间，地形复杂，地貌多变。县北中部受黄河、贾鲁河冲积影响，沿贾鲁河、运粮河形成自西北向东南略呈倾斜的两大扇形槽状地带。全县基本地势是西高东低，南北高，中间低的槽状地带。西南部高，海拔达154米；东南部低，韩寺镇胡辛庄村东全县最低点，海拔73米；相对高差81米。县城海拔78.1米。从县西、西南一线向东逐渐降低，坡降为1/100—1/600；从郑庵镇台前村以东以北，黄店镇袁家村以北以东，到东南部县界，坡降减为1/1000—1/2000；西北部由黄河堤向南，直到东南部县界，是黄河久泛故道，地势略呈槽状，降为1/1000—1/2000。

全县地貌分为四种：1. 河漫滩。分布于黄河滩区和贾鲁河滩区。黄河大堤内的河漫滩呈带状沿黄河延伸，中牟县内宽约10公里。主河槽以南的滩地分为嫩滩、二滩和老滩。嫩滩属河槽的一部分，黄河流量450立方米/秒时就会浸滩。二滩比嫩滩高1.5米，流量超过1000立方米/秒时就会浸滩，并出现河岸坍塌。老滩比二滩高2.5—4米，一般不过水，已开发为成为良田。贾鲁河滩地面积约6万亩，由于上源支流及引黄河淤灌带入大量泥沙，河床逐年增高，遇上游大雨就会漫滩。经1993—1999年治理，减少河床占地，提高泄洪能力和滩地保收程度。2. 黄泛平原。主要分布在黄河大堤以南的运粮河、贾鲁河两岸平坦部分，因黄河和贾鲁河不断泛滥而形成冲积平原。3. 沙丘、沙垄、沙地。主要分布在姚家、郑庵、官渡和黄店等乡镇北部，刁家乡南部、西部一带。沙丘、沙垄多呈东北—西南、西北—东南走向，相对高度2—7

米。20世纪50年代以后，经过长期的植树造林、防风固沙，大部分沙丘、沙垄被固定。4. 硬岗沙地。主要分布在黄店镇南部，属豫西丘陵向豫东平原延伸的尾部。海拔105—154米，岗坡起伏明显，岗垄两侧多为沙土。

（审核：段军领　撰稿：魏希强）

【水系】　过境水和境内河流：中牟县过境水主要有北邻的黄河和穿越全境的贾鲁河。其中黄河流经中牟境内39.3公里，有杨桥、三刘寨2个引黄口门，年分配水量0.95亿立方米；贾鲁河境内长56.57公里，多年平均径流量4.67亿立方米。

境内骨干河道、滞洪区：中牟属淮河流域。全县80%的面上排水由各内河支沟排入贾鲁河。骨干排水河道9条，分别为贾鲁河、七里河、运粮河、水溃沟、大孟沟、石沟、堤里小清河、丈八沟和小清河。滞洪区2处，分别为庙后马、后孙滞洪区。

（审核：王凤军　撰稿：高梦翔）

【气候气象】　中牟县位于河南省中部，隶属省会郑州市，东接古都开封，西邻省会郑州，属典型的中纬度暖温带大陆性季风气候，四季分明，气候温和，雨热同期，季节分配不均，雾、霾、暴雨、干旱、干热风、大风等自然灾害均有发生，对人类生活和农业生产影响较大。

2014年中牟县气候特点是：气温特高，降水偏少，日照时数偏少。2014年平均气温16.0℃，7月最热，月平均气温27.9℃；2月最冷，月平均气温0.7℃。2014年总降水量459.4毫米，2014年日照时数1759.1小时。光、温、水条件对各类农作物生长、成熟都较为有利也有弊，对其他行业的影响也各有利弊，但总的来说利大于弊。

（审核：李敏　撰稿：朱翠红）

自然资源

【土地资源】　2014年，中牟县总面积140559.4公顷（包含托管区域）。其中，耕地74699.03公顷（水田927.83公顷、水浇地70162.79公顷、旱地3608.41公顷），园地2205.61公顷（果园2193.16公顷、其他园地12.45公顷），林地17001.87公顷（有林地13920.45公顷、灌木林地53.46公顷、其他林地3027.96公顷），草地1450.14公顷，城镇村及工矿用地21961.95公顷（城市195.79公顷、建制镇8019.03公顷、村庄11716.68公顷、采矿用地1235.24公顷、风景名胜及特殊用地795.21公顷），交通运输用地6400.44公顷（铁路用地277.14公顷、公路用地3552.65公顷、农村道路2570.65公顷），水域及水利设施用地15350.30公顷（河流水面1837.92公顷、湖泊水面47.25公顷、坑塘水面4427.80公顷、内陆滩涂5944.04公顷、沟渠1944.93公顷、水工建筑用地1148.36公顷），其他土地1490.06公顷（设施农用地1437.64公顷，田坎52.42公顷）。

（审核：段军领　撰稿：魏希强）

【水资源】　中牟县（区划调整前）水资源评价总量3.71亿立方米；平水年为3.63亿立方米；中旱年为3.21亿立方米。水资源可利用量：多年平均为3.47亿立方米；平水年为3.40亿立方米；中旱年为3.04亿立方米。

全县水资源空间分布极不均匀。县北有引黄客水，加上黄河侧渗，地下水资源模数高达20.6万立方米/平方公里，属极富水区或富水区，涉及的乡镇有万滩、雁鸣湖、狼城岗、大孟、刘集全部；县中部贾鲁河两岸为弱富水区，地下水资源模数为19.4万立方米/平方公里，涉及的乡镇（街道）主要有青年路、东风路、韩寺、官渡及姚家、郑庵部分地区；县南部沙区为弱贫水区及贫水区，地下水资源模数为11—15.1万立方米/平方公里，生产、生活用水的唯一来源是地下水，主要有及郑庵、姚家部分地区。水资源南贫北富中间脏反差极大。县城由于人口集中，工业取水量大，地下水开采程度较高。

中牟县水资源形势不容乐观。随着社会经济的高速发展，全县水资源分布不均造成的供需矛盾进一步突出。

【生物资源】 中牟县属暖温带落叶阔叶林植被带。乔木树种主要有107杨、108杨、刺槐、泡桐、椿、楝、榆、柳、侧柏等；绿化树种有法桐、合欢、楸树、白蜡、栾树、紫薇、桂花、香樟、女贞等；经济林树种主要有枣、苹果、梨、桃、杏、李、柿子、石榴、葡萄、樱桃、银杏等；灌木主要有紫穗槐、白蜡条、黄杨、火棘、月季、紫荆等，木质藤本植物主要有紫藤、迎春、连翘等；草类主要有：蒿草、狗尾草、猪毛草、节节草、白草等。

中牟县有各种古树名木67株，其中包括古树群1处，共计33株，按级别划分，国家一级古树5株，国家二级古树9株，国家三级古树20株。涉及姚家镇、刁家乡、黄店镇、官渡镇、大孟镇、雁鸣湖镇、郑庵镇、广惠街街道、青年路街道9个乡镇（街道办事处），其中有百年以上的槐树、柏树、皂荚、黄连木、毛白杨，有1000年以上的乌柏、拴马槐，有稀有树种枳、黑弹朴等。

（审核：高丽美　魏振峰　撰稿：樊俊红　万利敏）

建置区划

【区划沿革】 中牟古称圃田，西汉初始置县。三国时期（公元220—265年）属魏国司州，晋代（265—420年）属司州荥阳郡。南北朝北魏时期（386—534年）曾并入阳武，后复称中牟，属北豫州荥阳郡，东魏时期（534—550年）又复称中牟县，属北豫州广武郡，北齐时期（550—577年）属北豫州荥阳郡，北周时期（577—581年）属荥州。隋朝时期（581—618年）称内牟，后短期改称圃田县，属郑州荥阳郡。唐代时期（618—907年）复称中牟县（其间短期置牟州），属郑州荥阳郡。五代时期，先属东京开封府，后属东京汴州。北宋时期（960—1127年）属京畿开封府。金代（1115—1234年）属南京路开封府。元代（1276—1368年）属河南行省汴梁路。明、清时期（1368—1911年）属河南省开封府。民国初年属河南省豫东道。1949年1月至1952年7月属陈留专区。1952年属开封专区。1983年7月划归郑州市管辖。

【区划现状】 2014年，中牟县辖刁家1个乡，东风路、青年路、广惠街3个街道，姚家、大孟、韩寺、官渡、狼城岗、雁鸣湖、黄店、万滩、刘集、郑庵10个镇，下辖439个自然村、273个行政村和11个社区。

中牟县各乡（镇、街道）村庄名称

乡镇	自然村数	行政村数	社区数量	面积（km^2）	人口（人）	村名
东风路街道	14	8	4	22	14137	大潘庄（叠路头）、尚庄、小潘庄（十里铺）、六里岗、五里岗、郭庄（曹宋）、孟庄（小辛庄、曹庄）、史庄（小洪）、红宇社区、官渡社区、圣景社区、晨光社区
青年路街道	19	8	4	16.4	13435	自由街（谷堆刘）、民主街、西街、西关（演武、沟沿王）、东关（城角、洞上、前毛井）、小孙庄（小段庄、堤湾刘）、邢庄（袁庄、小冉庄）、明山庙（三官庙）、城东社区、三公司社区、东大街社区、绿云社区

续表 1

乡镇	自然村数	行政村数	社区数量	面积（km²）	人口（人）	村名
广惠街街道	21	12	2	39.7	19863	桃村李、徐庄、毕虎、刘圪垱、后路俭、占杨（南占杨、北占杨）、朱博士、三王（王安、马丁堡、后刘庄）、岗头桥（十里铺、孔庄）、二十里铺、后潘庄、刘申庄（占李、马丁堡）、金帝城社区、祥瑞社区
刁家乡	37	28		82.4	36496	龙王庙、城前张、石灰窑、庙张、牛家、小王庄、府李庄、西陶、坡东李、白家、马家、水沱寨（吕家）、赵集、河田、孙家、蒋家、藕池任、豆腐刘（东豆腐刘、西豆腐刘）、沟张、莲花池、刁家、沃孙（鸭李、窝李）、石家、卞家、东陶（小陶）、葛家（前陈、小井）、宋家（张庄）、韩家（小张庄）
姚家镇	34	22		87.1	32607	阎家（跨李）、老八庄、刘张、小胡、岗王、杨庄（小密县）、七里岗、念芦、十里头、十八里芦、雷家、雍家、土山店、姚家（王圪垱）、罗宋、梁家、春岗（东春岗、西春岗、前赵）、绪张（前孙、后王）、大胡、扯棚张、时家（后孙、许家）、校庄（毛庄、乔庄、油张）
大孟镇	72	32		105.9	50548	大孟、王林庄（车庄、套庄、苏庄）、李小安（六府营、曾庄、寺前李）、朱大汉（三户李、后孟）、茶庵、余庄（五所楼）、李南溪（娄台、周庄、结帽李、冯庄）、大吕、崔庵（郭庄、霍庄）、万胜、新郑岗、毛拐（李贤庄、杨佰胜）、大韩庄（小韩庄、园堂树）、土寨（杨庄、张圪垱、善张）、枣林朱（李四庄、北冯庄、刘坊庄）、洪岗、彦岗、芦岗（贺岗、堤头）、阎堂、信王、大庙李（董圪垱、盆王、李黄庄、靳庄）、湾张（小湾马、湾刘）、草场（小靳庄、小衡庄）、岩庄店（焦庄）、岳吴庄、邱堂（前邱堂、后邱堂、牛四庄）、郑岗、大衡庄（石狮冉）、沙岗王（小毛庄）、张湾村、王万岭村、耿石屯
韩寺镇	34	22		50.3	38637	东营、古城（小王庄）、东岗（李楼）、刘庄、小韩庄（朱家村）、姚家、大洪（兴隆岗）、马家（黄坟）、寺后、董店（时寨村）、瓦灰郭、西营（界马、尖岗）、你吾岗、半截楼、胡辛庄、南岗（北岗村）、潘店胡、陈桥、荣庄（徐庄村）、大李庄、郭辛庄、边庄村（小李庄、小孟庄）
官渡镇	72	43	1	122.5	61809	赵砦（后於）、小王庄、田庄（小刘庄）、大马砦（天王寺）、大段庄（小周庄）、郑庄（盖寨张）、邱庄、官渡桥（逐鹿营）、惠庄（大王庄、闫庄）、冉庄、段庄、二十里铺、许村、后黑砦、小马砦（潘庙）、小李庄、魏寨、店李口（蒜王、荣华岗、柴寨）、周庄、前於、前庄（赶帽李、后庄）、前黑砦（万庄、郭庄）、马庄桥、党庄（刘庄、常庄）、十里铺、韩庄、西吴（东吴、芝麻岗、孙庄）、仓寨（桑园、门庄）、板桥、付庄（小庄）、董庄、邵岗（胡寨）、水溃、后董庄（连沿庄、老湾嘴、王庄）、李庄、宋庄、吴庄（小吴庄）、孙庄、下板峪、北沟村、石井村、中吴村、下吴村、金源社区
狼城岗镇	19	15		132.2	37776	瓦坡、东狼城岗、后史庄、北堤（撑堤）、南仁、南北街（曹楼、斜庄）、南韦滩、太平堤（斜庙）、北韦滩、西狼城岗、青谷堆、姚寨、辛庄、曹寨、全店村
雁鸣湖镇	22	19		95.1	26391	朱固、孙拔庄（王庄村）、司口、小朱、小店、太平庄（张满庄）、韩寨、杏街、张庄、阎寨、九堡、辛寨、西村、东村、万庄（李庄）、丁村、岳庄、穆山村、魏岗村

续表2

乡镇	自然村数	行政村数	社区数量	面积（km^2）	人口（人）	村名
黄店镇	32	21		77.11	40656	段村、杓王、武家（郭庄）、岗陈、打车李、马庄（后马庄）、业王、西谢、油坊王、绰王（隆家）、罗家（沙王庙）、李村（后杜、小丁庄）、袁家、祥符营、庵陈、冯家、王俭（赵家、伊家）、黄店、前杜（河湾李、东谢）、八府赵（毛家）、冉家〔圈后、黑李、水西、石家（河郭）、武张、洪家、八李、郝营、侯庄、大路张（杨庄）、申家由航空港区代管〕
万滩镇	20	15		62.73	15652	关家、七里店、油坊头、坡岗李（小月庄、李相庄）、三刘寨、十里店、王庄、安庄（闹市口、六堡）、毛庄、沙坡池、董岗、李显吾（秦庄）、杨岗、杨家村、杜湾村〔娄庄（娄庄、圪垱张）、孙庄、永定庄（永定庄、小朱庄）、杨桥（杨桥、师厂）、台肖、万滩由郑东新区代管〕
刘集镇	20	10		26.39	13543	徐庄（张老庄）、贺兵马、冉老庄（翟庄、赤兔马）、冯庄、朱塘池（穆楼、朱三庄、盆窑）、崔庄（河东李、周庄、闫阁）、祥符营、鲁庙、大冉庄、段庄（小庄、小朱庄）〔小冉庄（小冉庄、丁庄）、马杨（马杨、鲁庄、关帝庙）、刘集（刘集、后刘集、西刘集）、赵寨、朱庄（朱庄、杜庄）、大吴、西徐庄、贺庄、北周庄、彦庄（彦庄、小张庄、姚孙、郭庄）、常白、杨庄、后梁（后梁、刘辛庄）、岗赵（岗赵、小刘庄）、姚湾、后湾村、后洼村、马仙李（马仙李、前梁）、岗吴、王庄由郑东新区代管〕
郑庵镇	23	18		40.83	24667	前杨、台前（郭坑）、前路俭、大庄、贾庄、大汾店（小赵庄、小王庄）、刘庄、黑牛张、东赵（西赵）、韩河、刘巧（贺庄）、后李庄、彦张、郑油磨、砚台寺、小庄、前李庄、郝庄〔潘店寨、小杜庄（后杨）、范庄、螺蛭湖、路庄、常庄、坡刘、贾堂（贾堂、小郑庵）由郑州经开区代管；大白庄由航空港区代管〕
八岗镇						丁刘、河头陈（河头陈、西岗、河西）、常店、冯庄（冯庄、王庄、闫家）、伊家（前伊、后伊）、祥符刘、树头村、八岗、单家（单家、达士李）、梁庄、张堂、蒲北孙、前张、前吕（后吕、高陈）、蔡庄坡、庙后（乔家、蔡家、小庄）、滹沱张（绪张）由航空港区代管
三官庙镇						姬庄、小辛庄、坟西马、耿家（耿家、小南庄）、高庄陈、坡董、白庙、岗李（岗李、野张）、祥符、王庄（王庄、小高庄、梁庄）、魏家、双楼王、鼎店、吴村（吴村、韩家）、张马（张马、林家）、三官庙、三异张、杨庄、教场王、教场袁、野王、湾王、坡刘（坡刘、小杜庄）、秦家、前段（前段、李府、后段）、冯堂、蒿家、郑家、马家、前李（范家）、大辛庄、宋家（王家、后张）、赵家、芦家（岗李、冉老庄）、清明李、水牛张、苏家、候村寺、土墙、高家、丁庄（后梁）、后李、楼王、圪垱街、楼赵、姜家（王庄）、冯家由航空港区代管
白沙镇						李湖桥、龙王庙、高庄、岗李、康庄（康庄、蒋庄村、小雍庄）、白坟、杜桥（杜桥、朱庄、十字路村）、小陈（小陈、毕桥村）、大有庄（大有庄、张湖桥）、大陈、魏庄、南岗（南岗、小南岗）、大雍、白沙、堤刘（堤刘、赤兔马）、前程（前程、后程村）由郑东新区代管；南寺、冉庄、韩庄（韩庄、古城村）、小张巨自然村、袁庄（袁庄、小韩庄）由郑州经开区代管

续表3

乡镇	自然村数	行政村数	社区数量	面积（km^2）	人口（人）	村　名
九龙镇						能庄、蒋冲、大任楼、黄商、阎坟、东贾（东贾、彭庄、大张坡、枣园、小张坡）、西贾（西贾、后张庄、河西、宋庄）、肖庄（肖庄、吴堡庄）、谢庄、太平庄（太平庄、小东庄、毛圪垱）、席庄、九龙、后王、国庄、后魏、八里湾、祥云寺、祥符芦、王庄、前王（前王、西场、南场）由郑州经开区代管；老张庄、小关庄（小关庄、李坑）、大关庄、小李庄（刘家、马家、贾家、李家、席家）由航空港区代管
张庄镇						小河流、大寨、马庄、大河刘、大老营、凌庄、纸坊、湛庄、大马、翟庄的杨大文自然村、张庄、生金李（生金李、贾庄、小李庄、磨王）、翟庄、前霍（前霍、后霍）、宋庄（宋庄、河范、坡张）、小马、吕坡（前吕坡、后吕坡袁庄、火神庙）由航空港区代管
合计	439	273	11	960.66	426217	

（审核：周盾营　撰稿：朱瑞雪）

国民经济和社会发展状况

【概况】　2014年，中牟县认真贯彻落实党的十八大和十八届三中四中全会精神，以“三大主体”工作为统揽，抓改革，强投资，调结构，求提升，努力实现经济社会持续健康快速发展要求开展工作，各项社会事业全面进步，较好完成年初确定的主要目标任务。

【综合】　初步核算，2014年，中牟县完成生产总值242.9亿元，比上年增长7.0%，其中：第一产业增加值22.9亿元，比上年增长4.0%；第二产业增加值135.0亿元，比上年增长7.4%；第三产业增加值85.0亿元，比上年增长7.6%。三次产业结构由上年的11.1：55.0：33.9变为9.4：55.6：35.0，其中，第一产业所占比例比上年下降1.7个百分点，第二产业所占比例比上年提升0.6个百分点，第三产业所占比例比上年提升1.1个百分点。

2014年，中牟县居民消费价格总水平比上年上升2.0%。八大类价格中，食品类价格上升2.4%；烟酒及用品类价格上升1.7%；衣着类价格上升4.0%；家庭设备用品及维修服务类价格上升1.0%；医疗保健和个人用品类价格上升2.6%；交通和通信类价格下降2.2%；娱乐教育文化用品及服务类价格下降0.2%；居住类价格上升3.4%。

【农业】　2014年，中牟县粮食种植面积49.6万亩，其中小麦种植面积20.1万亩。棉花种植面积1.6万亩，油料种植面积15.3万亩，蔬菜种植面积37万亩。粮食产量19.6万吨，其中夏粮产量8万吨，秋粮产量11.5万吨。棉花产量0.1万吨，油料产量4.8万吨，蔬菜产量94.9万吨，园林水果总产量1.8万吨。

2014年，中牟县造林面积2453公顷。“四旁”植树277万株，育苗面积521公顷，中、幼龄林抚育面积3.6万公顷。

2014年，中牟县肉类总产量4.2万吨，禽蛋产量2.2万吨，牛奶产量12.1万吨。

2014年，中牟县新增有效灌溉面积670公顷，新增节水灌溉面积5770公顷，新增水土流失综合治理面积430公顷。

2014年，中牟县农业机械总动力74.0万千瓦，农用拖拉机3.6万台，农用运输车1.5万辆，化肥施用量（折纯）3.7万吨，农村用电量1.5亿千瓦时。

【工业和建筑业】　2014年，中牟县全部工业完成增加值114.5亿元，比上年增长6.2%。规模以上工业企业完成增加值95.6亿元，比上年增长7.0%，其中非公有制工业增加值65.6亿元，比上年增长5.1%；高技术产业增加值0.2亿元，比上年下降72.1%。

规模以上国有企业完成增加值1.4亿元，比上年增长11.2%；集体企业完成增加值0.3亿元，比上年增长3.1%；股份制企业完成增加值60.2亿元，比上年增长12.7%；外商及港澳台商投资企业完成增加值28.0亿元，比上年增长11.0%；其他企业完成增加值5.7亿元，比上年下降37.2%。

轻工业完成增加值23.0亿元，比上年下降8.5%；重工业完成增加值72.6亿元，比上年增长13.1%。

规模以上工业主要行业中，农副食品加工业增加值10.2亿元，比上年增长0.9%；家具制造业增加值1.1亿元，比上年增长6.6%；化学原料及化学制品制造业增加值2.4亿元，比上年下降56.9%；非金属矿物制品业增加值5.0亿元，比上年增长14.1%；汽车制造业增加值44.9亿元，比上年增长21.3%。

饲料产量18.5万吨，比上年下降12.0%；纸制品产量20.4万吨，比上年增长1.3%；砖产量36.1亿块，比上年增长21.9%；家具产量43.1万件，比上年增长18.6%；速冻米面食品5.6万吨，比上年增长22.1%；汽车产量14万辆，比上年增长6.9%；汽车配件1618万件，比上年增长46.8%。

2014年，中牟县规模以上工业企业主营业务收入373.3亿元，比上年增长2.1%。实现利税43.7亿元，比上年下降19.1%，其中，税金总额16.8亿元，比上年下降9.7%；利润总额26.9亿元，比上年下降24.1%。亏损企业亏损额0.2亿元，比上年下降58.6%。应收账款22.8亿元，比上年增长55.4%。年末产成品库存9.5亿元，比上年增长17.9%。

2014年，中牟县有资质内建筑业企业26家，完成产值48.2亿元。施工房屋面积218.4万平方米，竣工房屋面积106.2万平方米。

【固定资产投资】 2014年，中牟县固定资产投资（不含农户）完成273.4亿元，比上年增长18.7%。其中，国有经济控股投资91.4亿元，比上年增长16.9%；民间投资140.6亿，比上年增长16.1%。分产业看，第一产业投资16.1亿元，比上年增长136.4%；第二产业投资72.4亿元，比上年增长12.4%；第三产业投资184.9亿元，比上年增长16.2%。从到位资金情况看，2014年，中牟县到位资金275.8亿元，比上年增长18.5%。其中，国家预算资金增长83.8%，国内贷款下降49.3%，自筹资金增长42.1%。

2014年，中牟县房地产开发投资36.4亿元，比上年增长29.5%，其中住宅投资增长58.8%。房屋新开工面积53万平方米，比上年下降64.4%，其中住宅新开工面积下降66%。全县商品房销售面积39.4万平方米，比上年下降4.4%，其中住宅销售面积下降6.2%。全县商品房销售额20.1亿元，比上年增长6.4%，其中住宅销售额下降0.4%。

【国内贸易】 2014年，中牟县社会消费品零售总额完成80.0亿元，比上年增长13.3%，其中限额以上批发零售贸易企业零售额完成23.9亿元，比上年增长15.9%。

分行业看，批发业零售额12.8亿元，比上年增长15.6%；零售业零售额58.5亿元，比上年增长12.8%；住宿业零售额0.3亿元，比上年增长19.7%；餐饮业零售额8.3亿元，比上年增长13.1%。

【对外经济】 2014年，中牟县实际利用外商直接投资额5235万美元。出口总值10883万美元，比上年下降47.6%。

【交通、邮电和旅游】 2014年，中牟县交通运输业客货运周转量发展速度比上年增长7.4%。

2014年，中牟县邮电业务总量比上年增长17.2%。其中，电信业务总量比上年增长

16.9%；邮政业务总量比上年增长37.1%。

2014年末，全县固定电话用户达3.1万户，比上年下降43.5%。

2014年，中牟县接待游客584.06万人次，比上年增长12.5%。旅游总收入55.46亿元，比上年增长13.8%。年末有A级旅游景区4处，国内旅行社2家，星级酒店1个。

【财政、金融和保险】 2014年，中牟县地方财政公共预算收入31.7亿元，比上年增长5.8%。财政一般预算支出50.7亿元，比上年增长16.5%。

2014年末，中牟县金融机构各项存款余额272.7亿元，比年初增加41.1亿元，增长17.7%，其中城乡居民储蓄存款余额183.3亿元，比年初增加35.7亿元，增长24.2%。全县金融机构各项贷款余额148.6亿元，比年初增加26.8亿元，增长22.0%。

2014年，中牟县寿险保费收入16836万元（不含法人在外地的产业活动单位，下同），比上年增长18.3%。其中，寿险收入16080万元，比上年增长19.8%；健康险和意外伤害险收入756万元，比上年下降14.0%。寿险赔付额849万元，比上年增长21.0%。

【科学技术和教育】 2014年，中牟县组织实施科技项目55项，比上年下降3.5%，其中省级以上项目4项，市级项目26项。中牟县专利申请量达305件，比上年增长15.1%；专利授权量119件，比上年下降42.5%；签订技术合同152份，比上年下降0.7%。技术合同成交额2.5亿元，比上年增长44.9%。2014年，中牟县研究与试验发展（R&D）经费支出4020万元，比上年增长26.8%。

2014年末，中牟县有中等职业技术教育学校8所，招生2333人，比上年增长0.5%；在校学生6453人，比上年增长19.7%；毕业2403人，比上年下降17.1%。普通高中3所，招生4190人，比上年增长8.0%；在校学生12142人，比上年增长1.2%；毕业3980人，比上年下降3.0%。普通初中18所，招生6771人，比上年下降5.1%；在校学生19145人，下降5.0%；毕业5953人，比上年下降16.2%。普通小学78所，招生11461人，比上年下降5.8%；在校学生59927人，比上年增长2.7%；毕业6916人，比上年下降3.2%。幼儿园在园幼儿28454人，比上年增长0.7%。

【文化、卫生和体育】 2014年末，中牟县有公共图书馆1个，文化馆1个，文物所1个，艺术表演团体1个，广播电台1座，电视台1座。全县广播人口覆盖率达99%，电视人口覆盖率达100%。全县有线电视用户9.6万户，比上年增长21.5%。

2014年末，中牟县有卫生机构364个，其中医院、卫生院20个。床位2959张，比上年增长17.2%。卫生技术人员2347人，比上年增长20.9%。其中，执业医师、执业助理医师953人，比上年下降9.6%；注册护士1030人，比上年增长35.9%。防疫站1个，卫生技术人员128人，比上年增长85.5%；妇幼卫生机构1个，卫生技术人员149人，比上年增长15.5%；乡镇卫生院11个，卫生技术人员515人，比上年增长5.7%；床位749张，比上年下降8.0%。卫生监督检验机构1个，卫生技术人员25人，比上年增长56.3%。

【人口、人民生活和社会保障】 2014年，中牟县常住人口471892人，城镇人口189559人，乡村人口282333人，城镇化率40.17%。城镇居民人均可支配收入22724元，比上年增长10.3%，人均消费性支出13831元。农村居民人均纯收入13849元，比上年增长10.4%，人均生活消费支出8179元。

2014年，中牟县城镇居民最低生活保障人数1608人，比上年下降25.2%；发放城镇居民最低生活保障金752.7万元，比上年下降17.5%；农村居民最低生活保障人数10346人，比上年下降12.1%；发放农村居民最低生活保障金1918.3万元，比上年下降27.2%；接受城乡医疗救助1557人，比上年下降24.1%；发放城乡医疗救助资金242.3万元，比上年下降30.7%；各类福利院床位数542张，比上年下降44.9%；福利院收养222人，比上年下降41.1%。

（审核：李军法　撰稿：梁耀匀）

组织机构

中共中牟县委

书　记　杨福平（3月免）
　　　　路红卫（3月任）
副书记　路红卫（3月免）
　　　　潘开名（3月任）
　　　　楚惠东
常　委　杨福平（3月免）　路红卫
　　　　潘开名（3月任）　楚惠东
　　　　张永宪　李文岭　张书勤
　　　　王兴林　程伟刚（2月免）
　　　　李　芳（女，2月免）　李晓亮
　　　　王朝杰　李长松（2月任）

·县委工作机构·

县委办公室

主　任　张书勤
常务副主任　何　胜
副主任　朱星伟　张胜勇　李韶敏
　　　　王红生　师永超　白延峰

县委督查室

主　任　朱星伟
副主任　许永亮　蔡　贝

县委机要局

局　长　冉　宁
副局长　陈　亮

县国家保密局

局　长　王　锋
副局长　杜　哲

县国家密码管理局

总工程师　冉　宁　杜小军

注：县国家密码管理局与县委机要局一个机构、两块牌子。

县长效办

主　任　王红生

组织部

部　长　王朝杰
副部长　李书彬　段长海　董胜军

县直机关工委

书　记　李韶敏（女）
副书记　张轶华（女）

人才办

主　任　崔志涛
副主任　王　杉（女）

电教中心

主　任　周宝丽（女）
副主任　李　辉　郭雷波

县绩效办

主　任　陈宣陶
副主任　张彦玲（女）

宣传部

部　长　李　芳（女，3月免）
副部长　衡文学　吕运奇
　　　　孙慧莹（女）

文明办

主　任　贺　敏（女）
副主任　许文焕（女）　吴广瑞（女）

文　联

主　席　王银玲（女）
副主席　段长焱

统战部

部　长　王兴林
副部长　霍新全　王　文
　　　　丹明琴（女，回）
　　　　周爱松　曹书杰
　　　　朱志强

县台办

主　任　曹书杰

民族宗教事务局

局　长　丹明琴（女，回）
副局长　屈巍平
副局长　马　静（女，回）

县归国华侨联合会

主　席　马丽霞（女）
副主席　田慧杰（女）

县委群众工作部（县信访局）

局　长　姬会杰
党支部书记、副局长　马丽芳（女）
副部长、副局长　李新志　杨静伟
工会主席　刘建丽（女）

县委政法委

书　记　李晓亮
副书记　吴小五　郭水文　李志勇

综治办

副主任　刘彦俊　李艳坡　张　涛

维稳办

主　任　范志强
副主任　张书敏　王　彪

防范办

主　任　石永研
副主任　王　鹏

县编办

主　任　段长海（10月免）
　　　　姚保林（10月任）
副主任　马晓辉　杨　霞（女）

县事业单位登记管理局

局　长　马晓辉

·部门管理单位·

县委老干部局

局　长　刘　欣
副局长　王顺岭　孙志强

关工委办公室

主　任　李建敏（女）

·直属事业单位·

县委党校

校　长　楚惠东（兼）
党委书记、常务副校长　李虎群
副校长　蔡敬河　吴国新
纪委书记　李　钦

档案局

局　长　谢　悦（女）
副局长　胡玉昌　李　昊
　　　　刘晓莉（女）

接待办

主　任　贺学勤（女）
党支部副书记　袁新科（9月任）
副主任　邱耀辉
工会主席　杜县府

·县委办下属事业单位·

党史研究室

主　任　霍银群

中共中牟县纪委（监察局）

书　记　张永宪
副书记　白由祥
　　　　闫志强（6月任）
常　委　黄德鑫　边河森
　　　　蒋彦荣（女）　朱马涛

监察局

局　长　白由祥
副局长　贾红霞（女）　洪玮琨
　　　　王振杰

优化局

局　长　董玉国
副局长　吕国政　朱红霞（女）

中牟县人民代表大会

县人大常务委员会

主任、党组书记　刘玉玲（女）
副主任　冯政忠　郭礼印　段长兴
　　李鸿欣　李五群　李长宝
党组副书记　冯政忠　郭礼印
　　孙玉霞（女）
党组成员　魏玉坤　段长兴　李鸿欣
　　李五群　王家伦　田金锁
　　王　平（女）
正县级干部　王家伦

·县人大常委会办事机构及工作机构·

办公室

主　任　王　平（女）
副主任　周国富　韩俊芳（1月任）

财工委

主　任　李　鑫
副主任　台少鹏

法工委

主　任　刘　岚（女）
副主任　王化楠

农工委

主　任　李森林
副主任　安玮锋

教工委

主　任　王体军
副主任　路志欣

选工委

主　任　袁瑞霞（女）
副主任　白国军（1月免）
　　冯倩恒（1月任）

信访室

主　任　周国富

中牟县人民政府

县　长　路红卫（3月免）
　　潘开名（3月任）
常务副县长　李文岭
副县长　王洪波（女）
　　任程伟　张建锋
　　杨书立　牛　健
　　张胜利　朱清伟
　　杨　勇（12月免）
县政府党组副书记　李庆中
　　陈振宇
县政府党组成员　安红山　王献科
　　杨　帆　白由祥
　　任卫东　仇向阳
　　冉章献　张　冬

·县政府工作部门·

县政府办公室

主　任　仇向阳（11月免）
　　李有忠（11月任）
常务副主任　张小马（11月免）
副主任　岳志强　周盾营（11月免）
　　姬会杰（11月免）
　　马振民（1月任）
　　单纪谦　贺学勤（11月免）
　　王志现　王金龙　顾永辉
　　杨　光　马全军
　　袁新科（8月免）
　　王建智（8月免）
　　宋君建（8月免）
　　赵　雨（1月任）
　　马建峰（1月任）

食品安全办

主　任　岳志强

人防办

主　任　单纪谦
副主任　马　辉

法制办

主　任　马振民（1月免）
　　顾永辉（1月任）

县政府督查室

主　任　王金龙

发改委

党组书记、主任　於红太
党组成员、副主任　吴书领　刘红伟
衡志强　岳艳丽
潘赵勇
党组成员、副书记　李五江
工会主席　刘亚可

粮食局

党委副书记、局长　於红太（11月免）
党委书记、副局长　宋　飞
党委副书记、副局长　刘浩亮
党委委员、副局长　李国强
党委委员、纪委书记　李金斗

教育体育局

局　长　陈赞枝（女）
党委书记　宋　健
党委副书记　王爱萍（女）
党委委员、副局长　李国昌　张青梅
郝新岭
张　辉　闫书杰
党委委员、中牟一高校长　张百顺
党委副书记、副局长　李其瑞
副局长　刘胜平
纪委书记　朱秀菱（女）
党委委员、中牟二高校长　乔瑞刚
工会主席　吴发强

科技工信局

党委书记、局长　张海献（11月任）
乔松伟（11月免）
党委副书记、副局长　刘文璞
副局长　潘俊英（女）
党委委员、副局长　胡秋良
刘红芹（女）
郭玉梅（女）
张双锤
工会主席　柴　东
县企改办主任　王志强
党委委员　王丽华（女）

公安局

党委书记、局长　牛　健（2月免）
朱则军（2月任）
党委副书记、政委　王保友
党委副书记、副局长　唐马群　吴书岭
党委委员、副局长　梁军成　司马文通
李　丽（女）
党委委员、政治处主任　卢云鹤
党委委员、指挥中心主任　朱森林
党委委员、副局长　李海宏　王伟立
朱永生
张武兵（挂职）
党委委员、纪委书记　石建斌
党委委员、工会主席　冀广新
党委委员、交警大队大队长　苏修勇
党委委员、后勤科科长　王彦华
党委委员、城关派出所所长　李全振

民政局

局　长　李晓莉（女）
党组书记　周盾营
党组副书记　冉奉贤
党组成员、副局长　王豫伟
朱广兴（1月免）
肖桂荣（女，1月任）
李　瑜（1月任）
魏刘萍（女，1月免）
杜书记（1月任）
蔡峰敏（女，1月任）
副局长　魏国华
工会主席　赵宏涛
殡仪馆馆长　王喜凤（女）

司法局

党组书记、局长　李绍然
副局长　周国立　卢爱玲（女）
孙建强　唐　伟
王　贞（女）
陶宝明（3月任）
党组成员　周国立　卢爱玲（女）

唐　伟　孙建强
孙英梅（女）　王　贞（女）
王晓占　陶宝明
纪检组长　孙英梅（女）
政治处主任　王晓占
依法治县办公室专职副主任　安建义

财政局

党组书记（11月免）、局长（12月免）
张玉国
党组书记（11月任）、局长（12月任）
仇向阳
党组副书记、副局长　岳　秋（女）
党组成员、副局长　张宝兰（女）
副局长（1月免）　范进军
党组成员、副局长　戴留军
党组成员　刘　辉
党组成员、副局长（1月任）　孙彦庆
党组成员、副局长　张东杰
党组成员、纪检组长　耿志强
党组成员、工会主席　门德福
副局长（1月任）　郝宏鹏
总会计师　刘小涛

国有资产管理局

局　长　张宝兰（女）
副局长　袁书献　李焦原

非税收入征收管理局

局　长　梁俊岭

财政国库集中收付中心

主　任　孙彦庆（12月免）
副主任　李志伟（12月任）

金融工作办公室

主　任　范进军（12月免）
副主任　刘　雅（女）

乡财县管办公室

主　任　王劲松

房管局

局长、党组副书记　刘　辉
党组书记　田运强
副局长　刘　涛　张　敏
王李成　王凤玲（女）
李翠英（女）

人力资源和社会保障局

党组书记　耿鲜明（10月任）
张伍发（10月免）
局　长　耿鲜明
党组副书记　张继超
党组成员、副局长　魏诗超
万国珍（女）
刘松玲（女）
孙俊红（女）
党组成员、副局长、军队转业干部自主择业中心主任　樊锰钧
党组成员、纪检组长　吕　品（女）
工会主席　王小青（女）
劳动保障服务中心主任　韩　杰
劳动服务公司经理　吕宏伟
军队转业干部自主择业中心副主任
任永生　张红恩

城乡建设管理局

党委书记、局长　孙彦宾（10月免）
张伍发（10月任）
党委副书记　梁海军
党委委员、副局长　安玮华　张鹏成
张建斌　郭光明
房屋征收补偿办主任　王风霖
党委委员、园林局局长　郭东丽（女）
副局长　李秀枝（女）
党委委员、纪委书记　王春玲（女）
工会主席　王书民
副科级干部　王万锋
总工程师　曹清营
党委委员　袁喜亮

城乡规划局

党组书记、局长　魏定奇
党组副书记　王廷周

副局长　姚江宏　李仙枝
　　　　张　强　冯营周
总工程师　朱文超
工会主席　王永强

交通运输局

局长、党委副书记　罗振华
党委书记、副局长　闫军立
副书记、副局长　王凤瑞
党委委员、副局长、公路局局长　王　辉
党委委员、副局长　崔维民　刘忠良
副局长　马艳霞
工会主席　闫淑娟
总工程师　卢俊泉

环保局

党组书记、局长　兰　伟
党组成员、副局长　李卫星
　　　　吕建萍（1月任，女）
　　　　刘运峰
　　　　张彦波（3月任）
　　　　张信江
　　　　刘瑞玲（女，离职）
党组成员、纪检组长　宋韦华
总工程师　王景枝（女）
工会主席　闫　军

安监局

党组书记、局长　王梦醒
党组副书记、副局长　张忠周
副局长　刘志勇　姚美霞（女）
工会主席　韩明功

农委

主任、党委副书记　樊守峰
党委书记　马永超
党委副书记、副主任　胡国良
副主任、党委委员　岳桂琴（女）
党委副书记　杜西山
纪委书记、党委委员　荀继福
水产管理局局长、党委委员　杜国军
副主任、党委委员　王建领　朱宏伟
　　　　万国立
副主任　王　秀（女，农工党）
新农办副主任　陈东晖　张春方
总农艺师　郝振清

水务局

党委书记　衡志学（11月免）
　　　　冉章献（11月任）
局　长　衡志学（12月免）
　　　　冉章献（12月任）
党委副书记　王凤军
副书记、副局长　苏福增
副局长　王连宇　梁凌达（女）
党委委员、副局长　任学斌　张书岭
　　　　袁　凉（女）
　　　　张　洁（女）
　　　　牛奇山
　　　　朱桂荣（女）
党委委员、引黄灌区管理中心主任
　　　　朱大林
党委委员、南水北调办副主任　张清立
正科级干部　张新杰
党委委员、纪检书记、移民局副局长
　　　　张小勇
工会主席　郭宏伟
总工程师　韩献中

移民局

局　长　衡志学（9月免）
副局长　张清立　龚占强
纪检组长　靳永杰

南水北调办公室

主　任　衡志学（9月免）
副主任　张清立　龚战强
纪检组长　靳永杰

林业局

党组副书记、局长　姚保林（11月免）
党组书记、局长　尚会军（11月任）

党组副书记　谭书岭
党组成员、副局长　梁文奇　路小丙
党组成员、森林公安局局长　蔡群成
党组成员、纪检组长　王长海
总工程师　朱永峰
工会主席　高丽美
黄河湿地自然保护区管理站站长
唐晓辉

文化广电和旅游局（文化）

局长、党组副书记　王玉忠
常务副局长、党组副书记　张宏伟
副局长党组副书记　周致远
副局长　张壬杰　张英颖（女）
副局长党组成员　卢振霞（女）
党组成员纪检组长　王宏立
工会主席　王继周
文化市场综合执法大队大队长
乔冬梅（女）

文化广电和旅游局（广电）

党组书记　王成立（8月免）
党组副书记　王成立（8月任）
副局长　王宪军（11月免）
王成立
党组成员、副局长　杜新锋
副局长　孙慧莹（女，1月免）
邱桂霞（女，1月免）

广播电视总台

台　长　王宪军
副台长　王　勇　李　刚
工会主席　张　强

卫生局

党委书记、局长　王进兴
党委副书记　王爱玲（女）
党委副书记、副局长　毛广志
党委委员、纪委书记　张明坤
党委委员　杜胜举
党委委员、副局长　魏国赋　张富德
潘守国（11月免）
副局长　李富增（11月免）
工会主席　李珂君（女）

人口计生委

主任、党组书记　刘须峰
党组副书记　田卫东
副主任　王国锁　胡良国　申进强
刘　敏（女）
纪检组长　白香玲（女）
工会主席　李纪太
党组成员　孙灵峰

审计局

局长、党组副书记　马建民
党组书记、副局长　朱明华
副局长　马书峰　朱永娥（女）
彭永富　吴全杰（1月任）
纪检组长　刘　璐（女）
工会主席　毛广娥（女）
总审计师　何兆见

统计局

党组书记、局长　李广柱
党组副书记　李　振　刘记坤
党组成员、副局长　李军法
姚恩慧（女）
党组成员、纪检组长　闫喜军

畜牧局

党组书记、局长　尚会军（11月免）
马国昌（11月任）
党组副书记　张合仓
副局长　李俊先　台慧霞（女）
王占海　张继红（女）
工会主席　霍永磊
总畜牧师　尚桂凤（女）

新村办

主　任　张长军

副主任　张　强　陈东晖
　　　　朱国胜

城改办

主　任　张　强

·县政府直属事业单位·

机关事务管理局

党组书记、局长　张胜勇
党组副书记　王海才
副局长　娄彦宾
纪检组长　毛晶璟（女）
工会主席　付　强

商务局

党组书记、局长　段文周
副局长　徐晓红（女）　高志华　杜曼琪
工会主席　张文杰

县供销合作社

党委书记、主任　郝宏彬
党委委员、副主任　魏书梅　赵　丽
党委委员、纪委书记　张小栓
工会主席　张政委

农机局

党组书记、局长　王丰斌
党组成员、副局长　卢　慧　张全枝
工会主席　石三磊

市场发展服务中心

主任、党组副书记　荀建军
党组书记、副主任　王冬林（回）
党组成员、副主任　李四新
党组成员、纪检组长　朱丽平（女）
工会主席　吴玉红（女）

国有中牟林场

党组书记、场长　王鸿宾
党组副书记　马科军
党组成员　宋玉胜
副场长　朱海龙
党组成员、纪检组长　张云峰
党组成员、副场长　王东宾
工会主席　郭书荣

爱卫办（创建办）

主任、党组副书记　张中锋
副主任、党组书记　程宝群
副主任、党组成员　朱　军（女）
纪检组长、党组成员　李四乐

综合执法局

党组书记、局长　蒋新岭
党组副书记、副局长　王永会
党组成员、副局长　闫文哲
党组成员、纪检组长　王建伟

·县政府直属事业机构·
（县代管）

郑州市雁鸣湖生态风景区管理委员会

书　记　王献科
副书记、副主任　杨　帆
副主任　肖秀立　宋玉胜　张宝兰
　　　　耿鲜明　刘　沛

·县政府办下属事业单位·

县政务服务中心

主任、党组副书记　王建智
党组书记、副主任　刘国义
副主任　韩　温　张军强
纪检组长　王留杰
工会主席　李红梅（女）

·县政府派出机构·

中牟汽车工业园管委会

主任、党工委书记　潘开名
常务副主任、党工委副书记　张胜利
副主任、党工委委员　李庆中　任卫东

张　冬
张玉国（11 月任）
党工委委员　骆照顺　蔡跃彬
陈国岭　蔡玉彬
人才培训中心主任　李　鑫
科技服务中心主任　潘文立
检验检测中心主任、工会主席　冉涌泉
投融资中心主任　王翠敏

中牟新区管委会

主　任　潘开名
常务副主任　楚惠东

中牟绿博文化产业园区管委会

主　任　王朝杰
副主任　陈振宇　魏玉坤
卢志刚　宋君建

党工委委员　张明科
孔新柳（女，11 月免）
李有忠（11 月免）
蔡小燕（女）

郑州现代农业示范区管委会

党工委书记、主任　张书勤
党工委副书记、常务副主任
李芳（女，3 月免）
党工委委员、副主任　杨书立
樊守峰
衡志学（11 月任）
刘聚宝（免）
党工委委员　刘海玲（女）
副主任　岳桂琴（女，11 月免）
张尚华　张非凡（10 月免）
李援朝

中牟官渡工业园区管委会

党工委书记、主任　李晓亮
常务副主任、党工委副书记
乔　琳（女，8 月免）
副主任　段长海
党工委委员、副主任　乔进京（11 月免）
党工委委员　金　梧

政协中牟县第九届委员会常务委员会

主席、党组书记　李延中
县政协党组副书记　王兴林
副主席、党组副书记　刘海燕
副主席　石小书　朱怀召　王连宇
申宏尧　梁凌达（女）
党组成员　石小书　朱怀召　申宏尧
李季扬　任文利　于善亮
秘书长　于善亮（2 月免）
李季扬（2 月任）
常务委员　马振坤　王　秀（女）
王银玲（女）　王瑞芳（女）
冉云富　刘国忠
孙海霞（女，2 月任）
何　胜（2 月任）　吴　杰
吴小五（2 月任）　吴文鑫
宋羊群　宋志伟　张壬杰
张进花（女）　张建华
李全勇　李富增
杨　凯（女）　杨红莉（女）
岳志强（2 月任）　段长海
校丙戌　郭芙蓉（女）
郭连志　郭跃刚　高海清
崔锡清　程　刚
董玉国（2 月任）　韩志豪
潘俊英（女）　霍新全
魏国华

·县政协工作机构·

办公室

主　任　吴　杰
副主任　杜尚霖　张小坤

提案委员会

主　任　宋羊群

经济科技委员会

主　任　马振坤

文教卫体委员会

主　任　杨　凯（女）
副主任　董建平（女）

社会法制委员会

主　任　王瑞芳（女）

台港澳侨联络委员会

主　任　孙海霞（女）
副主任　陈勇利

学习文史委员会

主　任　杨红莉（女）
副主任　张志宏（女）

中牟县人武部

部　长　李增辉
政治委员　李长松

中牟县人民法院

党组书记、院长　王　炅
党组副书记、副院长　袁　雷
党组成员、副院长　王文胜　陈　斌
　　李长明（1 月任）
　　娄王记
党组成员、工会主席　吕瑞强（回）
党组成员、纪检组长　娄继周
党组成员、政治处主任　黄国富
党组成员、办公室主任　王大凯
执行局局长　张玉华（女）

人民检察院

党组书记、检察长　张捍卫
党组副书记、副检察长　袁胜麦
党组成员、副检察长　李俊红（女）
党组副书记　郝　亮
党组成员、副检察长　郑小卉（女）
　　孙丰韬
　　孙书杰
党组成员、反贪局局长　陈贵选
党组成员、政治处主任　冀淑荣（女）
党组成员、纪检组组长　田书昌
党组成员、反渎局局长　皇甫杰
党组成员、办公室主任　周岳峰
党组成员、工会主席　李凤格（女）

工商联

主　席　霍新全
党组书记　孔新柳
驻会副主席（商会驻会副会长）
　王　科　岳秋丽
秘书长　朱伟霆

群众团体

总工会

主席、党组副书记　孙玉霞（女）
常务副主席　赵安梅（女）
党组书记　刘宪国
副主席　姬洪利
经费审查委员会主任　吴政伟
女工主任　梁　冰（女）
纪检组长　王运童
帮扶中心主任　韩雨伦（女）

团县委

书　记　郭忠强
副书记　卢亚强

妇　联

主　席　李玲玲（女）
副主席　李淑先（女）　田小芳（女）

科　协

主　席　秦建国
副主席　李栓中　张爱琴（女）

残　联

党组副书记、理事长　李记勤（女）
党组书记　钱晓林
副理事长　张付伦
纪检组长　朱玉敏（女）
工会主席　雍兰兰（女）

县属企业

农　场

场长、副书记　陈德振
党总支书记、副场长　穆占伦
工会主席　梅玲玲（女）

外贸总公司

党组书记、总经理　陶立旺
党组成员、副总经理　李喜增

盐务管理局（公司）

局长（经理）、党支部书记　张延舟
工会主席　张金锋
副局长（副经理）　刘会军

市县双重管理机构

国土资源管理局

局长、党组书记　吴文鑫
党组副书记　孙铁保
党组成员、副局长　刘永胜（至6月）
谢鸽敏　张秋艳
刘国胜　田瑞杰
金　梧　蔡小燕
党组成员、纪检组长　孙　健

驻县单位

国家税务局

党组书记、局长　牛鲁珉（8月免）
王学杰（8月任）
党组成员、副局长　杜新军　刘　为
刘宪亮
党组成员、纪检组长　陈　伟
工会主席　刘金凤（女）

地方税务局

党组书记、局长　王大卫
党组成员　李　斌（2月免）
党组成员、副局长　王喜中　刘晓波
王春莉（女）
党组成员、纪检组长　李银霞（女）

工商局

党组书记、局长　张绍辉（2月任）
副局长　王平一　韩紫茜（女）
惠西彦　娄兴武
党组成员　王平一　韩紫茜（女）
惠西彦　娄兴武
纪检组长　韩紫茜（女）
机关工委书记　王平一

质量技术监督局

党组书记、局长　李义柱
副局长　张允海　许春杰　吴会领
纪检组长　王　锴

国家统计局中牟调查队

队　长　王青云
纪检员　吕海杰

供电公司

经　理　魏国强
党委书记　张宏伟
纪委书记、工会主席　马淑梅（女）
副经理　李铁民　尹文阁
总工程师　崔维亚
总会计师　轩超群

中牟河务局

局长、党组书记　石红波
副局长、党组成员　丁长栓（4月任）

于植广（10 月任）
副局长、党组成员、工会主席
张先山（4 月任）
纪检组长　闫留顺
局长助理　吕建新

烟草专卖局（分公司）

局长、经理、党组书记　郭　凯
副局长、党组成员胡海波　陈会义
副经理、党组成员　赵　峰
纪检组长、党组成员　李　宾

气象局

局　长　李　敏（女）
副局长　王志超
纪检书记　王永安
气象台台长　冯　源（女）

食品药品监督管理局

局长、党组书记　张海峰
主任科员、党组成员　张　锋
副局长、党组成员　孙彦超　张京伟
吕　滨
食品药品稽查队长、党组成员　魏国赋
纪检组长、党组成员　宋英利
稽查队长、党组成员　王　杰

高等院校

郑州轻工业学院易斯顿（国际）美术学院

董事长　王福祥
党委书记　杨穗华
院　长　扈　涛
常务副院长　王彦发
副院长　王　远
院长助理　王　贝

河南农业职业学院

党委书记　杨海蛟
党委副书记、院长　姬广闻
党委副书记　李根林
党委副书记、工会主席　陈建军
党委副书记、副院长　刘　源
副院长　赵麦成　窦瑞木
杨现钦　张献奇
纪委书记　王文锋

郑州电力职业技术学院

董事长　肖彦君
副董事长　肖宏敏
董　事　李玉振　张礼兰　肖　华
杨松林　陈　立　宋青松
边保家
党委书记　肖彦君
党委副书记　李玉振　张礼兰
党委委员　孟庆琦　顾长江　杨松林
陈　立　张云鹤　肖彦梅
连银岭
院　长　李玉振
常务副院长　孟庆琦
副院长　顾长江　杨松林
陈　立　肖宏敏
委　员　张云鹤　周　涛

郑州电子信息职业技术学院

董事长　陈　卿
院　长　陈　卿
党委书记　陈国云
副院长　武耀春　秦军平　单水章

金融单位

中国人民银行中牟支行

党组书记、行长　李淑萍（女）
副行长　杨焱晨　杜　峥
纪检组长　徐书银
工会主任　杜　峥

中国工商银行股份有限公司中牟支行

行　长　李付亭（回）

副行长　郑腾飞　王军军（5月任）

监察员　王镜远

中国农业银行中牟支行

党委书记、行长　陈　鹏

党委委员、副行长　刘镜明　郭新富　田永红（女）

中国银行股份有限公司中牟支行

党支部书记、行长　张　航

副行长　张立芬　孙起蔚

中国农业发展银行中牟县支行

行长、支部书记　焦红军

副行长、支部委员　朴新岭　王　磊

中牟农商银行

党委书记、董事长　丁继红（女）

党委副书记、行长　李效楠

党委委员、纪委书记、监事长　王嵩涛

党委委员、副行长　李新月

党委委员、副行长　秦　静（女）

党委委员、副行长　李俊峰

河南银监局中牟监管办事处

主　任　周广平

主任科员　韩青春

副主任　董丙晨

中国人保财险公司中牟支公司

总经理　朱广军

副经理　马卫峰

经理助理　李洪涛

中国人寿保险股份有限公司中牟支公司

总经理　冉皓洁（女）

经理助理　高玉娥（女，10月任）

非县属企业

郑州日产汽车有限公司

董事长　朱福寿

总经理　郭振甫

党委书记　郑红艺

郑州东工实业有限公司

总经理、党委书记　褚洪涛

副总经理　马占青　周可新　赵相启

工会主席　周可新（兼）

海马商务汽车有限公司

总经理　孙忠春

常务副总经理　卢国纲

副总经理　朱宏林　张会文　陈高潮

总经理助理　胡　建　蔡志标　廖　兵

河南红宇企业集团有限责任公司

董事长　张振华

副董事长　张振强

总经理　刘　犇

监事会主席　师增田

党委书记　冯愿军

副总经理　石建生　李建平　徐金锁　王建国　吕秀海

党委副书记　赵贵强　冯朝辉

工会主席　陈甲良

管道局第三工程分公司

经理、党委副书记　张永立

党委书记、副经理，管道矿区中牟服务中心主任　张云彩

总工程师　赵　杰

副经理　李龙波

党委副书记、纪委书记、工会主席　郭跃刚

总会计师　邬丽清（女）

副经理　陈　辉
安全总监　牛士力

中石化中牟石油分公司

经　理　李为锋
支部书记　李为锋（11 月免）
　　　　　张海成（11 月任）
副经理、工会主席　张海成
副经理　赵建欣

中牟火车站

站　长　王红军（10 月任）
党支部书记　宋　毅（10 月任）
副站长　卓伟红　王喜明

邮政局

局　长　魏　静（女）
副局长　李　政　吕建岭　毕红斌

中国联通公司中牟县分公司

经　理　张建伟
副经理　姚书进　王承纲　袁国钦

中国移动通信中牟分公司

经　理　张秀山（12 月免）
　　　　付　东（12 月任）
副经理　李成丽（9 月任）　王　晗

新华书店

执行董事、经理　张书文（1 月任）
副经理　邢新才
工会主席　孙大春

中牟宾馆有限公司

董事长　赵立民
总经理　张继涛
财务负责人　张淮英

牟山宾馆

总经理　杨新峰

中牟县燃气有限公司

董事长　高广福
董事、总经理　高海清
董事、工会主席　乔德远
副总经理　田维志　高海原
总工程师　赵佃红

河南万邦国际农产品物流股份有限公司

董事长　杨广立
副董事长　杨广川
总经理　李保全
副总经理　李　森　佘晓武　张红伟

（各有关单位供稿）

编辑：赵玉杰

“三大主体”工作

新型城镇化建设

【概况】 2014年，中牟县规划体系不断健全。汽车产业集聚区、官渡组团控制性详细规划编制完成，万滩镇、黄店镇、雁鸣湖镇、大孟镇总体规划获批实施，城中村改造及合村并城社区控制性详细规划全部编制完成。

路网体系日趋完善。郑开城际铁路建成通车。新建改造城区道路15条、园区道路47条、社区道路6条，总里程154.4公里；开工建设跨陇海铁路立交桥4座，竣工2座。

城市功能大幅提升。解放路特色商业街区加快建设，主路面具备通车条件，安置房建设启动；新建改造自来水管网13.8公里、电网197.2公里、雨污水管网33公里，建成变电站2座；郑州新区污水处理厂和南水北调十里头水厂开工建设。城区新增供热面积70万平方米，新建公共绿地17.9万平方米，新建公厕8座，四牟园实行常态化管理并全面对公众开放；国家卫生县城通过复验。

社区建设稳步实施。姚家、雁鸣湖等新市镇建设稳步推进，29个新型农村社区建设不断加快，启动合村并城、城中村改造项目19个，开工建设安置房812万平方米，竣工328万平方米，回迁群众1586户、6700人。新实施社区基础设施和公共服务设施项目28个。

生态建设深入推进。营造生态林1.5万亩，建成省道223线、雁鸣大道北段等生态廊道63条，新增绿化面积3400万平方米。丁村沟、运粮河、鹭鸣湖等水系治理工程全部竣工，贾鲁河生态治理工程成效初显，三刘寨引黄灌区调蓄工程顺利推进，全县新增水域面积2000亩。大气污染防治强力推进，升级改造PM2.5环境空气质量监测系统，城区燃煤锅炉拆改全部完成，机关黄标车全部淘汰。

（审核：雍超　撰稿：张恒献）

【城乡快速路网建设】 2014年，中牟县城乡快速路网指挥部按照“全覆盖、成网络、高标准、多元化”的指导思想，通过提早谋划、合理安排，最终确定建设项目6个，全长19.38公里，总投资2.55亿元（包含征地拆迁）。涉及万滩、郑庵、韩寺和官渡4个乡镇，6个社区。其中：1. 郑庵镇春晖社区道路全长2.29公里，路基宽17米，路面宽14米，沥青混凝土面层，红线14米，绿线40米。2. 韩寺镇潘店胡社区道路全长2.65公里。K0+000—K1+862段路基宽8.5米，路面宽7米，红线7米，绿线20米；K1+862—K2+655段路基宽20米，路面宽16米，红线20米，绿线40米，沥青混凝土面层。3. 韩寺镇马家社区道路全长1.94公里，路基宽20米，路面宽14米，水泥混凝土面层，红线20米，绿线40米。4. 万滩镇李显

新建的春晖社区道路

吾社区道路全长1.1公里，路基宽17米，路面宽14米，水泥混凝土面层，红线20米，绿线40米。5. 韩寺镇瓦灰郭社区道路全长2.35公里。路基宽17米，路面宽14米，沥青混凝土面层，红线14米，绿线40米。6. 官渡镇店李口社区道路全长9.1公里，K0+000—K6+122段，路基宽17米，路面宽14米，沥青面层；K6+190—K9+069段，路基宽17米，路面宽14米，水泥混凝土面层，红线20米，绿线40米。2014年7月20日，上述6条道路全部完成主路面通车。

（审核：弓起　撰稿：张皓）

【县城基础设施完善改造提升工程】　2014年，中牟县实施县城基础设施完善改造提升项目16个（其中，跨年度工程3个、新开工项目13个），工程总投资6亿元，年度内完成投资5亿元。

1. 晨光巷道路改造工程（东风路—益民巷）。全长295米，宽8.5米，投资170万元。工程主要包括道路工程、雨污水工程、照明工程、绿化工程等，2014年1月完工通车。

2. 西大街道路改造工程（民族路—自由街）。全长620米，工程投资180万元。工程主要包括路面整治改造、排水改造、交通标志设置等，2014年5月底完工通车。

3. 民族路道路改造工程（青年路—荟萃路）。全长420米，工程投资65万元。工程主要包括：路面整治改造、人行道改造、排水改造及交通标志设置等，2014年5月底完工通车。

4. 牟山路道路改造工程（新圃街—宝峰街）。全长1900米，牟州街至宝峰街段、新圃街至清阳街段红线宽20米，清阳街至牟州街段红线宽30米，工程投资1200万元。该工程主要包括：宝峰街至清阳街段新建雨水管道，牟州街至永福街段栽植行道树，全段安装路灯，对全段人行道、路沿石进行改造，对主车道破损路面进行修补，完善红绿灯等交通标线、标志。该工程为维修改造项目，只对其功能进行完善，未进行视觉效果提升。2014年7月底该道路工程完工通车。

5. 深发路道路改造工程（北环路—卫民路）。全长800米，宽20米，工程投资1000万元。工程主要包括：新建雨水管道，沥青混凝土路面，安装侧平石，完善红绿灯等交通标线、标志。按照指挥部规定的时间节点要求，2014年7月底该工程全部完工通车。

6. 寿圣街道路改造工程（商都大街—站前大道）。全长1300米，红线宽30米，工程投资3400万元。工程包括道路工程、给水工程、雨污水工程、绿化工程、照明工程、通信管道、电力管道、交通工程等。2014年8月底，该道路工程完工通车。

7. 清阳街道路改造工程（滨河路—站前大道）。全长1100米，红线宽35米，工程投资6000万元。工程主要包括道路工程、雨污水工程、给水工程、绿化工程、照明工程、通信管道、电力管道、交通工程等。2014年11月，该道路工程完工通车。

8. 滨河路道路新建工程（清溪街—中万路）。全长1706米，红线宽30米，工程投资4750万元。工程主要包括道路工程、雨污水工程、绿化工程、照明工程、通信管道、电力管道、给水工程、交通工程等。截至2014年12月已基本完工，并进行扫尾工作。

9. 东风路道路改造工程（商都大道—中兴路）。全长1540米，红线宽50米，工程投资4700万元。本次改造方案主要包括：除绿化带不变外，对主车道、慢车道、人行道、路灯进行改造，增加雨污分流下水道，新建通信、电力等地下管网设施。2014年9月，主路面通车。

10. 绿博组团至中心城区污水贯通工程（贾鲁河北路—滨河路）。全长300米，工程投资1530万元。工程包括：在广惠街道路中西40米处敷设管径d1350污水管道，使绿博组团的污水由北向南排入滨河路现状污水系统中。2014年12月，该道路工程完工。

11. 中兴路道路拓宽工程（清溪街—东风路）。全长1322米，红线宽50米，工程投资

中牟县委副书记、代县长潘开名视察新城区雨水泵站运行情况

8400万元。工程主要包括：道路工程、雨污水工程、给水工程、绿化工程、照明工程、通信管道、电力管道、交通工程等。截至2014年12月底，污水工程9号井进行第二次浇筑，2号、3号、5号、10号、12号井浇筑完毕并进行养护；小清河桥进行打桩；迅达路以北路段进行地下管网铺设。

12. 万胜路道路工程（寿圣街—新圃街）。全长2270米，红线宽20米，工程投资3400万元。工程主要包括道路工程、给水工程、雨污水工程、绿化工程、照明工程、通信管道、电力管道、交通工程等。2014年12月，该道路工程完工通车。

13. 滨南街道路工程（牟山路—滨河路）。全长210米，工程投资368万元。工程主要包括道路工程、给水工程、雨污水工程、绿化工程、照明工程、通信管道、电力管道、交通工程等。2014年12月，该道路工程完工通车。

【解放路特色商业街区升级改造工程】 解放路特色商业街区升级改造工程西起中兴路，东至人民路，北到荟萃路，南至东风路，总面积3.6平方公里。其中，青年路改造范围为滨河路至S223，南北各1个街坊，改造用地范围2.2平方公里；解放路改造范围为北侧贾鲁河至南侧陇海铁路，东西各1个街坊，改造用地范围1.4平方公里。

一期工程（解放路道路拓宽改造）：解放路道路工程全长2691米，红线宽100米。截至2014年底，4条地下人行通道完工，主路面具备通车条件。

二期工程（安置区建设）：安置区总占地面积335亩，建筑面积130.3万平方米，投资估算45亿元。截至2014年底，征迁工作完成90%，B（荟萃路与解放路交叉口西）、F（陇海路与解放路交叉口东）两处地块安置房开工建设。

（审核：梁海军　撰稿：杨　芳）

【生态廊道建设】 2014年，中牟县以郑州市创建国家森林城市和园林城市为契机，按照“大生态、广覆盖、网络化、多功能”的工作思路，以新型城镇化为引领，以“水绿交融、互联互通、环廊相连、绿廊绕城”为建设目标，开展生态廊道建设工作。按照“能绿则绿，见缝插绿，全覆盖、无缝隙”的工作要求，坚持

郑州市领导王林贺调研中牟县生态廊道绿化工作

“规划先行、多种模式、高密度、大绿量、三季开花、四季有绿、既造林又造景、一路一景一特色”的高标准进行建设，实施南入市口、S223线、陇海铁路、连霍高速、雁鸣大道北延伸线、韩潘路等63条廊道绿化工程，完成投资总额59亿元，绿化总长度341公里，绿化总面积4万亩，累计完成拆迁总量420万平方米，培土总量1130万立方米，塑造微地形450个，建成广场320个、公交港湾48个、公厕39个、景亭56个，铺设自行车道、人行步道230

公里。

（审核：高丽美　魏振峰　撰稿：樊俊红　万利敏）

【中牟县被确定为河南省城乡一体化示范区】 2014年，中牟县全境被河南省委、省政府正式确定为河南省城乡一体化示范区的一部分。中牟县全面贯彻党的十八大及十八届三中、四中全会精神，认真落实上级各项决策部署，坚持稳中求进工作总基调，紧紧围绕城乡一体、产城融合、环境优美、社会和谐的发展要求，立足新起点、作为新常态，突出抓好“统筹城乡发展、优化产业体系、加快改革创新、改善民生福祉”四项重点任务，努力开创中牟县都市型田园城市建设新局面。

（审核：雍超　撰稿：张恒献）

【都市区现代水城工程建设】 贾鲁河生态治理工程。2014年，中牟县按5年一遇除涝、50年一遇防洪标准，对贾鲁河万三公路桥至农科所桥段长8.9公里河段进行生态治理，按照“一河、二带、三区、多节点”景观结构进行建设，工程总投资5.67亿元。

鹭鸣湖生态治理工程。该工程位于雁鸣湖镇新镇区，计划新开挖运粮河上游段4.26公里、小雁河2.35公里，工程总投资2.67亿元，截至年底，全部完工，实现与雁鸣湖生态水系、国家农业公园生态水系互通互映。

中小河流生态治理工程。对石沟下段（水溃段）、石沟信王至入贾鲁河口段进行综合治理，治理总长度46.15公里，工程总投资7401万元。

（审核：王凤军　撰稿：高梦翔）

【新型农村社区建设概况】 2014年，郑州市二次区划调整后，中牟县新型农村社区由40个减少为33个，涉及10个乡镇，146个行政村，5.1万户，22.2万人，原村庄占地5.6万亩，社区规划占地3.2万亩，节约用地2.4万亩。

2014年，中牟县按照“突出重点、打造亮点、完善配套”的总体工作思路，将全县33个新型农村社区划分为两类（15个重点社区和18个一般社区），重点快进、循序渐进、梯次推进，取得阶段性建设成效。2014年，全县新型农村社区完成土地调整和清障1600亩，开工建设安置房7343套、104万平方米，启动基础设施项目4个、公共服务设施13个，拆迁38万平方米，回迁1000余户。

新村办主任　张长军

截至2014年底，全县累计调整土地1.1万亩，启动社区29个，完成投资75.3亿元，建设安置房334万平方米，拆迁180.6万平方米。

【新型农村社区的规划设计】 2014年，中牟县编制完成村庄布局规划以及4个新市镇的“三化”协调空间布局规划。

通过招标，委托8家甲级规划设计单位，编制完成33个社区修建性详细规划；委托7家甲级建筑设计院，完成33个社区住宅施工图设计，并总结提升为10种建筑风格，供村民自愿选择；委托7家甲级规划和建筑设计单位，完成70%的社区基础内网和90%公共服务设施施工图设计，实现新型农村社区从修规到施工图的全链接。

【新型农村社区安置房建设】 2014年，中牟县新型农村社区建设按照“重点快进、循序渐进、梯次推进”的工作思路，重点快进，推动雁鸣湖镇镇区社区等10个样板社区的建设，打造精品，实现强力带动；循序渐进，推动韩寺镇马家社区等5个示范社区的建设，创造示范，实现重点衔接；梯次推进，推动雁鸣湖镇万庄社区等18个一般社区的建设。2014年，开建安置房7343套、104万平方米。

截至2014年底，累计开工建设安置房1.83万套、334万平方米。其中，开工达到2000套以上的有3个社区，分别是雁鸣湖镇镇区社区、

太平庄社区，大孟镇堤头社区；开工达到1000套以上的有2个社区，分别是姚家镇镇区社区、万滩镇镇区社区；开工达到500户以上的有4个社区，分别是郑庵镇春晖（刘庄）社区、福山（台前）社区，姚家镇土山店社区，刁家乡付李庄社区；开工达到300户以上的有7个社区，分别是雁鸣湖镇朱固社区，刁家乡赵集社区，韩寺镇马家社区、瓦灰郭社区，黄店镇打车李社区，狼城岗镇瓦坡社区、青谷堆社区。

【新型农村社区配套设施建设】 2014年，中牟县严格按照“六通十有两集中”（六通为通自来水、通电、通四级公路、通宽带、通有线电视、通天然气；十有是指社区综合服务中心、标准化卫生室、连锁超市、文体活动中心、科技文化中心、幼儿园和小学、养老院、治安管理室、邮政所、金融网点；两集中即垃圾集中收集、污水集中处理）的标准进行配套，实现居住环境城市化、公共服务城市化、消费方式

1月16日，中牟县刁家乡付李庄社区天然气入户开通仪式举行

城市化，让广大农民群众拥有和城市居民一样的生活环境，享受一样的政策待遇。1月16日，雁鸣湖镇镇区社区、刁家乡付李庄社区举行天然气入户开通仪式。县委书记杨福平，县委副书记、县长路红卫，县委副书记楚惠东，县人大常委会主任刘玉玲等县领导出席仪式。截至2014年底，累计启动基础设施和公共服务设施项目85个，其中：9个社区基础设施在建；4个社区综合服务中心在建；1个社区红白理事会场所建成，3个在建；4个社区卫生服务中心建成，7个在建，1个在招标；23个社区幼儿园建成，3个在建，1个在招标；4个社区小学建成，1个在建，3个在招标；4个社区垃圾中转站建成，2个在建，2个在招标；8个社区污水处理厂建成，1个在招标；1个社区养老院在建；1个社区公寓楼在建；2个社区商业设施在建。

【新型农村社区拆迁及回迁】 2014年，中牟县完成旧村拆迁38万平方米，回迁群众1000余户。

【新型农村社区工程建设与管理】 2014年，中牟县新型农村社区建设不断建立完善社区建设质量管理体系，采用统规统建模式建设的社区建立完善企业自控、社会监理、政府监督的质量监控体系；采用统规自建模式建设的社区建立完善县级管理、乡级监督、村级巡查的质量监控体系。新型农村社区建设项目按照法定程序办理施工许可，办理建设工程设计方案审查和备案手续，严格执行项目法人责任制、招投标制、工程质量监理制和安全责任制，并建立责任追究制和村级建筑工程建设安全社会监督制。2014年，县新村办牵头组织县建设局监理公司、质量监督站等相关单位开展质量巡查12次，印发专期通报28次。

（审核：张长军　撰稿：李二军）

【城中村改造】 中牟县城中村改造范围为县城规划区内的村庄，涉及3个街道办事处和姚家镇，28个行政村（纳入郑州市考核的项目20

城改办主任　张　强

个），群众 11587 户，48669 人。原村庄占地 14248 亩，安置区占地 5515 亩。

2014 年，中牟县累计启动城中村改造项目 11 个，完成拆迁 170 万平方米，开工建设安置房 240 万平方米，回迁群众 1500 人。其中：

1. 青年路街道办事处：辖区内规划城中村改造项目 8 个，截至 2014 年底累计启动 3 个，分别是民主街村、西街村、自由街村。全年完成民主街、西街村、自由街村拆迁 105 万平方米，完成民主街一组安置房建设 17.6 万平方米。

2. 东风路街道办事处：辖区内规划城中村改造项目 8 个，截至 2014 年底累计启动 3 个分别是：郭庄村、小潘庄（叠路头村）、尚庄村。全年完成叠路头村、郭庄村拆迁 95 万平方米，完成郭庄村 2 万平方米临时安置区建设工作。

3. 广惠街街道办事处：辖区内规划城中村改造项目 11 个，截至 2014 年底累计启动 4 个，分别是后潘庄村、毕虎村、刘圪垱村、占杨村。全年完成后潘庄村、毕虎村、占杨拆迁 50 万平方米，完成群众回迁 1500 人，完成占李、北占杨 520 户群众房屋入户丈量工作。

4. 姚家镇：辖区内规划城中村改造项目 1 个（七里岗村），截至 2014 年底启动，全年完成七里岗村 180 户入户丈量工作，完成安置区附属物清障、围墙圈建、文物勘探、修规编制等工作。

【合村并城】 中牟县合村并城共规划 19 个社区，涵盖中牟新区、绿博组团、官渡工业园、汽车产业集聚区等 4 个专业园区，涉及 5 个乡镇、84 个行政村，群众 33835 户、140365 人，原村庄占地 37826 亩，安置区占地 24086 亩。

2014 年，中牟县累计启动合村并城社区 8 个，完成拆迁 280 万平方米，开工建设安置房 353 万平方米，竣工安置房 68 万平方米。其中：

1. 大孟镇：辖区内规划合村并城社区 6 个，截至 2014 年底启动 3 个，分别是大孟镇区社区、大孟 1 号社区、绿博 02 号社区。全年完成大孟、后孟、朱大汉村拆迁 95 万平方米，竣工大孟镇区社区、大孟 1 号社区安置房 68 万平方米。绿博 02 号社区一期开工 84 万平方米。

2. 刘集镇：辖区内规划合村并城社区 1 个（绿博 01 号社区），截至 2014 年底已启动，全年完成大冉庄、崔庄村拆迁 110 万平方米，开工绿博 01 社区 104 万平方米。

3. 官渡镇：辖区内共规划合村并城社区 6 个，截至 2014 年底已启动 1 个（党庄社区），全年新开工党庄社区安置房建设 67 万平方米。

4. 郑庵镇：辖区内规划合村并城社区 3 个，截至 2014 年底启动 2 个，分别是万邦社区、汽车工业园社区。全年完成后李庄、郝庄村拆迁 75 万平方米。

5. 韩寺镇：辖区内规划合村并城社区 1 个（荣庄社区），截至 2014 年底未启动。

（审核：张强　撰稿：孟玉刚）

【标准化厂房建设工程】 2014 年，中牟汽车产业集聚区建成标准化厂房 30 万平方米，由 6 家投资主体开发建设，总投资 61 亿元，总占地 2652 亩，总建筑面积 233 万平方米，超额完成年度任务。

1. 郑州日昇宏达置业有限公司（郑州宏达车业广场有限公司）总投资 9 亿元，占地面积 204 亩，计划建设面积 23 万平方米。已建成标准化厂房 15 万平方米，其中 2014 年建成 8 万平方米。

2. 郑州森木置业有限公司（郑州万通实业有限公司）总投资 9 亿元，占地面积 272 亩，计划建设面积 35 万平方米。已建成标准化厂房 19 万平方米，其中 2014 年建成 6 万平方米。

3. 河南华晋达置业有限公司总投资 8 亿元，占地面积 242 亩，计划建设面积 21 万平方米。已建成标准化厂房 7 万平方米，其中 2014 年建成 4 万平方米。

4. 郑州华美汽车博览园有限公司总投资10亿元，占地面积238亩，计划建设面积33万平方米。已建成标准化厂房8万平方米，其中2014年建成3.5万平方米。

5. 中牟万儒物流园开发有限公司总投资9亿元，占地面积348亩，计划建设面积44万平方米。建成标准化厂房7万平方米，其中2014年建成4万平方米。

6. 郑州鑫泰置业有限公司（郑州泰祥汽车产业物流园有限公司）总投资16亿元，占地面积1348亩，计划建设面积77万平方米。建成标准化厂房6万平方米，其中2014年建成4.5万平方米。

2014年，官渡工业园区完成标准化厂房10万平方米，涉及5个企业项目。其中，郑州新蓝天科技节能玻璃有限公司建成1.6万平方米，郑州豫港制药有限公司建成3万平方米，河南金博士种业股份有限公司建厂2.2万平方米，郑州泛恩沃德实业有限公司建成1万平方米，欧帕二期建成2.2万平方米。

（审核：张双锤　撰稿：王任伟）

产业结构调整

【产业结构发展概况】 2014年，中牟县新型工业主导作用更加明显。汽车产业不断壮大，整车和零部件企业分别达到6家、190家，汽车年产量15万台；郑州凯雪成功上市，郑州日产20万台扩能、郑州豫兴等74个项目开工，郑州奥雪、郑州博奥等36个项目投产；汽车产业年产值突破500亿元。投资15亿元的比克电池项目建成投产，投资19亿元的比克新能源汽车项目总装、焊接车间基本建成，投资20亿元的国能电池项目实现签约。投资8.8亿元的辅仁药业郑州基地加快建设，投资5.6亿元的豫港制药建成投产。汽车产业集聚区晋升为河南省一星级产业集聚区。

现代农业基础作用愈加稳固。都市生态农业加快发展，国家农业公园实现开园迎宾，成功举办郑州市首届农业嘉年华。农业产业化经营水平不断提升，新认定省级龙头企业3家，新增农民专业合作社37家，新建农业标准化生产示范基地3600亩。农业生产条件持续改善，新增有效灌溉面积1万亩，发展节水灌溉面积8.7万亩；新增设施农业1000亩；农业机械化率达82%。

现代服务业发展逐步提速。时尚文化创意旅游产业提速发展，启动绿博文化产业园规划设计园项目，引进河南城乡建筑设计院、博雅文化科技产业基地等项目5个；“中华复兴之路”和绿博文化产业园游客服务中心实现开工，方特水上世界对外开放，方特欢乐世界成为国家AAAA级旅游景区；第14届雁鸣湖大闸蟹美食节举办；绿博园、雁鸣湖等旅游景点吸引游客能力持续增强。绿博文化产业园在郑州市17个服务业专业园区中，发展速度位居首位。2014年，中牟县累计接待游客580万人次，实现旅游收入55.5亿元。金融业平稳运行，全县金融机构各项存款余额达273亿元，比年初增长17.7%；贷款余额达148.6亿元，比年初增长22%；累计完成税收2.1亿元，成为支撑全县财政收入的第4大行业。商贸业快速发展，万邦物流城二期实现运营，年交易额达500亿元；海宁皮革城、深圳怡亚通等项目开工建设；汽车博览园建成商铺70万平方米，万邦名车汇、河南大行汽车等8个项目开工建设，宏达车业广场实现营业。房地产业健康发展，商品房销售面积106万平方米，销售金额58.7亿元。

2014年，中牟县各类园区基础设施投资110亿元，建成区面积新增11.8平方公里；固定资产投资253.7亿元，占全县的92%；规模以上工业主营业务收入249亿元，占全县的66.4%；实现税收19.2亿元，占全县的60.1%。

【中牟县招商引资和重点项目建设】 2014年，中牟县围绕主导产业定位，积极开展定向招商、专题招商、链式招商，新签约项目79个，协议资金927亿元，其中亿元以上项目69个。2014年，全县引进域外境内资金84亿元，进出口总额达2.1亿美元，实际利用外商直接投资5235万美元。44个省市重点项目全部开工建设，完成投资251亿元，占年度计划投资的120%。

（审核：雍　超　撰稿：张恒献）

【五大园区考评居郑州前茅】　在郑州市组织的2013年度郑州市组团新区、产业集聚区（专业园区）建设考评中，中牟汽车产业集聚区在郑州市13个产业集聚区中，综合实力位居第四，发展速度位居第二，晋升为省级一星级产业集聚区，被评为郑州市产业集聚区“两强”；中牟新区在郑州市12个组团新区中，综合得分位居第一，被评为郑州市组团新区“两强”；中牟绿博文化产业园在郑州市10个服务业专业园区中，综合实力位居第四，发展速度位居第一，被评为郑州市专业园区“五快”，在服务业专业园区中排名第一；中牟官渡工业园在郑州市12个工业专业园区中，综合实力位居第十，发展速度位居七；郑州现代农业示范区在郑州市2个农业专业园区中，综合得分位居第一。

管委会党工委书记、主任　潘开名

【中牟汽车产业集聚区概况】　中牟汽车产业集聚区位于中牟县城南部，是河南省180个省级产业集聚区之一。集聚区规划面积71平方公里，由汽车生产制造和汽车后市场服务2个板块组成。其中，汽车生产制造板块（占地21平方公里，已建成10平方公里，正在建设5平方公里）集中布局整车及零部件生产企业；汽车后市场服务板块（占地50平方公里，已建成5平方公里，正在建设4平方公里）主要进行4S店及整车销售、汽车后市场各类产品批发、零售及配套服务。

2014年，中牟汽车产业集聚区按照“五规合一”“四集一转”和产城互动的基本要求，以“创十晋二”为目标（“十”即河南省十强产业集聚区，“二”即河南省二星级产业集聚区），坚持做特做强传统整车、做先做高新能源汽车、做精做优零部件、做专做大汽车后市场，大力实施产业项目提升、基础配套设施提质、招商引资增效、产城互动发展、要素保障攻坚、整体形象提升六大工程，不断增强中牟汽车产业集聚区的“吸引力、竞争力、带动力”。

截至2014年底，中牟汽车产业集聚区入驻有郑州日产、海马商务、红宇专汽、比克新能源汽车、郑州东工、郑州奥雪6家整车企业以及300多家零部件及服务企业拥有上市企业6家、国家级企业研发中心2家、国家高新技术企业6家、省市工程（技术）研发中心12家、河南省博士后工作站1家。全年实现总产值约500亿元，同比增长47%；实现增加值约90亿元，同比增长55%；完成固定资产投资约107.5亿元，同比增长79%；实现税收约14亿元，同比增长40%；从业人员约3万人，同比增长67%；生产整车约15万辆，同比增长25%。

2014年4月，中牟汽车产业集聚区被河南省人民政府评为河南省一星级产业集聚区。

【项目建设】　2014年，中牟汽车产业集聚区累计完成工业项目投资约55.5亿元，建成项目33个，在建项目64个。

汽车生产制造板块：建成项目27个，包括整车项目2个（投资9亿元的郑州东工6万台整车扩能项目2014年8月投产、投资5亿元的郑州奥雪改装车项目2014年10月投产），新能源项目1个（投资15亿元的比克电池项目2014年8月23日投产），汽车零部件项目24个（郑州飞龙、郑州博奥、郑州天凯等）。在建项目49个，包括整车项目2个（投资15亿元的郑州日产20万辆整车扩能项目新涂装车间、整备整车检查车间、发运中心、试制车间、制造技术楼、综合站房等已建成投用，新总装车间横梁施工已完成80%，投资19亿元的比克新能源汽车总装、焊接车间在进行设备安装），汽车零部件项目44个（汽车零部件园24个项目以及郑州信威、河南欧凯等20个零部件项目）。同时，大力实施开放创新双驱动战略，加快实现园区科技企业孵化、创业培育、创新研发、科技服务、人才集聚和生活的集约构建，2014年谋划4个创新创业综合体项目（未来汽车科技园、新能源汽车新材料科技园、新能源汽车电机电控科技园、未来汽车设计园）。其中，投资16亿元的新能源汽车新材料科技园（汉丰创新创业综合体）16栋标准化产业用房以及企业研发中心、服务中心在全面建设。投资5.6亿元的新能源汽车电机电控科技园（中创创新创业综合体）在进行基础施工。未来汽车科技园、未来汽车设计园在进行设计。

汽车后市场服务板块：一期建成项目6个，建成面积72万平方米，入驻商户2340家。其中，日昇宏达汽车用品销售市场一期建成面积16万平方米、入驻商户840家；森木汽配交易市场一期建成面积13万平方米、入驻商户364家；华晋达汽配交易市场一期建成面积10万平方米、入驻商户262家；华美汽配交易市场一期建成面积12万平方米、入驻商户372家；中牟万儒整车销售市场一期建成面积9万平方米，入驻商户240家；鑫泰整车销售市场一期建成面积12万平方米，入驻商户262家。在建项目13个，投资142亿元，占地面积2416亩，其中，二期6个续建项目在进行主体施工，7个新开工项目（万邦名车汇、郑州同新、河南牧千里、河南大行、郑州中大恒通、郑州澳达康、河南汉丰）2014年12月15日开工建设，年底前在进行围墙建设和规划设计。

【基础设施建设】 2014年，中牟汽车产业集聚区重点建设道路桥涵、电力、廊道绿化、给水及污水处理4大类基础设施，全年完成投资约52亿元。

1. 道路桥涵工程。全年完成投资35亿元。其中，建成通车道路14条21公里（正中大道东段、轩城大道东段、远航路、正中大道西段、文澜街、广惠街、怡景路、中兴路、康平路、泰和路、泰和路西延、比克大道、劲风路、德方街、景明街），基本建成道路1条1.7公里（文通路北段），在建道路9条22.3公里（其中，正中大道中段、广惠街北段、和风路、轩城大道西段、比克大道西段等5条道路在进行地下管线施工，文澜街、文昌街、文汇街等3条道路进行征地清障及土地平整，盛园路进行桥梁施工）；建成2座跨陇海铁路立交桥（文通路立交桥、人文路立交桥），解放路跨陇海铁路立交桥进行引道施工，广惠街跨陇海铁路立交桥制定补偿方案。

2. 电力工程。全年完成投资1.6亿元。其中，完成电网改造工程4条12.2公里（110千伏牟潘线改造工程1.7公里、东风日产和郑州日产双回路工程3公里、谢黑线110千伏改造工程7.5公里），正在实施变电站1座（220千伏谢庄变电站扩建工程完成方案设计）和电网改造工程2条18公里（110千伏谢庆线设计方案在审核、220千伏谢杏线改线工程完成方案设计）。

3. 廊道绿化工程。全年完成投资1.2亿元，绿化廊道面积800亩。

4. 给水工程及污水处理工程。全年完成投资13亿元。其中，铺设自来水管线10公里，开建1座自来水厂（中牟新城水厂在进行厂区土建）和1座污水处理厂（郑州新区污水处理厂在进行主体施工）。

【新型城镇化建设】 2014年，按照"产城融合""产城互动"的要求，中牟汽车产业集聚区全面加快新型社区、公租房、职工生活区及学校建设步伐，规划范围内共计划建设各类社区、公租房、职工生活区20个（城中村改造社区8个、合村并城社区5个、新型农村社区2个、公租房2个、职工生活区3个），涉及29个行政村，总投资131亿元。截至年底，启动建设项目16个和6个学校项目，全年完成拆迁约360万平方米，在建安置房约200万平方米，建成安置房约100万平方米，回迁群众1342户5560人。其中，新型农村社区中，春晖社区建成安置房面积约15万平方米、回迁群众337户1348人；福山社区建成安置房面积约8万平方米，回迁群众321户1432人。职工生活区中，东工企业家园已建设4栋8.6万平方米。城中村改造社区中，尚庄、大潘庄2个社区进行基础土方开挖；郭庄社区进行补偿款发放及拆迁工作；七里岗社区安置区清障结束，并进行修规编制。合村并城社区中，姚家镇区社区建成安置房面积约30万平方米，回迁群众684户2780人；万邦社区、汽车工业园社区桩基进场施工。公租房中，牟风·安惠园进行桩基施工。学校中，春晖小学及春晖幼儿园建成；福山小学及福山社区主体施工完成，进行地坪平整和简装修；万邦中小学进行清障工作。

【招商引资】 2014年，中牟汽车产业集聚区实际利用外商资金3000万美元，签约项目45个，协议资金约350亿元。同时，储备项目182个。

【要素平台建设】 2014年，按照"河南领先、国内一流"的标准，中牟汽车产业集聚区重点通过8个中心完善公共服务平台。高新技术创业服务中心：1个公共研发平台被省工信厅命名为省级中小企业公共服务平台。集聚区科技企业孵化器被评为郑州市市级孵化器，并已入孵企业20多家，整合相关科技资源成立郑州市汽车及零部件技术创新联盟。投融资服务中心：举办银企对接会15场，帮助企业融资30亿元，成功扶持郑州凯雪冷链股份有限公司成功上市。土地储备中心：上报土地4268亩，批回土地1448亩，收储土地200亩。项目审批手续代办服务中心：办理各类手续1800多项。人才培训中心：培训工人5000余人，为比克等企业代招工人2500余人。公共信息服务中心发布各类信息2100余条。规划展示中心：接待投资客商260余次。产品检验检测中心：建成机动车检验检测中心和汽车线束检验检测中心。

（审核：李　鑫　撰稿：郭俊杰）

管委会主任　潘开名

【中牟新区概况】 中牟新区2013年3月成立，是郑州市确定的13个组团新区之一，功能定位为高品质生活居住区与创意产业区，以居住、公共服务、商务服务等现代服务业为主的城市核心区，兼有商务休闲与产业服务功能。规划范围：西起人文路、东至广惠街、北至豫兴大道、南至万洪路向南200米，总面积45.5平方公里，规划人口（至2020年）40万人。中牟新区与广惠街街道、刘集镇和大孟镇套合，包含并与绿博文化产业园套合运作。新区作为一个整体，是由绿博板块、南部板块组成的既空间连续、又相对独立，既各有产业侧重、又互为联系的有机整体。该区功能定位立足中原经济区，结合郑州市地方特色，形成以文化创意、商业商务办公、休闲旅游业为主导产业，功能复合、生态宜居、高效集约的新型城市组团。

2014年，中牟新区管委会落实县委、县政府各项工作部署，全力以赴保增长、稳增长、促增长，保持经济平稳发展、民生持续改善、社会和谐稳定的良好局面，完成年初制定的各项工作任务。中牟新区再次以综合考评第一的成绩，连续两年被郑州市政府授予郑州市组团新区建设"两强组团新区"称号。

2014年，中牟新区完成固定资产投资122.2亿元，完成全年建设任务的112.96%，全市组团新区排名第二；新增建成区面积达6.25平方公里，完成全年建设任务的182.5%，全市组团新区排名第一；基础设施建设完成投资31.2亿元，全市组团新区排名第一；公共服务设施建设完成投资10.5亿元，全市组团新区排名第一；公共绿地面积13.52平方公里；完成融资71.56亿元，完成全年建设任务的283.333%，全市组团新区排名第一；道路长度125公里，自来水供水长度132公里，园区内单位个数675个，从业人员达6.72万人。

【中牟新区管理】 中牟县设有县长潘开名任主任的中牟新区管委会，负责园区管理。绿博板块具体工作由中牟县委常委、组织部部长，管委会副主任王朝杰负责，与刘集镇、大孟镇和广惠街街道套合；南部板块由中牟县委副书记、管委会常务副主任楚惠东负责，与广惠街街道、郑庵镇套合。在套合机制中，管委会明确要求副县级以上领导干部将主要时间和精力放在新区发展上。按照新区考核事项、发展目标等，两个板块充分发挥各自积极性，形成分工有序、责任共担、成绩互享、目标一致的良好机制和氛围。

中牟新区管委会建立科学的工作机制。实行重点项目台账式管理、动态化管理；重点项目由县级领导干部分包，严格落实"四个一"工作机制（一个项目、一个分包领导、一个运作小组、一个推进方案）；实行日督导日通报，做到"日清日结"；建立协调推进机制，把涉及新区建设和考核的统计、发改等11个部门，均明确主管副职、科室负责人和业务骨干，定期或随时召集协调会研究推进工作。

【基础设施建设】 2014年，中牟新区路网建设突破原有框架，根据新区规划和发展形势，形成园区"六横四纵"主干路、"八横四纵"次干路的路网。选取核心区主要道路建设综合管沟，通过规划设计施工，实现强弱电、通信线路、燃气、热力管道综合规划、统一布置，至年底，园区路网初步形成，地下管线联网成片，达到有效利用地下空间、完善基础设施功能、提高市政综合管理水平的目标。绿博园区核心区水系工程、贾鲁河生态治理绿化工程、人文路跨贾鲁河大桥工程、综合电网、污水及垃圾处理等配套设施建设全面推进，全面拉开中牟新区发展框架。

2014年，中牟新区建成公共绿地面积13.52平方公里，道路长度125公里。其中，广惠街生态廊道、万洪路生态廊道竣工；四牟园开园；林荫停车场投入使用；贾鲁河生态治理工程土方工程完工，绿化工程未完工；郑开北辅道、文通路与商都路交叉口、人文路与商都路交叉口等绿化项目竣工。县公安局业务技术用房建设及配套项目竣工并投入使用；新区文化馆、高尔夫馆、新区健身馆、一高体育馆等竣工并开馆迎客；商都路学校竣工，新生入学。

【优化服务环境】 2014年，中牟新区管委会从入驻园区开始，将企业的协议、注册资料、可行性研究报告、审定的平面布置图、各种批复等相关资料整理建档保存，并建立企业影像资料档案，定期记录企业的施工进展情况，掌握项目动态。对各种行政审批项目实行"一站式办公、一条龙服务"，协调工商、财政、质监、税务等部门互相配合，全力推进企业建设。

中牟新区管委会召开项目推进会，及时发现企业建设中的困难，企业反映的问题90%得到解决；召开入驻企业项目建设推进会暨银企对接会，邀请入驻企业参加。新区管委会搭建平台，帮助企业协调贷款，对接企业28家，初步达成意向的企业19家，协助融资26亿元。关注开工企业建设进度，新区管委会主要负责人每人负责推进几家企业的建设进度，到工地现场办公，随时解决企业在建设、试生产中的困难。

【新型城镇化建设】 2014年，中牟新区管委会坚持一次性安置拆迁政策，全面启动绿博1号、2号、3号、6号4个合村并城安置区和毕虎、后潘庄等5个城中村改造安置区工程建设，涉及40个自然村，占地总规模达3500亩，是河南省一次性安置规模最大的安置项目。中牟新区坚持"政府主导，市场化运作"的方针，由政府给群众建安置房，让民生工程真正贴近民心。在"政府主导"原则指引下，坚持环境位置好、设计单位好、建设单位好、文化品位高的"三好一高"标准来体现"政府主导"的好处和益处，打造全省第一、全国一流的安置区。中牟新区在安置区建设前，提前谋划安排园区内40个自然村近5万名群众转岗就业工作。通过开展农民转岗就业培训，帮助被征地农民从“体力型”向“技能型”转化，大力发展园区企业，促进就地就近就业。

2014年，中牟新区完成拆迁368万平方米，占全年任务的220%；建成安置房385万平方米，占全年任务的396%。

【海宁皮革城项目正式签约】 2014年1月16日，郑州海宁皮革城项目由中牟县政府和浙江海宁中国皮革城股份有限公司正式签约。该项目总投资7.5亿元，位于中牟新区北部、郑开大道北侧，用地面积约150亩，是以购物旅游为主题的国家AAAA级旅游景区。项目将于2015年秋冬季投入使用，成为辐射中原地区，批零兼售、创意研发及时尚发布并举，集购物休闲、文化旅游、创意研发、流行趋势发布于一体的大型商贸旅游城市综合体项目。

【“中华复兴之路文化科技园区”开工建设】 2014年4月，郑州华强文化科技有限公司第三期项目“郑州中华复兴之路文化科技园区”在中牟新区北部开工建设。项目占地约800亩，其中主题园区占地约580亩，计划投资28亿元。项目结合华强文化集团在国内成熟的文化科技主题园区经验模式，紧扣中华复兴之路的主题，围绕华夏文化特色，打造一个国际一流的新型文化科技主题园区，年接待旅游能力将达到300万人次。

2012年8月，郑州市人民政府与深圳华强集团签约华夏历史文明传承创新示范区战略合作协议，该项目以文化科技创新为主导，集创意、设计、研发、生产、展示、经营、商务于一体，项目计划分五期建设：一期郑州方特欢乐世界文化产业园基地、二期郑州方特梦幻王国文化产业基地、三期华夏非物质文化遗产传承展示基地（郑州中华复兴之路文化科技园区项目）、四期宗教文化博览基地、五期红色旅游文化教育体验基地。项目计划总投资240亿元。示范区一期项目“方特欢乐世界主题公园”已投入运营；二期“方特梦幻王国主题公园”已于2012年底开工建设，2014年底建成并投入运营；“方特水上乐园”项目2013年10月奠基开工，2014年5月开园。

【郑州韩国产业园项目论证会举行】 2014年7月17日，郑州韩国产业园项目论证会在中牟县举行。以韩国贸易投资振兴公社郑州馆馆长丁永洙为团长的韩国在豫企业家一行参加了论证会，并在会前参观考察了中牟县绿博文化产业园区（中牟新区）、汽车产业集聚区和中牟县规划展览馆。省政府外侨办副主任郭俊峰，郑州市人大副主任、市总工会主席张学军以及中牟县委县政府负责人考察了中牟县的产业园区并出席论证会。

会上，郭俊峰指出，当前韩国企业对中国的投资正由东部沿海逐渐向中西部地区转移，中牟县是河南省的区域中心城市，区位、交通、经济等各方面均具有很大的发展优势。韩国产业园区项目选址中牟，是省市领导给予高度重视的结果。希望各位韩国朋友对发展郑州韩国产业园提出宝贵建议。韩国贸易馆郑州馆馆长丁永洙表示，中牟县区位优势明显，具备承接韩国产业转移的各项条件，韩国贸易投资振兴公社郑州馆一定会为促进郑州韩国产业园作出积极贡献。考察团团员也纷纷发言，为韩国产业园的建设建言献策。

郑州韩国产业园项目是根据省市领导指示精神，积极响应贯彻落实中共中央总书记习近平访韩达成的共识，并结合河南省大力推进三大国家战略以及韩国客商投资方向从沿海向内陆延伸的机遇背景，由省政府外侨办牵线搭桥，郑州市和中牟县具体实施的经济贸易合作项目。省委常委、郑州市委书记吴天君，省人大常委会副主任张大卫对此项目做出重要批示。

【凤凰国际文化产业园正式签约】 2014年11月17日，在2014中国（郑州）世界旅游城市市长论坛签约仪式上，总投资120亿元的凤凰国际文化产业园正式签约落户郑州中牟绿博文化产业园区（中牟新区）。这是凤凰卫视集团凤凰文化产业落户中国中部地区的首个大型项目，项目初步规划涵盖八大部分，拟打造中西部乃至国内文化金融创新和文化、时尚、艺术、传媒、创意产业的制高点，助力绿博文化产业园建成“东方奥兰多”，成为河南新文化的策源地和中国新经济的标杆。

（审核：姚松洁　撰稿：范继浩　马杰）

管委会主任　王朝杰

【绿博文化产业园区概况】　2014年，绿博文化产业园区管委会按照郑州市委十届五次全会提出的“坚持新型城镇化引领，建设以中牟绿博组团为主体的文化城”的总体要求，以及2014年5月9日省委常委、市委书记吴天君到中牟县调研时提出的以绿博为核心，建设国际化、现代化时尚创意旅游文化新城，打造东方“奥兰多”的新要求，管委会各项工作推进有力。通过“安置拓空间、规划提档次、路网拉框架、项目促发展”，不断推进田园式绿博文化新城建设。绿博园区“功能完善、合理布局、空间广阔、定位高端、产城互动”的建设成果初步显现。

2014年，绿博园区实现主营业务收入达12.5亿元，规模以上服务业企业数量达24家，累计实现固定资产投资超70亿元，从业人员达3.5万人，实现税收收入4.5亿元，累计利用市外资金超25亿元，累计融资额达30亿元。

【园区规划编制】　2014年，绿博园区管委会坚持规划设计先行，以高规格规划提升城市整体品位，邀请日本日建、中国城建、上海陆道、东方园林等国内外知名设计院，投资1.4亿元，高标准、高站位进行园区规划编制。在制订产业布局规划的基础上，坚持“三规合一”，编制园区城乡总体规划、土地利用规划、产业发展规划；对园区总规、控规、城市空间等总体规划，公共设施、路网管沟、绿地水系、核心区、安置区等专项规划进行全面设计和覆盖。编制

绿博园区发展研讨会召开

完成核心区城市设计及园区控规全覆盖方案中期方案；同步推进园区基础设施、公共服务设施专项规划；完成安置区、海宁皮革城、康桥、省煤炭局等4个项目的控规编制及华强水世界、长城书画院、银科置业、安置区学校幼儿园、河南歌舞剧院等5个项目的建筑方案评审；完成27条道路管线综合规划及20条道路的施工图设计；完成郑开大道生态廊道绿化方案及施工图，完成屏华路、永盛路、九州路、新城大道生态廊道绿化初步方案。按照郑州市委书记吴天君的要求，5月和8月园区邀请国内知名专家学者，召开郑州绿博文化城发展规划研讨会，高标准、高层次论证规划园区发展，全面提升园区档次与规格。

【园区基础设施建设】　2014年，绿博园区管委会全面启动园区基础设施建设，续建道路10条，道路总长40.7公里，分别为平安大道、永盛路、人文路、广惠街、郑开北辅道、九州路、锦荣路、屏华路、文通路和新城大道；新建道路1条，为郑开北辅道慢车道，总里程3.7公里；拟开工建设道路3条，分别为紫寰路、琼花路、宝兴路，总里程14.8公里。开工建设水面面积540亩的核心区水系，2014年底已开挖湖面约150亩。九华变电站开工建设，并完成变电站用房的施工；22万千伏的紫东变电站设计、前期规划完成，开始前期筹备工作；启动2个11万千伏变电站报批程序，加快园区重大项

绿博园区中心水系施工

绿博园区2号安置区5号地块施工

目及基础设施建设用电。人文路跨贾鲁河大桥建设前期手续基本办理完成，确定施工、监理单位，施工单位进场，临时建筑搭建完毕。选取核心区主要道路建设综合管沟，通过规划设计施工，实现强弱电、通信线路、燃气、热力管道综合规划、统一布置，达到有效利用地下空间、完善基础设施功能、提高市政综合管理水平的目标。

【安置区工程建设】 2014年，绿博园区管委会坚持一次性安置拆迁政策，全面启动绿博1号、2号、3号、6号四个安置区工程建设，涉及35个自然村，占地总规模达3408.83亩，是河南省一次性安置规模最大的安置项目。绿博园区坚持“政府主导，市场化运作”的方针，由政府给群众建安置房，让民生工程真正贴近民心。在“政府主导”原则指引下，坚持环境位置好、设计单位好、建设单位好、文化品位高的“三好一高”标准来体现“政府主导”的好处和益处，倾心打造全省第一、全国一流的安置区。绿博园区在安置区建设之前，就提前谋划安排园区内35个自然村、4万多名群众转岗就业工作。通过开展农民转岗就业培训，帮助被征地农民从“体力型”向“技能型”转化，大力发展园区企业，促进就地就近就业。完成规划选址、划边定界、征地补偿、清障、发改立项、人口摸底调查、三次户型征求意见土地组卷报批、文物勘探、地质勘察、建设招标、监理招标和总平面图设计等工作，工程建设进度显著。截至2014年底，绿博1号、2号一期、3号一期工程共开工122栋安置房，其中46栋安置房完成正负零施工，53栋安置房进行正负零施工。绿博6号安置区一期工程14栋安置房主体结构完工，并进行内外墙粉刷。

【招商引资】 2014年，绿博园区管委会以“栽梧桐追凤凰”的招商理念、瞄准行业领先、国际一流的项目，开展“大招商、招大商”，构建“凤凰栖来百鸟歌”的产业格局。园区积极推介、洽谈和引进项目，将招商领域锁定长三角、珠三角、环渤海区域，瞄准北、上、广、深等文化产业相对集中的一线城市，吸引了海宁皮革城、泸州老窖集团、深圳怡亚通、北京蓝天集团、香港清华同方等高端项目向园区汇聚，招商引资工作取得良好进展。截至年底前，即将签约项目4个，包括香港比高集团、迪拜索利特集团、国龙投资有限公司、省发改委会展中心项目等；深度洽谈项目4个，包括韩国SM集团、张江高科、北京梦之城文化有限公司、迪斯尼上海公司等。加速产业集聚，建设“园中园”——规划设计专业园区，截至2014年底签约项目4个，包括中机六院、河南省城乡建筑设计院、河南省城乡规划设计研究总院、河南博雅彩印有限公司，完成土地拆迁，并制订规划方案。

【项目建设】 2014年，绿博文化产业园区建成项目有第二届绿化博览会——绿博园和郑州方特欢乐世界、郑州方特水上乐园，为园区聚集大量人气。仅方特欢乐世界项目开园以来累计接待游客350万人次，实现门票收入4.8亿元。续建项目3个，其中方特梦幻王国项目次年6月开园，水世界项目开园，名门紫园项目开盘。新开工项目8个，其中宏盛总部、泸州老窖、正金项目、长城书画院、天禧置业、省消防总队方案设计完成，进行土方开挖和桩基施工；怡亚通电子商务、宝石博览园项目围墙已拉建，并进行方案设计。拟开工项目5个，其中海宁皮革城、信阳办事处、辅仁总部项目清障、围墙拉建工作完成，进行方案修改；郑大三附院项目土地批回，在做环评和方案设计；郑州中华复兴之路文化科技产业基地项目可研、环评、能评编制完成，方案设计、清障工作完成。办理前期手续项目10个，其中，北京华夏万通和亚太置业项目土地批回，公司注册完成，进行方案设计；河南曲艺文化展示中心项目土地批回，并修改设计方案；新田越洋广场项目协议签订，公司注册完成，土地组卷上报市国土局，并进行方案修改；清华同方协议签订；北京蓝天、康桥总部、辅仁研发科技园、省国土厅、烟草研究院项目进行协议签订和土地报批。

【规划设计专业园区入驻项目集中签约】 2014年7月22日，绿博文化产业园区规划设计专业园区入驻项目集中签约仪式举行，中牟县委书记路红卫参加签约仪式，县委副书记、代县长潘开名分别与7家企业签约，项目拟投资总金额11.55亿元。

2014年7月22日，绿博文化产业园区规划设计园区入驻项目集中签约

中国机械工业第六设计研究院拟在园区建设功能完备齐全、现代化的设计产业基地，申请用地面积40亩，拟投资金额3.5亿元。河南省城乡规划设计研究总院有限公司拟整体搬迁至绿博园区，建设办公楼及附属设施，申请用地面积40亩，拟投资金额3.3亿元。河南省城乡建筑设计院总部办公基地拟在园区建设总部办公楼、科研生产楼、分院办公楼等，申请用地面积20亩，拟投资金额2.6亿元。河南博雅创意设计基地拟引进文化创意企业100家，申请用地面积10亩，拟投资金额2.15亿元。

中牟县委书记路红卫指出，此次签约的4家企业是“园中园”首批入驻的4个项目，对“园中园”的建设有着重大意义。希望各企业能够加强沟通，密切合作，早日开工。同时希望各企业在建设过程中能够关心关注中牟的规划，能够因入驻绿博而关注绿博、入驻绿博而关心中牟。

县委常委、组织部部长王朝杰主持签约仪式。绿博文化产业园区领导魏玉坤、陈振宇参加签约仪式。

（审核：孟飞龙　撰稿：牛英豪　蒋　鹂）

【兰花博览会在郑州绿博园举办】 2014年4月1日至3日，“陈寨花卉杯”第二十四届中国（郑州）兰花博览会兰博会由中国花卉协会兰花分会、河南省林业厅、河南省花卉协会、郑州市人民政府主办；市花卉苗木协会、市林业局、市园林局、市农委和市花卉苗木协会兰花分会承办。本届兰花博览会的主题是“兰香绿城、美丽郑州”，旨在调动郑州市民“爱花、养花、咏花、画花”意识，实现“以花会友，以花富民”的目标。有来自德国、韩国，港澳台，北京和河南等25个国家、地区和省（市）的3000个参展商代表携各类兰花作品5000余盆参展，展出面积1.5万平方米。

（审核：雍　超　撰稿：张恒献）

管委会党工委书记、主任　李晓亮

【中牟官渡工业园区概况】 中牟官渡工业园区东邻规划的S223线、南至陇海铁路北300米、西到规划的官渡东路、北达规划的豫兴大道，园区内包含7个行政村，1.2万人，规划面积13.9平方公里。园区主导产业为生物医药，电子信息、智能装备制造，生物能源。按照市委、市政府套合管理要求，园区设立管委会，与官渡镇实施完全套合，设置五大办公室（拆迁征收、综合管理、招商引资、项目服务、优化环境），套合镇官渡镇班子成员全部在园区任职，选派4名正科级干部任各办公室主任，10名副科级干部任副主任；常驻园区工作人员9名，负责日常运转。

2014年，中牟官渡工业园区管委会按照市、县统一部署，结合园区实际，实施“筑巢”“引凤”并重的发展战略，以招商引资为抓手，以基础设施建设为保障，全力推进园区建设。2014年，中牟官渡工业园区固定资产投资完成12.5亿元，比上年增长2%；增加值完成2.5亿元，比上年增长14.5%；从业人员达到2876人，比上年增长27%；税收完成3100万元，比上年增长16%。

县长潘开名调研官渡工业园区工作

【招商引资】 2014年，中牟官渡工业园区管委会围绕生物医药、电子信息、智能装备制造、生物能源四大主导产业，紧盯国内外500强和行业20强企业，由主要领导分包负责，采取以商招商、产业链招商等方式，积极开展招商活动。全年洽谈企业117家，签约23家，协议资金约100亿元，实际利用市外资金68615万元，利用境外（中印合作辅仁熙德隆项目）资金2235万美元，所有签约项目均完成选址；在办理签约手续企业2家，进行项目论证暨联审联批会企业4家。

【基础设施建设】 2014年，中牟官渡工业园区管委会建成、在建的基础设施及配套设施有道路、变电站、水厂、污水处理厂、社区安置区。

1. 道路。园区共规划道路24条，其中东西向道路16条，南北向道路8条，道路总长度79公里。2014年，园区建成和在建道路共10条，总里程16.1公里，占总里程的20.3%。其中：建成道路5条（段），包括申厚路、春秋路（东段）、辉煌三路、金菊四街、金菊五街，总长8.05公里，总投资42088.75万元。在建道路3条（段），包括金菊三街、春秋路（西延）、辉煌四路，总长4.2公里，总投资17051万元。待建道路5条，包括申厚路北延、金菊五街北延、长歌路北延、辉煌二路、许都路，总长11.7公里，计划投资66270.66万元，占道路总里程14.8%。因中牟县与中水电BT协议尚未签订，影响项目进度。

2. 变电站。刘庄南110千伏石楠变电站（供园区使用）建成，具备使用条件。水溃北220千伏商鼎变电站（供郑开城际铁路使用）设备安装完成。

3. 水厂。园区有水厂1座，为白沙园区管委会代管期间，郑汴水务公司修建，厂房主体完工。由于区划调整，甲方变更，无法确定合作关系。水厂未投入使用。

4. 污水处理厂。中牟官渡污水处理厂工程位于官渡组团东南部，水溃沟与新S223交叉口东南角，二十里铺村北侧500米，收水范围涉及大孟镇、官渡镇和官渡工业园区。一期占地面积约56亩，建设规模为2.5万吨/天，计划投资15329万元。

5. 社区安置区。党庄社区计划建设54栋安置房，23栋在施工。

【项目建设】 2014年，官渡工业园区已投产项目3个，分别是华英包装、安佑科技、欧帕机器人。建成并进行试生产项目4个，分别是金博士种业、范恩沃德、旺达生物、豫港制药；在建项目3个，其中，续建项目1个（欧帕二期）进行厂区建设；新开工项目2个：辅仁熙德隆项目围墙圈建完成，在进行厂房建设；蓝天玻璃前期建设的1.2万平方米厂房进行整体细节维修。拟开工项目4个，其中，博凯医药围墙圈建完成，侨联科技搭建施工指挥部、瑞光印务圈建围墙，黛玛仕发放补偿款。在办理前期手续项目5个，其中，四环（通润）医药林地可研报告在办理，凯莉莱（澳梓美）在林地报批，正粮种业在土地报批，信仁药业完成备案，辅仁分拣配送中心在清障。

（审核：谢继周　撰稿：仝　南）

管委会党工委书记、主任　张书勤

【都市型现代农业示范区建设概况】 2014年，现代农业示范区管委会抢抓时间，克难攻坚，基础设施建设、园区建设、两大主题活动等各项工作全面部署、统筹安排，中牟·国家农业公园、中牟现代农业草莓产业示范区及现代农业服务业示范区"三大示范区"粗具规模，中牟县农业发展格局逐步形成，吸引大批企业来中牟投资兴业，市民到中牟旅游、休闲观光的人数逐年增加，发展势头良好。中牟县都市型现代农业已成为统筹城乡发展产业的主支撑、农民就近就业的主平台、生态体系建设的主要素。

【中牟·国家农业公园建设】 2014年，现代农业示范区基础设施建设全部完工。基础设施建设作为推进园区的先行先导工程，总投资3亿元，道路、雨污水、桥涵、燃气、电力、照明、通信、给水、绿化、雨污水泵站、导视、围闭、公厕（1个四星级，5个三星级）等项目全面铺开建设，67个施工标段采取昼夜施工和项目交叉施工，项目全部并投入使用。

综合管理服务区建设有序实施。计划总投资2.52亿元，完成投资9800余万元。其中，领头雁文化广场建成并投入使用，主要包括高51米的门景标志"领头雁"、100平方米的户外大型3D显示屏及广场硬化等；占地116亩的生态停车场，主要建设1500个大小停车位、电瓶车车位、管理房、公厕等，建成并投入使用。

运粮河景观水系完成蓄水，并实现游船通行

现代景观水系建设基本完成。总投资2.3亿元，主要对丁村沟、运粮河两条水系共8.3公里的河道进行生态修复、滨水景观工程建设，以及运粮河3处景观水闸工程和6座景观桥梁的建设。完成投资1.9亿元，实现双向通航，旅游船投入运营，新建的观光塔完成主体建设。

入驻企业园区基本实现开园迎宾。13家入驻企业计划总投资28亿元，累计完成投资19亿元，入驻企业园区基本完成所有规划建设任务，累计建成智能连栋温室65万平方米、日光温室400亩、现代化鱼塘1200亩，开挖景观湖系1000余亩，微地型景观塑造9000米，景观绿化树种栽植12万余棵，园区内路灯、标志牌、垃圾箱、公共厕所等公共设施日趋完善，其中广利、凌云、橡树、索克等企业的餐饮、

中牟·国家农业公园农业设施建设

住宿功能逐步完善。

园区实现公司化运营管理。管委会采用服务外包的运营模式，由中牟雁翔现代农业公园管理有限公司负责整个园区的运营和管理，主要包括导游、保洁、保安和电瓶车、游船的管理运营。该公司拥有员工300余人，其中35名专业管理人才。2014年经过试运营，对园区的管理进入专业化的正式运营轨道，成功承办农业嘉年华、雁鸣湖大闸蟹美食文化节等两大农业主题活动，活动品牌效应明显。

【现代草莓农业产业示范区建设】 2014年，示范区通过弘亿国际农业高新产业园和马家设施蔬菜精品园的示范引领和草莓合作社全面带动，促进草莓产业不断壮大，带动周边设施蔬菜产业的全面发展，快速形成区域化、产业化的发展格局。

弘亿国际农业高新产业园计划总投资8.6亿元，占地2000余亩，累计完成投资4.2亿元。A区和B区全部完成建设，“五行”、鸟巢、水立方、农业展厅等2.7万平方米的智能温室建成，草莓育苗中心和87座钢骨架日光温室投入生产，园区内道路硬化、绿化、亮化基本完成。2014年成功举办郑州市“走进乡村，寻梦田园”休闲观光农业主题活动。

马家设施蔬菜精品园投产。计划总投资3288万元，占地960亩，一期120座砖混钢骨架结构日光温室全部投产，主要以黄瓜、草莓、哈密瓜等果蔬种植为主，2014年果蔬销售额突破480万元。

春峰果蔬专业合作社绿色食品生产基地依托春峰果蔬专业合作社，大力发展草莓主导产业，生产基地约1万亩。2014年，基地实现年产鲜草莓5500吨，亩均纯收入2.5万元。

【现代农业服务业示范区】 即河南万邦国际农产品物流城（参见〔万邦国际物流城〕）。

【特色农业产业园项目建设】 为在全县整个示范区范围内充分发挥引领示范的大能量，通过中牟·国家农业公园的先行启动和示范带动，中牟县先后引进晨明、天邦、邦友、莱骏、飞宇、鑫鑫渔业等各具特色、功能有别的重点企业入驻，使全县现代农业逐步实现由点到面、聚面成块、连块成网的产业发展格局。其中，黄河邦友农业循环生态示范园，规划占地3422亩，计划总投资10.7亿元。已完成投资5.6亿元，建成日光温室90座，食用菌厂房6万平方米并投入生产，2014年产品突破2万吨，产值1.2亿元，利润达6000万元。

【新建及完善提升都市生态农业园区建设】 2014年，为落实2014年县委、县政府《关于全面深化农村改革，加快推进都市型现代农业发展的实施意见》中关于再打造一批示范区的指示，启动建设万滩镇安庄村项目区、姚家镇春岗村项目区、雁鸣湖镇朱固村项目区、雁鸣湖镇东漳东村项目区、官渡镇西吴村项目区、郑庵镇台前村项目区等6个现代都市生态农业示范园，涵盖蔬菜、水果、花卉、水产养殖、休闲观光等产业类型。6个示范园经营土地总面积2万余亩，申请财政投资面积7670亩，申请财政投资总额3365万元。通过逐步实施路网、休闲、排灌、农业装备、生态环保“五大体系”建设，提升“园区农业”发展水平。此项目为跨年度实施，2014年完成项目设计和申报工作。

【首届郑州市中牟·国家农业公园农业嘉年华活动】 2014年4月17日至5月3日，在中牟·

国家农业公园举行首届郑州市中牟国家农业公园农业嘉年华活动，主题为“体验都市农业，感受田园生活”，活动由中牟雁翔现代农业公园管理有限公司和郑州吉奥金禾嘉年华农业科技有限公司主办，郑州未来农业发展有限公司、郑州市梦之源水产科技有限公司、河南逸祥农业科技开发有限公司等15家企业联合承办。

嘉年华活动开设8个主展示场馆，占地7073亩，内容涵盖农业、旅游、会展、科研、农产品交易、物流等多个行业，是集观光、品尝、体验、娱乐、购物为一体的现代农业盛会，包括“8馆3场2街1线”，“8馆”即：农科快轨、欢乐农庄、番茄迷宫、梦幻花香、百舸争流、乐活园艺、精品农业展销以及未来农业科普馆；“3场”即：领头雁广场、欢庆广场、丰收广场；“2街”即：室内小吃街、室外小吃街；“1线”即：园区和生态水系游览线。

嘉年华举办期间，接待游客9.8万人次，仅“五一”一天游客就达1.1余万人次。农趣摄影展、梨园大戏台、五彩风筝节、舞蹈表演、你型我秀等主题活动贯穿嘉年华始终，展示都市型现代农业发展成果，为市民搭建一个亲近农业、享受农趣的平台，打造一个突出农业主题，集多功能于一体的农业嘉年华。农业嘉年华活动展示中牟现代农业的发展成效，提高了中牟农业在社会上的影响力和知名度。

【第十四届雁鸣湖大闸蟹美食文化节活动】 雁鸣湖大闸蟹是中牟县的特产。其养殖采用无公害标准化生产模式，依托雁鸣湖的优良水质，出产的大闸蟹膏满肉肥、蟹黄鲜美、营养丰富，成为雁鸣湖旅游的一块金字招牌，从2001年开始，每年中牟县举办雁鸣湖大闸蟹美食节，从而叫响雁鸣湖旅游品牌。

2014年9月20日至10月7日，第十四届雁鸣湖大闸蟹美食文化节举办，充分利用嘉年华的场馆基础，以农业嘉年华、舌尖上的嘉年华、动漫嘉年华三大主题活动为支撑，融合了鸟类表演、中原传统民间手工艺术展、动漫城堡游乐、卡通互动巡游、啤酒达人、捉蟹比拼等参与性活动。活动举办时间17天，入园人数突破10万人，最多一天达1.5万人，带动雁鸣湖区域游客量达45万人左右，比往年同期增加3倍以上，直接带动餐饮和大闸蟹售卖等收入达4000万元以上，大力提升“雁鸣湖大闸蟹”的品牌效应，推动周边“农家乐”产业发展，带动区域农业产业的提档升级。

（审核：樊守峰　撰稿：王帅峰）

董事长　杨广立

【万邦国际物流城发展概况】 河南万邦国际农产品物流股份有限公司开发建设的河南万邦国际农产品物流城（简称万邦国际物流城），位于郑州市南三环东段万洪路两侧，主要承接郑州市内大型蔬菜、果品、淡水鱼、海鲜、冻品等10余个市场外迁。项目一期建有60万平方米蔬菜、果品、交易区、冷藏保鲜库等项目，

20万吨冷库投入使用

占地1000亩，投资15亿元，蔬菜、果品年交易量达1000万吨，交易额350亿元。项目一期的水产海鲜及冻品交易区和冻品储藏库占地600多亩，总投资20亿元，2014年交易量70万吨，交易额150亿元，逐步形成中原地区最大的水产海鲜及冻品冷链物流中心。

2014年，开工建设的项目二期粮油、调味品、厨具交易区，计划投资30亿元，占地600亩，总建筑面积达80万平方米。采用立体化建设模式，充分利用土地资源，提升市场档次。

该项目建成投入运营后可实现新增粮油、调味品、厨具等各类农副产品年交易额500亿元。

同时，规划建设肉蛋禽、副食、农资市场及冷藏保鲜区、综合配送区，还规划建设电子商务中心、电子结算中心、质量检测中心、科技研发中心、期货交易中心、仓储调控中心、农产品信息中心、农产品金融中心以及农产品博览馆、农产品会展中心等。所有项目2016年底前将建成。项目全部投入运营后，万邦国际物流城将成为物流城市综合体和现代化农产品物流枢纽。实现农产品年交易量3000万吨，年交易额2000亿元，带动项目周边“三产”及服务业收入达到100亿元，成为全国乃至世界规模最大的农产品交易、储备和调控中心。

2014年3月，河南万邦商业连锁有限公司成立，9月在郑州市开业1家2000平方米的万邦生鲜旗舰店。4月，河南万邦前程物流有限公司成立，依托河南省万邦农产品物流城的蔬菜、果品、冻品、水产、粮油、进出口农产品等资源优势，发展物流业。同时，万邦公司还在中牟国家农业公园建设有占地600亩，集农业生产、种植养殖、休闲农业体验、餐饮会议等于一体的郑州万邦鸿鹄产业示范园。

2014年郑州万邦农业有限公司成立，公司依托河南万邦国际农产品物流城开发建设的现代农业科技示范园项目高端农产品生产示范基地总规划占地2.5万亩，项目位于中牟县刁家乡。该项目规划建设现代设施农业生产示范区、农业高科技展示区、休闲观光农业体验区、农场承包经营区、农业科技培训服务中心及实训基地、现代农产品加工配送区等。项目建成后将为市民提供高档、有机的农产品及畜禽产品，同时将建立农产品行业生产标准，影响带动周边农民种植，提升农业总体发展水平。

9月25日，商务部党组成员、中纪委委员、驻商务部纪检组长王和民到万邦公司考察

2014年，万邦国际物流城实现水产、蔬菜、果品、粮油等各类农副产品年交易量1200多万吨，年交易额700多亿元，带动运输、加工等农村务工人员就业1万多人，带动“三产”及服务业收入约10亿元。市场交易的农产品近一半供应省内，一半以上辐射全国20多个省、自治区、直辖市，郑州市消费的蔬菜、果品80%由市场供应，成为中部地区蔬果等鲜活农产品流通的主渠道。

【市场经营管理】 2014年，万邦国际物流城坚持“亲商、爱商、安商、富商”的服务理念，追求“务实、高效、诚信、和谐”的发展理念，不但致力于打造大型市场，更注重市场安全管理，积极推行网格化的先进管理模式，形成指挥中心、管理中心、网格化管理及消防管理等管理模式，同时公司成立党委，积极进行公司党建文化建设，通过党员先进模范带动作用，在原有管理中心和指挥中心的基础上，深化整合为服务网格和技术防控网格，同时通过建立“党建网格”，形成“党群联动，三网叠加”的网格化管理格局，充分保障了市场安全。

万邦国际物流城积极推行商户星级评定制度。市场不断完善商户经营、摊位、住房管理和市场招商管理工作，积极与商户沟通，了解其需求，指引、规范商户的经营活动，不断地提高服务质量，履行“建一个市场、服务一方百姓”的责任。万邦国际农产品物流城通过批发市场建设、运营、管理的升级换代，带动农产品流通产业的转型升级，全力打造万邦物流城品牌。

万邦国际物流城加强农产品质量安全管理，对蔬菜、水果等农产品分类取样检测，做到逢进必检。实施“农产品追溯体系”项目，建设包括农产品电子结算系统、质量可追溯系统，信息收集发布系统，全面提升市场信息化建设水平。积极创新流通方式，探索开展农产品电子商务、网上订货、网上交易，团体配送，建设社区平价直营店等业务，最大限度提高流通效率、降低农产品流通成本和价格，解决好农产品“最后一公里”问题。

【农产品质量安全管理】 2014 年，万邦公司对市场检测系统全面建设和改造，同时对所有进场农产品加大检测力度，保障市场上市农产品质量安全。一是购置配备检测设施。公司在市场蔬菜区、果品区入口各设置一个农产品速测中心，实现进场农产品“逢车必检”。同时在办公楼二楼建设综合检测中心，设置农产品定量分析室，购置气相色谱仪、液相色谱仪等精密仪器，实现对农产品含量超标具体数量及超标类别的准确分析。二是加强检测人员管理。公司设立检测中心管理团队，全部为大专及以上学历，食品工程及相关检测专业文凭。另设市场检测辅助人员 40 余名。全部人员 24 小时分班上岗，负责所有进场农产品质量安全检测工作。三是完善管理手段。公司在与商户签订租赁经营合同时，同时签订农产品质量安全承诺书，规定商户必须经营农产品质量安全达标的农产品，否则不允许进场销售，情节严重者直接收回承租摊位。

农产品速测室

【完善经营服务设施】 随着万邦国际物流城的快速发展，在一、二期工程的基础上，万邦公司整修物流城部分地面，划分停车、行车线，设立市场出入口、卫生间、消防设施、停车场等标志牌，提高市场档次。并在万洪路与郑民高速等主干道，设立公司路线标志。

2014 年，水产、海鲜及冻品区投入运营。物流城为水产区商户提供完善的配套设施，根据商户需求，建有 5 万平方米的地上地下停车场、商户配套生活区、加水站、制氧站、制冰车间、速冻库、垃圾环卫站等各种配套设施。统一建设有海鲜池、海鲜干货展示区、淡水鱼池、吊机和小型低温冷冻库等配套设施，满足淡水鱼、海鲜及冻品商户的切身需求，提供良好的经营环境。

【促进农产品流通】 2014 年，万邦公司以“立足三农，保障民生、服务全国”为宗旨，以“务实、高效、诚信、和谐”为发展理念，充分发挥区位和交通优势，在组织商户有序经营，带动省内外蔬菜、果品基地产业发展，促进农民增收，保障城市供应和消费安全的同时，积极参与商务部“南菜北运”、“西果东输”、农产品现代流通综合试点项目建设。

2014 年，万邦公司 10 多次组织市场经销大户到海南、广西、云南、重庆等多个农产品主产区开展产销对接活动；支持商户在海南、广东、广西等 10 多个省份自建蔬菜、果品基地十几万亩。以“市场商户 + 基地 + 农户”的经营

12 月 12 日，万邦公司董事长杨广立率领 60 多名商户及员工参加 2014 年中国（海南）国际热带农产品冬季交易会

模式，与主产区政府、合作社、龙头企业等建立利益联结机制，通过签订合同、合作、参股、共建等形式发展订单农业3000多万亩。

万邦公司和商户们在全国建设生产基地30多万亩，带动数十万户农户从中受益，起到重点龙头企业应有的带动作用。

【农产品经纪人队伍建设】 2014年，万邦公司积极开展农产品经纪人队伍建设，聘请专家学者对经纪人讲授农产品的储运、营销、经营管理及相关法律知识。截至年底，市场发展会员600余人。他们通过各种途径搭建起农业小生产和大市场之间的桥梁，帮助农民将农产品销售出去。公司还积极配合河南省农业厅“阳光农业工程”建设，积极组织全省合作社负责人、各地种植大户等农业相关人员进行市场行情分析专题培训。2014年接待全国各地参观考察团100多个，积极参与农产品物流行业交流，搭建全国性农产品交易大平台。

【“三产”带动】 万邦国际物流城的发展，带来众多人员就业。仅蔬菜、果品交易区及冷藏保鲜仓储区就容纳商户1000多家，流动商户1万多家；水产、海鲜及冻品区已建成并投入运营，同时带来更多的就业机会。直接带动运输、加工等农村务工人员1万多人，人均收入3000多元。还带动市场周边“三产”及服务业收入达10亿元，带动市场周边运输、餐饮、住宿、包装、维修、房屋租赁等人员3万人，带动本地农产品种植农户30多万户，带动农村人口100多万人。

【媒体关注】 2014年，《大河报》、《河南商报》、《河南日报》、《河南日报》（农村版）、《中国食品报》、《郑州日报》等多家媒体对万邦国际物流城的农产品行情进行跟踪和专题报道。其中，《河南商报》每周定期刊登万邦国际物流城的行情专版，并不定期专题报道热点问题，全年刊登专版60多版。其他报刊平均每月报道一次万邦行情信息，全年报道30次。

中央电视台、河南卫视、河南电视台新闻频道、郑州电视台、中牟电视台等多个栏目对物流城的农产品行情及供应情况进行专题新闻报道。其中，中央电视台第二频道《第一时间》栏目几乎每天早上8点播出万邦农产品价格，全年播出200多次万邦农产品信息；河南电视台新闻频道《消费指南》栏目每天上午11点40分播出万邦农产品价格，全年播出万邦农产品信息300次以上。同时，2014年河南电视台新闻频道《消费指南》栏目每周对万邦物流城的农产品行情进行两三次的电视报道。

中国农业信息网、商务部重点农产品监测系统、国内各大涉农网站等十几家单位每天接收万邦国际物流城上报的农产品交易价格、行情信息和交易量信息，全年4300次以上，2014年，万邦公司获得农业部定点批发市场信息采集报送年度考核一等奖。万邦农产品价格成为中国农产品流通行业的价格风向标。新浪网、网易网、凤凰网等国内主流网络媒体都数十次转载万邦国际物流城的农产品行情信息。

【主要荣誉】 2004年3月23日，河南万邦国际农产品物流股份有限公司获由商务部颁发的商贸流通业典型统计调查企业荣誉称号。

4月7日，河南万邦国际农产品物流股份有限公司顺利通过郑州市农业产业化经营领导小组监测，保留该公司郑州市农业产业化经营重点龙头企业资格，并颁发荣誉证书。

11月，河南万邦国际农产品物流股份有限公司被中国市场协会批发市场发展委员授予全国转型升级示范市场荣誉称号，并颁发奖牌和证书。

2014年万邦国际农产品物流股份有限公司直接贡献地方税收位居全县农产品企业首位，被中牟县委县政府评为纳税先进企业，获郑庵镇2014年度重点企业特殊贡献奖并获得奖金2万元。

（审核：李　森　撰稿：崔　丹）

长效机制建设

【概况】 2014年，中牟县继续按照郑州市长

长效办主任　王红生

效机制建设“深化规范提升”的总体要求，把“坚持依靠群众、推进工作落实”长效机制建设作为服务经济社会发展的重要保障，围绕“管理网格化、服务多元化、便民长效化”的目标，众志成城、砥砺奋进，使网格化管理工作不断迈上新台阶、取得新突破。

【社会公共管理信息采集报送】　2014 年，县长效办对“社管通”手机进行更新换代。及时申请专项资金，为全县二、三级网格长购置“社管通”手机 960 余部，4 月初发放到位，确保信息采集、问题上报不脱节、不断档。县长效办重新完善《“社管通”手机使用管理考核办法》，每月对 14 个乡（镇、街道）手机利用率、信息上报质量等 6 个方面进行综合评比，并适时通报。2014 年，县长效办印发通报 9 期，通过对各一级网格奖优罚劣，有效提高“社管通”手机利用效率，提升社会公共管理信息平台效能，促进问题早发现、早介入、早解决，切实维护全县社会大局和谐稳定。

【社会公共管理信息平台运行】　2014 年，县长效办强化信息平台管理应用，重新调整以人、情、地、物、事、组织为核心的基层基础信息，充分发挥平台的评判裁决功能，有效督促各级各部门履职尽责，及时解决各类社会公共管理服务问题。突出矛盾问题排查化解，县长效办根据各乡（镇、街道）日常上报信息数量、信息员业务水平等因素，授予青年路、东风路、广惠街 3 个一级网格“请办下沉人员”的权利，即以上 3 个一级网格，可以通过平台直接将问题件交办至职能部门，促使问题处置渠道扁平化，不断提高问题处置效率。截至 2014 年底，全县排查出各类问题 35814 起，整治到位 32474 起，处置率达 90.67%。其中，解决“三非”等矛盾问题 6268 个，化解公共服务类矛盾问题 26206 个，营造了稳定、有序、和谐的发展环境和群众生活环境。

【网格字典编制】　2014 年 4 月，县长效办借鉴其他县市区有益经验，并结合中牟县实际，从组织架构、职责梳理、督查问责等 6 个方面探索编制《中牟县“坚持依靠群众、推进工作落实”长效机制网格字典》，将数据繁多、信息庞大、流程复杂的网格化管理工作化繁为简，重点解决网格化管理中职责不清、推进不均衡、奖惩不完善等问题，使网格化管理工作目标更明、运行更顺、考核更细、问责更严。截至 2014 年底，该工作进入审核校改阶段。

【政法系统治安防控网格建设】　2014 年，中牟县依托网格化管理模式，下发《中牟县治安防控网格化工作实施意见》，探索建立政法系统治安防控网格，通过深入动员政法综治工作力量，在全县构筑立体化、全覆盖、信息化的新型治安防控网络，着重强化中牟县在安全事故、越级上访等方面的管控能力，实现和谐社会建设与经济建设的有机统一。

2014 年，中牟县下沉公安干警 289 名、检察院干警 86 名，法院干警 110 名、司法局工作人员 36 名、巡防队员 316 人，深入全县 289 个二级网格当中，开展治安、消防隐患检查、矛盾排查化解、法律义务宣讲等 400 余次，对 4000 多名娱乐场所、特种行业及“五小门店”负责人和从业者开展安全教育宣传，发放宣传资料、图册 1.8 万余份，现场接受群众关于法律法规、劳动帮扶等业务咨询 1860 余次。

【网格大讲堂】　2014 年，县长效办以“网格大讲堂”为载体，对各类网格人员进行培训。

截至 2014 年底，中牟县网格大讲堂举办 26 期，包括基层网格人员在内的 109 人受邀参加讲授，培训人员 9000 余人次，各级网格人员在学习交流中不断提升，逐步实现从“见事”向“见人”、从“管民”向“为民”、从“管理”向“服务”的三个转变。

【网格宣传】 2014年6月，县长效办开通“中牟网格”官方微信服务平台，为全县群众提供各乡（镇、街道）网格人员信息，适时发布网格工作动态并对网格事项办理情况进行反馈。该平台运行后在各级网格引起广泛好评，受到辖区群众广泛关注。

举办“五比五争，奉献在网格”主题演讲比赛。县长效办结合党的群众路线教育实践活动，按照科级干部组、一般党员组两个类别，组织各乡（镇、街道）、各职能部门开展以“奉献在网格，争做亲民爱民、艰苦奋斗、科学求实、迎难而上、无私奉献的焦裕禄式好干部”为主题的演讲比赛，大力弘扬焦裕禄精神，践行好党的群众路线，在各级网格引发良好反响。

为深化和丰富《中牟网格》电视专栏内容，切实发挥舆论导向作用，推动《中牟网格》栏目深入群众，面对面解疑释惑，更好地破解服务群众“最后一公里”瓶颈问题，县长效办整合网格大讲堂、主题月活动等特色做法，创新开展走进“村（社区）”活动。截至2014年底，此项活动开展5期，在官渡世纪花园、红宇社区2个地点成功录制2期，组织县直单位20个（次），吸引参与群众300余人次，搜集疑难问题24个，群众对处置结果满意率达95%以上。

【网格人员管理】 2014年，中牟县研究制订网格长、下沉人员、群众工作队“三支队伍”干部成长的具体激励措施，切实把网格化管理成效与干部使用、立功受奖及干部年度考核优秀比例等结合起来。并按照《中牟县“坚持依靠群众推进工作落实”长效机制责任追究办法（暂行）实施细则》规定，对在网格化管理工作中，未按要求履行管辖范围内市场监管、社会管理、公共服务等相关职责，导致应发现未发现、应处置未处置、应报告未报告现象发生，且造成不良影响和严重后果的，追究一、二级网格长的重要领导责任、职能部门分包领导的主要领导责任、三级网格长及下沉人员的直接责任。同时，实行“周督查、月通报、半年评优评差、年终总结表彰”制度，进行动态督导检查。对行动迅速、措施得力、效果良好的单位进行表彰奖励，对工作不力、行动迟缓、效果较差、“发生未发现，发现未上报”的单位通报批评。

截至2014年底，中牟县对48个单位、152名网格人员问责追究；850多名优秀网格人员受到县委、县政府的提拔重用或表彰奖励。

（审核：王红生　撰稿：宋毅彪　李志伟　陈若愚）

编辑：徐　园

中国共产党

县委全局工作

县委书记　路红卫

【概况】　2014年，在省市党委、政府的正确领导下，中共中牟县委认真贯彻落实党的十八大、十八届三中四中全会精神，以“三大主体”工作为统揽，坚持“抓改革、强投资、调结构、求提升”，全力推进产业体系、城镇体系、路网体系和生态体系建设，扎实开展党的群众路线教育实践活动和巡视反馈意见整改落实工作，深入推进依法治县，统筹经济建设、政治建设、文化建设、社会建设、生态文明建设和党的建设，实现中牟县经济社会的持续健康稳定发展。

中牟县克服区划调整和经济增长放缓等诸多外在压力，全县经济社会实现平稳较快发展。全县地区生产总值243亿元，同比增长7%；地方财政总收入43.9亿元，同比增长11.9%；地方公共财政预算收入31.7亿元，同比增长5.8%；规模以上工业增加值96亿元，同比增长7%；固定资产投资273亿元，同比增长18.7%；社会消费品零售总额80亿元，同比增长13.3%。

【新型城镇化建设】　2014年，中牟县城乡路网日趋完善。投资8.7亿元，新建和改建城乡、园区、社区等各类道路68条、154.4公里，建设跨陇海铁路立交桥4座，建成2座。全县路网密度提升到每百平方公里230公里以上，“城区—园区—社区”互联互通、方便快捷的路网体系更加完善。

2014年，中牟县社区建设稳步实施。姚家、雁鸣湖等新市镇建设稳步推进，29个新型农村社区建设进度不断加快，新启动合村并城、城中村改造项目19个，开工建设安置房812万平方米，竣工328万平方米，同步启动社区基础设施和公共服务设施28个，建成文化活动中心4个，实现群众回迁1586户、6700人。

2014年，中牟县城市功能大幅提升。解放路特色商业街区建设加快推进，主路面基本建成，安置房建设启动；新建改造自来水管网13.8公里、电网197.2公里、雨污水管网33公里，建成变电站2座；新增供热面积70万平方米，新建公共绿地17.9万平方米，新设公厕8座；郑州新区污水处理厂和中牟新城供水厂开工建设；顺利通过国家卫生县城复验，群众生活满意度不断提高。

2014年，中牟县生态建设深入推进。生态绿化成效明显，营造生态林1.5万亩，建成S223线、雁鸣大道北段等生态廊道63条，新增绿化面积3400万平方米。都市区水城初具形象，丁村沟、运粮河、鹭鸣湖等水系治理工程全部竣工，贾鲁河两岸景观绿化工程基本完工，中央公园湖面开挖，新增水域2000亩。大气污染防治强力推进，升级改造PM2.5环境空气质量监测系统，严格控制扬尘污染，县城区内燃煤锅炉全部拆改完成，政府机关黄标车全部淘汰。

【现代产业体系构建】　2014年，中牟县按照河南省委书记郭庚茂“中牟要组团发展、产业集聚、产城融合”和郑州市委书记吴天君“中牟要努力打造国际化、现代化时尚创意旅游文化新城”指示精神，大力发展汽车、时尚文化旅游、都市生态农业“三大主导产业”。

汽车产业方面。2014 年，中牟县生产整车 15 万辆，规模以上主营业务收入 320 亿元，总产值达 500 亿元。截至年底，汽车生产制造板块共有比克电池、比克整车、比克（中创）创业园等在建项目 61 个，总投资 260 亿元。汽车后市场服务板块有宏达、万通、泰祥等在建项目 22 个，总投资 240 亿元。同时，加大标准化厂房建设力度，郑州艺君、河南盛世宏达等 16 个投资主体，累计完成投资 80 亿元，建成标准化厂房 100 万平方米。

时尚文化旅游产业方面。方特水上世界建成营业，方特欢乐世界、绿博园等旅游景点吸引游客能力持续增强，全年接待游客 580 万人，实现旅游收入 55.5 亿元。凤凰国际文化产业园、清华同方、深圳怡亚通等项目成功签约，美国华特迪斯尼、香港比高集团、韩国产业园等项目进入评审论证和规划选址阶段，郑州中华复兴之路文化科技产业基地项目开工建设。

都市生态农业方面。中牟·国家农业公园 14 家企业完成投资 28 亿元，园区实现全面开园，并成立运营管理公司实现公司化运营，成功举办首届郑州中牟·国家农业公园嘉年华和第 14 届雁鸣湖大闸蟹美食文化节。总投资 18 亿元的南部弘亿国际农业高新产业园和万邦国际农产品物流城一期第二阶段全部建成并投入使用。总投资 10 亿元的 6 个现代都市农业示范园，项目申报完成。

园区建设方面。2014 年，全县各类园区新增建成区面积 9.8 平方公里，固定资产投资 269 亿元，主营业务收入 395 亿元。新修道路 40 条，新建供水管网 170.8 公里、供气管网 190.8 公里、供电管网 163.8 公里、雨污水处理管网 166 公里。

【**招商引资和重点项目建设**】 2014 年，中牟县围绕汽车、时尚文化旅游、都市生态农业“三大主导产业”，瞄准国内外 500 强、行业 20 强企业，大力开展产业链定向招商和产业集群招商。全年登记备案项目 185 个，签约项目 79 个，协议资金 927 亿元；引进域外境内资金 84 亿，实际利用外资 5240 万美元；完成进出口总额 2.1 亿美元，中牟县被郑州市委、市政府评为 2014 年度重大招商引资项目先进单位。项目建设取得新突破，44 个省市重点项目全部开工建设，完成投资 251 亿元，占年度计划投资的 120%。

【**民主法治建设**】 2014 年，中牟县委扎实开展中共十八届四中全会精神的学习宣传。组织召开县四大班子联席会议、全县领导干部会议和学习贯彻十八届四中全会精神研讨班，用十八届四中全会精神统一思想，提高全县领导干部运用法治思维和法治方式深化改革、推进发展、维护稳定、治党管党的思想自觉和能力水平。同时，结合普法教育，深入开展党的十八届四中全会精神宣传活动，营造浓厚的舆论氛围和社会氛围，引导全社会树牢法治观念、增强法律意识。

2014 年，中牟县委加强对人大、政协工作的领导。研究出台《中共中牟县委关于加强和改进人大工作的意见》，支持人大及其常委会依法行使立法权、监督权、重大事项决定权和任免权；制订《中共中牟县委关于进一步加强新形势下人民政协工作的意见》，支持政协履行政治协商、民主监督、参政议政职能。

2014 年，中牟县委深入推进法治政府建设。按照郑州市统一部署，积极推行以“政府权责清单、行政审批事项清单、企业投资项目管理负面清单、行政事业性收费清单、政府性基金清单和构建全市统一的政务服务网”为主要内容的“五单一网”制度改革，推进政府机构、职能、权限、程序和责任的法定化、规范化。

【**社会事业**】 2014 年，中牟县不断完善卫生计生服务体系。妇幼保健院新院、公共卫生服务中心投入使用，中医院新院开工建设；人民医院、中医院、妇幼保健院及 13 家乡镇卫生院药房托管工作全面推进；对5680对育龄夫妇免费开展孕前优生健康检查，人口自然增长率控制在7‰以内。

2014年，中牟县加快推动教育事业发展。完成城区中小学运动场改造工程和空调安装工程；新建、改扩建6所中小学、15所幼儿园，六初中和商都路小学建成投入使用；发放资助金1100万元，资助学生2.8万人次；继续实施高中免费教育和平行招生；顺利通过国家义务教育发展基本均衡县验收。

2014年，中牟县繁荣发展文化体育事业。举办第三届运动会暨首届全民健身大会；免费送戏下乡176场，放映公益电影3252场，举办周末广场文化活动50场；免费为已入住社区农户实施有线电视数字化转换。

【党的建设】 2014年，中牟县委扎实开展党的群众路线教育实践活动。一是以作风建设为主线，践行“三严三实”要求。坚持聚焦“四风”问题不动摇，以整风的精神推进作风整顿工作，全县作风建设取得显著成效。二是以群众满意为标准，检验教育实践活动实效。坚持开门搞活动，接受群众监督。对群众反映的4大类638项问题，通过细化工作任务、落实责任主体、明确责任人和完成时限等，512件群众关注的问题得到解决，17人受到党纪政纪处分，一批“四风”突出问题得到遏制。三是以长效持续为目标，做好建章立制工作。围绕“五比五争”活动，进一步细化比争内容，规范基层组织建设、不合格党员处置、党员干部作风建设等方面的相关制度方案，让探索实践系统化。全县共废除制度12项，修改完善制度8项，建立健全制度569项，初步形成规范权力运行、解决“四风”问题的制度体系。

2014年，中牟县基层党建工作持续提升。一是坚持“两级抓村”。继续推行村组干部绩效考核制度，考核结果与村组干部绩效工资挂钩。二是集中整治软弱涣散基层党组织。首次把县委常委会开到村支部，专题研究全县农村软弱涣散基层党组织整顿工作，成立党建工作指挥部，推进基层党建工作项目化。加大村级党建经费投入，由原来的每年1万元提升至3万元，对32个无活动场所的村新建和升级改造。三是按照先村党组织、后村委会和村务监督委员会的顺序，完成274个村的换届选举工作。

2014年，中牟县领导班子和干部队伍建设进一步加强。一是做好干部教育培养和选派工作。围绕县委中心工作，分两期对2013年新提拔的科级干部轮训。选调46名县处级领导干部和8名科级干部到省、市委党校学习培训，进一步提升领导干部综合素质。二是创新干部考察机制。坚持干部选拔任用工作“一报告两评议”制度，进一步匡正用人不正之风，深化干部人事制度改革。联合纪委、财政局、审计局等部门，探索实施全县领导班子、领导干部不定期综合考察制度，使干部考察常态化，并把考察结果作为年终考察和干部提拔任用的参考和重要依据。三是不断强化干部监督管理工作。做好超职数配备干部消化整改工作，消化超职数配备干部140名。

2014年，中牟县委创新开展宣传工作。一是坚持服务中心。围绕县委、县政府中心工作，大力宣传推介中牟，扩大中牟知名度和美誉度。全年发稿3000余篇，其中在中央级媒体发稿近90篇，在省级重点媒体发稿800余篇。二是广泛开展群众文化。结合庆祝建国65周年，成功举办诗歌朗诵会、红歌会、红歌大家唱文艺晚会、书画摄影展等系列活动。三是加强网络信息日常监测与处置。实行24小时值班制度，建立和完善突发事件的应急协调机制，做到负面问题快速反应、积极应对、及时化解，全年化解负面危机隐患30多起，有效维护了地方形象。

2014年，中牟县委认真开展统战工作。一是扎实开展调研活动。形成高质量调研报告，为推进城镇化建设提供参考依据。二是支持服务经济发展。引导非公经济发展与新型城镇化建设、经济发展有机结合起来，拓展非公经济发展领域，引导顺泰达置业等企业参与中牟县3个新型社区建设，投入金额100多亿元。三是做好民族宗教工作。做好少数民族群众的思想教育工作，积极对上协调专项资金，扶持少数民族经济发展，实现民族团结进步、宗教和谐。

2014年，中牟县委扎实做好全县政法综治信访稳定工作。一是认真落实维护社会稳定第一责任。不断加大不稳定因素排查、重大不稳定问题治理等工作。调解民间矛盾纠纷5301件，调解成功5213件，调解率达100%，调解成功率达98%。二是全面推动“细胞工程”创建。覆盖校园、医院、企业、餐饮饭店、宗教场所等多个领域，273个行政村（社区）达到平安“五无”创建标准。三是不断加大严打整治力度。制订出台《中牟县技防建设工作方案》，累计投资800万元，新设监控496个，卡口55处。深入开展“十万群众助雷霆”活动，全年打击处理各类违法犯罪嫌疑人598人。四是深入实施“坚持依靠群众、推进工作落实”长效机制。通过网格平台排查出各类问题41164起，整治到位37386起，处置率达90.7%。严格落实信访工作制度，信访批次下降47%，信访人数下降28%。认真开展安全生产工作，全年中牟县没有发生重特大安全事故。

2014年，中牟县切实履行保密职责。一是强化领导班子成员保密意识。组织县委班子成员认真学习新《保密法》和上级党委领导关于保密工作的指示精神，增强保密意识，进一步提高做好保密工作的主动性和自觉性，消除了发生失泄密事件的隐患，确保国家机密安全。二是认真落实保密事业“十二五”发展规划。重点做好完善政策法规、加强监督管理、强化教育培训、推进科技发展、强化检查查处、推进保密系统建设6个方面，分22项具体工作任务，逐项抓好落实；情况汇报，研究部署保密工作。三是将保密工作纳入议事日程，定期听取保密工作汇报，认真落实保密工作责任制。按照各自分工，明确职责、负起责任，坚持保密工作和业务工作相结合，同步安排保密工作。领导班子成员学习、掌握保密制度，做到懂法、知法、执法，自觉督促各项保密工作落实。

【县委十一届八次全体（扩大）会议】 2014年7月21日，中国共产党中牟县第十一届委员会召开第八次全体（扩大）会议。路红卫、潘开名、楚惠东、刘玉玲、李延中等县四大班子领导出席会议。部分乡镇、街道党工委书记以及发改委、科技工信局、财政局、统计局、商务局等负责人参加会议。县委副书记楚惠东主持会议。

会议的主题是深入贯彻郑州市委十届九次全会精神，客观总结分析中牟县2014年上半年工作，进一步统一思想，凝聚力量，明确工作重点，狠抓工作落实，确保三年行动计划和全年目标任务圆满完成。

县委副书记、代县长潘开名传达郑州市委十届九次全会精神，指出在会议召开前，市委市政府组织党政考察团赴南京、苏州和杭州三市进行以开放创新为主题的考察，考察涵盖城乡统筹、城市建设、社会事业和便民服务等内容，三市在思想观念、发展理念、战略眼光、工作标准和机制体制上值得学习和借鉴，他们的思想更加解放，观念更加超前，担当意识更加强烈，对知识更加尊重，在知识和产业的结合上把握更加到位，能够坚持人才为先，把人才引进作为产业发展的重要战略支撑，坚持面向未来、长远发展、科技创新、技术推动。同时，潘开名传达市委书记吴天君和市长马懿在市委十届九次全会的讲话精神。

县委书记路红卫发表题为“抓好当前，谋划长远，促进田园城市、‘四个河南’在中牟早日实现”的讲话，要求与会人员认真学习贯彻市委十届九次全会精神和市委书记吴天君、市长马懿的讲话精神。路红卫说，此次赴三市考察，有两点感触，一是三市在产业发展上的超前性，谋划、研究、孵化和加速产业化，发展面向未来、能继承、可传承的产业，重视知识创新和人才引进，非常值得学习。二是市委书记吴天君在考察中甘当小学生、虚心学习的态度，为全市领导干部做出表率。

路红卫指出，中牟县上半年的工作亮点、成果不多，经济指标发展不尽如人意，固定资产投资没有按计划完成，项目建设、招商引资和新型城镇化建设速度缓慢。下半年的工作重点是，瞄准一个目标，即建设都市型田园城市，打造郑汴牵手的中原明珠；突出两项重点，即新型城镇化引领和现代产业体系构建；深化三大主导产业的研究；抓好六项工作，即项目建设、机制建设、园区发展、效率提升、环境优化和统筹推进，促进全县经济社会又好又快发展。

【中牟县党的群众路线教育实践活动会议】 2014年3月10日，中共中牟县委召开中牟县党的群众路线教育实践活动会议。会上，中共中牟县委书记路红卫作重要讲话。

路红卫的讲话共分三部分：一、充分认识党的群众路线教育实践活动的重大意义；二、全面把握党的群众路线教育实践活动重点；三、切实加强对党的群众路线教育实践活动的组织领导。

在谈到充分认识党的群众路线教育实践活动的重大意义时，路红卫从三个方面进行阐述：一是开展党的群众路线教育实践活动是巩固党的执政基础的内在要求；二是开展党的群众路线教育实践活动是实现中牟后来居上的需要；三是开展党的群众路线教育实践活动是解决作风突出问题的需要。

在谈到全面把握党的群众路线教育实践活动重点时，路红卫指出，要把“一学三促四抓”作为一条主线贯穿始终，“一学”，就是要加强学习教育；“三促”就是用“群众三评”促反思、促查摆、促整改；“四抓”就是抓好个性问题的立行立改。按照这一要求，始终做到“三个紧扣”（紧扣指导思想、紧扣总体要求、紧扣活动主题），抓好“三个环节”（教育、查摆、整改），做到“七个突出”（突出领导带头、突出问题导向、突出批评与自我批评、突出群众参与、突出结合中牟实际、突出压茬推进、突出教育活动与工作两不误），确保“规定动作”不走样，“自选动作”有创新。

在谈到切实加强对党的群众路线教育实践活动的组织领导时，路红卫指出，一要落实领导责任。二要坚持分类指导。三要加强督促检查。四要抓好宣传引导。

最后，路红卫强调指出，从这天开始，中牟县党的群众路线教育实践活动就正式启动，党员干部一定要以高度的政治责任感、良好的精神状态和务实的工作作风，继续发扬“一年干几年活，一人干几人活”的精神，组织好、开展好、参与好教育实践活动，以实干精神取信于民，以优良作风凝聚民心，以党风带政风促民风，为早日实现“建设都市型田园城市，打造郑汴牵手的中原明珠”奋斗目标作出应有贡献。

【全县党务工作会】 2014年3月22日，中共中牟县委召开全县党务工作会。会上，中共中牟县委书记路红卫作重要讲话。

路红卫指出，党务工作是做人的工作的，核心是经营人心，把人的积极性激发出来、调动起来。检验党务工作的标尺是中心工作的推动情况，具体到中牟县，就是要以新型城镇化建设的业绩来检验党务工作的成绩。

关于党务工作，路红卫认为：第一，上年新型城镇化建设业绩充分展示党务工作的成绩；第二，以2014年新型城镇化建设工作业绩检验党务工作的成绩。

在谈到上年新型城镇化建设业绩充分展示党务工作的成绩时，路红卫指出，上年，全县新型城镇化建设全域规划、全域启动、全域推进，“一年干了几年的活儿，一人干了几人的活儿”，大事办成，难事办妥，好事办实。一是经济快速发展。二是城市功能整体提升。三是环境改造全面提升。概括起来讲，上年的工作是“事多，效果好；任重，特色明”。上年，党委口的干部除了本分的事情，还做了很多分外的事情。当然也不完全是分外的事情，按照严格分工来讲，有些事情可能不是党委工作部门的事情，但是由于大局需要，由于中心工作需要，由于套合需要，大家都挺身而出，体现了党委口干部的大局观念、全局意识。

在谈到以2014年新型城镇化建设工作业绩检验党务工作的成绩时，路红卫指出，2014年是中牟县新型城镇化建设“三年行动计划”的冲刺之年、收官之年，也是实现“一年大破题、三年大跃升、五年大头落地”的新型城镇化建设目标的第三年，党委口要紧紧围绕县委、县政府中心工作，突出抓好“十大切入点”工程，在创新履职上求突破，在凝心聚力上做文章，共同营造“风正、心齐、气顺、劲足”的良好氛围，树立党务部门、党务工作和党务工作者的良好形象，为经济社会发展提供坚强的政治保障作出积极贡献。具体说，就是要围绕“四树、四强、四抓”来做好党委口的各项工作：一要“四树”，就是树立政治、责任、创新、率先四个意识；二要“四强”，就是强化执行力、凝聚力、战斗力、学习力；三要“四抓”，就是抓纪律、抓培训、抓形象、抓基层。

最后，路红卫强调，中牟县正处在区划调整创伤的愈合期、新型城镇化的攻坚期、结构调整的关键期、社会矛盾的多发期。这一新的起点，新的机遇，决定了要想实现发展的高速度，就必须依靠工作的高强度，决定了这班人甚至这一代人，必须付出超常的努力和牺牲。百舸争流，奋楫者先。处在关键时期，首先要抓关键，这个关键就是人、就是人心、就是人的激情，党务工作者要认清形势，抓住机遇，明确任务，围绕经营人心这一根本任务，最大限度统一思想、凝集力量，最大限度调动各方面积极性，为推进新型城镇化建设再立新功。

【基层党建述职暨半年工作推进会】 2014年6月26日，中共中牟县委、中牟县人民政府召开全县基层党建述职暨半年工作推进会。会上，中共中牟县委书记路红卫作重要讲话。

路红卫从总体上肯定中牟县的基层党建工作。他指出，各乡镇（街道）党（工）委书记抓党建工作的措施有力，成效明显，展示了中牟县基层党组织和党员干部的生机与活力，对整体推动全县基层党建工作科学化水平起到非常好的示范引领作用。

路红卫讲了两个方面的意见：第一，统一思想，提高认识，深刻领会加强基层组织建设的重要意义；第二，认清形势，强化措施，不断提升基层党建工作的层次和水平。

在谈到认识统一思想，提高认识，深刻领会加强基层组织建设的重要意义时，路红卫指出，党的基层组织是党的全部工作的基础，直接担负着联系群众、宣传群众、发动群众，把党的各项方针政策落实到基层，促进经济社会发展的重大任务。乡镇党委是否重视党建工作，会不会抓党建工作，能不能抓好党建工作，不仅是一个工作态度的问题，还是一个政治责任心的问题。大家一定要站在提高党的执政能力、夯实党的执政基础的高度，充分认识进一步加强基层党组织建设的必要性和紧迫性，切实增强责任感，把加强基层党组织建设摆上重要议事日程，采取有力措施，常抓不懈，着力提升基层党建科学化水平。

在谈到认清形势，强化措施，不断提升基层党建工作的层次和水平时，路红卫指出，一要着力推进软弱涣散基层党组织整顿转化；二要探索一套选优配强村级党组织书记的新途径、新办法；三要高标准打造一批功能全、服务优的党群服务中心；四要加强农村党建经费保障，提高农村党建经费标准；五要从树立“好典型”入手，培育党建工作新亮点；六要强化“抓书记”，全力抓好党委书记、支部书记队伍建设；七要强化“书记抓”，党委书记和支部书记要当好领头羊。

【中秋节前领导干部廉政谈话会】 2014年8月28日，中共中牟县委、中牟县人民政府召开中牟县2014年中秋节前领导干部廉政谈话会。会上，中共中牟县委书记路红卫作重要讲话。

路红卫的讲话共分三个方面：第一，认清形势；第二，抓好“节点”；第三，严肃纪律。

关于认清形势，路红卫指出，全县各单位特别是主要负责人要正确认识当前反腐败工作的严峻形势，深刻认识开展党风廉政建设和反腐败工作的重要意义，切实增强做好党风廉政

中牟县领导干部廉政谈话会

建设和反腐败工作的紧迫感和责任感。

关于抓好“节点”，路红卫指出，必须对节日期间的党风廉政建设工作有一个正确的认识，处理好节日期间人情往来的关系，切实将“节点”党风廉政建设工作抓紧抓好。

关于严肃纪律，路红卫指出，要严肃工作纪律，切实加强节日期间的党风廉政建设，防止“节日病”的发生。一要履行两个责任（党风廉政建设党委主体责任和纪委监督责任）。二要筑起三道防线（思想道德防线、政策纪律防线、法律法规防线）。三要做到四个管住（管住手、管住嘴、管住腿、管住车）。

【中牟县第30个教师节庆祝表彰大会】 2014年9月9日，中共中牟县委、中牟县人民政府召开中牟县第30个教师节庆祝表彰大会。会上，中共中牟县委书记路红卫作重要讲话。

路红卫讲了两个方面的意见：第一，对教师，怎么高看都不为过；第二，对教育，怎么重视都不会错。

在谈到对教师，怎么高看都不为过时，路红卫指出，要让老师更加体面起来，增强荣誉感，关键是让优者从教，让教者从优。所谓优者从教，就是让最优秀的人来从事教育工作，一是以后的教师要继续坚持逢进必考，挑选最优秀的人才进入教师队伍，每年二三月就开始，到重点院校抢好老师；再一个是要加大师德的教育培养，让中牟县的老师真正做到“德高为师、学高为范”。所谓教者从优，就是让教师能够得到优厚的回报，形成全社会尊师重教的良好风尚。要在政治上关心教师、工作上支持教师、生活上体贴教师，充分保障教师的职业权益，真正舍得在发展教育上加大投入，帮助学校解决实际困难和问题，尽心尽力为教师多办实事，营造有利于调动广大教师积极性、主动性、创造性的良好氛围。另外，关于教者从优，还要突出一个重点，就是多劳多得，谁干得多、干得好、干得辛苦，就让谁待遇比其他人好一些。

在谈到对教育，怎么重视都不会错时，路红卫指出，教育很重要，对中牟尤为重要，具体表现：一是中牟考上北大清华的少。二是中牟返乡的优秀人才少。三是中牟有技能的劳动力少。具体到怎么重视：一是资金上重视。二是政策上重视。三是人才上重视。

【中牟县慈善捐赠仪式举行】 2014年10月11日，中共中牟县委、中牟县人民政府举行全县慈善捐赠仪式。会上，中共中牟县委书记路红卫作重要讲话。

路红卫的讲话共分三个方面：第一，中牟需要慈善；第二，慈善要照耀中牟；第三，中牟的慈善要让中牟人民明天更美好。

在谈到中牟需要慈善时，路红卫指出，慈善是传统，也是文明，更是形象和责任，人人、时时、处处需要慈善。对于中牟来说，更需要慈善。虽然，中牟县有了一定程度的发展，但与其他地方比，还有差距。如果慈善做好了，就可以弥补短板，覆盖政府公共服务和社会保障覆盖不到的地方。所以，县委提出，开展全民慈善，建设慈善中牟。

在谈到慈善要照耀中牟时，路红卫指出，全民慈善的目的，就是让无力者有力，让无助者有助，让中牟县洒满阳光、充满和谐，让每个人满怀希望、身心健康，即便遭受再大困苦，也相信在共产党的领导下，每个人都有重新站起来的机会。这也是中牟县开展全面慈善的一个重要目标。

在谈到中牟的慈善要让中牟人民明天更美好时，路红卫指出，中牟县委县政府将全力支持慈善事业，一个是善款善用，一个是善报善应。所谓善款善用，就是中牟县慈善总会不会花一分善款，所需办公经费全部由县财政负担，虽然按规定，可以按比例提取办公经费。同时，要定期公布善款的去向，也欢迎大家跟踪善款的使用。所谓善报善应，就是“善有善报”，凡是爱心企业，在今后的发展中都会记录在案，对那些贡献突出的企业，将从四大班子领导机关抽调专人，作为首席服务官，为企业保驾护航；对于其他的捐赠群众，将着力抓好公务员队伍建设，以优质的公共服务来回报大家的支持，让大家办事少作难、不作难。同时，大家的善行善举，要记入县志。

【中牟县第四届优秀农民工表彰大会召开】 2014年1月28日，中牟县第四届优秀农民工表彰大会召开，县委书记杨福平出席会议并发表重要讲话。县长路红卫主持会议，并就如何贯彻落实杨福平讲话精神做出安排。这次表彰大会从2013年12月上旬开始表彰对象的评选，评选程序分为推荐、初审、公示、审定、表彰5个阶段。参加评选的新型合同工人有526名，经过初步评选确定为503名。其中，中牟县当地优秀农民工有449名，外来务工人员33名，中牟在外务工人员21名。关爱农民工十佳单位参加评选单位14家，初步评选确定关爱农民工十佳单位10家。

中牟县委副书记楚惠东宣读《中共中牟县委、中牟县人民政府关于表彰中牟县第四届“有技能、守规矩、受欢迎、作贡献”优秀农民工和关爱农民工十佳单位的决定》。会议对11名优秀农民工代表及关爱农民工十佳单位进行颁奖。从2010年开始，县委、县政府每年评选500多名优秀农民工进行表彰，已连续评选四届，涌现出2000多名县级优秀农民工，这些优秀农民工们以吃苦奉献、见义勇为、诚实守信等优秀品质赢得社会各界的广泛赞誉，带动全县13万农民工整体素质和形象的提升，铸造了“有技能、守规矩、受欢迎、作贡献”的中牟农民工品牌。

中牟县委书记杨福平代表县四大班子向受到表彰的503名优秀农民工和关爱农民工十佳单位表示祝贺。杨福平指出，农民工是光荣的。他们用双手建设城市和服务城市，并始终保持着农民淳朴善良的优秀品格，在收入不高、积蓄不多的情况下，积极为社会奉献爱心。同时农民工进城后，掌握很多新知识、新技能，造就一大批有技能、有素质的新型农民，为中牟县新型城镇化建设奠定基础。

杨福平要求，要关爱农民工。各级党委、政府要切实加强和改善对农民工工作的领导，真心实意地为农民工办实事、解难事、做好事；维护农民工合法权益，珍惜和爱护农民工的劳动和创造，加大解决欠薪问题等，要在全社会形成关爱农民工的良好风尚。杨福平强调要着眼长远，通过推进新型城镇化建设，从根本上解决农民工问题。中牟县处在城市化和工业化进程加速发展时期，要有决心、有信心，通过新型城镇化引领“三化”协调发展，打造路网体系、产业体系、城镇体系、生态体系，加强城区、园区、社区、农区建设，加强社区功能配套，让更多的农民工能就近就业，享受到和城市人一样的生活。

中牟县领导刘玉玲、李延中、王兴林、李芳、李鸿欣、张胜利、石小书、孙玉霞出席会议。

【县委农村工作会议召开】 2014年1月28日，中共中牟县委召开农村工作会议召开，杨福平、路红卫、楚惠东、刘玉玲、李延中等县四大班子领导出席会议。会议传达中央和省委、市委农村工作会议精神，总结中牟县2013年“三农”工作，安排部署2014年“三农”工作。

县委副书记、县长路红卫在总结2013年中牟县“三农”工作时说，2013年，中牟县紧紧围绕建设都市型田园城市发展目标，以加快发展都市型现代农业为工作重点，不断调整农业结构，优化产业布局，大力发展农业产业化集群，积极推进城乡发展一体化进程，保持了农业稳定增长，农民持续增收的良好态势，各项农业设施建设取得新成效，促进了农村经济社会发展。

路红卫要求，2014 年要不断深化农村各项改革，以新型城镇化为引领，紧紧围绕建设都市型田园城市的总体目标，切实把“三农”工作抓紧抓好，统筹规划都市型现代田园城市和农业现代化，把现代农业总布局规划放在中牟县“三化”协调发展中统筹考虑，确保农区不因城区、社区、园区的扩展被侵蚀，加大农业基础设施投入力度，实现现代农业的高效利用，大力发展设施农业、旅游农业和高效农业，把中牟打造成都市型现代农业的样板。

就如何做好“三农”工作，县委书记杨福平提出三点要求。一要认准一个理念，用第二产业的理念做农业，把农业做成第三产业，让农业走上标准化和工厂化的路子，提档升级，面向大都市提供服务，转型进入农业现代化。二要走好一个路径，用城镇化引领现代农业发展，按城市功能对社区进行基础设施配套，带动农业土地流转，打造具有中牟特色的现代化农业体系。三要实现一个目标，即实现政府、市场、农户共同参与的都市型田园城市目标，打造国家级都市型现代农业示范区。

（审核：董宝强　撰稿：李　播）

县委办公室工作

县委办公室主任
张书勤

【概况】　2014 年，在中牟县委的正确领导下，县委办公室积极适应新形势、新任务的要求，紧紧围绕县委中心工作，强化参谋职能，搞好综合协调，团结务实，开拓创新，实现办公室各项工作的新突破，完成县委下达的各项目标任务。同时，严格贯彻执行中央八项规定、省委省政府若干意见、市委市政府二十条规定和廉洁自律各项规定，扎实开展党的群众路线教育实践活动，充分发扬办公室廉洁高效、务实重干的优良作风，起到良好的示范带动作用。2014 年，县委办公室获河南省政策研究先进单位，河南省党委系统信息工作先进集体，河南省保密工作先进单位，郑州市“坚持依靠群众、推进工作落实”长效机制工作先进单位，郑州市党委系统办公室工作先进集体，郑州市《中办通讯》《秘书工作》学用先进单位，郑州市政策研究先进单位等 7 个省市荣誉称号。

【文秘工作】　2014 年，县委办公室精心办文，以文辅政水平明显提高。严格行文规则，提高公文质量，严把公文起草、校核、印发关，最大限度地减少公文处理中错误的发生。全年完成县委经济工作会、农田水利会、经济形势分析会、全县领导干部会等重要会议以及各级领导考察接待活动的材料服务工作，全年起草和文字把关各类领导讲话 500 余篇，各类文件 400 多份，制发公文 260 余份，传阅国务院、省市政府文件 326 件，保证为领导及其政务活动提供及时、高效、高质量的文字服务。

【信息工作】　2014 年，县委办公室广纳信息，保障领导决策正确科学。紧紧围绕县委中心工作，及时、准确、全面地反映全县经济建设和社会发展等方面的新成果、新情况、新问题，为领导了解下情、科学决策发挥桥梁和参谋助手作用。全年编发《中牟信息》20 期，《重要信息专报》10 期，省委办公厅单条采用 62 条，省领导批示 5 次；市委办公厅专期采用 6 篇，单条采用 124 条，市领导批示 2 次；县委主要领导对信息工作做出 10 次重要批示。

【督查工作】　2014 年，县委办公室立足落实，督促检查工作卓有成效。以“件件有回音，事事有结果”为宗旨，围绕县委重大决策和重要工作部署，扎实有效地开展决策督查、领导批示件办理和网民留言、建议提案办理等督查活动，完成各项工作任务，有力推进县委决策部署的落实。2014年，共接收市委督查室《市委工作部署》9期，涉及中牟县工作51项，落实结果以《督查专报》的形式上报24期；接收省市领导批示件8件，办结7件，剩余1件办理中；省市领导交办事项3件，全部办结；县领导批示件110件，办结104件；办理日询问事项9件，督查情况反馈236期；周报告6件，督查情况反馈112期；编发《领导同志批示》5期；下发《督查情况》47期。实现对上级党委负责和对群众负责的有机统一。

【综合服务】 2014年，县委办公室强化措施，切实提升后勤保障能力。一是提升服务水平。强化“统揽、统筹、统管”的服务理念，努力构建“大服务、大协调、大保障”综合协调体系，围绕全县“三大主体”工作和新型城镇化建设“10+2+1”重点工程，安排全县性会议130余次，全县性观摩活动12次，县委领导调研活动110余次。二是规范工作程序。对会务、接待来信来访及突发事件的应急处置等工作程序作详细规定，避免工作随意性和盲目性，减少了工作纰漏。三是加强车辆管理。严把车辆油修关，定期对车辆保养，将车辆维修登记全部电脑记录，清晰准确；统筹安排车辆使用，有效缓解办公室用车矛盾，提高了车辆使用效率。四是认真落实老干部政治待遇和生活待遇。定期组织老干部参加活动，及时为老干部发放福利、订阅报纸，使老干部得到细心照顾和周到服务。五是做好党委与群众的“桥梁”，热心接待来人来访，严守工作纪律，积极疏导，最大限度帮助群众解决实际问题。

【机要工作】 2014年，县委办公室严格管理，机要密码工作再上台阶。高标准、严要求地建设使用互联网加密信息传输平台；规范明、密电报及业务文件统一登记制度；严格执行密码管理部门领导干部双重管理制度、个人重大事项报告制度；认真落实密码安全责任制，坚持24小时值班制度，为全县经济发展、社会稳定提供强有力的密码保障服务。全年办理密码电报143份，内部明电560份，业务文电111份，上三级文件2300余份，收转机要信件500多封，均未出现漏办、错办、丢失、泄密事件，确保中央和省、市的政令在全县的安全畅通，确保全县密码和秘密信息安全。

【保密工作】 2014年，县委办公室保密工作得到切实强化。深入开展保密教育培训和新《保密法》宣传活动，初步建成涉密计算机违规外联监控系统，切实加强制度、台账、表册等规范化建设，加大涉密人员监管和涉密案（事）件查处力度，保密管理水平进一步提升。全年组织5次保密检查工作，检查全县重点涉密单位20家，各类网站8个，再生资源回收点、废品收购站30家；将回收的涉密文件、资料集中送交郑州市保密局涉密载体销毁中心统一销毁；保密技术防范设备不断完善。

【长效机制工作】 2014年，县委办公室全力以赴，网格化社会管理工作成效显著。按照中牟县“双覆盖、双依靠、双考核”机制的总体要求，探索建立“横向到边、纵向到底、覆盖全面、无缝衔接”的网格化管理体系，在推动“三大主体”工作中，把长效机制建设作为践行群众路线的有效途径、推进工作落实的有力抓手，突出网格化管理与其他主体及重点工作的有机结合、融合。2014年，中牟县社会公共管理信息平台上报公共服务类信息41749条，办结39798条，群众满意率达99.8%；上报重点领域类信息8064条，办结7904条，满意率达98%。

（审核：董宝强　撰稿：李　璠）

组织工作

【概况】 2014年底，中牟县共有基层党组织669个，其中，党（工）委38个，支部631个（其中农村支部278个，“两新”组织支部24个，机关支部329个）；共有党员23699名，其

县委组织部部长
王朝杰

中农村党员 13087 人，占55.2%。

2014 年，中共中牟县委组织部（简称县委组织部）以党的群众路线教育实践活动为重点，突出主线、站位全局，统筹抓好领导班子和干部队伍建设、人才队伍建设、基层党组织和党员队伍建设，推动全县组织工作迈上新台阶。

【干部队伍建设】 2014 年，县委组织部以新修订的《党政领导干部选拔任用工作条例》为指导，深入贯彻落实全国、全市组织工作会议精神，最大限度凝聚全县广大党员干部群众的力量，着力培养党和群众需要的好干部，各项工作取得初步成效。

县委组织部深入开展领导干部谈话谈心制度。按照干部管理权限和分级负责的原则，县领导与所分管单位的主要负责人定期与不定期座谈，覆盖率达 100%；县委组织部班子成员，与重点工作涉及单位、关键岗位主要负责人、优秀村支部书记每季度谈心谈话 1 次；各县直单位负责人与每个班子成员每月至少谈心谈话 1 次；乡镇负责人与本乡镇所有村支书与村主任座谈率达 100%。县委组织部门谈心谈话工作实现“两转变、两覆盖”，即：变被动访谈为主动约谈、变特定谈话为常态性谈话；实现约谈对象和约谈内容全覆盖。

县委组织部有序进行超职数配备干部自查、迎检、整改和消化工作。严格按照中央、省、市有关超职数配备干部检查的文件要求，成立由县委组织部牵头，县编办、财政局和人社局共同参与的中牟县超职数配备干部检查工作小组，对照“三定”方案和有关政策规定，开展全县科级干部超职数配备情况自查、迎检和整改工作。同时成立消化超职数配备干部领导小组。县委组织部联合编办等单位集中清查，对各单位机构性质、人员编制、领导职数、非领导职数等情况进行审核，全面建立领导职数和配备情况台账。制订消化整改方案，建立工作台账，明确责任主体和责任人，采取免去非必要兼职、规范职务名称等措施，对超职数配备干部逐批次整改消化。凡超职数配备的班子，原则上只出不进，直至调整到规定职数。同时加大调整不胜任现职干部力度，有序完成阶段性消化任务。2014 年消化超职数配备干部 140 余名，完成全县超职数配备干部的51.66%。

县委组织部出台《中牟县领导干部日常考核工作实施办法》，切实加强和改进科级领导班子、领导干部的日常管理和监督。注重发挥日常考核作用，坚持近距离接触干部，多渠道、多层次、多侧面了解干部，切实改变不考察不去了解干部，不提拔不与干部谈话，不调整很少与干部接触的现象；利用年度考核、召开各类会议等时机开展无任用干部推荐，推荐结果作为选拔任用的重要参考。

县委组织部建立健全干部综合信息库。分类梳理日常考核、年度考核、无任用干部推荐、干部考察、专项业务工作考核等情况，形成领导班子及领导干部业绩档案，汇总入库。

【干部监督工作】 2014 年，县委组织部立足实际，不断创新工作方法，突出重点环节，着力增强干部监督工作的针对性、实效性，干部监督工作取得明显成效。

县委组织部认真贯彻落实新《党政领导干部选拔任用条例》精神，强化对干部选拔工作的监督。新《条例》下发后，通过“学习宣传‘全覆盖’、读本发放‘全覆盖’、严格监督检查”三项措施确保《条例》的贯彻实施。

县委组织部做好日常监督工作，提高日常监督效能。坚持干部监督联席会议制度。充分发挥各执法执纪部门对干部队伍的监督作用，每月初与纪委、法院、检察院等执纪执法部门沟通，及时掌握领导干部有无违法违纪情况，促进领导干部勤政廉政建设。加强经济责任审计力度。2014 年向审计部门发出委托任中审计项目 13 项共 13 人。严格领导干部出国（境）

审批。切实加强领导干部因私出国（境）管理工作，严格领导干部出国（境）审查。认真落实领导干部退休制度，对到龄的36名老干部办理退休手续。加强领导干部个人有关事项报告核实力度。从8月开始，组织全县科级领导干部开展个人有关事项报告填报工作，并对报告的完整性进行普查，对报告的真实性进行抽查。

县委组织部认真进行信访举报的受理工作。以信访件的查核为重点，做好调查核实工作，做到及时调查、及时反馈。

【基层组织建设】 2014年，县委组织部认真贯彻落实中央、省市要求，扎实开展各项工作，摸索出一批好经验、好做法，使中牟县基层组织建设水平迈上一个新台阶。中央、省委、市委组织部先后到中牟县调研基层组织建设工作。

7月25日，中央组织部组织局局长曾贤钦（右二）调研春峰草莓合作社

突出“两级抓村”，以特色促全局。对2014年度考核综合排名前50名的村党支部书记和村主任，按每月2000元左右的乡镇股级干部工资标准支付工作报酬，其他村组干部的工作报酬也相应提升。对新型城镇化建设中符合考核标准并经过考核认定的村党支部书记单列，参照乡镇公职人员管理。推行村组干部绩效考核制度，通过月考核、季排名和年总评，对阳光村务、平安建设、计划生育、村容村貌和违法建设治理五项重点工作进行评优评差，并在县电视台《评优评差》专栏亮相，考核结果与村组干部绩效工资挂钩。

实行三级联动，集中整治软弱涣散基层党组织。首次把县委常委会开到村支部，专题研究全县农村软弱涣散基层党组织整顿工作。建立“双联系点”制度，每位县（处）级党员领导干部除联系一个县直单位外，还要联系一个乡镇（街道），蹲点一个党组织“软弱涣散”的后进村，与各乡（镇、街道）党（工）委共同指导后进村党组织整顿工作；下派18名大学生村干部到后进村任第一书记，帮助群众解决实际问题；将网格化管理中的联户干部充实到后进村，作为基层网格与职能部门的联络员，构建三级联动机制，村级活动场所达标率80%以上。

精心组织，完成村级组织换届选举工作。从10月初开始，利用2个月时间，按照先村党组织、后村委会和村务监督委员会的顺序，圆满完成274个村的换届选举工作，使农村干部队伍的性别结构、年龄结构、文化结构更加合理，梯次结构逐步形成。

力求全覆盖，继续做好非公企业和社会组织党组织组建工作。年初，对各乡镇（街道）、新型农村社区、产业集聚区和专业园区的非公企业和社会组织基本情况进行摸排。根据中牟区划调整实际，对符合建立党组织的非公有制企业和社会组织及时建立党组织，对暂不符合组建条件的，派驻党建工作指导员，采取共建联建的形式，实现党建全覆盖。

扎实开展党代表工作。做好市人大代表、市政协委员推选提名工作。经县人大合法合规选举、县政协民主协商，确定中牟县出席郑州市第十四次人民代表大会代表34名，圆满完成郑州市委下达的换届选举任务。稳步推动乡镇党代会年会制和积极筹建党代表工作室。全县建成党代表工作室28个，11个乡镇党代会年会全部召开。

【党员发展教育】 2014年，中共中牟县委组织部加强教育培训，不断提高党员队伍建设水平。与河南农业大学合作，组织100名优秀农村党组织书记、村委主任和村级后备干部中的优秀党员到河南农大进行为期两年的大专学历教育。在郑州武警干部指挥学院对农村干部、无职党员、入党积极分子、家庭联户代表1000余人进行党性教育培训。在新乡市百泉举办农村党员党性教育培训，对3000余名农村党员进行培训。通过对全县农村党员现状的大调查，选取官渡镇官渡桥村、姚家镇老八庄村、广惠街刘申庄村3个典型村作为试点，开展不合格党员处置工作，逐步探索建立“三评三审两转化”工作机制，推动全县农村党员队伍管理的科学化、规范化。

县委组织部利用网络平台加强党员党性教育，以远教促发展。2014年10月，创办党员微信公众平台——“红色微家园”，通过定期发布党建要闻、宣传群众路线、推介先进典型、开展学习交流等，加强党性教育。至年底，党员订阅人数达4000余名。

县委组织部积极慎重地做好党员发展工作。严格按照“坚持标准、保证质量、改善结构、慎重发展”的方针和“控制总量、优化结构、提高质量、发挥作用”的总要求，妥善安排发展党员工作。在抓好对全县党员发展工作的指导和监督的同时，重点抓好党员发展工作的规范化管理，制订发展党员工作计划，加强在工人、农民、大学生中发展党员工作，着力解决大学生党员队伍力量不强、农村党员队伍青黄不接、非公企业党员严重不足等问题。完善发展党员计划制、培训制、入党资格审查制、票决制、公示制、党员发展责任追究制，保证党员发展质量。2014年，中牟县新发展党员406名。其中，35岁以下295人，大专及以上学历270人，女党员102人，少数民族党员3人，工人116人，农牧渔民205人，机关81人，学生4人。

【远程教育】 2014年3月，中共中牟县委组织部在全县开展远程教育“集中整顿月”活动。联合县联通公司，对全县站点全面巡查，重点排查站点线路不通、管理员不到岗、外线人员不配合、远教设备私自挪用等问题。全年解决故障300多次，调试安装设备500余次，协调联通公司更换设备40余台。

2014年，县委组织部建成远程教育示范基地8个，其中党建示范基地3个（广惠街街道刘申庄村、青年路街道西街村和明山庙村），实用技术类示范基地5个（狼城岗镇瓦坡村、姚家镇春岗村、刘集镇徐庄村、官渡镇田庄村、农业高新技术示范园）。其中，姚家镇春岗村被评为市级示范基地。远程教育实现从网络到田间、从理论到实践、从知识到财富的跨越转变。

2014年，县委组织部建设“红色网络教育家园”10个，搭建开放式教学平台。家园电脑统一安装红色网址导航和绿色上网过滤软件，过滤掉互联网不健康信息，为学生健康上网营造绿色环境。联合县农委、科技工信局等涉农部门，收录全县专业技术人才信息，制作红色网络教育家园帮扶卡，在村级红色网络教育家园管理台前摆放，方便群众直接联系相关技术人员。

县委组织部每月组织党员群众收听收看群众路线实践教育活动的相关课件，同时将全国党员现代远程教育课件刻盘、拷贝分发给各乡（镇、街道），组织学习观看，向先进人物学习。2014年完成2部精品课件的制作并参与全市优秀课件评比。

【人才工作】 2014年，县委组织部创新工作方法，加强对全县人才的引进、管理、培养和使用，在人才队伍建设方面取得良好成绩。做好省市高端人才推荐工作。中牟县有3人被评为郑州市第十二批拔尖人才，有4人被评为第二届河南省优秀农村实用人才。与县人社局结合组织开展“春季”和“秋季”大型人才招聘会，达成求职意向3000余人，营造良好的人才交流平台。在高层次人才中开展专题调研、建言献策、健康体检、结对帮扶等活动，进一步激发中牟县人才队伍的活力。到杭州滨江新区海创基地、无锡南长区等地考察，学习人才工作先进经验，并结合中牟实际情况起草《关于培养引进五类人才打造人才高地的意见（讨论稿)》；赴常州市新北区学习“嘉壹度”青年创新工场项目，参与中牟大学生村官创业孵化基地建设。

【绩效考核】 2014年，县委组织部在坚持“导向性、有效性、合理性、操作性、连续性”五个原则的基础上，结合全县实际，围绕年度重点工作、重要工作，从抓好绩效日常管理、过程监督、跟踪反馈等工作环节，突出重点，强化措施，推进绩效考核工作深入开展。

完善办法，继续推进绩效考核工作。不断贯彻落实郑州市委关于绩效考核工作方面的部署和安排，及时调整工作思路。对重点任务通过观摩、评比、总结3种形式强化对推动工作的督导。根据《2014年郑州市县（市）区综合工作考核暂行办法》，县绩效办积极主动与市绩效办沟通，做好县各责任单位迎接市综合考核工作。结合中牟县实际，制订《中牟县乡（镇、街道）综合工作考核暂行办法》《中牟县县直单位综合目标考核评价工作》。抓好跟踪反馈，阶段性工作实行日询问制。根据《郑州市都市区建设三年行动计划考核工作方案》要求，县绩效办实行日询问制度，汇总各单位工作情况。

奖励先进，做好绩效考核结果运用。按照围绕中心、服务大局的要求，突出中牟县工作重点、加强绩效考核的督促力度，有力促进全县各项重点工作落实和经济社会又好又快发展，充分发挥考核奖励的激励导向作用。3月，对在2013年度全县“三大主体”工作中作出突出贡献的54个单位、50个行政村、16家企业、386名先进个人进行表彰。

完善管理，科学推行善抓具体工作日志（档案）工作。通过深入开展党的群众路线教育实践活动，把“善抓具体”工作日志与群众路线活动紧密结合。通过在工作中“抓具体”“抓落实”，增强领导干部的责任感、使命感，激励干事创业的积极性、主动性，切实转变领导作风和工作作风，提高工作效能。完善“月自评、季抽查、年总评”的调阅模式，强化县委组织部分管领导审核制度，搭建媒体晾晒平台。通过完善日志档案，充分发挥通过干部日志掌握工作动态、发现实干人才的激励作用，进一步推动中牟县各项工作更好开展。

【群众路线教育实践活动】 2014年，中牟县按照中央和省市统一安排，扎实开展党的群众路线教育实践活动。中牟县党的群众路线教育实践活动于3月11日召开全县动员大会正式开始，11月13日中牟县召开总结大会对全县活动开展情况进行总结。全县有14个乡（镇、街道）、73个县直及驻县单位、282个村（社区）参与党的群众路线教育实践活动，涉及631个基层党组织，23600多名党员，活动结合中牟特色，达到预期效果。

以作风建设为主线，践行“三严三实”（“三严三实”是中共中央总书记习近平关于推进作风建设的讲话中的重要内容，包括严以修身、严以用权、严以律己，谋事要实、创业要实、做人要实）要求。唱响主旋律。通过赴兰考学习，县委提出开展“学习弘扬焦裕禄精神、争做焦裕禄式好干部”活动，涌现很多焦裕禄式的好干部。通过兰考实地参观学习、举办

中牟县党的群众路线教育实践活动巡回报告会在雁鸣湖镇举行

“我是谁，为了谁，依靠谁”大讨论，开展选树先进典型、举办“牟野先锋行”巡回报告会，通过发放“党教一点通”学习机、编印《教育实践活动100问》和漫画海报等方式，分层分类的对全县领导干部、一般机关干部、农村党员干部进行深刻的党性教育和宗旨意识教育。

县、乡两级聘请1000余名民情收集员、社会监督员和群众评议员，向各单位反映意见和建议，并监督整改情况。利用网格化公共管理平台、阳光村务网等载体，收集群众反映的突出问题1.67万条。集中治理文山会海问题，全县比2013年同期精简会议326个、精简文件789个。针对群众办事难问题，实行行政审批一站式服务，审批提速50%以上，有效解决社会各类审批程序多、时间长问题。在县电视台、活动简报开辟《点将台》《曝光台》等栏目，加强对单位和党员干部作风情况的监督。活动开展以来，查处违反八项规定问题15起，17人受到党纪政纪处分，对13起违反规定问题予以通报。

以群众满意为标准，检验教育实践活动实效。整改过程向群众开放，接受群众监督。建立问题梳理清单和整改台账，群众能随时查阅反映问题的整改进度。活动中，有6家单位、14名责任人因整改不及时或不到位被全县通报。同时发挥好社会监督员和群众评议员监督“零障碍”权限，促进问题整改。整改结果向群众公布，接受群众评判。对群众反映的4大类638项问题，细化工作任务，落实责任主体，明确责任人和完成时限，通过整改落实，512件群众关注的问题得到解决，15起违反八项规定的问题受到查处，13起违反规定问题被通报，17人受到党纪政纪处分，一批“四风”突出问题得到有效遏制。

中牟县群众路线活动接受郑州市委检查

以长效持续为目标，做好建章立制工作。成立党建工作领导小组，加大软弱涣散基层党组织整顿力度。围绕“五比五争”活动，进一步细化比争内容，规范基层组织建设、不合格党员处置、党员干部作风建设等方面的相关制度方案，让探索实践系统化。2014年，全县共废除制度12项，修改完善制度8项，建立健全制度569项，进一步规范权力运行、解决“四风”问题的制度体系初步形成。

【农村党员党性教育培训】 2014年，县委组织部在中牟县农村党员党性教育培训基地（新乡市百泉），举办5期农村党员党性教育培训班。培训班以“县委组织部办示范班+各乡镇（街道）办普通班”的模式，通过军事化训练、集中听课、警示教育、实地观摩等形式，组织农村60岁以下的党员干部、入党积极分子、农村家庭联户代表等到新乡进行党性教育。共培训农村党员3000余人。

中牟县农村党员党性教育培训班举办

【领导干部双休日大讲堂】 2014年，县委组织部以科级以上干部为主体，以副科级后备干

中牟县领导干部双休日大讲堂

部和机关中层干部、大学生村干部等为辅，利用周六、周日，坚持举办领导干部双休日大讲堂7期，以“请进来”的形式，邀请清华大学王传利、中央党校刘玉瑛、省委党校韩斌、市委党校王英到中牟作专题辅导报告，累计培训干部4200人次。

（审核：董胜军　撰稿：张　瑾）

宣传思想文化工作

【概况】 2014年，中牟县宣传思想文化工作紧紧围绕县委、县政府的中心工作，唱响主旋律，打好主动仗，为把中牟建设成都市型田园城市提供了强有力的思想保证、舆论支持、精神动力和文化条件。

2014年，中共中牟县委宣传部（简称县委宣传部）被河南省委宣传部授予2013年“欢乐中原”群众文化活动先进单位称号，被郑州市委宣传部、郑州市人力资源和社会保障局授予2013—2014年度“郑州市新闻宣传工作先进集体”称号，被郑州市委宣传部授予“深入学习贯彻党的十八大精神促进郑州都市区发展”党员教育系列活动先进组织工作单位、2013年“欢乐中原·魅力郑州”群众文化活动先进集体、郑州市2014年华夏优秀传统民间文化展演活动组织奖、郑州市2012—2013年度党委（党组）中心组学习工作先进集体、郑州市第二届群众文化艺术节广场舞大赛《大美郑州》《共同的我们》《自选曲目》一等奖、2014年度郑州市“文明河南做表率”系列活动组织工作先进单位等称号。

【理论武装】 2014年，中牟县委宣传部结合第二批党的群众路线教育实践活动，通过创新学习载体，活化学习形式，确保中心组学习效果。

一是做好县委中心组学习的服务工作。坚持“走出去”与“请进来”相结合，举办“领导干部双休日大讲堂”，邀请中央党校刘玉瑛、开封市委党校李永成等6名中央和省市专家教授前来授课，提高学习的针对性和实效性。在“请进来”的同时，县委中心组成员到焦裕禄干部学院封闭学习，赴市检察院预防职务犯罪警示教育基地接受警示教育，并到南京、常州、苏州、杭州等地考察。2014年，县委中心组通过专题学习、专家讲座、讨论交流、封闭式培训等形式，共集中学习21次，撰写调研报告60余篇，心得体会140余篇。

二是抓好全县乡科级党委（党组）中心组学习。围绕习近平系列讲话、社会主义核心价值观、群众路线教育实践活动等内容，印发《中牟县2014年度乡科级党委（党组）中心组理论学习安排意见》《关于全县乡科级党委（党组）中心组学习习近平总书记一系列重要讲话精神的安排意见》文件，指导全县乡科级党委（党组）中心组学习活动开展。同时，加强对乡科级党委（党组）中心组学习的督查指导，全年督导全县乡科级中心组学习2次。

三是强化理论普及。2014年，县委宣传部抽调党校、法院、检察院、司法局等单位理论宣传骨干成立“党的十八届四中全会精神宣讲团”，围绕中共十八届四中全会的指导思想、总目标、基本原则、重大任务等内容，深入机关、企业、学校、社区、农村，开展集中宣讲活动；成立由12名身边典型组成的“牟野先锋行”巡讲团，作典型报告18场。2014年，全县举办各类理论培训会100余场次，受教育党员干部2万余人，进一步增强了理论武装的覆盖面、渗透力。

【新闻宣传】 2014年，中牟县委宣传部采取主动对接，邀请上级新闻媒体到中牟采风、报道等措施，大力宣传推介中牟。

一是认真做好党的群众路线教育实践活动新闻宣传工作。3月，中牟县委书记路红卫等40余名领导干部在兰考学习期间巧遇中共中央总书记习近平成为舆论焦点，与习近平一番交谈的内容成为报纸、网络竞相报道的热点，以此为契机，县委宣传部邀请市重点媒体对中牟县党的群众路线教育实践活动跟踪还原报道。在中央电视台、《郑州日报》、《郑州晚报》等中央、省、市级媒体发稿近100篇，网媒发稿200余篇，在县电台、电视台发稿500余篇，使全县党的群众路线教育实践活动深入人心。其中，中牟县分别于3月18日、3月21日两次上中央电视台《新闻联播》，将中牟县学教活动氛围推向高潮。

二是主题新闻宣传浓墨重彩。2014年，县委宣传部围绕中牟县“三大主体工作”、“10＋2＋1”工程、中牟县第四届优秀农民工表彰大会、首届郑州中牟·国家农业公园嘉年华活动、中牟县第十届西瓜节暨大蒜贸易洽谈会、中牟县2014年“郑州慈善日”活动、第十四届雁鸣湖大闸蟹美食文化节、中牟县“雁鸣湖金秋笔会”等活动，相继在《农民日报》推出《中牟：西瓜生产过程有档可查》，《河南日报》推出《中牟县技能培训助农民转型》，河南新闻联播推出《中牟汽车产业集聚区巡礼》《首届郑州中牟国家农业公园嘉年华开幕》《打通廉政最后一公里》，《郑州日报》推出《主动担当打造郑汴牵手的中原明珠》等一批重点报道，营造积极向上的媒体舆论宣传氛围。全年在上三级媒体发稿3000余篇；其中，在中央级媒体发稿近90篇，在省级重点媒体发稿1010余篇，在市级重点媒体发稿1900余篇。

三是典型宣传报道捷报频传。2014年，中牟县委宣传部转变工作方式、调整镜头目标，深入基层，面向群众，挖掘宣传先进典型、传播中牟正能量。挖掘并推出救火英雄张鑫，拾金不昧张守志、徐新延、孙延杰等大孟镇土寨村10名村民，“最美村官”李峰，中牟农民边须海等一批先进典型人物。乡村女企业家朱肖云荣登7月份中国好人榜、东风路街道农民边须海被提名中国好人榜9月份候选人，救火助人的中牟籍战士张鑫被评为“最美绿城人”、五十年只干一件事的段希超被评为郑州市“文明市民”。最美“后娘”屈爱勤，中牟“坚强妈妈”陈喜枝，捐资助学农民陶小民，老骥伏枥、助人为乐的84岁老军医马斯昂等典型人物的事迹，分别被省、市媒体报道，在《河南日报》推出《张鑫：救人救火是军人职责和使命》、在《郑州日报》推出《朱肖云：20年捐款捐物逾90万元》等报道。

【对外宣传】 2014年，中牟县加大外宣品制作和发送力度，主动做好外宣阵地建设。邀请中央电视台第七频道制作国家农业公园15分钟宣传片1部，中央网络电视台1分钟宣传片1部；监制绿博园郁金香展、国际兰花展、端午文化节期间的宣传彩页、海报、车体广告、流动媒体广告，协助制作发行《河南诗人》（中牟专刊）书籍4000册，在县内外引起强烈的社会反响，树立了中牟对外新形象。

【党员教育】 2014年，中牟县开展“文明河南做表率”主题党课教育活动。县领导围绕新理论、新精神和新要求，结合工作实际和党员干部的思想实际，带头调查研究，撰写党课教案、带头到分包乡镇或单位讲党课，为干部群众解疑释惑。全年讲主题党课60余场，受众1万余人。加强基层党校建设，强化战斗堡垒作用。2014年，青年路街道办事处被评为郑州市唯一的河南省示范基层党校。

【社会宣传】 2014年，中牟县委宣传部紧紧围绕县委、县政府工作大局，紧紧抓住首届郑州中牟·国家农业公园嘉年华等工作开展社会宣传工作。

一是全县学雷锋活动趋于常态。县电台、电视台、中牟手机报、县域网站等媒体播放反映雷锋生平事迹及其影响的电影电视节目、公益广告。全县中小学校开展“学习雷锋精神、做美德少年”“学雷锋，做合格小公民”等主题演讲、文艺演出等系列青少年学雷锋活动。深入开展“身边好人”“凡人善举”“文明市民”“职业道德双十佳”“公民道德双十优”等先进模范典型评选推荐活动，践行雷锋精神，助推学雷锋志愿服务活动常态化。

二是深入开展首届郑州中牟·国家农业公

园嘉年华主题宣传活动。举办梨园大戏台，依托县演艺中心，精选优秀曲目、经典唱段，采取古装戏与现代戏相结合，活动期间演出30余场，让游客充分享受传统文化大餐。举办农趣摄影展，组织省、市名家和县摄影家协会会员对国家农业公园（特色展馆、花卉林木、水产养殖、特色农业）、弘亿国际庄园、河南邦友农业生态循环发展有限公司等现代农业基地进行拍摄，征集作品300余幅，从中评选出60余幅进行展览，为嘉年华活动营造浓厚的文化娱乐氛围。

【文化建设】 2014年，中牟县发展多层次、宽领域的文化惠民工程，坚持做到文化发展为人民服务、为经济社会发展服务，切实提升文化发展指数。

一是深入开展节庆、广场文化活动。春节期间，举办“欢乐一家人——中牟县2014年全民大联欢”文艺晚会、民间文艺大赛和非物质文化遗产展示展演、“欢乐元宵”谜语有奖竞猜、2014“春满中牟”书画展等活动，极大丰富节日文化生活，增添了浓浓的喜庆气氛。举办庆祝建国65周年诗歌朗诵会、红歌大家唱、书画摄影展等系列活动。同时，开展优秀剧目展播活动。9月初至10月底，在县电视台黄金时段，集中播出一批高质量的红色节目和优秀红色影视剧目，相继播出《井冈山》《战火连天》《建党伟业》等多部电视剧和电影。开展2014年“欢乐中原·文明中牟”广场文化活动，周五为戏曲、周六为“你行我秀”才艺展示，举办广场文化活动50场。

二是坚持开展送文化下乡活动。2014年，中牟县采取多种形式，开展文化下乡活动。春节前夕，省文联组织艺术家们为官渡镇北沟、石井移民新村慰问演出并举办摄影艺术展。1月23日，省委宣传部、中原出版传媒集团组织艺术家、书法家、医疗专家在官渡桥村开展义演、义诊和义写春联活动，受到当地群众的普遍欢迎。全年开展送戏下乡82场、送电影下乡5000余场。

三是进一步净化文化市场。以建立规范文化市场秩序为目标严格管理，进一步净化中牟县文化市场。2014年检查网吧3840次，查处违规网吧21家，较好维护了网吧市场的经营秩序。收缴各类非法出版物、盗版教辅读物1178册，集中销毁盗版音像制品725张，使中牟县出版物市场进一步规范。

【网络新闻管理】 2014年，中牟县委宣传部通过加强网络舆情监测与处置，抓好网络正面宣传和加强舆论阵地建设，进一步提升舆论引导能力。

一是完善舆情监控机制。不断完善网络舆情监控、研判、应急处置机制，明确专人、专职、专责实时监控网络舆情信息，形成每小时舆情动态上报制度，确保不出现监控盲区。2014年发现敏感信息361条，通报核实256条，县网管办本级处置184条。中牟县“心通桥”网络问政平台受理各类网民诉求及建议535件，问题得到处理或者收到回复的有492件，回复受理率92%以上。其中，投诉类问题443件，办结332件，办结率75%以上。

二是做好网络正面宣传。2014年，县委宣传部突出重点，搞好网络宣传。策划组织第二批党的群众路线教育实践活动系列报道，配合县委、县政府做好首届郑州·中牟国家农业公园嘉年华网络宣传活动，举办厉行节约反对浪费知识竞赛，有27个县直单位和14个乡（镇、街道）参赛，决出一等奖2名，二等奖4名，三等奖7名，优秀组织奖5名。2014年在人民网、新华网、中国新闻网、中国网、新浪、网易、大河网、中原网刊发转载新闻稿件1800多篇，点击量400余万次；向中央宣传部舆情信息刊物报送信息358条，采用28条。

三是巩固中牟手机报舆论新阵地。为增加中牟手机报的可读性和趣味性，增设《群众路线教育实践活动》《教育实践活动基础知识100问》和《中牟民俗文化》等板块，并从每周一、三、五发送改为每天发送一期。全年面向全县副科级以上领导干部发送手机报 180 余期。

（审核：衡文学　撰稿：赵运涛）

精神文明建设

文明办主任　贺敏

【概况】　2014 年，中牟县精神文明建设工作以邓小平理论、“三个代表”重要思想、科学发展观为指导，以深入宣传贯彻党的十八大和十八届三中全会精神为主线，坚持围绕中心、服务大局，按照务实宣传、创新求进的要求，广泛开展中国特色社会主义和中国梦宣传教育，积极培育和践行社会主义核心价值观，深入实施思想道德建设工程，深化群众性文明创建活动，扎实推进未成年人思想道德教育，全面提高市民文明素质和城市文明程度，为把中牟建设成都市型田园城市提供强大精神动力和有力道德支撑。

【公民思想道德建设】　2014 年，中牟县文明委以中国梦宣传教育活动为主线，深入开展“践行价值观文明我先行”活动。结合中牟县实际，下发《关于广泛开展“践行价值观共筑中国梦”宣传教育活动的通知》和《中牟县“践行价值观文明我先行”主题活动实施方案》，在全县广泛开展文明服务、文明执法、文明经营、文明交通、文明旅游、文明餐桌“六文明”活动。8 月下旬，县委、县政府下发《关于评选推荐中牟县“人民满意的公务员”和“人民满意的公务员集体”的通知》，组织开展“人民满意的公务员”和“人民满意的公务员集体”评选活动，评选出“人民满意的公务员集体”2 个，“人民满意的公务员”6 名；县文明办、县公安局联合开展中牟县“文明交通平安出行”活动，印发《中牟县“文明交通平安出行”活动实施方案》，8 月 14 日上午，在新世纪广场举行活动启动仪式。陆续开展“最帅交警”评选、“小手拉大手、警营开放日”“十大交通陋习”征集等活动；7 月，县委政法委在全县政法系统组织开展“中牟好卫士”评选活动，倡树文明执法，评选一批典型，评选出 6 名“中牟好卫士”；县工商局加大诚信宣传教育，倡导诚信经营、合法经营，在全县广大商户中开展“诚信商户”“诚信市场”评选活动；县文广旅游局下发《中牟县文化广电和旅游局文明旅游活动实施方案》，利用宣传栏、网络、发放宣传资料等形式，广泛深入宣传“文明旅游”；县药监局在全县组织开展“文明餐桌”示范店评选活动，倡导餐饮企业担负起社会责任，对服务人员进行文明餐桌教育，制作勤俭节约提示牌，鼓励消费者适当点餐、理性消费。

大力开展思想道德教育。以弘扬新风正气、培育优良民风为切入点，以建设和谐家园为目标，通过开展“我评议、我推荐身边好人”“月评文明市民”等一系列道德实践活动，倡树一批积极践行社会主义核心价值观的道德典范，引导市民向身边典型学习，知荣明耻、举止文明，逐步养成文明行为习惯。2014 年，刘集镇裕康酱菜厂厂长朱肖云荣登 7 月份中国好人榜，东风路街道农民边须海被提名中国好人榜 9 月份候选人，大年初一救火助人的中牟籍战士张鑫被评为“最美绿城人”，50 年只干 1 件事的段希超被为郑州市“文明市民”标兵；最美“后娘”屈爱勤，中牟“坚强妈妈”陈喜枝，捐资助学农民陶小民，老骥伏枥、助人为乐的 84 岁老军医马斯昂等典型人物，分别被省、市媒体给予报道。

继续深入开展“讲文明树新风”公益广告宣传活动。印发《关于进一步做好“讲文明树新风”公益广告宣传工作的通知》，6 月上旬，对 11 个职能部门提出具体要求，责任到人，同时要求各乡镇、县直各单位广泛开展“讲文明树新风”公益广告宣传活动。县委宣传部、县文明办印制一批宣传画，一套三张，分别是社会主义核心价值观 24 字方针、节俭养德和光盘行动，在全县机关事业单位和商场、车站、社区等公共场所张贴。2014 年，全县社会主义核心价值观宣传画张贴 27400 余张，利用 LED 显示屏 230 块，工地围挡公益广告 1200 多平方米；县电台、电视台制作、播出社会主义核心价值观 24 字宣传片和公益视频宣传片 8000 余条次，在中牟电视台《中牟新闻》中开辟专栏，解读社会主义核心价值观，制作播出 28 期。中牟手机报从 2014 年 8 月初开始发送社会主义核心价值观解读。

【未成年人思想道德建设】 2014 年，中牟县根据未成年人的身心特点，结合中牟实际，创新活动载体，丰富活动内容，精心设计和组织开展一系列教育实践活动，切实增强未成年人思想道德建设工作的实效性。中牟县文明办、中牟县教体局、团县委被郑州市文明委评为 2014 年度郑州市未成年人思想道德建设工作先进单位。

4 月 1 日，中牟县 2014 年“清明祭英烈”启动仪式在县直一初中举行。引导全县 12 万名中小学生登录中国文明网“网上祭英烈”网上签名寄语活动主题网页向先贤先烈鞠躬献花、抒写感言寄语；在全县青少年中广泛开展“我的中国梦”征文大赛活动。教育和引导广大青少年深入学习宣传党的十八大精神，积极学习和践行社会主义核心价值观，为实现国家富强、民族复兴、人民幸福的伟大“中国梦”而不懈奋斗。

“六一”期间，中牟县文明办在全县未成年人中组织开展“学习和争做美德少年”活动。通过结合中国文明网上百位美德少年事迹学习，中牟县各中小学校通过举办主题班（队）会、学习心得展示、与本地美德少年学习交流，引导未成人自觉弘扬雷锋精神，做有道德的人。开展“做一个有道德的人”“洒扫应对”“学习雷锋做美德少年”“向国旗敬礼”“争做文明使者、争当美德少年”等主题实践活动。推荐中牟县刘畅、王一锦 2 名学生争当“河南省美德少年”；陈怡彤、郭甲晟、毛钰阁、孙凝宇、陶远哲、田梓露等 6 名学生争当郑州市“绿城美德少年”。组织学生参加“郑州优秀青少年——郑州男孩郑州女孩”评选活动，中牟县选手刘畅、王一锦、魏诗茹、王霖等表现突出。最终，中牟县卫生局王霖获郑州市优秀青少年荣誉称号，中牟县文明办获优秀组织奖。

2014 年，中牟县新建乡村学校少年宫 6 所，刁家乡中心小学、黄店镇第一初级中学、郑庵镇第一初级中学 3 所学校获得中央、省级彩票公益金支持，每校获得 20 万元支持，进一步完善学校乡村少年宫设施。充分发挥阵地作用，积极开展青少年心理健康知识教育、心理咨询和疏导活动。开展关爱留守儿童和残疾儿童活动。进一步完善爱国主义教育基地和博物馆、图书馆、文化馆、青少年活动中心等公益性文化设施向社会免费开放的措施，加强校馆衔接。加强学校网上思想文化阵地建设，改进校园网络文化管理。加强青少年法制建设和生命健康安全教育。

【学雷锋志愿者服务工作】 2014 年，中牟县认真贯彻落实《郑州市学雷锋志愿服务工作实施意见》精神，大力推进志愿服务活动深入持续开展，组织各乡镇（街道）、各部门、各文明单位开展形式多样的志愿服务活动。1 月 10 日，组织机关单位、爱心企业为姚家镇中心小学 55 名家庭经济较困难的留守儿童送去棉衣、学生礼包；5 月 27 日，省级文明单位百花路幼儿园携手“衣往情深”公益组织举行“来吧，献吧”“衣往情深”爱心捐助公益活动启动仪式。号召小朋友们和家人捐出闲置衣物，为偏远山区需要帮助的人们一份真心的支持和帮助，1089 名师生捐赠衣物 7698 件；6 月 4 日，中牟县第六届“爱心送考，温暖相约”志愿服务活动在新世纪广场启动。全县 600 多辆出租车和私家车在高考期间为 5000 多名考生免费服务；11 月 12 日，中牟县各级文明单位干部职工响应号召，将闲置的棉衣 2290 件、棉被 152 条、其他御寒用品 26 件，捐献给山区的孩子和困难群众需要帮助的人们。“小红帽在行动”“邻里守望——关爱空巢老人”“关爱农民工”等多种形式的志愿服务活动得到中牟县众多志愿者的热情响应和积极参与。

春节期间，中牟县广泛开展“我们的节日·春节”活动为百姓送吉祥。在各大小广场开展中牟县2014年“迎新春”义写春联活动、书画展、中牟县民间文艺大赛、“非物质文化遗产展示展演”等活动，全县人民度过一个文明、祥和、喜庆的节日；春节前夕，开展“双节送温暖”活动，筹措资金48万元，给410名困难群众送去春节慰问金；清明节期间，中牟县广泛开展“清明祭英烈共铸中国梦”系列活动。全县广大干部职工和未成年人以“纪念先烈·报效祖国·圆梦中华”为主题，开展缅怀先烈教育活动、网络签名寄语、中华经典诵读、文明祭扫活动，营造文明祭祀的社会氛围。4月1日，在县直一初中举办全县“清明祭英烈”活动启动仪式；端午节期间，县建设局、中牟河务局、县国税局、郑庵镇的志愿者到敬老院和辖区困难老人家中送“爱心粽”；郑州黄河水电工程有限公司以“浓情端午粽叶飘香”为主题，通过开展中华经典诵读、有奖知识问答、交流讨论传统文化系列活动；中秋节期间，中牟河务局开展中秋节廉政教育活动；郑州黄河水电工程有限公司“品书香诵经典”“迎中秋话发展”“送温暖促和谐”“传文明·引风尚”等主题活动，以实际行动践行社会主义核心价值观，弘扬中秋节历史文化内涵。

【农村精神文明建设】 2014年，中牟县以建设美丽乡村为品牌，以生态文明创建为重点，进一步优化村容村貌，深入开展乡村普法教育，宣传村规民约，引导农民树立先进的思想观念和良好的道德风尚。继续组织开展“文明信用农户”“星级文明户”“好媳妇”“好公婆”“好邻居”等评选活动，充分调动农民群众参与精神文明建设的主动性、积极性。各乡镇通过各种评选活动的开展，推荐评选表彰了一批先进典型，引导广大农民群众向先进学习、向身边模范学习。

【群众性精神文明建设】 2014年，中牟县以丰富内涵、提高质量为重点，进一步深化文明行业、文明单位、文明村镇和文明社区创建工作，不断提升创建水平。县国税局、县教体局、青年路街道办事处、县食药监局、县建设局等5个单位顺利通过省级文明单位验收，被河南省委授予省级文明单位荣誉称号；郑州绿博园顺利通过省级文明景区验收，被河南省委授予省级文明景区荣誉称号；县委宣传部、县卫生局、东风路街道办事处、广惠街街道办事处、县公安局交巡大队等5个单位顺利通过市级文明单位验收，被郑州市委授予市级文明单位荣誉称号；黄店镇、雁鸣湖镇顺利通过市级文明村镇验收，被郑州市委授予市级文明村镇荣誉称号；县统计局、县武装部、县农商行、县公路管理局、县编办、县二初中、国家统计局中牟调查队等7个单位被中牟县委命名为县级文明单位。

在机关广泛开展“争做人民满意公务员”活动，引导各级党员干部带头“做文明人、办文明事”，努力打造一支文明公务员队伍。加强社区文化建设，继续深入推进科教、文体、法律、卫生、礼仪“五进社区”，营造了文明和谐的社区氛围。

（审核：贺　敏　撰稿：张惠华）

统战工作

县委统战部部长
王兴林

【概况】 2014年，中牟县委统战部以党的十八大和十八届三中全会精神为引领，围绕县委、县政府中心工作，继承优良传统，发挥统战优势，创新统战工作，以创新求突破，树立创新性思维，策划创新性活动，推动各项工作创新发展，以求真务实的精神，抓好群众路线教育，改进工作作风，全面提升统战工作水平，为建设和谐中牟贡献智慧和力量。

【党外代表人士工作】 2014 年，中牟县委统战部定期走访党外人士 30 余人次，与他们座谈

中牟县 2014 年度暑期统战工作恳谈会

交心，了解他们思想上的疑点、工作上的难点、生活上的盲点，听取他们的意见和建议。充实党外后备干部队伍，加大党外后备干部储备力度，全县后备人才库中，党外股级干部 236 名，党外科级干部 43 名，有 2 名党外科级干部到市直单位挂职锻炼。

【党外干部培养选拔】 2014 年，中牟县委统战部举办统战知识专题培训班、综合培训班 3 期，并积极搭借平台，组织党外干部参加“中牟县领导干部双休日大讲堂”5 期。在郑州市第十三届政协委员换届工作中，提名推荐 7 名党外干部为郑州市第十三届政协委员。

【民主党派工作】 2014 年，中牟县委统战部引导民主党派成员参与全县党的群众路线教育实践活动群众评议会，协助农工党、民革党中牟支部举办工作会议和集中学习 4 次。引导各民主党派开展“送科技、送文化、送卫生”下乡活动 12 次，举办健康讲座 1 期，免费义诊活动 2 次，开展免费法律咨询服务活动 3 次。协助参与省政协副主席、民建省委龚立群一行、致公党总支主委胡文杰来中牟县调研，积极组织民主党派成员围绕产业体系、城镇体系、生态体系、路网体系建设等重大课题，开展联合调研、重点调研等活动。发展农工党员 1 名，为民主党派发展注入了新的活力。这些促进各民主党派的整体素质和社会形象的提升。

【侨联工作】 2014 年，中牟县委统战部对全县侨眷眷属的分布、职业等进行深入细致地普查分析，建立信息资料库。中牟县在外留学生 21 人，侨属 1509 人，侨眷 202 人，港澳同胞及眷属 27 人，共 1759 人。中牟县委统战部邀请侨眷参加各界人士座谈会及县委、县人大、县

俄罗斯中国和平统一促进会访问团参观郑州日产汽车有限公司

政府、县政协党的群众路线教育实践工作评议会。热情接待俄罗斯中国和平统一促进会访问团一行 20 余人，参观中牟县郑州日产汽车有限公司。热情接待回乡探亲的旅英华侨、教授彭志军，鼓励其发挥特长发挥优势把中牟县发展思路传达出去，为中牟经济发展贡献力量。

【对台工作】 2014 年，中牟县委统战部对台胞台属的分布、职业等进行深入细致地普查分析，建立信息资料库。中牟县共有台胞 42 人，台属 249 人。中牟县委统战部开展涉台知识大型宣传活动，制作宣传光碟 2 盘、印发《涉台小知识》宣传资料 2000 余份，受教育干部群众 1 万人次。每逢节日，走访慰问台胞台属，让他们感受到“家”的温暖。全年接待台属、台资企业 8 人，为台属、台资企业、归侨侨眷解决实际困难 6 件，组织台胞台属代表 20 余人到四

牟园、贾鲁河生态水系工程、汽车产业园及县城基础设施完善改造工程参观，为中牟县经济社会发展提出意见和建议。

【统战宣传】 2014年，中牟县委统战部印发《中牟统战》，送至县四大班子领导，为县委、县政府科学决策提供参考。编辑出版《同心文集汇编》。上报信息156条，其中被市级以上统战信息刊物采用114条。做好根在中原网站中牟窗口的管护工作，刊载信息102条、上传照片36张，及时宣传中牟统战工作动态。完成调研文章56篇，在《人民政协报》《中国统一战线》《中华工商时报》分别刊登宣传稿件1条。

【民革中牟县支部活动】 2014年，民革郑州市直属一支部中牟县支部有成员9人。10月，应民革中牟支部的邀请，民革郑州市委组织处处长郭存、中原支部白主委与河南省著名专家、河南农业职业学院副院长闫慎飞一行，前往中牟县就农业生态、水资源实地调研。11月，民革市直一支部在郑庵镇、韩寺镇等地组织开展"送文化下乡"活动8次，为中牟县老百姓送去传统文化。

【农工党郑州市直二支部活动】 2014年，中国农工民主党郑州市直二支部（以下称中牟支部）成立于2009年12月。经过严格审核与考察，发展1名素质好、层次高、代表性强的人员加入农工党。2014年底，支部有成员14人。

3月，中牟支部班子成员陪同农工党河南省委副主委杨丽霞等一行11人，到姚家镇调研现代农业示范区工作，对姚家镇春岗村高效农业示范区草莓种植基地实地调研。8月，中牟支部到中牟同心实践活动基地——郑庵镇春晖社区实地调研，制订定期到春晖卫生服务中心开展卫生技术指导、交流活动，定期对社区居民开展卫生健康及知识讲座及应诊活动，定期送科技尤其是农业及水利科技进社区等帮扶措施。10月，中牟支部主任张锡铖、副主任王连宇、委员王景枝带领支部全体党员，到河南黄河迎宾馆听取农工党中央举行的"中国梦农工情"（河南）巡回演讲报告会。

在市、县两级"两会"期间，中牟支部围绕县委、县政府的工作重心以及群众普遍关心的热点、难点等问题，在郑州市人大会议上提议案、建议3件，在中牟县人大会议上提建议2件，得到郑州市政府和中牟县政府的高度重视，通过考察论证，逐个得到答复和解决。

年初，中牟县政协组织政协委员进百家献爱心活动，中牟支部党员积极响应，纷纷出钱捐物帮助贫困大学生。重阳节前夕，中牟支部配合农工党郑州市委组织全市70余名离退休老党员到中牟游览绿博园，为老党员们提前送上节日的祝福和礼物。6月，中牟支部联合县结防办在县三小召开"2014年学校结核病防治宣传"活动。

【九三学社支社活动】 2014年，郑州电子信息职业技术学院支社有社员14人。配合郑州市纠风办对中牟县各局委进行行风评议。11月，九三学社中央副主席邵鸿，省政协副主席、社省委主委张亚忠，社省委专职副主委陈志民一行到该学院调研。

（审核：周爱松　撰稿：丹　莉）

群众信访工作

信访局局长　姬会杰

【概况】 2014年，中牟县信访工作以"坚持依靠群众、推进工作落实"长效机制为依托，把信访稳定作为重要任务，及时排查、发现、化解基层的矛盾纠纷，从源头上减少信访问题的发生，确保全县信访形势的总体平稳可控。2014年，中牟县圆满完成市定信访工作目标，被省委、省政府表彰为2014年度省信访工作先进县。

群众来访情况：2014 年，全县发生各类上访 1514 批 13874 人，与上年同期相比，批次下降 25%，人数下降 12%。其中赴京上访 55 批 198 人，赴省上访 293 批 1058 人，赴市上访 71 批 471 人，县级上访 1209 批 12147 人。全年召开矛盾纠纷排查会议 12 次，排查出不安定因素 295 起，县信访工作领导小组发文交办重大不安定因素 252 起。

信访案件办理情况：受理本级案件 441 起，上三级转、交办案件 214 起；受理复查案件 36 起；受理各类来信、网上信访 164 起，受理电话接访 21 起，受理绿色邮政信访 6 起；受理中央巡视组交办案件 39 起，省巡视组交办案件 21 起，全部按期结案。

2014 年群众反映各类问题主要集中在四个方面，一是土地征用、拆迁安置补偿类问题；二是拖欠农民工工资和拖欠工程款类问题；三是企业改制和职工生活安置类问题；四是支边人员、退伍军人等特殊利益群体类问题。

【落实信访制度】 2014 年度，中牟县进一步完善领导大接访制度，切实为群众解决问题；继续施行干部下访制度，开展约访和带案下访，县级领导干部原则上每月 15 日下访，深入信访人居住地与信访人见面约谈，就地解决问题、宣传政策、服务群众。认真开展矛盾排查，掌握具体实情；强化疑难信访案件联席会议，着重解决难度系数大的信访问题；开展信访评估，从源头上消除不稳定因素；实行信访信息日报告制度，为领导决策提供依据；加强领导包案制度，凡上级交办案件必须由县级包案领导包案；通过规范信访工作和规范信访人的信访活动，压实属地和相关责任主体的责任。

【领导接访下访】 2014 年，中牟县继续坚持各级党政领导来访接待日制度。一是工作日期间每天安排 1 名县级党政领导接待来访群众，并通过告知栏、广播电视等形式告知群众，引导群众有针对性的反映问题。二是固定每月 16 日县委书记接访，每月 26 日县长接访，每月第一个周一，县政法委书记接待来访群众。三是各乡（镇）街道、县直各单位主要领导每周二接访，工作日期间每天安排 1 名班子成员在本单位接访。2014 年，中牟县县级党政领导共接待来访群众 1209 批 12147 人，正式立案交办 441 件，有效初访立案率 100%。

【落实信访联席会议制度】 2014 年，中牟县每月召开一次联席会议研究疑难信访案件，2014 年召开 12 次信访联席会议，研究解决重大疑难信访案件 21 起，有效化解一批长期存在的不稳定因素。

【畅通信访渠道】 2014 年，中牟县大力推进阳光信访。一是进一步健全完善绿色邮政、网上信访、电话接访等信访渠道，引导群众更多地以书信、电话、网上信访等形式表达诉求。继续坚持 24 小时电话接访；与邮政部门结合，广泛宣传绿色邮政省内免邮资，以降低群众信访成本；在县委、县政府和信访局门口设置人民意见和建议征集信箱，方便群众投递信访材料。二是全面落实依法逐级走访办法，切实做到“三个防止”（防止信访问题在信访部门内部转来转去、信访群众在相关职能部门和信访部门之间跑来跑去的“空转”现象；防止以逐级走访之名，上推下压、“横向指路”，导致问题久拖不决、矛盾积累上行；防止照抄照搬、生搬硬套，鼓励在总体原则框架下探索创新，确保在法治轨道上健康运行）。三是开展信访信息化建设。全县各乡（镇）街道、县直有关单位开通信访信息系统终端，进入全省信访信息系统网络，实现信访案件网上转送、办理。

开展网格化管理信访专题活动月，以网格化为平台，发挥各级网格作用，帮助群众解决各类问题、矛盾。

（审核：姬会杰　撰稿：张瑞娟）

机构编制

编办主任　姚保林

【概况】　2014年，县编办坚持“以科学发展观为统领，编制工作为经济社会发展服务”的指导方针，按照市编办机构编制管理工作的总体部署和要求，紧紧围绕年初制订的各项工作目标，进一步深化行政管理体制改革和强化机构编制管理，持续推进政府职能转变和管理体制创新，较好地完成全年的各项目标任务。

【机构编制管理】　2014年，中牟县整合劳动保险基金统筹办公室、机关事业单位社会保险管理办公室、失业职工管理所、医疗保险中心，成立中牟县社会保险局。为动物卫生监督所增挂畜牧兽医综合执法大队牌子。按照新一轮政府机构改革工作要求，食品药品监管、工商、质监由省级以下垂直管理改为市、县政府分级管理。中牟县制订《关于移交接收食品药品工商质监等部门的工作方案》，并于2014年7月24日召开专项工作会议，明确即日起县食品药品监管、工商、质监部门作为县政府工作部门，接受县委、县政府领导。移交以先接收部门、再按上级安排调整相关职能的步骤进行。2014年底，中牟县已摸清上述三部门人员编制情况，为机构编制和人员的接收工作做好准备。

稳步推动政府机构改革。2014年，对中牟县新一轮政府机构改革中涉及的卫生医疗、计生服务、综合执法、城建、规划等重点领域情况开展调研。查找机构编制与其不相适应的突出问题，征求意见建议，为政府职能转变和机构改革奠定坚实基础；以转变政府职能为核心，结合行政审批制度改革、政府部门职能运行情况，理顺部门关系，明确职责权限，理清权力清单，酝酿《中牟县政府机构改革方案》。

加强机构编制规范化管理。2014年，共收到各单位机构编制申请21件，办结16件。向市编委请示涉及副科级以上事业单位成立、更名、提升规格等事项6件、成立股级机构5个、撤销股级机构5个，增挂股级事业单位牌子2个、更名3个。不断完善职能职责，着力优化机构编制资源配置，促进事业单位更好地发挥职能作用。全面完成县编委会的筹备和有关文件的下发。

完善政府购买服务性公益岗位。面对优化幼儿教师队伍结构，促进教育均衡发展，急需招录优秀人才与幼教编制紧缺之间存在突出矛盾的实际，县编办通过实地调研、查找相关政策，向编委会建议通过政府购买服务的方式招录幼儿教师65人，执行合同聘任制，不办理入编手续。

【中牟县机构编制情况】　2014年12月底，中牟县共有行政事业机构610个，其中，行政机构66个（党委部门9个，政府部门28个，群团6个，人大、政协、法检两院共4个，乡镇16个，办事处3个）；事业机构544个（全供437个，差补39个，经费自理68个）。共核定编制13319名，配备人员15894人。其中，行政编制2136名，实有1633人；机关工勤编制139名，实有686人；事业编制11044名，实有13575人。

【行政审批制度改革】　2014年，中牟县精简审批事项，优化审批流程。通过进一步削减审批事项、优化审批流程、压缩审批时限，创新审批方式，推动“三个转变”，即推动政府管理方式由事前审批为主向事中、事后管理为主转变，推动行政审批过程由封闭式向开放式转变，推动职能部门由拥权自居、关门审批向视权为责、主动服务转变。2014年，中牟县行政审批事项由347项削减至217项（含省、市政府下放的行政审批事项53项），精简53.3%；审批流程由原来的1580个优化到719个，压缩率为54.5%；总审批时限由原来的4987天压缩到

1395天，压缩率为72%。

不断深化并联审批，强力助推经济发展。建立并联审批机制，制订《中牟县建设项目并联审批暂行办法》《中牟县建设项目并联审批实施细则》《中牟县建设项目并联审批联合会审会议管理暂行规则》《中牟县企业登记并联审批暂行办法》等制度。一是将建设工程项目审批流程整合为立项审批（核准、备案）、用地审批、规划许可、施工许可、竣工验收5个阶段，每个阶段明确一个牵头部门，负责相应阶段的并联审批，实行“一门受理、抄告相关、互为认可、同步审批、限时办结、统一送达”，实现建设项目审批提速增效。二是在办理企业登记时，由县工商行政管理部门负责牵头，对法律、法规规定的前置许可事项进行统一受理并抄告相关部门，实行同步审批和统一送达。

科学制订方案，扎实推进行政审批“两集中、两到位”改革。在全面梳理的基础上，完成对各审批职能部门改革工作方案的审核和批复，将各部门承担的行政审批职能统一整合到行政服务科。对于审批量大的单位整建制进驻县政务服务中心；审批事项少、审批量小的单位，在县政务服务中心设立综合窗口进行审批。同时，各审批职能部门明确1名班子成员担任本部门的行政审批首席代表，由部门主要领导向“首席代表”发放授权书，做到充分授权，各进驻部门启用行政审批专用章，构建政务服务中心窗口受理、审核、审批“一条龙”服务工作流程，实现了行政审批“两集中、两到位”。

【事业单位登记管理】 2014年，中牟县办理初始登记事业单位12家，变更登记事业单位118家，注销登记事业单位20家。应参加年检事业单位355家，已年检355家，网上年检率为100%。在县政府网站上公开400家事业单位年检结果和252家年度报告内容、289项重要事项信息，接受社会监督。

【事业单位类别划分】 2014年，中牟县编办根据各个事业单位的社会功能及《河南省事业单位分类指导目录》的划分标准和“复合型单位就低不就高分类”的原则，从严控制行政类事业单位，从严认定公益一类事业单位。划分行政类2个，生产经营类2个，公益一类440个、公益二类63个，不纳入分类的社会团体7个。按郑州市编办的要求将《中牟县机构编制委员会办公室关于事业单位分类工作情况的报告》上报。

【法人治理结构改革试点工作】 2014年，中牟县第一初级中学作为中牟县第二个事业单位法人治理结构改革试点单位，在县妇幼保健院理事会成功建立的经验基础下，中牟县编办积极与县教体局、县一初中沟通联系。经过精心筹划，8月中牟县第一初级中学法人治理结构改革工作顺利完成。

【机构编制信息化建设】 2014年，中牟县机关事业单位全部注册政务和公益中文域名，到期域名的续费工作也全部完成，圆满完成注册率100%的目标任务。机构编制实名制网络管理系统实现省市县三级联网。

（审核：姚保林　撰稿：张媛媛）

老干部工作

县委老干部局局长
刘　欣

【概况】 2014年，中牟县老干部工作以贯彻党的十八大为主线，以进一步加强离退休干部思想政治建设、改进离退休干部服务管理工作为重点，着力解决改革发展中老干部工作遇到的重点、难点问题，努力提高老干部工作科学化水平，取得明显成绩。

【老干部“两项待遇”落实】 2014年，中牟县委老干部局从加强党的执政能力建设的高度出发，充分认识老干部工作的重要性，全面落实老干部政治待遇。

认真落实老干部报纸杂志征订工作。广泛宣传，积极号召各单位为离休干部和县四大班子老领导订阅《老人春秋》《老年报周刊》，为退休干部订阅4200余份《老人春秋》，并在县老干部活动中心派专人负责发送，保证及时送到老干部的手中。县委老干部局为全县四大班子老领导订阅24份《老年报周刊》，并建立定期询问制度，以保障老领导及时阅览。

开展重大节日走访慰问工作。向全县老干部发放100余份爱心服务卡，将县委老干部局工作人员的手机号码印在卡上，在春节慰问中送到全县老干部手中，同时开通24小时老干部服务热线，随时为老干部提供服务。在春节、端午节、中秋节等重大节日组织走访慰问全县离休干部和实职副县级以上离退休干部，同时走访有特殊困难的老干部，并向他们发放慰问品。

做好日常管理服务工作。坚持老干部生病住院必访、丧葬大事必访、矛盾纠纷必访、生活苦难必访。对高龄、独居、生活不能自理及长期不能参加集体活动的老干部结对联系，并经常上门走访慰问。

中牟县委、县政府把落实好老干部生活待遇作为做好老干部工作的一项重要任务，按照“从优从宽，就高不就低”的原则积极落实老干部生活待遇。

健全并不断完善离休干部“三项保障机制”，从根本上落实离休干部的各项待遇。年初，经县委老干部局多方协调，将县级及县级以上住院离休干部床位费报销费用由原来的每人每天18元提高到50元，乡级每人每天20元，在ICU病房的每人每天80元（器官移植、白血病病人每人每天200元）；对符合调整规定的离休干部遗属梳理登记，并坚持定期上门走访慰问。

5月初，县委老干部局组织全县130余名离休干部和四大班子退休干部在中牟县新区人民医院进行为期4天的健康检查，体检期间安排专人全程陪同照顾确保老干部安全，帮助做好各项检查。每季度对全县离休干部和县四大班子老领导进行走访，及时了解掌握老干部的思想、身体状况及家庭情况，并有针对性地做好工作。根据体检结果、日常走访情况为老干部建立健康档案，并根据他们的病情需要，及时为他们送医、送药，随时关注老干部的身心健康情况。

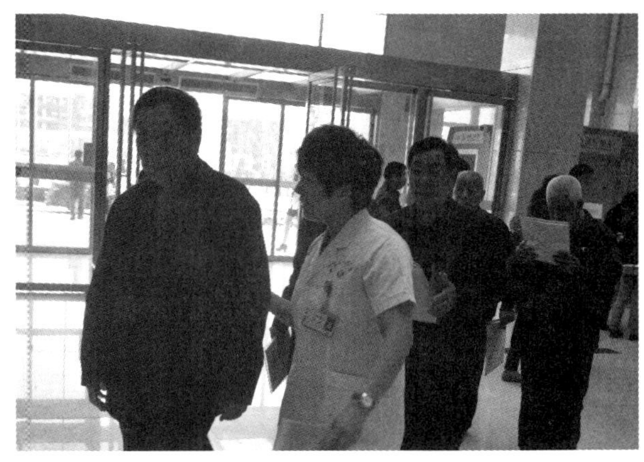
县委老干部局组织老领导进行健康检查

9月18日，中牟县委老干部局和县卫生局特邀河南省人民医院知名专家、教授夏令杰和博士鲁平一行11人，开展“迎重阳健康大讲堂暨健康咨询活动”，为全县的老领导、老同志传授健康知识。健康讲座围绕“颈肩腰腿痛防治”和“糖尿病患者如何饮食”两方面内容，详细讲解老年人健康知识，并进行现场健康咨询。

中牟县委老干部局建立老干部服务网络，将全县老干部按住址分成各个区域，每个区域都有老干部工作人员负责，对老干部建立详细的生活健康档案，做到由点到面全覆盖，老干部们一致满意，并受到社会好评。

【老干部文体活动】 2014年，中牟县委老干部局以一主一副两个活动中心为阵地，经常开展各种丰富多彩、形式多样的老年文体活动。

县委老干部局不断加强老干部活动中心建设和管理，为老干部开展活动提供服务。位于新城区“四牟园老干部活动中心”使用面积近2000平方米，内设健身室、棋牌室、电脑室、文艺室、台球室等活动室，在进行设施配备后，于年底开放。位于老城区的“老干部活动中心潘安园活动站”面积300余平方米，内设阅览室、棋牌室等设施。一主一副活动中心的建成和使用，有效丰富老干部晚年生活。

县委老干部局组织开展文体活动，丰富老干部精神文化生活。坚持“月月有活动，季季有安排”，经常在潘安园活动中心举办象棋、乒乓球等小型比赛活动。在每两年举办一次大型全县老干部运动会的基础上，坚持端午节、国庆节、重阳节等重大节日组织文体活动。

【老干部发挥余热】 2014年，县委老干部局积极创造条件，鼓励自身条件好、政治素质高、经验丰富且富有爱心的老干部加入关心下一代志愿者队伍。一是组织100余名“五老”报告员，深入基层，走进乡村、学校，开展青少年道德、法制、革命传统等方面的专题教育活动，全年作宣讲报告210场次，受益青少年3700余人次。二是广泛开展各类社会实践活动。组织老干部志愿者开展对社会营业性网吧的义务监督工作、开展图片展览、征文演讲、文艺演出、道德实践等活动150余次，受益青少年达1万余人次，有效提高了他们的知识文化水平和道德素质。三是日常开展对青少年学生的帮教、帮扶和帮困活动，原公安局局长石清志、原司法局局长马永昌多次到县看守所看望慰问在押人员，为他们讲解法律知识、做心理疏导，鼓励他们调整心态，积极表现，成为对社会有用的人。

（审核：王顺岭　撰稿：郭非凡）

关心下一代工作

【概况】 2014年，中牟县关心下一代工作委员会（简称县关工委）坚持以党的十八大、十八届三中全会和中共中央总书记习近平系列重要讲话精神为指引，以党的群众路线教育实践活动为依托，继续深入开展“中国梦我的梦”主题教育活动，推进主旋律教育和社会主义核心价值体系教育，不断加强青少年思想引领，进一步加大关心关爱力度，各项工作取得新的进展。

【县“五老”报告团】 “五老”报告团是中牟县关工委开展工作的主要抓手。截至2014年底，中牟县“五老”报告团成员22人，分为法制教育、爱国主义教育、传统教育、家庭教育、心理健康教育、书法绘画教育6个小组，围绕县委、县政府的中心工作，有计划、分层次地开展报告活动。他们以“爱国主义教育”和“道德教育”为主题，不断创新报告形式，拓展报告内容。全年作报告36场，听报告3万余人次。同时邀请郑州市关工委“五老”报告团到中牟县作报告4场，听报告约2000人次。“五老”报告团成员无论严寒酷暑，只要学校有要求，学生有需要，他们都不怕辛苦，不计回报，热情为孩子们作报告，为关心下一代事业奉献光和热。

【调研基层关工委建设】 2014年4月17日，省关工委常务副主任、秘书长张德广一行11人到中牟县调研关工委基层建设工作。上半年，县关工委也多次下乡调研关工委基层创建情况，其中两次到狼城岗镇南韦村、北韦村实地调研。了解到南北韦村关工委组织全村120多名老同志发挥作用，为群众做好事解难事；特别是南韦村的老同志把关工委、活动中心当作家，每天维护、管理，工作热情高、干劲足。11月初，县关工委深入雁鸣湖镇东漳村调研关工委建设情况。发现东漳村关工委认真负责，团结协作。两年多时间里，东漳村关工委成员每周五在雁鸣湖初中门口自发维护、疏散交通，做义务交通协管员。县关工委主任张凤枝得知后，为他们每人制作一条“关心下一代义务监督员”绶带，让其执勤规范。

【开展主题教育活动】 2014年，根据中关工委提出的开展“学雷锋，心向党，讲品德，见行动”主题教育活动要求，县关工委组织开展各种活动。一是深入开展“中国梦，我的梦”主题教育活动。县关工委与教体局关工委要求每个学校、每个学生都参与主题教育活动，形式要多样化。3月5日上午，“五老”报告团成员、坚持51年学雷锋的老军人段希超带领姚家镇中心小学的学生到姚家镇敬老院开展尊老爱老活动。二是以清明节为契机，县关工委组织广大青少年开展“缅怀先烈，祭扫烈士墓”革命传统教育活动，县“五老”报告团成员参加宣讲。各乡镇、办事处，特别是各学校，在烈士墓地和爱国主义教育基地开展悼念活动，受教育青少年、干部群众1.5万人。三是3月初配合《河南青年报·成长周刊》“把握时代内涵，传承雷锋精神”专题采访。采访活动涉及中牟县的百花路幼儿园、青年路小学等9所学校。四是组织开展“中国梦我的梦”手抄报比赛和主题绘画比赛。其中青年路小学、官渡路小学等4所学校活动开展扎实、有特色，最终有13名学生获得省级奖励。五是组织“五老”同志开展“我看家乡新变化”专题游。7月4日和11月7日，关工委组织他们参观中牟·国家农业公园、弘亿国际农业庄园以及中牟县规划展览馆。

【参与社会管理】 2014年，县关工委组织号召全县“五老”同志共同参与加强和创新社会管理工作，为党委政府分忧，为广大青少年营造健康成长的良好社会环境。一是拓宽渠道，加大青少年弱势群体关爱力度。县关工委针对师资力量薄弱的边远农村学校，开展“走基层、送温暖”活动。6月14日，县关工委邀请郑州市营养师志愿者团队、郑州市第二人民医院义诊专家等一行21人到黄店镇打车李小学为40名留守儿童普及营养健康知识，并为他们准备营养午餐，赠送文具盒、铅笔、彩笔等学习用品。8月中旬，县关工委第7次为狼城岗镇北韦村的贫困学生捐助2000元，并呼吁社会爱心人士共同关爱青少年弱势群体。11月18日，县关工委到雁鸣湖镇东漳村关工委，给村里的贫困学生送来50套书包和一批课外书籍。11月25日，县关工委给万滩镇移民村小学送去100套书包、一批文体用品和课外书籍，受到该校师生的欢迎。雁鸣湖镇东漳村老干部马斯昂从工资中每年拿出1.4万元，长期资助雁鸣湖镇3所学校的贫困儿童。各乡（镇、街道）关工委、妇联每年对留守儿童之家进行慰问、关爱帮扶。二是县关工委组织“五老”中有文学才能的老专家、老教师，编印《未成年人安全预防与自救》一书，为未成年人普及安全预防自救基础知识，促使其形成良好的习惯和认识。三是县关工委网吧义务监督组22名“五老”成员，参与文化、工商、公安等执法部门联合开展的校园周边环境和网吧整治活动，对全县55所网吧进行督察，还利用节假日，对进入网吧的未成年人规劝、教育。五是组织县关工委“五老”报告团成员石清志、马永昌等到中牟县看守所对青年在押人员进行教育帮扶，使青年在押人员学到一些法律知识，更感受到党和人民的关爱、社会的尊重。

【省关工委常务副主任到中牟调研】 2014年4月17日，省关工委常务副主任、秘书长张德广一行11人到中牟县调研关工委基层建设工作。上午，县关工委组织基层关工委12名负责人在县四大班子机关综合办公楼召开座谈会，探讨新形势下加强基层关工委建设的方法和思路。张德广认真听取县关工委的工作汇报，与基层

省关工委常务副主任、秘书长张德广（左三）到狼城岗镇南韦村调研基层建设工作

参会人员沟通交流。下午，张德广一行在中牟县委书记路红卫的陪同下到狼城岗镇南韦村实地调研。通过实地查看、听取汇报、座谈交流，南韦村关工委几十名老同志的奉献精神得到省市领导的充分肯定。张德广说：“南韦村老同志默默奉献、不辞辛苦、不计报酬，‘五老’精神在这里得到了充分体现，我们要宣传发扬南韦村老同志的奉献精神，号召更多的老同志参与到关心下一代工作中来。”路红卫表示，将一如既往重视和支持关心下一代工作，让“五老”充分发挥优势，共同促进中牟经济社会健康快速发展。

（审核：李建敏　撰稿：孙永利）

党校工作

县委党校常务副校长
李虎群

【概况】　2014年，中牟县委党校坚持“立校为党，执教为民”的使命和责任，培育和发扬“忠诚、务实、精业、创新”的党校精神，充分发挥党校“干训主渠道”“理论主阵地”的作用，为中牟经济社会发展提供思想政治保障。2014年晋升县级文明单位，并获2012—2013年度郑州市党校系统先进分校荣誉称号。

【干部培训】　2014年，中牟县委党校完成2期中牟县群众路线干部培训班，1期中牟县直工委入党积极分子培训班，1期中牟县组织人事科长干部培训班，2期中牟县党务干部培训班的开班、教学及班级管理工作，组织教师讲课30余场，培训学员800余人。培训期间，县委党校严格按照《干部教育培训工作条例》，加强学员管理，学员学风良好，考试合格率高，在校期间没有违法违纪情况发生。党校全体教师作为县党的群众路线教育实践活动宣讲团成员、十八届四中全会精神宣讲团成员，下基层宣讲50场次，受众5000余人次。中牟县委党校利用教育资源，协助县委、县政府及其职能部门完成“中牟县领导干部双休日大讲堂”等各种会议培训30期，参加人员12500余人次。发挥中牟县农民培训学校作用，举办新型城镇化农民转岗就业培训班、党的群众路线教育实践活动专题讲座等培训班28期，受训人员9000余人次。利用良好的硬件设施和周到的会务服务，开展社会办学。省人防宣教中心、省水利厅、郑州市中级人民法院等单位在中牟县委党校举办培训班和会议26次，受训人员7150人，取得良好社会影响。

【教学科研】　2014年，中牟县委党校强化教学科研的改革创新，着力打造“活力党校”。实施教学精品工程。开展“党性教育、新农村建设、旧城改造与社区建设、现代农业、企业科技创新”5个精品教学基地；构建“县管科级干部、村‘两委’干部、中青年干部、党务干部、乡镇机关干部、妇女干部”6个精品培训模块；凝练10个精品教学专题；健全和完善涵盖大专院校、各级党校、各级领导、各方面专家的专兼职师资库；积极推广研究式、互动式各类教学新方法。创新实施项目化运作模式，通过“调研立项→项目设计→课题招标→组织实施→效能评价”应用于专题培训、特色培训。真正实现培训经费跟着项目走，培训需求跟着干部走。

中牟县委党校坚持把服务党委政府决策作为科研工作的着力点，坚持从县情研究出发，按照县委、县政府的中心工作和战略部署，广泛调研，深入研究，组织教师积极参加郑州市委党校世情社情研究室的科研立项工作，上年成功申报并被立项的课题4项，2014年完成结项。2014年的申报课题也均获准立项。

【教师队伍建设】　2014年，中牟县委党校严格执行教师管理制度，组织教师进行业务进修，并对教师的出勤及授课情况进行严格管理。组织开展“每周一讲”活动。每位教职工申报课题，制作课件，利用每周二下午集体学习时间轮流登台授课，课后点评、评比。每周四举办教师研讨会，认真总结一周教学教研情况，分享理论信息，讨论教学重难点，极大促进教师教学科研能力的提高。组织教师赴省委党校、市委党校等地听课10余次，拓宽了教师视野，提高了教师教学水平。

【后勤保障】 2014年，中牟县委党校与华筵商务酒店和牟山物业公司签订严格的考核监督制度，确保日常保卫、绿化卫生、学员食宿等服务质量再上新台阶。拆除破损的旧围墙，重新修建135米新围墙。新修建标准网球场和标准羽毛球场各1个，新建单双杠、乒乓球台等室外健身器材1批。

（审核：李　钦　撰稿：尹彦舞　李彦磊）

接待工作

接待办公室主任
贺学勤

【概况】 2014年，县接待办紧紧围绕县委县政府的中心任务，服从工作安排，认真履行职责，开拓进取，服务大局，周密细致地做好公务接待工作，圆满完成各项任务。2014年，县接待办完成接待任务156批5135人次。其中，省部级领导37批490人次，厅局级领导41批848人次，县处级领导68批3384人次，商务接待10批413人次。

【主要接待任务】 2014年，县接待办完成的主要任务有：审计署、科技部、国务院金融工作检查组、河南省委书记郭庚茂、郑州市委书记吴天君等省部级领导的调研、考察活动；河南省委、省人大、省委组织部、省委宣传部、省纪委、省发改委、省信访局等厅局级领导的调研和检查活动；郑州市四大班子领导多次到中牟县调研、视察、督查活动；新乡县、武陟县等兄弟县市的参观考察活动；中牟县新型城镇化建设观摩活动；中牟县四大班子主要领导带队赴外地参观、考察活动；大型商务活动有：比高集团商务考察、华强第4、5、6期项目签约等。

【驻村帮扶工作】 2014年，县接待办对官渡镇田庄村继续开展驻村帮扶工作。邀请农业专家到田庄村现场指导香椿种植，并探索出香椿的深层加工，拓宽了销售渠道。与村“两委”干部多方奔波，多渠道筹措资金25万元，于2014年4月开工建设400平方米的集村民活动和村“两委”办公于一体的文化活动中心。在田庄村开展慰问贫困群众、结穷亲戚活动，帮助贫困家庭子女解决入学问题。协调企业购买爱心芹菜3.5万公斤，解决群众卖菜难题。

（审核：杜县府　撰稿：宋　芮）

纪检监察

纪委书记　张永宪

【概况】 2014年，中牟县纪委监察局聚焦中心任务，突出主业主责，强化监督执纪问责，扎实推进党风廉政建设和反腐败工作，为全县经济快速发展、社会和谐稳定提供有力保证。2014年，中牟县纪委监察局获得河南省政风行风评议组织工作先进单位、河南省党风廉政新闻宣传工作先进单位、河南省纪检监察信息工作优秀单位、郑州市纪检监察查办案件工作先进集体、郑州市纪检监察机关案件监督管理工作和依纪依法安全文明办案责任目标先进单位、郑州市反腐倡廉网络舆情先进单位、获第五届“阳光绿城、和谐郑州”廉政公益广告一等奖、微电影《戏里戏外》二等奖等多项荣誉。

【案件查办】 2014 年，中牟县纪委监察局坚持把查办案件作为反腐败斗争的中心环节，持续加大办案力度，着力解决群众反映强烈的突出问题，保持惩治腐败的高压态势；严格办案程序，保证依纪依法安全文明办案；注重发挥审理和复查复议环节的监督作用，确保案件查办质量和处分结果公平公正。全年受理群众信访举报 71 件次，上级批转案件线索 60 件次，初核各类违纪线索 209 件，立案 176 件，党政纪处分 183 人。其中，乡科级干部违纪违法案件 40 件，基层站所负责人违纪违法案件 28 件，村干部违纪违法案件 59 件。

中牟县纪检监察机关查办案件工作会议

【规范党员干部从政行为】 2014 年，中牟县纪委监察局加强作风建设，规范党员干部从政行为。一是深入开展作风整顿。持续加强对中央八项规定精神、省委省政府 20 条意见和市委市政府 20 条规定贯彻落实情况的监督检查，同时针对个别单位工作人员工作纪律涣散、工作日午间饮酒等问题，建立作风建设明察暗访常态机制，在全县范围内开展经常性的明察暗访活动，深化正风肃纪，切实纠正“四风”。全年开展明察暗访 90 余次，对明察暗访中发现的违纪人员实名通报，诫勉谈话 6 人，党政纪处分 18 人。二是坚决治理节日病。节前下发廉洁过节通知、发送廉政提醒短信，重申有关纪律，公布举报电话，接受社会各界监督；节日期间，抽调公安、工商、税务、新闻等单位人员组成检查组，深入娱乐场所、商场超市、旅游景点明察暗访，对贯彻执行廉洁自律规定情况监督检查，有效地遏制各种违纪现象的发生。三是扎实开展专项整治。组织开展整治党员干部私自从事营利性活动、整治领导干部违规干预和插手市场经济活动谋取利益、整治“会所中的歪风”、整治领导干部亲属违规经商办企业和领导干部收送红包礼金问题等五项专项治理，促进党员领导干部廉洁自律，规范从政行为。

【强化监督问责】 2014 年，县纪委监察局把职能部门履职情况作为监督重点，加大对滥用职权、失职渎职等问题的责任追究力度，对不作为、慢作为、乱作为等问题从严问责，督促职能部门认真履职尽责，全年立案查办滥用职权、失职渎职类案件 55 件。着力优化重大投资项目和产业集聚区发展环境，加大治理涉企“四难”“四乱”工作力度，严肃查处各类损害经济发展环境的行为；继续把优化经济发展环境纳入村干部绩效考核，构建村干部主动参与优化经济发展环境工作长效机制，从源头上破解破坏项目建设环境难题，为全县经济发展保驾护航。

【反腐倡廉宣传教育】 2014 年，中牟县纪委监察局加强廉政教育，筑牢拒腐防变的思想道德防线。一是创新宣传载体。在全县纪检监察系统开通“清风中牟”政务微博和官方微信，利用网络新兴媒体宣传廉政文化，弘扬清风正气，传播廉洁正能量，及时、正确引导网上舆论。截至年底，“清风中牟”政务微博开设 9 个栏目，发布微博 4641 条，粉丝 1872 个，关注 330 次；官方微信播发 16 期 56 条。二是搞好学习教育。以党的群众路线教育实践活动为契机，向全县副县级以上领导干部发放《镜鉴》《警鉴》，向各乡镇（街道）及县直各单位发放《领导干部从政道德启示录》《剑指四风》等资料。组织各单位贯彻落实《党政机关厉行节约反对浪费条例》，举办“厉行节约反对浪费”知识竞赛。三是加强警示教育。抓住重要时段，组织全县党员领导干部观看《领导干部从政道德启示录》《人生不能重来》等警示教育片，到豫中监狱、市检察院警示教育基地接受教育；整理有关言论、案例、忏悔录等内容，定期编发《警示教育专刊》，以案为鉴，警钟长鸣。四是弘扬廉政文化。以廉政文化“六进”示范点创建活动为抓手，严格落实“四会一课”廉政教育制度，深入组织开展廉政文化作品创作征集，廉政歌曲、廉政微电影和公益广告展播，清风课堂巡讲，廉政书法创作展出，廉政物品发放等一系列丰富多彩的廉政文化活动。全年开展“四会一课”廉政教育300余场次。新建4个廉政文化“六进”示范点，分别是法院进家庭、官渡镇官渡桥村进农村、东关社区进社区、国网河南中牟县供电公司进企业。在县电视台、户外电子显示屏集中展播廉政公益广告（歌曲、电教片）等40首（部），策划廉政微电影《戏里戏外》，公益广告《人生没有橡皮擦》和《信任不能代替监督》。

【突出问题治理】 2014年，中牟县纪委监察局通过加大专项治理和纠风之乱力度，着力解决人民群众反映强烈的突出问题。一是针对基层侵害群众利益信访举报突出问题，持续开展专项治理。对排查出的问题，建立工作台账，逐一进行交办，并定期督促办理情况，通过查处一批违纪违法案件，将信访举报问题化解在基层，维护社会大局和谐稳定。二是开展乡、村两级新农合定点医疗机构套取新农合资金专项治理，保障新农合资金安全及参合农民利益。三是坚持纠风治乱。对物流领域乱收费、公路三乱、教育乱收费、医药购销和医疗服务中的不正之风等问题开展专项治理，维护群众利益；加强对强农惠农资金的日常监管，保障和维护农民权益；开展违法违规征地拆迁专项治理，健全补偿资金检查监督流程，完善公示和举报制度，确保公开公平。

【队伍建设】 2014年，中牟县纪委监察局以开展党的群众路线教育实践活动为契机，邀请上级领导、专家为全县纪检监察干部授课；委托中纪委监察部杭州培训中心、北戴河培训中心、河南纪检监察宣教基地对全县110多名纪检监察干部进行业务培训，进一步提升全县纪检监察干部的综合素质和业务能力。2014年，全县纪检监察系统新增28名纪委委员。至年底，全县有64个单位设有纪检组织，其中乡镇14个，县直及驻县单位50个，共有纪检监察干部200余人。

【中共中牟县第十一届纪律检查委员会第四次全体（扩大）会议】 2014年3月22日上午，在县委二楼报告厅召开中共中牟县第十一届纪律检查委员会第四次全体（扩大）会议。参加会议的有全县副县级以上领导干部、县纪委委员、各乡镇（街道）党政正职、纪（工）委书记、县直各单位党政正职、纪检组长（纪委书记）。会上，县委常委、县纪委书记张永宪代表县纪委常委会，总结2013年党风廉政建设和反腐败工作，安排2014年的工作。县委书记路红卫站在全县经济社会发展大局和战略的高度，就进一步抓好党风廉政建设和反腐败斗争工作作了重要讲话。

（审核：王振杰　撰稿：任亚青）

编辑：徐　园

人民代表大会

人大全会

县人大常委会主任
刘玉玲

【县第十三届人民代表大会第三次会议】 2014年2月12日至15日，中牟县第十三届人民代表大会第三次会议在县城牟山宾馆召开。在完成大会的各项议程后，2月15日上午闭幕。会议号召，全县上下在中牟县委的坚强领导下，动员和团结全县人民，以更加饱满的热情、更加坚定的信心、更加务实的作风，振奋精神，扎实工作，为创造中牟更加美好的明天而努力奋斗。

会议听取和审议中牟县人民政府工作报告、中牟县人大常委会工作报告、中牟县人民法院工作报告、中牟县人民检察院工作报告，审查批准《中牟县2013年国民经济和社会发展计划执行情况与2014年国民经济和社会发展计划（草案）》的报告，《中牟县2013年财政预算执行情况与2014年财政预算（草案）》的报告，并分别做出决议。

会议选举中牟县出席郑州市第十四届人民代表大会代表34名，县十三届人大常委会委员7名。

会议期间，代表们以高度的责任感和强烈的主人翁意识，把思想和行动统一到县委对此次大会的要求上来，充分发扬民主，践行新风正气，审议批准各项工作报告。就事关中牟县改革、发展、稳定的重大问题和关系群众切身利益的民生问题，代表们纷纷建言献策，提出一批高质量的建议，为实现中牟梦，开创新未来，奠定坚实的基础。

会议体现厉行节约、务实高效的新会风，不摆放鲜花、水果、香烟，不铺设红毯，不张贴悬挂标语横幅，不搞迎送仪式，不做电视直播，节约水电、纸张，充分响应中共中央提出的改进会风等八项规定，转变会风，节俭办会。

中牟县委书记杨福平在大会闭幕式上发表题为“以民为本和以干为德”的重要讲话，强调“以民为本和以干为德”的重要意义，充分鼓舞全县人民继续发扬“一年干几年活，一人干几人活”的精神。要求以此次大会为契机，深入学习贯彻党的十八大和十八届三中全会精神，敢于担当，奋发有为，以尽职尽责展现风采，以积极作为谱写华章，为建设都市型田园城市、打造郑汴牵手的中原明珠作出更大贡献。

不属于县十三届人大代表的县四大班子领导、县直及驻县单位的主要负责人、乡（镇）领导、驻中牟县的省市人大代表、县九届政协全体委员列席会议；特邀曾担任过县委、县人大常委会、县人民政府、县政协领导职务，离退休且在中牟县居住的老同志列席会议。

【县第十三届人民代表大会第四次会议】 2014年8月5日至7日，中牟县第十三届人民代表大会第四次会议，在县四大班子机关综合办公楼召开。在完成各项议程后，8月7日上午大会胜利闭幕。

会议期间，代表们以强烈的主人翁意识和高度的责任感，把思想和行动统一到中牟县委对此次大会的要求上来，充分发扬民主，践行新风正气，认真履行代表责任和义务。

会议选举潘开名为中牟县人民政府县长；选举李增辉为中牟县第十三届人民代表大会常务委员会委员。

会议体现厉行节约、务实高效的新会风，充分响应中央提出的改进会风等八项规定，转变会风，节俭办会。

新当选县长潘开名作就职发言。

中牟县委书记路红卫围绕“两个率先”对全县工作表示肯定，提出新要求。要求全县人民上下同心，牢固树立全县一盘棋的思想；要奋力拼搏，始终保持昂扬向上的精神状态；要再兴创新之风、再谋发展之策、再鼓实干之劲，同心同德、奋发进取，为加快实现“两个率先”、全面建成小康社会而努力奋斗。

人大常委会议

【县十三届人大常委会第十七次会议】 2014年1月3日上午，中牟县十三届人大常委会第十七次会议召开。中牟县人大常委会领导刘玉玲、冯政忠、郭礼印、段长兴、李鸿欣、李五群、李长宝、王家伦、孙玉霞出席会议。

会议传达《中共中牟县委关于县人大常委会党组关于举行中牟县第十三届人民代表大会第三次会议有关事宜请示的批复》，通报县十三届人大三次会议筹备工作情况，审议通过关于举行县十三届人大三次会议的决定，审议通过县十三届人大三次会议议程（草案）、日程（草案）、主席团和秘书长名单（草案）、常务主席名单（草案）、副秘书长名单（草案）、议案审查委员会名单（草案）、计划财政审查委员会名单（草案）、编团情况和各代表团团长和副团长建议名单，审议通过县十三届人大三次会议特邀人员和列席人员名单，审议通过《中牟县十三届人大常委会代表资格审查委员会关于中牟县第十三届人民代表大会代表变动情况和补选代表的代表资格审查报告》《关于接受王兆坤等同志辞去县十三届人大常委会委员职务的决定》，审议通过县人大常委会、县人民政府和县人民法院有关人事任免议案，审查批准县人民政府提请的融资议案，并对《中牟县人大常委会工作报告》征求意见。

关于人代会筹备工作，刘玉玲主任提出四点要求：一要提高认识，切实增强紧迫感。此次会议议程多，任务重，筹备时间短，希望各筹备组高度重视，增强责任感和紧迫感，积极投入大会的筹备工作。二要科学组织、充分考虑细节。此次大会，既要听取审议和书面审查6个工作报告，又有重要的选举事项，程序性、法律性强，一定要统筹考虑，科学合理安排，对每项工作都要细之又细，力争为大会提供最优的服务。三要改进作风，严守各项纪律。中央省市县对作风纪律三令五申，此次会议不但要重申改进会风的十项措施，而且要加入禁烟措施。希望各筹备组一定要加强政治纪律、作风纪律和会议纪律，节俭办会，保证会议风清气正。四要团结协作，确保会议圆满召开。大会的筹备、组织工作至关重要，一定要增强大局观念，既要明确分工、细化责任，更要团结协作、互相提醒，筹备好、组织好、服务好此次人代会，确保会议如期召开、圆满成功！

中牟县人民政府常务副县长李文岭、县人民法院院长王炅、县人民检察院检察长张捍卫、各乡镇人大主席、街道人大工委主任和县人民政府有关部门负责人等列席会议。

【县十三届人大常委会第十八次会议】 2014年2月10日上午，县十三届人大常委会第十八次会议召开。县人大常委会领导刘玉玲、冯政忠、郭礼印、段长兴、李鸿欣、李长宝出席会议。

会议传达中共中牟县委关于召开中牟县第十三届人民代表大会第三次会议的批复；审议通过中牟县人大常委会关于召开中牟县第十三届人民代表大会第三次会议的决定；听取并审议县政府常务副县长李文岭提请的人事任免议案，决定任命朱则军为中牟县公安局局长，决定免去牛健的中牟县公安局局长职务。

【县十三届人大常委会第十九次会议】 2014年3月13日上午，中牟县人大常委会主任刘玉玲主持召开县十三届人大常委会第十九次会议。县人大常委会领导冯政忠、郭礼印、段长兴、李鸿欣、李五群、李长宝、王家伦、孙玉霞、田金锁以及15名县人大常委会委员出席会议。

会议审议通过《中牟县人大常委会关于接受路红卫同志辞去中牟县人民政府县长职务的决定》，审议通过县人大常委会主任会议提请的《关于任命潘开名同志为中牟县人民政府副县长、代理县长职务的议案》。经无记名投票表决，会议通过《县人大常委会关于任命潘开名同志为中牟县人民政府副县长、代理县长职务的决定》。

代县长潘开名在随后的表态发言中说：非常感谢大家的信任和支持。中牟区位优势突出，交通四通八达，农业基础雄厚，发展机遇良好，特别是随着中原经济区和郑州航空港经济综合实验区建设的深入实施，以及郑汴融城的快速推进，中牟更是迎来难得的发展黄金期。对能到中牟工作，并走到这个岗位深感使命光荣、责任重大，同时也感到一定的压力和挑战：一是区划调整给中牟带来的影响仍未完全消除；二是中牟新型城镇化仍需深入推进，现代产业体系亟须加快构建；三是中牟城镇居民人均纯收入和农民人均纯收入均低于郑州市平均水平。

针对下一步工作，代县长潘开名表示：将深入开展调研，尽快熟悉和掌握县情县貌，准确把握经济社会发展的总体脉络，力争早日融入中牟发展中去，为中牟的发展贡献自己的力量。

【县十三届人大常委会第二十次会议】 2014年3月26日上午，县十三届人大常委会第二十次会议召开。县人大常委会领导刘玉玲、郭礼印、段长兴、李鸿欣、李五群、李长宝、王家伦、孙玉霞、田金锁出席会议。

会议审议通过了县人大常委会2014年工作要点，县政府关于呈报2014年政府性投资项目计划的议案，县政府关于2013年度县人大常委会决议决定、审议意见、视察意见、执法检查报告等贯彻落实情况的报告，以及县检察院提请的人事任免案。

为确保县人大常委会形成的决议决定、审议意见办理工作实效，县政府常务副县长李文岭指出：一要明确办理责任，健全办理机制，及时研究部署，着力查找问题根源，从根本上解决问题。二要突出重点，强化项目攻坚、强化要素保障、强化投资绩效管理，确保2014年政府投资项目计划得到严格落实。

刘玉玲主任在总结讲话中强调：

一、关于常委会工作。2014年的常委会工作要点，有3个特点：一是任务重。全年工作共49项，单月有重点，双月有主题，充分体现常委会的作为意识、进取意识和担当意识。二是扣中心。2014年工作要点的谋划紧扣十八大和十八届三中全会精神，紧扣县委中心工作，围绕新型城镇化建设、产业集聚区发展等重点，致力于促进全县发展大局。三是贴民生。围绕群众关注的热点难点问题，围绕环保生态、教育卫生、社会保障、饮水安全等民生问题，全面开展监督工作，着力使发展成果更公平更广泛地惠及广大群众。机关各委室要对照职责分工，严格落实，确保目标任务有点有面、有始有终。

二、关于政府投资项目计划。2014年的政府投资项目，涵盖面广，大项目多，投资方向和重点符合经济形势和全县发展实际。对于县人大常委会第四十六次主任会议在初审时根据代表建议提出增列农村道路、中小学教室安装空调、新建新城区幼儿园等项目的意见，县政府对此十分重视，及时召集有关部门负责人，进行专题研究，并对以上建议办理进行安排部署。

在政府投资项目实施过程中，县政府要科学设计、科学施工。做到高标准规划设计，严格执行工程预算，统筹协调，避免重复投资和建设。同时要保证进度、保证质量，确保工程如期完工，真正达到支撑发展大局和惠及广大群众的效果。

三、关于跟踪监督工作。县政府及相关承办部门对人大常委会的决议决定和审议意见是重视的，做了大量工作。县政府在以后工作中，一要提高认识。县人大常委会开展监督工作，是“与县委决策同向、与政府工作同力、与人民意愿同心”的，寓支持于监督之中。“一府两院”要提高认识，自觉主动接受人大常委会监督。二要完善督办机制。从2015年开始，县人大常委会将在每年的首次常委会会议上，听取县政府贯彻落实上年度决议决定、审议意见等办理落实情况的报告，对办理效果不理想的，实施跟踪问效。“一府两院”要健全常态化督办机制，加强督查，保证办理工作质量。

四、关于常委会组成人员履职。一要强化学习意识。常委会组成人员要以党的群众路线教育实践活动为契机，抓好政治理论和法律法规等业务知识学习，在学习中总结经验、提升认识，打好履职基础。二要强化大局意识。坚持正确的政治方向和大局意识，在重大问题上同县委保持高度一致，推动县委决策部署得到贯彻落实。三要强化群众意识。要将学习弘扬焦裕禄精神贯穿到人大工作各个方面，坚持“六问六带头”，主动问需于民、问计于民，着力保障和改善民生。四要强化调研意识。常委会组成人员要坚持调研开路、调研先行，掌握真实情况，找准问题根源，提出合理建议，提升自身履职水平。

县人民法院院长王炅、县人民检察院检察长张捍卫、县政府办和发改委负责人、各乡（镇、街道）人大负责人、县人大常委会机关工作人员列席会议。

【县十三届人大常委会第二十一次会议】 2014年5月27日上午，刘玉玲主任主持召开县十三届人大常委会第二十一次会议，县人大常委会领导冯政忠、郭礼印、段长兴、李鸿欣、李五群、李长宝、王家伦、孙玉霞、田金锁参加会议。县政府常务副县长李文岭列席会议。

会议审查和批准县政府2013财政决算，听取审议并通过县政府关于城乡义务教育均衡发展情况的报告、关于土地节约集约利用情况的报告、关于生态林保护工作情况的报告，审查确认县人大常委会主任会议提请的《关于许可对县十三届人大代表王小华采取强制措施并暂停其代表职务的决定》。

县政府常务副县长李文岭围绕会议议题，就如何抓好落实、推进工作，作表态讲话。

结合会议审议发言，县人大常委会主任刘玉玲作总结讲话。

一、关于县本级财政决算工作。面对区划调整的不利影响，县政府和财政部门千方百计扩大财源，进行融资，财政收入持续快速增长，重点支出保障到位，取得的成绩应予以肯定。但是，还存在未落实全口径决算的要求、政府性基金应报未报，没有说明超收收入的使用情况，收入支出结构有待优化等问题。

县政府及财政部门在下一步的工作中，一要严格落实全口径预算决算的要求，将政府性基金收支情况报请人大常委会批准。二要规范超收收入的使用，将超收收入使用方案及使用情况报人大常委会批准。三要量力而行，合理融资，保证财政经济稳健运行。四要着力保障和改善民生，提高财政资金的普惠性。

二、关于城乡义务教育均衡发展工作。教育事业是民心工程，更是良心工程。尤其是城乡义务教育均衡发展工作，县人大常委会连续多年跟踪监督，就是要督促实现城乡教育资源的均衡配置。近几年县政府认真实施《义务教育法》，完善政策，加大投入，规范办学，均衡师资，两度被评为全省义务教育均衡发展先进县。但是，城乡教育资源配置依然不合理、农村优秀学生不断流失，县城“大班额”等现象依然突出。

对此，县政府一要合理规划布局城乡中小学，增学校、增师资、增设施，方便就近入学；二要均衡城乡教育资源，在农村教师待遇、教学设施方面予以倾斜，稳定农村生源，缓解县城“大班额”现象；三要出台政策，建立城乡学校帮扶制度，加强校长、教师轮岗交流，实现均衡发展的良性循环。

三、关于土地节约集约利用工作。县政府认真贯彻落实科学发展观，向节约要空间、向集约要效益，“先造地、后用地”，挤“水分”、深挖潜，保供给、严执法，取得的成绩应予以肯定。针对建设用地供需矛盾突出、粗放低效用地、土地监管力度不够等问题，要严格贯彻执行土地法，强化规划的整体控制作用，加大闲置土地处置力度，依法依规，强化监管，为全县人民把好关、守好土。

四、关于生态林保护工作。近几年，中牟县高度重视生态林保护工作。加大投入，增加面积、提高质量，加强防护、加强监管，有效促进了生态文明建设，被授予全国绿化模范单位称号。但是还存在个别区域林木采伐较为随意，生态林树种单一，项目建设与林地保护之间的矛盾日益突出等问题。

县政府要从建设都市型田园城市、打造郑汴牵手的中原明珠的高度，把握好四个“严格”：严格占用林地的审批，涵养森林资源；严格优化树种结构，实现生态性和景观性的有机统一；严格占补平衡原则，保证林地面积动态平衡；严格执法监管，坚决打击毁林占林违法行为。

县法院院长王炅、县检察院检察长张捍卫，县政府、发改委、财政局、国土局、林业局负责人，各乡（镇、街道）人大负责人、部分人大代表和兼职委员列席会议。

【县十三届人大常委会第二十二次会议】 2014年7月29日上午，中牟县人大常委会召开县十三届人大常委会第二十二次会议。

会议听取和审议县政府关于2013年财政预算执行及其他收支情况的审计工作报告、2014年上半年财政预算执行情况的报告、2014年上半年国民经济和社会发展计划执行情况的报告，县法院关于刑事审判工作情况的报告；审查批准县政府提请的融资议案；传达县委关于举行县十三届人大四次会议有关事宜的批复，通报县十三届人大四次会议筹备工作情况，听取和审议关于举行县十三届人大四次会议的决定草案、县十三届人大四次会议的议程草案和日程草案、县十三届人民代表大会代表资格审查报告、各项名单草案、关于接受付东杰辞去县十三届人大常委会委员职务的决定草案。

县人大常委会主任刘玉玲针对会议审议通过的四个工作报告提出两点要求：一是四个工作报告事关中牟发展大局和民生改善，县人大相关委室要根据会前座谈调研和会上审议发言，认真整理审议意见、决议决定，及时转交县政府、县法院办理落实，加强跟踪督办。二是县政府、县法院要按照县人大常委会跟踪监督办法的规定，按时书面报送办理落实情况。

关于召开县十三届人大四次会议，刘玉玲强调，要在思想上高度重视，行动上主动自觉，增强党的意识、大局意识、政治意识、标杆意识，细化措施，增强责任，高标准，严要求，确保此次人代会庄重、圆满、成功召开。

【县十三届人大常委会第二十三次会议】 2014年9月26日上午，中牟县人大常委会主任刘玉玲主持召开县十三届人大常委会第二十三次会议。县人大常委会领导冯政忠、郭礼印、段长兴、李鸿欣、李五群、李长宝、王家伦、孙玉霞、田金锁出席会议。

会议听取和审议县人民政府关于交通路网建设及管护情况的报告、关于近三年饮水安全工程实施情况的报告、关于《河南省人口与计划生育条例》实施情况的工作报告、关于代表建议批评和意见办理情况的报告，审查和批准县人民政府关于调整政府投资项目计划的议案，听取和审议县人民检察院关于侦查监督工作的报告、关于人事任免议案及其他事项。

中牟县政府常务副县长李文岭围绕会议议题，就如何抓好落实、推进工作，代表县政府作表态发言。

结合会议审议发言，县人大常委会主任刘玉玲作总结讲话。一、县政府要高度重视代表建议办理工作，加快推进，加强督办，切实提高问题解决率和代表满意率；二、县政府要根据县人大常委会批准的政府投资项目调整计划，抓紧抓实，切实提高财政资金使用效益；三、要加强道路管护工作，加大投入，依法管理，实现公路管理养护科学化、制度化和规范化，提高道路通行寿命；四、切实落实新修订的《河南省人口和计划生育条例》，推动中牟县人口和计划生育工作持续健康发展；五、水务部门要科学规划、完善管网、提高水质，使全县城乡居民喝上放心水；六、县检察院要加强队伍建设，规范侦查监督工作，促进公平正义、公正司法。

县法院院长王炅、县检察院检察长张捍卫，县政府、发改委、交通局、水务局、人口计生委负责人，各乡（镇、街道）人大负责人、部分人大代表和兼职委员列席了会议。

【县十三届人大常委会第二十四次会议】 2014年11月28日上午，中牟县人大常委会主任刘玉玲主持召开县十三届人大常委会第二十四次会议，县人大常委会领导冯政忠、郭礼印、段长兴、李鸿欣、李五群、李长宝、王家伦、孙玉霞、田金锁及其他委员出席会议。

会议审议通过县人民政府关于2014年政府实事目标落实进展情况的报告、关于2014年政府投资项目计划执行情况的报告、关于就业再就业工作情况的报告、关于撤销雁鸣湖镇设立雁鸣湖街道办事处的议案、关于撤销大孟镇设立大孟镇街道办事处的议案、关于政府提请的融资议案，以及县人大常委会主任会议提请的关于免去白钢林职务的议案；会议还审议通过人事任免事项。

【县十三届人大常委会第二十五次会议】 2014年12月17日上午，中牟县人大常委会主任刘玉玲主持召开县十三届人大常委会第二十五次会议，县人大常委会领导郭礼印、李鸿欣、李五群、李长宝、王家伦、孙玉霞、田金锁及其他委员出席会议。

会议审议批准县人民政府关于调整中牟县2014年财政预算的议案。

【县十三届人大常委会第二十六次会议】 2014年12月26日上午，中牟县十三届人大常委会第二十六次会议召开。会议由县人大常委会主任刘玉玲主持，县人大常委会领导冯政忠、段长兴、李鸿欣、王家伦、孙玉霞、田金锁出席会议。

会议补选郑州市第十四届人民代表大会代表。根据郑州市人大常委会通知要求，会议提名潘开名为郑州市第十四届人民代表大会代表候选人，县人大常委会副主任李鸿欣就相关事宜做说明。

会议以无记名投票的方式，补选潘开名为郑州市第十四届人民代表大会代表。按照法律程序报市人大常委会备案。

工作及活动

【概况】 2014年，中牟县人大常委会全面贯彻党的十八大和十八届三中、四中全会精神，坚持党的领导、人民当家做主、依法治国有机统一，依法行使宪法和法律赋予的职权，各项工作取得新进展，为促进全县经济社会发展和民主法治建设作出积极贡献。

【重大事项决定】 2014年，中牟县人大常委会坚持围绕核心、紧扣中心、顺应民心，把贯彻落实县委决策与人大依法行使重大事项决定权有机结合，同心协力，和衷共济，共克时艰，共促发展。

自觉坚持党的领导。中牟县人大常委会坚持重大事项向县委请示报告制度，实现党对人大工作的政治领导、思想领导和组织领导，确保人大工作与党委工作同心同向同行。深入学习贯彻中共中央和省、市委庆祝人民代表大会成立60周年暨人大工作会议精神，积极协助县委筹备召开县委人大工作会议，推动出台《中共中牟县委关于加强和改进人大工作的意见》，对新形势下加强和改进党委对人大工作的领导，支持人大及其常委会依法行使职权，完善代表工作机制，加强县乡人大自身建设等方面进行全面部署，提出具体要求，在全县推动树立宪法意识，推进法治国家、法治政府、法治社会一体建设，为开创全县人大工作新局面注入强大动力，指明工作方向。

审慎决定重大事项。县人大常委会立足合法、合规、合拍，探索建立人大常委会与“一府两院”重大事项沟通协调机制，依法行使重大事项决定权，做出决议决定20项。政府投资项目对于推动发展、改善民生，意义重大，影响深远。在审查2014年政府投资项目计划的过程中，人大常委会围绕群众关切，经过多方调研、慎重审议，提出统筹兼顾、注重民生等意见，县政府高度重视，召开专题会议进行研究，在政府投资项目计划中增列相关民生项目；人大常委会批准88项、年度计划投资52亿元的政府投资项目计划，要求县政府务实重做，强化监管，坚持速度与质量并重，切实提高财政资金使用效益；在实施过程中，针对区划调整影响、土地指标制约、社区路网规划调整等新情况，适时批准县政府关于调整2014年政府投资项目计划的议案。县人大常委会严格依照预算法和《国务院关于加强地方性债务管理的意见》，严格审查融资的必要性、可行性，批准16项、总计33亿元的政府融资议案，要求县政府保持清醒认识，调整结构，优化产业，培植税源，慎重融资，合理制定偿债计划，防范债务风险，努力保持财政经济稳健运行。县人大常委会还根据中牟县经济社会发展的新形势，分别做出关于撤销雁鸣湖镇、大孟镇，设立街道办事处的决定，着力推动城镇化建设进程。

融入支持中心工作。在全县重点工程建设中，县人大常委会领导分别在城乡快速路网、县城基础设施改造完善提升、生态廊道建设、时尚文化旅游等项工作中担任指挥长或副指挥长，在监督中参与，在参与中支持，精神上保持“一线”状态、工作上保持“一线”作为、实践中发挥“一线”作用，人大工作焕发出新的生机和活力。交通路网是新型城镇化的引领，是先行工程和基础工程。按照“全覆盖、成网络、高标准、多元化”的指导思想，人大常委会主要领导坚持在一线查问题、解难题，多次召开推进会、协调会、现场会，立足便民利民，维护民意民利，完成城乡路网三年行动计划，新增城乡路网500多公里，夯实经济社会发展的基础。人大常委会领导还在产业集聚区建设、都市型田园城市建设和文化教育等项重点工作中，准确站位、敢于担当，带头谋划决策，督导工程进展，为推动工程顺利实施发挥重要的作用。全县形成共下一盘棋、合力谋发展的干事创业良好氛围，助推一批基础设施工程加快实施，一批重点工程顺利推进，一批民生工程落到实处，全县上下呈现出蓬勃发展的良好态势。

【监督工作】 2014年，中牟县人大常委会认真贯彻监督法，坚持“围绕中心、突出重点、讲求实效”的思路，推重点、破难点、解热点。听取审议“一府两院”工作报告19个，组织开展专题视察调研16次；专题听取县政府关于常委会决议决定、审议意见、视察意见和执法检查报告办理落实情况的报告，监督工作更富保障性、建设性和实效性。

加强预算决算审查监督。县人大常委会把预算审查监督作为加强和改进监督工作的重要途径。听取审议县政府关于财政和审计工作方面的6个报告，由县人大常委会领导带队，深入调研，多方座谈，全面审查，切实把好“预算编制、预算初审、预算执行、决算审计”4个关口。按照党的十八大“加强对政府全口径预算决算的审查和监督”的要求，立足“先简后繁、逐步完善”的原则，探索把政府性基金预算等依法纳入人大常委会监督范围，保证预算的完整性、科学性。强调建立并完善各项财经制度，全面提高理财、聚财、生财能力，促进中牟经济社会全面、协调、可持续发展。支持审计部门贯彻执行审计法、预算法，督促加强对专项资金、涉及民生的公共资金以及重点建设项目资金的审计，审减政府投资项目资金16982万元，查处违规资金3367万元，县人大常委会强调要严肃财经纪律，严格责任追究，督促“屡审屡犯”问题的整改落实，努力为全县人民管好“钱袋子”。面对区划调整等不利影响，主动适应经济新常态，严格按照预算法的规定，本着科学求实、持续发展的原则，批准县政府提请的2014年财政预算调整的议案，要求县政府认真贯彻预算法，提高预算编制的科学性，维护预算的严肃性。

加强重点工作监督。“四个体系”（路网体系、产业体系、生态体系、城镇体系）建设是中牟县经济社会发展的重要支撑。县人大常委会寓支持于监督之中，听取审议县政府关于国民经济和社会发展计划执行、交通路网建设、土地节约集约利用情况等3个报告，对汽车产业集聚区发展、生态水系建设、新型农村社区建设及入住情况进行视察。要求县政府在“四个体系”建设过程中，处理好市场和政府的关系，加强道路建设与管护力度，大力发展实体经济，强化产业支撑，提高城镇建设用地效率，扩大绿色生态空间比重，让城市融入自然，积极稳妥，遵循规律，全面推进以人为核心的城镇化。

加强民生领域监督。县人大常委会积极主动回应群众关切，围绕群众关注的食品安全、教育卫生、社会保障等民生问题，坚持年年抓，常态化督办，持之以恒，务求实效。听取审议县政府关于城乡义务教育均衡发展、政府实事目标落实、就业再就业工作、近3年饮水安全实施工作情况等项工作报告，对中牟县国家级卫生县城创建情况、防汛准备工作情况、人力资源市场建设情况进行视察。要求县政府加大投入，着力保障和改善民生，促进公共服务均等化，统筹城乡教育资源均衡配置，推动实现更高质量的就业，努力使中低收入家庭住有所居，使改革发展成果更多更公平地惠及全县人民。针对代表和群众反映强烈的公办中小学安装空调、公办幼儿园建设、增设城区公厕等问题，召开主任会议专题研究，听取县政府专项汇报，并以主任会议审议意见的形式，转交县政府办理落实。县政府高度重视，召开政府常务会议进行研究，尤其对于公办中小学安装空调问题，筹措资金，改善电网，加快安装，在22所乡镇学校、25所城区学校安装空调6300余台，并计划3年内在全县公办中小学全部安装完毕，全面提升中牟县教学环境。在县人大常委会的监督和县政府的重视落实下，全县改扩建中小学校6所，新增学位1650个，开工建设保障房1000套，新增城镇就业再就业3100人，督促人力资源市场建设、提高新农合报销比例、新型农村社区免费安装数字电视和天然气、城区居民集中供热等项目有效落实，人民群众得到更多实惠。

加强生态文明监督。县人大常委会听取审议县政府关于生态林保护工作情况的报告、关于大气污染和水污染防治工作情况的报告，对生态水系建设、国有林地保护工作情况进行视察，要求县政府从4个方面全面落实：一是把生态文明建设摆在突出地位，融入经济、政治、文化、社会建设各个方面，强化宣传教育，在全县上下形成“同呼吸、共奋斗”的责任意识；二是坚持保护优先，严把环保准入关，执行好新建项目的环评和“三同时”制度，决不能以牺牲环境为代价换取一时的发展；三是严厉打击环境违法行为，强化执法监督，形成监管合力，提高监管效能；四是加大环保投入，多还旧账，不欠新账，下大气力解决群众反映强烈的环境污染问题，推进绿色发展、循环发展、低碳发展，使中牟县的天更蓝、地更绿、水更清。

县人大常委会视察林业生态建设

法律监督求实效。县人大常委会顺应社会形势，着眼群众关切，10 月开展“执法检查月”活动，对道路交通安全法、建筑法、农产品质量安全法、传染病防治法等 4 部法律开展专项执法检查，要求紧扣“学法在先、求实从严、专项报告、结果反馈”4 项要求，广泛吸纳人大代表、兼职委员、人民群众参与，提升执法检查水平。针对建筑法贯彻实施不规范、农村违建突出等问题，要求县政府严格建筑市场准入、规范招标程序、强化农村建筑市场监管，形成公平公正、竞争有序的建筑市场秩序。面对埃博拉、登革热等国内外疫情和中牟县疫病防控的严峻形势，要求县政府加大投入、强化宣传、重点防控，努力使传染病可控可防可治。围绕群众反映强烈的农产品质量安全问题，督促县政府“从田间到餐桌”抓好生产、加工、流通各环节的无缝监管，确保人民群众“舌尖上的安全”。针对道路交通安全法贯彻实施中存在的事故多发、道路堵塞等问题，提出强化法律宣传、增设红绿灯、完善交通设施等意见建议。县人大常委会还采取听取专项工作报告、视察等形式，对新修订的河南省人口与计划生育条例、社区矫正实施办法，及时跟进监督，把审议意见、视察意见连同 4 个执法检查报告，一并转交县政府办理落实，推动法律法规的全面贯彻实施。

司法监督促正义。县人大常委会分别听取和审议县法院关于刑事审判工作情况的报告、县检察院关于侦查监督工作情况的报告，要求县法院宽严相济、慎用自由裁量权、强化审判队伍建设，要求县检察院严把事实、证据、法律关口，保障和推动法检两院规范司法行为，依法独立公正行使刑事审判权和侦查监督权，努力让群众在每一个司法案件中感受到公平正义，切实提高司法公信力。

中牟县人大常委会认真贯彻中共中央办公厅、国务院办公厅《关于依法处理涉法涉诉信访问题的意见》，加强和改进人大信访工作，引导群众通过司法渠道解决诉求。全年受理群众来信来访 19 件、62 人次，批转督办 9 件，化解疏导 10 件，维护群众合法权益，促进社会安定和谐。

【人事任免】 2014 年，中牟县人大常委会坚持党管干部与人大依法选举任免的有机统一，在坚持实行任前考法、表态发言、颁发任命书、宣誓就职等制度的基础上，及时落实中共十八届四中全会提出的向宪法宣誓制度，修改宣誓誓词，选举任免工作进一步规范化，进一步彰显人民主体地位和法制权威，着力增强被任命干部的法治意识、责任意识和公仆意识。全年仁免地方国家机关工作人员 55 人次，任命人民陪审员 137 名。8 月，组织召开县十三届人大四次会议，选举产生县人民政府县长，补选县十三届人大常委会委员 1 名。

【代表工作】 2014 年，中牟县人大常委会牢固树立代表主体意识，完善机制，创新载体，努力为代表履职创造条件。

健全制度促规范。坚持和完善“双联系”“双履职”制度，定期开展主任接待日活动，实现代表与选民的深度互动。深化“三带头、五个一”活动，坚持开展季度代表集中活动，组织代表为经济社会发展献良策、办实事、作贡献，彰显代表风采。坚持把邀请代表列席常委会会议，参加执法检查、视察、调研等常委会活动的制度化，扩大代表参与范围，拓宽代表履职渠道。实行人代会会前视察调研的常态化，为代表在会议期间提出高质量的议案建议做好准备。出台《关于进一步加强乡（镇、街道）人大工作的实施意见》，代表层级活动进一步制度化、规范化、常态化。

完善载体增活力。按照“六有”“六健全”“两公示”的标准，规范代表活动站建设，对建设达标、规范运行的代表活动站进行奖补，为代表闭会期间开展活动搭建平台，推动代表下沉、履职前移。为县人大代表订阅“一报一刊”，开通中牟手机报和代表信息平台，畅通代表知情知政渠道，使代表学有方向、履职明确。在县电视台制播《时代先锋看代表》专题 15

期，宣传优秀代表典型事迹，激发代表履职热情。

强化督办聚民心。坚持以解决问题为核心，以代表满意为标准，汇民智、解民难、聚民心，不断提高建议督办质量。一是在分包督办的基础上，由县人大常委会领导牵头，组成5个督办组，周看情况、月度汇总、季听汇报，实行常态化督办；二是县人大常委会领导、县政府副县长、人大代表“现场三到位”督办，面对面听取承办部门办理情况汇报；三是选择事关群众切身利益的重点建议跟踪督办，制作成新闻专题片，将督办过程在县电视台播放，实行“阳光督办”。针对代表提出的答复不规范、办理质量不高等意见，要求县政府强化督查、规范程序、扎实办理，给人民群众一个满意的答复。道路交通安全、集中供暖、机电井配套、城区新增公厕等一批群众关注的热点问题得到解决。县人大代表所提的129件建议，解决或基本解决75件，问题解决率达58%，较往年明显提高。

【自身建设】 2014年，中牟县人大常委会结合党的群众路线教育实践活动，适应新形势，谋求新发展，实现新作为，切实转变学风、改进作风，持续加强自身建设。

强化素能提升。坚持把学习新知识、把握新形势、研究新问题、拓宽新思路贯穿常委会工作的始终，努力建设“学习型、服务型、创新型”机关。深入学习党的十八届三中、四中全会精神以及习近平总书记系列重要讲话精神，注重思想提升、理论提升、工作提升。积极参加县委“双休日大讲堂”，创新开展常委会机关“人大讲堂”活动，由各委室主任、副主任轮流讲课，坚持开展“讲法、学法、用法”活动，提升法律素养和业务技能。组织乡镇人大主席、街道人大工委主任和人大秘书“走出去”学经验、“请进来”强培训，进一步加强和规范乡（镇、街道）人大工作。

强化作风建设。深入开展党的群众路线教育实践活动，坚持将学习教育贯穿始终，开展“五比五争”和“双服务、双满意”活动。组织常委会组成人员、机关干部到兰考感悟焦裕

县人大常委会到兰考学习焦裕禄精神

禄精神、到大别山干部学院接受红色洗礼，坚定理想信念。坚持开门搞活动、边查边改和问题导向的原则，征求各个层面意见建议629条。以兰考县委班子为标杆，以整风精神开展批评和自我批评，召开高质量的专题民主生活会。深入查摆“四风”突出问题、关系群众切身利益问题、联系服务群众“最后一公里”问题，围绕查摆出的29项重点整改问题和48项突出

县人大常委会召开党的群众路线教育实践活动动员会

问题，逐条逐项整改，推动广惠街徐庄村断头路打通、新县城没有集贸市场、刁家乡没有变电站等一批民生问题的逐步解决，树立常委会机关为民务实清廉的良好形象。

强化履职水平。围绕县委工作的重点、政府工作的难点和群众关注的焦点，开展“集中调研月”活动，围绕被征地农民社会保障、城

乡路网建设管护、生态水系建设等热点问题，由县人大常委会领导牵头开展专项调研，注重成果利用，提供决策参考。关于被征地农民社会保障的调研报告、关于城乡路网建设管护调研报告，被郑州市人大常委会评为优秀调研报告，得到县委主要领导的重视和批示，为县政府决策提供参考。坚持开展会前调研，对每项上会的议题进行充分深入调研，切实保障常委会审议质量，提高常委会组成人员和机关干部履职能力和水平。

（审核：王　平　韩俊芳　周国富　撰稿：王红杰）

编辑：冯喜平

人民政府

县政府全局工作

县长　潘开名

【概况】　2014年，中牟县围绕“率先在全省实现四个河南、率先在郑州市建成都市型田园城市”目标，以“三大主体工作”为统揽，坚持“抓改革、强投资、调结构、求提升”，全力推进新型城镇化建设，着力抓项目增投入、调结构兴产业、抢机遇促承接、惠民生谋民利，全县经济社会持续健康稳定发展。

【经济发展】　2014年，中牟县地区生产总值完成242.9亿元，同比增长7%。其中，第一产业增加值22.9亿元，增长4.0%；第二产业增加值135亿元，增长7.4%；第三产业增加值85亿元，增长7.6%；三次结构由上一年的11.1：55.0：33.9调整到9.4：55.6：35.0。固定资产投资完成273.3亿元，同比增长18.7%。地方财政总收入完成43.9亿元，同比增长11.9%；地方公共财政预算收入完成31.7亿元，同比增长5.8%。社会消费品零售总额完成80亿元，比上年增长13.3%。城镇居民人均可支配收入达到2.3万元，同比增长9.9%；农民人均纯收入达到1.4万元，同比增长10.8%。

【新型城镇化建设】　2014年，中牟县规划体系不断健全。汽车产业集聚区、官渡组团控制性详细规划编制完成，万滩镇、黄店镇、雁鸣湖镇、大孟镇总体规划获批实施，城中村改造及合村并城社区控制性详细规划全部编制完成。

路网体系日趋完善。郑开城际铁路建成通车。新建改造城区道路15条、园区道路47条、社区道路6条，总里程154.4公里；开工建设跨陇海铁路立交桥4座，竣工2座。

城市功能大幅提升。解放路特色商业街区加快建设，主路面具备通车条件，安置房建设启动；新建改造自来水管网13.8公里、电网197.2公里、雨污水管网33公里，建成变电站2座；郑州新区污水处理厂和南水北调十里头水厂开工建设。城区新增供热面积70万平方米，新建公共绿地17.9万平方米，新建公厕8座，四牟园实行常态化管理并全面对公众开放；国家卫生县城通过复验。

县政府召开拆迁工作汇报会议

社区建设稳步实施。姚家、雁鸣湖等新市镇建设稳步推进，29个新型农村社区建设不断加快，启动合村并城、城中村改造项目19个，开工建设安置房812万平方米，竣工328万平方米，回迁群众1586户、6700人。新实施社区基础设施和公共服务设施项目28个。

生态建设深入推进。营造生态林1.5万亩，建成省道223线、雁鸣大道北段等生态廊道63

条，新增绿化面积3400万平方米。丁村沟、运粮河、鹭鸣湖等水系治理工程全部竣工，贾鲁河生态治理工程成效初显，三刘寨引黄灌区调蓄工程顺利推进，全县新增水域面积2000亩。大气污染防治强力推进，升级改造PM2.5环境空气质量监测系统，城区燃煤锅炉拆改全部完成，机关黄标车全部淘汰。

【现代产业体系构建】 中牟县新型工业主导作用更加明显。汽车产业不断壮大，整车和零部件企业分别达到6家、190家，汽车年产量15万台；郑州凯雪成功上市，郑州日产20万台扩能、郑州豫兴等74个项目开工，郑州奥雪、郑州博奥等36个项目投产；汽车产业年产值突破500亿元。投资15亿元的比克电池项目建成投产，投资19亿元的比克新能源汽车项目总装、焊接车间基本建成，投资20亿元的国能电池项目实现签约。投资8.8亿元的辅仁药业郑州基地加快建设，投资5.6亿元的豫港制药建成投产。汽车产业集聚区晋升为河南省一星级产业集聚区。

现代农业基础作用愈加稳固。都市生态农业加快发展，国家农业公园实现开园迎宾，成功举办郑州市首届农业嘉年华。农业产业化经营水平不断提升，新认定省级龙头企业3家，新增农民专业合作社37家，新建农业标准化生产示范基地3600亩。农业生产条件持续改善，新增有效灌溉面积1万亩，发展节水灌溉面积8.7万亩；新增设施农业1000亩；农业机械化率达82%。

现代服务业发展逐步提速。时尚文化创意旅游产业提速发展，启动绿博文化产业园规划设计园项目，引进河南城乡建筑设计院、博雅文化科技产业基地等项目5个；“中华复兴之路”和绿博文化产业园游客服务中心实现开工，方特水上世界对外开放，方特欢乐世界成为国家AAAA级旅游景区；第14届雁鸣湖大闸蟹美食节举办；绿博园、雁鸣湖等旅游景点吸引游客能力持续增强。绿博文化产业园在郑州市17个服务业专业园区中，发展速度位居首位。2014年，中牟县接待游客580万人次，实现旅游收入55.5亿元。金融业平稳运行，全县金融机构各项存款余额达273亿元，比年初增长17.7%；贷款余额达148.6亿元，比年初增长22%；完成税收2.1亿元，成为支撑全县财政收入的第4大行业。商贸业快速发展，万邦物流城二期实现运营，年交易额达500亿元；海宁皮革城、深圳怡亚通等项目开工建设；汽车博览园建成商铺70万平方米，万邦名车汇、河南大行汽车等8个项目开工建设，宏达车业广场实现营业。房地产业健康发展，商品房销售面积106万平方米，销售金额58.7亿元。

2014年，中牟县各类园区基础设施投资110亿元，建成区面积新增11.8平方公里；固定资产投资253.7亿元，占全县的92%；规模以上工业主营业务收入249亿元，占全县的66.4%；实现税收19.2亿元，占全县的60.1%。

【招商引资和重点项目建设】 2014年，中牟县围绕主导产业定位，积极开展定向招商、专题招商、链式招商，新签约项目79个，协议资金927亿元，其中亿元以上项目69个。2014年，全县引进域外境内资金84亿元，进出口总额达2.1亿美元，实际利用外商直接投资5235万美元。44个省市重点项目全部开工建设，完成投资251亿元，占年度计划投资的120%。

【改革创新深入实施】 2014年，中牟县启动“五单一网”制度改革，行政审批事项削减53.3%，审批时间缩减72%，中牟县政务服务中心成为河南省首家国家级行政服务标准化示范单位；健全行政合同法制审核机制，强化行政印章集中管理；实行“零基预算”和“综合预算”，继续推行公务卡制度，“三公”经费同比下降27%。新认定市级以上高新技术企业2家，高新技术产业增加值达31亿元；新增省级名牌和优质产品18个，申请专利305项；累计实施科研项目32项，建成市级以上研发中心4个，比克汉丰科技园、比克中创创业园项目加快建设，郑州日产·郑州泰新汽车零部件研发中心基本建成；国家农业公园成为全国青少年农业科普示范基地。

【群众生活全面改善】 2014年，中牟县积极推进就业创业，建成人力资源市场，新增城镇就业3400人，实现农村劳动力转移就业1.9万人，城镇登记失业率控制在4%以内，发放小额担保贷款2011万元。提高社会保障水平，建成农村养老服务中心示范点14家；实现养老、医疗、工伤、生育、失业保险“五险合一”；补偿新农合医疗费用1.5亿元，发放救助金3365万元；全年募集善款2200万元，帮扶困难对象2600人次。

不断完善卫生计生服务体系，妇幼保健院新院、公共卫生服务中心投入使用，中医院新院开工建设；人民医院、中医院、妇幼保健院及13家乡镇卫生院药房托管工作全面推进；对5680对育龄夫妇免费开展孕前优生健康检查，人口自然增长率控制在7‰以内。

加快发展教育事业，完成城区中小学运动场改造工程和空调安装工程；新建、改扩建6所中小学、15所幼儿园，六初中和商都路小学建成投入使用；发放资助金1100万元，资助学生2.8万人次；继续实施高中免费教育和平行招生；顺利通过国家义务教育发展基本均衡县验收。

繁荣发展文化体育事业，成功举办第三届运动会暨首届全民健身大会；免费送戏下乡176场，放映公益电影3252场，举办周末广场文化活动50场；免费为已入住社区农户实施有线电视数字化转换。

深入实施“坚持依靠群众、推进工作落实”长效机制，排查问题41164起，解决37386起。大力开展“违法建设整治年”专项治理活动，拆除违法建设面积32.4万平方米，违法建设行为得到有效遏制。扎实开展“营造良好发展环境、严厉打击突出违法行为”专项治理活动，经济发展环境进一步好转。持续开展“五无”村（社区）创建活动，75%以上的行政村达到创建标准。全面开展“十万群众助雷霆”活动，切实加强技防建设，社会治安防控体系不断完善。创新群众工作机制，将信访工作纳入法治化轨道。深入开展食品药品安全专项整治，人民群众饮食、用药安全得到有效保障。严抓安全生产不放松，安全生产形势持续稳定好转，社会安全指数进一步上升。

【工作作风转变】 2014年，中牟县紧紧围绕“为民、务实、清廉”主题，深入开展党的群众路线教育实践活动，进一步转变了工作作风，密切了干群关系，全县上下干事创业、加快发展的氛围愈加浓厚。严格执行县人大及其常委会的决议决定，自觉接受政协监督，全年办理人大代表议案、建议129件，政协委员提案108件。全面推进依法行政，推行服务型行政执法，深化政务公开，法治政府建设取得新进展。

以作风建设为主线，践行三严三实要求，坚持聚焦“四风”问题不动摇，以整风的精神推进作风整顿工作，全县作风建设取得显著成效。坚持开门搞活动，接受群众监督。对群众反映的4大类638项问题，通过细化工作任务、落实责任主体、明确责任人和完成时限等，512件群众关注的问题得到解决，17人受到党纪政纪处分，一批“四风”突出问题得到有效遏制。

坚持“两级抓村”，继续推行村组干部绩效考核制度，考核结果与村组干部绩效工资挂钩。首次把县委常委会开到村支部，专题研究全县农村软弱涣散基层党组织整顿工作，成立党建工作指挥部，推进基层党建工作项目化。加大村级党建经费投入，由原来的每年1万元提升至3万元，对32个无活动场所的村进行新建和升级改造。完成274个村的换届选举工作。

不断强化干部监督管理工作；积极做好超职数配备干部消化整改工作，消化超职数配备干部140名，完成52%。加强网络信息日常监测与处置。时刻做好少数民族群众的思想教育工作，积极对上协调专项资金，扶持少数民族经济发展，实现民族团结进步、宗教和谐。不断加大严打整治力度，制订出台《中牟县技防建设工作方案》。认真落实维护社会稳定第一责任，不断加大不稳定因素排查、重大不稳定问题治理等工作。

【反腐倡廉】 2014年，中牟县坚持把查办案件作为反腐败斗争的中心工作和重要手段，以查办乡科级领导干部、基层站所负责人和农村“两委”干部违纪违法案件为重点，以查办贪污贿赂、损害群众利益案件为关键，更加注重发挥查办案件的治本功能，实现案件查办的政治效果、社会效果、法纪效果的有机统一。

强化作风建设，规范党员干部从政行为。深入开展作风整顿，建立作风建设明察暗访常态机制，在全县范围内开展经常性的明察暗访活动，严查机关干部工作作风、上班纪律等方面存在的突出问题。组织开展整治党员干部私自从事营利性活动、整治领导干部违规干预、整治“会所中的歪风”、整治领导干部亲属违规经商办企业和领导干部收送红包礼金问题等5项专项治理，促进党员领导干部廉洁自律，规范从政行为。

强化监督检查，着力服务保障发展大局。加强对重大项目、重点工程的专项效能监察，服务保障重点建设项目高质高效全面推进。继续把优化经济发展环境纳入村干部绩效考核，着力整治干扰重点工程项目建设的行为。加强对工程招投标、政府采购、土地招拍挂等重点领域的监督，规范公共资源交易行为。深化“两转两提”，开展电子监察，加大对慵、懒、散、拖等消极腐败行为的治理力度，提升政府服务效能。

强化宣传教育，筑牢拒腐防变思想防线。加强警示教育，组织全县党员领导干部观看《领导干部从政道德启示录》《人生不能重来》等警示教育片，整理有关言论、案例、忏悔录等内容，定期编发《警示教育专刊》，以案为鉴，警钟长鸣。弘扬廉政文化，以廉政文化“六进”示范点创建活动为抓手，严格落实“四会一课”廉政教育制度，深入组织开展廉政文化作品创作征集，廉政歌曲和公益广告展播、廉政物品发放等一系列丰富多彩的廉政文化活动，以点带面、整体推进，努力营造崇廉尚廉的社会氛围。

强化执纪为民，维护人民群众切身利益。针对基层侵害群众利益信访举报突出问题，持续开展专项治理，通过查处一批违纪违法案件，将信访举报问题化解在基层，维护社会大局和谐稳定。坚持纠风治乱，对物流领域乱收费、公路三乱、教育乱收费、医药购销和医疗服务中的不正之风等问题开展专项治理，维护群众利益；加强对强农惠农资金的日常监管，保障和维护农民权益；开展违法违规征地拆迁专项治理，健全补偿资金检查监督流程，完善公示和举报制度，确保公开公平。

【2014年民生实事目标完成情况】 2014年县政府承诺为民办理民生实事项目16项。11月28日，县十三届人大常委会第二十四次会议审议通过《中牟县人民政府关于2014年实事目标落实进展情况的报告》。截至2014年12月28日，16项民生实事项目全部完成。

1. 提高新农合报销比例。乡级住院起付线由上年的300元降低到200元，补偿比例由85%提高至90%；县级住院起付线由上年的800元降低到500元，补偿比例由65%提高至80%；市级住院起付线由上年的2500元降至700元，补偿比例由50%提高至70%；省级住院起付线由上年的3000元降至1000元，补偿比例由50%提高至65%。年度累计补偿封顶线由15万元增加到20万元。

2. 新建10家农副产品平价超市。

3. 启动PM2.5监测，加强扬尘治理，淘汰黄标车，拆改燃煤锅炉。完成环境空气质量自动监测系统6参数（含PM2.5）升级改造，拆改县人民医院1台6蒸吨锅炉和管道三公司3台15蒸吨锅炉。以县域内施工现场、城市道路及公共场所清洁管理为重点，开展扬尘治理工作。淘汰黄标车33辆，按照淘汰车型和使用年限给予差别化补助。

4. 免费开展孕前优生健康检查。

5. 免费为已入住新型农村社区的农户实施有线电视数字化整体转换。涉及雁鸣湖、姚家、郑庵等乡镇新型农村社区，根据各社区建设情况，入住一批，完成一批。

6. 实施新型农村社区天然气工程。铺设社区内天然气管网35千米，涉及雁鸣湖镇镇区社区、太平庄社区和朱固社区，刁家乡付李庄社区，郑庵镇刘庄社区，姚家镇镇区社区和土山店社区，共4个乡镇7个社区。

7. 实现新增城镇就业再就业3000人，完成农村劳动力转移就业1.25万人，发放小额担保贷款2000万元，建设中牟县人力资源市场。

8. 改扩建中小学校6所，新增学位1650个，建成商都路学校并投入使用。

9. 新增县城区居民供热面积50万平方米。

10. 升级改造城区供水管网13.8公里。涉及中兴路、深发路、寿圣街、清阳街、万洪公路，全长14.8公里。

11. 新解决农村1.2万人的饮水安全问题。解决黄店、郑庵、姚家、万滩、狼城岗5个乡镇，1.45万人的饮水安全问题。

12. 全面改造升级县城消防设施。在老县城维修、更新市政消防火栓33个；在新县城商都大道、泰安街两侧加装市政消防火栓105个；在河南万邦国际农产品物流园、自由贸易区加装消防水鹤各1部。

13. 建设公租房1893套。其中，1000套公租房项目为汽车产业集聚区公租房1号牟风·安惠园项目；893套解放路安置房项目，分别是西关村安置房项目、尚庄村安置房项目、大潘庄（叠路头村）安置房项目。

14. 加快中医院（新院）建设。

15. 加强生态林保护。主要包含生态林日常保护管理和规模性林地改建森林公园。

16. 完善城乡公交体系。

【2015年民生实事目标】 2015年，县政府承诺为民办理10项民生实事。

1. 新建成新型农村社区小学5所和新型农村社区幼儿园2所；新建、改扩建县城中小学校3所；迁建县城小学1所。

2. 逐步对乡镇初中、农村寄宿制小学（5年内不搬迁）运动场进行改造。

3. 实施农村集中供水厂水质净化升级改造工程，解决7000余名居民的安全饮水问题。

4. 实施农田灌溉机井升级改造工程，新打机井689眼，配套水泵2320台。

5. 在新城区新建1个标准化菜市场；在新老城区新建10家平价蔬菜超市。

6. 在全县安装建设949处高清数字监控及后端存储设备。

7. 改建危桥10座。

8. 在新老县城新增免费公厕8座。

9. 免费为已入住新型农村社区群众实施有线电视数字化整体转换。

10. 免费为参加2015年新型农村合作医疗保险的农民进行健康体检。

【县政府常务会议】 2014年，中牟县政府组织召开常务会议4次。

1月21日上午，县委常委、常务副县长李文岭主持召开县政府第18次常务会议，研究关于解决郑州世通置业有限公司土地遗留问题、规范新型农村社区建材奖励的管理办法、中牟县粮食局狼城岗粮食管理所改制遗留问题、中牟县“吃空饷”问题专项治理、郑州上河电器有限公司“1·2”食物中毒事件的处理意见、河南力天置业及焦作市中宸高速公路、河南宏田置业3家公司欠缴滞纳金问题、关于参与全省县级有限广播电视网络整合的方案、中牟县保安服务公司脱钩工作问题、2014年度中牟汽车产业集聚区新建道路工程、明确普罗旺世·中城项目开发住宅用地容积率、与中水投合作BT项目建设问题等12项工作。

3月5日下午，县委常委、常务副县长李文岭主持召开县政府第19次常务会议，学习吴天君、马懿在中共郑州市委十届六次全体（扩大）会议上的讲话和马懿在市政府第一次全体（扩大）会议上的讲话；学习《中华人民共和国各级人民代表大会常务委员会监督法》《河南省实施〈中华人民共和国各级人民代表大会常务委员会监督法〉办法》和《中牟县人大常委会关于加强跟踪监督提高监督实效的办法》《中共河南省委办公厅河南省人民政府办公厅关于印发

〈河南省市县经济社会发展目标考核评价工作试行办法〉等3个考核评价办法的通知》；讨论研究《中牟县人民政府办公室关于认真落实2014年省市政府工作报告重点工作任务和市十大实事工作任务的通知》《中牟县人民政府办公室关于认真做好2014年县人大代表建议和政协委员提案办理工作的通知》；讨论研究关于张彦波、陶宝明任职的建议。

3月28日下午，代县长潘开名主持召开县政府第20次常务会议，研究关于大孟镇镇区社区拆迁改造、郑州华强三期华夏非物质文化遗产传承基地征地拆迁实施方案、解放路特色商业街区改造工程二期青年路街道空宅情况报告的处理意见、出台《行政处罚行为备案暂行办法》、青年路社区卫生服务中心整体搬迁情况、申请撤销卫生职业中等专业学校妥善安置职工、进一步加强卫生系统人事工作的若干意见等7项工作。

代县长潘开名主持召开县政府常务会议

4月14日下午，代县长潘开名主持召开县政府第21次常务会议，研究关于国家卫生县城届满复审工作情况、县人民医院和中医院加入医疗集团2项工作。

【县长办公会议】 2014年，中牟县政府组织召开县长办公会议15次。

5月19日下午，代县长潘开名主持召开第1次县长办公会，研究提高火化费标准、中牟县重大项目用电需求情况、2013年度政府系统责任目标考评结果及表彰方案、郑州新区污水处理厂生活基地建设合作协议、省直机关在中牟建设职工住房方案5项工作。

5月23日上午，代县长潘开名主持召开第2次县长办公会，研究焦作中宸公司欠缴滞纳金、县财政局入股百瑞信托历次股权变动、成立河南高技术服务创业投资基金3项工作。

6月18日上午，代县长潘开名主持召开第3次县长办公会，研究解放路特色商业街区二期拆迁控拆院补偿政策、河南中德肥业土地遗留问题、《2014年中牟县目标管理工作方案》、为孙学礼报个人三等功、建立中牟县经济社会发展目标考核评价监测联席会议制度和中牟县乡（镇、街道）经济社会发展目标考核评价试行办法5项工作。

7月10日晚上，代县长潘开名主持召开第4次县长办公会，研究关于调整大孟镇镇区社区拆迁时间安排、东风路街道郭庄村合村并城项目拆迁改造工作实施方案、广惠街街道占杨（北占杨）和刘申庄（占李）村城中村拆迁改造工作实施方案、4个农业专业示范区建设和资金管理办法、河南宏升置业有限公司“捷安庄园”项目配建保障性住房以缴纳易地移建款置换建设、进一步规范招商引资6项工作。

8月14日下午，县长潘开名主持召开第5次县长办公会，研究关于中牟名兴房地产有限公司土地出让前置条件有关问题、郑州龙港置业有限公司土地出让前置条件有关问题、中牟县国资局关于中牟县化肥厂房屋和土地抵押情况、郑州牟中投资有限公司第二期城投债准备工作思路、绿博规划设计专业园区项目征地拆迁实施方案、中牟县殡仪馆及公墓选址问题、解决“双拥”共建中存在的矛盾问题、中牟县垃圾处理厂选址情况、进一步健全完善人口和计划生育利益导向政策9项工作。

9月16日下午，县长潘开名主持召开第7次县长办公会，研究关于河南省正金置业有限公司土地出让前置条件问题、统筹城乡就业工作问题、原文化馆临街楼商户信访问题调查处理意见、拟制订《中牟县县长质量奖管理办法》、开展向烈士纪念碑敬献花篮活动、开展2014年“郑州慈善日”活动、召开行政审批

县长办公会

“两集中两到位”改革动员会、拟开发利用地下空间项目问题等8项工作。

9月25日下午，县长潘开名主持召开第8次县长办公会，研究关于评选人民满意公务员工作，出台规范培训费、差旅费、物业费、因公临时出国经费、租用临时办公用房经费问题，个别单位人员工资重复发放或未能及时停发，“十三五”规划编制工作，成立河南高技术服务创业投资基金等5项工作。

9月30日上午，县长潘开名主持召开第22次政府常务会议，研究关于刁家乡冯利军妨害社会管理秩序行为问题、县中医院院长刘斌贪污问题等2项工作。

10月12日上午，县长潘开名主持召开第9次县长办公会，研究关于明确国家建设征收集体土地地上部分附着物补偿标准及实行包干问题、调整中牟县2012年合村并城工作实施方案补偿标准、调整大孟镇镇区社区拆迁时间安排、通报2014中国（郑州）产业转移系列对接活动动员会议相关精神、姚家镇31个企业项目手续审批问题等5项工作。

10月21日上午，县长潘开名主持召开第10次县长办公会，研究关于中牟县未供即用建设用地供应中有关问题、姚家镇七里岗村拆迁一期实施方案、中牟县清欠农民工工资问题、出台《中牟县供热用热管理办法》等4项工作。

11月15日下午，县长潘开名主持召开第11次县长办公会，研究关于农村土地确权颁证工作、中牟县科学推进新型城镇化新三年行动计划编制情况、新农村建设规划编制工作、对县燃气公司新农村燃气管网建设贷款利息补助及划拨城市基础配套费用问题、增加农村教师生活补助问题、博林木业土地及附着物补偿处置问题、中牟县2014年现代都市生态农业示范园建设的实施意见、参加省有线电视网络整合问题、近期中牟县融资情况问题等9项工作。

11月30日上午，县长潘开名主持召开第12次县长办公会，研究关于调整国资局下属企业法定代表人、董事长、董事会成员问题，调整2014年县本级财政预算，推进部门决算公开工作，中牟县生态绿化工作等4项工作。

12月5日上午，县长潘开名主持召开第13次县长办公会，研究关于中兴路等4条市政道路工程问题，泰和路西延等政府投资工程申请提前开标问题，紫寰路、宝兴路、琼华路等政府投资工程申请提前开标问题3项工作。

12月20日下午，县长潘开名主持召开第14次县长办公会，研究关于选定政府采购机构代理、规范中牟县政府采供工作、对交通民警发放高温补贴和加班补助、“五单一网”制度改革工作、对原三官庙大辛庄社区基础设施招标赔付问题5项工作。

12月23日下午，县长潘开名主持召开第15次县长办公会，研究关于2015年主要经济问题、2015年政府投资项目、2015年民生实事征集情况3项工作。

【中牟县安全生产（扩大）会议】 2014年12月27日，中牟县政府召开安全生产（扩大）会议，副县长张建峰、牛健分别就各自分管的工作进行安排部署，安红山通报中牟县1—11月安全生产工作情况，分析全县安全生产形势，并对下一步的工作进行安排部署。县长潘开名作重要讲话。

县长潘开名的讲话共分三部分：

一、没有什么工作比安全生产工作更重要。

二、没有什么责任比安全生产责任更重大。各级、各部门要重点做好以下五个方面的工作：（一）要强化领导责任。（二）要强化监管责任。不允许发现不了问题，不允许发现问题解决不了不报告。（三）要强化隐患排查与治理。（四）要加强暗访和责任追究。（五）要强化应急处置能力。要坚决做到第一时间做好先期处置，第一时间报告准确信息，第一时间发布权威消息。

三、没有什么事情比食品安全与群众的关系更紧密。

他指出，抓好食品安全工作，要着眼于三个方面：（一）落实地方政府和职能部门的管理责任；（二）强化生产经营单位的主体责任；（三）动员社会力量参与食品安全监督。

他强调：做好安全生产工作，关系群众生命安危，关系经济社会大局。大家必须提高思想认识，把安全生产工作摆在更加突出的位置，群策群力，常抓不懈，努力实现全县安全生产稳定发展的良好局面，为全县经济社会发展和大局稳定作出应有的贡献。

【县城乡规划执法年活动动员会】 2014 年 4 月 10 日，中牟县政府召开城乡规划执法年活动动员会，对中牟县违法建设整治工作进行安排。会上，副县长任程伟对 2013 年违法建设整治工作回顾和总结，对 2014 年违法建设整治工作全面部署。县委副书记、代县长潘开名作讲话。

潘开名针对此次规划执法年活动，重点再讲四点意见：

一、开展好违法建设整治行动，必须提高认识、坚定决心。（一）违法建设整治是推进城镇化面临的战略性课题。（二）违法建设整治是提升城市形象和发展环境的迫切要求。（三）违法建设整治是实现“都市型田园城市”宏伟蓝图的基础。

二、开展好违法建设整治行动，必须上下联动、左右配合。一要建立立体化、项目化的领导机制。二要建立分工明确、统一行动的工作机制。三要建立人人有任务、事事有时间表的推进机制。

三、开展好违法建设整治行动，必须重点突出、合理合法。在整治中要把握好两个原则：一是讲人性，二是讲法理。

四、开展好违法建设整治行动，必须监督到位、严格问责。要求党员干部务必做到“三带头三不准”：一是带头拆除自己的违法建设，不准拖全县后腿；二是带头支持违法建设整治工作，不准做不利于违法建设整治的事、说不利于违法建设整治的话；三是带头做好职工及亲友的工作，不准为违法建设者说情、打招呼。不遵守规定、不配合工作的，也要严肃处理、批评教育。

潘开名强调，打击违法建设是一场硬仗，更能考验干部的工作能力和工作作风，大家要认清形势，增强做好违法建设整治工作的使命感和紧迫感，迎难而上、敢于碰硬、合力攻坚，为建设都市型田园城市奠定一个良好的环境基础。

【全县 2014 年爱国卫生暨迎接国家卫生县城届满复审工作会议】 2014 年 4 月 25 日，中牟县政府召开这次会议，主要任务是动员全县上下迅速行动起来，集中精力、集中出击、集中突破，全力做好国家卫生县城届满复审迎检工作，确保以优异的成绩顺利通过验收。会上，副县长杨勇对迎检复审工作进行安排部署，县委副书记、代县长潘开名发表讲话。

潘开名强调了三点意见：

一、这次迎检是一场“保卫战”，大家必须珍惜荣誉，确保通过。根据复审要求，2014 年，中牟县将再次面临国家卫生县城复审，爱卫办将从 7 月开始对中牟县进行复审。中牟县这次一定要保住“国家卫生县城”称号，不仅是保住荣誉、维护形象，更是发展的需要、民生的需要；大家要把这项工作当作一场运动、一场战争来对待，要坚决打胜这场“保卫战”。

二、这次迎检是一场“攻坚战”，大家必须集中精神、拼尽全力。一要对标找差，加大自查力度。二要集中力量，强化整改落实。三要规范细致，做好迎检准备。四要自我加压，乘势而上。

三、这次迎检是一场“协作战”，大家必须严明责任，协调配合。一要落实领导责任。二要坚持齐抓共管。三要广泛宣传发动。四要加强督查落实。

2014年中牟县人民政府县长重要工作

时间		县长	地点	内容
1月	3日	路红卫	郑州市政府	郑州市援疆干部座谈会
	7日		县委党校	“廉政亲情寄语背后的故事” 演讲活动
	15日		县四大班子机关2楼	中牟县2013年度述绩评议大会
	15日		县四大班子机关2楼	县委十一届七次全体（扩大）会议
	16日		雁鸣湖镇、刁家乡	雁鸣湖镇、刁家乡新型社区天然气点火
	20日		县四大班子机关2楼	省委赴中牟县民主测评会
	20日		县四大班子机关12楼	全国党的群众路线教育实践活动电视电话会
	23日		县文化广场	“献爱心、送温暖、关爱环卫工人” 爱心棉衣捐赠活动
	26日		县四大班子机关12楼	省纪委九届四次全会电视电话会议
	26日		县四大班子机关12楼	全省党的群众路线教育实践活动第一批总结暨第二批部署电视电话会议
	27日		郑州市	郑州慰问武警总队、郑州警备区、预备役高炮师
	28日		县四大班子机关2楼	中牟县第四届优秀农民工表彰大会
	28日		县四大班子机关2楼	2014年县委农村工作会议
2月	7日	路红卫	市政府	郑州市2014年生态建设动员大会
	11日		县四大班子机关12楼	国务院第二次廉政工作电视电话会议
	12日		县四大班子机关2楼	政协中牟县第九届委员会第三次会议开幕式
	13日		县牟山宾馆	中牟县第十三届人民代表大会第三次会议大会第一次全体会议
	14日		县四大班子机关2楼	政协中牟县第九届委员会第三次会议闭幕式
	18日		北京水电路桥公司总部	与中国水电建设集团路桥工程有限公司总部约谈
	20—24日		郑州市嵩山饭店	参加郑州市十四届人代会
3月	11日	潘开名	县四大班子机关2楼	党的群众路线教育实践活动动员会
	12日		郑州市	全省三农气象服务专项建设工作会
	13日		中牟县	全县义务植树
	13日		县四大班子机关4楼	与建设银行河南省分行签约
	16日		县四大班子机关12楼	收听收看全面改善贫困地区义务教育薄弱学校基本办学条件电视电话会议
	17日		兰考县焦裕禄干部学院	学习培训习近平总书记讲话及十八届三中全会精神
	24日		县四大班子机关12楼	迎接郑州市2013年度经济社会发展、组团新区产业集聚区建设情况考核筹备会
	25日		郑州市政府	全市社会稳定暨依靠群众推进工作落实长效机制建设工作会议
			县四大班子机关12楼	全省对外开放电视电话会议
	26日		郑州市嵩山饭店	郑州市新型工业大会和安全生产会议
	27日		县四大班子机关2楼	迎接郑州市对经济社会和组团新区发展情况的考核

续表 1

时间		县长	地点	内容
4月	1日	潘开名	绿博园	郑州市兰花展开幕
	4日		县四大班子机关2楼	中牟县2013年工作总结暨2014年上半年工作推进会
	10日		中牟一高	中牟县第三届运动会暨首届全民健身大会开幕
			县四大班子机关2楼	中牟县2014年城乡规划执法年活动动员大会
	23日		市政府	市委十届八次全会
	24日		郑州市	全省大气污染防治暨郑州等重点城市联防联控工作动员会
	25日		县四大班子机关2楼	中牟县2014年政法信访稳定暨人口和计划生育工作会议
				爱国卫生暨迎接国家卫生县城届满复审工作会议
	29日		县四大班子机关4楼	中牟县人民医院、中医院加入郑州人民医院医疗集团
	30日		县四大班子机关2楼	表彰2008—2014年度中牟县劳动模范
5月	6日	潘开名	县四大班子机关12楼	收听收看全国党的群众路线教育实践活动电视电话会
	7日			全省打击和处置非法集资电视电话会议
	26日		郑州市	郑州市安全生产“百千万”谈心活动
	28日		县四大班子机关2楼	中牟县党的群众路线教育实践活动群众评价工作会议，代表政府班子报告第一环节征求意见情况
	30日		郑州市政府	郑州市对外开放、服务业、食品安全大会
6月	5日	潘开名	国家农业公园	陪同省委书记郭庚茂考察调研国家·中牟农业公园、官渡瑞亚牧业有限公司
	6日		市政府	郑州市三城联创暨城市管理提升工作动员会
			县四大班子机关2楼	中牟县2014年防汛抗旱工作会议
	9—13日		北京	考察北京市小汤山现代农业科技示范园、顺义区赵全营村万亩高标准粮田、国际鲜花港、花仙子庄园、金福艺农番茄联合国等现代农业发展
	23日		郑州市嵩山饭店	全市土地管理制度改革创新暨存量闲置建设用地集中清理处置工作会议
	27日		黑龙江省	参加国家现代农业示范区农业改革与建设培训班
7月	2日	潘开名	牟山宾馆	邀请国内旅游、文化等领域知名专家研究绿博文化产业园发展
	3日		县四大班子机关2楼	中牟县存量闲置建设用地集中清理处置专项行动领导小组会议
	9日		县四大班子机关4楼	迎接国务院《信访条例》执行检查组检查
	10日		郑州市政府	郑州市领导班子专题民主生活会情况通报暨群众点评会
	14—17日		南京、苏州、杭州	随郑州市党政考察团赴南京、苏州、杭州考察学习产业集聚区发展
	21日		县四大班子机关4楼	县委十一届八次全体（扩大）会议，传达市委十届九次全体（扩大）会议精神
	28日		县四大班子机关2楼	中牟县领导班子专题民主生活会情况通报暨群众评议会

续表2

时间		县长	地点	内容
8月	5—7日	潘开名	牟山宾馆	中牟县第十三届人民代表大会第四次会议召开
	13日		县四大班子机关4楼	中牟县县城总体发展规划实施评估报告评审会
	19日		中牟县	陪同省国家卫生县城考核组复检中牟县国家卫生县城
	21日		郑州市嵩山饭店	郑州市汽车转移对接推介会
	25日		河南省政府	全省公立医院改革会
	28日		县四大班子机关2楼	中牟县领导干部廉政谈话会
9月	3日	潘开名	县四大班子机关12楼	收听收看全省领导干部电视电话会议
	9日		县四大班子机关2楼	中牟县庆祝第三十个教师节暨表彰大会
	11日		北京	电动方程式汽车运动及汽车工业峰会
	25日		县四大班子机关12楼	收听收看全省村级组织换届选举电视电话会
	26日		郑州市政府	清风中原大讲堂
	30日		中牟县烈士陵园	向烈士敬献花篮
	30日		县四大班子机关综合办公楼前	参加中牟2014郑州慈善日募捐
	30日		郑州市永和伯爵国际酒店2楼	参加中房联合集团与姚家镇政府合作项目框架协议签约仪式
10月	8日	潘开名	县四大班子机关12楼	收听收看全国党的群众路线教育实践活动总结电视电话会
	8日		郑州市嵩山饭店	参加郑州市党的群众教育实践活动评判会议
	13日		县四大班子机关12楼	收听收看河南省新型城镇化总结大会
	15日		郑州市政府	参加全市秋冬重点工作推进会
	16—21日		上海	挂职历练
	22日		郑州市青少年宫	参加纪念人大成立60周年暨市委人大工作会议
				参加纪念政协成立65周年暨市委政协工作会议
	23—31日		上海	挂职历练
11月	1—30日	潘开名	上海	挂职历练
12月	3日	潘开名	中牟县委党校	参加河南省检察机关“送法进农村”宣讲活动
	8日		国家农业公园	陪同唐河县考察团考察中牟县都市农业和规划建设工作
	15日		郑州市	郑州南水北调通水仪式
	17日		县四大班子机关4楼	中牟县2014年新增违法用地专项整治工作会
	19日		牟山宾馆	雁鸣湖镇万庄社区综合开发建设项目合作协议签约
			县四大班子机关12楼	参加河南省委九届八次全体（扩大）会视讯会议
	23日		郑州市纪委	参加村两委换届治理贿选专题会

续表 3

时间		县长	地点	内容
12月	24 日	潘开名	县四大班子机关 12 楼	收听收看省委经济工作会
	25 日		郑州市政府	参加第十一届中国·郑州国际园林博览会主办工作暨动员会
	26 日		郑州市政府	参加全市党（工）委书记抓基层党建工作述职评议会
				参加省委第一巡视组巡视郑州情况反馈会
	30 日		黄河饭店	参加郑州市政协 2015 年茶话会
	31 日		郑州市嵩山饭店	参加 2014 年郑州市综合和平安建设及信访工作汇报会

（审核：雍　超　撰稿：张恒献）

县政府办公室工作

县政府办公室主任
李有忠

【概况】　2014 年，中牟县人民政府办公室（简称县政府办公室）认真贯彻落实科学发展观，紧紧围绕中牟县委、县政府的中心工作和重大部署，按照“工作有序、运转高效、保障有力、群众满意”的总体要求，认真履行各项职能，不断提高参与政务、处理公务、管理事务、搞好服务的能力和水平，圆满完成各项工作任务，得到领导、基层和社会各界的充分肯定和好评。

【文秘工作】　2014 年，县政府办公室高质量完成各类讲话材料、汇报材料、经验交流材料 420 余篇，620 余万字；审核、印发涉及 15 个文种的公文 940 篇，有效保障和推动政府工作。其中较好地完成创建国家卫生县城验收、全省产业集聚区观摩暨新型城镇化建设等重大活动相关材料任务，受到上级部门的一致好评。

【信息与调研】　2014 年，县政府办公室认真履行信息搜集、信息上报、情况回馈、政策导向、协调服务等主要职能。全年编发《中牟政务》43 期；上报省市政府信息 1280 条，专期专报 41 期，被省、市政府政务信息刊物采用供领导参阅的信息 151 条，其中，省《政务要闻》采用 58 条，省政府《工作快报》采用 4 期；市《专条信息》采用 93 条，市政府《工作快报》采用专期、专报 18 期，其中市领导批示 3 期。其中，《营造生态特色建设绿色工程》被市领导批示；《中牟县发挥新型城镇化牵一发动全身作用加快经济发展》《奋发有为　戮力而为　主动作为全面加快都市型田园城市建设步伐》等多篇专期在市政府《工作快报》刊发；《中牟县全力打造现代农业》《中牟县强化生态体系建设打造特色田园城市》等被省政府《工作快报》采用。2014 年县政府办公室被评为全省政务信息先进单位。

【督查工作】　2014 年，县政府办公室按照市、县政府要求，及时对省、市《政府工作报告》所确定的 14 大项 14 小项重点工作以及县《政府工作报告》所确定的 8 大项 64 小项重点工作进行分解交办，并明确专人跟踪督办，三级《政府工作报告》重点工作任务均按要求顺利完成。

民生实事工作。郑州市十大实事涉及中牟县 7 项，县政府承诺为民办理实事 16 项，由县人社局、教体局等 16 个部门承办。市县两级民生实事工程均按照要求顺利完成。

专项督查工作。一是“两案”办理工作。

承办人大代表建议129件，政协委员提案108件，转交45个政府部门和有关单位办理。通过电话催办、实地督办等形式，推进建议和提案办理，237件建议和提案，均按要求顺利完成，代表和委员的满意率100%。二是询问事项办理工作。承办询问事项48个，其中生态道廊、快速路网、解放路拆迁、中牟新城水厂建设、城中村贷款等工作中25个事项列为日询问事项；城投债发行、各园区基础设施建设、国有资产整合等23个事项列为周询问事项。48个事项均按要求顺利完成，办结率达100%。

【综合工作】 2014年，县政府办公室认真做好上级来文、来函及传真收发工作，采取“明确岗位职责、确定发放专人”的方式，做到文、电、函等通知随到随办、随来随发，全年处理上三级公文780余件，发放各类文件420余件。组织人员积极参加中牟县党的群众路线教育实践活动，完成各类软件材料1000余份，更新完善各类台账。做好来客来访接待及后勤保障，全年接待大型会议活动30余次；安排日常接待活动80余次。

【政府法制】 2014年，县政府办公室紧密结合全县法制工作实际，大力推动服务型行政执法建设，不断增强行政执法效能，有效推进依法行政。一是不断健全法制工作机制。建立依法行政工作责任目标考核、行政执法机构绩效考核制度，纳入政府目标和绩效考核管理体系，并根据市政府文件，制订违法行政执法过错认定标准，作为考核重要依据。二是发挥业务优势，服务县域经济发展。主动提高站位，积极为政府重大决策、经济管理和社会事务、合同签订等提供及时、准确、优质的法律服务。全年审核县领导交办的涉法事务50余份，提供法制参考意见90余条。全县行政机关切实加强合同管理，合同签订程序基本得到规范，合同管理制度初步建立，审核拟签订合同211份，出具法制审核意见书230余份，提出修改意见1000多条，备案已签订合同226份，有效防范了缔约风险，规范了财政资金的使用程序。三是强化行政执法监督检查。以“法制工作法治化”为抓手，建立行政机关合同管理制度、规范性文件监督管理制度、完善行政复议应诉案件处理程序等一系列制度体系，使各项工作有章可循。全年审核规范性文件140余份，出具审核意见150余条，并全部按要求向市政府备案。同时，认真做好并落实好重大具体行政行为备案制度、行政执法培训、健全行政争议化解机制、网络问政等各项工作。

【电子政务】 2014年，县政府办公室坚持“以需求为导向，以应用促发展”的原则，以“服务经济建设、服务社会发展”为宗旨，切实加快推进全县电子政务、政府信息公开、网络舆情办理等工作。一是完善政府门户网站子站建设。通过排查乡镇（街道）及县直各部门网络建设情况，指导完善子站建设，继续加快推进电子政务信息化建设，进一步推进网站群建设、信息资源共享及互联互通。二是加强政府门户网站运行管理。对中牟历史、自然地理、人口就业、行政区划、经济结构、城市建设、社会事业、城市荣誉等19个方面进行较为详细介绍，让外界了解中牟。坚持“以公开为原则、以不公开为例外”的理念，对政府日常行政事务进行梳理和规范，积极收集信息，及时对外发布。网站将与人民生活息息相关的供水、供电、供气及交通业、服务业、公益事业等资讯搬上栏目频道，并不断完善，让广大群众切实感受到电子政务信息化带来的各种便利和实惠。同时，网站还融合县行政审批网站的在线办事功能，为公众提供方便、快捷的网上在线服务。2014年，发布政务信息1881条；收到各类留言、信件165件次，各部门答复率为100%；成功参与国家、省、市三级视频会议82场次，其中国家级会议28场次、省级会议42场次，市级会议12场次；通过各类渠道公开各类政府信息3908条；办理ZZIC网络舆情交办事项30件，收到网站、论坛舆情4件，都及早响应，迅速落实并回复。

【应急管理】 2014年，县政府办公室坚持“以人为本，预防为主，防处结合”的原则，以制订修订应急预案、建立健全应急管理的体制为主线，突出抓好宣教培训和预案演练工作，全面提升各级各部门预防和处置突发事件的整体水平。逐步修订完善应急预案体系，形成以《中牟县突发事件总体应急预案》为总纲，各类专项预案为支撑的覆盖全县的预案体系，分解出各类及总体预案53个，全部完成修订。

【县长热线电话】 2014年，县长热线电话工作按照“集中受理、分级负责、归口办理，限时办结”的工作要求，全年接听县长公开电话1700次，接听率100%，处理率100%；办理市长（县长）公开信箱85件次，办结率100%；转办市长公开电话482件次，文件交办340件次，办结率100%。

【食品安全】 2014年，县政府办公室以“政府负总责、部门各负其责，企业是第一责任人”的监管机制开展工作。一是定期隐患排查，强化问题督办，开展阶段性的专项督查活动。二是严格监管执法，严惩违法犯罪行为，以保障群众饮食安全、落实企业主体责任为重点，以重大活动和节假日为重点时期，农村、学校及其周边、城区等为重点区域，儿童食品、农村集体聚餐、含铝食品添加剂、肉及肉制品等为重点品种，开展一系列专项治理。三是深入开展农村食品安全、夏季及三大环节突出问题、肉及肉制品、桶装饮用水、儿童食品和学校及其周边食品安全等专项整治。全年全县认定无公害农产品生产基地43个，认证有机食品、绿色食品、无公害农产品80个，培育省级以上名牌农产品2个，创建国家级农业标准化生产示范园区全省1个，建立省、市级标准化生产示范基地10个；出动执法人员29344人次，车辆11794车次，检查各类食品生产经营企业（商户）28550余家次，下达责令整改通知书565份，立案查处各类食品安全违法案件199起，查扣各类不合格食品564公斤。

【人防工作】 2014年，县政府办公室坚持以“长期准备、重点建设、平战结合”的十二字方针为指导，全力以赴做好人防工作。一是多角度打造准军事化机关。强化《中华人民共和国人民防空法》和《河南省实施〈中华人民共和国人民防空法〉办法》《河南省人民防空工程管理办法》等法律法规、政策文件的学习与运用，切实加强党风廉政建设、精神文明建设和和谐机关建设。二是时刻保持指挥通信良好状态。抽出专职人员负责警报器维护检修工作，并制订警报器管理制度，建立警报器档案并要求专职人员平时每两周检查一次，确保防空警报器在需要时正常鸣响，中牟县已安装警报器12台，鸣响率达100%。三是扎实推进人防宣传教育。按照“五进”工作要求，开展多批次、多层次的应急疏散演练等活动，通过多种形宣传防灾减灾和人防应急避险知识，提高群众应对突发性灾害的防范意识和自我保护能力。四是严格把关工程审批监督。严格按照“以建为主、以收促建”的原则，逐步完善人防综合防护体系建设。确有法定原因无法修建人防工程的，依法收取易地建设费，全年审批人防结建工程面积15.1万平方米，新增人防工程4.3万平方米，征缴易地建设费1540万余元。

【外事侨务】 2014年，县政府办公室坚持“大侨务”观念，以全心全意为侨为民服务为宗旨，不断探索和拓宽外事侨务为经济建设服务的思路，努力提高服务水平，为经济社会发展做出积极努力。不断强化管理和服务，拓展外事服务领域，加强因公出国（境）管理，做好出访办证办照工作，做到“外事无小事，事事要请示”，外事管理不断规范。严格审核把关，加强对外国人入境的管理工作。根据属地管理原则，对外国人申请入境来牟的审批材料进行严格审核，对县内企业邀请外国商务人员、技术人员、办证出访的状况进行调查。同时，更加注重“以侨引侨”，以外促侨，以侨辅外，两轮齐动，共同发展，促成引进外资，深入县三资企业走访，积极向海外华侨华人宣传中牟经济建设成就、招商引资项目，宣传中牟良好的投资环境和优惠政策。全年审核报批出国（境）8人次，办理外国人入境来华到中牟入境签批3次。

（审核：雍　超　撰稿：张恒献）

人力资源和社会保障

人社局局长　耿鲜明

【概况】　2014年，中牟县人力资源和社会保障局（简称县人社局）紧紧抓住“民生为本，人才优先”工作主线，紧紧围绕“保就业、重保障、强人才、促改革、建和谐”工作目标，迎难而上，锐意创新、扎实工作，圆满完成市县下达的各项目标任务，人力资源和社会保障事业协调、持续、健康发展。县人社局被河南省人民政府授予2014年度河南省城乡居民养老保险予工作先进单位，并获得郑州市文明单位称号。

【统筹城乡就业】　2014年，县人社局实施积极就业政策，促进就业力度明显加大。着眼于富民安邦，以“稳定”和“促进”为主题，竭力抓好促进就业工程，保持中牟就业局势基本稳定。全县新增城镇就业人员3377人，占郑州市政府下达全年任务的125%。其中下岗失业人员再就业2004人，占年计划的286.3%；“4050”人员再就业250人，占年计划的100%；再就业培训530人，完成全年任务的106%。创业培训360人，占年计划的100%。发放小额贷款215笔，金额2011万元，完成全年任务的100.5%。新增劳动事务代理人员326人，累计6239人。

一是落实促进就业的各项政策。科学合理地使用就业专项资金，减轻企业负担，增加公益岗位，提供小额贷款，充分发挥了政策促进就业的积极效应。

二是狠抓公共就业服务。组织实施就业援助月活动、春风行动、民营企业招聘周、高校毕业生就业服务月等一系列活动，为困难人员送去岗位，成功搭建起就业需求的对接平台。

郑州市人社局副局长卞薇、中牟县副县长李文岭在社区招聘活动现场指导工作

依托人力资源和社会保障基层服务平台发布用工信息，为就业供需双方提供及时服务。进一步完善就业失业登记制度，免费职业介绍1140人，办理就业失业登记证336本。大力推进就业困难人员实名制动态管理，不断增加就业困难人员认定。积极开展就业援助与低保扶持联动专项行动，开发公益性岗位，基本实现动态消除“零就业家庭”。

三是做好重大招商项目人力资源招募工作。积极帮助富士康招工，妥善安置失地农民就业。一是依托县、乡、村三级网格平台，利用中牟县农民工定点培训机构和中介组织，全面协助富士康招募员工，顺利完成招工任务。不断健全被征地农民就业培训帮扶政策，通过提供小额担保贷款及公益性岗位补贴等就业优惠政策，使被征地农民与城镇劳动力在就业培训、择业指导、职业介绍等多种就业服务上享有同等待遇，实现失地农民安置就业。

四是深入实施职业技能培训计划。以岗位培训、创业培训和农村劳动力技能培训为重点，积极改善办学条件，提高培训质量。注重把创业培训向高校毕业生、农村劳动者、残疾人等劳动群体延伸拓展，不断提高城乡劳动者的就业和创业能力，增加其经济收入。加大对培训机构的监督，重点督促检查就业再就业及农村劳动力技能培训质量和下岗失业人员及农村劳动力到课率。完成农村劳动力转移就业 18896 人，占市下达目标任务的 102.1%，占县下达目标任务的 151.2%；进行职业技能培训 10711 人，占市下达目标任的 126%；完成失地农民转移就业 4156 人，完成失地农民培训 4080 人，均超额完成任务。县人社局举办两场大型招聘会，高校毕业生、农村劳动力、下岗职工、“4050”人员、退伍军人及其他求职者逾 7000 人次参加，2926 人最终达成求职意向。

五是中牟县人力资源市场投入使用。2014 年初，县政府将建设中牟县人力资源市场列入“县政府年度民生实事”，总投资 50 万元，建成后使中牟县人力资源信息系统实现市、县、乡三级联网，为求职者提供政策咨询、就业、创业等服务为一体的人力资源平台，推动了城乡统筹就业。

【社会保险】 2014 年初，中牟县社会保险局成立，印发《中牟县社会保险“五险合一”（指养老保险、医疗保险、工伤保险、失业保险、生育保险）工作实施方案》，杜绝了漏保和选择性参保现象，社会保障覆盖面进一步扩大，保障水平进一步提高，覆盖城乡的社会保障体系初步形成。全县各类社会保险参保人员达 165.86 万人次，各类社会保险基金征收额达 21.59 亿元。

一是加强宣传，深入学习《社会保险法》。中牟县以乡镇为单位，对乡镇所辖企业开展《社会保险法》宣传培训，同时对全县行政事业单位职工进行培训。充分利用广播电视、《中牟宣传》、互联网、党政网络等媒体和设立宣传专栏、制作宣传单、悬挂标语横幅等多种方式，深入开展宣传活动。

二是积极推进被征地农民参加基本养老保险工作。为妥善解决中牟县被征地农民基本生活和长远生计，维护被征地农民利益，将中牟县行政区域内，年满 16 周岁且享有农村第二轮土地承包权的在册农业人口，因政府统一征收农村集体土地人均耕地 0.3 亩及以下的，纳入就业培训和社会保障范围。

三是全面推行城乡居民社会养老保险工作。中牟县被确定为国家新农保试点县后，县委、县政府高度重视，成立“中牟县新型农村社会养老保险试点工作领导小组”。县人社局作为新农保试点工作的主管部门，制订出台《中牟县新型农村社会养老保险实施办法》，积极协调有关部门督促、检查各乡镇、街道参保工作，及时协调、研究解决试点过程中出现的问题。截至 2014 年底，全县共有 42.44 万人参保登记，当年新增参保人员 1143 人。

四是着力推进全民社保进程。全县城镇企业职工基本养老保险、机关事业单位养老保险、城镇基本医疗保险、失业保险、工伤保险、生育保险参保人数分别达到 84.55 万人、1.59 万人、7.33 万人、34.84 万人、34.62 万人、3.29 万人，基金征缴分别完成 17.1 亿元、1.49 亿元、6782 万元、1.92 亿元、3439 万元、486 万元。各项社保待遇全部实现按时足额发放。

五是加强基金监督管理及稽查稽核工作，确保基金安全。审核企业职工工资总额申报和社会保险登记证年审、书面稽查参保单位 485 家，涉及参保职工 234511 人。对 31 家定点医疗机构及 54 家零售药店进行质量考核，查处定点医疗机构 2 家，查处违规刷卡零售药店 6 家，受理社保举办投诉 7 起，涉及职工 11 人，金额 22 万元。

【公务员管理】 2014 年，县人社局配合郑州航空港区管委会，做好离退休划转人员的档案审核，查阅拟调人员个人档案 900 多本，及时协助各有关单位补办相关材料，为下一步的划转做好基础工作。2014 年安置 2012 年服务期满的“三支一扶”高校毕业生 7 人。定期更新应届高校毕业生实名登记台账。登记未就业高校毕业生 400 余人。公务员日常登记正常推进，确保公务员登记工作及时性，审核上报 16 人的公务员登记、63 人的公务员转任登记。为公安局办理了 6 人新录用公务员按期转正手续。开展评选“人民满意的公务员”和“人民满意公务员集体”活动，向郑州市推荐上报“人民满意的公务员”6名、“人民满意公务员集体”2个。组织河南省2014年统一考试录用公务员计划申报工作，申报拟录用人数15名。做好日常各类岗位人员定级、定职工作，定级264人、定职169人。组织参加郑州市事业单位转岗培训班3批，共培训4人。办理183人工作调动，其中区域划转54人，从县外调入59人，调出县外15人，县内调动55人。

【职称评定及专业技术人才工作】 2014年，县人社局努力调整专业技术人才结构，加强整体性人才资源开发。结合贯彻落实国家和省事业单位岗位设置管理办法和实施意见，与事业单位人事制度改革相配套，严格按照省现行的事业单位专业技术职务结构比例控制标准审核结构比例，对中牟县400多个基层事业单位实行一次审核完毕、当年不再调整的方法。全年聘任审批高、中级专业技术人员375人。完成2013年度评审通过初、中、高级专业技术职称人员1303人的材料退换、信息入库和两证颁发工作。其中初级职称975人、中级职称251人、高级职称77人。推荐高级职称申报人员99人，中级职称申报人员242人。

【继续教育及工人技术等级考核】 2014年，县人社局组织开展机关事业单位工勤岗位人员报名、资格审查工作，完成625名机关事业单位工勤人员的报名、培训工作，利用网络对全县9000余名专业技术人员继续教育，并为其颁发结业证书。

【人才交流服务】 2014年，县人社局大力宣传创业见习政策，积极开展大学毕业生创业、见习工作；继续实行以档案管理为龙头的人事代理工作，开展人才需求求职登记工作，为企事业单位推荐大批优秀人才；做好流动人员的人事关系档案接收转出工作，进一步促进了人才的合理流动。开展计算机应用能力培训班4期，共182人，经考核合格，全部颁发计算机合格证。与1496人签订人事代理合同。全年办理聘任制干部聘任合同续聘62人。为155名大中专毕业生办理就业手续。举办两次人才招聘会。其中，夏季大型人才交流会参加招聘企业125家，求职者3800多人，达成就业意向1202人。秋季大型招聘会参加企业130多家，求职者约4000人，达成就业意向1652人。

【人事制度管理】 2014年，县人社局深化人事制度改革，人事管理渐入规范化轨道。着眼于公正利民，以“改革”和“创新”为基调，实现人事管理的公开、透明。事业单位岗位设置进一步完善。中牟县根据事业单位岗位设置文件要求，严把岗位基数、主体岗位、岗位等级、特设岗位、具体岗位等5道关口，扎实抓好事业单位岗位设置管理工作。安排全县2012年事业单位年度考核工作，对各单位的年度考核结果审核汇总。坚持公开、公平、公正的原则，事业单位公开招聘公信度进一步提高。6月开展县事业单位公开招聘工作人员工作，最终录用50名优秀人才；9月为县综合执法局公开遴选10名工作人员；12月为县政府办公开遴选6名工作人员。

【工资福利】 2014年，县人社局完成机关事业单位工作人员正常晋升级别（岗位）、增加薪级工资；完成机关事业单位晋升职务人员调整工资；核定调进调出人员工资待遇；完成公共卫生与基层医疗卫生事业单位和其他事业单位单位绩效工资的实施和测算摸底并上报相关数据工作，全面启动其他事业单位绩效工资工作。办理和审批变动人员工资17809人次。其中，正常增加薪级13146人，晋升工资级别428人，晋升工资档次2085人，职务岗位晋升1354人，机关事业调入195人，企业调入23人，试用见习期168人，定级302人，二次定级59人，退伍6人，其他原因43人。全面办理651名申请退休（退职）的人员退休（退职）手续，调整审核审批26人遗属生活困难补助手续，受理工伤认定申请417起，评定伤残等级172起。

【劳动保障监察】 2014年，县人社局着眼于为民解困，以“维权”和“维稳”为中心，积极维权，注重调解，努力化解各类社会矛盾和问题。

劳动保障监察力度不断加大。启动并实施完善劳动保障监察“两网化”管理体系，由专职监察员和兼职监察员协调配合，形成劳动用工监控网络。深入企业宣传《社会保险法》等法律法规，开展拖欠工资、人力资源市场秩序、非法用工等专项检查，规范企业用工行为。坚持教育与处罚相结合的原则，帮助督查企业整改，实现劳动监察执法社会效果的最大化，提升执法效果，维护劳动者合法权益。全年举办专题宣传活动两场，发放农民工维权手册2500余份，不断加强对企业最低工资保障制度执行情况的监督检查，追发工资、加班费及经济补偿金1855万元。深入推进劳动保障监察网格化管理，全县已划入网格内用人单位数800余户，采集单位2000余次。开展整治非法用工打击违法犯罪专项行动、高温季节劳动保护专项检查、维护职工合法权益促进企业稳定发展专项行动等8次专项执法行动，主动监察用人单位525户，涉及职工5873人，同时，书面审查用人单位472户，下达规范用工建议书25份，立案53件，结案53件，结案率100%。

【劳动人事争议仲裁】 2014年，县人社局针对农民工、下岗失业人员维权心情急切、维权时间紧迫、维权能力较弱等情况，积极开辟困难群体劳动争议仲裁“绿色通道”。对他们申诉的劳动争议案件，符合受理条件的，坚持快立、快审、快结，有效化解了矛盾纠纷。全年立案处理劳动人事争议案件310起，处理296件，其中裁决186件，调解70件，不予受理24件，申请人撤诉16件，法定时效内结案率100%。

【信访维稳】 2014年，县人社局认真处理国企改制、破产集体企业退休人员、从事特殊工种提前退休人员、军转安置人员和部分企业军转干部、国企协解人员、农业实践生等涉及干部群众切身利益的信访问题。全年接待和处理信访案件26起143人次（其中，县领导接待日批转案件21起，自立案件5起）、来信1件1人次，所有来信来访案件按期办结率100%。有效化解了突出矛盾，没有发生重大涉稳群体性事件。

【县社保局成立】 2014年1月，经县政府批准，中牟县社会保险局在官渡大街与西环路交叉口正式成立，隶属于中牟县人力资源和社会保障局，为事业单位，机构规格相当于正科级，核定事业编制110名，经费形式实行县财政全额预算管理。成立后的中牟县社会保险局，其主要职责为贯彻执行国家及省、市、县有关社会保险的方针、政策、法律、法规，拟定全县社会保险业务流程和操作实施办法；组织开展各种社会保险业务；承办规定的其他社会保险业务。当年，县人社局印发《中牟县社会保险“五险合一”工作实施方案》，由县社会保险局具体执行。9月底，中牟县“五险合一”工作顺利完成。

【2014年夏季人才交流会召开】 2014年5月30日，县人社局在中牟县新世纪广场，举办“中牟县2014年夏季大型人才交流会”。参加此次招聘会的单位有河南红宇、河南万邦、河南弘亿、河南宏盛、河南金恒基、绿博园、郑州日产、郑州华强、郑州凯雪、海马汽车、郑州东工、郑州中用汽车、郑州比克电池、郑州万和铝业等中牟县境内的125家企业，提供工作岗位3000多个，涉及汽车及装备制造、房地产、电子信息、食品加工、物流商贸、经营管理、财务管理、市场营销、设计、文秘、服务等行业；参加此次招聘会的应聘人员有应往届高校毕业生3000多人、农村劳动力500多人、下岗职工、“4050”人员、退伍军人300多人及其他求职者，最终达成求职意向1274人。

【2014 年秋季大型招聘会召开】 2014 年 10 月 25 日，由中牟县人社局主办的“2014 年中牟县秋季大型招聘会”在中牟县新世纪广场举行。参加此次招聘会的单位有河南万邦、河南弘亿、绿博园、郑州日产、郑州华强、郑州凯雪、海马汽车、郑州东工、郑州中用汽车等中牟县境内的 130 多家企业，提供工作岗位 3000 多个，涉及汽车及装备制造、房地产、电子、文员、服务等行业。参加此次招聘会的有高校毕业生、农村劳动力、下岗职工、“4050”人员、退伍军人及其他求职者约 4000 人，最终达成求职意向 1652 人。

（审核：张继超　撰稿：韩伟营）

行政审批服务

政务服务中心主任　王建智

【概况】 2014 年，中牟县政务服务中心以国家级标准化示范单位创建为主线，狠抓“审批提速、服务提质、素质提升、管理创新”，有力促进行政审批服务提质增效。全年行政办事大厅受理办件 85509 件，办结 84909 件，办结率 99.2%，群众满意率 100%，收到锦旗 14 面。荣获省级卫生先进单位称号，被县委、县政府授予 2013 年度现代产业体系构建工作先进单位称号。

【全县第 10 轮行政审批制度改革】 2014 年，县政务服务中心全面清理审批事项，审批事项由 372 项压缩至 217 项，压缩率 53.3%；审批流程由 1580 个压缩至 719 个，压缩率 54.5%；办结时限全部控制在 7 天以内，审批时限由 4978 天压缩至 1395 天，压缩率 72%。大大提高了审批效能。

【进一步优化审批流程】 2014 年，中牟县建立实施建设项目和企业注册登记并联审批机制。整合发改、国土、规划、建设、环保等单位资源，在办事大厅设立建设项目并联审批窗口。将建设工程项目审批流程整合为立项、用地审批、规划报建、施工许可及竣工验收 5 个阶段。每个阶段明确一个牵头部门，牵头部门负责相应审批阶段的并联审批，避免了审批过程中互不沟通、互为前置等影响审批效率的现象。制订完善企业注册登记联审联批办法，整合工商、质监、国税、地税等窗口资源，设立企业注册并联审批窗口。在各并联审批窗口实行“一门受理、抄告相关、互为认可、同步审批、限时办结、统一送达”的一条龙服务。在为郑州中华复兴之路文化科技产业基地项目办理审批手续过程中，县政务服务中心明确专人负责，实时跟进，并针对手续办理中出现的新问题、新情况及时汇报反馈，为项目手续有序快速办理提供了保障。

【深入推进“两集中两到位”改革】 2014 年 9 月 22 日，中牟县召开行政审批“两集中、两到位”改革动员会，深入推进“两集中、两到位”改革工作。县政务服务中心以县委、县政府“两办”名义下发《中牟县深化行政审批“两集中、两到位”改革实施方案》，按照合理归并、集中办理、充分授权、审管分离的原则，要求各职能部门理清进驻审批事项，整合归并内设机构，合理调配工作人员，统一进驻县行政办事大厅规范管理。县政务服务中心及时与编办对接，做好协调服务工作。

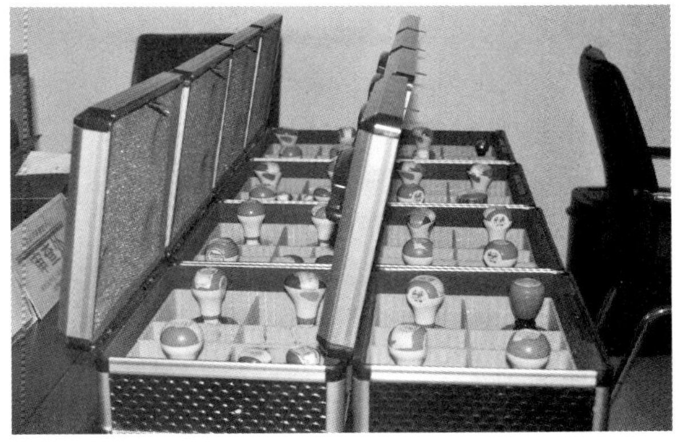

印章集中管理

【政务服务分中心统一管理】 2014年9月22日，中牟县委、县政府将受办事大厅场地所限，无法整体进驻大厅的房管局、地税局、国税局等6个业务大厅纳入政务服务中心分中心统一管理，制发《中牟县政务服务中心关于对分中心实行统一管理意见》，对各分中心实行“六统一”：统一登记、统一编号、统一标牌、统一培训、统一管理、统一考核。

【成为国家级服务业标准化试点单位】 2014年，县政务服务中心新制订标准71项，更新现有标准206项，删减标准97项，修改后的新标准体系包含3大体系，19个子体系，共计396项标准。9月24日，县政务服务中心通过国家级行政服务标准化中期评估。12月16日，县政务服务中心顺利通过国家标准委的评估验收，

国家级服务标准化试点单位评估验收现场

成为国家级服务业标准化试点单位，是全省第一家县级“全国试点”。县政务服务中心标准化工作得到中央编办三司副司长陈颖，市委常委、常务副市长孙金献和县长潘开名等的肯定和鼓励。12月，《郑州日报》、市政府专报信息分别对县政务服务中心标准化创建工作进行报道。

【创新服务方式】 2014年，县政务服务中心继续创新服务方式，拓展服务功能。一是强化服务重点园区功能。主动对接全县重点园区，积极参与重点企业及重大项目的审批工作。对重大项目每日跟进，建立电子台账，记录动态信息。同时，加强与相关职能部门的沟通，协调解决审批手续办理过程中遇到的问题。全年为郑州中华复兴之路文化科技产业基地、郑州海宁皮革城等49个重点项目代办审批服务事项213项，投资金额达483.43亿元。二是开展送行政服务下基层、进园区活动。组织工商、环

省委督导组莅临“中心”调研

保、规划、建设、林业等窗口业务骨干到绿博园区、大孟镇岳吴庄村开展送服务活动。为群众及企业办理相关证件400余件，接受群众及企业咨询500余人次。

【强化日常管理】 2014年，县政务服务中心创新管理方式，加强日常监管，扎实推进工作落实。一是分解责任，明确任务。将18项窗口工作目标和21项县政务服务中心目标任务，下达给窗口和科室，层层签订岗位目标责任书，将履职情况纳入考核内容。二是加强电子监察，实行日清周结月通报季公示机制。县政务服务中心对行政审批和电子监察系统升级改造，将全县217项行政审批事项的设立依据、办理时限、审批流程、内部环节和经办人员固化到电子监察系统，形成以日清周结月通报季公示机制为核心，审批监察、考核结果自动生成，超期未办红黄牌预警的运行模式。同时，依据各部门审批业务办理的业务量、提前办结率、超期件数量和部门效能提升情况，由系统自动对审批效能打分排名。通过实行电子监察，实现对行政审批权力运行的全程实时监察、预警纠错、绩效评估和考核奖惩评价。三是日常管理与强化特殊节点相结合。坚持现场巡查和电子监察相结合，实行日督查、周点评、月通报、双月选树服务之星（优秀共产党员）、季度评选

红旗窗口（党员示范岗），使窗口人员在被动管理与自我警醒中，主动规范服务行为。全年开展现场巡查1000余次，组织召开督查通报会12次，收看监控视频12次，评选先进标兵58人次，红旗窗口57个次。在春节、小年、“五一”、“十一”等节日前后等时间节点，实行县政务服务中心领导班子一线值班制度，有效杜绝节日松弛病。四是开展工作晾晒，推进工作落实。通过“重点工作展示台”集中晾晒6次。五是实行记优记差，强化警示作用。10—12月，县政务服务中心在行政办事大厅设置“红黑”标志、记优记差专栏。通过对比公示，达到自警自省，自我规范的目的。

（审核：韩　温　撰稿：张增艳）

机关事务管理

机关事务管理局局长
张胜勇

【概况】　2014年，中牟县机关事务管理局（简称县事管局）牢牢把握为县四大班子机关和广大干部职工服务的根本宗旨，坚持以固本强基、求进提升为根本，以扎实作为、深化职能为目标，以强化责任、落实具体为要求，狠抓工作进度，强化工作质量，较好完成全年各项工作任务，保证了党政机关高效有序运转。

【公共机构节能】　2014年，县事管局依据《公共机构节能条例》，从“完善机构、强化宣传、科技助力、挖掘改造、监督管理”五方面入手，充分发挥政府机关节能降耗示范和导向作用，认真履行监督管理职能，不断健全管理体制机制，周密安排部署年度工作任务。4月，组织全县各单位联络员参加为期6个月的全国公共机构节能管理远程教育培训工作，了解和掌握公共机构节能重点领域的实用技术，进一步提高中牟县公共机构节能工作整体水平。5月，与市节能办签订公共机构节能目标责任书。6月，紧紧围绕全国节能宣传周“携手节能低碳共建碧水蓝天”的宣传主题，通过悬挂节能减排宣传标语、张贴节能宣传画、创建节约型校园、医院及节能器具设施改造等方式和载体，积极倡导绿色办公和绿色出行。截至2014年12月，全县80家单位综合能耗降以2013年为基数，实现2014年降低3.2%的目标。2014年4月被河南省委省政府机关事务管理局、河南省发展和改革委员会、河南省财政厅联合授予省级公共机构节能示范单位的称号。

【公务用车封存】　2014年，县事管局充分发挥协调监管职能，狠刹公车私用等违规问题。按照市封车办要求，县事管局做好法定节假日、重大活动和重污染天气条件下公务用车封存工作。县事管局建立全县公车封存管理短信平台，以发送信息的形式明确每次公车封存时间、数量、形式及要求，全年组织公车封存8次，迎接上级检查3次，完成公车封存约5000辆次。

【机关安全维护】　2014年，县事管局牢固树立安全工作重于泰山意识，坚持防消结合，以防为主方针，充分利用平安机关创建这一载体，全面分析安保工作形势，实施安保工作责任制，努力在夯实防控基础，营造和谐机关上使实劲、用真功，提升了技防、人防、物防综合水平。狠抓重点区域、重点对象、重点时段、重要部位安全防范，实现机关大院无政治事件、无刑事案件、无大案要案、无责任事故，确保机关安全稳定。一是落实领导值（带）班制度。实行局领导带班、中层骨干当班、保安队员值班和专管人员夜间值班查岗巡逻制度，全年夜班巡逻1460余次。二是实行分类管理。首先分区域、分楼层，落实好大楼重点保护部位，强化安全信息网络建设，增强工作的针对性和目的性。其次对进出机关的人员分类管理，制作和发放车辆通行证1869张；对外部来访人员登记管理，2014 年登记外来进出人员 3600 余人次。三是治安防范方面。调整机关安保队伍，坚持 24 小时值班值勤，门卫管理严格规范，日常巡查常态化，利用机关数字高清监控系统，有效加强四大班子机关安全稳定。更新改造机关门岗值班室，并设置形象岗。四是维护院内交通秩序方面。对机关院内停车位、行车线路及机关东大门进出隔离带重新画线，进一步规范行车秩序和停车区域车辆乱停乱放现象，并设置夜间隔离灯及隔离锥。2014 年妥善处理群众集体上访事件 100 人以上 60 余起，50—100 人 120 余起，10—50 人 270 余起，10 人以内 360 余起。

【机关设施设备管理】 2014 年，县事管局对机关办公楼的水、电进行系统维保，对下水管道清淤疏通治理，对制冷主机和空调管道定期保养，对电锅炉、电梯进行安检、保养和维修；并深入开展电气设备和线路的安全巡查，及时、有效预防和排除各类安全隐患，保障了设备设施的正常运转和水电气的正常供应。1 月，县事管局组织对机关绿化园区人行道地砖升级改造，对绿化园内凉亭修缮翻新，并增加绿化区域照明设施和垃圾箱 30 个。2 月，组织专业公司对机关大楼外墙瓷砖及玻璃墙面彻底清洗保洁，进一步改善机关大楼面貌。3 月，投资更新改造机关公寓楼热电管网设施，解决了机关公寓楼的热水串联问题，极大节约资源能源。4 月，组织专业人员对机关两套中央空调系统全面检修维护和清洗。9 月，增添后花园灯并对围墙灯改造。10 月，组织专业人员完成机关二楼大厅水晶灯以及“双回路”高压自动切换装置的改造工作。全年完成日常零星维修维护 960 余次，维修故障 300 余次，利用节假日加班维修改造 60 余次。

【机关会务管理】 2014 年，县事管局坚持把会务工作当做服务工作的第一窗口、第一形象抓牢、抓实，全力提升会议服务水平。全面落实“321”限时结办制度，建立会务安全防范制度，积极推进服务标准化，确保每个步骤和流程不遗漏，做到会前准备、会中协调、会后跟踪专人化和常态化，并认真执行“五不四净”卫生标准，即不见积水，不见积尘，不见杂物，不漏垃圾，不乱倒垃圾，廊面净，桌面净，玻璃净，窗帘净，确保容貌全天候保持整洁。2014 年县事管局保障和服务各类会议 561 场，与会人员 146916 人次，会务工作基本做到“全天候”“无条件”和“零差错”。

【机关餐厅管理服务】 2014 年，县事管局围绕“卫生、可口、实惠、多样”目标，注重大众需求，重点围绕提高饭菜质量，调整培训业务人员，提高服务技能；围绕饭菜价格，坚持市场考察，严把采购关口，加强成本核算，并组建无公害蔬菜基地，集中供应新鲜蔬菜，保证饭菜价格的合理控制；围绕饭菜样式，兼顾大众需求和特色需求，每日公开食谱，征求意见建议，并根据厉行节约反对浪费原则和机关公务灶实际推出“四菜一汤”套餐。同时，县事管局对机关南院职工餐厅进行搬迁，对南北院机关餐厅饭菜和服务质量进行监管，发现问题及时沟通、及时整改。县事管局利用国庆假日期间对机关大小伙进行改造，进一步改善职工就餐环境，让广大干部职工就餐时舒心、放心。2014 年，县机关职工餐厅保障了 44170 余人次就餐。

【机关环境卫生】 2014 年，县事管局坚持网格化管理，分片划区，定岗定责，日常保洁坚

县事管局组织冬季除雪（吴昊摄）

持“一日两扫、全日保洁、管理到位、日常日清”，高质量完成机关楼内4.6万平方米及机关院内2万平方米的保洁任务。机关绿化美化坚持自主培育与市场采购相结合，完成机关大院近5万平方米绿地日常养护工作，移栽树木50余棵，自行培育草坪面积2742平方米，花草5000余盆。

【物业监管】 2014年，县事管局成立物业综合监管领导小组，对外包工作量化评分。制订相关考核制度，对每个工种细化评分，评分结果直接跟承包服务费相挂钩，努力做到责任明确、监督到位，进一步督促全局工作顺利开展，实现综合监管工作经常化、制度化、规范化。

（审核：张胜勇　撰稿：王丽平）

编辑：徐　园

人民政协

政协全会

政协主席　李延中

【县政协九届三次会议】 2014年2月12日至14日，政协中牟县第九届委员会第三次会议在中牟召开。

2月12日上午，县政协九届三次会议开幕，大会由县政协主席李延中主持。县政协副主席刘海燕作常委会工作报告，县政协副主席石小书作提案工作情况的报告。县政协领导王兴林、朱怀召、王连宇、申宏尧、梁凌达、李季扬、任文利出席会议。

县领导杨福平、路红卫、楚惠东、刘玉玲、张永宪、李文岭、张书勤、程伟刚、李芳、李晓亮、王朝杰、付东杰、冯政忠、郭礼印、魏玉坤、段长兴、李鸿欣、李五群、李长宝、王家伦、王洪波、任程伟、张建锋、杨书立、牛健、张胜利、朱清伟、杨勇、孙玉霞、田金锁、安红山、李庆中、乔琳、王献科，县法院院长王炅，县检察院检察长张捍卫及其他县级领导在主席台就座。离退休县级老领导应邀出席会议。

2月12日下午，县政协开展“政协委员看中牟”活动，组织全体委员视察潘安园、中牟汽车工业园、汽车服务业博览园、郑庵镇春晖社区、姚家镇镇区社区、S223升级改造工程、三刘寨引黄灌区工程、雁鸣大道下穿隧道工程、中牟·国家农业公园、雁鸣湖镇区社区、鹭鸣湖、大孟镇镇区社区、绿博1号社区、华强文化科技产业基地、贾鲁河生态治理工程、四牟园，并在汽车服务业博览园、中牟·国家农业公园、四牟园等视察点听取工作汇报。

2月13日上午，出席县政协九届三次会议的委员列席县人大十三届三次会议开幕式。听取县委副书记、县长路红卫代表县政府向大会所作的《政府工作报告》，听取县人大常委会副主任冯政忠所作的县人大常委会工作报告、县法院院长王炅所作的《县人民法院工作报告》、县检察院检察长张捍卫所作的《县人民检察院工作报告》。

2月13日下午，县委、县政府领导在县政协领导的陪同下，分别到委员讨论组参加讨论。县委书记杨福平在县政协主席李延中的陪同下与委员一起讨论《政府工作报告》，并认真听取大家的意见和建议。县长路红卫在县政协副主席刘海燕的陪同下参加委员讨论。县政府其他领导分别参加委员小组讨论。

2月14日上午，县政协九届三次会议召开第三次全体大会。会议首先进行选举，县政协副主席石小书主持会议，选举李季扬为政协中牟县第九届委员会秘书长，孙海霞、何胜、吴小五、岳志强、董玉国5人为政协中牟县第九届委员会常务委员。选举结果宣布前，县政协常委张建华和王银玲分别进行述职，与会委员根据述职情况认真填写述职评议表。选举结束后举行县政协九届三次会议闭幕会。闭幕式由县政协副主席刘海燕主持。大会通过政协中牟县第九届委员会第三次会议提案审查情况的报告和政协中牟县第九届委员会第三次会议政治决议。县政协主席李延中作重要讲话。县政协副主席石小书、朱怀召、王连宇、申宏尧、梁凌达，秘书长李季扬，党组成员任文利出席会议。

县领导杨福平、路红卫、楚惠东、刘玉玲、张永宪、李文岭、张书勤、程伟刚、李芳、李晓亮、王朝杰、付东杰、冯政忠、郭礼印、魏玉坤、段长兴、李鸿欣、李五群、李长宝、王家伦、王洪波、任程伟、张建锋、杨书立、牛健、张胜利、朱清伟、杨勇、孙玉霞、田金锁、安红山、李庆中、乔琳、王献科，县法院院长王炅，县检察院检察长张捍卫及其他县级领导在主席台就座。

政协常委会议

【县政协九届十次常委会议】 2014 年 3 月 25 日上午，中牟县政协召开九届十次常委会议。县政协主席李延中，副主席刘海燕、石小书、王连宇、申宏尧、梁凌达，秘书长李季扬，党组成员任文利出席会议，县委副书记楚惠东，县委常委、常务副县长李文岭应邀参加会议。

会议通报县政协九届九次常委会议出席情况，审议通过有关人事事项，听取审议县政协 2014 年工作要点（草案），审议机关各委室 2014 年工作计划，商定县政协 2014 年调研课题。

会议由县政协副主席石小书主持。机关委室主任、副主任，政协各乡（镇、街道）工作委员会主任列席会议。

【县政协九届十一次常委会议】 2014 年 7 月 17 日上午，中牟县政协召开九届十一次常委会议。县政协主席李延中，副主席石小书、朱怀召、王连宇、申宏尧、梁凌达，秘书长李季扬，党组成员任文利出席会议，县委常委、常务副县长李文岭应邀参加会议。

会前利用一天时间，县政协组织政协常委和各乡（镇、街道）政协工委主任实地考察荥阳市养老服务体系建设、开封市金明区生态水系建设与管理和重点工程建设环境方面的成功经验，视察中牟县生态水系建设情况。会上通报县政协九届十次常委会议出席情况，听取县政协上半年工作开展情况通报，听取审议养老服务体系建设情况、生态水系建设与管理情况、重点项目建设环境情况等 3 项专项调研报告，并围绕全县重点工作和民生问题参政议政。

会议由县政协副主席朱怀召主持。机关委室副主任，政协各乡（镇、街道）工作委员会主任列席会议。

【县政协九届十二次常委会议】 2014 年 9 月 28 日上午，县政协召开九届十二次常委会议。县政协主席李延中，副主席刘海燕、石小书、朱怀召、王连宇、申宏尧、梁凌达，秘书长李季扬和党组成员任文利出席会议，县委副书记楚惠东，县委常委、常务副县长李文岭应邀参加会议。

会议通报县政协九届十一次常委会议出席情况，听取县政府关于重点提案办理情况的通报和部门提案办理情况，特别是重点提案办理情况汇报。

会议由县政协副主席石小书主持。机关委室主任、副主任以及政协各乡（镇、街道）工作委员会主任列席会议。

【县政协九届十三次常委会议】 2014 年 12 月 25 日上午，中牟县政协召开九届十三次常委会议。县政协主席李延中，副主席刘海燕、石小书、朱怀召、申宏尧、梁凌达，秘书长李季扬和党组成员任文利出席会议，县委副书记楚惠东，县委常委、常务副县长李文岭应邀参加会议。

会议通报县政协九届十二次常委会议出席情况，传达《中共中牟县委关于进一步加强新形势下人民政协工作的意见》精神，听取县政府关于县政协九届三次会议以来提案办理情况的通报和委员述职报告。

会议由县政协副主席刘海燕主持。机关委室副主任，政协各乡（镇、街道）工作委员会主任列席会议。

工作及活动

【概况】 2014年，中牟县政协常委会深入学习贯彻中共十八大、十八届三中、四中全会和中共中央总书记习近平系列重要讲话精神，牢牢把握团结和民主两大主题，齐心协力谋发展，尽心竭力惠民生，凝心聚力促和谐，为助推全县发展作出积极贡献。

【服务发展】 2014年，中牟县政协充分发挥人民政协协商民主的主渠道作用，把促进发展作为履行职能的第一要务，紧紧围绕事关全局的重大问题和人民群众普遍关心的热点、难点问题，积极献计出力。

政治协商谋发展。紧紧围绕全县重点工作和群众关心的问题，通过不同方式协商议政，为县委、县政府科学民主决策提供参考。一是全会协商建言。九届三次会议期间，认真组织委员听取报告，进行小组讨论和常委述职评议，参加“政协委员看中牟”和大会表彰活动，调动委员建言献策、助推发展的积极性，并精选加大乡（镇）、社区技防投入、净化文化市场、加强城乡午托班监管等20条建议，形成《讨论组重点发言提纲》，呈送县委、县政府主要领导，得到采纳和落实。针对“加大乡（镇）、社区技防投入”的发言，县委、县政府高度重视，决定投入1864万元，在全县规划496个高清监控点和55个治安卡口的技防设施。二是专题议政献策。为提高专题议政效果，县政协九届十一次常委会坚持将专题议政与学习考察、专项调研相结合，实地考察荥阳市养老服务体系建设、重点工程建设环境和开封市金明区生态水系建设与管理方面的成功经验，并视察全县生态水城建设情况，认真围绕全县重点工作和民生问题协商议政，提出很好的意见和建议，对促进工作起到积极作用。三是融入中心工作。班子成员担任县城基础设施完善改造提升工程等全县新型城镇化建设“十大切入点”工程指挥部指挥长或副指挥长，及时协调解决困难和问题；通过参加县委常委会、县四大班子联席会、县政府常务会等重要会议，认真参与重大事项的研究，积极建言献策。

民主监督促发展。组织委员围绕县城基础设施完善改造提升、县城集中供暖、全县生态水城建设、社区路网构建、新型农村社区建设、食品卫生安全监管、中小学校及幼教队伍建设等工作，开展专项视察9次，提出意见建议46条，并以《中牟政协工作》的形式送县四大班子领导和有关部门，凝聚社会各界和广大群众的共识，促进县政协调研成果转化和民生实事落实。针对视察全县中小学校及学前教育教师队伍建设情况的意见和建议，县政府新招录80名中小学教师及65名农村学前教育教师，加强教师队伍建设，为提高教育质量提供人才保障。2013、2014年连续两年将县城集中供暖建设情况列为视察项目，截至2014年底，完成供暖面积约192万平方米，超计划63万平方米，涉及39个居民小区，切实改善群众的生活条件。

县政协听取四年园建设情况汇报

参政议政助发展。把专题调研作为参政议政的有效方式，紧紧围绕全县中心工作和民生热点问题，不断探索创新，形成党委政府政协协商出题目、政协提交调研报告、县委常委会专题研究安排、党委政府出台文件转化成果、政协跟踪问效的互动模式，促进调研成果的转化。紧紧围绕全县新型城镇化建设等一系列事关百姓福祉的重大问题，重点就养老服务体系建设、生态水系建设与管理以及重点工程建设环境开展专题调研，在抓好现场考察、外出学习、座谈讨论、撰写报告、征求意见等关键环节的基础上，向县委常委会提交3篇高质量调研报告。县委书记路红卫主持召开县委常委会专题研究调研报告，要求认真吸纳调研成果，并作为县委、县政府工作的重点，持续推进。

【关注民生】 2014年，中牟县政协坚持以人为本、履职为民的理念，紧紧抓住人民群众最关心、最直接、最现实的利益问题，积极协助县委、县政府解决民生问题。

社情民意反映民生。通过政协会议、调研视察等多种渠道，广泛倾听群众呼声，密切关注社会舆情，认真归纳整理群众反映强烈的问题，及时报送县委、县政府，得到县委、县政府主要领导的签批及有关部门的及时有效办理。全年编发《社情民意信息》专刊12期，有力促进一批民生问题的解决。编发关于“解决外来务工人员子女入学难问题”的社情民意后，秋季新生报名期间，县政府把符合入学条件的进城务工人员子女安排到公办中小学就读，较好解决外来务工人员子女入学难问题。

提案工作突出民生。围绕民生开展提案线索征集活动，形成97条参考题目，其中66条被委员撰写提案时直接参考。在九届三次全会上，委员提交提案197件，合并立案108件，其中净化文化市场、新老城区如厕难、午托部管理等群众密切关注的9件提案被列为重点提案。县政府高度重视提案办理工作，县委副书记、县长潘开名在《县政协重点督办提案摘报》（第一期）上批示，要求将提案办理工作列入县政府工作部署，在县长办公会、政府常务会上专题部署，推动提案办理工作有效落实。政协常委会通过分类督办、联合跟踪督办和严格考核，群众普遍关注的基础设施、教育医疗、环境安全、补偿安置以及交通拥堵、技防设施、融资平台、农业开发等方面的提案得到有效解决。其中，关于“解决新老城区如厕难问题”的提案，县政府在新老城区新建8座公厕，全部投入使用；关于“加大农业开发项目和资金整合力度”的提案，县政府加大涉农资金投入力度，整合资金1. 35亿元，在韩寺镇5个行政村实施1万亩高标准农田项目，在刁家乡实施易地扶贫搬迁和整村推进项目，均完工。

公益活动惠及民生。充分发挥政协组织的界别优势和政协委员的主体作用，开展公益活动，切实服务民生。5月中旬，组织卫生界委员和部分医术精湛的专家组成医疗队，为环卫工人开展普及健康知识、送医送药送健康活动，免费开展测血压、血糖，心电图、B超等医疗服务，义务诊治200多人次，发放常用药品、防尘口罩等，受到社会各界的好评。8月中旬，政协常委会和部分乡（镇、街道）政协工委继续开展捐资助学活动，为285名品学兼优的家庭困难学生，提供50余万元的资助，充分体现委员奉献社会的爱心。9月下旬，组织工青妇界委员到中牟县特殊教育学校，开展“巾帼献爱心送温暖”活动，为学生送去170条被褥、200余册科普书籍，热情互动特殊课堂，传递正能量，受到师生们的欢迎。

【团结民主】 2014年，中牟县政协突出团结和民主两大主题，充分发挥协调关系、凝心聚力的作用，积极开展多种形式的团结联谊活动，努力为全县发展、社会和谐凝聚智慧和力量。

巩固团结合作基础。坚持以政协例会为平台、调研视察为载体、界别活动为纽带，邀请各界人士参加政协活动，定期通报工作，鼓励发表意见，为参政议政创造条件，形成促进发展的共识与合力。召开各界人士座谈会，畅谈对全县发展、政协工作、机关建设的意见和建议。主动参加少数民族和宗教界的重大节日活动，组织委员视察基督教活动场所，促进民族团结、宗教和睦。组织“三胞”眷属代表开展中秋节联谊活动，代表们实地察看中牟·国家农业公园、雁鸣湖新型农村社区、鹭鸣湖生态水系以及县城基础设施完善改造提升等全县重点工程建设情况，让代表们感受中牟发展的蓬勃态势和美好前景，有效地宣传、推介中牟。

加强对外联谊交流。一是纵向指导更加深

入。积极参加郑州市政协组织的“完善提升委员之家建设水平，充分发挥委员之家作用”座谈调研、郑州市委庆祝人民政协成立65周年暨市委政协工作会议等活动，在市政协生态水系建设专题议政常委会上作“关于生态水系建设与管理”的典型发言，密切配合市政协捐建郑庵镇春晖社区小学工作，学校建成并投入使用。二是横向联系不断加强。加强与兄弟县（市、区）政协在助推科学发展、履行政协职能等方面的经验交流，接待新郑市、商丘梁园区、驻马店泌阳县、黑龙江佳木斯市等地政协考察团200余人次，组织机关干部和部分政协委员前往信阳市新县、潍坊市昌乐县、邯郸市肥乡县、石家庄市桥西区等地政协学习考察。通过广泛交流，使政协工作呈现出活跃有序、扎实创新的良好局面。

彰显文史资料特色。随着新型农村社区建设的不断推进，原有村庄将逐步消失。为更好地记录现有村庄原貌，为今后研究中牟乡村发展演变历史保存有价值的历史资料，积极开展中牟乡村风貌的收集工作，对全县辖区内所有村庄风貌进行图片拍摄及收集，特别是对古民居、古碑、风土民情、民间工艺等图片进行整理，收集图片1000余张，文字稿件439篇，为出版工作奠定良好基础。

【自身建设】 2014年，中牟县政协坚持把自身建设作为提高履职能力和服务水平的基础性工作，以创新求发展，以实绩树形象，为政协事业健康发展奠定坚实基础。

突出政协工作创新。一是创新履职方式。坚持体制机制创新，主动围绕履职成果办理反馈、季度协商座谈、委员履职量化考核评价、专题协商、对口协商、界别协商、提案办理协商等方面积极探索，并分别形成制度，使政协工作有章可循、规范有序。二是总结履职经验。不断总结成功经验和做法，完善政协常委会先考察后议政模式、提案线索征集、重点提案联合督办、转化调研成果等内容，在全省率先探索建立健全乡（镇、街道）政协工委，架起政协联系基层的桥梁，增强政协工作的活力。10月中旬，县委副书记、县长潘开名代表中牟县委在郑州市委政协工作会议上作典型发言，是全市唯一以党委名义进行经验交流的单位。同时，政协工委规范化建设被郑州市政协评为政协工作创新一等奖，中牟县政协工作走在全市乃至全省的前列。三是配合召开县委政协工作会议。以贯彻落实庆祝人民政协成立65周年暨中共郑州市委政协工作会议精神为契机，配合县委筹备召开政协工作会议，对进一步加强政协工作进行全面部署。会上，中牟县委书记路红卫对政协工作充分肯定和高度评价，县委下发《关于进一步加强新形势下人民政协工作的意见》；县委办公室印发《关于建立健全政协履职成果办理反馈制度的意见》，转发《政协中牟县委员会关于季度协商座谈会的工作办法》等文件的通知，为全面加强政协工作提供政策依据。全县政协组织以3个文件精神为依托，持续探索文件精神落实的具体方式和有效途径，努力开创政协工作新局面。

发挥委员主体作用。一是注重政协委员培训。注重委员培训，特邀全国政协办公厅研究室副巡视员熊树民，围绕人民政协发展历程、性质、主题、主要职能、组织体系、履职方式、政协委员的权利和义务等方面，为委员们作一场通俗易懂的报告，受到委员们好评。邀请县委副书记、县长潘开名，围绕全县经济社会发展情况和主要工作安排，为全体委员作一场精彩、生动的报告，并组织委员参观县规划展览馆，为委员履职尽责创造条件。二是坚持集中

县政协第九届全体委员培训会

走访委员。7月下旬，以政协工委为依托，采取集中座谈的方式开展走访政协委员活动，通报全县经济社会发展及政协工作情况，收集委员就交通出行、社会治安、区域发展、群众生活等方面的社情民意，促进有关问题的解决和落实。其中，关于“加强户外健身器材管护工作”的社情民意，县建设局在新老城区广场花园安装维修健身器材，丰富群众的业余生活。三是完善政协工委建设。通过出台《政协工委考核细则》、召开政协工委主任例会、班子成员走访调研、严格制度落实等方式，加强对政协工委的督促指导。各政协工委在坚持完善“六有”标准的基础上，组织辖区委员围绕路网建设、新型社区建设、征地拆迁以及重点工程建设等工作，把专题议政、撰写提案、调研视察、反映社情民意、热心公益事业等内容作为履职的主要着力点，积极建言献策、奉献社会，发挥很好的作用，树立基层政协组织和政协委员的良好形象，成为郑州市政协工委建设学习的典范。

加强政协机关建设。一是开展好教育实践活动。以“为民、务实、清廉”为主题，大力学习弘扬焦裕禄精神，坚持边学边查边改，认真开展“学习教育、听取意见”，“查摆问题、开展批评”，“整改落实、建章立制”等3个环节各项工作。对征集到的78条意见和建议，已落实和正在落实77条，占98%。其中，涉及政协的16条，全部落实到位。涉及全县的62条意见和建议，认真建立民生热点问题台账，已落实和正在落实61条，拥军路和花桥东入市口路灯不亮、中万路西入市口、民族路和西大街改造、韩潘路赵寨村桥年久失修等问题，均得到较好落实，教育实践活动取得群众看得见的效果。二是加强制度建设。为提高政协机关工作效率，按照突出重点的原则，统筹推进相关制度的废止、修订和新建工作，并收集重要文件，形成县政协27大项34小项文件和制度，编印《政协中牟县委员会文件暨制度汇编》，促进政协工作的制度化、规范化、程序化建设。三是强化信息宣传。在《人民政协报》《协商论坛》《郑州日报》等国家、省、市级报刊上发表新闻稿件56篇；全年编发《中牟政协工作》48期，及时反映政协组织和政协委员积极履职的动态情况。在县电视台开辟《委员风采》栏目，对张建华等15名优秀委员发挥的积极作用进行宣传报道；还开辟《提案办理惠民生》栏目，制作专题片6期，展现承办单位认真办理提案和为民办事的良好风貌。通过县政协网站《调查研究》《提案工作》等栏目，及时发布政协工作信息，拓宽县委、县政府察民情、集民智的渠道。

（审核：李季扬　撰稿：吴 杰 杜尚霖 张 峰）

编辑：冯喜平

群众团体与工商联

工 会

总工会主席 孙玉霞

【概况】 2014年，中牟县总工会坚持“组织起来、切实维权”的工作方针，着力抓好安全生产、基层组织建设、帮扶困难职工、深入基层服务群众、企业民主管理等工作。全县工会组织在推进改革、发展和稳定中，认真履行维护、教育、参与和建设4项社会职能，在民主职能建设中积极发挥党和政府连接广大职工群众的桥梁纽带作用。

【组织建设】 2014年，中牟县总工会把新建企业建立工会组织作为工会强化基础工作的第一要务，对全县重点区域、农民工相对集中的地方，按照“哪里有职工，哪里就要建立工会组织”的要求，大力开展组建工会和发展会员工作。中牟县总工会与地税部门结合，对全县范围内注册企业全面调查摸底，对未建会企业按工资总额的2%全额征收筹备金，以促其建会。2014年中牟县新建工会组织33家，发展会员1242人。

【维护职工权益】 2014年，中牟县总工会坚持以维权促发展、以维权促和谐的工作理念，强力推进形成强覆盖、大维权、社会化的维权机制。以建立健全平等协商、集体合同制度和厂务公开制度为重要环节，加强维权机制建设。把工资集体协商作为构建和谐劳动关系的重要内容、列入创建诚信守法企业评比条件，推动建立企业工资集体协商工作信用等级评价制度，构建工资集体协商长效机制。全县签订工资集体协商合同的企业5462家，覆盖职工4.9万多人。深入开展和谐劳动关系创建活动，全县和谐劳动关系创建企业104家，参与面达91%。“厂务公开、职工代表大会”双建制专项活动和厂务公开民主管理工作竞赛深入开展，非公有制企业职代会制度建设形成特色。全县有71家企事业单位建立职工（代表）大会制度，建制率达92.3%；有94家企事业单位建立厂务公开制度，建制率达91.3%。积极组织广大职工参加法律法规学习宣传和知识竞赛活动，大力推进乡镇（街道）村（社区）工会维权服务站建设，建立健全劳动法律监督、劳动争议调解组织和法律援助机构，积极开展法律援助、法律咨询、劳动争议案件的调处工作。

【安全生产宣传】 2014年，中牟县总工会围绕服务全县经济发展、贯彻“安全第一、预防为主”方针，广泛开展安全生产宣传教育活动。6月，利用周末在新世纪广场举办以“强化安全基础、推动安全发展”竞赛为主题的“安全生产月”宣传咨询活动。设立咨询台2个，制作“安全生产月”宣传板面2个，发放宣传彩页3000余张，咨询400余人次。做好安全生产伤亡事故调查及职工伤亡事故统计、报告工作。参加职工伤亡事故调查1起。

【帮扶困难职工】 2014年春节期间，中牟县总工会积极开展送温暖活动。筹集慰问款物总额37.4万元，慰问困难职工、劳动模范、农民工368人。医疗救助24人，发放医疗帮扶金6.2万元。全年为下岗失业人员提供免费培训2300余人次，帮助1600余人实现创业或就业。金秋助学活动中，动员全县各基层工会党员、干部、社会团体捐款16万余元，帮扶困难职工、困难农民工子女131人，发放帮扶助学款61.5万元。

【农民工工作】 2014年，中牟县总工会广泛开展农民工素质提升主题活动，组织宣讲和培训活动4次，活动覆盖农民工1300人次，选树在素质提升中成长的农民工典型503名，授予“有技能、守规矩、受欢迎、作贡献”优秀农民工称号，并奖励每人现金500元。

【县职工之家建设】 2014年，在中牟县委、县政府的高度重视下，中牟县职工之家建设工作基本完工。职工之家占地6192平方米，建筑面积8720平方米。

【工会宣传】 2014年，中牟县总工会深入开展“凝心聚力跟党走，建功立业绘蓝图”，学雷锋志愿服务，“美丽人生——寻找最美劳动者”主题宣传教育活动。2个先进单位和5名先进个人分别被授予郑州市“五一”劳动奖状、“五一”劳动奖章。在全县范围内严格按照程序推荐评选出劳动模范（先进工作者）50名，建立困难劳模档案12名，其中省级劳模6名，市级劳模6名；建立劳模、高技能人才工作室12个。

【职工文体活动】 2014年，中牟县总工会在“三八”节来临之际，举办女职工现代女性礼仪讲座；5月上旬，在全县干部职工范围内举办以“中国梦·劳动美·我与改革创新”为主题的演讲比赛。全县13个乡（镇、街道）、32个县直单位的66名选手参加比赛，并从中选拔出2名选手代表中牟参加市总工会演讲比赛。“十一”前夕，在全县范围举办中牟县干部职工“迎国庆，唱红歌”合唱比赛，有17支队伍，899名干部职工参加比赛。

（审核：吴政伟　撰稿：付云鹏）

共青团

团县委书记　郭忠强

【概况】 2014年，中牟县各级团组织以“投身三大主体青春建功中牟”为工作主线，以团市委“七彩青春”工作为主要内容，围绕中心求作为，服务青年促发展，瞄准省内创先进。在青少年思想信念引领、新媒体运用、服务青年成长成才、志愿服务、希望工程和基层团组织建设等方面取得显著成绩，产生较好社会影响。团县委被评为郑州市“五四”红旗团委。

【团组织建设】 2014年，团县委在县域内3个街道积极推进区域化团建工作，建立区域青年工作共建委员会3个，明确专兼职团干部30名，联系直属团组织60个。团县委积极推进产业集聚区团建工作。以“服务青年、服务企业、服务集聚区建设”为目标，按照“抓重点、树标杆”的思路，积极发挥工作典型的引路作用，确定郑州泰新内饰件有限公司团委作为全县非公企业团建示范点，并由团县委牵头搭建经验交流平台，建立定期工作交流制度，以点带面推动产业集聚区团建工作。2014年，中牟汽车工业园团工委在园区内建立团组织24家。郑州市村级团组织换届选举工作推进会暨县乡村团干部培训会后，团县委立即组织开展全县基层团组织换届工作。通过准备工作阶段、依法选举阶段、巩固完善阶段、检查验收阶段等环节，全县274个行政村全部完成团组织换届工作。

2014年底，中牟县有基层团委52个，团（总）支部825个；有团员2.3万人，团员青年占青年总数的19.8%，其中学生团员1.1万人。各基层团组织干部平均年龄相对合理，平均年龄28.2周岁，最大37岁，最小22岁；大专以上文化占94%。

【青少年思想政治教育】 2014年，团县委针对当前青少年的思想特点，不断创新工作形式，积极组织开展各类活动。一是扎实打牢“中国梦”思想基础。广泛开展“我的中国梦——奋斗的青春最美丽”分享活动、“红领巾相约中国梦”主题队课、“彩虹人生”等主题活动100余场，覆盖青少年1万人次。二是大力培育和践行社会主义核心价值观。以实践育人为基本途径，持续开展“学雷锋”、暑期社会实践等品牌活动，不断深化入队、入团、成人仪式教育，通过“开学第一课”“我为核心价值观代言”等主题活动，引导青少年形成鲜明的社会主义核心价值取向。三是运用新媒体吸引凝聚青年。通过中牟共青团新浪、腾讯官方微博和微信公众账号，发信息、晒工作、交流经验，以青年喜闻乐见的形式向广大青年开展爱党、爱国思想教育活动。全年编发微博1000余条，建立微信公众账号1个，县级微信群1个，乡镇级微信群14个，覆盖青年6000余人。

【服务“三大主体”工作】 2014年，中牟县共青团组织积极投身新型城镇化建设。开展各类青年突击队活动20余场。组织青年文明号集体深入重点项目工地，送慰问、送演出、送义诊活动，青年志愿者组成青年搬家服务队，为新型城镇化建设需要拆迁的家庭提供帮助。

全力服务现代产业体系构建。不断深化青年文明号、青年岗位能手、青年安全生产示范岗、青年志愿者等“青”字号品牌工作，增强非公团组织的活力和凝聚力。在全县各领域开展青年文明号创建工作，在县直单位服务窗口和企业青年当中形成“比服务、比质量、比素质”的工作风气。

全面参与网格化管理工作。团县委深入推进“网格长+青年志愿者+专兼职团干”的团建模式。持续开展“万名青年志愿者下网格”活动，确保每个三级网格有青年志愿者，在有条件的二级网格建立志愿者服务站，使网格志愿者成为网格化管理工作的宣传者、推动者、服务者。

【服务青年成长成才】 2014年，团县委进一步加强青年就业创业技能培训工作。联合河南省农业职业学院开展种植、养殖、农业机械操作和维修等方面的培训2场次，培训青年1000余人，新建青年就业创业见习基地5家，成功对接见习人员200余名，提供就业岗位200多个。进一步深化青年小额贷款项目。联合县邮政储蓄银行、县农商银行等单位优化贷款流程，努力扩展青年创业贷款覆盖面，发放贷款400余万元，为青年就业、创业提供资金保证。6月，团县委邀请河南财税高等专科学校副党委书记张晓光，深入中牟汽车工业园就园区经济发展现状、发展定位及人才需求等方面进行调研，为园区企业解决人才匮乏、招工难等问题提供有效帮助，并为园区企业与驻地高校搭建人才供需平台奠定坚实基础。

【希望工程】 2014年，团县委大力推进希望工程项目。积极推行共青团关爱农民工子女志愿服务行动，成立关爱农民工子女志愿服务队14支，结成帮扶对子160多对，帮助农民工子女200余人。在“希望工程·圆梦行动”中募集善款70万元，帮助145名寒门学子圆梦大学。在“温暖冬天·希望工程爱心大动员”中募集善款52.5万，惠及学生2000余人。新建希望书屋4座，捐赠图书3000余册。为官渡镇宝健希望小学募捐善款5000元和价值3万余元的爱心物资。

【志愿服务】 2014年，团县委大力深化志愿服务年活动，把服务社会与思想引领有机结合，积极参与文明交通、爱心助考、首届农业嘉年华等重大活动。3月在全县启动学雷锋志愿服务月活动，全县各级团组织积极开展各类志愿服务活动200余次，时长300余小时。2014年4月17日至5月3日，组织200名志愿者服务中牟县首届农业嘉年华活动，在园区内为游客提供园区信息咨询、游客秩序引导、接待协助、语言翻译、残障人士援助等志愿服务，服务游客1000余人次。配合相关部门开展法制宣传、环境保护、交通安全等方面的志愿服务活动10场次。9月16日，团县委联合县交警队到新圃街小学开展中小学生交通安全知识讲座，让孩子们对交通安全问题有进一步的认识。

【第六届中牟县十大杰出（优秀）青年评选】 2014年10月，团县委联合县委组织部、县委宣传部、县人力资源和社会保障局、县文化广电和旅游局开展第六届“中牟县十大杰出（优秀）青年”评选表彰活动。全县200余名优秀青年踊跃报名，通过推荐、初审、组织考核、公示审定等环节评选出董礼虎、安永康、张珂、王栋、郭建伟、王海镔、王晨、张川、白怀亮、梁赟10名同志为“中牟县十大杰出青年”，评选出孟涛、孙令、史志明、吴宏亮、高帅兵、朱志彬、韩智颖、宋阿芳、朱海岩、马杰10名同志为“中牟县十大优秀青年”。团县委通过开展第六届“中牟县十大杰出（优秀）青年”评选表彰活动，为全县青年树立学习榜样，号召他们立足本职工作，学习典型、争当先进。

（审核：郭忠强　撰稿：吕　伟）

妇　联

县妇联主席
李玲玲

【概况】 2014年，中牟县妇女联合会（简称县妇联）以联系妇女、服务妇女、教育妇女、维护妇女儿童合法权益为根本任务，全面落实中国妇女“十一大”部署安排，立足基层、服务妇女、改革创新、强基固本，积极开创全县妇女工作新局面。2014年，县妇联获得2013年度郑州市妇联系统目标管理先进单位、2013—2014年度妇联宣传工作读书活动最佳组织奖、2012—2013年度郑州市“双学双比巾帼建功”活动先进集体等荣誉称号。

【女性素质提升】 2014年，县妇联继续深入实施“妇女素质跃升工程”，认真组织开展各类学习培训。9月，县妇联与县事管局联合，邀请中国形象设计协会理事、高级礼仪培训师王玫老师为机关女性干部职工授课，塑造全县女职工良好形象、提升机关女职工整体素质。县妇联安排各乡（镇、街道）妇联、县直各单位妇委会开展各类培训，多方位推进“四进”活动的开展。

【服务女性创业发展】 2014年，县妇联认真实施“巾帼创业就业行动”，采取各种形式，创设各种活动载体为妇女创业就业服务。落实妇女“小额贴息贷款”工作，引导鼓励妇女转变观念，积极申贷，推动妇女创业。通过“巾帼信用致富工程”的实施，2014年帮助190名妇女发家致富，授信额近1831万元，切实帮助解决妇女创业资金瓶颈问题。“三八”节期间，联合县人社局开展“春风送岗位”活动，为求职者搭建就业岗位300多个。

【深化“巾帼建功”“双学双比”活动】 2014年，县妇联大力开展“巾帼文明岗”“巾帼示范村”创建活动。以城镇妇女岗位建功成长为目标，组织县直各单位妇委会开展各具特色的岗位练兵、技术比武活动，引导广大女职工岗位争先、岗位建功、岗位成才。全县评选出刘继红、李萍等113名“三八红旗手”，县规划局行政服务科等13个单位被评为“巾帼文明岗”。培树万素珍等一大批农村创业妇女典型，通过大力宣传妇女典型的先进经验，带动更多的农村妇女自主创业。2014年，推荐上报中牟县绿源奶牛养殖有限公司为郑州市“巾帼现代农业科技示范基地”，评选创建大孟镇茶庵村等12个村“巾帼示范村”。创建活动的开展，调动全县妇女参与工作生产的主动性、积极性。

【维护妇女儿童合法权益】 2014年，县妇联坚持以服务妇女儿童、维护社会稳定为己任，依法认真做好妇女群众来信来访工作，倾听来访者诉求，认真分析处理，尽力为妇女群众维权。县妇联受理群众来信来访来电43件，结案率达100%，化解一大批矛盾纠纷，为促进和谐中牟建设作出积极贡献。

县妇联与相关部门联合开展“三八”维权周和反拐宣传日活动。“三八”维权周期间，开展大型法律咨询活动，组织法律顾问、法律宣传志愿者，通过悬挂横幅、设立展板等形式扩大宣传，传播新法规及法律常识，发放宣传资料近3000份，接待群众100余名，提高妇女群众的法律意识和维权意识。5月29日，联合郑州市妇联开展“关爱儿童、反对拐卖”反拐知识培训。邀请中牟县法院少年审判庭庭长刘书兰和郑州市12338妇女维权志愿者、河南省坦言律师事务所主任张祖勤为中牟县、乡、村三级妇联主任做一场精彩的讲座。

【加强妇联组织建设】 2014年，县妇联深入实施强基固本工程，努力做好村、社区妇联组织、妇女之家的建设工作。县妇联对全县各妇联组织、妇女之家、妇女维权站、家长学校等走访查看，关注阵地建设、活动组织、作用发挥及经费使用情况。2014年评选、规范建设东风路街道小潘庄村等11个中牟县优秀“妇女之家”，并对其加强监督管理，使其真正成为基层妇联宣传政策的阵地、传播知识的讲堂、服务妇女群众的平台。广惠街街道刘申庄村妇女之家等6个“妇女之家”获批成为河南省首批示范“妇女之家”。3月15日，河南省妇联主席陈砚秋和郑州市妇联主席马斐颖到中牟指导“妇女之家”工作，给予充分肯定。

积极推进女性进“两委”工作的开展。12月5日，中牟县村级组织换届选举工作开展，按照郑州市妇联以及中牟县委、县政府换届要求，县妇联高度重视、密切关注、积极参与、主动介入，着力推进农村妇女进“两委”工作。2014年中牟县“两委”换届中，推选出村支部委员942人，其中女性委员71人；村党支部书记273人，其中女支部书记7名；推选出村委成员1057名，其中女性成员232人；村主任274名，其中女村主任1人。妇代会主任进“两委”112人。

【关爱妇女儿童系列活动】 2014年，县妇联按照全国及郑州市开展的“两癌”（宫颈癌及乳腺癌）免费检查活动的安排部署，与县卫生局密切配合，为全县35—64岁农村妇女进行免费“两癌”检查。全县宫颈癌筛查20195人，乳腺癌筛查3387人。在实施过程中，发现贫困患病妇女的治疗问题凸现，县妇联积极申报，参与“全国妇联贫困母亲两癌救助专项基金”救助活动，最终13名贫困患病妇女获得批准分别得到1万元的救助基金。

根据“郑州市十大实事”项目及市妇联要求，2014年，县妇联承担建立9所“儿童之家”的任务。经过深入调查摸底、严格筛选，大孟镇信王村，青年路城东社区、西街村、管道三公司社区、明山庙村，广惠街徐庄村、占杨村，东风路大潘庄村、小潘庄村共9个村（社区）最终立项。在市、县两级财政的共同努力下，截至10月，9所“儿童之家”所需电视、电脑、空调、图书等价值10万元的物品全部配备到位，并于11月正式投入使用。

借助网格化管理模式，县妇联充分发挥县、乡、村三级关爱网格作用，坚持将“下基层、访妇情、办实事”与网格化管理工作紧密结合，密切联系官渡镇孙庄村分包群众，了解妇情民意，协调解决问题，推进社会的和谐稳定。1月23日上午，中牟县妇联一行人带着新春的祝福看望慰问了官渡镇孙庄村贫困老党员孙士彬和孙根生、孙河林等困难群众，给他们送上了慰问金和大米、牛奶、食用油等慰问品；3月28日上午，中牟县妇联一行人到官渡镇孙庄村，慰问困难女童刘雪宁、贫困患病妇女张小换，并为她们送上了慰问金。县妇联定期不定期地走访这些“特殊的家人”，让他们深切感受到来自党和政府的关爱；5月29日下午，对所联系点官渡镇孙庄小学的孩子们进行了慰问，为他们送去节日的关怀和图书、画笔、篮球、足球、羽毛球、乒乓球等学习用品和体育用品。

【妇女精神文明创建】 2014年，县妇联深入贯彻落实习近平总书记在同全国妇联新一届领导班子成员谈话精神，根据全国、省市妇联工作要求，在深化文明卫生家庭创建活动的基础上，立足基层，发动群众，持续开展各类家庭典型评选活动，以家庭和谐促社会和谐。2014年，县妇联以“家”字做文章，在全县范围内评选出胡景丽等55户“幸福家庭”，韩小芬等17户“绿色家庭”。开展寻找“最美家庭”活动，并积极向上级妇联推荐“最美家庭”10户。这些家庭以生动活泼的方式晒家庭幸福生活、讲家庭和谐故事、展家庭文明风采、秀家庭未来梦想。2014年，县妇联荣获郑州市寻找“最美家庭”活动优秀组织奖、郑州市“绿色家庭”创评活动优秀组织奖。

加强未成年人思想道德建设。2014年，县妇联创新工作载体，深入基层、接近群众，将家教知识巡回讲座与妇联品牌活动“妇女素质流动课堂——‘四进’（进机关、进学校、进社区、进村镇）”紧密结合。在3月20日—4月2日期间，邀请全国家庭教育巡讲团高级讲师张连凤教授，国家二级心理咨询师、婚姻家庭亲子教育顾问施柳贞到中牟县授课，在全县14个乡（镇、街道）及部分县直单位、学校开展30余场的家庭教育及婚姻家庭讲座，受益8000余人。

【“两规划”宣传实施】 2014年，县妇联在“三八”节、“六一”节、母亲节等节日期间，积极开展《中牟县妇女发展规划（2011—2020）》《中牟县儿童发展规划（2011—2020）》（以下简称“两规划”）系列宣传活动。运用妇儿工委办公室设在妇联的有利平台，履行政府管理妇女儿童事务的职能，通过实施妇女儿童发展规划，聚集政府有关部门、有关方面力量，努力促进全县妇女儿童事业快速发展。妇女儿童的合法权益得到较好保护，各阶层妇女的发展环境日益优化，男女平等国策不断落到实处。

【妇女参与社会管理创新】 2014年，县妇联认真贯彻全国妇联“六个创新”的工作举措，因地制宜、突出重点、勇于探索，参与社会管理和创新工作稳步推进，使妇联工作内涵随着时代的发展不断丰富。大力实施巾帼志愿服务行动计划，在全县继续招募巾帼志愿者。2014年新招募志愿者280名，累计招募志愿者1282名。县妇联将巾帼志愿服务队伍作为妇联组织参与社会协同、构建新型社会管理格局的重要形式，利用节日、假期，发动、组织各巾帼志愿服务队的志愿者慰问留守流动儿童，看望空巢老人、走访贫困妇女家庭等，为他们献爱心、送温暖。县妇联发动组织各巾帼志愿服务队开展“三八”服务月巾帼志愿者集中服务活动，为全县广大妇女营造祥和、温暖、幸福的节日氛围。

【重大节庆活动】 2014年，中牟县各级妇联组织围绕“三八”“六一”等节日，面向基层妇女群众，开展各具特色的庆祝活动，丰富妇女群众的文化生活，弘扬社会新风，营造尊重妇女、关爱儿童的社会氛围。

“三八”节期间，县妇联举办庆“三八”表彰大会，对作出突出贡献的59个妇女工作先进集体和168名先进个人进行表彰，并在县电视台开办专栏，对“三八”红旗手陈立萍、张珂、“幸福家庭”耿水梅、张进霞、韩书安家庭等各类先进典型事迹进行宣传报道，并在母亲节期间报道“十佳母亲”梁培英、屈爱琴、田爱军等先进人物的典型事迹。同时，各乡（镇、街道）妇联、县直各单位妇委会也积极组织开展各类特色活动，座谈会、健康知识讲座、女工趣味活动、表彰会等形式多样的庆祝活动，丰富节日内容，营造浓厚的节日氛围。

母亲节期间，县妇联在全县开展“十佳母亲”评选活动，经优中选优，评选出梁培英等10名“十佳母亲”、张银牌等36名“优秀母亲”。县妇联在中牟电视台开办专栏，对受表彰母亲的感人事迹进行宣传，鼓励她们继续发扬传统美德，并号召全县妇女以典型为楷模，充分发挥女性在家庭中的重要作用。2014 年，县妇联荣获郑州市“十佳母亲”优秀组织奖。

“六一”儿童节期间，开展“六一”慰问和“十佳儿童”评选表彰活动。5 月 29 日上午，县妇联牵头组织开展庆“六一”慰问活动。中牟县委书记路红卫，县委副书记、代县长潘开名，县委副书记楚惠东，县人大主任刘玉玲，县政协主席李延中，副县长王洪波等四大班子领导和县教体局局长陈赞枝、县妇联主席李玲玲参加慰问。他们到县东风路小学、县姚家镇春岗幼儿园看望、慰问孩子们，为孩子们送去节日礼物和祝福，与孩子们共庆“六一”儿童节。“六一”期间，县妇儿工委开展“十佳儿童”“优秀儿童”“十佳家长”“优秀家长”评选表彰活动，评选出“十佳儿童”10 名，“优秀儿童”60 名，“十佳家长”10 名，“优秀家长”40 名。县政府妇儿工委各成员单位及各乡（镇、街道）妇联、县直各单位妇委会也积极开展庆“六一”系列活动。2014 年，县妇联荣获“好爸好妈好家风”郑州市庆“六一”儿童成果展示活动优秀组织奖。

（审核：李玲玲　撰稿：郭申申）

科　协

科协主席　秦建国

【概况】　2014 年，中牟县科学技术协会（简称县科协）创新工作思路，转变工作作风，充分发挥科普示范基地、农技协的作用；团结和发展科技工作者，大力推广先进、实用的技术等开展工作，充分发挥“三服务一加强”的作用，提高中牟县人民群众的科学素质，为中牟县经济稳定发展作出贡献。中牟县被中国科协评为“2011—2015”全国科普示范县。

【全国科普日活动】　2014 年 9 月 22 日至 9 月 27 日，县科协举办“创新引领未来，科普在我身边”和“关爱老人，服务百姓”为主题的全国科普日活动，活动分为科普进校园、重阳节义务就诊和反邪教宣传 3 个板块，利用条幅、展板、咨询台、发放科普资料等多种方式开展活动。科普进校园板块中展出获得市级和县级青少年科技创新大赛的科幻画 60 余幅、科技小制作 20 余件、科普展板 4 块，观看学生 2000 人次。科普日活动期间，展出反邪教口袋书、《中牟科普》、《揭开“全能神”的真面目》等各类科普读物 800 余册，营造人人懂科普爱科普的良好氛围，受到大众的欢迎。

【“三创一带”活动】　2014 年，县科协着重加大“三创一带”活动的政策宣传力度深入农村，在田间地头给农民宣讲，引导一批科教带头人创办协会、基地。全县在民政部门登记注册的科普示范基地 5 个，农村专业技术协会 5 个，农村科普大学 3 个，科普带头人 6 名；建立科普惠农专业科技人才库，为后期的惠农项目提供有力保障。在“三创一带”活动中，县科协推荐的中牟县绿化树种植协会被评为全国先进农村专业技术协会，中牟县西瓜协会被评为河南省先进农村专业技术协会。

【科普惠农兴村计划】　2014 年，县科协在市级“科普惠农兴村计划”项目中，组织申报中牟县冷藏保鲜协会、中牟县春峰草莓协会，河南省农业高新科技园有限公司科普示范基地及 1 个农村科普大学、1 名农村科普带头人，参加郑州市“科普惠农兴村计划”的评选。6 月，县科协组织历年来获得“科普惠农兴村计划”表彰的协会、基地的负责人及相关技术人员，以座谈的形式开展科普惠农交流学习活动，他们相互交流经验、取长补短，同时也建立他们带动辐射周边群众的信心。

【科普工作】 2014年，县科协开展科普创新工程和培训，取得一定成效。利用展栏、展板，发放宣传册等方式，到联系点韩寺镇东岗村开展“科普惠民”主题的科普宣传5次，发放养殖、种植等科普书籍500本，直接受益人群700人次。6月组织开展食品安全宣传周活动，制订详细的活动实施方案，悬挂横幅，设立展板并进行现场咨询。同时，邀请著名农技专家张慎璞教授深入冷藏保鲜协会、绿化树种植协会、春峰草莓协会开展农业生产技术讲座3次，培训农户500余人。并开展农村科普示范基地实地培训工作，受益农技人员和农户1万人次。

2014年，县科协创刊《中牟科普》连载杂志，出版5期，发放3000余册；省科协下发《关于组织申报2014年河南省科学技术普及成果奖的通知》，报送由县科协编辑组编写的《中老年养生保健与疾病预防》和多所学校报选的各类成果参与评比，其中《中老年养生保健与疾病预防》读本获得河南省科学技术普及成果奖二等奖，郑州市中牟电子科技中专的饮料瓶工艺——立体声音响科技成果转化、学雷锋义务维修社会实践活动获得河南省科学技术普及成果奖三等奖。这些成果为中牟县科普工作的开展，全民科学素质的提高发挥一定作用。

2014年科普设施建设成果明显。在水岸鑫城翠鸣湖公园内建一条长30米的科普文化宣传长廊。长廊以图文并茂的形式向广大群众宣传科普知识。观看科普长廊的观众达100万人次。2014年下半年，在牟山公园里新建1处科普长廊。

【中牟县老科技工作者协会】 2014年，发展壮大老科协社团组织队伍，吸收一批有专业技术水平的专家和优秀教师参加老科协组织。6月18日，县老科协第一次代表大会成功召开。大会审议通过《中牟县老科学技术工作者协会章程》，民主选举产生第一届老科协理事会成员名单（由刘海燕任老科技工作者协会会长），常务理事代表郭从珍发言。9月，与县科协共同举办重阳节大型免费义诊活动，接待咨询和义诊群众500余人次，发放县科协编撰的科普读物和重阳节尊老敬老倡议书4500余册。10月，积极开展离退休专业技术人员高级专业技术资格评定工作。在老科协开展的离退休专业技术人员高级专业技术资格评定推荐工作，王公理晋升为副高工。

【反邪教工作】 2014年4月，县反邪教协会和县委有关部门启动以“反对邪教、健康生活、建设美丽家园”主题的宣传月活动。县各乡（镇、街道）以张贴反邪教挂图、悬挂条幅、发放宣传册等形式，向广大人民群众宣传“法轮功”“全能神”等各种邪教的特点、危害及识别方法，提高广大群众识邪、防邪的能力。活动中，张贴“揭穿邪教全能神”反邪教挂图90套，发放《教育转化“全能神”人员工作读本》80本，《反邪教口袋书——小无邪反邪记》900册，悬挂横幅60条和防雨宣传画100套。另外还利用购物手推车、雨伞、扑克牌等广大人民群众喜闻乐见的生活娱乐用品进行宣传。7月由郑州市防范办、郑州市科协主办的“崇尚科学、反对邪教”戏曲巡演在中牟县官渡镇板桥村拉开序幕，当晚巡演的《迷途拯救》曲目生动、有力地揭批邪教组织对人民群众的危害，受到在场群众的热烈欢迎。当晚观看群众500多人次，郑州市委防范办副主任李玉林、陈庆山，郑州市科学技术协会副主席曲海波、科普中心主任白文红现场观看演出。2014年下半年，中牟县反邪教协会组织编辑的《反邪教口袋书》宣传册和反邪教警示教育科普挂图面向全县各乡镇（街道）大范围发放宣传，下半年发放宣传册2000册科普挂图6000份，起到良好宣传效果。

【青少年科技创新大赛】 2014年，县科协重视青少年创新意识的培养，与县教体局联合发文，举办第十四届青少年科技创新大赛。经过精心组织和周密安排，全县中小学及县直幼儿园2000多名师生积极参加此项活动。少儿科幻画510幅、青少年科技创新成果竞赛项目105

个、辅导员科教创新项目32项等作品参选。经过认真评审，最终对2个优秀组织单位、14个优秀组织工作者、40个优秀科技辅导教师、110幅少儿科幻画以及25项创新项目进行表彰。经过评比，青少年科技创新成果竞赛项目、少年儿童科幻画、科技辅导员科教创新项目等78份作品参加市级评选。其中，获得市级青少年科技成果奖7个，市级科幻画奖10个，市级科教辅导员创新项目奖3人，市级优秀组织奖3个，受到郑州市科协的表彰。

（审核：张爱琴　撰稿：宋　艳）

工商联

工商联主席　霍新全

【概况】　2014年，中牟县工商联以发展为主题，以服务为根本，以开展基层商会建设年活动为重点，以争创“五好”县级工商联活动为契机，以非公经济理想信念教育实践活动和党的群众路线教育实践活动为抓手，积极帮助会员企业应对金融危机，促进企业健康发展；认真履行工商联的职能，坚持“团结、服务、引导、教育”基本方针，把握统战性、强化经济性、体现民间性，充分发挥桥梁纽带和助手作用，扎实推进各项工作的开展。

【参与社会各项事业】　2014年，中牟工商联注重调研，当好参谋，为非公经济争取良好的发展环境。联系、走访县有关部门，为非公经济发展营造良好环境；把非公经济发展与中牟县新型城镇化建设和县域经济发展有机结合起来，拓展非公经济发展领域，其中，会员企业郑州兴基实业有限公司和顺泰达置业有限公司参与新型社区建设2个，投入金额80多亿元；在企业创立、市场准入、融资渠道、产权保护以及政策法规等方面，为非公经济发展创造公平竞争的市场环境；建立高效率、透明式的政府机制，及时向民营投资者，提供优质服务并传递投资信息，建立适应发展的服务机制。

2014年初，中牟县工商联组织行业商会、会员企业开展访贫问苦活动，参与企业23个，慰问品和慰问金折合11.5万元。3月，与中牟县慈善总会结合，将会员企业海瑞达超市和世纪花园超市设为“爱心超市”；将味道名家等6家饭店设为“爱心饭店”；8月29日上午，中牟县工商联开展“金秋助学·同心行动”活动，为15名考上本科院校的贫困大学生发放助学金发放9万元。10月11日上午，中牟县2014“郑州慈善日”活动举行，授予中牟县工商联会员企业河南宏达路桥建设有限公司等10家企业“十大爱心企业”荣誉称号，授予县工商联等18个单位“优秀组织单位”荣誉称号，授予丁继红等15人为“慈善好人”荣誉称号。中牟县工商联会员企业在活动现场捐助256万元，为中牟县慈善事业发展作出贡献。

【加强组织建设】　2014年，中牟县工商联择优发展会员，确保发展速度。商会始终坚持“服务立会”的指导思想，加大发展会员步伐，壮大会员队伍，将重点发展企业信誉好、有一定经济实力、守法经营、在群众中有一定威信，热心工商联工作的私营企业主吸收为会员，使非公有制经济人士成为中牟县经济发展和社会稳定的一支主力军。1月22日，中牟县工商联召开七届三次执委会，增选付东等7人为中牟县商会副会长，增补李欣等15人为工商联执委。成立中牟县汽车产业园区地产业商会，中牟县民营企业发展服务中心积极筹备准备开业。加强基层商会建设，打牢基层根基。中牟县工商联注重加强对乡（镇、街道）商会工作的指导。起草《关于进一步加强乡（镇、街道）商会建设的实施意见》，对4个发展较好的基层商会走访调研，为他们提出合理化意见和建议，支持乡（镇、街道）商会在法律和章程范围内独立自主地开展工作。

【创新服务模式】 2014年，中牟县工商联注重发挥非公有制经济统战的优势，加强对企业员工，特别是非公有制经济人士的教育，引导他们正确把握形势，科学辩证地看待金融危机中带来的困难，增强发展信心。通过政策宣讲、发布信息、座谈等形式，及时把上级的政策措施宣传到企业，增强企业应对金融危机的信心。4月26日，中牟县工商联组织召开银企见面交流会，中牟县农商行副行长李俊峰对县农商行支持企业发展的业务做详细说明，为企业融资提供技术性指导和便利条件，加大中牟县非公有制企业的金融支持力度，向非公有制企业转型升级注入金融“正能量”。

中牟县工商联突出典型引路，强化思想政治建设。在中牟县第四届优秀农民工表彰大会上，中牟县工商联会员企业郑州兴基实业有限公司等7家被评选为“关爱农民工十佳单位”。中牟县裕康酱菜厂总经理朱肖云代表十佳单位做典型发言，成为全县非公有制企业学习的榜样，在全社会营造关心、爱护、尊重新型合同工人的良好氛围。在中牟县庆祝“五一”国际劳动节暨2008—2014年度劳动模范（先进工作者）表彰大会上，中牟县会员企业的优秀代表孙彦庆、冉允志、刘学俊等8人受到表彰。7月，中牟县商会副会长朱肖云（诚实守信类）成功当选“中国好人榜”。11月推荐朱肖云和褚洪涛为中牟县的“省非公有制经济人士优秀中国特色社会主义事业建设者”候选人。通过树立典型，通过对会员进行社会主义、爱国主义、社会主义荣辱观、职业道德等方面的教育，使会员在思想上、政治上和行动上都得到提高；通过加强形势教育和思想政治工作，多讲主流、多讲机遇、多讲希望，进一步鼓励企业在危机中捕捉商机，变压力为动力。

【开展经济服务交流】 2014年，中牟县工商联加大招商引资力度，发展非公有制经济。围绕县委、县政府的招商引资工作，充分利用工商联以及各行业商会的平台作用，积极组织非公企业开展招商引资、展会展销等经济服务交流活动，为区域之间、不同行业之间、各会员企业之间的资金融通、市场开拓、经贸合作、共同发展等提供服务。带领非公企业负责人到甘肃省天祝县和新疆阿瓦提等地组团考察，促进非公有制经济形成合力，转变发展方式和调整发展结构，增强市场竞争力和应对风险的能力。

【“五好”县级工商联创建】 2014年，中牟县工商联将争创“五好”（领导班子好、会员发展好、商会建设好、作用发展好、工作保障好）县级工商联活动作为工作的重中之重，紧紧围绕“两个健康”工作主题，以提高非公经济服务能力和水平为宗旨，大力开展中牟县“五好”工商联创建活动。一是做好汇报，争取领导的支持。中牟县工商联在对全县工商联建设情况调查研究的前提下，结合实际提出推进县级工商联建设的意见和建议，并向县委主要领导作专题汇报。积极向县财政打报告，争取县工商联教育培训、考察调研等专项经费纳入财政预算；积极向县委县政府申请，改善县工商联解决工作用车、办公用房、自动化办公设备和人员编制等问题。完善兼职副主席（副会长）工作机制，有效发挥班子的集体领导作用。充分发挥兼职副主席（副会长）作用，定期召开主席办公会，讨论重大事项，部署重要工作。安排兼职副主席（副会长）轮流值班，分组参加工商联机关会议和重要活动。建立商会建设台账管理制度，规范商会日常管理。为全面打牢工商联工作基础，中牟县把2014年定为“乡镇商会建设年”，在全县14个乡（镇、街道）全面推开商会建设活动，要求各乡（镇、街道）尚未建立商会的要立即着手筹备，已建立的要发展会员、充实班子，发展一批在当地有较强经济实力、在群众中有较高威信和良好口碑的非公有制经济人士及在外创业成功人士成为会员，为促进当地“两个健康”作出贡献。

（审核：霍新全　撰稿：朱伟霆　丁慧霞）

编辑：李　红

国防建设

人民武装

部长　李增辉

政委　李长松

【党委班子建设】 2014年，中牟县人武部加强班子能力建设，结合贯彻《政工条例》和《党委工作条例》，修订完善党委议事规则，规范党委工作。围绕政治坚定、精神昂扬、决策正确、团结紧密、工作求实、形象清廉、勇于创新的目标，遵循民主集中制原则，切实加强党委班子自身建设，规范议事决策程序，坚持集体决策、慎重决策、公道决策。坚持党委集体领导下的首长负责分工制，切实增强党委班子议事决策的制度化、规范化和科学化。建立部党委成员联系镇（乡）街道武装部制度，加强工作联系和指导。落实党风廉政建设责任制，确保工程建设和财经管理规范有序。继续推行部务公开，积极抓好党风廉政建设，自觉接受群众监督。

【思想政治建设】 2014年，中牟县人武部坚定不移地把思想政治建设摆在各项建设首位，不断打牢部队高举旗帜、听党指挥、行使命的思想政治根基。在全县专武干部中开展“学习焦裕禄精神，争当爱武精武专武干部”活动，带动专武干部队伍建设，通过活动着力解决工作作风不实、贯彻落实不力、务军意识不强、能力素质不高、群众感情不深等突出问题。认真学习习主席关于党在新形势下强军目标的一系列重要论述、开展“牢记强军目标、献身强军实践”主题教育活动，按照理论学习、讨论辨析、检查整改三个步骤，以“联学共教”的形式同步参加警备区组织的集中教育，坚持学习中央军委主席习近平关于战斗力建设的一系列重要论述，切实把战斗力建设的重大意义、深刻内涵和标准要求搞清楚。不断打牢当兵打仗、带兵打仗、练兵打仗的思想根基。2014年国家大事要事多，党的大事要事多，部党委绷紧预防政治问题这根弦，密切关注舆情社情和干部职工思想动态，扎实搞好军魂教育和“四反”教育，着力提高应对复杂局面和处置突发情况的能力，及时开展形势政策教育，用上级决策指示统一思想和行动，保持部队安全稳定。

【全县武装工作会议召开】 2014年3月22日，中牟县组织召开全县武装工作会议。县委书记、县政府主要领导、各乡镇（街道）党（工）委书记、基层武装部全体专武干部和县人武部全体人员100余人参加会议。会议总结上年工作，部署2014年任务，部分乡镇（街道）党（工）委书记进行述职。这次会议的召开，进一步提高各级领导党管武装的责任意识，激发全体专武干部工作热情。

【双拥共建】 2014年，中牟县人武部党委在双拥共建中坚持主动作为，注重发挥桥梁纽带作用。3月，得知某集团军机关在中牟演习的消息后，中牟县人武部及时向县委主要领导汇报，主动与参演部队搞好工作对接，协调县民政局对参演部队进行慰问。5 月 25 日，济南战区在郑民高速进行飞机试飞演练，中牟县人武部在第一时间积极协调交警部门启动应急预案，动员民兵骨干参与疏导交通，确保交通畅通。同时集结防暴大队相关人员做好应对突发事件的各种准备。“六一”前夕，投资 3 万余元为官渡镇黑砦小学安装吊顶、电风扇，改善学校教学条件。8 月 1 日，县人武部协调召开县委常委议军会议，研究驻军各单位需要协调解决的矛盾和问题，进一步促进武装工作制度化、规范化。

（审核：李增辉　李长松　撰稿：张晓霞）

人民防空

人防办主任　单纪谦

【概况】　2014 年，中牟县人民防空办公室（简称中牟县人防办）深入贯彻落实人防法律法规，不断加强人防队伍建设，以准军事化标准管理日常工作，紧紧围绕工作大局和责任目标任务，主动适应新常态，突出重点抓落实。加强指挥通信建设，提升人防信息化程度，全县防空警报鸣响率达 100%，人防建设各项工作取得明显成效。中牟县人防办被郑州市人防办评为先进单位。

【准军事化建设】　2014 年，中牟县人防办不断巩固加强准军事化建设成果。全员入编河南陆军预备役高炮师，作为保障战时迅速扩编的后备军事力量，统一配备制式服装，参加年度整组训练。主动把人防专业队训练工作作为一件硬性指标按时、保质完成，组织人防专业队及指挥部成员整组点验，确保人防专业队应急战斗力。制定人防战备值班室管理规定，确保汛期等关键时期应急值守万无一失，汛期值班

人防专业队伍骨干集中训练

获郑州市人防办通报表扬。

【人防工程审批】　2014 年，中牟县人防办坚持“以建为主、以收促建”的原则，不断完善人防综合防护体系。根据工作需要简化、完善工程审批流程，提高审批效率。不断加强与建设系统相关单位的沟通，保持工作对接常态化，最大限度堵塞企业逃避工程审批和质量监督漏洞。2014 年审批结建人防工程 15.1 万平方米，竣工验收人防工程 4.3 万平方米，超额完成郑州市人防办制订的目标任务。征收易地建设费 1540 余万元。同时，进一步加强人防执法监督，使人防法制工作由被动执法向主动监督转变，使人防执法行为更加合理、高效。针对人防工程建设过程中的各类违法行为，严格执法，全年处理各类违法案件 8 起。通过责令改正、警告、罚款等形式，刚柔并济，威慑违法，净化行政审批及工程建设外部环境。

【警报设施维护管理】　2014 年，中牟县人防办进一步加强人防警报设施维护管理工作，明确警报器所在单位的管理责任，做到人员、制度、责任、经费四落实。截至 2014 年底，安装防空警报器 14 台，鸣响率 100%，覆盖率 95% 以上。

【宣传教育】　2014 年，结合“5·12”防灾减灾日开展防灾减灾专题宣传，通过发放应急避难资料、设置宣传板面、现场咨询解答等形式，宣传防灾减灾和人防应急避险知识。2014 年购

中牟县电子科技中专应急避难疏散演习

买《居安思危 备战人防》系列电影科教片，自9月5日起，利用10天时间在中牟县电视台黄金时段播放。同时以中牟县政府办公室名义下发通知，要求全县各乡、镇（街道、办事处）及各部门按要求组织收看，有效地宣传人防防灾减灾知识。9月18日，中牟县人防办结合警报试鸣活动，在中牟县电子科技中专进行疏散演习，全校2200余师生积极参与，以真实、生动的演习为师生上一堂应急避难处置课。

（审核：单纪谦 撰稿：韩 阳）

编辑：李 红

法　制

政法综治工作

县委政法委书记
李晓亮

【概况】　2014年，中牟县全面贯彻落实全国和省、市政法工作会议精神，以平安建设"细胞工程"创建活动为载体，以加强基层基础工作为重点，以开展党的群众路线教育实践活动为抓手，以提高政法干警"五项能力"为核心，全面加强和改进政法队伍建设，圆满完成各项工作任务，为维护中牟县政治社会稳定，促进县域经济发展作出应有贡献。2014年，中牟县没有发生在全郑州市有影响的群体性事件、刑事治安案件、经济犯罪案件、群死群伤事故、危害国家安全和政治稳定的案事件，全县社会、政治、治安大局保持稳定。

【维护国家安全】　2014年，中牟县以夯实国家安全基层基础为重心，以提升发现获取信息能力为核心，大力加强人民防线建设，全力做好重大社情调查工作，为维护国家安全和社会政治稳定，加快推进中原经济区建设作出积极贡献。

中牟县按照郑州市国安办要求，结合全县实际，在各乡（镇、街道）成立由党（工）委书记任组长，综治中心主任任副组长的乡（镇、街道）国家安全小组。同时按照"六有"〔有专门办公场所、有专（兼）职人员、有专门经费、有专用办公设备、有制度、有绩效考核〕标准，扎实推进各乡（镇、街道）"实体化"建设。

建立中牟县情报收集网络，提升安全信息员信息分析研判能力，有效掌控县域安全态势，严防各种极端及敌对势力思想的渗透。2014年编发上报涉稳动态80期，风险评估5期，征文稿件5篇。其中重点关注"巴基斯坦友人来访""17名伊朗人来华强方特游乐园友好学习"的信息归纳分析，受到郑州市国安办的高度重视和工作肯定。

中牟县国安办组织县公安局、县宗教局等有关部门，对全县基督教、佛教活动场所逐个排查，确保宗教活动正常。

【防范和处理邪教】　2014年，中牟县全面贯彻落实上级有关方针政策，不断加强对法轮功、全能神等邪教组织的打击处理、防范控制和教育转化攻坚工作，扎实开展反邪教警示教育宣传和无邪教社区创建活动，有效遏制邪教势力滋事闹事的活动势头，确保全县社会政治大局稳定。

中牟县委、县政府成立中牟县反邪教工作领导小组，全县各乡（镇、街道）设立防范处理邪教办公室，配齐反邪教工作专干，组建反邪教信息员队伍。县防范办与各乡（镇、街道）、县直有关部门签订安全防控工作责任书，各乡（镇、街道）与各行政村（社区）签订管控包保责任书，全县形成县、乡（镇、街道）、行政村（社区）三级目标管理体系，为切实做好各项反邪教工作提供坚实有力的保障。

深入开展反邪教教育活动。充分发挥反邪教警示教育阵地作用。在全县建立274套反邪

县委常委、政法委书记李晓亮到新圃街小学指导督查“无邪教创建”工作

教警示教育墙体画，设立400多个宣传栏和500多条固定宣传教育标语，有力提升广大群众识别和抵制邪教的能力。扎实开展反邪教警示教育集中宣传月活动。中牟县防范办组织全县有关单位，在县政府二楼报告厅举办中牟县反邪教知识竞赛；组织开展中牟县反邪教书画作品展，展出优秀征文40余篇、优秀书画作品50余幅，并制作《中牟县教育系统反邪教书画作品集》；下发《致妇女群众的一封信》，引导广大农村妇女健康娱乐，科学健身，自觉增强抵制邪教，全县受教育妇女约12万人。

继续保持严打高压态势。按照“主动出击、露头就打”的工作方针，对全县范围内法轮功、全能神等邪教组织和邪教人员深挖打击，有效维护中牟县政治大局的稳定。2014年，中牟县抓获2名“实际神”成员并对其行政拘留。

【维护社会稳定】 2014年，中牟县严格按照郑州市维稳工作要求，以化解矛盾纠纷和解决重大不稳定问题为主线，以维护社会政治稳定为重点，以加强督查督办和落实责任制为保障，进一步完善排查调处工作机制，确保全县社会大局稳定。

健全矛盾纠纷排查化解机制。一是实施“四级”矛盾排查工作制。中牟县维稳办牵头组织有关单位，每月定期开展一次全县性矛盾排查；各乡（镇、街道）每半月组织开展一次深入细致的矛盾排查；各行政村及村民组每周开展一次全面矛盾排查。同时，坚持定期排查和重大节日、重要活动、敏感时期随时排查相结合，全面排查与重点区域重点排查相结合，对可能出现的不稳定问题和社会矛盾以及倾向性、苗头性问题深入排查，登记造册。二是做到“事要解决”。对热点难点矛盾纠纷，通过召开县委常委会、县政府疑难信访案件联席会议、公检法司“四长”办公会等会议，进行集中研究，联合办案解决；对排查出来的重大问题，实行“五个一”工作机制，即每一个信访稳定问题都要明确一名县领导、确定一套班子、制订一个方案和做到一抓到底；对牵涉面广，情况复杂的矛盾纠纷，中牟县委、县政府组成联合工作组，深入群众、深入基层进行专题研究，重点解剖，集中解决，防止因问题积压出现新的不稳定现象。

全面落实社会稳定风险评估。一是严格评估。按照“源头治理、超前化解”原则，对中牟县所有重大决策、重大项目、重大事项的审批、实施开展社会稳定风险评估工作，切实做到评估范围明确、责任主体明确、实施办法明确。通过评估，暂停开工项目1个，准予开工建设4个，将影响社会稳定的风险因素降到最低，有效预防、化解一大批因重大项目建设引发的不稳定问题。二是严格追责。对凡应该进行风险评估事项未按要求实施、或弄虚作假、隐瞒问题，引发重大不稳定事端的，严格按照党政工作人员问责办法追究党纪政纪责任。

加强情报信息掌控。一是组建全县维稳信息员队伍。按照每个乡（镇、街道）和行政村至少设立2名维稳信息员的要求，中牟县建立县、乡、村三级676名维稳信息员队伍，确保及时准确掌控舆情动态。二是严格信息报送。对排查出的矛盾问题实行逐级上报，严格做到不漏查、不误查，不迟报、不瞒报。在重要时期或敏感时期，实行信访稳定信息“日报告”“零报告”，各乡（镇、街道）每天下午5时前，将当日辖区内不稳定信息，经主要负责人签字后及时上报，对重点问题做到急事急报、特事特报、大事快报。通过及时、有效掌控情报信息，有效预防和成功处置多起突发性群体事件，有力维护全县社会稳定。

有效规范信访秩序。一是严格领导干部接访下访。完善实施县领导大接访制度，坚持实行每周一乡（镇）党委书记、街道办事处党工委书记、县直单位正职接访及每周三乡（镇）长、街道办主任接访。二是实行信访首问负责制。对群众反映的农村土地征用、房屋拆迁安置、土地承包纠纷等突出热点问题，做到当面解答、及时处理，不能当面解答处理的，要落实承办单位和承办人限期解决，坚决杜绝敷衍了事、不督不办现象发生。三是全力抓好涉法涉诉信访。制订下发《中牟县涉法涉诉联合接访窗口工作方案》，在县信访局成立涉法涉诉联合接访窗口。每周安排一名带班领导和一名后备干部值班，接待涉法涉诉上访人员，帮助解决困难和问题。全年接待上访群众108人次，受理案件23案。四是依法严厉打击非访。按照解决合理、教育无理、惩治违法的原则，对长期以来不断缠访、闹访，并提出无理要求的非正常上访老户和非法上访老户，依法打击处理。2014年，打击处理非正常上访26人，非法上访6人。

【平安中牟建设】 2014年，中牟县紧紧围绕“双基、双治、双安”，以创新社会治理方式和解决影响社会和谐稳定的突出问题为着力点，进一步加强综治基层基础建设，健全完善社会治安防控体系，加大重点地区排查整治力度，有效提升基层综治和平安建设水平。

坚持深入基层调研。2014年3月，中牟县委政法委组织人员开展中牟平安建设大调研，在全县走访604户农户、377户临街商户、6家大型商（市）场170个商铺、176个家属楼院、40家企业、8所中小学校和幼儿园、5家医院和卫生院、27个村组干部和615个流动人口。在开展集中大调研的基础上，实施每周基层调研工作制，中牟县委政法委班子成员每周至少走访1个村（社区），全年走访224个村。针对走访调研发现的问题，中牟县综治委成立专项整治工作领导小组，召开专题会议，研究制订整改措施及整改方案，并严格督查落实，确保问题整改到位。

创新社会管理载体。一是实施治安防控网格化管理。中牟县委政法委、中牟县综治委以开展“基层基础建设提升年”活动为契机，出台印发《中牟县网格化治安巡逻防控工作实施方案》，创新实施中牟县治安防控网格化管理，为群众提供面对面、点对点、个性化、精细化的优质服务。全县下沉的837名网格员（公安干警289名，检察院干警86名，法院干警110名，司法局人员36名，综治力量316名）按照每周至少走访一次的要求，深入基层开展治安防控、矛盾纠纷排查、法制宣传、便民服务等活动。2014年发放宣传彩页15万余份，举办法律、科技等知识讲座56次，排查出矛盾和问题1526起，成功调解1508起，成功调解率98.8%。二是实施村组干部绩效考核制度。对以村（社区）支部书记为主的村干部工作绩效考核和评比，作为对行政村奖励以及村干部评价、使用的依据。村组干部绩效考核继续将平安建设工作作为考核的首要内容，每一季度评出50个先进村和20个落后村，并在媒体上公布。三是推行村干部职业化管理。从村干部待遇和日常管理入手，实行岗位公职化、管理规范化、待遇工资化、离任保障化、考核制度化。四是建立“阳光村务网”。中牟县所有行政村建立开通以“监督”为主线、以“公开、互动、服务”为主题的“阳光村务网”，有效解决基层村务不公开可能引发的不稳定问题。

深化基层平安创建。一是深入推进基层规范化建设。制发《中牟县基层综治工作站规范化建设实施意见》，对基层综治工作站的办公场所和设施配备提出明确要求，对基层综治工作站7本基础台账格式和6项工作制度统一规范，并规定由包村干部任综治工作站主任，负责工作站的日常工作。2014年，全县14个乡（镇、街道）全部建立综治工作中心（平安建设工作中心），综治工作站总数168个，完成全县70%的村（社区）建立综治工作站的目标，有力助推全县基层平安创建。二是全面推动“细胞工

县委常委、政法委书记李晓亮陪同省领导检查平安建设宣传工作

程”创建。平安建设“细胞工程”覆盖校园、医院、企业、餐饮饭店、宗教场所等多个领域，基层平安创建不断深化。三是继续深入开展平安“五无”村（社区）创建活动。全县75%的行政村（社区）达到平安“五无”创建标准。

强力打击整治。一是开展“三打击”专项活动。2014年，中牟县深入开展严厉打击“两抢一盗”多发性侵财犯罪、“黄、赌、毒”等违法犯罪和利用网络、抽奖活动等形式实施诈骗、集资诈骗专项行动，出动警力2700余人次，组织群防群治力量3.8万人，开展集中清理清查6次，查出涉黄涉赌案件121起，抓获涉黄涉赌违法犯罪人员246人，刑事拘留5人、行政处罚241人、收容教育16人，捣毁“黄赌”点24个，收缴销毁各类赌博机128台，破获诈骗案件1起，追缴现金25万元，抓获犯罪嫌疑人3人。二是开展“三治理”专项活动。中牟县集中开展城乡道路交通安全隐患、社会治安重点地区和经济社会发展环境专项治理活动。全年治理交通安全隐患110处、校园及周边安全隐患86处，整治出租屋276间，处置影响发展环境的违法行为89起，交办重点不稳定人员121人，综治一票否决警示3个乡（镇、街道），挂牌重点整治3个行政村。

加强技防人防消防建设。一是技防建设。中牟县制订出台《中牟县技防建设工作方案》，2014年，中牟县视频监控投资总额8587.48万元，平台总数1250个，探头总数10519个，覆盖全县各乡（镇、街道）、各行业和整个县区。二是人防建设。中牟县各乡（镇）均组建不少于15人、每个街道办事处均建立不少于50人

巡防队员开展治安防控巡逻

的专职治安巡防队，全面提高全县的治安防控能力和平安建设水平。三是消防建设。中牟县14个乡（镇、街道）均配备消防车，在郑州市率先实现乡（镇、街道）消防全覆盖。

加大平安建设宣传力度。一是抓好集中宣传。中牟县在3月、7月平安建设工作集中宣传月活动期间，组织全县70多个县直及驻县单位，在广场、繁华地段、城区主要干道两边展出宣传板块126块，设置咨询台4处，悬挂横幅76条，发放宣传彩页1万余份。二是抓好媒体宣传。将中牟县座机电话铃声制成平安中牟建设宣传彩铃，并在县电台、电视台开辟《平安中牟建设》宣传专栏，定期制作播放《平安建设》专题节目。利用中牟交警微信平台定期宣传综治平安建设工作好的经验和做法。2014年制作播放专栏节目26期，通过微信发布图文信息26期。三是抓好日常宣传。2014年投入资金200余万元，在县城区、乡（镇、街道）主要出入口设立3×6平方米、4×8平方米大型宣传板面30余块，制作固定宣传栏50余个，建立宣传长廊20个，刷写墙体标语200余条，印发宣传单5万余份，在交通护栏悬挂固定宣传标语牌200余条，在全县出租车、城乡公交车张贴平安建设标语400余条。四是开展交通安全专项宣传。2014年组织县公安局交警大队及相关单位对道路沿线26个村庄、14家企业，8所学校开展交通安全宣传，播放交通安全宣传视频28场（次），宣讲交通安全课15课（时）。

【政法队伍建设】　2014年，中牟县深入贯彻落实习总书记关于开展党的群众路线教育实践活动的重要讲话精神，狠抓政法干警作风建设，有效提高政法干警“五项能力”，全面加强和改进中牟县政法队伍建设。

狠抓干警作风建设。中牟县政法系统按照“照镜子、正衣冠、洗洗澡、治治病”的总要求，明确任务，突出重点，抓住关键，在学习教育、听取意见和查摆问题、开展批评及整改落实、建章立制等环节上下足功夫。对查摆出来的“四风”问题，深刻剖析问题根源，制订具体整改落实措施，做到建台账、拉清单、明时限，真正落实、解决好联系服务群众的“最后一公里”问题。

全面推进执法规范化建设。以规范干警执法档案建设为重点，完善案例指导、案件评查、错案追究等制度，在政法系统形成用制度管权、管钱、管人的防变机制。以案件评查和信访案件处理为载体，定期或不定期对政法各部门进行监督、检查，检查结果在全县政法系统通报，并纳入政法各部门的年度考核和干警执法档案。同时，严格整治惩戒，对政法工作中存在的违法违纪、消极腐败等突出问题开展专项治理，对政法队伍中存在徇私枉法、以权谋私、执法犯法等现象的干警，依据党纪国法，从严从重处理，始终保持政法队伍纯洁。

持续开展星级工作部门评比。进一步加强中牟县政法系统星级工作部门评比的日常暗访督查和季度考核、年度考核管理。通过星级工作部门评比活动的开展，有效解决政法干警在思想政治、业务素质、执法司法等方面存在的问题，提高政法干警自身素质，提升人民群众对政法工作的支持度和满意度，推动政法各项工作任务落实。

提升党委政法委领导政法综治工作能力。中牟县委政法委按照中央、省、市政法委的要求，认真贯彻落实《关于进一步加强县级党委政法委建设的若干意见》的要求，通过制订完善《中共中牟县委政法委绩效考核办法》等规章制度，实施委机关党员干部每周轮流讲课，组织委机关全体干部每周深入基层，走访群众，筑牢委机关党员干部为民服务的宗旨，提高做好政法工作的能力，提升县委政法委规范化建设水平，确保中央及上级党委关于政法工作大政方针和决策部署落实到基层。

（审核：吴小五　撰稿：杜贵彬）

公安工作

公安局局长　朱则军

【概况】　2014年，中牟县公安局紧紧围绕让“人民群众满意，党委政府满意，上级机关满意，公安民警满意”的总体目标，以“反暴恐保稳定”活动为主线，坚持“群众第一、基层第一、民警第一”理念，扎实开展社会治安打防管控和“铁拳”战役，开拓进取，脚踏实地地打击犯罪、保障民生和服务群众，确保全县社会治安大局的持续平稳，为全县人民安居乐业、经济社会快速发展提供良好社会治安环境。2014年，中牟县公安局在河南省综治委对全省158个县（市）区公众对公安机关执法满意度调查中位列全省71位，比2013年的127位上升56位，上升幅度达44%。

2014年，中牟县公安局被县委、县政府授予全县法制宣传教育和依法治理先进单位。所属经侦大队2014年被公安部经济犯罪侦查局授予全国县级公安机关三级经侦大队称号。刑侦大队被评为全省优秀公安基层单位、郑州市“四严一创”工作先进单位，刑事科学技术室被公安部评为全国示范刑事科学技术室。交警大队被评为2014年度腾讯河南政务微信十大影响力奖，在省公安厅交警总队“打基础、树形象、防事故、保畅通”专项活动评比中居全市第一位，交通管理工作综合成绩全市序列第一。交警大队等7个单位被县委、县政府授予政法工作先进集体。李旭被省人力资源和社会保障厅、省公安厅联合授予2013年度全省优秀人民警察；李欣被郑州市公安局授予个人三等功；刘勇等5人被郑州市公安局授予“四严一创”工作先进个人。

【维护社会政治稳定】 2014年，中牟县公安局严厉打击、防范敌对分子和敌对势力的破坏活动，积极稳妥解决和处理人民内部矛盾，确保社会政治稳定。

加强情报搜集研判，强化反恐怖和反邪教工作。加大反恐维稳工作措施。一是狠抓思想认识，做到底线思维、高度警觉，建立反恐维稳工作格局，加强统一指挥、确保协同有力。二是狠抓情报信息，做到预知预警、防患未然，围绕重要敏感期、重点人员、特殊利益群体力争获取深层次内幕性情报信息。三是狠抓专案打击，做到深挖细查、除恶务尽。全年行政拘留邪教违法犯罪分子3人，教育转化20余人。四是提高全民防恐、反恐、反邪教意识，普及基本常识，提高全民参与反恐、反邪教斗争的积极性。五是加强国家安全保卫基础，强力推进基层单位维稳工作。

确保信访秩序稳定。坚持局长接待日制度，实行信访案件领导责任包案制，认真开展矛盾纠纷排查，做好源头预防工作。深入开展集中清理化解信访案件专项活动，办结上级交办的103起信访案件（中央巡视组交办的16起、河南省委巡视组交办的3起、河南省公安厅交办的68起和郑州市政法委交办的16起）。在积极化解信访案件的同时，依法严厉打击非访，2014年打击处理非正常上访28人次，其中行政拘留11人，行政警告7人，其中3名多年来无理缠访、非法上访的人员被批准逮捕。圆满完成全国“两会”、十八届四中全会、北京APEC会议等特殊敏感时期的安保任务，确保在此期间不发生来自中牟的干扰。

圆满完成各项安全保卫任务。以确保警卫勤务“绝对安全、万无一失、无缝对接、零差错”的最高目标，坚持“全面部署，重点加强，备有机动”的原则，实行“属地管理，分级负责，分点包线，责任到人”的警卫工作机制，出色完成多位中央领导人安全的警卫任务，以及黄帝故里拜祖大典安全警卫、郑开马拉松安保、少林武术节安保，方特、绿博园、农业公园假日安全保卫等多项安保工作，经常性开展设卡盘查、清理清查活动，为全县的治安大局平稳作出贡献。

全力以赴，确保村“两委”换届选举顺利进行。以辖区民警为主，深入全县289个行政村逐村排查不稳定因素，提前做好化解工作；在选举当天由包村民警全程现场参与，维护秩序；对排查出的重点难点村，在换届选举当天由县公安局分包领导组织专人现场做好处置工作；同时，在换届选举期间每天抽调150名民警集中备勤，随时处置突发事件。通过努力，全县村委换届选举期间，没有发生因村委换届发生的各类案事件，确保换届选举顺利进行。

严厉查处恶意欠薪案件。明确主管领导专职负责农民工讨薪工作，全力维护农民工的合法权益，2014年接到县劳动和社会保障局移交并成功侦破2起恶意欠薪案件，及时消除社会不稳定隐患，震慑恶意欠薪违法犯罪行为，树立中牟县党委政府和公安机关形象，受到社会各界广泛好评。

【打击刑事犯罪】 2014年，中牟县公安局以探索创新刑侦工作新模式，努力提升打击刑事犯罪效能为目标，以良好的精神面貌、创新的工作思路、务实的工作作风积极引领全局开展“反暴恐、保稳定”活动和“铁拳战役”行动，各项刑侦业务工作均得到有效开展并取得进步。全县刑事发案数同比下降8%，零发案日增多，“两抢一盗”侵财类案件同比下降10%。刑事科学技术室获得市（县）公安局序列考核第一名。

全力以赴开展命案攻坚战。2014年，县公安局现行命案共发3起，破3起，现行命案破案率100%，侦破命案积案1起。通过缜密侦查成功破获刘某某等人系列抢劫、杀人案。

严厉打击群众关心的入室盗窃、盗窃电动

自行车、盗窃牲畜等多发性侵财犯罪。打掉“两抢一盗”团伙13个，侦破串案16串，带破各类刑事案件130余起。抓获涉嫌诈骗犯罪的嫌疑人12名，破获诈骗案件10起。

深化“打黑除恶”工作。坚持“打早打小，露头就打”的原则深入开展“打黑除恶”工作。2014年打掉恶势力团伙9个，抓获团伙成员42名。成功打掉以朱某某、孟某某为首的大孟镇普罗旺世安置小区恶势力犯罪团伙，以胡某某为首的“夜明珠音乐会所”恶势力团伙。

积极参与禁毒百城会战。采取打击、管控、预防、宣传等多种手段开展公安禁毒工作，灵通情报强力攻坚，广泛发动人民群众加大禁毒宣传力度，提高公众对毒品犯罪的认识和防范能力，扩大打击的社会效果；健全易制毒化学品管理机制，使管理工作逐步向法制化、规范化迈进；对辖区的娱乐场所严格管理，提升娱乐场所禁毒规范化管理水平；多策并举，强化禁毒预防教育。2014年，刑事拘留涉毒人员7人，侦破毒品案件6起，收缴毒品68.1克。

以打击经济犯罪为立足点，大力整顿规范市场秩序。以“靠前、优化、服务、查处”的总体思路，强化经侦基层基础工作，强化措施，多方施策，2014年办理各类经济案件26起，立破案22起，抓获各类犯罪嫌疑人33人，刑事拘留30人，逮捕14人，移送起诉18人，取保候审12人，挽回经济损失895.72万元。查获杨某某等人非法经营案和王某、宋某某等人非法集资案，有效净化人民群众的生活环境，维护正常的金融秩序和社会稳定，促进县域金融环境健康发展。2014年被公安部经济犯罪侦查局授予全国县级公安机关三级经侦大队称号。

开展扫黄禁赌专项行动。针对群众反映强烈的黄、赌违法犯罪行为，通过挂牌督办、成立专案组等方式，集中警力，重拳打击，多次组织开展清查整治。6月27日，在中牟县新世纪广场公开对收缴的400余台赌博机集中销毁。扫黄禁赌专项行动中办理涉黄涉赌类案件143起，行政拘留425人，刑事拘留25人，收容教育40人，打击成效明显，社会风气明显好转。

优化环境，严厉打击妨碍、扰乱、阻挠工程项目建设等违法行为，为经济建设保驾护航。成立优化环境工作领导小组和打击破坏企业发展环境违法犯罪专业队，实施专案负责制，对阻挠施工破坏发展环境的案事件快速侦破，严厉打击。2014年刑事拘留各类破坏企业发展环境违法人员31人，行政拘留61人，有效打击阻工人员的嚣张气焰，净化重点工程建设环境，保证施工的正常进行。严厉查处恶意欠薪案件。按照县委、县政府要求，明确主管领导专职负责农民工讨薪工作，全力维护农民工的合法权益，及时消除社会不稳定隐患。成功侦破3起恶意欠薪案件，将拒不支付劳动报酬的犯罪嫌疑人依法刑事拘留，有力震慑恶意欠薪违法犯罪行为。

【社会治安防控】 2014年，中牟县公安局深入开展“反暴恐、保稳定”专项行动，结合实际，对各项工作预案进行完善，明确分工，责任到人。

科学布警抓人防，做到巡防网格化。一是科学划分巡区，把警力摆到街面，受理群众的报警、求助，妥善处置各类警情，先期处置街面刑事、治安、交通事故等常见警情。二是在城乡接合部、重要道路合理设置22个治安卡点，加大对夜间进出城区的车辆登记盘查力度，在源头上发现和消除不安定因素。三是按照“囤警街面、快速反应、动中备勤、武装巡逻”的要求，成立武装巡逻队，携带武器装备，进行常态化武装巡逻，加强社会面控制，随时处置突发事件。四是购置2辆流动警务巡逻车，在与郑州市区接壤部位（郑开大道与人文路交叉口、万三路与商都大道交叉口），设立2个武装卡点，配备必要的武器装备，24小时定点盘查。五是5月8日开始每晚20时至22时，抽调64名民警，组成16个巡逻小组（每组4人），携带警械装备，开展机关民警夜巡活动，重点加强对游园广场、繁华路段的徒步巡逻。22时至次日凌晨5时，由特巡警大队4辆警车（每车4人），在城区主要道路开展巡逻。六是抽调交警、辖区民警、保安队员，在266所中小学校、幼儿园设立“护学岗”，重点守护校园；加强校园周边环境治理，开展校园安全隐患排查；认真摸排学校各类交通安全隐患，强化校园及周边道路交通安全；开展送法到学校活动，通过法制讲座、模拟演练，培养学生法制和安全意识；对学校内部安全保卫落实情况检查、督促。七是创新模式，网格管理。结合县政法委治安防控网格化工作要求，全面推进“一村一警”警务工作机制建设，进一步健全完善全县治安防控体系。依据全县289个行政村，成立28个警务室，261个警务工作站，配备289名网格民警，确保每个工作站人员落实到位。同时投入资金60余万元，统一标志、台账，印制警民联系卡6万份、宣传彩页10万份。289名包村民警走访群众3.2万余户，开展安全防范、法律宣传600余场，化解各类矛盾纠纷100余起，为群众办好事、办实事600余件，帮助困难群众100余户，排除安全隐患80余处，收集整合各类信息5000余条。八是各派出所根据辖区治安形势，积极向当地党委政府汇报，与办事处、乡镇综治站结合，完善专职巡防队伍，在派出所带领指导下，对辖区进行网格化治安防控，对辖区大街、小巷等治安薄弱地段巡防，有效预防各种案件发生，维护社会治安稳定。九是充分依托民力，广泛发动群众，增强群防群治力量，组织开展治安巡逻、守楼护院、邻里守望等群防群治活动。在县城区组建80人的治安巡防队，配备巡逻车辆，分路段、分区域24小时开展治安巡逻，12个乡（镇、街道）组建340人专职巡防队伍，巡防装备齐全。各行政村均成立6人以上的专兼职巡防队，进一步加强在背街小巷等案件易发地点的巡逻力度。2014年巡防队在巡逻过程中，扭送违法犯罪嫌疑人20余人，制止打架斗殴130起，调解纠纷147件；扑救初期火灾3起。十是依托单位内部治安防范力量，加强指导、监督、检查，严格落实内部治安保卫制度。与辖区金融、医院、学校、商（市）场、金银珠宝店、汽车站等重点单位逐一签订责任书，明确单位主要负责人为治安保卫工作第一责任人，细化安保工作任务、职责分工、工作目标，强化落实各项安防措施落实，配备配足保安力量，确保单位内部的绝对安全。

突出堵漏除患抓物防，做到防患未然。一是对容易发生治安灾害事故的重点、要害部门加设防护设施，控制消除危险因素。二是督促企事业单位办公区、住宅区等严格落实防护栏、大门、值班室等物防设施。三是督导单位内部对财务室、仓库等重要部位，严格遵守重要物品及现金管理等有关管理规定，大力推行“三铁一器”等物防设施。四是督促有关部门和单位在其单位内部、居民住宅小区和商业中心等重点部位设立机动车辆停车场和非机动车辆停车棚，设置防护栏、防盗门等设施。五是强化金融网点和金库的物防安全，要求所有银行金融网点安装防护柜台墙体、防弹玻璃、防尾随联动防盗门等物防设施。六是以缉枪治爆为重点，加强对危爆物品、危化物品流通环节的重点排查，严密管控，深入开展缉枪治爆专项行动。

加大投入抓技防，做到全覆盖。一是在平安城市一期、二期建设的基础上，争取县委、县政府大力支持，对县城道路监控和交通基础设施提升改造，并纳入县政府民生实事项目，安装监控探头345个，卡口系统32套，电子警察系统42套。二是开展社会监控资源接入工作，实现单位内部视频监控系统与公安视频监控系统的联网运行。三是推进企（事）业单位、金融系统、商铺和家庭内部防范报警系统建设，提升单位、社区、家庭、个人参与社会治安防控体系的主动性和自觉性，进一步织密全方位、全时空、全天候的治安防范网络。

突出宣传教育，做到深入人心。一是召开新闻发布会，运用电视、广播、电台、报纸、网络、微信等媒体开设法制宣传专栏，在社会上形成全方位、多角度、立体式的宣传声势。二是组织民警深入辖区重点部位及居民住宅，通报治安情况，落实安保措施，通过发放安全防范提示单、开展警民座谈等形式加大宣传覆盖面，切实提高广大人民群众的自防意识。

加强户籍整顿及便民服务工作。努力创建优质高效户籍服务窗口，积极推行便民利民措施；深入推进户口登记管理中存在的“错、重、假”问题及“双重户”问题；认真做好常住人口登记管理及身份证申、换补领人像信息采集、指纹信息采集工作。2014 年受理二代身份证 50230 个，其中未满 16 周岁人员申领 8784 个，已满 16 周岁办证率达 100%，采集指纹 51381 枚。对各派出所户籍内勤实行每月培训制度，实行制度上墙、职责上墙，拓宽服务渠道，简化审批程序，缩短办理时限，开展便民服务活动，开展户政警务规范化管理。

发挥保安辅警作用，加大安全防范。一是加强学习，确保保安辅警在政治上、立场上保持清醒，在工作上尽职尽责，树立为民服务意识。二是加强法制观念，树立法制思维，学法、懂法，树立责任意识，维护好公共安全、社会安全、政治安全，营造良好的社会环境。三是细化保安勤务措施，在人防方面争做稳定工作的捍卫者，积极参与维稳处突。县保安服务公司 12 月 5 日成立自助银行专职巡查队，专门对县城和乡镇的银行自助 ATM 机巡查，为金融单位提供服务，为治安稳定作出贡献。

群众安全感满意度大幅提升。中牟县公安局在河南省综治委对全省 158 个县（市）区公众对公安机关执法满意度调查中位列全省 71 位，比 2013 年的 127 位上升 56 位，上升幅度达 44%。

【交通安全管理】 2014 年，中牟县公安局结合道路交通安全三年综合整治及“打基础、树形象、防事故、保畅通”工作，以提升整体管理水平为目标，继续深化“道路客运安全年”，深入开展涉牌涉证，酒后驾驶，渣土运输车、水泥罐车治理专项行动，积极应对解决交通管理工作难题，整体工作取得长足进步。2014 年办理道路交通事故 13339 起（直接经济损失 5013 万余元），起诉 156 人，逮捕 76 人，刑事拘留 135 人，吊销机动车驾驶证 90 个，终身禁驾驾驶员 28 人。与上年同期相比，一般以上事故起数下降 6%，重大事故下降 4%，死亡人数下降 2%，受伤人数下降 5%，直接经济损失下降 11%。查处醉酒驾驶 31 人，查处酒后驾驶 378 人，行政拘留无证驾驶 161 人，查纠涉牌涉证违法 1183 起，查处各类交通违法行为 127008 起。

合理调整勤务模式，加强警力部署，扩大道路交通管理覆盖面积。落实警力跟着警情走，确保交通拥堵点段有民警指挥疏导；建立流动巡逻先期到达、事故民警随即赶赴的接警机制，提高了城区交通事故的快处能力；完善恶劣天气应急处置预案，细化环节措施，严防交通拥堵和事故发生；按照点线结合、动态为主的勤务方式，提高路面见警率、民警管事率和动静态现场交通违法行为查处率；对非机动车及行人交通违法、机动车乱停等突出影响道路畅通行为重点清理查处，确保城区交通秩序良好、主干道顺畅有序。

大力开展各种交通秩序整治活动。适时组织开展“大排查、大教育、大整治”货车违法行为专项整治、渣土车、重型货车交通违法行为专项整治、机动车涉牌涉证专项行动、酒驾违法行为专项行动、“反暴恐、保稳定”涉牌涉证专项整治、世界杯期间酒驾专项整治，百城毒驾专项行动、城区交通秩序百日行动等，对净化道路通行环境、预防严重交通拥堵和交通事故发生起到积极的作用。

多策并举，加大源头管控力度。一是认真开展重点车辆及驾驶人备案、采集工作。2014 年备案重点车辆及驾驶人信息 2150 份，采集重点车辆 5300 辆，重点驾驶人 5500 人，采集率达 100%。二是增设交通安全检查站，严查严重交通违法。在 220 国道交警三中队门前建成交通安全检查服务站，针对 7 座以上客车和危化品运车辆逐车检查登记，严格落实“六必查”措施。三是落实客运驾驶人安全教育，进一步增强重点车辆驾驶人的安全行车意识。四是加强 GPS 动态监管。在交警大队设立中牟县重点车辆动态监控中心，监督中牟县重点企业落实

“GPS 动态监管制度”。2014 年下发整改通知书 50 份，全部整改到位。

创新宣传方式，扩大宣传范围，拓宽宣传层面，实现无缝隙、全覆盖。一是以“文明交通行动计划”和“五进”活动为载体，组织开展“关爱生命，文明交通”、志愿者义务执勤等活动，提升全民交通文明意识。二是充分利用省、市、县三级新闻媒体，加强交通安全宣传教育力度。在中牟电视台开辟《交通你我他》交通安全宣传栏目，关注中牟交通安全。三是张贴和分发编印的关爱生命·文明出行倡议书、《致驾驶员朋友的一封信》；在交通人流、车流集中的区域、路段，悬挂宣传条幅，制作宣传展板，并利用城区主干道十字路口的 LED 显示屏进行交通安全宣传。四是建立交通安全 QQ 群、交警微信平台、中牟交警微博和《中牟交警直通车》栏目。2 月建成运作中牟交警微信平台，在网上与广大交通参与者沟通和交流，发展微友 3.2 万人，解答疑惑，及时通报路况信息，实现交通信息资源共享。在 2014 年“河南政务十大双微”评选活动中，中牟交警微信平台获得 2014 河南政务十大微信微博称号。

加大城区交通静态管理，规范出租车行业，加大停车场（位）建设。一是做好城市客运出租行业管理，依法严肃查处非法营运车辆，净化客运市场秩序。二是规范出租车行业管理，制订服务标准，建立乘客投诉受理、处理制度。三是与出租车公司联合，开展以“学雷锋行动”为主题，以共产党员、共青团员为主体的创“文明驾驶员”的创优活动，有效改善中牟县出租车行业的形象。四是加大城区交通静态管理，对城区乱停乱放车辆，张贴违法通知书，输录信息库，逾期不接受处理车辆，将不予检验；对不听劝离、驾驶员不在现场的违法车辆强制拖离，严管重罚。五是规范停车场（位）。科学设置停车场（位），积极寻求政府支持，进一步完善城区停车场（位），加大资金投入，更新、新增主干道临时停车场（位），改变以往县城停车场（位）标志不全、不清晰、不规范的交通面貌。

【消防安全管理】 2014 年，中牟县公安局以确保火灾形势和队伍建设两个稳定为目标，深入开展重大火灾隐患整改工作，扎实推进社会化火灾防控，全面加强队伍建设、业务建设和基层基础建设，稳步提升全县消防安全环境。2014 年接警出动 482 次，出动消防车 942 辆，出动警力 4942 人，火灾 311 起，抢险救援和社会救助 171 起，抢救被困人员 35 人。

以攻坚任务为中心，夯实中牟消防工作基础。一是全力推进第二消防队站——学苑路消防队站建设，2014 年营房主体全部完工。二是全面提升县城消防基础设施建设。2014 年提请县政府将改造和升级县城消防基础设施建设列入民生实事项目，对县城 33 处损坏的市政消火栓进行维修，并新建 105 处市政消火栓，在河南万邦国际农产品物流园、自由贸易区 2 处人员集聚和火灾重点防范区域新建消防水鹤各 1 部，全面夯实消防基础设施。

狠抓铁军中队建设，面向实战，努力实现部队灭火救援专业化。一是夯实执勤工作基础。扎实开展实用技能、战术操法训练；规范战训台账，战训档案资料电子化；开展装备器材革新，提升装备使用效能和实战水平；落实“六熟悉”活动，官兵 100% 掌握辖区水源、道路和灾害事故处置对策，100% 熟悉单位内部消防设施。二是深入打造消防铁军。对照评定标准和星级评定办法，合理编配人员，优化战斗班组，配强车辆装备，激发官兵开展创建铁军中队热情。深入开展战术训练活动，深入辖区消防安全重点单位，开展各类场所模拟实战灭火演练 48 次，全面高了部队应对各类急难险重任务和灾害事故的处置能力。

以火灾隐患排查整治为重点，整合资源，努力实现消防工作社会化。一是深入开展火灾隐患大排查大整治专项行动，2014 年检查单位 825 家，发现及督促整改火灾隐患 1256 处，审核 21 家，验收 35 家，开业前安全检查 21 家，行政处罚 47 家，拘留 21 人，查封 8 家，责令“三停”12 家。二是加大重大火灾隐患单位督促整改力度。从政府、职能部门、隐患单位和人民群众四个方面发力，通过下发县政府挂牌督办文件，专门派出整改跟踪服务人员等手段，采取主动上门、现场办公等方式，全面指导督促重大火灾隐患单位做到整改责任到人，整改措施、整改经费、整改时限落实到位。三是积极开展“四个能力”建设和户籍化管理，切实提高企业员工的防火意识。2014 年全县 82 家重点单位全部实现户籍化管理，“四个能力”建设水平达标率 90%；四是大力开展消防产品专项整治工作。积极深入人员密集场所、在建施工工地，对使用的消防产品摸底调查，联合县质检局、工商局等有关部门开展专项整治行动 2 次，检查单位 15 家次，查处消防产品不合格单位 2 家。五是充分利用各类媒体和宣传工具，提升消防宣传广度和深度，营造浓厚的消防宣传氛围。

【安全生产】　2014 年，中牟县公安局严格管理，确保辖区安全生产。一是对辖区内民用爆炸物品、剧毒化学品、烟花爆竹、放射源等危险物品从业单位以及易制爆易制毒危险化学品从业单位，按照“一家一档”要求，全部建立档案，签订安全管理责任书。二是切实加强交通安全管理，坚决遏制群死群伤交通事故的发生。结合道路交通安全三年综合整治及“打基础、树形象、防事故、保畅通”工作，深化“道路客运安全年”，深入开展涉牌涉证、酒后驾驶、渣土运输车、水泥罐车治理专项行动。全县交通事故起数、死亡、受伤、财产损失四项指数与 2013 年相比，交通事故起数下降 9%，死亡人数下降 2%，受伤人数下降 5%，直接经济损失下降 11%。三是狠抓公共消防安全监管。深入开展大排查大整治专项行动，持续加大火灾隐患整治力度，强化日常巡查监管，保持惩治各类违法行为的高压态势。对县城 33 处损坏的市政消火栓维修，并新建 105 处市政消火栓，在河南万邦国际农产品物流园、自由贸易区 2 处人员集聚和火灾重点防范区域新建消防水鹤各 1 部，全面夯实消防设施基础。

【指挥中心】　2014 年，中牟县公安局指挥中心围绕公安工作大局，严格按照让人民群众满意，党委政府满意，上级机关满意，公安民警满意的总体目标，切实加强参谋服务、综合调研、指挥调度、督办查办、中心工作指导、情报研判、组织协调、办文办会、机要保密、反恐处突等工作，以深入推进精细化管理为抓手，努力提升服务质量和规范化水平。

加强督办查办和两案办理工作，提高督促检查和党委决策落实的能力，规范收集、汇总、审核、反馈等环节，按照督办任务的轻重缓急，制订工作计划，创新工作方法，提高工作绩效。2014 年转办督办领导批示件 1359 件，办理人大建议、政协提案 48 件，见面率和满意率均达 100%。

继续建立统一、高效、权威应急处置和警务指挥体系，科学安排警力部署，优化资源配置，妥善处置各类案、事件，全面做好设卡、堵截、协查、通缉等紧急警务活动。成功处置各类欠薪、医疗纠纷等突发性案事件。

推进档案、保密、反恐等工作管理。认真做好机关和基层派出所档案管理工作，完成各类档案的立卷归档工作，2014 年立文书档案 31 卷，业务档案 263 卷，重大活动卷（正风肃纪活动）45 卷。加大反恐宣传力度，开展反恐模拟应急演练，加强反恐情报搜集，加大打击力度。

【队伍建设】　2014 年，中牟县公安局坚持把思想政治建设摆在首位，以深入开展党的群众路线教育实践活动为主线，以服务中心、服务基层、服务民警为根本，以激发队伍活力、增强队伍凝聚力、提升队伍战斗力为目标，通过抓思想教育、抓素质提升、促进公安工作又好又快发展，提供强有力的思想和组织保证。

加强思想建设，进一步打牢队伍思想根基。全警动员，确保党的群众路线教育活动取得实效。

加强党的组织建设，进一步提升党组织的战斗堡垒作用和党员先锋模范作用。切实加强班子建设，狠抓思想建设、组织建设、作风建设。认真贯彻民主集中制，不断提升党委、支部的核心领导和战斗堡垒作用。严格落实中心组学习制度，提高班子的理论水平。深入开展“党建活动月”活动，选树表彰党建工作先进典型，严格落实党建工作责任制，坚持推行党务公开，严格党的纪律和组织生活，开展党员集中教育培训，重温入党誓词，观看红色电影，开展走访慰问，使整体工作得到全面推进。

加强业务能力建设，进一步提升队伍的战斗力。加大业务培训，深化岗位练兵，开展网上学习，不断提高民警综合素质。按照正规化建设要求，强化队伍规范化管理，抓规范、重养成，解决内务“脏乱差”、管理“稀拉松”等问题。

加强宣传工作，进一步提升中牟公安良好形象。提升公安正面舆论影响力，策划组织不同主题的专题宣传活动，将特色工作推向省、市媒体。通过微博、微信等新媒体进行宣传，建立平安中牟官方微博平台，提升公安宣传全方位覆盖水平。加强舆论引导，提升涉警舆情应对处置水平，定期编发涉警舆情分析简报，对媒体关注焦点、曝光热点进行分析，积极参加舆情引导培训班，切实提高中牟公安宣传民警应对媒体、引导负面舆情、妥善处置形象危机事件的能力。2014 年在中央电视台、中央人民广播电台、《人民公安报》等中央级媒体发稿 4 篇，在河南电视台、《河南日报》、《大河报》、《东方今报》、《河南法制报》等省级媒体上发表稿件 36 篇；在郑州电视台、《郑州日报》等市级媒体上发表稿件 30 篇，策划制作各类宣传展板 15 块，每周警讯 52 期。

充分发挥工会特殊作用，丰富警营文化，落实从优待警，开展扶贫帮困活动。组织全体民警进行健康检查，并建立健康档案。抓好民警休假、生病看望慰问等制度落实，做好功模民警和困难民警家庭帮扶工作。为 3 名民警申请困难救助，为 9 名困难民警申请帮扶，对考上大学的民警家庭予以帮助。

【法制建设】 2014 年，中牟县公安局法制工作确立“科学、规范、依法、公正、程序、严谨、服务、效能”的法制指导思想，按照“强化法律认知、规范执法行为、增强执法能力、构筑执法体系、夯实执法基础、搞好执法培训、完善执法监督、提升执法效能，实现法律与社会效果、能力与行为规范、程序与执法安全有效统一”的工作要求，以深化执法规范化建设为主线，以解决突出执法问题为切入点，以提高执法主体素质、完善执法制度体系、加强执法监督管理、深化执法公开为重点，进一步推动执法规范化建设的全面、深入、协调发展。

建立和完善新的法制工作机制，在法制大队内部设立刑事执法组、行政执法组、执法监督组，明确各自职责分工，用制度规范执法质量，从工作机制上使公安法制审核监督工作更加专业化、制度化、规范化。

搞好执法培训。分批分期举办领导干部和法制员培训班，进一步提升领导干部和法制队伍审核把关能力；聘请检察院业务骨干授课，对县公安局执法民警每月定期进行刑事检察实务等常用法律法规及执法中易出现问题的专项培训；引导广大民警学习法律知识，加强对修改后新颁布法律法规、公安执法业务标准、公安机关源头性执法业务流程的学习认知，提升法律素养。

规范执法办案区设置，认真开展“执法检查回头看”和“四个一律”专项活动。按照公安部、河南省公安厅、郑州市公安局统一部署，从 2014 年 3 月至 7 月，在全县公安机关开展“执法检查回头看”活动。对执法办案场所在使用过程中存在的执法隐患风险点和暴露出的执法突出问题排查整改，查明 2013 年 1 月 1 日至 2014 年 3 月 14 日接处警 46460 起，包含 110 派警 44088 起、群众直接报警 1606 起、巡逻发现 647 起、其他警情 119 起；其中发现问题警情 2425 起、整改到位警情 2207 起，警情整改率为 89.8%，规范执法水平不断提高。这一活动进一步规范执法办案场所管理，切实加强执法办案场所的管理和使用。2014 年 9 月，中牟县公安局办案中心正式投入使用，各执法办案单位建成集中办案区并陆续投入使用。为确保集中办案区各项管理工作落到实处，指定专人担任执法办案场所管理员，2014 年 3 月统一印制并启用《中牟县公安局公安机关执法办案场所使用台账》《人身安全检查笔录》《涉案人员随身物品台账》等工作台账，制订《中牟县公安局执法办案场所管理员考核办法》，由法制大队对场所管理员履职情况进行考核，不断提升执法规范化水平。

加强基层所队执法质量建设。开展“一卷一评”“一月一评”活动；在各执法单位建立兼职法制员和诉讼代理人，深入一线，积极参与重大案事件的处置，组织执法民警参加行政诉讼庭审，加强执法民警执法意识，提高民警执法素质；指导各执法单位建立民警个人执法档案和单位执法档案；完善执法质量考评制度。

【纪检监察】 2014 年，中牟县公安局贯彻落实中央、省、市、县和全国全省公安机关反腐倡廉工作精神，坚持从严治警方针，认真落实党风廉政建设责任制，开展正风肃纪强化法纪专项整治活动、纪律作风学习教育活动和民主评议政风行风工作，加强宣传教育、完善制度，狠抓思想、组织、作风建设；以解决队伍和执法中的突出问题为重点，不断强化政纪警纪的威慑力，为公安工作又好又快的持续发展提供强有力的纪律作风保证。

加强廉政教育，夯实风清气正的思想基础。落实中共中央关于领导干部廉洁自律各项规定，努力抓好公安队伍特别是领导干部的思想、组织、作风和业务建设，提高拒腐防变和处理复杂问题的能力，做到勤政廉政。认真落实中央关于廉洁自律、廉洁从政的有关规定，领导班子成员和每一名党员公开承诺，严守党纪国法，认真遵守工作纪律，坚持按纪律办事，按程序办事。开展廉政谈话，做到廉政教育经常抓、警钟长鸣，不断提高干部职工的廉洁自律意识和主动遵守党纪国法的自觉性。

着力强化执纪监督，坚持不懈纠正“四风”。认真落实党风廉政建设工作责任制。成立工作领导小组，印发《2014 党风廉政建设和反腐败工作要点》，实行一把手负总责，分管领导一岗双责制度，一手抓业务，一手抓党风廉政建设，做到党风廉政建设与业务工作两促进，两不误，工作做到同部署、同落实、同检查、同考核，把党风廉政建设考核情况与年度考核挂钩，对违法违纪问题严肃处理，决不手软，层层签订责任书，逐级追究有关领导的纪律责任。

认真落实廉政准则，严格执行领导干部报告个人有关事项等“两项制度”，贯彻落实省公安厅“廉政执法巡视制”，重点加强对领导班子、领导干部廉洁自律、落实党风廉政责任制、干部选拔任用和执法活动的监督。严格执行领导干部述职述廉、诫勉谈话、函询等规定，有效防止领导干部决策失误、权力失控、行为失范。

着力从严查处案件，保持惩治腐败高压态势。认真做好纪检案件审理工作，建立案件质量考评制度，严把纪检案件程序关、证据关，确保实现民警违法违纪案件审理无一错案的工作目标；建立纪律处分执行责任制，民警违法违纪处分落实率达到 100%，强化纪律处分的严肃性和追溯力。加大违法违纪案件查办力度，贯彻落实《公安机关人民警察纪律条令》赋予的查办权，重点查处违法违纪问题，达到查处一起案件、教育一批干部、建立一套制度，实现政治效果、社会效果、法纪效果的有机统一。

着力打造过硬队伍，全面提高履职能力。认真开展各种专项教育整顿活动，严明组织纪律，克服组织涣散、纪律松弛现象。按照市公安局会议精神和工作部署，深刻吸取个别民警严重违法违纪问题的沉痛教训，县公安局开展正风肃纪强化法纪专项教育整顿活动和“五项措施”专题纪律作风学习教育活动。层层召开思想动员会，制订活动实施方案，细化整治内容和措施；开展警示教育，深刻吸取沉痛教训；采取集中学习与个人自学、领导授课与座谈讨论、法纪条规与案例警示教育相结合，结合中央“八项规定”、公安部“五个严禁”“三项纪律”等纪律、规定组织领导干部和广大民警认真学习，撰写学习心得体会，增强民警的法纪观念，筑牢民警拒腐防变的思想防线，进一步严肃工作纪律、转变工作作风、规范工作行为、提高工作效率。

推进优化经济发展环境工作，抓好窗口单位的工作指导，对治安系统12个户籍室和值班室、出入境管理大厅、交警系统违法处理室等群众诉求受理窗口，进行不定期的暗访检查，确保警务公开、便民利民措施落到实处。从严治理公路“三乱”问题，严格执行国家多部委关于鲜活农产品流通“绿色通道”建设要求，严肃查处故意隐瞒国家政策和随意设置限制条件的“三乱”行为。

推进执法检查回头看工作。成立执法检查“回头看”活动办公室，由法制、督察等警种组成联合督察组，严格按照“七查”工作要求，对办案台账、自查问题明细和整改情况进行了初查、整改和完善，针对检查发现的不同问题，以督察通报等形式督促整改。检查中认真分析原因，落实整改成效，为提高执法规范化建设水平和公安机关执法公信力起到积极作用。

狠抓警务部署的落实，推进警务规范化建设，确保警令政令畅通。围绕公安中心工作和重大警务部署的贯彻落实开展现场督察，做到督前有方案，事中有检查，督后有通报的工作机制。加强对窗口单位及有关所队等实战单位的值班备勤、办公秩序、警容风纪、接处警、内部安全管理、警用车辆使用和公务用枪管理等内部管理情况开展日常性督察，坚持立足防范，标本兼治，纠建并举，推进警务督察长效机制建设。对重大节假日的安全保卫工作现场督察，做到节前有提醒、节中有督察、节后有通报，有力维护中牟县公安机关及民警在人民群众心目中的良好形象。

【后勤保障】 2014年，中牟县公安局按照“坚持服务、规范管理、提升效能、勤俭廉洁”的工作思路，深化警务保障体制改革，提高经费保障水平、有序推进装备建设规划落实、强力推进基础设施项目建设，为公安事业发展进步提供强有力保障支撑。

提升经费保障水平。主动协调汇报，力争2014年经费增长，加强部门预算执行，强化专项支出预算绩效管理；严格控制“三公”经费，从严控制一般性支出。建立基层所队公用经费保障机制，并将基层所队的经费纳入县财政预算，由县级公安机关统一保障、划拨到基层所队，公用经费按时足额保障到位。

推进公安装备建设。积极争取财政部门支持，主动掌握各警种装备需求，继续推进公安被装按需申领工作，进一步加强公安装备的规划计划、经费保障、标准制订、采购配备、更新报废工作。做好民警服装数据的收集、调整工作，确保警服换发工作井然有序。

加快推进基础设施建设。落实县公安局业务技术用房建设项目开工建设；协调政府投资，完善新县城新修道路监控和交通设施提升、改造完善工程项目施工，原建设周期为2013年至2015年，分3年实施，由于县城道路交通设施快速发展，道路监控及交通安全配套设施需求猛增，把原项目二期、三期合并提前至2013年开始实施，截至2014年全部建设完工；协调政府投资，对执法办案场所升级改造，2014年投入使用，极大改善基层民警执法办公条件和办案环境。

规范涉案财物管理。提高涉案财物入库率、处理率，完善法制、督察、纪检、警务保障等部门在涉案财物管理中的协作机制，推进涉案财务管理法治化、规范化、公开化。

进一步落实从优待警工作。为改善民警就餐环境，新修机关公务灶，合理调配饮食，改变原有的就餐标准和就餐环境。2014年8月11日，利用现有资源开通公安局班车，解决民警上下班问题。

提高科学管理水平。进一步完善财务管理、装备管理、政府采购、基础设施建设等制度。着力提高财务管理水平，依法科学理财，严格规范管理，牢固树立预算意识，规范日常会计核算和财务管理。加大枪支、弹药管理力度，确保武器、弹药绝对安全。加大警车管理力度，执行警车购置规定，严格定点维修，堵塞漏洞，节约资金。加大节能减排力度，广泛开展节能宣传，使广大民警进一步增强节能意识，努力创建节约型单位。认真贯彻《政府采购法》，坚持公开、公正、公平的原则强化采购监督，严格采购程序，规范采购行为。加强固定资产登记，加大国资管理工作力度。

厉行勤俭节约，坚持清正廉洁。认真贯彻落实中央“八项规定”，在各项警务保障工作中，坚持勤俭节约，反对铺张浪费。落实党风廉政建设责任制，在警务保障部门营造风清气正、为警清廉的良好氛围。

【信息化建设】 2014 年，中牟县公安局情报信息中心规范队伍管理，狠抓工作落实，积极挖掘内部潜力，全面提升信息化作战能力，牢固树立情报信息主导警务工作理念，依托情报平台，坚持日常研判、定期研判、专题研判工作制，2014 年依托“大情报”平台，发布情报线索指令 30 次，重点人员预警指令 38766 人次，发布《每日警情》280 篇、《信息专报》48 篇。加强视频追踪、视频调取、网上作战等技战法研究，提高视频监控员的预警和指令盘查意识，有效提高现场发现率和抓获率，下达处警盘查指令 152 条，破获各类违法犯罪案件 57 起，刑事拘留 24 人，治安拘留 25 人，批评教育 48 人。

充分发挥职能作用，严密监控打击网上各类违法犯罪活动，强化网吧管理，认真抓好信息化项目规划、建设、组织协调和业务指导，不断提高信息化保障能力和服务水平。一是加强网上监控，净化网络空间。严格落实“属地监控”与“指定监控”双负责制，实行重点网站和目标分级巡查监控机制，落实 24 小时动态巡查监控制度，重点加强微博、微信和 QQ 群等社交应用舆情监控。二是加强网吧基础管控工作，创新虚拟社会管理机制，提升网络安全防护和管控能力。制订网吧管理考核制度，每月对网吧业主进行互联网相关法律法规培训，定期召集网吧网点负责人、安全员参加座谈会，每月对全县网吧例行检查，2014 年召开座谈会 23 次，检查网吧网点 630 余次。三是做好各项信息通信保障工作。做好一机两用管理及信息化应用，维护全局网络安全，顺利完成 350 兆警用无线集群系统升级改造，进一步提高公安机关通信联络、协调、保障等能力。四是为保障公安网络安全，配备专业设备加强对“一机两用”现象的监督和检查，教育和提高民警自觉遵守网络信息安全意识。

【应急处突】 2014 年，中牟县公安局以维稳处突、打防违法犯罪，保护党政机关等重点部位及现场工作人员的人身安全为目标，出新招、使真劲、求实效，抓队伍管理，抓战术训练，依法执法执勤，多次受到各级领导的肯定。

按照“囤警街面、动中备勤”的工作要求，特巡警大队实施“24 小时不间断武装巡逻”，加强巡逻防范工作，服务群众，控制发案，强势打击，全力维护城区的治安秩序。一是加强队伍管理，提升队伍正规化建设水平。二是加强社会面控制，最大限度把警力摆上街面，开展全天候、全方位巡逻防控提高见警率和威慑力，增强群众安全感。2014 年出动巡逻警力 5400 人次，出动巡逻车辆 1100 台次，盘查可疑人员 670 人，检查可疑车辆 490 辆，巡逻中抓获现行 49 人（其中网上逃犯 6 人，刑事拘留 16 人，行政拘留 24 人，治安处罚 3 人），有效制止预防违法苗头 152 起。三是采取徒步巡逻与机动车巡逻相结合、流动与设点盘查相结合及武装巡逻等方式，提高管事率，保持严打严防严控的态势。四是将定点盘查和动态打击相结合，注重盘查检查，提高打击率。五是立足岗位，一心为民服务，依法执法执勤，尽职尽责，提高群众满意率。2014 年为民排忧解难 198 次，化解矛盾纠纷 63 起，帮助救助群众 152 次，安保执勤 40 余次，成功有效处置突发事件 18 起，配合相关部门进行专项整治 14 次，受到群众好评。

【长效机制警务工作】 2014年，中牟县公安局网格工作紧密结合社会治安实际，深入开展“坚持依靠群众推进工作落实”长效机制工作暨“一村一警”长效机制警务工作，以维护社会治安大局稳定为目标，开展社情民意、排查化解矛盾、指导治安防范、组织宣传教育、走访服务群众，取得明显成效。全县刑事发案数同比下降8%，破案数同比上升10%，群众安全感满意度明显提高，农村治安防范能力进一步提升。

科学配置网格警务架构。中牟县公安局建立派出所、警务室、警务工作站三级网格，成立28个警务室，261个警务工作站，配备28名专职社区民警，抽调各科室队所261位民警分配至各村警务工作站，确保每个工作站人员落实到位。

增加投入，确保工作开展。中牟县公安局投入资金60余万元为各村警务工作站统一外观标志、民警公示、制度牌、制作宣传彩页，印制工作台账；协调乡镇、街道为各村警务工作站配齐办公桌椅、文件柜等，方便下沉网格民警开展工作。

规范管理，强化机制保障。中牟县公安局成立网格化工作领导小组，细化工作方案，完善规章制度，固定工作周期，落实考勤、考核，对网格民警定员、定岗、定责，从制度上保证网格分包民警融入网格。促进民警主动学习，提升社区警务能力。

完善三个工作平台。中牟县公安局建立网格化管理微信平台、警务通信息平台、社会管理信息平台，增加信息平台关注人数，扩大信息覆盖面，提高信息价值。积极与县直其他职能部门信息互通，提高问题处置率。2014年网格化管理微信平台关注人数8000余人，回复信息1600余条，群众反映问题20起，反映热点问题450件，有针对性开展城区道路交通整治、校园周边环境治理、消防隐患排查等专项行动，独自或联合其他职能部门共同办结问题420件，办结率达93%。

建立四项工作机制。建立班子成员分包联系网格工作的联系指导机制，建立网格民警与社区民警协作配合联动机制，建立情报研判讲评机制，建立网格化管理考评奖惩机制。

五个重点确保工作实干实效。交朋友，密切警民关系；办实事，解决群众实际问题；调纠纷，妥善化解邻里矛盾；严打击，维护社会治安；抓防范，开展群防群治。

【“四严一创”工作】 2014年，中牟县公安局“四严一创”工作以同心同德，真心实意，真抓实干，争创一流的公安精神，营造团结进取，干事创业的良好氛围，追求打击、防范、执法、管理等方面的重点突破，树立公安机关的良好形象。刑拘各类犯罪嫌疑人920人，其中刑拘“两抢一盗”369人，行政拘留盗抢违法人员129人，打掉盗抢团伙12个，侦破串案16串，破获现行命案3起，现行命案破案率保持100%，侦破命案积案1起，打掉黑恶势力团伙5个。打击现行违法犯罪活动、打击“黄赌毒”专项活动，县公安局位居县市公安局序列第一；反暴恐保稳定专项行动位居县市公安局序列第一，受到县委、县政府和上级公安机关的充分肯定。

【出入境管理】 2014年，中牟县公安局以“热情、高效、公开、透明”的工作原则，履职尽责，扎实做好出入境管理工作。2014年受理各类办件23272个，其中受理临时身份证9129个，护照、港澳台通行证12488个，刻章备案1655个。

严格受理规范，坚持面见申请人制度，严格人证对照，做到人证一致。

严格工作标准提升服务质量，实行值日民警接待导办制和首问责任制、一次告知、限时办结、责任追究，决不允许出现冷、硬、横、推、不作为、乱作为现象。为方便群众办理，设立咨询台。8月4日接受网上预约办证，设立“网上预约办证”窗口，2014年该窗口办理预约办证86件。在“十一”、春节等节假日期间，开通“绿色通道”安排工作人员在假日期间轮流值班，为探望危重病人、出境留学、打工等有紧急情况的群众及时办理证件，2014 年在节假日期间办理52 人次。9 月 15 日正式启动2014 版往来港澳通行证受理签发工作，新版通行证携带方便，芯片含有申请人生物指纹信息，有效期由原来的 5 年延长至 10 年，2014 年办理649 人次。

多次组织民警走访涉外单位和企业，加强对中牟县外国人的管控力度，并帮助解决实际问题，受到涉外单位和外籍友人的好评。

清理“双备库”数据，在中牟县委组织部、县人社局、检察院、法院等相关部门的配合下，对出入境“双备库”进行清理。重点对姓名、身份证号、户籍地存在误差或不详的数据进行比对、修改，对工作单位发生变更、职务发生变动的国家工作人员数据进行修改或撤备，通过补充完善各类信息，确保“双备库”信息常态化管理。

【监所管理】 2014 年，中牟县公安局开展监所安全隐患大排查大整治活动，进一步强化队伍作风建设，以安全为抓手，严格管理，文明管理，积极采取预防非正常死亡等各项措施，深挖犯罪线索，接受社会各界监督，完成服务刑事诉讼、惩罚犯罪、教育在押人员的工作任务。2014 年 2 月 26 日起开展以勤务模式科学化、执法行为规范化、管理方式精细化、监管手段信息化、设施保障标准化建设为主要内容的五化建设活动。监所民警认真学习工作细则，加强监室管理，提高管理水平，认真落实在押人员一日生活制度，在民警中开展讲责任、比奉献、遵纪律、零差错活动；在押人员管理方面开展唱红歌、静灵魂、背监规、写心得等活动；搞好在押人员等级化管理工作，对在押人员做到每天谈心，7 天跟踪谈话，密切掌握在押人员思想状况；落实安全大检查，搞好巡视防控工作，杜绝危险违禁品进入监室；搞好后勤保障，不断改善在押人员伙食，确保在押人员身体健康和监所安全；充分发挥监管场所犯罪信息库、打击犯罪重要战场职能作用，2014 年深挖各类刑事犯罪线索 200 余条，破案 60 余起，涉案人员 50 余人。

（审核：朱森林　撰稿：冯　莉　王宏伟）

检察工作

人民检察院检察长
张捍卫

【概况】 2014 年，中牟县人民检察院（简称中牟县检察院）围绕“强化法律监督，维护公平正义”工作主题，忠实履行宪法和法律赋予的职责，主动服务大局，创新工作机制，强化自身建设，各项检察工作取得新成效。2014 年，中牟县检察院批准逮捕犯罪嫌疑人 450 人，依法提起公诉 797 人；对主观恶性较小、犯罪情节轻微的犯罪嫌疑人，不批捕 145 人，不起诉 42 人。对非羁押诉讼案件实行受理前审查制度；试用速裁程序审结 30 件 3C 人；查办职务犯罪案件 21 件 26 人，同比上升 18.2%；积极拓展检察职能，延伸服务触角，扎实开展法治宣传教育活动，主动服务中牟县产业集聚区建设，为创建平安中牟、构建和谐社会、保障全县经济和各项社会事业的健康发展提供有力司法保障。

2014 年，中牟县检察院获郑州市未成年人刑事检察局集体嘉奖、郑州市政法工作先进集体称号；继续保持省级文明单位、郑州市平安建设基层创建示范性单位等多项称号；所属公诉局获郑州市检察机关优秀团队称号。

【刑事检察】 2014 年，中牟县检察院把维护社会稳定作为第一责任，充分发挥批捕、起诉职能作用，严厉打击严重影响社会稳定和侵犯人民群众人身财产安全的犯罪，全年批准逮捕犯罪嫌疑人 450 人，依法提起公诉 797 人。对主观恶性较小、犯罪情节轻微的犯罪嫌疑人，不批捕 145 人，不起诉 42 人。对非羁押诉讼案件实行受理前审查制度，受到河南省检察院检察长蔡宁的充分肯定。为解决退补案件补查慢、补查质量低、滥用退补权等问题，与公安机关会签《关于规范补充侦查案件若干问题的规定》；为规范办理职务犯罪案件，与中牟县法院会签《关于办理检察机关自侦案件若干问题的规定》；试用速裁程序审结30件30人。这些措施提高办案质量和效率。

【刑事诉讼监督】 2014年，中牟县检察院监督立案8人，监督撤案3人，追加逮捕9人，追加起诉4人。对事实不清、证据不足的不批准逮捕33人。对县公安机关采取的取保候审、监视居住措施备案审查345人。提起刑事抗诉2件2人；列席中牟县法院审委会研究案件9件43人，中牟县法院采纳中牟县检察院列席意见7件37人。立案查办豫中监狱等监管场所干警职务犯罪3件3人。监督审查监狱提请减刑案件1322人，依法纠正监狱提请减刑不当301人，依法纠正法院减刑程序不当229人。在“减刑、假释、暂予监外执行专项检察活动”中，建议对4名监外执行罪犯、8名保外就医罪犯收监执行，其中职务犯3人。

【查办职务犯罪】 2014年，中牟县检察院查办职务犯罪案件21件26人，同比上升18.2%。其中，查处发生在群众身边、侵害群众切身利益的拆迁赔偿案件6件8人，涉及民生的农业保险案件4件4人，群众反映强烈的人防及工程建设领域案件5件5人，司法干警玩忽职守案件3件3人，其中查处科级以上干部7人。收到法院判决11件17人，判处3年以上10年以下有期徒刑7人，10年以上有期徒刑2人。

【预防职务犯罪】 2014年，中牟县检察院按照“办案与服务并行，惩治与保护并重，打击与防范并举”的工作方针，牢固树立“挽救一名干部比惩治一名干部更为重要”的理念，积极开展职务犯罪预防。全年开展个案预防16件，进行案例剖析16件；与中牟供电公司等7家企业开展检企共建活动；为财政、规划、农机、工商等单位干部职工上法治课22次；全年开展行贿档案查询3370次，4家存在行贿记录的公司被禁止市场准入；在民政、水利等系统开展预防调查3次，收到良好的宣传、教育、预防效果。

【民事行政检察】 2014年，中牟县检察院办理民事行政申诉案件25件，同比上升36%。其中，做出不抗诉9件，经审查建议郑州市检察院提请河南省检察院抗诉11件，省检察院支持抗诉6件，法院改判3件，另外4件未审查结束。对中牟县法院提起执行监督检察建议40份、程序违法监督检察建议26份，均得到中牟县法院采纳。

【监所检察】 2014年，中牟县检察院立案查办豫中监狱等监管场所干警职务犯罪3件3人。监督审查监狱提请减刑案件1322人，依法纠正监狱提请减刑不当301人，依法纠正法院减刑程序不当229人。在“减刑、假释、暂予监外执行专项检察活动”中，建议对4名监外执行罪犯、8名保外就医罪犯收监执行，其中职务犯3人。

【控告申诉检察】 2014年，中牟县检察院注重发挥控申工作的内部监督作用，制订涉检信访案件公开听证、公开答复等制度。积极化解矛盾纠纷，及时解决群众合理诉求。全年接待来访群众476人次，检察长接访52次。点名接访22次，联合接访8次，联合答复信访人5次。办理全省第一起打击报复举报人案件。坚持信访联络员制度，连续10年无涉检进京上访。

【自身执法活动监督】 2014年，中牟县检察院持续完善执法办案监督制约机制，着力强化对自身执法活动的监督。主动接受外部监督，认真落实人大有关决议、决定。积极邀请人大代表视察检察工作，主动向人大代表汇报工作。

建立与人大代表、政协委员沟通联系工作机制，

征求县人大代表对检察工作的意见

定期走访、听取代表、委员对检察工作的评议，并对发现的问题及时整改，全年邀请人大代表、政协委员、各界人士 186 人次。通过门户网站、“检察开放日”等方式，适时向社会公布检察工作情况，在网上公开法律文书及案件信息 517 件，接受社会各界监督，提高了外部监督的广度和深度。自觉强化内部监督，进一步明确办案责任，针对办案质量状况进行重点评查、交叉评查和专项评查。坚持办理自侦案件全程同步录音录像制度。深入推进检务督察机制。针对办案安全、工作纪律等开展 29 次检务督察，并在中牟县检察内网上予以通报，对督察发现的问题立行立改。

【未成年人刑事检察】　2014 年，中牟县检察院严格执行法定代理人到场、犯罪记录封存、附条件不起诉等制度。妥善处理未成年人犯罪案件，依法批准逮捕 25 人，不批准逮捕 11 人；提起公诉 24 人，相对不起诉 10 人，附条件不起诉 5 人。为更好地保护未成年人权益，开通未成年人法律保护热线。与中牟县公安局联合出台《未成年人刑事案件年龄证据收集审查实施细则》，该经验做法被省市检察院及郑州市政法委推广。

【队伍建设】　2014 年，中牟县检察院严格执行民主集中制，切实发挥班子成员的示范作用。坚持“四个一制度”，即每周一升旗制度、每周一带班领导点评制度、每周一班子及专职委员例会制度、每周督查制度。大力加强自身建设，以落实党风廉政建设“两个责任”为抓手，切实落实党组的主体责任、纪检组的监督责任。深入开展党的群众路线教育实践活动，作为联系点省检察院检察长蔡宁亲临指导，保证活动的扎实有效开展。以此为契机，聚焦工作重点，

开展送法进农村活动

开展正风肃纪。针对“四风”方面存在的突出问题，建立完善《大厅值班引导服务制度》《会议制度》等 8 类 18 项规定。全院纪律进一步严明，作风进一步转变。同时努力加强队伍专业化建设，积极提高干警专业素养，以“大学习、大练兵、大竞赛”活动为契机，着力培养检察干警的业务能力。全年选派 62 名干警参加各类培训，委派 48 名中层以上干警到先进检察院学习，进一步提高干警的综合素质。2 名干警获全省检察机关司法警察竞赛比武全能奖。

（审核：周岳峰　撰稿：李　品）

法院工作

人民法院院长　王炅

【概况】　2014 年，中牟县人民法院（简称中牟县法院）紧紧围绕“努力让人民群众在每一个司法案件中都感受到公平正义”这个目标，牢牢把握司法为民、公正司法这条主线，从全县工作大局出发，充分发挥审判职能作用，服

务中牟经济发展，维护社会和谐稳定，各项工作都取得新进展。2014 年，中牟县法院受理各类案件 6896 件（含旧存），审（执）结 5982 件，结案率 86.75%。其中刑事案件受理 550 件，审结 533 件，结案率 96.9%。民商事案件受理 4446 件，审结 3663 件，结案率 82.4%。行政诉讼案件受理 71 件，审结 62 件，结案率 87.3%。民事执行及行政非诉执行案件受理 1829 件，执结 1724 件，执结率 94.3%。

【刑事审判】 2014 年，中牟县法院依法判处罪犯 804 人，其中 3 年以上有期徒刑 127 人，3 年以下有期徒刑及其他刑罚 677 人。

严厉打击危害社会治安及多发性侵财犯罪，提高群众安全感。依法惩处涉黑、强奸、绑架等暴力罪犯 22 人，其中判处 5 年以上有期徒刑 11 人。对抢劫、抢夺、盗窃等多发性犯罪严厉惩处，全年判处此类罪犯 333 人。

加大对贪污贿赂案件的惩处力度。重点打击公职人员、村组干部涉及征地拆迁补偿及其他款物的贪污、挪用等犯罪，全年惩处此类罪犯 24 人。

坚持惩罚与保障人权并重，严格落实刑事诉讼法。按照罪刑法定、疑罪从无等原则，严格证据裁判，开展量刑规范化工作，全年上诉 29 件，上诉率、发回重审或改判率明显下降。

县法院院长王灵给孩子们上法制教育课

坚持教育为主、惩罚为辅的原则，扎实开展涉及未成年人案件审判工作。建立一校一法官制度，讲授开学第一堂法律课，设立移民村留守儿童关爱基地，开展城乡儿童手拉手等活动。寓教于审，邀请妇联、共青团和教师陪审员参加未成年人案件审理。对回归社会的未成年人定期回访，开展有针对性的帮扶，帮助 4 名未成年人重新回到课堂。

【民商事审判】 2014 年，中牟县法院依法开展民商事审判工作，科学处理调解与判决的关系，重视涉民生案件审理，切实保障群众合法权益。

高效化解民商事纠纷。妥善处理婚姻家庭、邻里纠纷、人身财产损害赔偿纠纷等案件 915 件，促进婚姻家庭、邻里关系和谐。对于案情简单、事实清楚、争议不大的 1272 件民商案件适用简易程序，适用率 34.7%。加大调解力度，全年共调解结案 1200 件，调解率 32.8%，撤诉 725 件，撤诉率 19.8%。

推进社会诚信体系的构建。鼓励诚信交易、倡导互信合作，公正审理各类合同纠纷案件 1895 件，依法裁判违约当事人承担法律责任。

妥善处理破产案件。该类案件法律关系复杂、难度大，中牟县法院抽调精干力量，协调政府相关部门妥善解决。如审结的中牟县肉联厂破产案，妥善维护了 400 余名职工的合法权益，取得良好社会效果。

积极开展各类专项审判活动。开展保护“三留守”人员合法权益、拖欠农民工工资集中办理等专项活动，加强了对弱势群体的保护。

积极服务辖区经济发展。主动走访企业，召开座谈会，帮助企业解决经营中遇到的法律问题，全年开展法律服务 14 次。

【行政审判】 2014 年，中牟县法院坚持把行政审判作为推进依法行政、优化经济发展软环境的重要平台，监督支持行政机关依法行使行政职权。

畅通诉讼渠道，依法保护行政相对人合法权益。针对异地管辖案件增多、案情复杂等新情况，充分保障当事人诉权，对部分行政机关违法行为进行监督纠正。

为确保新修订的《行政诉讼法》顺利实施，

促使行政执法人员规范、文明执法，联合县政府对全县行政机关500余名执法人员进行业务知识培训。

县法院领导到万邦开展农民工维权法律服务咨询活动

坚持开展法律“六进”活动，深入乡村、社区举办法律咨询、巡回开庭12场次，发放法律宣传资料500余份，增强群众依法维权意识。

【执行工作】　2014年，中牟县法院不断加大执行工作力度，创新工作机制，提升执行规范化水平，努力解决“执行难”。

开展清理执行积案竞赛活动。强化工作机制，对执结案件进行周展示、月督查，执结率较上年提高24.1%。

强化执行款物管理。利用信息化手段，在全郑州市法院率先启用《执行款物与财产控制管理》软件，严格执行款物规范化管理。

强化惩戒措施。全年将285名未履行生效裁判的被执行人纳入失信被执行人名单，使其在融资、高消费等方面受到限制，其中26人在名单公布后自觉履行了法律文书确定的义务。对拒不履行生效裁判、拒不申报财产、财产申报不实的被执行人，实施司法拘留96人次。

积极推进网络司法拍卖工作。坚持公开透明原则，对查封、扣押的执行标的物一律实行网上拍卖，最大限度地保护当事人合法权益，实现标的物价值最大化，网上拍卖平均溢价率达108%。

【全省首家生态环境保护法庭成立】　2014年，中牟县法院成立河南省首家生态环境保护法庭，于“4·22”世界地球日举行揭牌仪式。该环保

中牟县人民法院生态环境保护法庭揭牌

法庭对涉及生态环境保护的刑事、民事、行政案件实行综合审判。审判过程中，积极探索实行恢复性司法，建立森林生态恢复基地，及时修复被破坏的生态环境，彰显司法对生态环境的保护。

【健全便民利民机制】　2014年，中牟县法院升级改造诉讼服务中心，配备各种便民设施，设立银行缴费窗口，实现“一站式”服务。对年老体弱、身体残疾的当事人，主动上门立案，确保当事人诉权。对经济确有困难、符合司法救助条件的当事人，依法减、缓、免诉讼费38件21.2万元，确保其打得起官司。积极开展巡回审判工作，全年到村镇、社区巡回办案2100次。出台《信访工作暂行规定》等制度，细化信访接待处理程序，确保涉诉信访工作高效有序，全年接访96件98人次，办结上级交办信访案件27件。积极开展“三留守”活动，加强对弱势群体的司法保护，班子成员及部门负责人建立联系点21个，为留守人员提供司法帮助312人次。

【构建司法网格管理体系】　2014年，中牟县法院120名干警，以司法网格员身份融入党委政府既有网格，入村悬挂联络牌，张贴海报，发放联系卡，建立网格档案。结合法院工作特点，实行预立案制度，全年预立案226件，调

解成功 132 件，节约了诉讼成本，减轻了群众诉累。紧贴群众需求，开展法律服务，就地化解纠纷 361 起。主动为辖区机关、企业提供司法建议，实现法院工作与网格化管理的无缝对接。

【队伍建设】 2014 年，中牟县法院落实中共中央八项规定，以反对“四风”、服务群众为重点，积极开展党的群众路线教育实践活动，组织干警学习焦裕禄精神，对照先进谈体会、找差距，归纳梳理意见、建议 46 条，深入开展批评与自我批评，针对意见、建议建立长效机制，打造过硬法官队伍。以奖优罚劣、调动全体干警工作积极性为原则，以科学化、规范化管理为抓手，以提高工作质量和效率为目的，制订 33 条 270 项绩效考核制度。组织干警参加各种政治业务培训 160 人次，切实提升干警政治业务素质。中牟县法院 3 名干警分别被评为全省人民满意的政法干警、郑州市十佳法官、中牟县十大优秀青年。

【接受人大监督】 2014 年，中牟县法院高度重视向中牟县人大及其常委会报告工作。坚持重要工作部署、重大案件办理等工作及时向县人大常委会汇报。2014 年 7 月向县人大常委会专题报告了刑事审判工作情况，并按照县人大常委会审议意见，逐项进行整改。

积极主动接受监督。2014 年，中牟县法院邀请代表、委员检查指导工作 26 人次，召开座谈会 3 次。挑选重大典型案件，邀请人大代表、政协委员、人民陪审员全程旁听、观摩庭审 230 余人次。

开展“国家宪法日”系列活动，邀请代表、委员见证法官宣誓、观摩庭审，为法院工作建言献策，维护宪法权威。

在中牟县人大常委会监督支持下，任命 137 名人民陪审员，实现人民陪审员倍增计划。全年邀请人民陪审员参与审判案件 1872 件，陪审率达 45%。

（审核：王文胜　撰稿：赵丽娜）

“12·4”国家宪法日，县法院全体法官宣誓

司法行政

司法局局长　李绍然

【概况】 2014 年，中牟县司法局努力强化服务大局、重视民生、公正司法 3 个理念，发挥法律宣传、法律服务、法律保障 3 大职能，推进社会矛盾化解、社会管理创新、公正廉洁执法、治安环境整治 4 项重点工作。扎实开展党的群众路线教育实践活动，参与覆盖面达 100%。全年调处各类社会矛盾纠纷 7245 宗，为 6500 名困难群众提供法律援助，劳教连年实现无逃跑、无重大案件、无重大事故、无非正常死亡的“四无”目标，全县“六五”普法工作全面开展，进一步促进司法行政工作科学创新发展，为中牟县优良法治环境建设和社会和谐稳定作出积极贡献。

【人民调解】 2014 年，中牟县司法局在推进人民调解机制创新的基础上，聘任 800 名村（社区）人民调解员、42 名乡镇人民调解员、42 名三调联动调解员。在全县开展参与建设治安环境综合整治、加强社会治安重点地区排查整治、人民调解化解矛盾纠纷专项攻坚等活动。按照“哪里有矛盾纠纷，人民调解就出现在哪里”的原则，通过第一时间发现、第一时间介入、第一时间解决和落实责任，以包案化解、调防结合等多种方式，最大限度把矛盾纠纷化解在基层，解决在萌芽状态。全县开展各类矛盾纠纷排查 624 次，预防各类矛盾纠纷隐患 1080 宗；调解矛盾纠纷 7245 宗，调解成功 6994 宗，调解成功率 96. 5%。

【安置帮教】 2014 年，中牟县司法局针对刑释解教人员数量多、帮教工作条件差、难度大等实际，注重加强组织领导。县建立完善安置帮教工作领导小组，乡镇（街道）建立 14 个安置帮教工作接待站，村（居委会）成立 330 个安置帮教小组。中牟县把安置帮教工作列入社会治安综合治理目标管理考评内容，中牟县司法局签订安置帮教目标管理责任书，实行“三包”（包帮教安置、包跟踪教育、包思想转化）责任制度。中牟县司法局与郑州市劳教所、郑州市法制教育中心实行解除学员面对面交接新模式，全年接收刑释解教人 138 人，全部实现“无缝”对接，衔接率达 100%。注重实施安置帮扶。通过协调原单位安置、属地返乡安置、引导自谋职业等多种途径灵活安排就业创业，采取落实低保、保险、责任田和举办职业技术培训等多种形式大力开展帮扶活动，安置 138 人，安置率 100%。

【社区矫正】 2014 年，中牟县司法局在全县全面开展社区矫正工作，把不需要、不适宜监禁或者继续监禁的罪犯放在社区里，充分利用社会力量有针对性地对其实施社区矫正，促进其顺利回归和融入社会，最大限度增加和谐因素，维护社会和谐稳定。全年接收缓刑 274 人，无脱管漏管现象。

【公证工作】 2014 年，中牟县司法局集中司法行政资源力量，深入政府重点建设项目区域，大力开展法律咨询、法制宣传和矛盾化解等工作，促进区域和谐拆迁，保障重点项目顺利进行。全年办理各类公证 3285 件。

【律师工作】 2014 年，中牟县司法局组织律师轮流参与政府信访值班和 12348 法律服务热线值班，帮助政府和群众解决涉稳、涉访、涉法难题，接访率 100%，接线率 100%。指导基层法律服务所、基层法律工作者积极介入农村改革发展，帮助村委会和村民解决涉法难题，促进生态文明村建设和农村经济发展。5 家律师事务所担任机关和企事业单位法律顾问 17 家，代理案件 478 件，代写法律文书 140 件，解答法律咨询 800 人次。

【法制宣传】 2014 年，中牟县司法局按照全国“六五”普法规划，结合中牟县情和县委、县政府的中心工作，采取举办法制培训讲座、送法下乡、现身说法等多种形式，突出法律进农村、进单位、进机关，组织指导全县扎实开展法律进机关、进学校、进农村、进社区、进企业、进单位“法律六进”活动。开展村委会换届选举专项法制宣传活动，保障换届选举工作依法顺利进行。建立法制宣传栏，组织普法讲师和流动法制宣传车深入城乡巡回宣传。城镇、农村公民法律普及率均在 90% 以上。

县司法工作人员到明山庙村开展法律宣传

【法律援助】 2014 年，中牟县司法局积极办理法律援助案件。县法律援助中心的法律援助经费全部纳入县年度财政预算。建立法律援助案件质量监督制度，办案质量有新的提高。县法律援助中心全年办理案件 400 件，有效维护人民群众的合法权益。

无偿为当事人提供法律援助

【队伍建设】 2014 年，中牟县司法局以科学发展观为主要内容，通过举办专题报告会、学习座谈会、心得体会交流会、开展“大学习大讨论”活动等形式，不断深化理论武装，队伍的政治理论素质明显提高。扎实开展党的群众路线教育实践活动，全局 33 名党员全部参加，参与覆盖面达 100%，县司法局党组统一部署，立足于不同阶段的不同特点，创造性地开展工作，使整个活动“规定动作做到位，自选动作有特色”。通过举办队列集中训练、礼仪知识专题讲座、司法业务培训、组织到外地学习考察、开展岗位练兵、组织入警培训等形式，提高行政执法技能，队伍的整体能力素质明显增强。建立工作绩效考评机制，开展纪律作风教育整顿和反腐倡廉教育，加强政务督查、效能督察与警务督察，及时纠正不良行为和查处违规违纪现象，队伍的整体执行力和工作效能进一步提升。

（审核：王　贞　撰稿：朱亮亮）

编辑：李　红

农业和农村工作

综　述

农委主任　樊守峰

【概况】　2014年，中牟县农作物种植总面积74345公顷，其中粮食作物面积33083公顷。全县小麦13419公顷，玉米16854公顷，花生9202公顷，红薯1495公顷，大豆1315公顷，棉花1050公顷，蔬菜24666公顷。全县水产养殖面积5.4万亩，年水产品产量7.5万余吨，鱼用饲料近10万吨，水产业总产值9.5亿元，是全省第一水产大县。中牟县拥有龙头企业65家（国家级1家，省级7家，具有出口创汇能力的7家），培育出河南万邦国际农产品物流股份有限公司集群和河南弘亿国际农业科技股份有限公司集群2个农业产业化集群，主要以农副产品深加工业和冷藏保鲜为主。创汇农业年创汇额4394万美元，发展出口创汇基地2.8万亩。全县农产品加工企业14家，年销售收入24亿。新型农业经营主体蓬勃发展。

中牟县共注册各类农民专业合作社631家（省级示范合作社7家，市级示范合作社26家，县级示范合作社52家），占郑州市合作社总数的近1/4，总注册资金17.8亿元。全县已注册备案的家庭农场13家。全县认定无公害、绿色、有机农产品生产基地70万余亩，认证无公害农产品72个、绿色食品5个、有机转换产品7个、地理标志农产品2个，推广无公害标志31万枚。建立的6个新型农技推广区域中心站，得到农业部、省、市领导肯定和认可，深受农民称赞。积极开展“科技人员包万村”行动和“新型职业农民培育”工程，并为全县271个行政村每村选聘1名村级农民技术员，为现代农业发展提供智力保证和人才支撑。

【现代都市生态农业示范园建设】　2014年，中牟县申报郑州市现代都市生态农业示范园建设项目6个，涉及面积7670亩，申请市、县扶持资金3365万元。分布在万滩镇、姚家镇、雁鸣湖镇、官渡镇、郑庵镇，主要建设内容包括路网体系、农业装备体系、生态环保体系、灌排体系。

【农业产业化龙头企业发展】　2014年，中牟县委、县政府积极争取政策扶持，加大对龙头企业的培育，新培育市级龙头企业2家，分别为河南旺达志远农贸有限公司、郑州保山蒜业有限公司，总数达65家；新培育省级农业产业化龙头企业3家，分别为河南万邦国际农产品物流股份有限公司、河南弘亿国际农业科技股份有限公司、河南邦友农业生态循环发展有限公司，总数达7家。新培育市级农业产业化集群2家，分别为河南万邦国际农产品物流股份有限公司集群、河南弘亿国际农业科技股份有限公司集群。

【休闲观光农业发展】　2014年，中牟县配合郑州市完成“走进乡村，寻梦田园”宣传推介工作。截至2014年底，培育精品园3个，总数达到6个；发展农家乐2个，总数达到7个；培育休闲农业特色村2个；打造精品路线2条，一是北部休闲度假养生专线：连霍高速（郑开大道）→中牟国家农业公园→郑州莱骏农业开发有限公司→黄河大堤→郑州市区。二是南部风情采摘体验线：郑民高速→河南晨明生态农业科技有限公司→河南弘亿国际农业科技股份有限公司→罗松西瓜园→春岗草莓园→河南省农业高新科技园有限公司→郑开大道→郑州市区。河南省弘亿国际农业科技股份有限公司被全国休闲农业协会评定为五星级休闲园区，河南晨明生态农业科技有限公司、河南省农业高新科技园有限公司、郑州莱骏农业开发有限公司被评定为三星级休闲园区。

【农产品质量安全】 2014 年，中牟县强力推进农产品质量安全检测体系建设工作，继续对进入农产品批发市场、农贸市场、各大型超市内销售的蔬菜坚持日检测制度，年检测量在 20 万批次以上，合格率在 99.5% 以上。检测中心实验室申报的水果和蔬菜中有机磷、有机氯类农药残留产品和甲胺磷等 38 个技术参数于 2014 年 2 月、4 月，分别取得河南省实验室资质认定和河南省农产品质量监督检验测试机构审查认可证书。2014 年 11 月，将原（杂）粮、干菜、干果和茶叶等初级农产品中农药残留、二氧化硫、亚硝酸盐、甲醛、黄曲霉素等检测项目纳入监测范围，实现对原（杂）粮、干菜、干果、茶叶从生产到市场的全程监测和管理。

【无公害、绿色农产品认证及品牌培育】 2014 年，中牟县积极开展产地认定与产品认证工作，中牟县老八庄强民种植专业合作社生产的白灵菇通过绿色产品认证和产地认定，基地面积为 200 亩；中牟县官渡东坡蔬菜种植专业合作社、中牟县八岗富民蔬菜种植专业合作社、中牟县绿品蔬菜种植专业合作社、中牟县众强蔬菜种植专业合作社、郑州市瑞隆源农业科技有限公司等 5 家企业生产的黄瓜、西红柿、油麦菜、生菜、茄子、萝卜等 6 种蔬菜和郑州市天道水产养殖有限公司、中牟县安庄鑫鑫渔业养殖专业合作社养殖的鲤鱼、草鱼、鮰鱼、鲳鱼等 4 种鱼类，共 10 个农产品通过农业部无公害认证，基地认定总面积达 6000 余亩。

【基层农技推广服务体系建设】 2014 年，中牟县进一步推动落实“专家 + 试验示范基地 + 农技指导员 + 科技示范户 + 辐射带动户”的农技示范推广服务机制建设，充分发挥 6 个基层农业技术推广服务区域中心站的服务主导作用，全县种植业投资 105 万元实施基层农技推广体系改革与建设补助项目，推广小麦、玉米、蔬菜三大主导产业主导品种 16 个，主推技术 14 项。培育科技示范户 510 户（其中，小麦科技示范户 146 户、玉米科技示范户 204 户、蔬菜科技示范户 160 户），分布于 10 镇、1 乡、3 个街道，255 个村，占全县行政村总数 272 个的 93.75%，占全县农业村总数 255 个的 100%。其中，普通农户示范户 502 户，新型生产经营主体示范户 8 户。510 户科技示范户辐射带动周边 10200 户；并按 10：1 的比例选聘农业技术指导员 51 名，每人分包 5 个行政村、10 个示范户，分户指导科技示范户应用新品种和新技术。通过实施，形成以户带户、以户带村、以村带乡的农业技术示范推广新模式，加快了科技成果的应用，使全县主导品种和主推技术入户率和到位率达 95%，示范户农产品产量和收入提高 10%。

【农业综合开发】 2014 年，中牟县完成韩寺镇国家农业综合开发高标准农田建设 1 万亩（总投资 1486 万元），大孟镇市本级高标准农田建设 1 万亩（总投资 1486 万元），刁家乡农业综合开发亚行项目 0.5 万亩（总投资 738 万元），黄店镇农业综合开发亚行项目 0.7 万亩（总投资 1001.68 万元）。通过项目建设，改善灌溉除涝条件，增加农田林网防护，扩大良种种植面积，促进了农业增效增收。

【农业扶贫】 2014 年，中牟县实施扶贫开发项目 20 个，其中刁家乡赵集村、刁家乡小王庄村、大孟镇枣林朱村、狼城岗镇后史庄村省级整村推进项目 4 个，狼城岗镇南北街村、狼城岗镇北韦滩村、万滩镇杨岗村市级整村推进项目3个，总投资725万元；实施贫困村基础设施建设项目7个，总投资309万元；市级易地扶贫搬迁项目2个，市级产业化扶贫开发项目3个和雨露计划劳动力转移培训项目。通过扶贫项目的实施，贫困村基础设施得到很大改善，贫困村生活水平明显提高。2014年，中牟县农村贫困人口脱贫人口7586人（其中，狼城岗镇北堤村323人，狼城岗镇后史庄村305人，大孟镇枣林朱村195人，刁家乡小王庄村123人，刁家乡赵集村401人，刁家乡西陶村256人，黄店镇武家村213人，狼城岗镇南仁村1610人，狼城岗镇南北街村1205人，狼城岗镇北韦滩村1294人，万滩镇杨岗村323人，黄店镇马庄村255人，刁家乡莲花池村439人，刁家乡蒋家村199人，韩寺镇南岗村445人），占脱贫目标任务的106.85%。

【农业执法】 2014年，中牟县加强农资监管，从源头上监管农业投入品安全和农产品质量安全，深入开展农资打假专项行动，确保农资案件查处率100%。全年出动执法车辆232辆次，执法人员1160人次，集中整顿农资市场8次，查处经营违法农资案件316起，结案316起。抽检农资样品84个，其中种子样品63个、农药样品89个、肥料样品72个。向省内外农药厂家发送，农药产品确认函78份，与农资生产经营单位签订守法诚信经营保证书、承诺书891份。受理农民投诉案件14起，结案14起，为农民挽回直接经济损失2.4万元。

【水产养殖业】 2014年，中牟县改造旧水池4000余亩，新开挖养殖面积1500亩，水产养殖总面积5.4万亩，水产品总产量7.5万吨，渔业总产值突破10亿元。申报2个农业部水产健康养殖示范场，在雁鸣湖镇建成鱼病医院1所。全年检疫水产品85批次，部、省、市抽检9批次，合格率100%；鱼病防治率98%以上，全年无重大疫情发生。做好鱼病测报和全国淡水池塘信息采集工作，上报鱼病测报信息7期、池塘信息采集12期。实行水产品市场准入、水产品检疫、水产苗种生产许可及水产养殖使用证制度。完成渔业船舶复检工作，船检30条，及时对持证渔船发放柴油补贴，发放柴油补贴1次，补贴资金13万元，全年无渔业船舶事故发生。发放水域滩涂养殖证13本，全县水域滩涂养殖登记率达90%。完成渔业互保1.2万元，参保60人。

【第十届西瓜擂台赛】 2014年6月24日，第十届中牟西瓜擂台赛在河南万邦国际农产品物

第十届西瓜擂台赛颁奖仪式

流城举办，姚家镇、韩寺镇、刁家乡等乡镇的200多名种瓜高手参赛，最终韩寺镇大洪村村民洪昆以总分第一名的成绩夺得擂主，姚家镇罗宋村村民宋深定以33.4斤重的大西瓜夺得“瓜王”称号。

（审核：樊守峰　撰稿：周艳丽）

种植业

【概况】 2014年，中牟县粮食种植面积33083公顷，粮食总产量195556吨，其中夏粮产量80313吨，秋粮产量115243吨。油料产量47654吨，蔬菜产量948692吨，水果总产量2[illegible]2882吨。

【良种补贴及新品种引进】 2014年，中牟县继续实施小麦、玉米、棉花、水稻良种补贴项目，涉及全县14个乡（镇）、街道办事处，全

面落实各作物面积 665084.21 亩，其中小麦 40633.26 亩，玉米 403943.3 亩，棉花 20394.35 亩，水稻 113.3 亩，涉及资金 675.33804 万元。全年引进推广农作物新品种 14 个；安排新品种、新技术和肥料对比试验 8 处；小麦保水剂对比试验 2 处；2.85% 硝钠 · 萘乙酸大白菜对比试验 1 处；中威肥效（黄瓜）试验 1 处；中威肥效（番茄）试验 1 处。开展农作物品种展示试验 4 个，共 173 个品种，其中小麦基地 40 个品种，玉米基地 45 个品种，花生基地 22 个品种，西瓜基地 66 个品种。

【设施农业项目建设】 2014 年，中牟县完成郑州市批复设施农业建设面积 192.59 亩。其中砖混钢骨架日光温室 6 亩，钢骨架双拱大棚 175.2 亩，连栋智能温室 7600 平方米。

【土肥工作】 2014 年，中牟县在小麦、玉米等粮食作物和大蒜、花生、西瓜、蔬菜等经济作物上全面推广应用测土配方施肥技术，做好沃土工程及测土配方施肥项目，以测土配方施肥技术为依托，以推广测土配方施肥技术为目的，结合农时季节，以入村入户技术指导方式，服务农户数量 11.63 万户，指导服务农户 9.4 万户。推广国家测土配方施肥技术 92 万亩，施用配方肥面积 39.5 万亩，整建制推进配方肥乡镇 1 个（官渡镇），整建制推进配肥村 10 个。积极实施郑州市沃土工程项目，在郑庵镇河南晨明生态农业科技有限公司建设水肥一体化示范点 1 个。

【农技研究与推广】 2014 年，中牟县农技部门结合各种作物生产关键时期，及时编写各种季节性或阶段性田间管理技术意见，主要包括：2014 年小麦技术管理意见、小麦冬季管理意见、春季小麦管理意见、小麦生长后期技术管理意见、花生技术管理意见、棉花技术管理意见、玉米生产技术管理意见、玉米粗缩病的预防和防治技术。在农作物生长的关键季节通过出板报、散发技术资料、举办培训班以及深入田间地头等形式开展技术服务，全年培训农民 32 场次，受训人数 3000 多人，现场技术指导 126 次，发放技术材料 2.8 万份，全面指导全县大田作物生产。2014 年在全县建立 3 个小麦高产创建万亩示范片，安排在狼城岗镇 2 个、万滩镇 1 个，并且安排 3 个千亩示范田和 3 个百亩攻关田；建立 2 个玉米高产创建万亩示范片，都安排在狼城岗镇，并且安排 2 个千亩示范方和 3 个百亩攻关田；建立 1 个花生高产创建万亩示范片，安排在刁家乡，并且安排 1 个千亩示范方和 1 个百亩攻关田。

【病虫草害防治】 2014 年，中央财政安排中牟县农业防灾减灾稳产增产补助资金 120 万元，

利用飞机防治小麦病虫害

对全县 24 万亩小麦实施“一喷三防”补助。中牟县建立“一喷三防”示范区，发挥机防专业化组织作用，4 月 14 日—20 日在狼城岗镇、万滩镇小麦高产创建示范区内开展小麦“一喷三防”病虫害防治工作，共启用植保机防专业组织 4 个，投入各种大型机械 30 余台、农用飞机 1 架，防治面积达 2.5 万亩，起到较好的辐射带动作用，取得一定的经济、社会和生态效益。

【飞蝗防治】 2014 年，中牟县蝗虫为中度发生，全年发生面积 17.5 万亩次，达标面积 13 万亩，防治面积 12.1 万亩次，其中夏蝗防治 7 万亩（飞机防治 4 万亩，人工地面防治 3 万亩），秋蝗防治 5.1 万亩，达到蝗虫不起飞、不成灾的目的，为全县农业安全生产起到重

要作用。

【植物检疫】 2014年，中牟县实施小麦产地检疫1000亩，合格面积800亩，产地检疫合格率80%；产检合格种子32万公斤，发放种子产地检疫合格证1份。调运检疫各类农产品97批次、121.1万公斤；调运苗木类10批次、21.5万株；调运玉米种13批次、8.4万公斤。共检查种子经营市场20个，印发资料3000余份，检查企业单位2个，检查经营门店230户，结案率100%。

（审核：樊守峰 撰稿：周艳丽）

畜牧业

畜牧局局长 马国昌

【概况】 2014年，中牟县畜牧业以“保供给、保安全、保生态”为目标，以提高畜牧业发展的质量和效益为中心，围绕畜牧业标准化生产、畜产品质量安全、重大动物疫病防控三大重点工作，强化队伍作风建设、长效机制建设、行业素质建设三项措施，加快畜牧业生产方式转变，确保不发生重大动物疫情、确保不发生重大畜产品质量安全事件，取得明显成效。全县畜牧业生产值达33亿元，占农业总产值的比重达39%。先后荣获全国奶业大县、全国生猪调出大县、全国科普惠农兴村先进单位、河南省无公害（生猪）生产示范县、河南省畜牧业技术推广项目优秀单位、郑州市畜牧工作综合先进单位、畜产品质量安全管理工作先进单位等称号。6月河南省委书记郭庚茂到中牟调研时，对中牟畜牧业发展给予充分肯定。7月被省政府评为河南省畜牧系统先进集体。当年，中牟县畜牧局被市政府评为畜牧兽医综合管理工作先进单位和郑州市卫生工作先进单位。

【畜牧业生产】 2014年，中牟县畜牧业保持健康稳定发展态势。截至2014年底，生猪存出栏分别达到43.6万头、47.5万头，能繁母猪5.1万头，较上年同期分别增长5%、2%、3%；牛存出栏分别达到13.5万头、5.6万头，其中奶牛存栏3.2万头，较上年同期分别增长15%、9%、3%；羊存出栏分别达到29.6万只、33.2万只，较上年同期分别增长11%、10%；禽存出栏分别达到342.7万羽、496.2万羽，较上年同期基本持平。肉、蛋、奶分别达到6.4万吨、2.8万吨、14.6万吨。其中奶牛存栏量郑州市第一、全省第二，占郑州市奶牛总存栏的40%以上，牛奶产量居全省首位，畜牧业综合生产指标位居全省前列，主要生产指标位居郑州市第一位。

【畜牧业产业化经营】 2014年，中牟县畜牧业总产值在农业总产值中所占的比重有所提高，产业的区域化布局初步形成。一是畜牧产业的区域化布局初步形成。立足中牟县资源优势和产业优势，按照地域特点和情况制订畜牧业发展方向，明确发展重点，按照《中牟县沿黄现代畜牧业发展规划》，进一步优化调整畜牧业结构，逐步形成以畜产品生产为基础，以生猪、奶牛、肉羊、蛋鸡四大主导产业为支撑的畜牧养殖业生产格局，中牟县连续被评为全国生猪调出大县、奶牛大县等称号。二是建设优质畜产品生产基地，优化区域布局。依托河南省现代畜牧业发展规划、郑州市现代畜牧业发展规划，河南省千万吨奶业跨越工程，以中共中央一号文“保供给、保安全、保生态”为重点，重点发展奶业、养猪业、养禽业、肉牛肉羊业、都市型观光牧业、饲料饲草业，努力打造中原畜产品优势集聚区，建设资源节约型、科技密集型、加工增值型和生态环保型的现代畜牧业。打造三个集聚区。即：以河南瑞亚牧业有限公司万头奶牛养殖基地为龙头，打造优质安全奶业集聚区；以郑州春野牧业有限公司为龙头，打造生猪养殖优势集聚区；以郑州汇德牧业有限公司为龙头，打造蛋鸡生产集聚区，中牟县奶业集聚区建设被市政府列为 2014 年度郑州市重点项目予以推进。

【畜产品质量安全】 2014 年，中牟县畜牧局坚持抓好畜产品质量安全监管工作，采取多项措施，从源头到餐桌全程监控。在全县深入开展“瘦肉精”、生鲜乳、饲料、兽药、病害畜禽以及禽蛋质量 6 项专项整治，加大“五个一”宣传制度落实，制订并组织实施畜产品质量安全监测计划，加强无公害认证企业管理，做好食品安全宣传管理，构建质量监管可追溯体系：一是畜禽耳标规范管理，建立健全耳标溯源基本信息档案；二是规范屠宰环节畜产品质量安全可追溯，生猪定点屠宰场安装监控设备，实现生猪从入场到出场全程电子监控；三是规范产地检疫操作规程，建立健全畜禽检疫信息库，实现畜禽检疫信息的可追溯；四是进一步建立

中牟县重大动物疫病防控暨畜产品质量安全培训会

健全质量监管工作长效机制，积极做好依法行政和安全生产管理工作等，确保全县畜产品质量安全。截至 2014 年底，全县出动人员 11914 人次、车辆 7564 辆次，检查畜牧企业 2853 家次，其中检查生猪规模养殖企业 312 家次，奶牛养殖场 241 家次，生鲜乳收购站 241 家次，抽取奶样 88 份，检查饲料生产经营企业 239 家次，检查兽药生产经营企业 280 家次，抽取兽药样品 40 份，检查屠宰场 1540 家次，抽取“瘦肉精”尿样 21496 头份，结果全部为阴性，饲料企业年度备案率 100%，全年未发生重大畜产品质量安全问题。

【重大动物疫病防控】 2014 年，中牟县畜牧局把防控体系建设作为疫病防控工作的基础，不断强化畜禽疫病的防治。一是落实“六位一体”的动物防疫责任体系，集中力量搞好春秋两季免疫及补免工作。2014 年全县免疫生猪 80.16 万头，免疫羊 52.6 万只，免疫牛 19.8 万

农业部动物疫病预防控制中心党委书记陈伟生（右二）到中牟县调研

头，免疫家禽 664 万羽。应免畜禽免疫密度达 100%。二是做好监测及流行病学调查工作。为全县动物防控效果分析、重大动物疫病风险评估，提出预警信息和防控对策提供了科学依据。三是建立、完善规模养殖场户的免疫档案，实行网格化管理，规模养殖场户的疫病防控实现规范化、程序化和制度化，有效扭转规模场户疫病防控管理难的局面。四是积极开展“动物防疫示范乡镇 136”创建。对基层畜牧兽医站统一规划、设计，进行标准化示范创建，统一采购办公设备，并完善办公设备、仪器检测设备和各项管理制度；加强人员管理，强化防疫队伍建设。

【畜牧科技推广应用】 2014 年，中牟县畜牧局把畜牧科技推广作为全县标准化养殖发展的重要带动力量，全面推进，积极带动，促进全县标准化养殖的发展。一是搞好科技培训，强化科技支撑。通过科技培训指导、示范带动等形式，大力推广畜禽适度规模养殖配套技术、

优质畜禽生产综合配套技术和疫病综合防控技术；开展实用技术全员培训，提高畜牧技术人员的专业技能和养殖场户的科学养殖水平。二是建立完善畜禽良种繁育体系，加强种畜禽场和改良网点的建设力度，扩大优良种畜禽覆盖率。加快奶牛、肉牛、肉羊、生猪等畜禽繁殖、育种等新技术，不断提高良种畜禽生产水平和供种能力，促进畜牧新技术的推广和应用。三是加快饲草饲料开发利用力度，挖掘秸秆饲料化利用潜力。促进秸秆过腹还田，扩大牧草的种植面积，以河南省苜蓿种植示范项目为契机，加大宣传力度，组织专业技术人员进行实地技术指导，充分利用黄河滩区优势资源，大力推广优质苜蓿成片连方种植。

（审核：台慧霞　撰稿：闫万鹏）

林　业

林业局局长　尚会军

【概况】　2014年，中牟县林业局坚持以建设生态文明为总目标，以改善生态改善民生为总任务，以全面深化林业改革为总动力，大力实施植树造林、生态廊道绿化、森林病虫害防治、防沙治沙等造林绿化工程，完成新造林面积36790亩，生态廊道建设突出“高密度、大绿量、乔灌花、四季青、既造林、又造景”的功能定位，精心打造“森林环抱，林路相随，和谐共生”生态宜居新中牟，完成63条生态廊道绿化工程，总里程341公里，绿化栽植面积4万亩，完成投资总额59亿元；全年林业总产值49602万元，其中，第一产业36567万元，第二产业6305万元，第三产业6730万元。行政审批遵循公开、透明、快捷、便民的原则，完善管理，规范程序，依法行政，依法审批。资源管理进一步加大管护力度，严厉打击乱砍滥伐林木，乱侵滥占林地，乱捕滥猎野生动物等违法行为；森林公安、林政密切配合，严厉打击各种毁林犯罪，全年接处警389起，办理林业行政案件59起，打击处理违法行为117人次，办理林业治安案件5起，治安拘留5人；立案查处林业刑事案件22起，抓获并采取刑事强制措施53人次，刑拘7人，取保候审46人，移送起诉43人次，为国家挽回经济损失128万多元。林业育苗呈现规模化、集约化、多元化，除速生用材林育苗外，许多苗木基地向培育常绿苗木、美化型、盆景型方向发展，积极探索林苗一体化道路。

【林业资源】　中牟县属暖温带落叶阔叶林植被带。乔木树种主要有107杨、108杨、刺槐、泡桐、椿、楝、榆、柳、侧柏等；绿化树种有法桐、合欢、楸树、白蜡、栾树、紫薇、桂花、香樟、女贞等；经济林树种主要有枣、苹果、梨、桃、杏、李、柿子、石榴、葡萄、樱桃、银杏等；灌木主要有紫穗槐、白蜡条、黄杨、火棘、月季、紫荆等，木质藤本植物主要有紫藤、迎春、连翘等；草类主要有蒿草、狗尾草、猪毛草、节节草、白草等。

中牟县有各种古树名木67株，其中包括古树群1处，共33株，按级别划分，国家一级古树5株，国家二级古树9株，国家三级古树20株。涉及姚家镇、刁家乡、黄店镇、官渡镇、大孟镇、雁鸣湖镇、郑庵镇、广惠街街道、青年路街道9个乡镇（街道），其中有100年以上的槐树、柏树、皂荚、黄连木、毛白杨，有1000年以上的乌柏、拴马槐，有稀有树种枳、黑弹朴等。

2014年，中牟县刘集多彩苗圃场、中牟县徐庄花木场、河南绿翰现代农业发展有限公司建成花卉苗木基地3210亩。当年建设灰枣采穗圃20亩。

【造林绿化】　2014年，中牟县造林绿化以新型城镇化建设为引领，以富民兴林为宗旨，以转变林业发展方式为主线，以郑州市创建国家森林城市为载体，大力开展生态廊道绿化、花卉苗木产业发展等林业建设，着力提升全县绿化水平，努力构建县域生态网络，为“生态中牟、宜居中牟”建设提供坚实的生态支撑。全县完成生态林营造面积36790亩，生态廊道绿化工程23501亩。

【生态廊道建设】 内容见《第四篇“三大主体”工作·新型城镇化建设》部分。

【林业科技】 2014年，中牟县林业局有林业高级工程师3人，林业工程师29人，经济师4人，林业助理工程师34人，林业技术员8人。有县林业科学研究所、枣树科学研究所、林业技术推广站3个科研生产技术推广机构。加大科技推广力度，积极做好林业新技术和新品种的引进推广工作，全年推广林业新技术两项，在造林规划设计中采取3S遥感系统，推广组培育苗新技术，引进清香核桃、软籽石榴、紫枝玫瑰、杜仲等4个林木果树新品种。全年组织林农实用技术培训20场次，培训人数达1.6万人。

【森林病虫害防治】 2014年，中牟县林业局加强有害生物监测预报工作，积极推行森林健康理念，坚持“预防为主，科学治理，依法监管，强化责任”的方针。全县应施监测面积1191.7977万亩次，实施监测面积1167.1701万亩次，监测覆盖率达97.93%。全县预测主要林业有害生物发生面积19.016万亩，实际发生面积19.2785万亩，测报准确率为98.63%。各项指标达到郑州市指标要求。

2014年，中牟县发生林业有害生物19.2785万亩（轻度14.127万亩、中度3.8010万亩、重度1.3505万亩）；防治林业有害生物18.196万亩，防治效果检查验收后统计实际成灾面积0.013万亩，成灾率为0.19‰。其中飞机防治105架次，飞机防治作业面积8.4万亩（包括对低虫感及发生区域周边进行预防）；抽调人员30人次，动用车辆7台次，成立2支专业队，对已发现美国白蛾的主要发生区域，采取剪除网幕方式进行防治，全年剪除网幕6867个。

2014年，中牟县有35个育苗单位和个人，育苗面积516.6亩，育苗2035.25万株，实施产地检疫面积516.6亩，苗木产地检疫率达100%。

【黄河湿地保护】 2014年，中牟县黄河湿地保护管理遵循“重点保护，生态优先，合理利用，良性发展”的方针，重点抓三个方面的工作：一是大力开展湿地宣传活动。紧紧围绕世界湿地日主题，通过出动宣传车、散发宣传单、在主要路口悬挂宣传横幅等方式，开展湿地与农业、共同成长的伙伴宣传活动；在万滩镇、雁鸣湖镇、狼城岗镇悬挂宣传横幅15条，张贴有关保护湿地、打击乱捕滥杀鸟类等野生动物通告500余张，散发关于关爱湿地、共建绿色文明宣传页1000余份，向社会各界发送关爱湿地、共建绿色家园手机短信5000余条。二是努力提高湿地基础设施建设。在狼城岗镇太平堤村北原来生产路的基础上延伸铺设，投资37万元，铺设混凝土路面宽度5米，铺设面积4000平方米。三是搞好陆生野生动物疫源疫病监测工作。在鸟类集中分布区域设立“三点两线”，对此区域定时巡查、重点监测，以线路巡查、定点观测和群众举报相结合的原则，对野生动物疫源疫病做到“勤监测、早发现、早控制”。严格落实责任制度，划定责任范围，一旦有动物异常死亡，做到第一时间发现，第一现场控制，保证监测信息报告及时准确，保证对发生动物异常死亡的现场和尸体严格处理，保证疫情不扩散。

【资源管护】 2014年，中牟县林业局严格审批权限和审批程序，认真做好林木采伐的初审、勘测和审批工作，办理林木采伐证400余件，审批采伐林木2.3万立方米；森林公安、林政密切配合，严厉打击各种毁林犯罪，全年接处警389起，办理林业行政案件59起，打击处理违法行为117人次；办理林业治安案件5起，治安拘留5人；立案查处林业刑事案件22起，抓获并采取刑事强制措施53人次，刑拘7人，取保候审46人，移送起诉43人次，为国家挽回经济损失128万多元。

【全民义务植树】 2014年，中牟县各级党政机关、学校、企事业单位、广大干部职工和社会各界人士，积极参加全民义务植树活动，推动造林绿化的深入开展。3月11日，县委书记路红卫带领县四大班子领导及县直机关干部200余人来到国有中牟林场中林区参加义务植树活动。共栽植速生杨2000余株，种植面积100余亩，为中牟县城再添新绿。2014年，全县参加义务植树55多万人次，义务植树200余万株，新建义务植树基地1处，尽责率达95%以上，平均成活率在93%以上，提升全县国土绿化水平。

中牟县委书记路红卫、代县长潘开名等在国有中牟林场中林区参加义务植树活动

【林业管护】 2014年，中牟县普遍推行林业产权制度改革，对宜林荒地和难绿化的硬岗沙地，植树权采取承包、租赁、入股等多种形式，宜包则包，宜卖则卖。通过林业产权制度改革，从根本上克服传统林业经营体制的诸多弊端，实现林业生产中责权利的有机统一，形成投资多元化、产权明晰化、管理人性化的运转机制和全方位、立体式、多层次的林业生产新格局。做到“林有主，主有权，权有责，责有利”。稳定所有权，放活使用权和经营权，保证受益权。严格按照规划设计，按设计施工，按标准验收，科学选择、合理搭配造林树种，严格苗木质量，普遍推行工程造林，栽植，加强造林质量监督和造林成效跟踪检查，落实造林管护责任。

【野生动植物保护】 2014年，中牟县认真执行“加强资源保护、合理开发利用”的方针，严格执法检查，打击破坏野生动物资源的各类违法行为，有效保护全县野生动物资源。一是大力开展野生动物保护宣传。结合爱鸟周、野生动物保护宣传月，出动宣传车5次，散发宣传资料3000余份，悬挂宣传横幅20条。二是依法加强野生动物保护管理。强化养殖、经营审批管理，严格野生动物的驯养繁殖、经营利用的审批发证制度，严把审核关，对不符合规定的、驯养繁殖技术没有成熟的，坚决不予审批；对已审批发放证件的单位进行管理，并按期年审，有效规范全县野生动物养殖经营的合法化环境。鼓励发展野生动物驯养繁殖业，2014年，新发展山鸡等8家养殖企业。三是全力拯救濒危受伤的野生动物。全年接群众来电救助野生动物10只，救助国家二级保护红隼1只，国家二级保护野生动物纵纹腹小鸮1只，有效维护全县野生动物资源。四是坚决打击破坏野生动物资源活动。对全县各乡镇尤其是沿黄饭店、雁鸣湖景区饭店进行拉网式排查，对经营野生动物及利用野生动物名称作菜谱招徕顾客的违法行为进行严厉打击。查处违法经营野生动物的饭店4家。

【森林防火】 2014年，中牟县认真贯彻“预防为主，积极消灭”的方针，狠抓责任制落实、防火宣传、野外火源管理及隐患排查等方面的工作。一是强化领导，落实责任，消除火险隐患。年初，县政府与各乡镇、各街道、国有中牟林场签订森林防火目标责任书，全面落实森林防火工作责任制，把以行政首长负责制为核心的森林防火责任制的落实作为检查重点，实行全程负责。在森林防火期内，重点检查防火措施、防火预案及防火责任人落实情况。二是加大资金投入，不断完善森林防火队伍和设施设备建设。加大资金投入、储备防火物资，做到有备无患。三是充分利用广播、电视等多种宣传方式，开展内容丰富、形式多样、群众喜闻乐见的森林防火宣传教育活动，切实提高全民防火意识和法制观念，做到防患于未然。四是强化措施，加强管护，狠抓火源管理。各乡镇、各街道、国有中牟林场在辖区内以组为单位划分森林防火责任区，落实责任领导及责任人。在防火期，要求责任领导必须在责任区蹲点，责任人必须每天巡查到位。在进入重点林区的主要路口，落实1名人员严防死守，坚决制止携带火种进林区。五是强化值班，掌握火情，科学防灾救灾。严格执行24小时领导带班、职工轮班制度，科学调度，及时处置火情，确保政令畅通。做到“五个到位”，即：火情动态掌握报告到位；值班巡查、通信畅通、情况反馈落实到位；防火物资储备、供给到位；抢险救灾、准备到位；会商协调、调度到位。确保火情信息畅通，为森林防火工作提供科学依据。

【林业执法】 2014年，中牟县坚持“打防结合、依法行政”的原则，森林公安、林政等执法部门密切配合，进一步加大执法力度，打防并举，严厉打击各种毁林犯罪，共查处刑事案件22起，结案率100%。

【创建国家森林城市】 2014年，中牟县严格按照《市委办公厅市政府办公厅关于印发〈郑州市创建国家森林城市工作实施意见〉的通知》并结合《国家森林城市评价指标》中的五大类40项指标的要求组织实施，创建国家森林城市工作稳步推进。

以满足群众“看到绿、闻到香、享受荫”为原则，森林城市项目建设与走进市民，服务市民，方便老百姓日常锻炼、休闲、娱乐相结合，全面实施规划建绿、腾地造绿、拆墙透绿、见缝插绿等“细胞”工程，组织开展园林式单位、园林式小区、绿化模范单位创建活动，重点推进社区游园和绿化广场建设，县城建成区内各种小型绿地公园26处，建成区公园绿地总

2014年7月27日，中牟县代县长潘开名陪同北京林业大学研究生院常务副院长张志强（前排左二）检查中牟县创建国家森林城市工作

面积2360亩，公园绿地服务半径覆盖率达85%，公园绿地率达72%，公园管理规范化率100%，城区人均公园绿地面积达12平方米；乔木种植比例达65%，县城区绿化覆盖率达41%，树冠覆盖率达32%，且栽植树种丰富多样。截至2014年7月，中牟县建成市级绿化模范单位（乡镇）7个，省级绿化模范单位（乡镇）3个，市级园林式单位20个。

中牟县将创建国家森林城市工作与全民义务植树活动有机结合，规划建立不同层次、不同规模的义务植树活动。2014年，中牟县参加义务植树55万人次、植树240多万株、植树尽责率达95%以上、义务植树登记卡建卡率达100%，个人认养树木2400株。

中牟县委、县政府下发《郑州市创建国家森林城市工作中牟县实施方案》，以“让森林走进城市，让城市拥抱森林，让绿色融入生活，让健康伴随你我”为绿化理念，以森林防护体系、生态文化体系和林业产业体系为重点，开展以改善生态和人居环境为核心的森林城市建设，以生态廊道绿化、村镇四旁绿化、田间林网绿化为重点，建设以林木为主体，总量适宜、分布合理、植物多样、景观优美的城市森林生态网络体系，把中牟建设成人与自然和谐发展、生态宜居的中原明珠。

2014 年 7 月，中牟县通过国家林业局核验组对创建国家森林城市指标的考核。

（审核：高丽美　魏振峰　撰稿：樊俊红　万利敏）

林场工作

林场场长　王鸿宾

【概况】　2014 年，国有中牟县林场（简称中牟林场）按照“严格保护、积极发展、科学经营、持续利用”的原则，全面推进现代林业建设步伐，坚持以培育和保护国有森林资源为重点，以优化产业结构和调整种植结构为主线，大力营造速生丰产林和经济林，不断培育新的林业经济增长点。全年完成新造林面积 1296.46 亩，占年任务量的 108.03%，改造升级绿化苗圃 254.86 亩，中幼林抚育 24078 亩次。截至 2014 年底，森林覆盖率达 90%，活立木蓄积量达 18.19 万立方米，实现经济效益、森林覆盖率和林木蓄积量增长，有效改善中牟县生态环境，有力助推中牟县都市型田园城市建设。2014 年，中牟林场被河南省爱卫会命名为省级卫生先进单位，获郑州市总工会颁发的 2014 年郑州市“五一”劳动奖状。

【造林抚育】　2014 年，中牟林场从提高造林质量入手，结合各个林区的实际情况，认真调查、科学编制造林规划和施工方案，规范造林技术标准，加强苗木管理，确保造林质量和成活率。2014 年完成新造林任务 1296.46 亩，136066 株，其中：新造杨树 526.1 亩，23093 株；新造果树、绿化树 612.96 亩，97822 株；新建苗圃 157.4 亩；补植杨树 15151 株；全场造林成活率为 90% 以上。为促进林木生长，不断加强林木抚育管理。当年中牟林场完成中幼林抚育 224078 亩次，其中：杨类抹芽、修枝 4078 亩次，机耕抚育 2 万亩次。

机械化林间除草

【林木管护】　2014 年，中牟林场以加强对国有森林资源的保护和管理，确保国有森林资源不受侵犯，建立林政管理、刑事打击、法律诉讼、政府支持、部门参与、群众配合等多位一体的资源管护体系。中牟林场制订《国有中牟县林场 2014 年安全生产及森林防火工作意见》《森林防火应急预案》，成立安全生产领导小组和 6 支专业护林防火队伍。配备风力灭火器 20 台、油锯 3 台、背负式割灌机 8 套、灭火扫把 100 把、铁耙 49 把、消防服 70 套。2014 年无重大盗伐、毁林等林业案件和森林消防案件发生。

【病虫害防治】　2014 年，中牟林场防治各类病虫害 1.94 万亩次，包括人工防治 0.94 万亩次，飞机防治 1 万亩次。其中，杨尺蠖 1.81 万亩次，蚜虫 0.1 万亩次，杨小舟蛾、杨扇舟蛾 0.03 万亩次，防治效果达 95% 以上，有效控制病虫害的发生和蔓延，保障了林木的健康生长。

【绿化苗圃】　2014 年，中牟林场根据市场需求，合理规划、科学管理，不断培育新的苗木品种，新栽园林绿化树种 254.86 亩，主要包括西府海棠 52.14 亩，白蜡 33.6 亩，法桐 28.96 亩，百日红 28.2 亩，石楠 27.68 亩，女贞 27.34 亩，香花槐 24.24 亩，其他 32.7 亩，成活率达 94.5%。通过强化种苗质量监管，提高良种壮苗生产能力，推动林木种苗由数量保障型向良种效益型转变。

升级改造后的苗圃

【公益林管理】 2014 年，中牟林场公益林面积 27237 亩。其中，经国家认定的第二批国家级公益林补偿面积调整为 7237 亩，位于中牟林场北林区；经省林业厅认定第一批省级公益林补偿面积 2 万亩，位于中牟林场西吴林区、南林区。中牟林场投入公益林管护资金 22.9 万元，及时做好国家级、省级公益林资源管理、管护，省级公益林数据库建立、补偿基金和管护项目资金的申报和使用管理，完成建设项目和公共管护项目实施方案的编制和实施工作，建立数字化档案管理，及时监测公益林资源动态变化。

【林木采伐】 2014 年，中牟林场严格按照森林经营方案，认真执行“十二五”期间采伐限额，坚持“森林年采伐量小于年生长量”的原则执行年度采伐工作。根据采伐计划，认真对各采伐迹地进行边界划分及地形绘图，为以后采伐迹地所有权问题提供依据，并对实施采伐的货场进行全程跟踪、检查监督，并做好采伐迹地验收工作。2014 年采伐货场 61 个，采伐面积 115.5872 公顷，活立木蓄积量 8050.8 立方米，其中包括项目占地采伐货场 4 个，采伐面积 4.7872 公顷。

【基础设施建设】 2014 年，中牟林场加大基础设施建设，改善职工的生产生活条件。在苗圃基地架设用电线路 1.5 万米；在各林区新打机井 31 眼，为苗圃基地安装水泵、配套机井 30 眼；在中林区和西吴林区修建混凝土道路 2000 米，在林场家属院内硬化路面 220 平方米；新建红枫公司办公用房 260 平方米；为全场各林区、营林组配备无塔供水器 7 台和太阳能热水器 17 台；为林场老家属院新配备安装变压器 1 台；改造办公楼暖气，解决职工的冬季取暖问题。

【服务中心工作】 2014 年，中牟林场为中牟县重大项目的推进提供保障，完成贾鲁河改造、绿博园区管委会项目占地及路网建设、西电东输、郑徐高铁等项目建设的前期协调、附属物赔偿及附属物清障工作。配合县委、县政府的“三大主体”工作，全力推进网格化建设，开创服务群众工作新局面，定期到群众家里座谈交流，了解情况，解决问题，增进感情，将矛盾和问题化解在基层、化解在萌芽状态，收到良好的社会效果，被中牟县委、县政府授予“坚持依靠群众、推进工作落实”长效机制工作先进单位。

（审核：刘凤奇　撰稿：陈方方）

水　利

水务局局长　冉章献

【概述】 2014 年，中牟县水务局以都市区现代水城建设为切入点，以农村饮水安全工程和农田水利现代化示范乡镇为重点，以落实最严格水资源管理制度为核心，以党的群众路线教育实践活动为抓手，大力发展民生水利，扎实推进生态水系、农村饮水安全、农田水利现代化示范乡镇、中小河流治理等重点工程建设，全年完成投资 9.5 亿元。

【农村饮水安全工程】 2014 年，中牟县完成姚家、郑庵、黄店等 5 个乡镇水厂管网及水厂续建配套工程，总受益人口3.36万人。工程总投资1665万元。

【水利现代化示范乡镇年度建设工程】 2014年，中牟县按照“工程标准化、灌溉节水化、测控自动化、农田园田化”的标准，在官渡镇建设水利现代化示范乡镇1处。工程总投资7794万元。

官渡镇农田喷灌

【引黄清淤工程】 2014年，中牟县完成杨桥灌区总干渠、南干渠和三刘寨灌区西干渠、耿干渠、狼城岗干渠等5条干渠总长91.833公里渠道清淤任务；完成杨桥灌区二支、三支、四支、五支渠和三刘寨灌区彦岗、黑寨、小湾马、十里店、沙坡池、李显吾、油坊头、丁村等12条支渠总长48.77公里渠道清淤任务，以及面上支、斗渠清淤任务。

【财政统筹农田水利建设项目】 2014年，中牟县完成2013年财政统筹农田水利建设项目，共疏挖衬砌斗渠22.35公里，清淤渠道21.9公里，维修养护渠道堤防土方18.8公里，维修养护渠道防渗工程13.27公里，新建、重建配套建筑物45座，维修建筑物20座。工程总投资427.23万元。

【危桥改造工程】 2014年，中牟县投资920.72万元，对赵寨桥、小雁河桥实施危桥改造工程。截至2014年底，赵寨桥完工，小雁河桥完成年度建设任务。

【新城水厂工程】 2014年8月，中牟县新城水厂开工建设。新城水厂位于中牟县中兴路以西，郑民高速辅道以北，姚家镇十里头村东，工程总投资19506.49万元。当年完成年度建设任务。工程建成后，形成解放路、建设路、中兴路、人文路、文通路等5条主供水管道向新老城区供水。新城水厂的建设，不仅使南水北调干渠尽快发挥效益，也有效保护中牟县地下水资源，改善供水水质。

【贾鲁河（万三公路桥至农科所桥）生态治理工程】 2014年，中牟县继续按照5年一遇除涝、50年一遇防洪标准，对贾鲁河万三公路桥至农科所桥长8.9公里河段进行生态治理，按照“一河、二带、三区、多节点”景观结构进行建设，工程总投资5.67亿元，截至2014年底，基本完成年度建设任务。

贾鲁河生态治理工程施工现场

【雁鸣湖生态水系工程】 该工程位于雁鸣湖镇新镇区，新开挖运粮河上游段4.26公里、小雁河2.35公里，工程总投资2.67亿元。截至2014年底，该工程全部完工。

【中小河流生态治理工程】 2014年，中牟县对石沟下段（水溃段）、石沟信王至入贾鲁河口段综合治理，治理总长度46.15公里，工程总投资7401万元。截至2014年底，工程基本完成年度建设任务。

【水资源管理】 2014年，中牟县落实最严格水资源管理制度工作。出台《中牟县人民政府关于实行最严格水资源管理制度的实施意见》《中牟县实行最严格水资源管理制度考核工作实施方案》等6个规范性文件，为加快构建中牟县实行最严格水资源管理制度框架体系奠定基础。组织开展“水法宣传月”“防洪减灾”和“法制宣传日”三次大规模的宣传活动，散发宣传页2200余份，宣传画100余张，在县城主干道和主要入城路口悬挂横幅50条，出动宣传车100余辆次深入县城的街头巷尾和乡镇集市，宣传水法律法规，并向市民发放印有水法律法规的扑克牌，还发放印有水法宣传口号的围裙，使《水法》的宣传贴近人民群众的生活。进一步加强水行政执法，查处水事违法案件1起，规范取水许可申请和审批程序。全年新办理取水许可证6份，换证28份，新装水表22块，更换水表26块，并对拒绝不纳入水资源管理和不节约用水的单位自备井6眼强行封闭。按照依法、足额、按时征收的原则，加强水费征收力度，全年征收水资源费574万元、污水处理费65万元。

【防汛抗旱】 2014年，中牟县争取上级抗旱资金190万元，及时启动抗旱应急方案，共新打配机电井41眼，清淤杨桥引黄灌区渠道14公里。引黄灌区全年实现总引水量2.4亿立方米，其中，农业灌溉用水1.2亿立方米，生态补源等1.2亿立方米。引黄灌溉面积23万亩，补源面积8万亩，复灌面积117万亩次。

2014年，中牟县水务局立足县域水情，坚持将备汛防汛作为重要工作，不断加强防汛值班制度和指挥部日常工作，确保人民群众生命财产安全。3月初，组织河道管理人员对全县9条骨干河道、堤坊进行拉网式徒步排查。6月6日召开全县防汛抗旱工作专题会议，全面安排部署当年防汛工作，落实各项防汛责任制，完善各类防汛预案和物资储备，确保汛期安全。

【移民工作】 2014年，中牟县水务局通过实施为每个移民村制订的《五年生产发展规划》，走“一村一品”发展路子，移民收入明显增加并逐步向多元化发展。一是配套工程工作扎实推进。完成新增临时用地土地移交13.92亩及姚家镇十里头村房屋拆迁1处；延长配套工程线路至水厂85米的实物调查及土地的移交；完成9.7千米的土方开挖工作；完成郑州市航空港区配套工程与中牟县配套工程交界处的对接工作；完成专项迁建线路6条；完成郑庵镇配套工程线路设计变更中坟墓核减、新增临时用地土地移交工作。二是做好移民村后扶项目规划建设工作。完成雁鸣湖镇穆山村食用菌工厂化生产项目、官渡镇北沟石井村奶牛养殖舍建设项目等5个移民后扶项目，项目总投资1191万元。三是严格落实移民后扶政策。完成移民后期扶持资金发放人数的统计、发放工作，为9324名移民按照600元的标准发放扶持资金559.44万元；落实移民优惠政策，为移民子女上学加分开具证明50余份；化解移民矛盾纠纷、分户开折14起。

（审核：郭宏伟 撰稿：高梦翔）

移民安置

【概况】 2014年，中牟县移民局紧紧围绕移民后期扶持产业项目建设和南水北调干渠及配套征迁协调工作，重点做好移民后期帮扶。中牟县移民后期扶持产业项目的建设得到省、市移民部门的肯定。移民村“创新社会管理”的实施，村“三会”的成立，在保稳定、促发展、惠民生中富有成效。南水北调工程征迁后续工作稳步推进，配套工程建设施工环境协调维护工作在2014年郑州市南水北调办公室举办的大干100天施工环境维护大赛中，获得先进单位称号。

【移民村产业发展】 2014年，中牟县根据《中牟县南水北调丹江口库区移民村五年产业发展规划》，完成5个丹江口库区移民村后扶项目。其中，雁鸣湖镇穆山村建设903平方米食用菌工厂化出菇车间1栋，总投资156万元，该项目电力配套设施，总投资39.46万元；官渡镇北沟石井村建设奶牛养殖舍1座，总投资444.27万元；狼城岗镇全店村建设饲料车间厂房，总投资331.35万元，该项目电力配套设施，总投资51.93万元。在每人每年1000元产业发展基金标准的基础上，县财政按照1∶1匹配，并连续扶持5年，筹得移民产业发展资金发展项目所需资金1788.79万元。

中牟县完成6个小浪底水库移民村后扶项目。其中，官渡镇许村建设羊舍，总投资165万元；许村修建7条总长3.01千米的田间道路，总投资119.27万元；许村电力改造项目，总投资29万元；官渡镇下坂峪建设羊舍，总投资95万元；下坂峪修建田间道路770米，总投资85.63万元；下坂峪电力改造项目，总投资21万元。

中牟县移民村形成以“避雨葡萄、温室大棚、食用菌种植、饲料加工、奶牛养殖”等为主的产业形式，初步形成“一村一品”的格局。项目投入使用后在解决部分群众就业问题的同时，壮大了集体经济，增加了村集体收入。

【移民后扶】 2014年，中牟县移民局严格落实移民政策。按照郑州市区域划分要求，将刘集镇姚湾、后湾、后洼3个移民村以及零散移民，共2271人的后期扶持资金发放名单及手续转入郑州市移民局；完成2014年度移民人口核定；按照每人每年600元标准，为移民9355人发放2014年度移民后期扶持资金561.3万元。加强移民村“创新社会管理”。2014年是全面落实移民村创新社会管理建设的重要一年，中牟县移民局在每个移民村成立村民民主议事会、村民民主监事会和民事调解委员会，及时解决和答复移民群众反映的问题，帮助移民群众解决议事提案86起，调解家庭纠纷64起、邻里纠纷48起。所有移民村的后扶项目申报都必须经过村“三会”讨论通过，“三会”制度在移民后扶项目的选项申报中发挥重要民主作用。本着“便捷、高效、方便群众生产生活”的原则，在每个移民村成立物业公司，改善了各移民村的村容村貌和生活环境。成立以蔬菜大棚种植合作社和水产养殖合作社为依托的合作社4个，按照“上级扶持一部分、财政补贴一部分、个人筹措一部分”的原则，建立县镇政府引导、合作社管理、业务部门科技服务支撑等多方参与的种植养殖产业稳步发展机制。全县移民村共成立种植、养殖。中牟县移民局委托河南农业职业学院15名专家教授组成专家技术服务团，并设立张湾王万岭、全店2个专家技术工作站，就近对全县8个移民安置点进行技术服务。专家技术服务团全年接听技术咨询电话3200余个，解答生产技术难题200多项，进村开办讲座、发放明白卡，手把手培训淡水养殖、畜禽养殖、温室反季节蔬菜种植等农业实用技术10场次。通过引入企业租用村内土地，建设餐饮、花卉等生态观光园，发展第三产业，增加农户和村集体收入，解决村内部分留守人员的就业问题。

张湾王万岭移民村成立移民后扶项目专家技术服务站

【南水北调配套工程】 2014年3月，中牟县南水北调配套工程开工建设。其分水口门是位于小河刘村东北总干渠右岸的20号口门。中牟县设计年供水量2740万吨，规划在姚家镇十里头村建设水厂1处。区域规划调整后，配套工程主要涉及中牟县郑庵、姚家2个乡镇，10个行政村。南水北调配套工程中牟水厂计划于

2015 年 10 月建成通水。

（审核：万传文　撰稿：守冠华　张　雪）

黄河治理

中牟河务局局长
石红波

【概况】　中牟河务局是中牟境内黄河主管单位，承担着黄河防汛、工程建设与管理、水政水资源管理、黄河滩区治理等任务。管理堤段自郑东新区的杨桥村至狼城岗镇东狼村（大堤桩号 30 + 968—70 + 250 千米），全长 40.42 千米（含 1.139 千米老堤）。2014 年，中牟河务局树立“维持黄河健康生命”的治黄工作理念，强化责任创新突破，狠抓各项目标落实。在黄河防汛、工程管理、水政水资源管理、经济、文明单位创建等工作中取得新成绩。

【黄河防汛】　2014 年，中牟河务局落实各类防汛责任制和防汛指挥运行机制，及时修订完善各类防洪预案，更新中牟县黄河洪水风险图，开展小流量级洪水及突发事件对策研究，配合做好黄河滩区汛情发布及迁安撤退预警系统项目前期工作，强化各级洪水防御保障措施；防汛物资储备到位；更新、维护防汛信息系统；做好汛前防洪工程安全普查：完成根石加固数量为 8770 立方米，平垫水沟浪窝 1275 立方米，码备防石塌方 1002 立方米；全年完成抢险任务 12 次，抛入抢险石料 1704 立方米。

中牟河务局在黄河滩区设置汛情发布及迁安撤退预警系统，加强与地方政府及沿黄村委的沟通联系，现场勘察，站点选择符合实际，布局较为合理，沿黄居民村设置集移动网络、广播网络和电话网络三网融合型的预警系统，在防洪工程抢险、滩区迁安救护、抢险救灾指挥、避险自救培训、气象预报、突发事件通报等方面发挥重要作用，为沿黄民生安全提供又一道保护屏障。

中牟河务局更新 7 个大型宣传牌内容，维护永久性涉河宣传警示标牌 197 个、临时性涉河警示标牌 240 个，增加简易宣传标志 240 条；滩区内涉河项目设置警示标志标牌 101 个，设置安全警戒线 1000 余米。在“世界水日”“中国水周”期间，利用咨询台、宣传单、宣传车等多种宣传形式进行宣传，全县受教育率 90% 以上；协调联动郑东新区、中牟县各类防汛队伍 4.39 万人，其中一线群防骨干 1800 人，专业队伍 278 人，带班干部 2610 人。在九堡控导工程、滩区狼城岗镇举行由多部门协作、多单位参与、1000 余人参加的黄河防汛抢险暨滩区迁安救护实战演练，培训防汛指挥员 50 人，专业队伍 266 人，专职观测人员 80 人，群防师资人员 30 人，全县群防队伍接受培训 7 万余人。

2014 年 6 月 29 日至 7 月 10 日，黄河第十六次调水调沙生产运行工作顺利开展，花园口站实际最大流量 4000 立方米/秒。中牟河务局成立调水调沙指挥部，观测人员配备专用交通工具和相关设备，随时掌握河势、工程情况，由于精心组织，涉河情况处理得当受到中牟县防指、沿黄群众的好评，获得河南河务局、郑州河务局的表扬。

【工程建设】　2014 年，中牟河务局完成杨桥引黄闸除险加固工程前期赔偿、部分工程验收

改建后的赵口引黄闸

工作；完成九堡控导 149 坝施工土场土料的检

测取样工作；全境堤顶道路翻修项目检测及质量评定，黄河下游防汛路（上堤路口）规划统计及石料单价核实工作；完成三刘寨闸除险加固工程、锦州至郑州成品油管道工程压地补偿协调工作；完成工程养护、堤顶道路损坏、临时占地、线杆移位预算编制工作；赵口控导13—14坝水保、环保验收及前期资料装订工作。

【工程管理】 2014年，中牟河务局严格落实“周巡查、月评比”制度，发布巡查报告，完成

巍峨险工

31次不定期巡查，对各段责任人实行绩效工资。强化日常、专项养护管理，堤顶道路翻修、堤顶隐患探测专项全部完工，均通过初验。完成新植树木1101.1亩，各类树种264788株。及时联合中牟县林业局病虫害防治中心，利用滑翔飞机对全段堤岸树木害虫进行喷施防治。

【水政水资源管理】 2014年，中牟河务局组织实施“服务型行政执法学习培训月”活动，30人次参加上级组织的业务培训。出动水法宣传车辆30余车次，设立咨询站3处，悬挂宣传横幅7幅，张贴各类标语200余条，发放宣传材料3000余份，制作展板2块，在中牟大厦显示屏滚动播出宣传标语30余次，全县受教育约60余万人次，受教育覆盖率达90%以上。

中牟河务局查处河道内采砂违法行为，规范河道水事秩序。重新审批3处到期标准化采砂场的证件，新批准1处采砂场并上报郑州市河务局审核备案。坚决打击非法采砂场，对非法采砂场进行取缔，清理非法采砂船38只。对

中牟河务局水政执法人员拆除清除违章建筑

辖区内违规建设项目整改，万东新型建材公司、万滩、司口加气块厂3处违规建设项目落实整改措施。拆除围墙630米及房屋70平方米。划定韦滩灌注桩工程临河30米、背河50米为工程护坝地，并设置边界桩；对辖区内“渔家乐”进行拉网式整治，划定九堡500亩地边界。

贯彻执行水调指令，加强调水调沙期间和日常督查，针对2014年沿黄紧急旱情，实现紧急供水优化调度，3座引黄涵闸供引水36564.98万立方米，确保灌区农业用水。

【经济管理】 2014年，中牟河务局以企业文化发展提升整体软实力，对在建项目管理和后续工作的开展，加强财务管理及工程全程监管力度，开展项目风险排查，获得河南省安全生产监督管理局授予的安全生产示范单位、河南省信用建设促进会和河南省企业评审委员会授予的2014年河南省信用建设示范单位荣誉称号。荣获河南AAA级信用企业称号。获由《中国质量报》、河南质量网、河南质量信息中心联合颁发的2014年度河南“重质量、守信誉”承诺单位荣誉称号。完成新签社会工程合同金额7991.18万元，新承揽一包社会工程自建合同额87万元，经济总收入5026万元。

【安全生产】 2014年，中牟河务局落实各类安全生产责任制，举行安全消防培训讲座、“安全生产月”警示教育多种安全生产教育宣传，

2014 年 1 月 26 日，黄委会副主任赵勇（左四）来到中牟河务局检查安全工作

设置各种警示标牌 200 余个，发放宣传单 3 万份、安全宣传环保袋 5000 个。开展安全生产检查 18 次，整改隐患 20 多处，收缴各项安全风险抵押金 10 余万元。

【科技创新】 2014 年，中牟河务局《水行政执法快速反应机具的研制与应用》《网络排线扣卡的研发与应用》分别获得河南河务局科技火花奖一、二等奖。申报黄委“三新”认定 4 项，完成郑州河务局科技论文交流会交流论文 5 篇。

（审核：石红波　撰稿：白海涛　王灵芝　辛恩丽）

农业机械

农机局局长　王丰斌

【概况】 2014 年，中牟县农机局紧紧围绕农业发展、农民增收、农村富裕总目标，以提升薄弱环节机械化水平为突破口，以落实农机补贴和推广先进适用农机装备为着力点，努力拓展农机化服务领域，继续加强农机监理和从业人员培训，不断提高农机装备水平、作业水平、安全水平和服务水平，有力促进农业综合生产能力和农民收入的提高，加快了农业现代化进程。

【农机发展】 2014 年，中牟县农业机械原值 6.4 亿元，农业机械总动力 74.04 万千瓦，其中柴油发动机动力 67.14 万千瓦，汽油发动机动力 0.082 万千瓦，电动机动力 6.81 万千瓦，排灌动力机械动力 4.9 万千瓦，联合收获机动力 5.2 万千瓦，农产品初加工动力机械动力 2.3 万千瓦，渔业机械动力 2.5 万千瓦。

中牟县拥有拖拉机 35846 台（其中，大型拖拉机 2504 台，小型拖拉机 33342 台），拖拉机配套农具 50596 部，旋耕机 1448 台，联合收割机 844 台，农产品初加工机械 6113 台，农用运输车 15072 辆，免耕播种机 338 台，秸秆还田机 1020 台，渔业机械 6232 台，增氧机 3288 台，投饵机 2944 台，花生收获机 605 台。

中牟县实际机耕面积 48745 公顷，机播面积 52315 公顷，机收面积 49852 公顷，机械化秸秆还田面积 31515 千公顷，免耕播种机面积 29064 千公顷，全县机械化综合水平 82%。

【重要农时农机生产】 2014 年，中牟县农机局成立“三夏、三秋”农机生产领导组，制订工作方案，科学合理地指挥和处理“三夏、三秋”农机工作。对全县作业状况调查摸底，包括小麦、玉米种植面积、收获时间、本地收割机械拥有量、需引进收割机械量等信息，为科学指导机收提供基础。县农机局抽调技术人员深入乡村对农业机械全面检修保养。农机公司备齐各种农机具及零配件，并提供送货下乡服务，保障“三夏、三秋”期间农机物资供应。县农机局服务跨区作业机手，在国道和集中作业区设立 2 个固定服务站和 3 个流动服务站，为当地和跨区作业机手提供服务。实施农机奖补政策，助推“三夏、三秋”工作进度。组织农机合作社、农机协会及农机大户等组成服务队，为军烈、孤、寡、病、残、外出务工等困难户提供作业服务，切实解除困难家庭的后顾之忧。“三夏、三秋”期间组织 260 台机车，签订 1300 余份帮扶协议，落实帮扶面积 7600 余亩。全县投入大中型拖拉机2364台，小型拖拉机31254台，联合收割机234台次，秸秆还田机902台。完成小麦机收29.95万亩，玉米机收37.8万亩，秸秆还田48.92万亩，进一步提高农业机械化程度，加快了农作物收播进度。

【农机购置补贴】 2014年，中央、省财政投入中牟县补贴资金1266万元，市财政投入补贴资金255万元，省累加补贴资金77万元，共1598万元，对中牟县购买和使用大中型及先进适用农业机械的农户和农业生产经营组织进行补贴。根据农业生产和农民购买农机的需要，补贴8大类、16小类、20个品目的各类机具992台，其中大中型拖拉机177台，配套机具214台，小麦联合收获机械143台，增氧机120台，投饵机65台，玉米收获机59台，薯类收23台，挖掘机11台，花生剥壳机10台，其他机械170台。全县5个合作社及447户农民享受到补贴优惠政策，带动购机户投入购机资金3522.74万元。

农机补贴公开摇号

办理农机补贴手续

【农机安全监理】 2014年，中牟县农机局深入乡村广泛宣传《河南省农机安全管理规定》和农机安全常识。出动宣传车80余台次，发放“平安农机”倡议书1000余份，发放“平安农机”知识手册300余本，制作平安农机专题宣传光碟1套，悬挂式门脸4个，过路标语2块，使群众受教育人数达0.6万人。重点加大对无牌、无证的农用车辆、报废车辆、拼装车辆及超速、超载等严重违法违章行为的治理。通过安全检查，治理违章作业农机车辆2000多台次，降低农机违章行为，预防和减少农机事故的发生。对未经检测的机械和考试不合格的机手一律不予发证，提高广大农机手的安全生产意识、驾驶操作技能。新管农用机动车辆202台。建立狼城岗镇青谷堆村、姚家镇念罗村两个省级平安农机示范村，郑州市启程农机专业合作社、中牟县三保农机专业合作社2个省级平安农机合作社。

【农机技术推广】 2014年，中牟县新增大中型拖拉机180台，配套机具218台，小麦联合收获机械148台，增氧机127台，投饵机86台，玉米收获机60台，薯类收23台，挖掘机35台，花生剥壳机10台，其他机械210台。新增保护性耕作实施面积0.5万亩，达到12.5万亩，召开各类现场会8场次，技术培训班12次，宣传培训人员7500人次，协助管理科新建农机专业合作社2个，圆满完成2014年农机推广工作任务。全县农业机械化综合生产率达79%。

【农机教育培训】 2014年，中牟县农机局农机化学校坚持“服务三农、从严治校”的办学宗旨，积极探索新形势下的农机培训形式，以市场为导向，拓展思路，扩大培训范围，努力实现“招得来、培得实、转得出、能致富”的培训目标，加强对农民机手和农机维修人员的技能培训和安全生产教育工作。全年培训各类农机人员4202人次。其中，新购机农民305人次，管理人员458人，操作人员2007人，技术人员1432人。农机化学校拥有教室160平方米，各种实习场地1000平方米，电教设备3套，各种教学挂图及光盘220余张，图书资料1000余册，达到县级培训学校的基本要求。

【农机与配件经营】 2014年，中牟县农机经营收入1024万元。

【秸秆禁烧和综合利用】 2014年“三夏”“三秋”期间，中牟县充分利用电视台、宣传车、公开信、悬挂横幅等形式，对农作物秸秆禁烧和综合利用工作广泛宣传。多部门协作实施、联合监管，与各级层层签订目标责任书。各乡（镇、街道）禁烧办严格执行领导带班巡视督查制度、节假日高速路、铁路沿线值班制度，准确掌握秸秆禁烧情况。为确保秸秆禁烧和综合利用工作不留死角，实行“5+3”督查模式，农机局增加3个督查组，增加督查的密度和力度，每天按时汇报督查工作情况，全方位实时监控和督导。

2014年，中牟县农机局抽调15名专业技术人员组成综合利用技术服务队，进村入户，到田间地头指导秸秆综合利用技术，有效提高综合利用率。大力提倡秸秆还田，走可持续发展的道路，通过应用新机具、新技术、新途径，发展秸秆经济，推动农作物秸秆肥料化、饲料化、燃料化、基料化和工业原料化，使秸秆变废为宝。积极与畜牧养殖企业和秸秆加工企业联系，鼓励他们大量收购农作物秸秆，既解决企业的饲料和原料来源，也使农民增收和村容村貌整洁，改善农村环境卫生状况。当年，全县秸秆直接还田48.92万亩，养殖企业青贮秸秆25万亩。

调研燃料示范基地建设

（审核：张全枝　撰稿：刘松亮　高飞　路莹）

农场工作

农场场长　陈德振

【概况】 2014年，中牟县农场认真落实2014年度各项工作任务，坚持依靠群众，推进工作落实，全场职工团结拼搏，务实创新，有效促进农场经济社会健康发展。西吴农业分场有土地850亩，主要从事种植、水产养殖、畜禽养殖，主要产品有小麦、玉米、大豆、大蒜、油料农副作物等，水产品有鲤鱼、青鱼、鲴鱼等鱼类。2014年，中牟县农场完成农牧渔业总产值436万元。其中，农业总产值81万元，渔业总产值115万元，畜牧业总产值240万元。

【分场生产】 2014年，中牟县农场在西吴农业分场投资40万元建设智能温室，建设总面积600余平方米，建设内容包括：钢架蔬菜大棚主体工程，智能温室内外遮阳系统、顶窗通风系统、湿帘一风机系统、外翻窗系统、配电系统等。4月完成工程招标，6月工程完工并通过验收。

【扶贫项目】 2014年，中牟县农场继续发展扶贫项目，在西吴农业分场建设400亩园区配套工程。工程总投资280余万元，建设范围包括日光温室2座、看护房5座、生态猪舍1座、避雨葡萄25亩、苗圃建设62亩、鱼塘硬化109亩、田间灌溉25亩、沼气池500立方米、田间生产道路1200平方米。上半年完成工程的设计、立项和招标工作。截至2014年底，鱼池硬化、苗圃建设、田间工程等施工结束，日光温室、看护房、猪舍基础建设尚未完工，整体上按工程施工方案逐步推进。

（审核：穆占伦　撰稿：王建霞）

农村工作

【严格落实农村土地承包政策】　2014年，中牟县继续宣传贯彻土地承包法、土地承包纠纷调解仲裁法、土地承包经营权证管理办法和土地承包经营权流转管理办法等相关法律法规政策，重点解决土地承包中出现的纠纷及上访案件，接待调处土地承包纠纷5件，郑州市转办和政府信访复查案件9件。

【农民专业合作组织】　2014年，中牟县新发展农民专业合作社46家，全县农民专业合作社达631家，在郑州市排名第一。其中种植业308家，畜牧业212家，渔业41家，林业21家，种养结合的19家，服务业11家，农机15家，其他5家。遍布全县的400多个行政村，覆盖率95%。农民专业合作社注册资本总额178412.71万元，2014年实现销售收入12亿元，新增社员420户，社员总户数31550户，带动周边农户2.2万户。新培育“国家级示范社”1家，总数达6家；“省级示范社”1家，总数达7家；“市级示范社”7家，总数达26家。全年培训合作社负责人500人次，组织参加省市级农民专业合作社负责人培训120人次，发放合作社有关资料1200册，为农民专业合作社成立、注册及相关政策提供咨询1500次，深入合作社指导120次。指导合作社注册商标3家，总数达15家。

国务院银监会合作部主任毛红军、郑州市副市长杨福平到春峰合作社调研

【新型农业经营主体】　2014年，中牟县50亩到200亩的规模经营种养大户达到181个，家庭农场发展到19家，其中种植类13个，种养结合类6个，其中市级示范家庭农场3个，省级示范家庭农场1个。

【农民科技培训】　2014年，中牟县继续加大农民科技培训，积极开展新型职业农民培育工程，培训100人。深入开展农业实用技术培训，开办各种农民培训班20场次，培训农民1000多人次。12月，河南省农广校副校长李惠军、工会主席张传龙等就体系建设、新型职业农民培育、中职教育、田间学校等方面的工作，到中牟县农广校调研。

实施新型职业农民培育工程

【农民负担监督与补贴资金发放管理】　2014年，中牟县发放种粮直补，综合直补等惠农补贴资金15项，金额达2.6亿元。严格执行涉农收费文件“审核制”和收费价格“公示制”，无出现因加重农民负担引发的群体性事件和恶性事件。继续落实农民负担监督管理“五项制度”，坚持农民负担每年2次审计检查工作制

度。5 月，县农监办、纠风办针对农民负担监督卡发放及惠农资金发放情况明察暗访。

【农村沼气建设】 2014 年，中牟县建设大型沼气 2 处，分别为中牟县盛发奶牛养殖场和中牟惠达牧业发展有限公司沼气工程项目。重点开展沼气后续服务工作，开通沼气技术服务热线，解决沼气户在使用过程中的难题。入户维修沼气 350 余次，发放沼气技术手册 3000 余份。

（审核：樊守峰　撰稿：周艳丽）

编辑：钟宇斐

工业和信息化

综　述

科技工信局局长
张海献

【概况】　2014年，中牟县科学技术和工业信息化局（简称中牟县科技工信局）紧紧围绕中牟经济社会发展总体规划，积极实施科技兴县、工业强县战略，强力推进各项科技计划，切实抓好工业经济运行，不断加快重大项目和产业集聚区建设，持续做好企业服务年活动，稳步推进企业改革，着力解决破产改制企业遗留问题，力求保稳定、促和谐、求发展，完成全年工作目标任务。

【工业经济运行】　2014年，中牟县规模以上工业企业完成增加值95亿元，同比增长7%；新增入库规模以上企业29家，完成郑州市定15家的目标任务；中牟县12家企业列入郑州市工信委重点上报监管。2014年，中牟县科技工信局加强战略性企业（集团）培育，郑州日产、郑州比克新能源两家企业被列入郑州市23家工业企业战略性企业（集团）培育计划，并成立培育团队。培育方案完成申报，提交郑州市工业经济科技和安全生产工作领导小组研究确定。全力推进工业项目建设，2014年工业建设项目85个，计划总投资866.2亿元，年内完成投资150亿元。2014年竣工项目35个，郑州比克新能源汽车有限公司年产5万套汽车电池包项目的总装车间、焊接车间基础施工完成；郑州比克电池有限公司年产12亿套锂离子电池的生产能力项目的1号厂房竣工投产，其他厂房基本竣工；郑州倍利车轮有限公司中牟分公司汽车配件生产基地建设项目、郑州汽车服务业博览城建设项目等大项目竣工投产。

【促进中小企业发展】　为落实《中牟县人民政府关于支持小型和微型企业发展的意见》文件精神，加大对县域内中小企业支持力度，中牟县科技工信局积极组织企业进行项目申报，经与财政部门联审，确定本级财政支持资助企业20家；协助华英包装、凯雪电器等9家企业成功申报市中小企业发展专项资金资助项目，获资助资金210万元。协助郑州东工实业有限公司、郑州凯雪冷气设备有限公司申报省级中小企业公共服务平台，郑州中农农产品电子商务有限公司申报市级中小企业公共服务平台，并全部得到认定；组织7家企业董事长、总经理参加市级组织在浙江大学的高级研修班和在郑州大学组织的担保行业培训班；帮助凯雪等企业加入省中小企业协会，帮助企业董事长、总经理申请高级会计师资质认证，有效提升企业和企业家的管理水平。中牟县科技工信局与县域内11家银行、担保公司、小额贷款公司座谈，组织召开联席会议，专题研究为企业融资问题，并撰拟《关于金融支持中小企业发展的意见》；帮助13家企业申请郑州市第六批中小企业财政补贴贷款；与中国银行、郑州担保有限公司、中牟县中小企业担保有限公司协调，为郑州经纬电力有限公司、刁家混凝土公司、万滩养殖农业合作社融资2000万元。县科技工信局对监管职能范围内的1家融资性担保公司和2家小额贷款公司实行月报、季报、年审，不定期到企业检查，聘请专家对年审材料审查把关，确保公司规范经营、健康发展。在处理郑州嘉信投资公司事件中，县科技工信局积极与县金融办、发改委、公安局、商务局、人行等职能部门合作，对全县 34 家咨询、投资、融资服务公司进行排查，通过整顿停业 9 家，对现有 25 家跟踪监测监管，有力配合事件处置行动。

2014 年，中牟县非公有制经济发展迅速，中小微企业达 13641 家，占全县企业总数的 97%。全年完成增加值 168 亿元，同比增长 12%，约占全县生产总值比重的 66%，中小微企业及非公有制经济的发展成为县域经济的重中之重。

【节能减排】 2014 年，中牟县科技工信局依照标准和规范，指导河南津大幕墙有限公司“55 系列保温型铝合金内平窗”和郑州凯雪冷气设备有限公司“KX - GZ 商用冷藏展示柜”进行节能产品认定申报；河南津大幕墙有限公司的“55 系列保温型铝合金内平窗”节能产品通过河南省工信厅认证。

【信息化工作】 2014 年，中牟县科技工信局积极推进企业信息化工作，指导凯雪公司完成物联网制冷设备远程监控和智能诊断平台建设；指导万邦推进农产品电子商务信息平台建设，当年完成基础设施建设安装，各区域信息化线路铺设到位；指导中牟汽车产业集聚区以汽车公共信息服务系统、电子商务服务系统、企业信息化系统、平台管理系统和企业信息化培训服务为一体的信息化公共服务平台项目建设，截至 2014 年底，硬件部分建成、部分软件投入运行。

【信访工作】 2014 年，中牟县科技工信局积极协调处理改制后企业各类遗留问题。采取班子专题研究、引导劝导、法律咨询、多方取证调查等办法，认真解决企业改制遗留问题。协调官渡酒厂拆迁补偿、土地确认、棚户区改造等问题；配合调查落实中牟县汇银怡和苑小区（原塑编厂厂区）住户房产证办理问题，办证障碍得到解决；协调处理化肥厂家属院居民停水停电集体上访问题；做好老信访户的来访接待、思想疏导、案件处理工作。对第一批实行属地管理的 23 家企业，逐步引导协助职工到属地办理相关手续。强力推进企业破产改制依法顺利进行。重点协助肉联厂管理人做好安置遗留问题的收集、汇总、协调处理工作。厂外融资款及部分毛猪款发放到位，其他遗留工作得到推进。针对黄河商场因征迁引发的职工多次到县、市、省、京群访事件，县科技工信局把重点放在引导职工依法维权、确保稳定、协调沟通上。截至年底，职工汽车城集资款发放 21 人，符合条件的 66 名职工的经济补偿金在发放。县信访联席办下文明确责任单位归商务局。引导气体总厂破产管理人集中精力推进破产工作。截至年底，该企业重新核实职工人数、计算职工补偿安置金额，清产核资工作结束，下步准备筹备职工补偿安置工作。对中牟县 2013 年国有集体破产困难企业退休且未办理职工医疗保险的 339 名职工，进行汇总、查档和综合审查，对符合条件的 302 人进行公示。处理上级交办信访案件 15 件，办结 15 件，接待职工集访 22 起，约 430 人，个访 26 起，结案率 100%，满意率 100%，稳定率 100%。

【企业“两会”工作】 2014 年，中牟县科技工信局强化培训，为提升广大会员单位整体素质，组织郑州日产、郑州东工等 12 家企业前往洛阳参加健峰总裁座谈会；组织郑东热电厂等企业参加 2014 河南工业经济行业企业社会责任培训班；组织管道三公司等企业参加“莫桑比克—斯威士兰”贸易投资合作论坛；组织郑州东工、凯雪冷链等企业高级管理人才赴登封参加全国职业经理人资格认证培训班活动；组织郑州东工、郑州宏大商贸等企业代表参加“共赢共发展，转型创未来”论坛活动。丰富活动载体激发广大会员工作激情和活力。根据年度工作安排，组织评选 10 家优秀会员企业并大力宣传表彰；由县科技工信局推荐的郑州日产、郑州东工等5家会员企业，分别获得市“三会”转型创新杰出企业及杰出企业家称号；中国石油天然气第三工程分公司、郑州日产有限公司、河南大信整体厨房科贸公司、中牟县供电公司4家会员企业获得郑州市最佳雇主称号。积极组织开展优秀会员企业参加郑州市企业家“贤内助”评选活动和2014企业十佳门户网站、十佳内资编辑部评选活动；组织县域内40余家企业开展“企业家看中牟活动”，参观“梦之旅——中牟县规划展览馆”，让企业家们了解中牟的未来发展宏图，提升企业家发展信心；开展走出去学先进活动，组织50余人赴漯河双汇集团、可口可乐公司观摩学习；组织开展“百名企业家走进郑州东工观摩交流活动”，共同交流生产制造业管理先进经验；组织开展第二届“双沟珍宝坊杯”羽毛球公开赛，活跃和丰富县域内企业职工文体生活，增进企业之间的交流与沟通。

（审核：刘红芹　撰稿：高洪力　鲁　茜）

电　业

供电公司经理
魏国强

【概况】　2014年，中牟县供电公司集中精力谋大局、提服务、严管控，认真贯彻落实省、市公司决策部署，坚定发展信念，持续创新提升，全面加快建设“一强三优”现代企业步伐，服务地方经济社会发展。各项工作有序发展，目标任务顺利完成。购电量完成18.41亿千瓦时，同比增长11.82%；售电量完成16.91亿千瓦时，同比增长9.81%；电费实收11.71亿元，电费回收率100%；综合线损率完成7.61%，同比上升0.35个百分点；综合供电可靠率完成99.93%，同比提高0.02个百分点；综合电压合格率完成99.12%，同比提高0.81个百分点；农网还贷金实收3037.8万元，同比增长9.45%；营业收入9.41亿元，同比增长11.01%；资产负债率85.67%，较年度计划指标提高2.25个百分点；多种产业产值完成1.73亿元，同比增长24.7%；利润总额308.27万元，同比增长16%。

2014年，中牟县供电公司获全国“安康杯”竞赛优胜企业五连冠、河南省诚信计量示范单位、河南省金秋助学捐资先进单位等荣誉称号；在中牟县行风评议活动中，连续9年荣获服务行业第一名。

【安全生产】　2014年，中牟县供电公司认真落实安全提升工作要求，按时召开安全分析会和安全网例会，排查问题隐患，深入施工作业现场开展安全督查，加强员工安全思想教育，组织新《电业安全工作规程》学习考试，确保安全稳定的生产局面。截至2014年12月31日，中牟县供电公司实现连续安全生产8055天。

【电网建设】　2014年，中牟县供电公司进行5项电网工程建设。分别是：（一）220千伏商鼎输变电工程。总投资1.12亿元，主变容量1×240兆伏安，线路长度19千米，截至年底该工程竣工。（二）110千伏石楠输变电工程。总投资2824万元，主变容量为1×63兆伏安，线路长度0.05千米，截至年底工程投入运营，满足官渡组团集聚区内富士康官渡电子城等一批用户的电力需求。（三）10千伏九华输变电工程。总投资3945万元，主变容量1×63兆伏安，线路长度4.2千米。截至2014年底，变电工程竣工，线路工程正在协调。工程投运后将满足绿博组团区域入驻企业的用电需求。110千伏九华输变电工程在2014年河南省电力公司流动红旗竞赛中获“安全质量流动红旗”。（四）110千伏黑李变电站扩建工程。总投资1498万元，新增主变容量1×50兆伏安，线路长度0.08千米。截至2014年底，110千伏黑李变电站侧工程竣工，220千伏谢庄变电站侧工程计划2015年4月完工。工程投运后将提升110千伏黑李变电站容量，完善中牟南部110千伏电网网架。（五）郑徐高铁大孟牵引站配套接入系统工程。积极协调地方政府，协助省市公司完成路径方案选定、地质勘探、环评手续等工作，确保大孟牵引站配套接入系统工程项目顺利核准，为工程的全面开展打下坚实基础。

【新一轮农网改造工程】 2014年，中牟县农网改造升级工程完成投资1601.28万元，完成工程项目97个。新建改造10千伏线路30.37千米，新建改造配电台区65个，容量16.96兆伏安，新建改造400伏线路92.03千米。

2014年，第三批中牟县配网10千伏及以下工程投资1300万元，完成项目29个。

【迎峰度夏、度冬电力工程】 2014年，中牟县供电公司迎峰度夏、度冬电力工程投入970

供电公司一线员工在紧张施工

万元，新建改造10千伏线路9.59千米，400伏线路37.55千米，新建改造台区76个，新增容量21.82兆伏安。通过新增布点，对负荷较为集中的台区设备进行更换及线路改造，消除配电变压器过负荷和居民用户的低电压等问题。

【电网技改工程】 2014年，中牟县供电公司投入大修技改资金6653万元，新建改造项目33个，完成三官庙、云祥、王庄、狼城岗、东漳、芦医庙6座35千伏变电站的技改改造，新增变电容量32.7兆伏安。春检期间完成18座变电站预试清扫和检修工作，对占杨等5座35千伏变电站的35千伏开关进行大修。

【电力远程抄表系统建设】 2014年，中牟县供电公司推动“全覆盖、全采集、全费控”的远程抄表采集系统建立，完成全县范围内的5703个配电台区的电力远程抄表采集终端及表计更换工作，实现台区及变电站关口表电能远程采集及负荷监控。全力推进智能电表推广更换工作，完成更换归档表5.5只。

【营业普查】 2014年，中牟县供电公司针对电价执行、台区隐患、违约用电等突出问题定期组织对供电所进行检查。在检查中对弘亿国际庄园、普罗旺世等用户的违约用电行为下发整改通知书，收到违约金2.6万元。根据营销日常工作中暴露出的问题，开展针对性的营业普查，理顺各供电所的管理程序，客户档案得以规范，黑户等问题明显减少，保证公司效益不受损失。加强重要客户管理和隐患排查治理，对全县6个重要用户建立完善相关资料，并向中牟县人民政府汇报。通过春秋季安全大检查，对检查出的12处重要客户用电侧安全隐患督导整改。加强营销稽查监控平台监控，建立市县一体化营销稽查监控体系，截至2014年底，发起在线稽查1340次，稽查任务完成率100%，对异常问题整改完成率100%，有效挽回损失15.7万元。

【线损管理】 2014年，中牟县供电公司加强线损考核和激励机制，下达新的《线损管理考核办法和管理办法》，按照“分区域、分电压、分线路、分台区”原则，对理论线损指标及时计算，加强考核奖惩兑现，使线损激励机制步入良性循环。建设用电信息采集系统，投入资金1380万元，完成6万块表计安装，减少抄表时间差、提高抄表同时率和及时率。对6000台10千伏配变安装远程抄表系统，逐步对10千伏高损线路进行改造。对新增大用户业扩报装制订合理供电方案，尽可能合理解决新出专板或开闭所线路用电问题，提高无损电量比重，全年新增无损线路24条。

【业扩报装】 2014 年，中牟县供电公司不断完善和改进电力业扩流程，提高办理业扩报装的效率，实施分容量“三级跟踪服务制”，落实“一站式”服务。当年，中牟供电区域报装用户444 户，报装容量 58.84 万千伏安。

【服务“三农”保用电】 2014 年，中牟县供电公司积极开展农村安全用电宣传活动和服务活动，组织各供电所人员对电力线路全面清障和巡视检查。动员党员服务小分队到农村田间地头进行安全用电知识宣传，全年出动人员1253 人次，开展宣传活动 200 余次，解决农业生产用电问题 1526 件，帮助灌溉耕地 9.6 万亩。积极拓宽与用户的沟通渠道，印制 26 万份便民服务联系卡，给客户提供更便捷高效优质的服务。在中牟县行风评议活动中，中牟县供电公司连续 9 年荣获服务行业第一名。

【科技进步】 2014 年，中牟县供电公司认真贯彻“科技兴电”方针，以科技创新手段不断提高企业核心竞争力。2014 年申报国家专利 12 项，在中文核心期刊和非中文核心期刊分别发表论文 5 篇。成立 26 个 QC 活动小组，注册并研究 20 余项 QC 课题，完成 15 项 QC 成果。积极参加郑州市供电公司组织的合理化建议、论文、QC 成果比赛，在活动中获得合理化建议一等奖 1 项、二等奖 3 项、三等奖 11 项、优秀奖 10 项，论文获得二等奖 1 项，QC 成果获得郑州市供电公司二等奖 1 项、三等奖 2 项。

【人才技能教育培养】 2014 年，中牟县供电公司开展各类生产技能人员自主培训 21 期，参加学习培训员工 2766 人次；外派员工参加上级组织的各类培训 56 期，学习培训员工 106 人次，全员培训率达 95%。全年 3 名员工取得高级技师技能等级，13 名员工取得技师技能等级，119 名员工取得高级工技能等级，2 名员工取得中级工技能等级，5 名员工取得初级工技能等级，14 名农电工取得高级工技能等级，210 名农电工取得初级工技能等级。在职称认定工作中，全年 2 名员工取得高级职称，5 名员工取得中级职称，34 名员工取得初级职称。中牟县供电公司人才当量密度从年初的 0.842 上升到 0.876，超额完成全年目标任务 0.85。

（审核：张菊伟　撰稿：程　泰）

郑州日产汽车有限公司

总经理　郭振甫

【概况】 郑州日产汽车有限公司（以下简称郑州日产）1993 年 3 月成立，是东风与日产合资的整车制造企业，有员工 5000 余人，具有从产品研发、供应链管理、生产制造到营销服务的全价值链业务体系。

2014 年，郑州日产公司拥有郑州和常州两大事业基地，对东风风度品牌的发展形成强有力的支持。郑州日产有 NISSAN、东风 2 个品牌、4 个品类、7 大车型：其中 NISSAN 品牌包括 NISSAN PICKUP、帕拉丁 SUV、凯普斯达高端轻卡及 CDV 车型 NV200；东风品牌包括 SUV 车型东风风度 MX6、帅客高级紧凑商务车、锐骐皮卡及其多功能车，还拥有日产汽车公司 NISSAN 全进口高端商务车碧莲（NISSAN CIVILIAN）的销售权，是国内 LCV 产品覆盖最全的企业之一。

郑州日产拥有一级经销商 260 余家，二级经销商近 700 家，特约维修站 500 余家，形成集整车销售、配件销售、信息反馈、售后服务为一体的销售服务网络。海外形成以非洲、中南美洲、东南亚等 3 个战略性市场和东欧、大洋洲等众多机遇性市场，拥有海外网络 35 个。

【“溯源”解读】 2014 年，郑州日产经销商年会上，郑州日产提出以“溯源”的为策略指导的年度经营主题，旨在以消费者最实际的利益出发，强调客户是企业的生命之源，挖掘并满足客户需求。而“品质”与“服务”则成为郑州日产年度关键词，是郑州日产客户回馈的重中之重。平日扮演着或“伙伴”或“家人”角色的郑州日产的系列产品，为客户带来更多贴心的服务。

【整车销售】 2014 年，郑州日产完成整车销售 11 万台，同比下滑 8%，实现经营性营业利润 1.61 亿元，同比下滑 49%，远低于年初设定的预算目标。面对不利形势，公司谋求在重点区域和重点商品上寻求突破，通过商品组合、赛事营销等提升用户口碑，确保公司冠军皮卡的品牌价值和市场地位，皮卡全需市占率为 13.5%，同比提升 0.4 个百分点，锐骐更是主流皮卡中唯一销量与上年同期持平的车型。

【制造领域综合实力持续提升】 2014 年，中牟新总装车间设计产能 13.6 万台/年，采取混流线体生产模式，占地 6.8 万平方米，土建施工 2014 年 9 月 1 日正式开始。涂装二车间设备改造设计产能为 40 万台/年，2014 年 8 月启动，预计 2015 年 11 月建成。通过这两个车间的建成和改造，中牟工厂将具备 18 万台生产能力。

郑州日产借助中牟、常州基地能力建设，以及 P11、S12 车型导入的良机，制造领域正在导入同步工程、QVCC（品质特性与品质偏差管理）活动等先进管理工具和方法，在新产品研发阶段提前介入评审和分析，避免产品先天不足导致的 SOP 延迟和品质问题。

通过教育培训及评价体系的构建，不断提升员工技能水平。持续进行车型 IPO 的导入，郑州日产 2015 年 9 月将实现全系车型 IPO 化，达到日产全球同期生产水平。

【NISSANNV200CVT 上市】 2014 年 2 月 26 日，以“事业、生活不止 + 一点”为主题的郑州日产 NISSANNV200CVT 上市发布会在广州香格里拉酒店隆重举行。郑州日产首次将日产全新智能 XTRONICCVT 无级变速技术应用于 NISSANNV200 车型，并新推出 NISSANNV200 全系 8 款车型，包括分别搭载 MT 手动变速器以及搭载 CVT 无级变速器的豪华型、尊雅型、尊享型、尊贵型，官方指导价格 10.48 万元起，搭载 CVT 的同款车型价格比搭载 MT 的车型增加 1 万元。

【常州分公司注册成立】 2014 年 4 月 14 日，“对标中牟改革振兴常州东风”改革启动会在常州召开，标志着“常州项目”过渡体制结束，常州东风将以郑州日产常州工厂体制运行。

郑州日产常州分公司注册

2013 年 9 月常州项目正式启动，在各项目组成员的共同努力下，CV03 车型顺利上市，常州工厂“顶层设计”竣工。依托 CV03 的生产和移管车型的 QCT 再现，常州工厂需迅速提升工厂的综合实力，确保在新体制构建完成后的 1 年内达到中牟工厂 2013 年底的水平，初步构建常州工厂的核心竞争力。

启动会现场，常州工厂领导及员工代表分别表态发言，并纷纷在“对标中牟改革振兴常州东风”的背景板上签下名字，表达坚定改革的信心与决心。

【中期事业计划发布】 2014 年 4 月 18 日，在北京举行的“东风汽车公司文化战略暨大自主乘用车成果发布会”上，东风汽车股份有限公司副总经理、郑州日产汽车有限公司总经理郭振甫宣布中期事业计划：郑州日产计划在未来 3 年（2015 年 – 2017 年），面向市场推出 5 款新车型。包括东风风度品牌的 3 款城市跨界型 SUV、MPV 和 CDV，以及 NISSAN 品牌的全新皮卡和全新 SUV 产品，最终实现从 2013 年

11.8 万台到2016 年20 万台的销量，完成年均超过20%的增长率。

【车队勇夺环塔拉力赛两项冠军】 2014 年，郑州日产在环塔拉力赛及第二届中国越野拉力

参加中国环塔（国际）拉力赛并夺佳绩的郑州日产皮卡车

赛（简称CGR）上，不仅因量产锐骐皮卡赛车在总成绩榜上获得骄人成绩，郑州日产爱好者车队也凭借锐骐优质的品质、深厚的赛事底蕴与持之以恒的用户参赛体验，获得T2 组（量产系列越野车组）冠军及T2 组原厂柴油厂商队杯冠军。

【牵手工程未来五年规划发布】 2014 年，郑州慈善总会、郑州日产牵手工程五周年庆典暨未来五年规划发布仪式于8 月12 日在河南省郑州市举行。郑州日产承诺未来五年（2015 年—2019 年），将继续向郑州慈善总会捐赠公益基金1500 万，专项用于对贫困地区小学生和困难大学生帮扶。

牵手工程作为郑州日产专项教育支持公益品牌，2010 年开始联合郑州慈善总会携手打造，郑州日产至2014 年投入资金1500 余万元，发起“牵手之家”“爱心1 +1”“阳光助学”“牵手暖冬”“捐书活动”等系列公益项目，共帮助近6000 名贫困大学生、近1000 名孤残儿童以及近1000 名灾区儿童及农民工子弟实现求学梦想。

【锐骐新一代皮卡上市】 2014 年12 月25 日，“敢奋斗敢成就”郑州日产锐骐新一代上市发布会在云南省昆明市隆重举行，锐骐新一代，共有三种动力系统，分别是2.4 升汽油发动机、2.5 吨和3.0 吨柴油发动机，官方指导售价8.38 万—14.48 万元价。“敢奋斗敢成就”，延续品质、传递荣耀，郑州日产秉承与客户“相信相伴相成就”的企业理念，不仅致力于提供满足用户需求的产品，更尽心于满足用户精神层面的诉求。

（审核：郭慧峰 撰稿：叶 倩）

河南红宇企业集团公司

董事长 张振华

【概况】 河南红宇企业集团有限责任公司（以下简称红宇集团）是一家以军为本，以民为主，军民融合，集军民品科研开发、投资管理、资产管理的企业集团。

2014 年，红宇集团资产总额达6.2 亿元，固定资产净值1.03 亿元。集团为母子公司架构，经过结构调整，截至2014 年底，形成拥有分别设在郑州中牟汽车工业园区、河南南阳市高新区2 号工业园、河南南召县老厂区域的军品生产、专用汽车和特种汽车制造、冷藏保鲜设备工程、机械装备制造、精密机械加工、物流装备等7 个控股和参股独立法人子公司，有在岗职工1700 余人。其中，各类中高级专业技术任职资格人员190 余人，有中高级技师80 余人。公司仍为“一公司三地”格局，总部设在郑州市中牟县。

2014 年，红宇集团继续围绕“企业财富快速增长，股东权益力争最大，员工收入逐步提高，履行责任回报社会”的经营宗旨，军品按照“生产一代、研制一代、预研一代、探索一代”的要求，积极承担国家高新工程和重点科

研项目，面向陆航、二炮、空军、海军、外贸等多个市场领域，履行多种弹药产品研制科研生产责任；民品以专用车、特种车、冷藏保鲜设备、机械装备等系列产品为重点，充分利用军品科研技术资源，坚持走“专、精、特、优”发展之路，在专用车、特种车、冷藏保鲜设备开发制造和机械装备制造、精密机械加工领域不断追求结构板块化和规模化、品种系列化和多样化，并取得明显成效。

【生产经营】 2014年，红宇集团紧紧围绕年度经营目标，强化目标管理，调整产品产业，完善资产管理，倡导科技创新，推进精益管理，努力增强竞争活力。集团全年实现营业收入6.85亿元，同比增长13.12%。主营业务收入6.83亿元，同比增长13.14%。其中民品实现主营业务收入6.18亿元，同比增长11.35%。经济运行稳中向好，实现营业收入稳步增长，经营质量持续好转，收益成效逐年显现的预期目标。

郑州红宇专用汽车有限责任公司销售各类改装汽车4350辆，销售收入5.0171亿元，同比增长11.31%；利润738万元，资产收益率7.65%，同比增长32.73%。

郑州红宇冷藏保鲜设备工程有限公司完成280台（折标台）冷库建设，销售收入7037万元，同比增长16%；公司结合市场变化形势适时完善相关营销政策，全年销售收入首次突破7000万元大关，市场营销区域拓展取得突破，新签合同总额中来自市场营销弱势区域（如华南地区、西南地区）占比达11.58%，打破公司在河南、湖北两省“固有”市场营销区域的格局。

河南红宇特种汽车有限公司车辆销售以电源抢险类、环卫类车辆为主，电源抢险类车辆虽然销售量比环卫类车少，但在2014年环卫类车高价位销售的情况下，电源抢险类车辆销售收入仍比环卫类车多15%。

2014年河南红宇集团主要民品产销情况

单位：万元/辆

类别	工业总产值	产量	销量	销售收入
冷藏保温车	15901	1925	1901	15085
爆破器材运输车	19148	1388	1376	18763
厢货车	16517	1079	1073	16307
环卫、工程改装车等	1334	42	66	598
冷库（折标台）	7037	280	280	7037

【“红宇”牌系列产品】 2014年12月30日，河南省工商行政管理局公布2014年认定的河南省著名商标名单，“红宇”商标名列其中。“红宇”牌专用汽车在产产品主要包括冷藏车、保温车、水泥搅拌车、危险化学品运输车、爆破器材运输车、罐式车、厢式运输、淋浴车、军用维修房舱、房车、医疗废物转运车、半挂车、电视转播车等10多个系列200多个品种。目标市场产品发展定位是：重点发展厢式类、罐式类、自卸类、半挂类专用汽车产品，兼顾军警类车型。在厢式类产品中，红宇冷藏保温汽车和红宇爆破器材运输车两个产品被列为中国兵器工业集团公司重点监管民品。公司重新申报并拥有国Ⅳ产品公告72款。公司产品遍布全国，并远销北美、中东等国家和地区。根据《中国汽车工业年鉴》同类产品统计比较，红宇爆破器材运输车产销位居全国同行业第一位，市场份额占60%，被河南省技术质量监督局评定为“河南省名牌产品”；红宇冷藏保温汽车产销位居全国前三，全国市场份额占20%；红宇医疗废物转运车位居全国同行业第一位，全国市场份额占15%，公司被评为中国医药商业协会会员单位。

“红宇”牌特种汽车在产产品主要包括电源车、发电车、抢险车、工具车、抢修车、排涝车、照明车、检测车、垃圾车、钩臂车、洒水车、吸粪（污）车、自卸车等特种车辆及生活垃圾压缩机等环卫设备，应急抢险类和环卫类产品逐步形成系列化。环卫类车以量取胜逐步

红宇新产品混凝土搅拌车

铺开市场，在周边区域产生一定影响，电源抢险类车以精取胜逐步拓展市场，向需求量大的更宽区域辐射。12 月 15 日，河南红宇特种汽车有限公司通过中国质量认证中心武汉分中心组织 3C 认证监督检查和扩项产品一致性审查。

“红宇”牌冷库在产产品主要包括氟、氨两类 LK（30－40000 立方米）和 NZL（5—30 立方米）系列金属组装冷库和气调冷库等系列产品，集工业管道（GC2）设计、安装、制造为一体，并开发应用自动化、化工防爆等一系列新技术。冷藏保鲜设备的低温制冷技术、智能温控技术、并联机组制冷技术、环保技术、大型制冷工程设计技术进成熟运用。2 月，公司通过河南省住房和城乡建设厅组织的建筑施工企业安全生产许可证延期考核。12 月，公司承建的日本和歌山冷库工程项目顺利竣工。

红宇机械装备制造和精密机械加工秉承军工企业先进的技术、设备、管理、资源等优势，新产品开发生产实力和机械加工产品配套加工能力得到较大提升。

【技术进步】 2014 年，红宇集团科研开发和技术进步继续大踏步迈进。在军品方面，2 个新型号弹药产品实现定型转产，并实现订货；全面确保承担的 12 个新型号弹药产品配合科研试制任务的进度；申请一项实用新型专利，由国家知识产权局受理。在民品方面，完成工程建设用工具方舱、警用防爆罐专用车、蔬菜售卖车、早餐车、军用指工休一体方舱和炊事方舱、润滑油加注拖车、微型飞行器发射车、液态硝铵运输车、二炮森林消防车等数十项新产品项目设计、研发或制作，其中实现销售设计项目 25 项，80 台（套）；完成拖车电站的自主研发、设计、生产及销售、完成 12 吨电源车的研发、设计与试制并进入公告申报中、开展福田柴油

为政府菜篮子工程开发的冷藏保鲜蔬菜售卖车

底盘车厢可卸式垃圾车试制；机械手新品种、升降机构、模架组件开发也取得实质性的突破。

在工艺技术改进方面，军品生产线综合技术改造项目等启动；郑州红宇专用汽车有限责任公司完成应急抢险方舱产品系列化开发并形成生产能力，完成舱（厢）体侧扩展机构模块化和系列化产品开发并形成小批量生产能力，《CO_2 气体保护焊接操作法的创新》项目获得中国兵器集团“技能创新三等奖”，“方云”及“方元”两大工艺持续改进提高主导产品的质量和生产效率；郑州红宇冷藏保鲜设备工程公司在冷库施工现场全面采用内圆除锈机、液压车、喷漆泵、套丝机等各种施工新设备，进一步提高施工效率，降低维修成本，提升工程安装质量。

【改革调整】 2014 年，红宇集团把产品产业调整作为集团改革的重要举措，减少失血点，收窄投资面。清理农业机械的生产制造业务，全部转让法人所持南阳红宇农业机械装备有限公司 60% 的股权。进一步梳理南阳市红宇工模具有限公司的主营业务，将其更名为“河南红宇精密机械有限公司”，明确加强军品零部件的配套生产和高附加值民品的开发和生产的定位，

并制订公司发展规划，突出高端和高附加值“双高”产品，再造一个专业性的军品配套生产企业。清理总部的外贸经营业务，避免主营业务与所属子公司的外贸业务重复。清理郑州红宇机械装备有限公司冷风机、蒸发冷的生产制造业务，将生产经营权无偿有条件的转让给个人。继续利用国家对产业结构调整转型的优惠政策和对企业发展的扶持政策，充分争取政府财政补贴，使符合条件的郑州红宇专用车有限责任公司和河南红宇精密制造有限公司获得收益。

【创新管理】 2014 年，红宇集团强化目标管理，坚持一司一策，实行分档认定制，在科学合理制订好、签订好各子、分公司的年度经营目标与管理目标责任书的同时，更加注重目标责任的考核和评审，确保目标的落实到位。改善人力资源结构，集团一方面清理清退退休返聘人员和部分挂靠人员，另一方面及时办理请辞人员，解聘违法违纪人员，并允许子公司分别实行“新人新办法、老人老办法”的人力资源管理方式，使集团人力资源结构初步改善。提出全面预算管理方案，建立集团总部全面预算管理模式，在全集团所属各单位全面推进，以一系列预算、控制、协调、考核为内容，建起一整套科学完整的指标管理控制系统。对所属控股子公司开展全面资产清查，加强对子公司的管控能力。全面加强质量管理，完善新产品试制、技术状态管理、工艺纪律监督检查考核、工艺改进创新以及全面质量管理等各项管理制度，建立健全技术质量保证体系，2014 年，南阳北方红宇公司通过新时代认证中心对公司进行质量体系第二次监督审核、郑州红宇专用汽车有限责任公司被河南省批准为第八批创新型企业试点并被郑州市认定为科技型企业，通过解放军总后勤部东北采购局组织的总后物资供应商资质现场审核。深化全价值链体系化精益管理，在巩固 2013 年精益化生产和精细化管理工作成效的基础上，从精益管理体系等九个维度，全面深入开展专项“5S”整顿工作，围绕生产经营，全面开展管理提升活动，并结合实际，开展定编、定岗、定员、定责、定薪、定额工作。

【安全环保】 2014 年，红宇集团大力强化安全质量管理体系建设，自上而下签订安全和消防目标责任书，持续组织各类安全教育培训、安全生产综合检查和专项检查活动，开展安全生产月系列活动，全年未发生死亡、火灾、爆炸和中毒事故，千人重伤率在河南国防科工局下达的安全控制指标内，全年整体安全形势平稳，安全生产实现零事故。其中，郑州红宇专用汽车有限责任公司实行带班巡视制，每班组设立 1 名安全巡视员，进行班前、班中、班后检查，及时发现问题、及时解决问题；组织全体员工开展了安全大签名活动；组织员工参加第六届“安全河南杯”安全生产知识竞赛活动和全国职业病防治知识竞赛活动，并围绕竞赛活动开展抽奖活动，参与率达 85%；被河南省安全生产监督管理局评为“安全生产标准化二级企业”。南阳北方红宇公司总经理与分管领导、分管领导同主管各单位一把手签订《2014 年安全生产目标责任书》，生产车间同每位员工签订《安全承诺书》，使安全生产管理体系达到全员、全方位、全过程控制；顺利通过安全生产标准化二级企业认证。郑州红宇冷藏保鲜设备工程有限公司进一步强化对施工工地及挂靠经营部的安全生产检查督导工作，实行公司领导带队，对施工工地及挂靠经营部进行安全巡查制度，同时，结合公司用工模式，积极做好劳务派遣用工人员的合同管理及临时用工协议的签订和管理工作。

在职业卫生管理方面，红宇集团开展生产现场职业病危害因素检测工作，完成危害因素网上申报工作；对有害作业人员进行岗前、岗中和离岗时的职业健康体检；根据职业卫生规范化管理要求，建立 12 项职业卫生管理制度及有关台账。

在环境保护工作方面，红宇集团配合政府环保部门开展危险废物检查，根据要求整改危废场所存在的有关问题，如制作标志牌、修复屋内地面存在的地漏等。坚持每月、每季上报危险废物报表，年底上报危险废物申报报表、管理计划报表、转移计划报表等，按要求向规定危险废物处置资格单位转移危险废物。

【重点工程】 2014年，郑州红宇专用汽车有限责任公司的罐式车项目建设拉开帷幕，该项目建在中牟汽车工业园区红宇生产区内，一期投资2000多万元，建成后将形成年产1500辆罐式生产车规模，年产值达到4亿元。该项目得到县政府的大力支持，完成项目地质勘察、地理坐标图、工房平面图设计、施工设计图设计招标、项目实施场地拆除、图纸设计及审查工作，同时着手进行文物勘探和环境评价的准备工作，然后进入招标阶段。该项目将在2015年初开工，年内完成一期建设，该项目的筹建和投产，为公司现有产品系列增加新的品种，成为公司新的经济增长点。

（审核：陈甲良　撰稿：姚　智）

海马商务汽车公司

总经理　孙忠春

【概况】 海马商务汽车有限公司2007年成立，总资产14.5亿元，是海马集团中原战略的重要组成部分，主导产品为商务车系列。公司秉持“先做精，后做强，再做稳，不争大”的经营理念，立足中原，面向国内，致力于打造具有自主价值链体系的商务车产销基地。

海马商务汽车有限公司位于中牟县东风路6号，占地27万平方米。建有冲压、焊接、涂装、总装和车辆检测等现代化汽车生产流水线18条，主要生产设备600余台套，其中包括德国进口3000吨大型压力机、1800吨双动油压机、数控龙门加工铣床等在内的大、精设备30余台套，形成完整的汽车生产工艺流程和较强的机械加工、冲压生产能力，整车年生产能力超过5万台。公司拥有较为完备的工艺装备及研发、采购、销售和物流体系，并通过ISO9001、QS9000和ISO/TS16949质量体系认证及国家强制性3C产品认证。

俄罗斯罗曼诺夫客人赴海马公司访问交流

海马公司总装车间

【产销情况】 2014年，海马商务汽车有限公司主要产品有福仕达—荣达、福仕达—新鸿达、福卡、海马爱尚。该公司生产汽车7147台，销售8065台。8月，自主研发的福仕达ZQ系列乘用车获郑州市科学技术进步奖二等奖。

【安全管理】 2014年，海马商务汽车拥有健全的安全管理制度和及时处理各种安全问题的能力。制订《安全管理办法》《目标管理》《危险源管理》《设备设施安全管理》《作业环境与职业健康管理》及若干程序；组建安全保卫科，针对日常管理、生活中的各种安全问题。

2014年，海马商务汽车的工亡事故、重伤事故、重大火灾事故、重大交通事故、其他大事故等5项重大事故发生数量均为0，非重大交通事故为0，安全管理控制良好。

（审核：郭坤杰　撰稿：吴朝杰）

郑州东工实业有限公司

总经理　褚洪涛

【概况】　郑州东工实业有限公司（简称郑州东工）是以新能源车辆、汽车零部件制造为核心业务，以非标设备及物流器具、劳务输出、房地产、工业园开发等为辅业的多元化经营企业。截至2014年底，总资产6亿元，员工760人。2010年，以郑州东工实业有限公司为母公司、参控股子公司为成员，成立郑州东工企业集团。下属参控股企业有郑州博融电子有限公司、郑州东工物业管理有限公司、河南东工劳务派遣服务有限公司、郑州东工进出口贸易有限公司、郑州达喀尔汽车租赁有限公司、郑州江东汽车零部件有限公司、郑州风神物流有限公司、郑州东派文化传媒有限公司。

公司以新能源汽车及汽车零部件核心业务，技术中心获得省级企业技术中心认定。通过ISO9001/ISOTS16949/ISO14001/OHSMS18001质量/环境/职业健康安全四大管理体系，取得电动车及汽车零部件17项技术专利。

郑州东工中牟工厂率先在汽车产业集聚区建成投产，占地380亩，投资5.6亿元，建成8个车间、11条生产线。

新能源车辆有国际和国内两大序列产品。出口电动车CS/ECP系列产品，其中CS通过美国DOT认证，取得世界制造工厂WMI代码和产品VIN代码；国内“酷跑”系列产品取得国家制造许可，通过3C强制性认证。

郑州东工汽车零部件制造通过NISSAN的ASES评价体系，运用NISSAN生产方式（NPW），具备制造技术核心竞争力，在QCT等方面达到行业领先水平。具有冲压、焊接、金属涂装、树脂成型、树脂涂装、数控加工、电子产品制造等主要生产工艺；形成车体总成及冲焊总成、树脂内外饰件、组合仪表、音响主机等汽车部品序列产品，物流器具等装备序列产品。成为东风日产、郑州日产、宇通重工等多家主机厂供应商。

东工公司CS（酷跑）电动车上市发布

郑州东工获得河南省2014年度质量兴企、科技创新优秀企业，河南省安全生产标准化二级企业（机械），郑州市2014年度最佳雇主企业，郑州市2014年度转型创新杰出企业，中牟县2014年度十大爱心企业，中牟县2014年度关爱农民工十佳单位等荣誉称号。

【企业经营】　2014年，郑州东工实现营业收入2.7亿元，同比增长22.7%；利税3200万元，同比增长23%。

郑州东工不断拓展新业务、新产品、新领域，实现产品结构调整。树脂成型、焊接装备制造业务实现新的业务增量。加快推进电动车主导产品，实现产品转型创新。电动车产品在成功研发CS/酷跑国际和国内两大系列产品，12月实现产品发布上市。CS电动车通过美国DOT认证，并获得世界制造工厂WMI代码和产品VIN代码；与美国ECOCRUISE公司达成出口协议。汽车零部件业务开展挖潜增值，巩固稳定现有业务。车体焊接、电泳、车体涂装日均产量分别增长101%、102%；推动挖潜增值、降本增效工作，开展31项课题改善活动，直接节约生产成本169万元；全年基本实现“零停线、零待料”，产品QCT显著提高，在郑州日产等主要客户的供应商排名明显进步；完成注塑机加装机械手项目、电动车刮灰车间建设项目、三坐标等测量设备投入等技改工作；加大产品专利申请工作力度，取得电动车、汽车零部件等9项外观专利、新型实用技术专利。加快推进重点项目的工程建设。完成中牟工厂扩建项目的冲焊车间、油化库建设；东工企业家苑项目一期9号、10号楼主体工程及内部装饰、水电安装工程完工，二期2号、3号楼主体工程建成，三期1号、5号、6号楼开工建设，完成主体工程15层建设。积极参与慈善工作，承担企业社会责任。11月11日，参与中牟县慈善总会开展的“慈善中牟、和谐中牟”工作，捐赠价值34万元的5辆锂电消巡防电动车。

（审核：马占青　撰稿：姚晓新）

编辑：钟宇斐

商贸服务业

商务工作

商务局局长　段文周

【概况】　2014 年，中牟县商务局以服务全县经济社会发展为中心，积极拓宽工作思路，推动全县商务工作持续、健康发展。2014 年商务局引进域外境内资金 83.84 亿元，占全年目标任务目标的 13.4%，比上年增长 21.8%，在五县市排名第一；引进省外资金 78.19 亿元，占全年目标任务的 34.8%，比上年增长 44.1%，在五县市排名第一；实际利用外资 5235 万美元，占全年目标任务的 111%，比上年增长 12.6%，在五县市排名第三；实现外贸出口 1.09 亿美元，完成全年目标任务的 80.3%；外贸进出口完成 2.06 亿美元，占全年目标任务的 78.5%；对外经济合作工作营业额 1177 万美元，完成全年目标任务的 107%；境外投资额 1050 万美元，完成全年目标任务的 105%。2014 年，中牟县商务局被河南省政府评为对外开放先进单位，被郑州市政府评为对外开放工作先进集体、先进单位、文明单位，被郑州迁办评为市场外迁工作先进集体。

【招商推介】　2014 年，中牟县登记备案项目 257 个，实现项目签约 79 个，协议资金 927 亿元，签约亿元以上项目 69 个，超 5 亿元以上项目 25 个，10 亿元以上项目 15 个。

围绕龙头企业全产业链招商。根据中牟县产业布局编制完成全县招商引资产业图谱，收集建立国内外 500 强企业在国内长三角、珠三角、环渤海分布名单，完成中牟县一到三季度汽车产业、文化创意产业、电子信息产业、智能装备制造产业分析报告，绕主导产业和龙头企业上下游产业链，编制汽车、时尚文化旅游、都市型现代农业“三力”型项目图谱，实施产业集群招商。在中牟产业集聚区，以深圳比克新能源新材料产业园项目为龙头，围绕新能源新材料产业链条，北京国能、航盛汽车电子、深圳同力高科技、绵阳新晨动力等 14 家相关配套企业入驻汽车产业集聚区。在绿博文化产业园区，以华强文化产业基地项目为龙头，重点引进文化旅游创意产业。在现代农业示范园区，以加拿大世纪龙农业高新技术产业园项目为龙头，重点引进现代农业、高效农业、观光农业，从项目源头抓产业结构调整，推动经济转型升级。

中牟县政府召开招商引资项目论证会

借助平台实现招商新突破。2014 年通过积极参与省、市举办的河南投资贸易洽谈会、第八届中博会、豫港经济合作洽谈会、汽车零部件产业转移、第五届华侨华人论坛等经贸洽谈活动，在活动前期，重新制作中牟招商宣传片、宣传画册在各类洽谈会上发放宣传画册 500 余份、宣传片 100 余张。经过前期对接洽谈，在各类洽谈会上中牟县签约项目 26 个，占全县签约总数的 38%。协议资金 295 亿元，占全县的 46%。

走出去引进来开展全方位招商活动。一是围绕中牟县主导产业，中牟县派出招商小分队，重点赴长三角、珠三角、环渤海等区域，主动拜访国内外 500 强企业及行业 20 强企业，并在深圳设立中牟县招商联络处，主要针对新能源汽车产业驻地招商。中牟县商务局通过发放邀请函等多种形式，邀请国内外知名企业到中牟县参观考察。二是 4 月中牟县主动邀请日本皆腾制作所、宇部株式会社等新能源汽车相关企业到中牟参观考察，并举办中牟县情专题推介会，向日本客商介绍中牟及中牟新能源汽车产业发展情况，使企业对中牟县新能源产业有全方位的了解。三是为承接韩国产业转移，8 月中牟县在北京举办韩国产业园推介活动，韩国驻华使馆商务公使衔参赞李镐俊以及 20 多位韩国企业家参加推介会；10 月在河南省外侨办、郑州市政府的组织下赴韩国招商；11 月中牟县商务局精心谋划 12 家重点企业并组织园区招商人员赴长三角区域开展大招商活动。

代县长潘开名拜访天津力神电池股份有限公司

【外贸外经工作】 2014 年，中牟县商务局协助 4 家企业进行备案登记，为进一步方便企业，中牟向河南省商务厅申请外贸备案登记权限。按照省市要求组织企业进行广交会、华交会等展会的报名工作，将芬兰、俄罗斯、德国等国家的推介平台宣传到企业，并组织企业参加品牌创立、农产品基地建设等培训会。2014 年进口贴息申报、出口信用保险补贴申报、外经贸资金申报、中小企业国际市场开拓资金申报等各项资金申报均及时传达到外经贸企业，并要求准时完成相关申报工作。

【内贸市场建设】 2014 年，中牟县社会消费品零售总额完成 79.9 亿元，完成全年目标任务的 65.2%，增速 13.3%。重要生活必需品万邦物流、重要生产资料中牟县生产资料公司、重点流通领域福源百货有限公司等数据周报、旬报、月报率达 100%。根据市场监测，芹菜、生菜等蔬菜价格回落幅度较大，县商务局积极同上级主管部门对接，组织 10 家大型商场、超市到中牟产地采购芹菜，同时利用“新农村商网”等网络平台，及时发布蔬菜供求信息，日均助农销菜 70 吨。在全县范围内对限上限下企业摸底排查，督促新增 28 家限上贸易企业入库，促进社会消费品零售总额稳中有升。集中清理整治“万村千乡市场工程”存在问题。根据《商务部办公厅关于集中清理整治“万村千乡市场工程”存在问题的通知》要求及省、市具体安排，县商务局对承办企业及农家店调查，承办企业中牟县万福源百货有限公司退出，对 212 家农家店商品配送率为零，故 212 家农家店全部列入黑名单。全县年审车辆中有黄标车 107 辆，分布情况是机关事业单位 11 辆、企业单位 33 辆、乡（镇、街道）、个人 63 辆。2014 年淘汰目标 30%，应淘汰 32 辆。2014 年，受理提前淘汰的黄标车 65 辆，占目标的 197%，审核补贴资金 70.82 万元，58 家补贴对象得到财政补贴款，补贴金额 64.58 万元。

【特种行业管理】 2014 年，中牟县参加年审的加油站（点）114 座，合格 52 座，不合格 15 座，停业歇业的 47 家（政府工程、内部整顿等）；上报、公示加油站行业发展规划指标 3 个。做好中牟县成品油市场“购、销、存”数据的周报和月报工作。中牟县商务局对中牟县交通加油站等6家站点的变更材料初审把关，并及时上报省商务厅审核，其中1座新建加油站的批复下发。

按照县政府食品办要求，中牟县商务局及时制订《中牟县畜禽屠宰工作专项整治方案》《中牟县商务局生猪屠宰环节肉品卫生质量安全工作专项整治方案》，并积极开展专项整治活动；做好屠宰厂肉品品质检验单的发放以及审验工作；做好屠宰厂日常、卫生等管理；做好无害化处理月报工作。

中牟县商务局还完成每季度的药品统计报表按时上报。

【商务执法】 2014年，中牟县商务局加强安全生产管理。一是建立安全生产责任制，成立工作领导小组，明确各有关科室职责，中牟县商贸流通领域安全生产常态工作机制初步形成。二是开展“安全生产月”宣传活动。在新世纪广场北门青年路口悬挂“安全第一，以人为本”的安全生产横幅，组织工作人员参加在新世纪广场举行的“安全生产月”宣传咨询日活动，摆放宣传展板2块，发放宣传资料近500份。三是开展安全生产应急演练。组织中石化中牟分公司等单位制订应急预案演练方案，开展应急预案演练活动，增强商贸流通领域生产经营单位的安全生产意识。

强化食品安全监管。一是开展食品安全宣传周活动。在新世纪广场设置宣传点，悬挂标语1幅，设置宣传展板2个，发放宣传资料近300份，深入宣传商贸流通领域食品安全法规，增强广大人民群众的食品安全意识。二是开展夏季食品安全专项整治。印发《中牟县商务局2014年夏季商贸流通领域食品安全专项整治活动方案》，开展夏季商贸流通领域食品安全专项整治活动。

加大成品油市场检查。自7月起，开展为期4个月的打击劣质油品专项行动。深入开展成品油市场检查，发现和查处违规扩建加油站点案件3起，超范围经营成品油案件18起，违规使用流动油罐车经营成品油案件6起，无证经营成品油4起；下发责令整改通知书26份，向县国土局、规划局、工商局等部门发函4份，维护成品油市场经营秩序。

推动酒类流通追溯体系建设。在县电视台连续两天播报酒类流通备案登记《通告》。持续开展酒类流通市场专项检查，出动执法车辆31台次、执法人员124人次，检查酒类经营户170余家，发现并查处未办理酒类流通备案登记案件21起，下发责令整改通知书21份。

【法制工作】 2014年，中牟县商务局制订《中牟县商务局2014年行政执法人员专业法律知识轮训实施方案》，组织全体执法人员学习《行政处罚法》《行政许可法》《行政复议法》《食品安全法》《成品油市场管理办法》《酒类流通管理办法》等法律法规。组织11人参加县法制局2014年度行政执法人员轮训暨执法证件审验培训。

（审核：张建涛　撰稿：张建涛）

供销合作

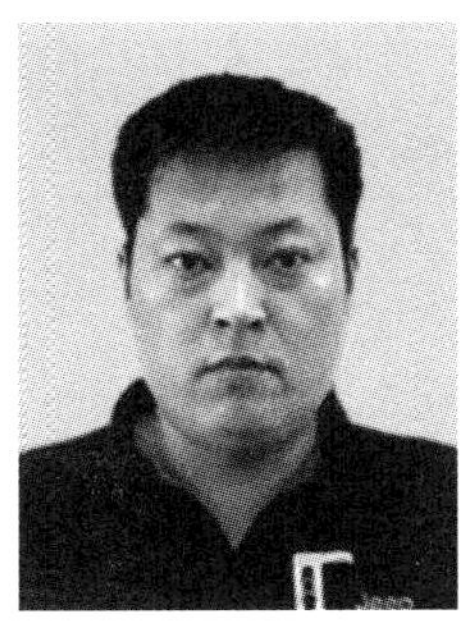

供销合作社主任
郝宏彬

【概况】 2014年，中牟县供销合作社紧紧围绕“抓班子、带队伍、促发展、保稳定”的工作思路，坚持为“三农”服务、为群众服务的根本方向，强力推进“新网工程”建设，加快发展农村合作经济组织，大力实施“项目兴社”战略，狠抓安全生产，确保信访稳定，努力实现供销合作事业又好又快发展，各项工作都实现预期目标。

【新网工程网点整顿规范活动】 2014年，中牟县供销社在全县开展新网工程网点整顿规范活动，实现超市网点从量变到质变。首先，由企业根据近几年来的新网工程建设台账，逐一进行排查摸底，真实掌握网点的第一手资料。其次，县社根据企业排查情况进行督查，确保排查结果真实可靠。最后，龙头企业对加盟协议进一步修订完善，根据配送情况制订配送协议书，明确双方的权责利。对一些不愿意继续加盟供销超市，或因达不要新网工程超市建设标准的超市，终止合作协议，从而建立新网工程连锁超市退出机制，并按照市社制订的郑州超市建设标准，逐项规范完善，使每家供销超市都店容店貌整洁，管理制度健全。

【新型农村社区建设规划】 因新型农村社区建设和廊道绿化拆迁，供销社很多网点被拆除。中牟县供销社为主动融入新型城镇化建设，积极参与规划，争取政府支持，把供销社网点布局到新型农村社区当中，努力实现新型农村社区建设到哪里，经营网点就建到哪里。做好职工思想工作，带头拆除供销社房屋，确保县政府拆迁工作顺利进行。参观学习、调查摸底，研究制订新型农村社区“两店一站”（日用品便利店、农资放心店，再生资源回收站）建设标准、编制建设规划。积极向县委、县政府汇报工作，加强与国土、规划、建设等部门的协调，与各乡镇政府、村委搞好对接，制订出雁鸣湖、姚家、官渡、刁家、郑庵等乡镇 7 个社区的建设规划，并根据社区建设进度情况，抓好组织实施。

【合作经济组织建设】 2014 年，中牟县供销社领办各类专业合作社 74 家，发展入社社员 12561 户，年实现销售额 2.86 亿元，助农增收 2980 多万元。在狼城岗镇北堤村成立郑州市刘俊生养殖专业合作社，发展入社社员 86 户，带动农户 120 户，主要组织社员进行淡水鱼的养殖与销售，为社员提供所需的生产资料和相关的技术咨询。在狼城岗镇南韦村成立中牟县潘氏农牧专业合作社，发展入社社员 280 户，带动农户 350 户，主要组织社员进行农作物的种植，进行家畜、家禽的养殖和销售，为社员提供所需的生产资料和技术服务。县社对所建专业合作社进行一次调查摸底，分类排队，针对不同情况制订出相应的规范完善办法。打造一批带动力强、功能全、服务优、形象好、运行规范，具有一定代表性的专业合作社。中牟县丰利蔬菜专业合作社被评为国家级示范专业合作社。发挥专业合作社助农增收作用。组织参加全国各地举办的商品展销、贸易洽谈会，扩大中牟县农产品的知名度；免费为社员在《中原合作网》、《谷雨网》、“郑州供销”新浪微博等发布供求信息 560 多条。聘请农业技术专家、教授对社员进行农业技术和市场营销培训，专业合作社举办各类培训班 12 期，培训、指导农民 1.1 万人次。

【行业协会管理】 2014 年，中牟县供销社完成登记注册协会年审工作，对中牟县农村合作经济组织联合会、中牟县农民经纪人协会、中牟县农业生产资料流通协会、中牟县再生资源回收利用协会进行登记证书的年审。由郑庵供销社牵头，成立中牟县郑庵国彦种植协会，吸纳 132 名蔬菜种植户及经纪人入会。农民经纪人协会引领全县农民经纪人积极参与助农售瓜活动。协会开通助农售瓜热线电话，免费在互联网上发布西瓜供求信息。积极开展西瓜外购外销，组织农民经纪人与全国各地农产品市场建立联系，诚招外地客商。

【信访稳定】 2014 年，中牟县供销社主要对下岗人员统筹、遗属补助、医疗保险、企业改制遗留问题等信访案件，严格按照《信访条例》，从维护社会稳定，讲政治的大局出发，高度重视系统内职工利益诉求问题，认真对待每一个上访案件。制订领导接待日制度，明确每天信访接待领导，并制作公示栏，让每个上访人员清楚明白当日的接访领导，同时要求每个接访领导对接到的信访案件负责到底，不得推诿、转移。全年上访案件 4 起，24 人次，结案 3 起。

【安全生产】 2014 年，中牟县供销社实行安全一把手负责制和一票否决制，年初与各企业领导签订责任书；开展元旦、春节安全大检查、鞭炮专项整治、春季防火安全大检查、“五一”安全大检查、六月“安全生产月”、“十一”安全大检查、开展“六打六治”打非治违专项行动等活动，普及安全生产法规和安全生产知识，提高干部职工的安全素质，宣传和推广安全生产的先进典型和经验，促进安全文化建设，提高依法监督管理的能力和水平，减少事故发生的频率，遏制重特大事故的发生。

【拆迁工作】 2014 年，解放路商业街区二期拆迁涉及县社有城关供销社商住楼、生产公司商住楼和日杂公司商住楼以及家属楼共 5 栋，商户 17 户，住宅 168 户。县社积极配合政府工作，对拆迁户积极走访，大力宣传拆迁的长远意义，保质保量完成二期拆迁工作。

（审核：魏书梅　撰稿：段志彬　樊军正）

粮食流通

【概况】 2014 年，中牟县粮食局进一步深化和完善粮食流通体制，扎实推进依法管粮，维护粮食流通秩序，保护粮农利益。大力推进粮食管理制度化、规范化、信息化和粮食仓储管理现代化建设，坚持“为耕者谋利、为食者造福”的服务理念，以“稳市场保供给、强产业促发展”为中心任务，以“抓好收购促增收、深化改革转方式、提升产业惠民生、科学管粮上水平”为工作目标，解放思想，开拓创新，努力开创中牟县粮食系统工作的新局面。中牟县粮食局获得河南省粮食局 2014 年粮食流通监督检查工作先进单位、河南省粮食局 2014 年粮食储藏“一符四无”先进单位荣誉称号。

【粮食购销】 2014 年，中牟县粮食局在国家《2014 年小麦最低收购价执行预案》出台后，及时召开全县夏粮收购工作会议，认真学习《预案》，全面分析国家粮食形势，安排部署中牟县夏粮收购工作。县粮食局按照区域分布合理的原则，统筹安排粮食出库，积极开展腾仓并库工作。针对全县仓容仓貌情况，对仓房、机械通风、三防设施等进行加固、维修、改造，满足收购的要求，确保农民就近售粮。收购前举办全县验质、防化、保管、统计、司磅、开票人员的培训班，通过培训使参加培训人员的业务技能和实际工作能力进一步加强。积极与农业发展银行、中储粮直属库协调收购资金，尤其是现金投放的及时安全，确保收购顺利进行。各收购单位创新粮食收购方式，积极开展“订单收购”“预约收购”“委托收购”“联合收购”“上门收购”等，实行全程服务，方便群众售粮，力争多掌握粮源。制作标准样品展台，让农民更加了解国家粮食质量标准，在收购现场设立咨询台、茶水站等服务设施，让农民和客户交“舒心粮”。县粮食局深入收购单位，帮助收购单位解决困难，督促指导各项工作在基层的落实。2014 年，全县收购小麦 64728 吨，其中粮食系统内收购 30727 吨（政策性收购 25627 吨，市场性收购 5100 吨）；粮食系统国有粮食购销企业净资产总额 5110 万元。

【储粮管理】 2014 年，中牟县粮食局认真执行国家粮油政策，坚持“以防为主，综合防治”的保粮方针，完善各项储粮制度，认真执行“一、三、七”粮情检查制度，积极推广科学储粮新技术。一是加强领导，实行严格的目标责任制，做到任务层层分解，责任落到实处。二是加强仓房管理，提高仓房完好率。2014 年，中牟县粮食局对 3 个重点仓房进行维修，仓房完好率达 95%，仓内批白、仓外刷白率达 100%，改善库容库貌。三是扎实开展对地方储备粮的监督管理，提升安全保障能力，进一步规范全县粮食仓储企业管理，为政府和社会及时提供准确的粮食质量信息。四是积极推广科学储粮新技术，对夏粮入库的粮仓铺设地上笼，利用机械通风，延长粮食储存期限，延缓粮食陈化，提高储粮水平，确保粮食品质优良。五是指导和帮助农民解决储粮过程中防虫、防鼠、防霉难题，实现藏粮于民、减损增收。2014年，中牟县粮食局地方储备粮2万吨落实到位，全年轮换地方储粮备粮5000吨，做到“规模、费用、仓储”三到位，保证了中牟县储备粮的数量、质量和新鲜度达到要求。

【粮食流通管理】 2014年，中牟县粮食局依法监管粮食市场，维护粮食流通秩序，保护粮农利益。一是加强对粮食流通政策法规的宣传，促使经营者合法经营，提高农民维护自身利益的意识，切实保护自身的合法权益。二是严格执行粮食收购市场准入制度，认真做好粮食收购资格许可工作，及时受理粮食经营者入市收购申请，严格审查资质条件，对符合粮食收购条件的及时核发收购许可证。三是加强全县粮食市场的监督检查工作。组织具有执法资格的监督检查人员，配备粮食行政执法设备、执法车辆，以粮食购销聚集、收购站点多的乡镇为重点，采取专项检查、例行检查、重点抽查等多种形式依法开展监督检查。四是依法管理粮食流通市场、规范市场经营行为。中牟县粮食局认真履行《粮食流通管理条例》赋予的职责，依法保护和规范各类粮食经营者的合法经营，维护粮食市场的正常秩序。扎实推进依法管粮，使粮食流通秩序逐步走上规范化、法制化轨道。

【企业财物管理】 2014年，中牟县粮食局健全管理制度，强化制度管理，规范固定资产购置、修理、报废程序，从资金、费用、生产、销售等各个环节，实行内部控制和监督，做到制度上墙，岗位职责到人。加大内部审计监督力度，定期组织专门力量，对所属企业的经营情况、会计资料全面审计，对于审计结果建立电子版审计档案。通过加强内部审计监督，使企业内部管理制度得到落实，会计基础工作得到加强，财务管理更加规范、到位。

【粮食统计管理】 2014年，中牟县粮食局加强粮食统计体系建设，保障粮食资料的客观性、准确性和及时性，发挥粮食统计在政府粮食宏观调控的重要性。一是开展统计调查研究，准确及时上报统计数据。二是及时掌握粮食价格行情变化情况，按时上报。三是在粮食收购季节，经常深入全县各个收购点调查了解市场变化，收集入库进度并及时汇总。四是科学确定统计范围，提高统计数据的准确性。五是稳定和加强粮食统计机构和人员，定期开展组织统计人员培训。加大粮食流通统计监督检查力度，进一步做好粮食流通统计工作，全面提高中牟县粮食流通统计工作质量。

【粮食安全管理】 2014年，中牟县粮食局加快推进粮食安全生产标准化建设，进一步巩固和提高粮食企业安全生产工作水平。一是深化安全生产标准化培训。中牟县粮食局组织开展“安全生产进企业”活动，全局和下属粮食企业组织观看由全国“安全生产月”活动组委会办公室制作推出的典型事故案例展览、观看警示教育片。二是协同下属企业举办安全生产专题讲座，让企业所有工作人员了解事故发生的原因及危害，在思想上充分认识搞好安全生产工作的重要性和必要性。三是对粮食企业仓储管理人员进行全方位的安全生产业务培训，提高防范安全生产事故的应急处置能力。四是进一步推进安全隐患排查治理体系建设，开展全面的安全生产大检查活动，确保粮食仓储安全。

（审核：宋　飞　撰稿：张　惠）

对外贸易

外贸公司总经理
陶立旺

【概况】 2014年，中牟县对外贸易总公司按照“稳步发展早脱困，增收节支惠民生，和谐稳定保平安”的总体思路，精心管理，多渠道经营，增收节支，为80多名全体职工（其中下岗职工70名）交纳各种保险金72.9万元，确保公司全局稳定，各项工作取得新进展。

【民生工作】　2014 年，中牟县对外贸易总公司坚持保增长、惠民生、保稳定的工作思路，把保职工生活，解决职工老有所养、病有所医、医有所保作为第一要务，筹措资金 72.9 万元为职工交纳各项保险，实现应保尽保，受到广大职工特别是下岗职工的称赞；还对特困职工、

慰问贫困职工

大病职工救济帮扶，利用多渠道帮助他们渡过难关，对军转干部、参战人员进行慰问，解决就业实际问题，并对退休职工进行年度体检、住院探视和节日慰问。2014 年，公司职工无出现重大个人上访及集体上访案例，保持公司整体稳定。

【合作经营和仓储管理】　2014 年，中牟县对外贸易总公司，针对经营风险大、资金匮乏等多种因素，转变传统经营模式，开阔视野，拓宽渠道，寻造新的经济增长点。针对入驻企业郑州鸿丰办公用品公司扩大再生产的需求，县对外贸易总公司投入 8 万多元新增库房 480 平方米，既满足他们的需求又引资 50 多万元扩大再生产，还增加公司收入。经双方协商，达成合作经营协议，促进公司经营的多样化，并为公司下岗职工再就业创造条件。

2014 年，中牟县对外贸易总公司把仓储管理作为工作的重点，仓库入驻企业和商家 5 家。公司仓储部门 24 小时不间断巡防，并制订各项管理制度和奖罚制度，增加商户间的相互理解和配合，并定时召开协调会、座谈会，征求他们的意见和建议，使仓储管理更加细化和规范化、人性化。公司投入数万元对库区道路进行维修和库房翻新。公司坚持“安全第一、预防为主、综合治理”的工作方针，扎实开展仓储季节性安全大检查，加强隐患排查，强化安全思想教育，构筑安全生产防线。增强职工和入驻企业的安全意识，学习和掌握安全防范的理论知识和基本要求，并进行灭火实地演练。公司还加大技防投入全方位安装监控设备，不漏区域、不留死角，确保全年无一例安全生产经营事故发生。

（审核：李喜增　撰稿：张明宪）

盐业专营

盐务管理局局长
张延舟

【概况】　2014 年，中牟县盐务管理局（盐业公司）（简称县盐务局）按照“深化专营，强化管理，打建结合，标本兼治，树立形象”的工作方针，严厉打击和制裁盐业违法活动，保障人民身体健康，促进消除碘缺乏病危害工作的有效实施和盐业经济的持续发展。同时，县盐务局与执法部门密切配合，加强对盐政法规宣传工作，突出对重点地区的监控，积极完善发展情报网络，快速、高效、准确地打击贩私、售假活动。2014 年，中牟县盐务管理局购进盐产品 10085 吨，比上年减少 0.17%；销售盐产品 9455 吨，比上年减少 6.01%；上交各种税金 85.5 万元，比上年增加 28.1%。2014 年，县盐务局被郑州市盐业管理局评为食盐专营先进单位。

【食用碘盐销售】　2014 年 9 月，县盐务局在全县全面新增一种小包装食盐“精纯”。县盐务局秉承“为民服务、心系向民”的服务宗旨，

为全县人民提供放心盐。全年销售 2986. 86 吨，比上年增长 12. 28%。

【散碘盐销售】 2014 年，县盐务局散碘盐销售呈上升趋势。主要集中在七八月，一些大型酱菜厂购进大量散碘盐，用于腌制酱菜；也有几家外来户购进不少的散碘盐，用来腌制在中牟收购的长豆角。2014 年，散碘盐销售量 4221 吨，比上年增长 19. 23%。

【工业盐销售】 2014 年，工业盐销售 1962 吨，比上年减少 49. 53%。

【防治碘缺乏病宣传】 2014 年，县盐务局在“5·15”活动现场，设立咨询台，悬挂宣传标语，摆放宣传画、宣传板面等，开展宣传防治碘缺乏病活动。局领导和工作人员耐心为群众答疑解惑，教群众如何识别假冒绿色食盐，并向他们宣讲碘盐与健康、如何正确食用碘盐、哪些人群适合食用无碘食盐等常识，使群众了解食用碘盐的重要性和误食私盐所带来的危害，增强群众对私盐的防范能力，深受群众好评。县卫生局副局长张福德等也到盐务局咨询台前认真询问各类盐产品的相关问题。县盐务局还把低钠盐列入宣传内容，特别发放《大河健康报》关于《防控高血压要吃低钠盐》的特刊。活动当日，盐业局工作人员解答群众咨询碘盐知识 200 余人次，向过往群众发放宣传材料 500 多份。

【食品安全宣传周活动】 2014 年 6 月 10 日，县盐务局执法人员同中牟县各个涉及食品安全的相关单位，在县食品安全办公室的组织下在新世纪广场开展宣传咨询活动，以横幅、展板、发放宣传材料、现场咨询和实物比较等形式，向过往群众宣传食品安全法律法规、食品安全专项整治成果以及食品安全科普知识，发放宣传材料 2000 多份，咨询服务群众 100 多人次。

【夏季食盐安全专项整治】 2014 年 7 月 3 日至 9 月 30 日，县盐务局开展全县夏季盐业市场安全专项整治活动。县盐务局领导带队组织实施市场检查工作，抽调精干盐政人员 20 多名，做好用盐对象的检查登记，对使用不合格盐产品的小作坊和加工户联合职能部门坚决取缔，对违反盐业法规的业主或个人给予严惩。组织盐政人员对全县盐业市场状况深入细致的调查摸底，了解市场盐产品的交易情况，将食品及食用农产品集中交易市场、食品问题多发区以及社区、学校及周边、工地、农村、城乡接合部、旅游景点及车站作为整治的重点。开展有重点的全面稽查活动，集中力量整治影响恶劣、危害大，社会反映强烈的涉盐违法单位或个人，重点整治学校及幼儿园食堂、建筑工地食堂、旅游景点附近区域和沿景区线路车站周边区域小摊点、小餐馆、小食杂店，各类夜市大排档、小吃街、美食街等，特别是夏季夜晚露天大排档，烧烤摊点。晚上商户出摊后，县盐务局组

盐务局开展食品安全宣传活动

处理盐务违法案件现场

织盐政人员重点排查，宣传食盐知识，接受群众咨询，发现问题及时严肃处理，切实做到依法行政，严格执法。加强与卫生、公安、工商等部门横向联系，形成联合办案，齐抓共管的新局面。为期3个月的市场检查中，县盐务局出动执法人员321人次，执法车辆56台次，检查商户312户，查获案件6次，查获涉案盐产品200千克，罚款2200元。

【盐政工作】 2014年，县盐务局坚持“内强素质、外树形象”的方针，对执法人员严格教育、严格管理、增强其守法、学法、用法意识，不断提高政策理论水平和业务素质，以及增强依法行政观念，将依法行政观念贯穿执法过程，做到事实清楚、证据确凿、程序合法。

县盐务局进行盐政日常管理，加强食盐的质量管理，督促提高销售服务质量，继续食盐质量抽查，不定期组织开展食盐市场检查，掌握食盐市场动态情况，发现问题及时纠正。严格对工业用盐和食品加工用盐的管理，做好各类盐产品的售前盐政调查，售后跟踪抽查工作，防止冲击食盐市场。根据食盐案件的不同特点，不断改进执法形式，针对具体案件、问题、研究、探索新的执法路子。盐务局与周边市县盐政执法部门密切沟通、合作，加大省际边界的执法力度，减少临界市县食盐对中牟县的冲销。2014年，县盐务局查处各类盐业违法案件112起，查获各类盐产品3.5吨，罚款42300元，结案率100%，所办案件无1起行政复议。

（审核：张世伟　撰稿：张　冰）

烟草专卖

【概况】 2014年，中牟县烟草专卖局（分公司）（简称中牟烟草局）以“两上两深化”为工作主线，突出发展主题，紧抓发展机遇，求真务实，改革创新，提升自我，追求卓越，推进卷烟经营、市场监管、企业管理、队伍建设再上新水平，努力开创中牟烟草改革发展新局面。经过全体干部职工的积极努力，全年中牟烟草各项工作均顺利开展，主要经济指标运行良好。

烟草专卖局局长
郭　凯

【卷烟经营】 2014年，中牟烟草局以品牌经营为指导，促进卷烟经营取得新成效。通过抢抓中牟经济高速发展的历史机遇，把培育骨干品牌作为指导思想，进一步加快“四转三”、特别是“三进二”工作推进。同时狠抓销量增长不放松，高度重视农村市场扩销和辖区重大项目建设区域市场挖潜。截至年底，销售卷烟27186箱，增幅11.86%；实现单箱销售收入19892元，增幅10.39%。实现税利1.1826亿元，比上年同期增长36.37%。单箱销售收入（不含税）19892元，比上年同期增长10.39%。

【专卖管理】 2014年，中牟烟草局严控监管、重抓案件，打假破网提质量。通过牢固树立“烟草专卖、守土有责”的管理理念，围绕增强辖区市场管控能力，坚持把打击制售假烟网络和提升市场净化率作为工作重点。全年查处各类违法案件234起，查获各类违法卷烟9899条，违法案值1086878.9元。其中，11月3日查获非法运输卷烟案件，查获各类非法卷烟1071条，案值182768元，刑拘卷烟经营不法分子2人。

中牟烟草局组织开展“12·4”法治宣传活动

（审核：郭　凯　撰稿：刘伊晗）

石油经营

中牟石油公司经理
李为锋

【概况】 2014年，中国石化销售有限公司河南郑州中牟石油分公司（简称中牟石油公司）以全面完成轻油、非油品任务为目标，克服加油站减少、用工紧张等重重困难，抓好经营、力保网络、强化管理，有效提升企业的核心竞争力，确保公司经营管理工作平稳运行。

2014年，中牟石油公司在退租1座、临时关闭1座加油站的情况下，实现轻油销售48763.012吨，比上年下降18.63%，完成目标任务的90.98%；实现非油品销售收入707.8万元，比上年增加35.36%，完成目标任务的98.6%。

【石油销售】 2014年，中牟石油公司面对成品油市场需求乏力的严峻形势，积极研究市场和竞争对手，开展有针对性的点对点竞争、国庆营销、四季度营销等一系列营销活动，营造浓厚的营销氛围，取得显著效果；宣传推广加油卡网上营业厅、自助圈存等，加强加油卡营销；响应政府号召，做好国Ⅲ柴油升级国Ⅳ的宣传推进工作；完善加油站绩效考核制度，强化激励引导作用，提高各站营销积极性；强化非油品考核，层层传递经营压力，有效调动全员营销积极性，非油品销售有很大起色。

开展“三夏”保供工作

【网络发展】 2014年4月15日，第一加油加气站原址改造重建结束后开业，成为中牟境内第二家投入运营的CNG加气站，极大方便出租车和私家车加气。该站日均销量8000立方米，不仅实现中牟石油公司乃至郑州石油公司CNG新业务零的突破，也成为中牟县新能源推广的一个里程碑。

2014年，中牟石油公司克服行政区划调整带来的困难，努力推进四港联动大道席庄加油站建设，取得用地规划和土地证。

【企业管理】 2014年，中牟石油公司在2013年标准化管理基础上，结合“创建群众满意加油站”“家文化”建设等，认真开展“加油站综合服务提升年”活动，公司和加油站坚持周报制，加油站每周上报一期图文并茂的简报，公司汇总后下发各站学习交流，截至2014年底，公司下发35期简报，有效提升活动效果，各站按照方案要求，认真开展大讨论、服务竞赛、加油站环境卫生大整治等活动，通过强管理、抓服务、树品牌，实现客户和员工双满意。

5月开始，中牟石油公司深刻吸取“11·22”青岛输油管线爆炸事故教训，以深化全面改善经营管理为基点，以加强干部队伍建设、强化三基工作、落实岗位责任、梳理整改问题为重点，以确保不发生安全环保、数质量等“六大专业”事故为目标，明确活动的责任分工，扎实开展从严管理工作，有效提升企业管理水平和竞争力。

坚持月盘点、加油机自检、卸油“十步法”、二次铅封等管理制度，强化数质量管理，油品损耗大幅度下降，全年未发生数质量有效投诉。

开展便利店专业化盘点，促进便利店管理水平的提高，确保账实相符，资金商品安全。

贯彻《职工违规违纪行为处分规定》，强化

员工责任意识、规矩意识。

制订完善《中牟石油分公司经营管理考核奖惩办法》，强化考核办法的激励引导作用，有效调动加油站营销积极性。根据市公司《加油站工资二次分配指导意见》，积极完善加油站二次分配，调动员工工作积极性。

（审核：张海成　撰稿：张海成）

餐饮服务

中牟宾馆董事长
赵立民

【中牟宾馆】　中牟宾馆有限公司（简称中牟宾馆），位于中牟县城青年路46号，中牟县人大、政协历届会议在中牟宾馆召开，其接待规模、管理档次堪称中牟县第一。中牟宾馆是中牟县唯一的三星级涉外旅游饭店。中牟宾馆有主楼、南楼、东楼，总建筑面积11730平方米。占地面积10499平方米。

中牟宾馆餐厅

中牟宾馆有客房部、餐饮部、温泉洗浴广场、旅行社4个营业部门。中牟宾馆有三星级以上客房150套，餐饮部内设豪华包间32个，大餐厅、多功能餐厅、中餐厅可同时接待安排1100人，客房、温泉洗浴广场可接待安排500人住宿，宾馆大中小会议室4个，停车场3个，可容纳小车停放220余辆，是开会、就餐、住宿、旅游、洗浴的理想之地。

2014年，中牟宾馆投入近100万元对部分设施重新装修改造，主要包括：对主楼步梯墙壁用环保材料生态木进行装饰，使墙体脱皮现象得到完美解决；对洗浴中心墙壁、防火门等设施更换装修；对主楼3、4楼会议室翻新装修，更换照明设施，深受政协领导和委员们一致好评；对餐厅2楼走廊全面装修，更换照明设施、增加背景音乐。上网光纤从10兆升至30兆，并对客房内40台老化电脑进行更换，满足消费客人的上网需求。

2014年，中牟宾馆对餐厅和客房部签订目标责任书，和营销部签订任务目标，对全体职工下达目标任务并列出奖励条件（完成5万元以下者奖励省内旅游一次，5—16万元以上者奖励省外旅游一次，16万元以上者奖励出国旅游一次），召开全体职工会议，对各部门评选出的优秀员工、特殊贡献者并颁发荣誉证及奖品，调动了职工的工作积极性。中牟宾馆抓好培训工作，全面提高职工素质，并邀请郑州嵩山饭店老师现场指导培训。聘请酒店顾问对员工经常进行培训、考核，合格率100%。

中牟宾馆致力于打造“中牟婚宴第一品牌”“中牟生日宴第一品牌”“中牟满月宴第一品牌”。餐厅内部学习同行业好经验，结合宾馆实际情况不断创出老百姓感到既实惠又喜欢的菜肴。学习豫菜，并将宴会菜品做细做出精品。中牟宾馆在客人举行婚宴时送大礼包，生日宴请客时送纪念礼品，满月宴做九时送礼物，将宴会品牌做精做细，做出实效。2014年，中牟宾馆接待婚宴、满月宴、生日宴580多场。

2014年，中牟宾馆积极参加消防安全培训，大力普及消防知识，做到全体员工都能熟练掌握使用消防器材，实行消防制度上墙等。

3月8日妇女节，中牟宾馆组织别开生面的妇女运动会，有拔河比赛、绑腿跑、夹乒乓球等项目；春节组织春节晚会，节目都比较精彩，评出一、二、三等奖并发放奖金。

2014年，中牟宾馆继续抓好营销工作，通过营销经理下市场、网络等渠道做好销售工作，经营额较上年同期有所提升。

（审核：赵立民　撰稿：张继涛）

牟山宾馆总经理
杨新峰

【牟山宾馆】　牟山宾馆位于中牟县新县城广惠街255号。酒店是按照国家四星级标准投资建造的园林式旅游酒店。2014年，牟山宾馆斥资数千万元进行升级改造，改造后集住宿、餐饮、洗浴、康体为一体，拥有各类高、中档客房200间（套），建筑风格高雅现代，环境温馨舒适；拥有各类会议厅、商务谈判厅、多功能厅及可容纳1000人的大型会堂等；睿聚德餐厅主营粤菜、杭帮菜、川菜等多款风味美食，可同时容纳800人就餐；皇冠大型温泉洗浴会所拥有中牟县最大最豪华的浴区，是以专业、绿色、健康养生为主题的康乐中心。

酒店坚持“以人为本，宾客至上”的人性化管理理念，为中外宾客提供个性化服务，打造度假型、会议型的新酒店，走特色经营的发展之路，致力于中原花园酒店连锁第一品牌！

（审核：师景峰　撰稿：师景峰）

市场发展服务

市场发展中心主任
荀建军

【概况】　2014年，中牟县市场发展服务中心（简称县市场发展中心）在中牟县自由贸易区综合整治领导小组的领导下，协调各成员单位，做好自由贸易区综合整治领导小组办公室工作；加强日常管理，搞好贸易区购物中心的安全生产和经营服务工作；承办上级交办的工作以及其他与市场发展管理相关的日常业务工作。

【安全生产】　2014年，县市场发展中心加强对贸易区购物中心安全生产责任制的落实，完善各项规章制度，并根据购物中心消防安全应急预案的要求，确保每月对管理人员及商户进行消防安全知识培训。7月，组织有关人员进行消防安全知识考试，和现场操作演练实战演习活动。

组织商户开展消防演练

【商户经营管理】　2014年，县市场发展中心，本着便于商户经营，保证交通顺畅，摆放有序规范的原则，对贸易区购物中心商户制订商品摆放的统一标准，向商户明确可以摆放商品和禁止摆放商品的位置，有效扭转乱摆乱放的局面。

【市场综合整治】　2014年，县市场发展中心综合整治领导小组办公室协调组织召开会议4次；组织开展大排查大整治专项活动2次；协调组织开展消防安全知识讲座及消防演练1次；协调组织县建设局清运积存生活垃圾16吨；协调强拆安康医院违法建筑1处；协调配合县水务局、消防大队在贸易区拥军路东侧新建消防水鹤1个。截至年底，贸易区基本形成商品摆放有序，消防安全设施配置基本合理，物业管理渐趋规范的良好局面。

（审核：朱丽平　撰稿：李林霞）

编辑：钟宇斐

交通　通信

铁　路

中牟火车站站长
王红军

【概况】　2014年是铁路改革不断深入推进的一年，也是中牟车站不断发展的一年。中牟车站班子成员商讨车站的发展规划，明确提出中牟车站的发展方向：安全是发展的基础，经营是发展的形式，提高是发展的目标；保证安全与抓好经营就是推进中牟车站持续发展的核心工作。2014年中牟车站的各项工作围绕这一核心有条不紊的部署开展。截至12月31日，完成装车1882车，运输进款2833万元，实现安全生产11684天的好成绩。

【安全管理】　2014年，中牟车站深入推进全路安全风险管理。以安全生产标准化建设为载体，通过不断完善日常基础管理，落实标准化管理制度，强化现场安全卡控来持续深入推进安全风险管理工作。

在日常工作中，认真落实风险排查制度、安全信息管理制度、安全风险分析制度等一系列的安全风险管理制度，做到风险有排查、问题有整治、措施有落实、月度有分析，使安全风险控制体系进一步完善，成为日常管理中，贯穿班前、班中、班后作业的有效的安全管理方式。

在生产过程中，车站领导干部带头做到标准化。每日提前到岗了解安全生产情况，参加交接班会，对安全生产、重点事项进行布置传达，针对安全生产的关键和薄弱环节带领职工学习相关的技术规章、重要文电，经常性的分析排查车站在安全生产中的问题和隐患，在每月的站务会议上，研究制订有效措施并抓好落实。

在安全管理过程中，中牟车站制订管理职责和作业流程，按照分层管理，逐级控制的管理模式，加强班组管理，指导班组长完善班组管理制度，把安全职责细化分解到作业层的各个岗位，做到责任到人，标准到岗，实现安全责任全面覆盖。车站管理人员利用班组会、点名会，教育职工牢固树立“安全红线”意识，加强对新职工及转岗职工的安全教育。管理人员做好班前预想，对人员、环境、设备变化存在的安全风险点分析排查，提醒职工在作业中加强自控，做好成员之间的互控。1. 对行车安全工作。车站领导班子成员始终坚持“抓住一个重点、卡死四大关键”的工作方法，强化现场作业控制。尤其是对切割正线调车作业、车辆防溜、非常情况下行车、施工及天窗修、运统46的登签销等作业和关键环节，加强对行车、调车岗位作业情况的现场盯控。2. 对货装安全工作。车站一方面加强对装卸车、货场防溜、手推调车等关键环节作业标准执行情况的检查力度，另一方面货运班组自身也加强基础管理，完善小汽车装车三方联检制度，货运人员认真落实作业标准，牢牢把住装车关，杜绝任何责任货运事故和不良反应，做到装一辆重车、保一路平安。

【运输经营】　2014年是中牟铁路深化改革的开局之年，也是铁路体制改革加快经营方式转换的关键一年。尤其是自2013年货运组织改革以来，中牟车站日常抓好内部管理，教育引导货运职工转变营销观念，提升服务理念，不断健全内部管理机制、完善各项管理制度，夯实基础工作。同时带领营销人员走访周边及外地市货主、企业，介绍中牟车站的运输优势，大力宣传货改后空车、去向宽松的政策和受理方式的转变，以12306电子商务平台为核心，简化程序、方便货主、提高服务质量，推动货运业务更快更主动融入市场，努力为企业创造良好的外运环境。

2014年全路推行快运业务后，中牟认真落实关于加快业务的发展思路，充分利用快运在空车、去向宽松的政策和受理方式的转变，用足用活政策，强化营销宣传，努力提升运量。自9月20日开办快运业务至年底，中牟车站装运货物2434.511吨。随着支点东移战略的深入实施，以及地方经济建设发展，为中牟车站的发展提供新机遇，中牟车站在从服务农业向服务城市转变。2014年中牟车站装运小汽车1278车，约占全年装车数的70%。

【业务素质提升】 2014年，中牟车站在开展“爱岗位、奔事业、创一流、建家园”主题宣传教育活动中，将工作中的安全标兵、业务尖子选树为先进典型，引导全站干部职工以榜样为目标，不断提升自身素质。中牟车站提出“向素质要安全、以技能保安全”，充分发挥班组长、技师人员的业务骨干作用，利用技师讲堂传授他们积累的业务知识技能，有效激发职工学习热情。中牟车站举办上半年业务对抗赛，有53名职工参赛，基本实现在岗职工全部参赛，促进全站职工业务素质的不断提高。2014年7月，郑州铁路局举办的全局车务系统第五届职业技能竞赛，中牟车站参加双线技术组接发列车比赛，获得团体第三名，信号员曹雷获得个人第三名；9月举办的全局货运系统技能竞赛，中牟车站货运员王黎娟获得货运员第11名的好成绩。

（审核：宋　毅　撰稿：朱文静）

公　路

交通运输局局长
罗振华

【概况】 2014年，中牟交通运输局完成交通路网工程建设项目6个，建设规模19.6公里，总投资2.55亿元（含征地拆迁）。7月20日，这6条道路全部完成主路面通车，完成率100%。当年，拆迁380多户，拆迁面积9.6万平方米，迁移各类线杆305根，坟头280座，伐树2000余棵，移除机井50眼，改建自来水管道4.2公里，破除老路面3.26公里。同时，按照郑州市委、市政府要求，完成郑开大道中分带改造项目，工程西起万三公路，东至中牟东边界，全长20.64公里，总投资4000余万元。高速公路上下道口（郑民高速姚家上下道口和连霍高速大孟上下道口）改造提升工程同步推进，总投资8000余万元。2014年，中牟县完成客运量1387万人次，客运周转量83367万人公里，货运量2720万吨，货运周转量393372万吨公里，分别比上年同期增长3%、4%、6%、7%。高速公路得到较快发展，到2014年底，中牟境内有5条高速公路经过，其中连霍高速中牟境内长32公里，京珠高速中牟境内长11.5公里，郑州西南绕城高速中牟境内长3.3公里，机场高速中牟境内长5.6公里，

中店路贾鲁河桥建成并投入使用

郑民高速中牟境内长32公里。

【公路运输】　2014年，中牟县交通运输局在抓好安全生产的同时，不断加大自身改革力度，拓宽经营渠道，促进企业经济全面快速增长。辖区内有营运货车10154辆，运输企业129家，营运客车286辆，二级汽车客运站1个、乡镇汽车客运站9个、行政村候车站120个；客运班线46条（其中市际班线2条，县际班线4条，县内40条），全县乡镇通车率和行政村通车率均达96%，其中办理新证的物流企业9家、机动车维修企业114家（一类3家，二类30家，三类81家）。2014年完成客运量1387万人次，客运周转量83367万人公里；完成货运量、货运周转量分别达2720万吨、393372万吨公里；运力结构进一步调整完善，人民群众出行更加方便。

【公路养护与绿化】　干线公路养护：2014年，中牟县完成路面挖补坑槽11182平方米，刷补网裂1.5万平方米，整修路肩边坡38.4万平方米，疏通边沟530.24千米；加大路面保洁工作及沿线设施的维修工作，道路保洁22417.7万平方米，维修构造物12.05千米，维修桥梁3座，绿化管护47.51万平方米，完成投资573.27万元。

县乡公路养护：2014年，中牟县完成路面坑槽、网裂等公路病害的治理工作，其中挖补坑槽43390平方米，刷补网裂3.7万平方米，整修路肩边坡54.5平方米，疏通边沟358千米；加大路面保洁工作及沿线设施的维修工作，道路保洁1229.4万平方米，维修构造物287.4千米，维修桥梁2座，绿化管护8.6万平方米，投入公路养护费用4000余万元。

【路政管理和超载超限治理】　2014年，中牟县交通运输局加强对路政执法的管理力度，按照依法行政与宣传教育紧密结合的原则，建立健全路政巡查制度，并认真填写巡查日志，坚持每天上路巡查，深入管养路段，进行道路集中专项治理，全力做好管养路段治理非法占道经营，非公路标志清除等方面的工作。全年上路巡查360余天，出动宣传车298次，巡逻车270次，印发宣传单5000多份，刷写标语200多条，清除路障55处，纠正各类路政违章34件，有效遏止侵犯、占用公路路产，公路用地等违法行为。

【场站和城乡公交体系建设】　2014年，中牟县交通运输局完成汽车客运南站和机动车辆检测中心选址和附属物清障。加快城乡公交体系建设，聘用南京市城市与交通规划设计研究院有限责任公司对中牟县城乡公交体系进行中、长期规划。完成商都路6个港湾站建设和青年路、官渡路、中兴路等路段24个公交站点的建设工作。

【工程协调】　2014年，中牟县交通运输局负责新国道107（万三路线）东移工程、省道312改建工程、国道310南移工程、机场至西华高速工程的协调任务。在施工过程中，中牟县交通运输局积极与省市交通业务主管部门衔接，并及时召开各乡镇、县直有关部门人员参加的工程协调会，主动与各方面沟通协调，对道路占地、拆迁及线杆、电缆等设施可能涉及的问题，向有关乡镇和部门通报，并邀请人大代表、政协委员察看工程进度，争取上级交通部门和县政府的重视和支持，重点抓好每项工程落实专人负责跟进，搞好协调服务，确保省市重点工程顺利推进。

【安全生产管理】　2014年，中牟县交通运输局坚持“安全第一，预防为主、综合治理”的方针，全面落实安全生产责任制。“安全生产月”活动期间，全县交通系统各单位参加安全生产宣传咨询日活动，在中牟县世纪广场摆设宣传咨询台，发放宣传单，解答有关安全生产方面的问题。在这次咨询活动中，悬挂横幅10条，展出板报2块，发放宣传材料2000余份，接受群众咨询80余人次。

【建议和提案办理】 2014 年，中牟县交通运输局按照“谁分管谁负责，谁承办谁负责”的原则，从上到下形成办理网络，并推行目标管理制，保证建议、提案办理落到实处，做到件件有安排，事事有落实，项项有回音。县交通运输局归纳收集人大代表建议 26 件，其中客运管理类 2 件，公路建设类 24 件；政协委员提案 6 件，其中客运管理类 3 件，公路建设和养护类 3 件。截至年底，26 件人大代表建议和 6 件政协委员提案全部答复完毕，满意率达 100%。

（审核：弓　起　撰稿：张　皓）

邮　政

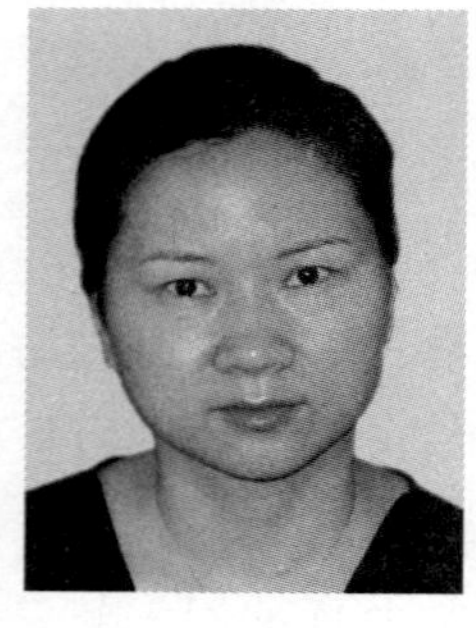

邮政局局长　魏静

【概况】 2014 年，中牟县邮政局通过调结构、抓项目，经营业绩明显，圆满完成全年各项目标任务。中牟县邮政局被河南省邮政公司授予 2014 年度优秀企业荣誉称号，雁鸣湖、刘集 2 个农村支局被省邮政公司、省邮政工会授予合格职工小家荣誉称号。郑州市邮政分公司 5 次发来贺电，表彰中牟县邮政局的保险、金融、发行 3 个专业在郑州全区重点业务发展的关键时段取得的突出成绩。中牟县邮政局接待石家庄、长沙、山西等多个外省市县同行前来指导和交流学习，赢得河南省邮政公司总经理温少祺的肯定和称赞。

【邮政业务】 2014 年，中牟县邮政局收入 3949 万元，超额完成郑州市邮政分公司下达的收入目标计划，较上年增长 17.9%，排名郑州各县级邮政局首位。在郑州全区县邮政局中，中牟县邮政局的金融、保险、电商、发行 4 个专业的完成比例排前两位，金融、保险、零售、集邮、发行 5 个专业的增幅排前两位。中牟邮政业务整体呈现良好的发展态势。

2014 年，中牟县邮政局金融板块完成业务收入 2482 万元，收入比重达 63%，较上年提升 8 个百分点，增加收入 598 万元，同比增长 32%，增幅排郑州全区县邮政局第一。

中牟县邮政局代理金融专业通过外抓项目，内修基本功，将储蓄余额的发展推向新高。一季度实现金融旺季开门红，余额净增 6570 万元，较上年增长 3224 万元。二季度参加全省夏粮款专项活动，余额净增 9851 万元，完成计划的 364.9%，二季度净增绝对值和完比均居郑州全区第一位。三、四季度消化大户因素实现结构调整，截至 12 月底，净增储蓄余额 1.55 亿元。

代理保险专业打了翻身仗。从元旦太平保险专项活动开始，中牟县邮政局由于准备充分、邀约有效，5 天时间完成保费 1419 万元，从此保险专业员工信心大涨，通过抓培训、赛话术，团队积累经验整体能力提升，专业发展步入“高速路”，当年实现保费 1.13 亿元，完成全年计划的 188.5%，同比增长 131%，保费进度和增幅两项指标分别列郑州全区第一位。保险专业是中牟县邮政局 2014 年收入进度完成最好的专业，完成收入进度的 217.5%，较上年实现收入翻番。

文化创意板块实现调整转型，项目落地的效果较往年好，尤其是较多参与地方政府的一些项目。2014 年新农合政策变化，3 月中牟县邮政局和县卫生局开发《新农合医政手册》4 万册，实现函件业务收入 15 万元，此项目在全省得到推广。8 月底，与县委宣传部和县公安局反复协调，成功举办大型节目“武林风”一期，实现收入 47 万元。发行零售打破多年教辅市场无法介入的尴尬局面，实现教辅图书预定 3.4 万份，码洋 67.5 万元。集邮专业积极开展红色主题巡展，探索从政务市场向商务市场转型经验，县邮政局提出集邮客户本地化的方向，逐步加大对集邮协会的建设工作。

物流电商板块得到稳步提升。2014 年物流业务收入 261 万元，较上年增长 4.93%，列县邮政局第 4 位，其中农资项目收入 101 万元，酒水项目收入86万元，其他项目收入21万元。其中酒水、农资项目收入较上年增长18.7%。在农资项目上，春夏季化肥销售1080吨，较上年同期增长282吨；秋季发展社会经商11个，村邮站参与化肥销售128个，包联人员10天就完成预定计划，逐步减轻支局入户的预定压力。

电子商务专业重点抓“包年短信”这一木本业务，开通“代收农电”业务，转型发展“自邮一族”业务，收入稳中有升，圆满完成全年目标计划。2014年业务收入235万元，完成进度104%，列县级邮政局第2位，增幅8.25%，列县级邮政局第3位。

【企业管理】 2014年，中牟县邮政局紧紧围绕郑州市分公司“2014年邮政服务质量监督检查工作要点”，通过强化员工日常培训、开展难点问题综合治理、加大屡查屡犯问题整改力度等一系列措施，为管理工作夯实基础。一是开展投诉热点、难点问题综合治理活动，将投诉治理作为一项常抓不懈的任务。二是多措并举，有针对性地解决疑难问题。三是加大屡查屡犯问题的惩治力度。建立问题整改长效考核机制，通过狠抓制度落实，强化责任追究，提升管理水平。2014年，中牟县邮政局在专业、支局长、营销、营业、投递多个层面涌现出一批优秀人才，12人通过三工转换实现个人身份转换，其中4人转合同工A，8人转合同工B。6月，组织金融网点星级考试，43名储蓄营业员考试，合格42人，均达到三星级，彻底改变以往人员技能低、服务水平差的局面。

【基础建设】 2014年，中牟县邮政局在上年对邮政综合网点改造基础上，年初改造九龙邮政支局，6月搬迁白沙开发区邮政所，在青年路、九龙、白开邮政支局增加5台自助取款设备，极大改变邮政代理网点破旧、落后的局面；着手办理新县城邮政综合生产楼征地土地证手续。

（审核：张利民　撰稿：冯际广）

移动通信

移动公司经理　付东

【概况】 2014年，中牟移动公司紧抓4G先发优势，一切围绕4G，坚持以“规模发展和存量经营”为主线，以转型升级、深度运营为着力点，以存量经营、流量经营、集客经营三大驱动力为抓手，集中火力稳存量、拓新增、提收入，圆满完成各项工作目标。截至2014年底，中牟移动用户突破53.3万户，以专营店为龙头的社会代理渠道达732家，在网集团3951家，集团成员13.12万户，网络全面覆盖中牟全区13个乡镇，主要干道实现连续覆盖，城市重点地区基本实现室内覆盖。2014年，中牟年运营收入3.33亿元，完成年度目标值95.02%，在郑州各县（市）中排名第一。

【4G网络建设】 2014年，中牟移动公司按照上级公司“竞争领先和速度领先——双领先”的工作目标和“一年超3G，两年超2G”的规划布局，加快4G网络建设，深入开展网络质量提升劳动竞赛、4G网络大会战劳动竞赛、工程质量整改地毯行动等多项重点活动，顺利完成全年工程建设任务。2014年，新建4G宏站404个，4G基站总数达413个，数量是2G的1.3倍、3G的2倍，4G网络的覆盖面大大提高，基本实现县城的连续覆盖、乡镇的广度覆盖，城区和乡镇大多数客户可享受到快捷、高效、丰富的4G网络服务。4G基站的增加，使4G数据流量呈快速增长趋势，截至2014年底，4G流量已赶超2G流量。

【4G业务发展】 2014年，中牟移动公司以“推动4G又好又快发展”为目标，大力提升营销能力，加快推进市场拓展，促进4G客户规模

大幅提升。截至 12 月底，4G 客户达 15.67 万户，4G 客户普及率 29.47%；4G 套餐发展 70839 户，4G 套餐普及率 13.33%；累计 4G 换卡 26.5 万户，4G 卡普及率 49%；4G 终端累计销售 45217 部；4G 套餐目标客户累计迁移 22106 户；迁移客户主叫平均每户每月通话时间由 396.19 分钟提升至 402.6 分钟，增幅为 1.62%，增幅在郑州郊县中排名第一；每个客户月均流量消费额由 92.3 兆提升至 237.36 兆，增幅达 157.16%，增幅在郑州郊县中排名第二。

【高校市场发展】 2014 年，中牟移动公司成立专业校园客户经理队伍，专职负责高校集团维系，确保高校集团关系稳定，为高校市场的各项业务发展打好基础。紧抓春秋两季迎新生旺季，早着手、细规划，提前与校方沟通，确保迎新活动场地资源，全力发展新增用户。加强校园实体渠道建设，新建交通学院、电力高专自建厅 2 所，协调中原文化艺术学院进驻社会渠道 1 家，截至 2014 年底，中牟移动公司有自建厅 8 所，自建厅覆盖率达 66%，实体渠道高校覆盖率达 91.6%。不断提升校园直销规模。中牟移动公司以校园直销平台为抓手，以校园自建厅、社会渠道为基础，发展校园直销队伍，不断提升校园直销队规模，做好业务培训，常态化组织直销队员开展地面营销及扫楼工作，稳步提升校园市场份额。

【渠道管控】 2014 年，中牟移动公司按照“分层分级、管商管店、统一支撑、合作共赢”的整体规划，采取“盯、跟、压、控”优化管理模式，分步骤持续推进渠道转型，进一步提升渠道运营能力。截至 2014 年底，在县城核心商圈新建店面 3 家，在万邦等专业市场新建店面 5 家；完成手机连锁卖场升级改造 32 家；社会渠道销售 4G 终端 2.44 万部，办理综合业务 44 万笔。

【集团信息化应用】 2014 年，中牟移动公司聚焦集团全业务拓展、行业市场突破和聚类市场发展，着力抓好集团客户存量经营和规模拓展工作，坚定不移地大力推进“无线城市”“智慧城市”建设，不断加快城市信息化建设，取得良好成效。

与河南鑫都实业股份有限公司签订信息化建设合作协议

3 月 27 日，中牟移动公司与河南鑫都实业股份有限公司签订“信息化建设合作协议”。此次协议的签订，使得中牟移动公司充分发挥自身网络资源优势，为河南鑫都实业股份有限公司在信息、技术、客户、服务等方面提供强有力的保障和支撑，为行业信息化的应用开拓更加广阔的发展领域。

3 月，中牟移动公司为中牟县供电公司开通电力抄表数据卡 5000 余张，中牟县供电公司“远程抄表”业务正式投入使用。中牟移动公司与中牟县供电公司成功合作，以移动信息化助力电力抄表业务，实现计费、抄表、结算自动化，降低中压配电网损耗，根除偷、漏电等现象，破解集团客户管理降损的难题，促进营销管理机制的创新，推动节能减排工作，实现安全可靠供电。

8 月，移动公司连续开展 17 场校园产品推介会，客户经理从产品特点、产品优势、产品需求、使用功能等方面对校园产品进行详细讲解，重点对校园信息化建设趋势与现状，校信通产品新功能，升级及功能进行介绍。校信通业务得到运用，为校园信息沟通提供更为便利的途径。

12 月，移动公司与中牟郑银村镇银行全业务合作从开始的5个分社急速扩充至16个分社，累计开通40条专线，3条IMS线路。

【服务社会】　2014年3月5日，中牟移动公司以学雷锋日为契机，在县城新世纪广场，开展“移动4G快人一步·志愿者在行动”活动，10多名青年志愿者和党员志愿者参加这次活动。活动中，志愿者们佩戴志愿服务绶带，捡拾广场内的白色垃圾，并对广场草坪中、树枝上、角落里的杂草及废弃物进行清理。在整个义务劳动过程中大家不怕脏、不怕累，受到周围群众的高度赞扬。

3月11日，中牟移动公司在郑庵镇第一初级中学开展结对帮扶捐赠活动，向该校捐赠乒乓球台、篮球等体育用品，把中牟移动的关爱延伸到农村孩子身边，受到郑庵镇第一初级中学广大师生的一致好评。

4月17日，中牟·国家农业公园“首届郑州农业嘉年华”活动开幕，人流量达8余万人。为确保开幕仪式举行期间通信畅通，中牟移动公司提前与农业公园沟通，制订应急保障方案及业务宣传方案，并多次对重点区域进行测试分析，积极进行网络扩容，对雁鸣湖镇政府周边及其覆盖小区紧急扩容载频30块。活动当天，开通应急车2辆，架设在人员密集区域，确保开幕期间网络顺畅运行，并安排专人对园区周边基站指标和告警实时监控，在第一时间发现并解决突发故障，最大限度减少对用户造成的不良感知，确保活动顺利开展。

移动公司联合恒业家电在中牟新一高、二高和四高3个考点开展“爱心助考送清凉”活动

6月7日、8日，中牟移动公司联合恒业家电公司在中牟新一高、二高和四高3个考点开展“爱心助考送清凉”活动，免费为高考学生及候考家长提供乘凉帐篷和矿泉水。

（审核：付　东　撰稿：王　颖）

联合网络通信

联通公司总经理
张建伟

【概况】　2014年，中牟县联通公司秉承以发展做动力，以变革为契机，以服务求效益，激增量，挖潜量，全面提高和完善通信服务水平，完成年度各项工作目标任务。该公司全年整体收入12696.54万元，移动宽带发展用户数94013户，固定宽带发展用户数10742户，固定电话发展用户数4185户。中牟县联通公司拥有1部6中心及19个乡镇营业部，服务网点308个，其中自有营业厅21个，合作营业厅125个，便利店162个。2014年荣获中牟县新型城镇化建设工作先进单位；被中国联合网络通信集团工会河南省委员会分别评为业绩评价优胜县分公司和先进单位。

【业务经营】　2014年，中牟县联通公司狠抓业务团队建设，出台一系列管理措施，业务发展和营业厅的各项工作在郑州市联通公司名列前茅，特别是业务发展提升速度较快，移动宽带发展量从年初的平均每月600多部提升到接近年底的每月900多部，增幅达50%。中牟县联通公司充分利用集团合约、团购打折等集团专属政策，锁定重点客户，以行业应用为抓手成功，在全县发展14个乡镇政府以及2个街道办事处网格长，并保证人手一部“社管通”，一次性发展3G用户900户。深耕潜在市场，警务通发展新入警人员130部。利用“手机订烟”行业应用，发展手机用户220余户。通过工作

联通公司开展校园迎新活动

助理中的“通知公告”等功能，成功拓展3G用户308户。

【通信建设】 2014年，中牟县联通公司农村互联网光纤改造项目首期240个行政村光缆施工全部结束。自9月开始，公司负责人对进驻工程队现场跟盯督导，每周两次例会督促通报。截至2014年12月25日，建设光缆施工全部结束，进入验收调测阶段，录入系统132个村，交付营销67个村。4G基站建设61个，3G基站38个，城区全面实现4G覆盖。移网环路优化4处，涉及83个基站，移网2G改3G传输26个，BBU集中放置6套室分，集中解决高层楼宇和大型小区网络盲区。随着农村互联网光纤改造项目推进，接入网和接入点及时退网退电，减少电费和房租支出。截至2014年底，直供电改造完成105个网点的改造，直接减少电费纠纷并可索取增值税发票。

【人事改革】 2014年8月为响应郑州市联通公司人事改革和机构调整，中牟县联通公司225人积极参加人岗匹配竞标上岗，其中后台人员向前端部门报名31人，人岗匹配后，后台人员85人占比约38%。新设宽带网格中心，其中网格经理7人，农村支局中小经理8人。通过改革，中牟县联通公司解决营销人员配备不足的问题，提高了农村市场营销服务能力，促进收入和业绩提升。

【机构优化】 2014年上半年，中牟县联通公司对城区光网进行改造，结合网络资源光改，在宽带网格中心的基础上成立城区营销中心，逐个社区开展宽带营销活动，对用户进行一对一现场营销、受理、安装，做到主动出击，抢占市场，遏制用户流失，迁转进度达99%。在郊县板块净增排名第一。专业线考核后，对宽带网格中心主任进行专业线排名，9月、10月连续在郊县板块内排名第一。11月，为优化公司营运组织调制部分机构及职责，原属郑东营业部刘集、万滩、白沙和原属经开营业部郑庵、九龙、谢庄按照整建制划转至中牟县分公司。

【客户服务】 2014年，中牟县联通公司坚持“客户的事情是最大的事情”，努力营造“重服务、比服务、强服务”的大服务氛围，尽心尽力做好客户服务工作。公司就不同时期投诉焦点进行案例专项分析，通过问题总结及问题规避的宣传贯彻，提升营业员的整体素质。通过客服QQ群，在日常工作中，发现问题及特殊案例，第一时间通过QQ群通知给前端部门，减少同类问题投诉的产生。加强预约服务，提高装移机满意度，杜绝装机维护浅表性问题发生，对此发现一例、通报一例、处罚一例，从根本上杜绝此类问题发生。社会渠道满意度、营业满意度在郑州全区排名靠前，升级投诉由2014年初每月的数十例，减少至年末的每月一两例。对中牟县联通公司的投诉量较上年很大幅度降低。

（审核：张建伟　撰稿：刘　鹏）

编辑：冯喜平

城乡建设　环境保护

城乡规划

城乡规划局局长
魏定奇

【概况】　2014年，中牟县城乡规划局（简称中牟县规划局）坚持以优化发展环境、服务地方经济、建设和谐社会为主题，围绕把中牟县打造成规划科学、环境优美、秩序优良的“三优”目标，切实推进城乡规划一体化，努力构建都市型田园新中牟。县规划局被授予2013年度全省村镇规划建设先进单位、郑州城乡规划工作先进集体等荣誉称号。

【规划编制】　为加快推进县域城乡规划全覆盖，完善城乡规划体系，中牟县规划局于2013年9月，启动《中牟县城乡总体规划（2013—2030）》的修编工作。2014年，中牟县规划局坚持城乡一体、区域统筹，高起点编制《中牟县城乡总体规划》。截至2014年底，总体规划纲要初步成果编制完成。

中牟县城乡规划委员会专家组会议

中牟县规划局积极与雁鸣湖镇、绿博文化产业园区及汽车产业集聚区对接，其中《雁鸣湖镇总体规划（2012—2030）》，形成最终成果，2014年12月经县政府批准实施；《黄河滨河公园中牟片区总体规划》《中牟汽车产业集聚区控制性详细规划》《郑州国际文化创意产业园总体规划》，经过5次设计对接与沟通汇报，形成评审成果，并尽快实现评审报批，为项目及时落地创造条件。

空间优化、功能提升，高要求促进城市升级转型。推进《四牟园和商都大街两侧城市设计》，提高城区空间优化和功能提升。经过3次设计对接与沟通汇报，形成评审成果。

【依法行政】　2014年，中牟县规划局规范规划公示制度。凡在城乡规划区范围内涉及公众和利害关系的建设项目，均实行批前和批后公示。公示采用在建设项目现场制作公示牌方式，要求建设单位应根据批准的总平面及施工图制作《规划公示牌》进行公示。公示牌内容包括：建设单位、工程位置、规模、层数、面积、间距、高度、绿地率等主要技术指标、监督举报电话等。公示牌设在施工现场醒目位置，充分征求公众和利害关系人的意见，接受社会监督，并对收集的意见归纳整理，作为规划许可依据之一。规划验收合格后方可拆除。9月底，完成县域内所有在建项目批后公示工作。

完善行政审批运行机制。中牟县规划局在行政服务大厅的电子显示屏上，由专人负责适时更新显示屏和网上信息，保证信息的准确和翔实，架起群众与县规划局间互相沟通的桥梁，方便查询和交流。把“服务内容、办事程序、审批依据、申报材料制度，承诺期限和收费标准”等作为公开的工作主要内容。

服务重点项目建设。中牟县规划局在绿博组团、汽车产业集聚区、官渡工业园区、雁鸣湖生态文明示范区建设中，做好各项技术服务。推进新型社区建设，坚持用城乡统筹的理念、思路和办法，科学编制和完善新型社区建设规划。

确保市政基础设施和公共服务设施优先审批。2014 年，中牟县规划局审批社会性基础设施 6 项，其中中牟县第二人民医院二期项目 4 月底审批完毕，社会福利中心、居住区供热站等尚未完成审批。

高效率推进民生工程。2014 年，中牟县规划局要求中牟县城市规划区和各大园区内的商品住房项目，均按照不低于项目住宅总建筑面积 10% 的比例配建保障性住房。2014 年 8 月 1 日起，将新建的住宅小区、公寓楼等居住类建设工程规划配建电动自行车充电库（棚），纳入建设工程审核（审批）、验收项目。要求建设单位在商品住宅 1.5 辆/户，保障性住房 2 辆/户配置非机动车停车位的基础上，按照每户不少于 1 个充电车位的标准配置充电设施。

【规划行政审批】 2014 年，中牟县规划局行政审批窗口接待群众、企业来访咨询 2385 人次，配合县财政局收取城市基础设施配套费 1.8 亿元。3 月，中牟县规划局窗口获中牟县妇联授予的“巾帼文明岗”称号。在县行政审批中心进行的窗口评比中，县规划局窗口三个季度被评为“红旗窗口”。

【规划管理】 2014 年，中牟县规划局召开规划方案评审会 44 次，召开业务会议 17 次，编制完成 50 个地块的控制性详细规划，出具规划设计条件通知书 452 份，依法出具规划选址意见 85 份，核发建设项目选址意见书 12 份，核发单位建设用地规划许可证 79 份，核发建设工程规划许可证 36 份，办理管线工程规划许可证 15 份。

【测绘工作】 2014 年，中牟县规划局完成地形测量及建筑物放验线任务 410 余项，其中地形图测量任务 110 余项，放验线任务 300 余项。地形图测量任务主要项目包括四牟园、潘安园、逸品春天、西吴影视基地、郑州上河、富岛、久润、新交通、科瑞新、凯雪、名门紫园、文博路、换流站、绿博春天、东鑫国际、启程国际等，另外还包括龙苑、祥瑞中心花园、宽景一品、万邦等规划核实工作。放验线任务较大的项目有新型社区建设、汽车工业园各企业、汽车博览园各企业、绿博组团、绿博半岛、名门地产、固始龙泽、普罗旺世、水岸鑫城、妇幼保健院、东工企业家苑、东方润景、帝华宏府、晨胧华庭等。

【法制信访】 2014 年，中牟县规划局加强对行政处罚程序的监督，确保行政处罚合理合法。下达责令停止违法建设通知书 256 份、责令整改违法建设通知书 35 份、责令限期拆除违法建设通知书 30 份；行政处罚 30 宗，处罚总金额 1236.8 万元。全年收到群众举报案件 268 件，处理 268 件；接收和处理信访局信访函 5 件。截至 12 月底，接待林场家属院业主、纸厂工人（含 2 次群访）、汇银小区业主、水岸鑫城业主、清华园业主、十里铺群众等上访 123 次，电话上访 368 次，经过耐心解释及现场勘验，上访户提出的相关问题基本解决。

【执法监察】 2014 年，中牟县规划局通过群

拆除临街违法建筑

众举报、领导交办、网络来件、信息平台等方式发现违法建设716处，强制拆除475处，整改241处，拆除面积21.9万平方米。加大联合执法力度，通过违建办下发违法建设案件通知单263份，督办函21件，函告9起，督促各乡（镇、街道）尽快对违法建设予以处理。

【打造精品展馆】 中牟“梦之旅”规划展览馆位于中牟县学苑路南四牟园内，布展面积约6000平方米。规划展览馆以新颖的布展方式、高科技的布展手段展现中牟县建设及规划工作成就，融公共展示、公共查询、科普教育、旅游、观光、交流研究多功能于一体，成为展示中牟、推介中牟的重要平台，是上级机关、兄

城乡规划展览馆

弟县市来中牟参观考察的必经站点。截至年底，规划展览馆累计接待参观人数近8000人次。

（审核：王廷周 撰稿：谢 赟 王 玉）

城乡建设与管理

城乡建设管理局局长
张伍发

【概况】 2014年，中牟县城乡建设管理局（简称中牟县建设局）务实工作，锐意进取，奋力拼搏，基本实现市政、环卫、园林的精细化管理，建筑管理市场的稳定发展，拖欠农民工工资的问题得到切实解决。中牟县建设局获2014年度全省商务中心区和特色商业区发展先进单位、郑州市2014年度建设系统先进单位、郑州市2014年度环卫工作先进单位的荣誉称号。

【重点工程建设】 一、县城基础设施完善改造提升工程。2014年，中牟县建设局实施县城基础设施完善改造提升项目16个（其中跨年度工程3个、新开工项目13个），工程总投资6亿元，年度内完成投资5亿元。

晨光巷道路改造工程（东风路—益民巷）全长295米，宽8.5米，投资170万元。建设内容主要包括道路工程、雨污水工程、照明工程、绿化工程等。2014年1月，该道路工程完工通车。

西大街道路改造工程（民族路—自由街）全长620米，工程投资180万元。建设内容主要包括路面整治改造、排水改造、交通标志设置等。2014年5月底，该道路工程完工通车。

民族路道路改造工程（青年路—荟萃路）全长420米，工程投资65万元。建设内容主要包括路面整治改造、人行道改造、排水改造及交通标志设置等。2014年5月底，该道路工程完工通车。

牟山路道路改造工程（新圃街—宝峰街）全长1900米，牟州街至宝峰街、新圃街至清阳街红线宽20米，清阳街至牟州街红线宽30米，工程投资1200万元。建设内容主要包括：宝峰街至清阳街段新建雨水管道；牟州街至永福街段栽植行道树；全段安装路灯；对全段人行道、路沿石进行改造；对主车道破损路面进行修补；完善红绿灯等交通标线、标志。该工程为维修改造项目，只对其功能进行完善，未进行视觉效果提升。2014年7月底，该道路工程完工通车。

深发路道路改造工程（北环路—卫民路）全长800米，宽20米，工程投资1000万元。建设内容主要包括：新建雨水管道，沥青混凝土路面，安装侧平石，完善红绿灯等交通标线、标志。2014年7月底，该工程全部完工通车。

寿圣街道路改造工程（商都大街—站前大道）全长1300米，红线宽30米，工程投资3400万元。建设内容主要包括道路工程、给水工程、雨污水工程、绿化工程、照明工程、通信管道、电力管道、交通工程等。2014年8月底，该道路工程完工通车。

清阳街道路改造工程（滨河路—站前大道）全长为1100米，红线宽35米，工程投资6000万元。建设内容主要包括道路工程、雨污水工程、给水工程、绿化工程、照明工程、通信管道、电力管道、交通工程等。2014年11月，该道路工程完工通车。

滨河路道路新建工程（清溪街—中万路）全长1706米，红线宽30米，工程投资4750万元。建设内容主要包括道路工程、雨污水工程、绿化工程、照明工程、通信管道、电力管道、给水工程、交通工程等。2014年12月，该工程基本完工，并进行扫尾工作。

东风路道路改造工程（商都大道—中兴路）全长1540米，红线宽50米，工程投资4700万元。改造内容主要包括：除绿化带不变外，对主车道、慢车道、人行道、路灯改造；增加雨污分流下水道；新建通讯、电力等地下管网设施。2014年9月，该项目主路面通车。

副县长任程伟察看东风路改造工程建设情况

绿博组团至中心城区污水贯通工程（贾鲁河北路—滨河路）全长300米，工程投资1530万元。建设内容包括：在广惠街道路中西40米处敷设d1350污水管道，使绿博组团的污水由北向南排入滨河路现状污水系统中。2014年12月，该道路工程完工。

中兴路道路拓宽工程（清溪街—东风路）全长1322米，红线宽50米，工程投资8400万元。建设内容主要包括道路工程、雨污水工程、给水工程、绿化工程、照明工程、通信管道、电力管道、交通工程等。截至2014年底，地下管线铺设完工，顶管作业完成，路基整理完毕。

万胜路道路工程（寿圣街—新圃街）全长2270米，红线宽20米，工程投资3400万元。主要建设内容包括道路工程、给水工程、雨污水工程、绿化工程、照明工程、通信管道、电力管道、交通工程等。2014年12月，该道路工程完工通车。

滨南街道路工程（牟山路—滨河路）全长210米，工程投资368万元。建设内容主要包括道路工程、给水工程、雨污水工程、绿化工程、照明工程、通信管道、电力管道、交通工程等。2014年12月，该道路工程完工通车。

二、解放路特色商业街区升级改造工程。该工程西起中兴路，东至人民路，北到荟萃路，南至东风路，总面积3.6平方公里。其中，青年路改造范围为滨河路至S223，南北各1个街坊，改造用地范围2.2平方公里；解放路改造范围为北侧贾鲁河至南侧陇海铁路，东西各1个街坊，改造用地范围1.4平方公里。

一期工程（解放路道路拓宽改造）全长2691米，红线宽100米。截至2014年底，4条地下人行通道完工，主路面具备通车条件。

二期工程（安置区建设）总占地面积335亩，建筑面积130.3万平方米，投资估算45亿元。截至2014年底，征迁工作完成90%，荟萃路与解放路交叉口西、陇海路与解放路交叉口东2处地块安置房开工建设。

三、三刘寨引黄灌区调蓄工程。三刘寨引黄灌区调蓄工程起步区于2013年6月开工建设，项目位于郑汴物流通道与S223交会处，总占地面积3390亩。其中，湖区占地面积855亩；山体占地面积600亩，主峰高75米；景观工程和其他配套设施占地面积1935亩。起步区一期工程（挖湖、堆山）采用BT投融资模式建设，投资概算2.5亿元。截至2014年12月，累计投资2亿元，完成土方量630万立方米，占总工程量的88%。

四、4座跨陇海铁路立交桥工程。解放路、人文路、文通路、广惠街4座立交桥作为2014年中牟县建设局承担的重点工程之一，其中广惠街立交桥为上跨陇海铁路立交，其余3座立交桥均为下穿陇海铁路立交桥。截至2014年底，文通路铁路立交桥完工并经过验收；人文路铁路立交桥基本完工，正在进行扫尾工作；解放路铁路立交桥箱涵制作完毕，正在进行东侧箱涵顶进工作，完成总工程量的63%；广惠街立交桥施工所用临时变压器安装完毕，正在架设临时线路，施工企业准备进场施工。

五、园区基础设施建设工程。按照县政府统一安排，中牟县建设局作为业主承担3个园区24条道路的建设任务，其中汽车产业集聚区18条，绿博文化产业园区4条，官渡工业园区2条。

截至2014年底，汽车产业集聚区怡景路、恩平路、和顺路、富康路、中兴路、纬四路、顺利路、经一路南延、纬五路东段、泰和路、劲风路等11条道路工程建成并通车；康平路、

文通路南延工程

纬六路、远航路、纬五路西段等4条道路除拆迁部分外其余完工并通过竣工验收；文通路北段、文通路南段及广惠街南延等3个项目正在施工，文通路北延正在铺设水泥稳定碎石，文通路南延桥梁主体完工且油面铺设70%，广惠街桥梁主体完工且油面铺设60%。

绿博文化产业园区广惠街、人文路、平安大道、永盛路4条道路都完工并通车。

官渡工业园区春秋路、金菊五街2条道路工程投资5000万元。其中，春秋路全长1337米，金菊五街全长1345米。2014年5月底，该园区道路工程完工通车。

六、东漳、官渡2个污水处理厂工程。中牟东漳污水处理工程位于雁鸣湖镇东南部，丁沟以南，规划路和省道S314以北。中牟官渡污水处理工程位于官渡组团东南部，水溃沟与新S223交叉口东南角，二十里铺村北侧500米，一期建设计划占地约55.45亩。2个污水处理工程规划选址、立项、环境影响评价、能评等前期手续办理完毕，截至2014年底，正在进行清障工作。

【园林绿化】 一、绿地面积。文博路绿化工程，绿化面积35301平方米，栽植行道树2852株，投资674万元，截至2014年4月工程完工。

人文路绿化工程，绿化面积16545平方米，栽植行道树994株，新栽植月季4.2万株，投资254万元，截至2014年5月工程完工。

文博路东延绿化工程，绿化面积14027平方米，栽植乔木1104株，栽植月季33375株，投资286万元，截至2014年5月工程完工。

苗圃园建设工程，在苗圃园新建管理房1座，建设绿化护栏2000余米，栽植各类乔木1.28万株，绿化面积86710平方米，投资80万元，截至2014年4月工程完工。

人文路（绿博园东门—郑开大道）、绿博大道改造工程，（万三路—人文路）电源、水源铺设和苗木栽植共15.4万平方米，其中人文路栽植金森女贞、红叶石楠、瓜子黄杨12万余株；绿博大道栽植各类乔木320多株，花灌木460多株，栽植地被90余万株。人文路、绿博大道改造工程总投资190多万元，截至2014年11月工程完工。

二、绿化管护。中牟县园林局通过学习普罗旺世集团、绿城集团先进团队的管理经验，对全县的公园、游园、绿化道路进一步加强精细化管理，要求园区道路一月冲洗一次，绿篱

一周冲洗一次；各院内设施高度在2米以上的，一月擦洗一次；高度在2米以下的，一周擦洗一次；果皮箱、坐椅一日擦洗一次。

2014年4月，中牟县园林局组织业务骨干去开封学习职务造型修剪，去郑州绿荫广场学习先进管理经验，去郑州市园林局学习病虫害防治的最新知识，在4个管理区队实施标准园、标准路段建设活动，确定新世纪广场为标准园，商都大街为标准路段。11月，参加郑州市园林局组织的工勤人员技术比武大赛，掀起学技术、练技能的高潮。

完善各个公园、游园内的配套设施，全年更换健身器材50余套，更换宣传、健身专栏6次；人民广场内的木游路更换为鹅卵石小路。

依据《园林绿化养护标准》制订《园林绿化百分考评制度实施细则》，每天督查、每周汇总、每月考评，考评结果与职工绩效工资挂钩，以调动广大职工的工作热情。

【环卫管理】 2014年，中牟县政府为环卫大队新添1辆山推车和1辆洒水车，更换安装新型环保果皮箱1100个。单位对垃圾场进行排水改造。

中牟县有1处生活垃圾填埋场，位于县城西南约3公里（汽车产业集聚区内）、万洪公路北侧，占地166.45亩，设计库容98.49万立方米，平均日处理城市生活垃圾160吨，使用年限13年。2014年严格按照《城市生活垃圾卫生填埋技术标准》进行操作，及时对进场垃圾推平、压实、消杀、覆盖处理，并做好垃圾场内各项数据的收集、整理和上报工作，平均日处理生活垃圾330吨。2014年处理生活垃圾113730多吨，确保对垃圾场内的白色垃圾经常性处理，根据实际情况不定时捡拾，保证垃圾场周边环境卫生。

2014年，中牟县新老城区13座垃圾中转站运转正常，作业流程规范，日均接收生活垃圾300吨左右，15辆垃圾清运作业车辆对中转站内生活垃圾科学分流，实行密闭运输，清运至塔山垃圾填埋场或垃圾焚烧发电厂填埋或焚烧，进行无害化、资源化处理，严格做到日产日清。

环卫大队严格按照《中转站管理制度》做好日常保洁和消杀工作，做到站内外干净、整洁、垃圾及时清运并做好进出站记录和消杀记录，确保城区300多吨生活垃圾的日产日清。

加大城区环境卫生监管力度。路段长每天巡查，区长每天抽查，队长每天督查，对城区的主次干道、城乡接合部位置重点检查，及时处理，确保城区环境卫生质量。

【市政管理】 一、市政管护。2014年，中牟县建设局完成城区主次干道5500余座窨井的巡查更换和窨井的改造工作。全年更换窨井盖板987块、改造窨井276座、维修路侧石590米、维修下水道11740米、清除路边施工垃圾3850立方米；完成丈八沟河道、涵洞内清淤工作，清除淤泥2450立方米；完成全县城各条道路的日常巡查维护工作，修补破损人行道8750平方米；修补破损路面31240平方米。2014年10月，对建设路、官渡大街、府前街等重点路段2次清淤，保证老城区冬季排水畅通。处理社会信息来件、县长热线、群众电话投诉等273起。

二、市政监察。中牟县建设局加大巡查力度，健全巡查台账，依法对违法破路及破坏市政设施的单位和个人进行治理并责令限期整改，并对其进行相关法规政策教育；对新城区所有单位及小区的排水设施现状排查，对不符合要求的单位和小区下达限期整改通知书，并对整改结果跟踪监督。

三、城区防汛。中牟县建设局完成全城区167.18公里的下水道和2.6公里的明渠清淤，对老石桥—S223线泄洪区、农科所南贾鲁河排水口、S223线官渡桥东等9个排水口疏通，保证排水系统畅通。汛前对防汛人员进行演练，对防汛车辆、设备维修保养，做好防汛物资的储备，为县城安全度汛打下坚实基础。

【建筑业管理】 一、行业管理。2014年，中牟县建设局根据《郑州市城乡建设委员会关于2013年度建筑业企业资质动态考核的通知》要求，组织相关专家对随机抽查中的11家建筑业企业进行审查，合格率达100%。根据《建筑企业资质管理规定》和《建筑业企业资质等级标准》关于建筑业企业资质申报的要求，组织对申报企业材料认真审查，基本符合其申报条件的有14家（新申请资质的8家，资质主项或增项升级的2家，申报增项的4家）企业，并及时上报河南省建设厅、郑州市建委。根据《河南省建筑施工企业安全生产许可证管理规定实施细则的通知》《河南省建设厅关于安全生产许可证办理有关事宜的通知》要求，组织对企业申报材料审查，有9家（新申请7家，延期2家）企业符合规定，并及时上报河南省建设厅。部分企业通过审核，公示合格。根据《河南省建设厅关于印发河南省建筑施工企业主要负责人、项目负责人和安全生产管理人员考核实施细则的通知》精神，组织对所报3家企业17名新申报的“三类人员”进行审查，认为符合申报条件并及时上报省建设厅。根据《河南省建设厅关于做好建筑施工企业主要负责人、项目负责人和专职安全生产管理人员安全生产考核合格证书延期工作的通知》要求，组织对所报5家企业81名持有建筑施工企业“三类人员”安全生产考核合格证书的人员进行审查，认为符合延期条件并及时上报省建设厅。

二、招投标管理。2014年，中牟县建设局坚持公开、公正、公平和择优选择中标单位原则，着重加强资格预审、评标、定标等关键环节的监管。2014年完成招投标项目36项，其中公开招标9项、邀请招标27项，均在交易中心进行（其中施工招标25项、监理招标11项），工程中标金额18.04亿元、建筑面积99.65万平方米。

三、安全管理。2014年，中牟县建设局办理安全监督备案手续41项，单体工程283个，建筑面积394万平方米，造价约26.87亿元，组织2次安全生产大检查和3次建筑施工专项治理，下发文件720份，组织建筑工地专项治理4次，下发各类安全生产文件400余份。配合县环保部门、创建办、食品药品监管部门、消防部门等组织的联合执法检查10次。下发督办通知书79份，责令限期整改通知书97份，安全隐患整改通知书276份，停工指令书76份，环境卫生整改通知书27份，现场笔录4份，上报违法建设案件（线索）移交表103份。检查8家燃气企业及30余家换气站点，40余家商业用气场所。其中有7家办理合法手续持证经营，31家无证经营，18家商业用气场所存在安全隐患；下达停止违法行为通知书及责令限期整改通知书等执法文书150余份。

四、质量监督。2014年，中牟县建设局依据《工程质量监督工作守则》，监督工程总数539项，总建筑面积541.66万平方米，总造价75.88亿元。2014年开工工程167项，建筑面积114.39万平方米，造价14.81亿元；竣工工程71项，建筑面积76.358万平方米，造价6.551亿元。截至2014年年底，在建工程468项，建筑面积465.30万平方米，造价69.33亿元，其中商品住宅183项，建筑面积193.50万平方米，造价25.51亿元；工业厂房22项，建筑面积26.81万平方米，造价2.72亿元；安置区工程263项，建筑面积244.99万平方米，造价41.10亿元。培育东方润景11号楼、12号楼、13号楼，东润郎郡2号楼、5号楼为“商鼎杯”工程。配合汽车产业聚居区管委会、绿博管委会、新老城区基础设施建设指挥部参与41条市政道路的建设，其中29条完工，12条市政道路施工中。

五、建筑市场监管。2014年，中牟县建设局把“在服务中监管，在监管中指导，在指导中执法”作为监察工作的出发点和落脚点。提高监察人员的素质和业务水平，提高监察管理现代化水平，实现监察管理规范化、合法化。按照《中牟县人民政府办公室关于开展2014年度中牟县建筑市场行政执法检查的通知》要求，在各乡镇政府、街道办事处及各园区管委会自查的基础上，县建设局于3月12日—4月3日，对县域范围内在建的房屋建筑工程项目进行拉网式大检查。重点对建筑工程施工许可情况、质量监督登记备案、安全监督登记备案、施工图审查以及企业资质等5个方面情况进行执法检查。检查各类房屋建筑工程项目102个，涉及单体建筑1021个、总建筑面积836万平方米。截至2014年底，查处各类违法建设78起，下发责令限期整改通知书78份，下发责令停止违法行为通知书78份，立案审批66份，下发行政处罚告知书56份，做出行政处罚57份。

【清欠管理】 2014年，中牟县建设局开展农民工工资支付专项检查活动。通过调查走访建筑工地，直接询问农民工工资发放情况，对建设单位建立档案，真实了解中牟县建筑市场农民工工资支付情况。县建设局认真执行农民工工资保障金制度，建立总承包单位、建设单位连带责任制度。对在农民工工资清欠过程中发现的拖欠工程款、恶意拖欠、携款逃匿等各种不良行为，及时与建设单位协调，力争给予圆满解决。凡恶意拖欠农民工工资的工程项目，建设行政主管部门不予办理竣工验收。2014年调解民工讨要工资、劳务纠纷70余起，涉及民工1000余人，3000余万元，同时完成政府交办的清欠工作4起，配合县人社局调解20余起，协调处理率达到100%，维护农民工的合法权益，确保社会稳定。

（审核：梁海军 撰稿：杨 芳）

市容管理

综合执法局局长
蒋新岭

【概况】 2014年，中牟县综合执法局紧紧围绕县委、县政府的中心工作以及县创建国家卫生县城指挥部关于2014年中牟县国家卫生县城复审工作相关安排，以“优化环境、执法为民”为己任，以规范化管理为重点，团结协作，真抓实干，努力营造良好的城市环境和秩序，为实现中牟县新型城镇化建设、经济飞速发展的战略目标作出积极贡献。2014年，中牟县综合执法局获得省级卫生先进单位、市级文明单位、郑州市“五一”青年文明号、中牟县爱国卫生工作先进单位、中牟县城乡管理工作先进单位等荣誉称号。

【城市管理】 2014年，中牟县综合执法局加大执法力度，有效遏制占道经营、出店经营行为。本着“重点街路管死、日常巡查区域管严、偏远区域有效控制”的原则，针对官渡大街东段、人民路官渡购物中心周边、大厦周边等重点部位采取定岗定位管理和往返机动巡查相结合的办法，节假日不休息，早、中、晚加班，

综合执法工作人员“五一”期间治理商户占道经营行为

实行全方位、全天候管理。并对百花路西瓜销售摊点，城东路、东风路收购农产品摊点，人民路、西城巷、大潘庄、荟萃路、府前街占道经营进行规范和治理，其他路段实行巡查制度，要求所有流动摊点划行规市，有效控制占道经营现象。

本着“繁荣市场、方便群众、市容有序、安全规范”的原则，设置月饼棚、年货、春联等临时经营地点20余处，烟花爆竹临时经营点9处，既服务市民和商户，又保证春节期间良好的市容环境秩序。节假日期间，中牟县综合执法局全体班子成员及执法队员凌晨6时上街规范官渡大街东段春节市场，清理规范摊点500余个，既保证道路通畅，又规范春节临时市场，得到群众高度评价和赞赏。

切实做好早餐点超时经营商户的规劝和治理工作。早餐点早上8时以后全部退店经营，燃煤炉灶全部搬离。依法取缔未经批准的夜市、露天烧烤、煎炸小食品和非法摊群点。按照县政府部署要求，结合县创建指挥部下发的《关于新世纪广场周边环境综合整治的通告》以及《关于中牟县城区夜市餐饮摊点联合执法专项整治实施方案》通知要求，为巩固前期治理成果，全体执法人员坚持通过早6时到晚9时不间断巡查治理，对市民反映强烈的新世纪广场夜市、人民路、建设路南段夜市烧烤等乱设摊点、占道经营等问题进行取缔和综合治理，确保重点区域周边环境的良好秩序。

严格按照《郑州市户外广告设置管理条例》关于户外广告牌匾的设置标准执行，并研究制订专项整治方案。着力开展主干道违法广告专项整治活动，整治户外广告，严格广告审批程序，严格控制各类临时性商业宣传活动。依程序审批户外广告牌匾158块，查处违法户外广告200起，拆除5家商户10处的大型墙体广告20块，清理灯箱广告500余个，拆除条幅广告2000余条。

加大城市“牛皮癣”治理力度，美化市容环境。利用高压广告清洗机、喷涂机，每周1日时间对辖区临街建筑面、电线杆、路面上乱贴乱写的小广告、“胡喷”集中清理。建立小广告清理责任分包制度，对分管路段每天巡查，做到人见人清，随见随清，保持辖区市容市貌。教育、引导广大市民在县城重点部位设立的30多块信息发布栏上张贴信息，有效防止小广告乱贴行为。加强源头治理，加大对乱写乱画、张贴小广告的处罚力度，杜绝小广告乱贴乱涂行为。2014年，清理乱贴乱画小广告2万余张，遮盖“胡喷”5000余平方米，有效预防和制止城市“牛皮癣”的蔓延。

综合执法人员徒手清理违法张贴的小广告

成立中牟县工程渣土和建筑垃圾管理办公室，组成专项整治队伍，开展渣土车及建筑工地专项整治工作。印发《中牟县综合执法局关于渣土车行业管理工作的通告》500余份，向建设单位、运输单位和个人广泛宣传并设立举报电话，制订《中牟县综合执法局关于渣土车行业管理工作方案》。对现有渣土运输车辆进行前期排查，并登记造册；对新开工的工地下发责令整改通知书32份。与交警部门联合执法，坚持集中与分组结合的工作方式，每天出动30余执法人员集中执法，分别在物流大道与景观大道、物流大道与广惠街、物流大道与万三路交叉口，定线定点，排查出渣土车80余辆，查扣39辆，责令整改建筑工地12个，召开建筑企业座谈会2次。通过开展专项整治活动，渣土车沿路遗撒、遗漏、污染路面、尘土飞扬现象得到抑制，物流大道的渣土污染基本得到控制。

在新老县城所有街道划定非机动车停放区域，并与各门店签订目标责任书，责任到人。规范非机动车辆乱停乱放6500余辆次，非机动车停放区域的规划使街道两侧秩序大为改观。

2014年，迎接郑州市城乡管理综合考评委员会办公室督导检查11次，对所有乡镇街道办事处和城考成员单位下发责令改正通知书11份、督查通报10期，对县城区、镇区检查10次，编发简报19期，组织召开筹备会、办公室人员会议18次。

【县国家卫生县城届满复审】 2014年，中牟县综合执法局为确保顺利通过国家卫生县城复审，多次召开班子成员会议，专题研究部署迎检工作，班子成员联系下沉一线，在现场发现问题、处理问题、解决问题。紧紧围绕国家卫生县城验收考核工作，重点开展市容市貌整治、爱国卫生运动、病媒生物防制、健康教育宣传等工作。中牟县顺利通过国家卫生县城复验。

【网格化管理】 2014年，中牟县综合执法局与门店商户签订中牟县沿街门店、单位市容和环境卫生“门前三包”责任书5000余份，并制订城市管理“十不准”规定，充分发挥商户共同参与城市管理的积极性，进一步提高执法工作效率。全年中牟县综合执法局接收网格化管理件234件，办结完毕223件，剩余11件在办理当中。接收电话投诉、来人来访、上级转办件500余件，全部落实到位。网格化管理工作及时为广大群众解决现实生活中遇到的问题，受到社会各界的一致好评。

（审核：常爱芳　撰稿：万小丽）

房地产管理

房管局局长　刘辉

【概况】 2014年，中牟县住房保障和房地产管理局（简称中牟县房管局），以规范行业管理为抓手，以保障性住房建设为重点，以打造廉洁、高效、服务性机关为目标，扎实做好各项工作，有力促进中牟县房地产市场持续健康稳定发展。

【住房保障】 2014年，中牟县住房保障体系逐步完善，为符合公共租赁住房申请条件的114户家庭分配公共租赁房，将24户城镇低收入家庭纳入廉租住房保障体系，发放廉租补贴8.8万元，切实解决中牟县部分中等偏下收入及低收入家庭、新就业职工、外来务工人员住房困难，中牟县住房保障水平不断提升。保障性住房建设规模不断扩大，全年开工建设棚户区安置房15115套，建筑面积181.38万平方米，开工建设规模位于郑州辖区内五县市第一。完成13个地块的土地出让前置条件认定工作，认定其应配建保障性住房1749套，总面积1.05万平方米。

【房地产市场运行】 2014年，中牟县房地产市场整体向好，投放量、成交量、销售价格均有所增长。全县有29家房地产开发企业的30个开发项目获得预售批准，发放商品房预售许可证62本，预售楼房220栋，批准商品房预售面积216.77万平方米，同比增长29%。其中商品住宅预售面积201.86万平方米，同比增长37%；商品房销售面积134.64万平方米，同比增长28%，其中商品房住宅销售面积131.18万平方米，同比增长34%；非住宅销售面积3.46万平方米，同比下降47%；销售金额约为74.42亿元，同比增长39%，其中住宅销售金额约为72.14亿元，同比增长52%；非住宅销售金额约为2.28亿元，同比下降63%；商品房住宅销售均价5500元/平方米，同比增长15%，商品房非住宅销售均价6590元/平方米，同比下降55%；二手房成交面积23.73万平方米，同比下降21%，成交均价3097元/平方米，同比增长5%。房地产抵押建筑面积373.85万平方米，同比增长4%，抵押贷款金额103.78亿元，同比增长39%。监管房地产开发项目30个，商品房预售款监管69.5亿元。

房管局组织县域内房企参展第三届中原人居文化节暨2014郑州房地产博览会

【房地产市场管理】　2014年，中牟县房管局严格按照国家、省、市房地产法规政策，采取有效措施，规范房地产开发行为。加强商品房预销售管理和网上登记备案制度，不断提高市场销售透明度，进一步规范商品房市场秩序。开展房地产市场秩序专项调查和整治，加强中介、评估等经纪机构备案工作，严厉打击违规经营行为。充分发挥房地产市场宏观调控联席会议作用，加强成员单位间的协调配合，并定期对房地产市场的有关问题进行调研，适时提出房地产市场运行分析与建议，为促进房地产市场发展建言献策。积极会同有关部门建立“部门联动、齐抓共管”的房屋租赁管理工作机制，形成“以证管人、以房管人、以业管人”的工作模式，推动房屋租赁的有效管理。

【房屋登记管理】　2014年，中牟县房管局严格执行《房屋登记办法》有关规定，逐步完善内部工作制度和管理办法，权属登记管理严格办事程序，实行定人定岗、责任到人、工作目标量化、业务程序化、考核制度化、管理规范化、办事公开化和服务社会化。实行办件质量抽查制度，坚持按章办事、坚持层层把关、严格审核登记要件，提高办件水平，保证办证质量。围绕“公开、便民、廉洁、高效”的宗旨，落实服务承诺制、限时办结制、首问负责制，一次性告知等制度，为群众提供上门服务、预约服务，跟踪服务等便民服务。同时根据群众建议，简化办事程序，将开具无房证明需提供的身份证、结婚证、户口簿3要件简化为只需提供身份证即可，方便办事群众，提高办事效率，房屋登记管理水平进一步提高。全年商品房登记发证5294套，登记发证面积59.84万平方米。二手登记成交2176套，成交面积23.73万平方米，交易金额7.35亿元。办理抵押登记13727宗，抵押登记贷款金额103.78亿元。房屋租赁登记备案面积达到6.6万平方米。

【物业管理】　2014年，中牟县房管局按照“政府引导、市场主导、企业运作、社会参与”的总体原则，通过机制创新、部门联动、资源整合，实现物业管理的整体进步和人居质量的整体跃升。一是健全物业管理组织机构。乡（镇）、街道物业管理工作人员及社区物业管理专干配备到位，职责明确。二是认真落实新建住宅小区物业管理招投标。中牟县25个新建住宅小区全部进行前期物业管理招投标，实行新建住宅小区物业管理的全覆盖。三是认真探索新型农村社区物业管理新方法。通过对中牟县12个乡镇40个新型农村社区实地调研，征求有关乡镇、村组干部、群众代表及部分人大代表和政协委员的意见，逐步摸清中牟县新型农村社区建设的情况和实施物业管理的相关条件，为中牟县新型农村社区物业管理工作意见的出台提供依据。四是创新调处机制，及时解决物业管理问题。认真指导街道办事处定期召开由街道办事处、社区居委会、辖区派出所、县房管局、物业服务企业、业主委员会或者业主代表组成的物业管理联席会议，及时发现并化解物业管理矛盾纠纷，物业管理矛盾调解机制、应急托管机制运行良好，处置突发事件快速有效。全年受理学府名邸、融泽府小区等网络问政信访投诉31起，处理回复31起；业主书面投诉25起，处理25起；电话投诉42起，完成处理42起，没有出现重访和越级上访事件。

【房屋安全管理】　2014年，中牟县房管局房屋安全管理机构健全，专职人员配备完善，房屋安全管理制度落实到位。全县房屋安全普查工作深入开展，县房管局邀请省物业协会和郑州市房管局房安处的主要领导对中牟县各有关单位抽调的46名工作人员和全县物业管理企业抽调的33名安全员进行集中培训和工作指导，为房屋安全普查工作开展夯实基础。全年完成商品住房小区53个、机关单位44个，房屋1085幢，31344户，总建筑面积441.92万平方米的房屋安全普查工作，建立房屋安全档案，对房屋实行动态管理。对房屋安全隐患排查整治工作不断加强，安全隐患整改率达100%，全年未发生重大房屋安全事故。

【法制信访】 2014 年，中牟县房管局采取集中培训学习、组织讲座、业务研讨交流等形式，组织人员进行行政执法培训，有效提高行政执法人员的执法能力；同时进一步健全和完善法制宣传制度，建立法规监察科负首要责任的长效机制，使法制宣传工作规范化、制度化、经常化，营造依法行政的良好社会氛围。坚持依法行政妥善处理各类信访件，积极查处房地产市场的各种违法违规行为。全年完成 ZZIC（郑州市媒体网络事项督办中心）信访案件 4 起，县信访局转件 4 起，县长电话转件 3 起，县委督查室转件 2 起，心通桥案件 156 起，每个案件都得到妥善处理，年度信访案件结案率 100%，有力打击房地产市场上各类违法犯罪行为，维护中牟县房地产市场规范有序发展。

【行政审批】 2014 年，中牟县房管局高度重视行政审批服务工作，成立行政服务科进驻县行政审批服务大厅，落实人员编制，将其履行的所有行政审批服务职能统一交由行政服务科承担。做到审批事项进驻彻底，服务事项办理规范，群众满意率高，多次获得县行政服务中心授予的红旗窗口荣誉称号。

【政务信息公开】 2014 年，中牟县房管局按照规范有序、注重实效的原则，通过报刊、广播等媒体和政府网站、房管局网站等平台，以设立政务公开栏，编制服务指南，开展便民服务活动、座谈会、印发宣传资料等形式，公开业务流程、办事程序、房地产政策与法规规章等内容，做到经常性工作长期公开，阶段性工作逐段公开，临时性工作随时公开，涉及群众切身利益的事项及时公开，受到办事群众的普遍认可。

（审核：贯金木　撰稿：王　俊）

油气管道施工

【概况】 2014 年，中国石油天然气管道局第三工程分公司（以下简称管道三公司）全面贯彻落实管道局整体工作部署，紧紧围绕有质量有效益可持续发展目标，以项目管理为中心，以资源管控为重点，以目标成本管理为主线，以利润考核为主导，健全绩效考核体系，稳步推进 3 + N 网格化专业管理，各项工作均取得新成效，在河南省百强企业排名从 2013 年的第 83 位上升到第 67 位，管道三公司综合竞争实力不断增强。

管道三公司经理
张永立

【油气管道施工】 2014 年，管道三公司承担国内外工程 59 项，完成管道安装 445.8 公里；完成储罐安装 21 座 107 万立方米，站场 17 座，阀室 33 座。中亚 A、B 线获全国优质工程金质奖，中贵 3 标段工程获全国优秀焊接工程一等奖和 2014 年度石油工业用户满意建筑工程称号，西二线鲁山压气站获中国安装工程优质奖，长呼管道工程获全国优秀焊接工程称号。4 月 19 日，西三线（西段）3B 标段全线贯通。中亚 C 线（哈国段）、中亚 C 线（国内段）霍尔果斯计量站及线路工程、东北管网庆铁线投产，铁大线、铁锦线和哈沈线处于后期收尾阶段。浙江甬台温工程，在全线 6 家参建单位中率先实现天然气管道安装主体告捷。西三线（东段）

承建的鲁山压气站获中国安装之星称号（李超　摄）

中亚C线按期投产（李超　摄）

主体焊接完成90%以上，焊接质量稳居全线之首，获EPC各类奖项23个。锦郑工程，管道三公司承担4标段106公里施工任务，完成83公里。兰定工程，公司承担143公里施工任务，完成82公里，QHSE管理及现场施工获得联合检查组的高度评价。浙江舟山外钓岛光汇油库工程，管道三公司承担的55台储罐194万立方米，完成21台107万立方米主体安装。山东、山西、甘肃、安徽、河南、福建、海南、陕西等系统外工程均按计划稳步推进。

【市场开发】　2014年，针对管道市场低迷的状态，管道三公司及时调整市场开发战略，细化市场开发指标，加大地方市场准入证办理和信息跟踪，完善区域互动、资源共享、纵横交错、协调共进的市场开发网络，确保市场开发稳步推进。全年国内自行组织投标65项，中标21项，中标额10410万元。国际市场取得新突破。

【科技创新】　2014年，管道三公司科技工作坚持“抓住重点、集中优势、服务生产、突出效益”的原则，深入推进全员创新活动，承担《D1422管道组对、焊接、下沟配套装备研制》等局级以上重点科研项目3项；组织开展《动火连头冷切割设备研制》等公司级科研项目9项；成功开发一批实用新型施工机具，形成隧道内管道施工新装备、软带式补口电磁感应加热、远程控制动火开孔机等新技术；获管道科学奖1项，国家级工法1项，国家专利2项，管道局自主创新重要产品1项，管道局技术革新奖5项，被评为管道局全员创新先进单位；科技成果推广为西三东等工程施工提供有效保障，科技创新支撑作用持续有力。

【管理工作】　2014年，管道三公司制订全面风险管理、招标管理办法，修订合同管理办法，执行分包工程投标保证金、履约保函规定，依法合规管理持续加强。规范绩效考核、项目定员、工资总额管理及全员绩效考核，完善人工成本测定、项目施工资源审批、项目使用资源监控、成本管理，3＋N网格化专业管理更加规范，运输、弯管、防腐、检测、试压、阴保、维修等专业管理更加有力。成立质量管理部、外协部、技术服务部、科研发展部、管理型机组工程处，改革调整扎实推进，资源整合和专业优势更加突出。严格按照“以收定支”管理模式划拨资金使用额度，资金计划执行率保持在90%以上，提升资金运营效率。实行特种设备集中管理，挖掘盘活了内部设备资源。规范物资采购定商、定价过程，积极推行阳光采购，节约采购资金6.3%。完成审计项目15项，审计支出性经济合同600份，提出审计建议62条，外委分包结算审计覆盖率100%。利用信息化手段对施工现场的安全及进度进行管理试验，改版公司网站，增加互动功能及FLASH表现形式，管道三公司网站管理水平明显提升。

【安全质量】　2014年，管道三公司严格执行实施监管分离，强化安全监督职能，监督检查工程项目17个、施工现场99个、高风险一级动火作业5个，发现安全隐患和问题102项，下发隐患整改单33份。举办各类HSE培训16期847人次，发行《机组HSE推进知识30问》3000册，发行《铁军安全行》月刊36期，完成山区施工风险识别与控制措施研究项目，识别山区安全风险300多项，组织健康体检2658人次，在全管道局率先实行安全人员分级管理，176名科级以上干部全部落实个人安全行动计划。

2014 年，管道三公司修编各类质量管理办法 7 个，进一步完善质量管理体系文件。组织 11 个项目部、10 个二级单位共计 1211 人次的全员质量培训，占公司一线员工的 70%，组织质量检查员取证 5 批 167 人次，满足持证上岗要求。开展公司质量内审工作，并首次把施工机组纳入质量审核范围，开具不符合报告 9 项，提出改进建议 45 项。加大工程项目的监督检查力度，对公司 16 个在建项目监督检查 21 次，发现质量问题 167 项，确保了工程质量。五是修编国标（GB/T16805 – 2009）行标、（SY4203 – 2007）各 1 项。更新 2014 版标准体系表 6 类 858 个，提高整体质量管理水平。公司有 3 项成果获省部级优秀 QC 小组成果，5 篇质量论文获集团公司及河北省优秀质量论文奖，4 项成果获局级优秀 QC 小组成果，第四管道工程处 CPP – 313 机组获得全国质量信得过班组称号。

【人才队伍建设】 2014 年，结合大部分队伍在基地的时机，管道三公司着眼长远，大力推进“4132”人才工程建设，出台《管道三公司专业技术人员管理办法》《管道三公司技能专家管理办法》，完成造价、质量、安全、工程技术、项目管理、财务管理、材料管理、设备管理、文化宣传等 9 个专业人员的分级评聘，专业化人才梯队初步形成。组织开展 6 期 730 人机组员工全封闭军训、4 期 CPP900 和 CRC 全自动焊培训，60% 的机组具有全自动焊施工能力。管道三公司摘取局技能竞赛 1 金 4 银 1 铜的好成绩，1 名员工获河南省石化系统技能竞赛特等奖，员工队伍素质持续提升。推行全员英语学习等系列培训。新焊培车间和多功能培训车间正式启用，安装先进的数字化排烟除尘系统，培训环境大大改善。

【党群工作】 2014 年，管道三公司党委坚持探索强化党建工作的长效机制，不断提高党建工作科学化水平，公司党委被评为河北省国资委先进基层党组织，第一管道工程处、离退处荣获“管道局先进党支部”称号；1 名员工被集团公司评为优秀共产党员，2 名员工被管道局评为优秀党务工作者，5 名员工被管道局评为优秀共产党员。一是按照“三建到位”的要求，调整 39 个基层党组织，做到组织健全、覆盖全面。组织中心组学习 15 次，开展十八大精神讲座、专题党课、读书活动、党建五创、党建“三联”示范、党支部书记特色培训等活动。二是全面加强党风廉政建设，认真落实反腐倡廉建设主体责任和监督责任，逐级签订党风廉政建设责任书 859 份。深入推进廉洁文化建设，扎实开展廉洁风险防控，完善领导干部述职述廉制度，强化监督部门联合监督制度机制，巩固和完善了惩防体系建设，党风建设和反腐倡廉工作取得新成效。三是结合公司和谐稳定工作和职工队伍状况，深化经理书记接待日及生产经营情况通报会制度，全面做好不稳定因素排查，坚持做好疏导和解释工作，严格按政策处理各类人员的合理诉求，保障了施工生产平稳运行。四是广泛开展劳动竞赛、技术练兵、合理化建议征集、民主管理、心理疏导及首届铁军文化节等系列活动。学楷模、放风筝、捐书籍、五小创新成果征集等活动，展现青年员工健康向上的精神风貌。五是积极推进《管道铁军新闻集》《管道三公司企业文化辞典》编撰，广泛开展局新版企业文化手册宣传，创建公司微信公众订阅号（铁军微宣），创作《管道铁军之歌》，振奋员工精神，提升员工士气。管道铁军《小苹果》MV 点击率超 6.6 万人次，扩大公司影响力。

【生活基地建设】 2014 年，管道三公司职工活动中心正式投入使用，成立职工文体协会，室内羽毛球、乒乓球、健身房及图书阅览室逐步开放，职工文体活动环境改善。北区社区活动室及医疗卫生服务站项目完工，具备使用条件。完成老区 70 栋住宅楼的垃圾道封堵，改善环境卫生。进行东西两院停车场改造，增加停车位 86 个。完成老区主干道改造，行人和车辆出入更加顺畅。完成锅炉煤改气工程，改善供暖条件。实现北区保洁、保安、秩序维护、绿化养护、入户维修等工作的社会化管理，服务质量显著提升。公司与地方建立警民联防工作机制，形成“警企联动、群防群治”的工作局面。离退休员工组织书画协会、合唱团、舞蹈队、盘鼓队等11个民间社团，社区文化不断丰富，员工凝聚力、向心力不断增强，推动文明社区、和谐社区、幸福社区建设。

（审核：党中涛　撰稿：季荣林）

天然气供应与管护

燃气公司董事长
高广福

【概况】　2014年，中牟县燃气有限公司（简称中牟县燃气公司）采购管道天然气20784万立方米，与上年同期采购相比增加22%；库存量为36625立方米，全年输气总量为22143万立方米，与上年同期相比增长30%；规划居民用户1.4万户，商业用户60户，工业用户5户；公司实际安装居民用户1.45万户，商业用户65户；工业用户5户，安全事故为零。

【重大工程】　2014年，中牟县燃气公司为确保各项重点工程扎实推进，保证重点工程按期完工，实施中牟县新型农村社区燃气主管网的铺设工作。完成北环路供热工程燃气管道升级改造工作。加强与上游供气公司的联系，并结合公司情况与中石油进行对接，全力做好西气东输二线中牟支线通气前的各项准备工作。

【安全生产】　2014年，中牟县燃气公司坚持“安全第一、预防为主、综合治理”的方针，自上而下签订安全生产目标责任书，明确各部门的安全生产责任，贯穿每一项工作的始终。履行与燃气工程项目的发包合同签订，明确甲乙双方安全责任，规范安全施工、文明施工。坚持每周一次的安全生产工作周会、每月一次安全生产简报，坚持每季度一次安全生产经营分析例会；安排组织全公司员工认真贯彻学习国家安全生产法规、燃气行业相关规范，了解行业内安全事故案例。公司开展“百日安全生产”和“安全生产月”的活动，摸底排查整治安全隐患，对输配站场、城区管网、燃气用户等场所存在的密闭、占压、私拉乱接等安全隐患彻底排查整治；加大燃气管网排查和入户安检力度，全面确保用户正常供气，为用户提供零距离服务，及时解决用户和群众反映的问题。检查33个小区，入户检查53246户，平均入户率为90.67%，现场检查漏气用户345户，现场整改率为100%；对关键场所（配气站、工程施工现场）、关键岗位、关键环节、关键设备（调压箱和配气站用设备）的全面检查；整治“三违”处理生产现场违章违纪行为；对广大燃气用户开展安全用气知识和安全操作技能宣传教育活动。发现和处理各种漏气安全隐患和排除故障13处，处理破坏燃气管线58处。公司加大安全设施设备的投入，投入安全经费55.7万元。

【工程建设管理】　2014年，中牟县燃气公司规范工程管理。一是建立燃气工程质量管理体系，明确部门职责，强化流程管理，严格审批程序，公司严格按照统筹规划、集中开发的原则，保证建成一片、用好一片。二是认真执行燃气行业规范和标准，严格按照工程设计所提供的设计图纸和技术标准进行施工，在工程建设中确保施工的关键部位、关键环节、关键工序到位，保证燃气工程建设质量合格，确保一次性验收合格。三是积极加强与设计院的合作，中牟县燃气公司针对原设计单位不及时配合问题，及时更换燃气工程设计单位，弥补设计缓慢给施工带来的不足。四是坚持规划设计会审制度，确保募集资金、自筹资金的正常使用。五是坚持施工现场专人负责和工程竣工综合验收制，规范施工和施工现场管理。六是规范材料管理，在建工程及新建工程，严格按照设计材料耗用进行领用和补充，防止因材料短缺而延误工期。截至2014年底，中牟县燃气公司重点进行新城区及外环主、支干管网建设。主要完成的主管线有顺利路、泰和路、中兴路（万洪路—纬六路）、寿圣街、雁月路东段、北环路供热工程等，敷设城区主要干线10943米。其中顺利路敷设DN100天然气管网100米，de160天然气管网300米、泰和路敷设de110天然气管网862米、中兴路敷设de250天然气管网1619米、寿圣街敷设de110天然气管网1515米、雁月路东段敷设de160天然气管网3134米、北环路供热工程敷设de200天然气管网1563米，敷设de315天然气管网1850米。

【运行管理】 2014年，中牟县燃气公司门站、安装抢险队为保证对用户的平稳输供气，积极主动对分管范围内的燃气设施设备严格按照“十字作业法”进行运行管理。坚持日常计划性的巡查探漏、维护保养工作，坚持春季大修工作，坚持重大节假日和政府专项接待的供气保障工作。截至2014年底，中牟县燃气公司不仅对配气站和无人值守撬装的防雷设施、接地体、安全放散阀、压力表、流量计进行校检，而且还对城区管网的设施设备进行维护和故障处理。

（审核：高广福　撰稿：臧邦军）

国土资源管理

国土资源局局长
吴文鑫

【概况】 2014年，中牟县国土资源局以“保资源、保发展、保权益、促改革、强队伍”为工作主线，紧扣“尽职尽责保护国土资源、节约集约利用国土资源、尽心尽力维护群众权益”的职责定位，严格落实政府耕地保护责任目标，健全基本农田管理体系，明确保护职责；严控增量、盘活存量，保重点、攻难点，加大土地预审和报批力度，重点保障华强三期、绿地、辅仁药业、郑州新区污水处理厂、连霍主干线刘江至广武改扩建工程、哈密南—郑州800千伏特高压等建设用地需求；加大土地动态巡查力度，加强卫片执法，妥善处理土地纠纷；切实加强项目资金管理，严格有关财务规定，实行预算管理，专款专用，确保项目资金合法、安全使用；坚持政务公开和用地审批集体会审制度；强化科技支撑，开展国土资源“一张图”建设，完成国土资源执法监管平台和网络机房与综合布线建设，初步实现国土资源信息化综合管理；坚持创新工作思路，理顺国土执法关系，坚持惩防并举，做好国土资源政策法律宣传。

【耕地及基本农田保护】 2014年，中牟县国土资源局严格落实耕地保护责任目标，健全基本农田管理体系，明确保护职责，确保辖区内耕地保有量稳定在69520.06公顷，基本农田面积稳定在61367公顷。完成中牟县县、乡（镇）、村级基本农田标志牌的设立工作，县级保护牌1块，乡镇级保护牌14块，村级保护牌356块，地块标志牌950块。完成中牟县2014—2016年土地综合整治项目可行性研究、规划设计、预算编制和项目勘测服务单位选聘工作，确定6家符合土地综合整治项目服务合作单位；完成建设用地批次（项目）占补平衡20个批次和1个单独选址项目占补平衡项目，补充耕地382.79公顷；完成全县76个土地整治项目的摸底排查，查清项目运行现状；完成中牟县2011年度郑庵镇、官渡镇、刁家等乡（镇）15个补充耕地储备项目，及狼城岗、雁鸣湖2个乡镇砖瓦窑复垦项目验收工作；完成“中原油田—开封—薛店输气管道工程（中牟县段）建设工程占补平衡及占用中牟县姚家镇校庄村0.09公顷基本农田”听证，“国道310中牟境改建工程占用中牟县官渡镇、姚家镇、郑庵镇、韩寺镇基本农田”听证，“G107线郑州境东移改建（二期）工程项目（中牟县段）占用中牟县郑庵镇4.71公顷基本农田”听证，

“河南储备物资管理局七三七处成品油储备库项目（铁路专用线）占用中牟县官渡镇5.9公顷基本农田，仓砦村4.49公顷、大马砦1.41公顷基本农田”听证工作。

【土地利用及保障房供应】 2014年，中牟县国土资源局严格执行土地供应区片地价调整机制，全年供应建设用地209宗，面积427.7951公顷，2014年征收并移交的新增建设用地全部供应。2011—2013年中牟县批准新增建设用地2513公顷，到2014年底供应1961公顷，供地率78%。新建商品住房项目全部按照不低于项目住宅总建筑面积10%的比例配建保障性住房，在出让合同中按房管部门出具的“土地出让前置条件”约定了配建保障性住房指标。中牟县全年供应住宅用地106.4689公顷，折合保障性住房土地供应面积10.6469公顷。

【用地保障及报批】 2014年，中牟县国土资源局围绕上级政府确定的重点项目，提前介入，全程服务，做好国土资源服务保障工作；对土地报批要件认真审核，切实降低用地报件的退件率和补正率；严格按照河南省政府《关于调整河南省征地区片综合地价的通知》，制订土地补偿方案，及时足额将补偿安置费用100%支付给被征地农民，切实维护被征地农民的合法权益。全年上报25个批次，其中单独选址1个、城市批次9个、乡镇批次15个，总面积793.4公顷，其中占用耕地364.08公顷。批回38个批次，总面积1188.52公顷，占用耕地731.24公顷。批回的38个批次，包括城市批次8个，面积307.08公顷，占用耕地99.99公顷；国有农转用批次2个，面积27.52公顷，占用耕地5.38公顷；增减挂钩批次8个，面积270.6公顷，占用耕地217.52公顷；乡镇批次17个，面积509.35公顷，占用耕地356.26公顷；单独选址批次3个，面积73.97公顷，占用耕地51.43公顷。

【土地征收拆迁】 2014年，中牟县国土资源局认真落实土地征收“两公告一登记制度”，及时制订土地征收补偿安置方案，加快土地征收进度。全面实行征地区片综合地价，完成附着物清点及测算工作。督促完成征地补偿安置费用及时足额支付给农村集体经济组织和农民。主要完成陇海铁路生态绿化、郑民高速生态绿化廊道，寿圣街、中兴路、纬四路，中央公园二期项目、国能电池奥特莱斯项目的附属物清点、计算及补偿意见的制订。全年拆迁土地面积642公顷，拆迁面积84.8万平方米，临时占地347公顷，补偿金额8.6亿元。

【土地行政审批】 2014年，中牟县国土资源局在业务办理过程中，严格遵循“公正、便民、廉洁、高效”的工作理念，打造一站式服务。全年受理办件196件，其中国有土地使用权出让初始登记57件，平均上报时间为1个工作日；抵押113件，平均办结时间为4个工作日；其他26件，办结率100%。

【农村集体土地确权发证】 2014年，中牟县国土资源局农村集体土地所有权确权登记发证工作完成，并通过郑州市国土资源局初步验收。建成农村集体土地所有权数据库，完成428个行政村的确权登记发证工作，发证19639宗，面积91154.88公顷；农村集体土地使用权确权4个标段全部进场，进行外业底图调查。

【地籍管理】 2014年，中牟县国土资源局完成国有建设用地发证210宗，面积937.1公顷；集体建设用地发证3宗，面积3.1公顷；他项权利证190宗，面积1018.8公顷；宅基地使用证13宗，面积0.2公顷。

【存量闲置土地清理处置】 2014年，中牟县国土资源局积极开展存量闲置土地清理处置专项行动，下发专项行动实施方案，成立专项行动领导小组，采取“四星目标管理法”、“一张图”管理机制和“五个一”运作方式，对2006至2014年经国务院和省政府批准征收的国有建设用地中批而未征、征而未供、供而未用闲置土地详细排查，对排查出的“三类问题”，逐宗制订处置措施，并认真整改落实，获郑州市综合考评第二名。2006—2013年，批准各类建设用地75个批次，面积2513.59公顷，全部完成征收；供应1960.74公顷，批后供地率78.01%。其中批而未征任务总量150.19公顷，2014年任务量75.1公顷，批而未征土地全部完成征收，占2014年任务量的200%；征而未供任务总量834.27公顷，2014年任务量417.13公顷，专项行动中供出431.62公顷，完成2014年任务量的103.47%。

【土地公开市场】 2014年，中牟县国土资源局按照《招标拍卖挂牌出让国有土地使用权规范》及《河南省工业用地招标拍卖挂牌出让实施细则》，做好土地招标、拍卖、挂牌出让事务，充分利用网络、报纸等手段，加大土地交易的宣传力度，采取“招拍挂”出让国有建设用地65宗，总面积289.21公顷，成交总额为364822.6万元。其中经营性用地32宗，面积为119.53公顷，成交额为308240.2万元；工业仓储用地31宗，面积为158.4公顷，成交额为48260.55万元；科教文化设施用地1宗，面积为2.99公顷，成交额为2096.33万元；科教用地1宗，面积为8.3公顷，成交额为6225.53万元。针对房地产市场低迷，导致土地交易量减少的现象，中牟县国土资源局改变以往土地交易主要依靠房地产开发用地为主的思路，采取城区土地从房地产开发用地拓展到工业用地、旅游用地等多用途出让，土地交易量比上年有所增加。

【城乡建设用地增减挂钩】 2014年，中牟县国土局完成上报1个批次的城乡建设用地增减挂钩项目并批回，涉及建新区33.64公顷，其中占用耕地14.51公顷；拆旧区34.89公顷，新增耕地33.64公顷。保证基础设施、重点项目和新型社区建设用地需求。中牟县2010年第一批城乡建设用地增减挂钩批次需归还周转指标4.67公顷，完成拆旧区复垦工作，待上级部门验收通过后即可完成周转指标的归还。

【土地利用规划管理】 2014年，中牟县国土资源局依据《中牟县土地利用总体规划(2010—2020年)》，按照国家《禁止用地目录》《限制用地目录》和《新增建设用地控制指标》，从严审核各类建设用地，严格土地预审(会审)，完成项目用地预审10宗，面积435.68公顷。

【建设用地管理】 2014年，中牟县国土资源局严格把握农村宅基地审批条件，对不符合农村宅基地审批条件的不予审批；严格乡镇集体建设用地审批，对不符合土地利用总体规划的乡镇集体建设用地，绝不审批。全年会审集体建设用地3宗，面积为39.35亩。

【重点建设项目用地】 2014年，中牟县国土资源局积极做好重点建设项目用地报批，保障国家、省、市重点项目、重大民生项目、保障安居性工程、省级产业集聚区建设用地。完成华强三期、河南省烟草局、绿地、河南省中原文化博物馆苑、比克、辅仁药业、中原油田及安置小区、奥克莱斯、国裕管桩、河南朔元文化发展股份有限公司、中央公园二期、侨联生物、中兴路、滨河路、新月路、圣寿路、春秋路、辉煌三路、辉煌四路、文通路、祭城路、文汇路、紫寰路等重点项目建设用地报批、清点补偿。

【矿产管理】 2014年，中牟县国土资源局加强地质灾害防治工作，建立群测群防监测体系，落实地质灾害防治措施，完善各项防灾基础工作，编制2014年度地质灾害防治方案。为做好汛期地质灾害工作，成立抢险领导小组，下设两个梯队，负责汛期地质灾害工作。完成310国道中牟境改建工程、河南储备物资管理局七三七处成品油储备库新建铁路专用线用地、河南中医学院第一附属医院郑州新区院区建设项目、郑州机场至周口西华高速公路二期工程、G107郑州境东移改建（二期）工程的压覆重要矿产资源的核实审查；完成南水北调中线一期工程干渠建设项目、郑州至航空港高速公路（郑州机场高速公路扩建工程）以及快速路的工程压覆重要矿产资源情况说明。

【土地执法监察】　2014年，中牟县国土资源局按照“预防为主、事前防范与事后查处”相结合的原则，加强土地动态巡查，从严查处土地违法案件。通过动态巡查发现违法用地101起，全部立案查处。接上级转办、领导批示、群众举报及12336国土资源违法举报电话15起，全部调查处理完成。排查郑州市国土资源局下发的疑似闲置图斑45个，排除闲置图斑22个，确认闲置图斑23个。督促企业按时开工建设17宗，查处闲置土地19宗。

【卫片执法检查】　2014年，中牟县扣除托管区后新增疑似违法用地图斑299个，占地面积8550.61亩，其中占用耕地面积6636.68亩；往年批准2014年建设图斑13个，占地面积359.23亩，其中占耕地面积197.54亩。通过整改、拆除、扣除有批文的合法图斑调出合并后，确认违法地块88个，立案查处72个，非立案16个，违法占地立案率为100%，并全部下达行政处罚决定书，其中拆除建筑物面积38.23万平方米。2014年，违法占用耕地面积占新增建设用地占用耕地面积的比例为2.1%。

【黄河滩区生态再造】　2014年，中牟县国土资源局按照中牟县“黄河滩区生态再造，产业转型工程”的总体规划要求，依照土地整理项目有关规定，完成狼城岗、雁鸣湖2个乡镇滩区废弃砖瓦窑厂复垦项目内鱼塘、养殖场等地面附属物的拆迁复耕工作。黄河滩区砖瓦窑复垦项目内鱼塘、养殖场等地面附属物的拆迁复耕涉及雁鸣湖、狼城岗2个乡镇，项目区总规模1104.98公顷，新增耕地1066.96公顷，分批次纳入增减挂钩项目，用于置换等量的建设用地。5月，中牟县国土资源局排查出雁鸣湖、狼城岗2个乡镇鱼塘、养殖场等地面附属物1739亩，决定对地面附属物实施经济补偿并予以拆除。11月13日，项目通过中牟县组织的专家组初验。12月15日，通过郑州市国土资源局组织的专家组验收。

配合雁鸣湖、狼城岗完成砖瓦窑厂复垦项目区内地面附属物拆除及清障工作

【测绘管理】　2014年，中牟县国土资源局审核补偿图138宗，地籍登记宗地图238宗；完成了宗地图测绘240多宗；完成建设用地报批32个批次、单选址1个批次和增减挂钩项目征收建新区1个批次、拆旧区1个批次的测绘工作；完成万邦名车汇、经四路、经五路、经六路、华夏万通、郑民高速绿化、万邦中小学、汽车园区46个企业、紫寰路、琼花路、宝兴路等重大项目的划边定界工作。在第12个全国测绘法宣传日，中牟县国土资源局举行以“加强测绘统一监管，规范测绘地图市场”为主题的宣传活动，悬挂宣传横幅2条，制作宣传展板2个，发送宣传资料300余份。

【中牟页岩气勘探区】　中牟页岩气勘查区位于中牟县、新郑市、开封县、尉氏县、郑州航空港区、郑州经济开发区、郑州市管城区境内，其中中牟县涉及刁家乡、姚家镇、韩寺镇、郑庵镇4个乡镇的15个行政村，共16平方公里。该项目东部被贾鲁河和涡河贯穿，西部为大蒜种植基地，设计5个有利勘查区。该项目东南部发现厚度较大、含气量较好的地层，在地下2700—3000米间的地层中，含有大量丰富的页岩气。中牟页岩气勘察区面积1377.91平方公里，地下3500米以上页岩气总储量为2124.99亿立方米，技术可采储量为127.5亿立方米。中牟县发现的页岩气是全国城市规划区中首次发现页岩气。

【“6·25”土地日宣传及法制】 2014年6月25日，中牟县国土资源局紧扣第24个“土地日”的“节约集约利用土地，转变土地利用方式”宣传主题开展“全国土地日”宣传活动。当日，在新世纪广场设立咨询台，接受群众咨询，解答群众提出的有关土地方面的法律法规知识，对群众关心的热点问题给予答复。同时，

开展土地日宣传活动

安排各个国土资源所工作人员深入辖区内行政村，进村入户发放宣传手册，公开国土资源违法线索的举报电话。制作宣传板面30块，宣传彩画500张，彩色宣传资料1000张，散发宣传手册600本，咨询人数2000人次。2014年，受理行政复议案件5起、行政诉讼案件12起，应诉率达100%。

【国家宪法日宣传活动】 2014年，中牟县国土资源局围绕国家宪法日“弘扬宪法精神，建设法治中国”的主题，开展一系列的“12·4”国家宪法日暨全国法制宣传日宣传活动，并结合国土资源实际，制订宣传活动实施方案，制作宣传展板。宣传、维护宪法，保障宪法实施的职责，着力打造“法治国土”。12月4日，在新世纪广场开展“弘扬宪法精神，建设法治中国”的宣传日活动，现场设置宣传咨询服务站，向群众散发宣传资料，面对面宣讲，答疑释惑，开展上街集中宣传活动。向群众散发宣传资料600余份，接受群众咨询300人次。同时，各乡镇国土资源所在人员集中的地方设立宣传点，现场释疑答惑，发放宣传资料1000份。

【网格化管理】 2014年，中牟县国土资源局严格按照“上报、交办、办理、反馈、认定、办结”6个环节，把网格化排查中发现的问题，及时上报办理。全年通过网格化平台上报网格化信息51条，处理网格化来件8宗；网格化管理下沉人员入村进行国土动态巡查，发现土地违法案件119起，全部查处；完成移交法院土地违法案件83宗，其中结案78宗；接上级转办、领导批示，群众举报及12336国土资源违法举报电话67起，全部调查处理完成；接待群众来电来访160人次。

【国土资源信访】 2014年，中牟县国土资源局接待来信来访38起136人次，受理信访案件60宗。其中，上级转办交办案件42宗（市级及以上交办、督办18宗，县级交办24宗），县本级受理信访案件18宗。信访结案率100%，群众满意率85%。受理行政诉讼25宗，结案24宗。4月，开展国土资源系统信访矛盾化解活动。局长为第一负责人，从上到下，分级管理，层层负责。集中力量，全力排查化解，实行领导包案制度，对排查出的不稳定因素，明确包案领导；坚持回访制度，变上访为“下访”。通过信访矛盾纠纷排查化解活动排查出10起重大不稳定因素，化解10起，矛盾化解率100%，按期结案率100%。

【政务公开】 2014年，中牟县国土资源局加强信息公开力度，进一步严格信息公开年度目

标考核力度，信息公开质量进一步提高。根据国土资源管理工作的实际，进一步突出针对性，将群众重点关注的重大项目经费开支、土地招拍挂、土地征收补偿和党风廉政建设情况作为公开的重点内容进行公开。根据公开内容的不同，采用门户网站、LED 电子屏、电子触摸屏、公开栏等多途径政务公开。全年在局门户网站发布国土资源政务公开信息 606 条；在中原网“新通桥”公开信息 36 篇；依申请公开 15 宗，其中，中原网“新通桥”处理网上信访公开 4 宗，网络邮箱处理信访咨询 6 宗，信函申请公开 5 宗，全部按期答复，回复率 100%；在大屏幕显示屏上公开国土资源职责、土地管理法和国土资源局社会承诺；在 2 个大厅触摸查询一体机上公开 6 大项，30 小项工作，基本涵盖中牟县国土资源局政务公开信息的全部内容。中牟县国土资源局上半年网上政务公开检查获郑州市第一名。

【信息化建设】　2014 年，中牟县国土资源局利用财政资金投资建设网络中心机房和内外网络建设。6 月底，全面建成并通过验收，既保证国土资源遥感监测“一张图”和执法监管网络平台对硬件及网络环境的需要，又实现内外网络快速、安全的运行。中牟县国土资源遥感监测“一张图”和综合监管平台建设与应用项目建设顺利进行，完成电子政务平台建设。“一张图”数据系统平台正在建设中，0.5 米高分卫星影像、土地利用现状、土地利用总体规划等核心基础数据库建成 13 个。5 月启动国土资源执法监管网络平台建设项目，以土地执法监管平台为核心，建成指挥平台、核心数据库和以移动手机为代表的执法终端完整体系。8 月底该项目建成，并开始试运行。

【国土资源志及年鉴编撰】　2014 年，中牟县国土资源志的基础稿件编撰完成，进入篇章汇总整理修改阶段。完成 2014 年《中牟年鉴》(国土资源管理卷）和《河南省国土资源年鉴》中牟国土资源管理卷共 1.2 万字的编撰工作。

（审核：段军领　撰稿：魏希强）

城乡环境保护

环保局局长　兰伟

【概况】　2014 年，中牟县环保局坚持以科学发展观为指导，牢固树立在发展中保护、在保护中发展的理念，紧紧围绕年度目标任务，认真贯彻落实上级决策部署，着力解决危害群众健康和影响可持续发展的突出环境问题，各项工作取得显著成效，为发展全县经济及生态县的创建打下坚实基础。获得 2014 年度郑州市环境信访与平安建设工作先进单位、2014 年度郑州市政风行风民主评议“面对面”电子测评工作先进单位、2014 年度全县“三大主体”工作先进单位等荣誉称号。

【大气污染防治】　2014 年，中牟县环保局在全县开展“蓝天”工程行动计划，着力缓解 PM2.5 等污染因子对大气的影响，加强工业大气污染、城市大气污染、机动车尾气污染综合治理，全力推动蓝天工程的顺利开展。加强煤烟污染治理，拆除城区 10 蒸吨以下燃煤锅炉 1 台，10 蒸吨以上燃煤锅炉完成烟尘升级改造和

划定黄标车限行区域

脱硫治理工作；扩大城区无燃煤区的建设，完

成建成区面积的40%以上。加强机动车污染防治，年检机动车17742辆，查处超标车辆3600余辆，受理黄标车提前淘汰补助车辆54辆，完成年度目标任务。做好大气监测及发布工作，成立专项空气自动监测小组，加强对2个空气自动监测子站的运行、维护，及时获取数据并联网发布。2014年监测有效天数364天，空气质量优良天数280天。

【水污染防治】 2014年，中牟县环保局贯彻落实《2014年度全省碧水工程工作计划》，采取隐患排查、完善应急预案、加强监测预警、强化监督管理等措施，加强对饮用水源地（地下水）的监管；深入开展重点流域环境综合整治，出台中牟县农村环境连片综合整治长效运行管理机制，并强力督导12个农村连片综合整治项目的第三方运营移交工作，确保污水处理设施正常运行；投资1074万元，建成中牟县污水处理厂溢流口污水处理工程和小清河污水治理工程，5月20日竣工并投入运行，运行效果良好，有效改善贾鲁河水质。

在建的郑州新区污水处理厂

【污染减排】 2014年，中牟县环保局综合运用工程减排、结构减排和监管减排三大减排措施，严格新建项目主要污染物排放总量网上初审工作，切实从源头上控制新增主要污染物排放量；狠抓各项减排措施的落实，重点抓规模化畜禽养殖工程减排以及污水处理厂溢流口、小清河和牟山公园治理工程等项目，确保完成减排任务；严格执行《规划环境影响评价条例》，充分发挥环境影响评价的把关和调控作用，认真贯彻执行分级审批相关规定，确保“三同时”制度落实到位。

【自然生态保护】 2014年，中牟县环保局以生态创建为载体，以深化农村环境连片综合整治为主要着力点，不断加强农村环境保护。2014年完成2个省级生态乡镇规划编制、4个省级生态村、5个市级生态村创建工作；全面开展环境综合整治工作，2011、2012年度农村环境连片整治项目全部完工，并通过县级自验。污水处理厂投入运行后，既解决村民的生活污水问题，又美化环境；加强对规模化畜禽养殖企业/小区污染治理设施的监管，完成8家规模化畜禽养殖污染治理工程验收任务。

【环境影响与建设项目环境管理】 2014年，中牟县环保局严格项目环境影响评价准入制度，严禁使用燃煤锅炉的企业入驻，废水不能进入污水处理厂的项目，要求自建污水处理设施，且必须达到污水处理厂出水水质一级A标准；严格建设项目环境管理和竣工环保验收，将联审联批工作落到实处，保证重点项目顺利完成环境影响评价手续审批，做到应批尽批；强化建设项目“三同时”管理制度，建立完善的管理职责和工作机制，进一步健全环境影响评价管理联动机制，加强与法治、监察、监测等部门的协同监管力量，开展现场监察；抓好规划环境影响评价工作。截至2014年底，中牟汽车产业集聚区规划环境影响评价通过专家评审并完成补充材料，待郑州市环保局出具审查意见后即可上报河南省环保厅审批；中牟官渡工业园区规划环境影响评价文件正编制。

【危险废物和辐射环境管理】 2014年，中牟县环保局加大辐射环境监管力度，对辖区内21家辐射应用单位现场排查。以各单位操作人员操作技能、防护安全设施、防护安全能力意识及参加培训、持证上岗情况为重点，摸清各单位存在的问题，及时指出，限期整改到位，使各辐射应用单位严格制订辐射应用安全管理各项制度并认真执行；加强危险废物工作落实，认真对辖区内5家有危废产生的单位调查摸排，各单位均严格按照《河南省危险废物规范化管理工作指南》要求，制订相关工作管理制度、应急预案，及时填写并上报危险废物管理台账，规范危险废物暂存场所，执行危险废物转移联单，使危险废物全部纳入集中处置，确保不发生擅自处置、倾倒、转移现象。

【环境监察】　2014年，中牟县环保局采取日常监管和突击检查相结合、在线监控等多种形式，对全县重点污染防治设施每月实施不少于3次的现场监督检查，对国控重点污染源每月不少于2次暗查，市控重点污染源每月不少于1次暗查，确保污染防治设施稳定运行率达98%以上，全县所有污染物排放企业排污口均按照规范化管理要求做到“三便一明”；建立污染源监管责任制，对辖区所有企业实行分包责任制，做到对重点污染源的监督管理不留死角，确保污染物达标排放。

【环境信访】　2014年，中牟县环保局继续加大信访调处力度，妥善处理环境信访问题，通过接访、约访、下访，解决突出环境问题，化解矛盾纠纷，维护群众合法权益。截至年底，未发生1起漏接或不及时记录和转办现象，接到信访案件后按规定时间及时处理。受理本级案件8起，上级转办件10起，废水1起，废气8起，噪音1起。

【环境宣传教育】　2014年，中牟县环保局以绿色系列创建为抓手，通过生态读本、宣讲团等形式把生态文明理念渗透到基层，大力创建绿色社区、绿色学校、环保企业、环境教育基地等；营造社会氛围，充分利用广播、电视、报刊、网络等新闻媒体，开展多层次、多形式的舆论宣传和科普教育，丰富人们的环境科技知识，提高环境法制观念；倡导绿色文化，引导社区居民、学生积极参与环境保护，鼓励居民、学生选择环保友好的生活方式，创造绿色生活的道德氛围，组织绿色志愿者队伍。

（审核：宋韦华　撰稿：陶　俊　张　磊）

编辑：冯喜平

银行保险业

中国人民银行

人行中牟支行行长
李淑萍

【概况】 2014年，中国人民银行中牟县支行（简称人行中牟县支行），紧扣调控旋律、拓宽工作思路，紧跟经济结构调整步伐，坚持稳中求进的工作总基调，继续实施稳健的货币政策，保持政策的连续性和稳定性，进一步加强队伍建设和内部管理，切实履行县支行职能，促进支行三个文明建设和全县经济金融平稳较快发展，较好地完成全年各项工作任务。截至12月末，金融机构本外币各项存款余额为272.9亿元，比年初增加40.91亿元，增幅为17.75%，在郑州辖区排名第二；本外币各项贷款余额为148.58亿元，比年初增加26.81亿元，增幅为22.01%，在郑州辖区排名第二。

【货币信贷管理】 2014年，人行中牟县支行继续加大窗口指导力度，促进货币信贷、社会融资总量合理较快增长。定期向县政府主要领导汇报金融政策和工作，召开全县金融工作会议，每季度收集汇总辖区金融运行情况。2014年组织金融机构对115家企业进行综合信用评估，现场签署资金支持协议，授信总额164.3亿元，引导金融机构为小微企业及农户贷款49.43亿元；下半年，在郑州支行组织的中心组联组学习中，人行中牟县支行创新支持“三农”、小微和实体经济发展方式，牵头组织4家涉农银行采取“竞标”的方法，当场为中牟县瑞峰家庭农场解决100万元流动资金贷款，赢得银行、家庭农场的赞誉；鼓励金融机构支持地方经济发展，在人行中牟县支行和县金融办的努力下，根据《中牟县金融机构支持地方经济发展考核奖励暂行办法》，兑现奖励53万元。积极向上级行申请增加合意额度2.1亿元，满足地方法人金融机构贷款需求。

【金融监管】 2014年，人行中牟县支行依法加大金融监管力度，提高金融机构执行央行政策的自觉性。

2014年，建立和完善风险提示制度，定期召开对地方法人金融机构风险提示会议，规范和通报存在问题和风险。重点做好存款保险条例征求意见期间金融机构动态监测和预判。拓展和深化“两管理、两综合、一保护”工作。加强对金融机构的业务监管，抽调17人，投入26个工作日对辖内9家银行业金融机构的反洗钱、金融统计、支付结算等7项业务开展综合行政执法检查。在全县公布12363投诉电话，明确消费者投诉受理部门，简化投诉处理流程，完善投诉处理台账，妥善处理客户投诉，维护金融消费者的合法权益。受理金融消费者投诉3件，投诉处理结果满意度100%。全力推进中小企业和农村信用体系建设，加强企业和个人征信系统使用管理，社会个人征信查询17787份。申办贷款卡177家，审验贷款卡426家。

【金融稳定】 2014年，人行中牟县支行把经济金融运行情况的分析监测、风险评估、货币政策工具运用监测、金融生态环境监测作为货币信贷工作的一项重要工作抓紧抓好，积极维护县域金融稳定。

配合县政府，及金融办、公安、工商、银监办等部门对涉嫌非法集资的河南省红旗农业农民专业合作社和嘉信公司非法金融活动打击治理，维护了金融秩序稳定。对金融机构执行人民币流通政策情况、反洗钱工作进行评价，在全辖区通报。推动反假货币宣传服务站升级工作，有县农行、县邮政储蓄银行、县农商行等3家商业银行签订升级示范站协议。开展人民币收付业务、人民币自助存取机检查，鉴定兑换残缺污损人民币37次，23280元。

【金融改革】 2014年，人行中牟县支行继续做好对农业银行“三农”服务部工作和政策性金融机构发展运营情况的跟踪调研，及时反映改革中出现的新情况、新问题。支持农村信用社改制，10月中牟县农商行成功挂牌成立。配合政府重点做好中信银行入驻开业管理对接工作，12月该行顺利入驻开业。认真组织实施对农村商业银行专项票据兑付后续监测考核工作，按季监测、按年考核改革成效。准确把握后续监测考核重点，重点监测在资本约束、内控管理、支农服务水平等方面的改革成效。

【金融服务】 2014年，人行中牟县支行夯实基础，金融服务工作成效显著。

2014年，开展“青春共建促和谐、金融知识进社区”活动。牵头组织辖区9家金融机构，开展货币防伪反假、银行卡助农取款、征信知识宣传与“金桥银路”兑零换残等金融知识普及宣传活动。活动期间，各金融机构组织出动宣传车辆40台次，设立咨询台52个，出动人员510人次，悬挂横幅60条，展板120块，发放宣传单2.6万份，解答咨询970人次，惠及群众2000余人，兑换残损币84万元，兑换零币11万元，便民效果明显，受到社区群众的欢迎。

积极创新政务公开工作方式。与群众路线教育实践活动相结合，通过座谈会、意见表方式征求广大群众、金融机构等服务对象的意见建议，针对群众意见建议，创新解决群众合理需求。一是设立政务公开咨询电话，实行回复广大民众关于人民银行贯彻货币政策、实施宏观调控及履行职责方面的问题和意见；二是全面公开人民银行法、行政许可实施办法等政策法规，反假人民币业务、跨行支付业务、反洗钱业务、个人信用报告业务等群众普遍关心的业务，公开投诉电话、审批程序、执法依据以及其他便民事项；三是以人大代表提案、政协委员建议回复为契机，积极介入，针对特定对象和群体宣传人民银行征信管理及中小企业信用体系建设职能，起到很好的宣示效应。

改善支付环境。积极推广非现金支付工具的应用。截至12月末，全辖区有ATM机157台，较年初增长15%；POS机1550台，较年初增长23%。对涉农金融机构在空白乡镇布放的第1台ATM机落实19.18万元财政补贴，有效改善农村支付服务环境。

发挥国库服务职能。对国库业务经收银行进行现场监督检查，加强柜面审核，把好入库、退库关，加强对财政资金的监督，促使国库资金及时入库。完成各项预算收入45.64亿元，其中，中央级收入13.4亿元，省级收入102万元，市级收入0.83亿元，县级收入31.4亿元。县级预算支出99.5亿元。办理预算收入退库1.95亿元，无一差错。

（审核：徐书银　撰稿：杜　永）

银行业监督管理

银监局中牟办事处
主任　周广平

【概况】 2014年，河南银监局中牟办事处认真贯彻落实年初河南银监局工作会议精神，以合规长效机制建设为基础，以提升风险防控能力为保障，以服务“三农”小微企业为方向，积极组织开展各项工作，加强对辖区中小金融机构的监管力度，维护辖区金融秩序的稳定。

【金融业运行状况】 截至2014年12月末，河南银监局中牟办事处辖区有银行业金融机构10家，分别是工商银行、农业银行、中国银行、建设银行、农发行、邮政储蓄、中牟农商行、村镇银行、郑州银行、中信银行；网点83个，从业人员1216人，ATM机235台。全年新增机构网点8个，新增从业人员87人。

业务运行情况：截至2014年12月末辖区各项存款余额2774983万元，比年初净增396409万元，增幅16.7%；各项贷款余额1482486万元，比年初净增267314万元，增幅22%；不良贷款余额18451万元，比年初上升3276万元，不良贷款占比1.24%。其中支持地方经济发展主力军农村商业银行存款余额1063824万元，比年初增加234590万元，占辖区银行业金融机构存款总额的38%，占比较上年上升3个百分点；贷款余额614632万元，比年初增加103282万元，占辖区银行业金融机构贷款总额的41.5%，占比与上年末持平；盈余30059万元，同比增盈8294万元。作为县域第2家地方法人中小金融机构——中牟郑银村镇银行设立5年，借助中牟快速发展的机遇，取得良好经营业绩。截至2014年12月末，存款余额615053万元，比年初增加203428万元，占辖区银行业金融机构存款总额的22%，占比较上年末上升5个百分点；贷款余额329413万元，比年初增加93255万元，占辖区银行业金融机构贷款总额的22%，占比与上年末上升3个百分点；盈利17392万元。从以上数字可以看出：一是2014年中牟辖区银行业金融机构运行良好，存贷款都有大幅度的上升，盈利能力进一步增强，有力支持辖区经济发展；二是2014年辖区金融机构进一步加大对县域经济的支持，特别是新型农村金融机构村镇银行发展，逐渐成为继农商行之后支持县域经济发展第二主力军。

【重点工作】 2014年，河南银监局中牟办事处全力推进中牟农村信用联社向农村商业银行股份制改革步伐。在2013年全力推进中牟农村信用联社改革发展的基础上，2014年中牟联社组建农商行工作顺利完成。4月中牟联社收到中国银监会同意其改制为中牟农商行的批复；6月6日中牟农商行创立大会召开；7月12日中牟农商行挂牌。督促辖内金融机构加大网点建设，扩大金融服务面。为完善金融服务，中牟办事处督促辖内金融机构积极向上级行申请，增加服务网点，扩大金融服务范围。截至年底，中牟农商行上年因城市建设被拆建的4个网点，全部新建并开始营业。督促中牟郑银村镇银行，充分利用银监会网点向下延伸的政策，加快网点建设。截至年底，该行拥有14家网点、员工297人。截至2014年12月末，该行各项存款余额61.5亿元，各项贷款余额32.94亿元，资产总额68.42亿元。在全省60余家村镇银行中，各项经营指标均位居首位；在全国1336家村镇银行中，综合排名名列前茅；在中牟县10家金融机构中，存、贷款均名列第二位。参加县政府组织召开的非法集资会议，并对全县金融机构工作人员参与非法集资情况进行排查。

【日常监管】 2014年，河南银监局中牟办事处每月收集整理中牟辖区金融运行数据并向河南银监局上报；每月审核中牟农商行及中牟郑银村镇银行1104数据，确保数据正确；每季收集汇总中牟辖区经济金融运行数据并向河南银监局上报；每季收集汇总《省局直管办事处数据统计表》并向河南银监局上报；对中牟农商行及中牟郑银村镇银行经营情况进行监管评级。根据中国银监会要求和河南银监局工作布置，2014年2月至3月对中牟辖区两家中小金融机构监管评级，并参加全省信用社及村镇银行复评工作，对评级中发现的问题及时反馈，逐步提高经营管理水平，提高监管评级档次；开展审慎会谈，及时发现问题。根据河南银监局委托，每半年对中牟农商行进行审慎监管会谈1次，督促其加大案件防范力度，依法合规经营，严防各类案件发生；督促农商行强化员工管理，防止员工利用职务之便参与非法集资；督促加强对大额贷款管理，防止大额贷款出现风险，严格控制新增大额贷款，确保将最大10户贷款比例控制在规定范围内。

【现场检查】 2014年，河南银监局中牟办事处参加现场检查3次，抽调人员4人次。其中，3月抽调1人对农村信用社和村镇银行监管评级复评；3月至4月抽调1人参加河南银监局对中牟联社合规长效机制建设进行现场检查；5月至6月抽调2人参加河南银监局对巩义联社操作风险进行现场检查。

【其他工作】 2014年，河南银监局中牟办事处督促辖区金融机构做好村村通工作，扩大金融覆盖面。9月，配合中牟县政府做好国务院审计组对中牟的调研工作，督促辖内金融机构及时上报有关数据。

（审核：周广平　撰稿：王小玲）

农业发展银行

农发行中牟支行行长
焦红军

【概况】 2014年，农发行中牟县支行准确把握信贷政策，加大风险防范力度，提升金融服务水平，金融业务稳中求进、转型发展，实现各项工作整体有序推进。农发行中牟县支行继续保持总行级“青年文明号”和省行级“女职工文明示范岗”。

【经营绩效】 截至2014年底，农发行中牟县支行各项贷款余额72090.26万元，比年初余额91591.26万元减少19501万元，减幅21.3%。截至12月31日，企事业各项存款日均余额15938.83万元，全年任务日均余额为12347万元，完成任务129.1%。中间业务收入31.47万元，占任务30万元的105%。中央和地方财政共同贴息新增粮食挂账补贴全年收回86.63万元，占任务56万元的154.7%。全年实现利润2424.8万元，完成营业部下达利润考核指标的93.66%。经过多方协调，完成省分行营业部下达的核销附营业务停息挂账贷款65万元。

【粮棉油收购】 2014年，农发行中牟县支行发挥政策性职能，认真履行粮棉油收购资金监管，严格落实“十条底线”，把好“五个关口”，认真核打码单，做好库存监管，确保中牟县夏粮收购资金供应和管理不出问题。及时划拨资金，维护农发行声誉。2014年，中储粮认定的中牟县6家托市粮收储站点收购小麦4469万公斤，库存值10826万元。

【多领域营销】 2014年，农发行中牟县支行在营销方向上，坚持与国家产业政策及中牟县发展规划相配合、与国家宏观调控政策相衔接、积极参与中原经济区、郑州都市区和新农村建设，重点营销诚信度高、经营效益好、抗风险能力强、政府引导的产业化龙头企业，及政府立项、公益性强、社会影响大、财政还本付息的涉农重点项目。并充分运用现有信贷产品，用好用活政策，进一步开拓思路，多领域开展营销，在支持农村路网电网、农村环境设施建设和农业技术服务体系建设等方面有实质性突破。营销的中牟县棚户区4.9亿元资金改造项目即将实施。

【安全保卫】 2014年，农发行中牟县支行不断加强人防建设，以“加压增责，防患未然”为着眼点，积极实行“三到位工程”（即“认识到位，落实责任”“教育到位，长抓不懈”“措施到位、规范管理”），把安保触角延伸到日常工作各方面，形成纵向到边，横向到底的检查体系。更新互动联动装置和110报警，为各项业务的健康发展提供有力保障。

【业务宣传】 2014年，农发行中牟县支行发认真落实金融宣传，在中牟县公共场所进行反洗钱、金融信息保护、防范假币等宣传活动。在人民网、新华网、大河网等网站刊发各类业务文章69篇，在《粮油市场报》和《河南科技报》分别刊发5篇、17篇文章，积极宣传国家金融政策。

（审核：王　磊　撰稿：李军营）

工商银行

工行中牟支行行长
李付亭

【概况】　2014年，工行中牟支行以服务地方经济为宗旨，紧紧围绕工行河南省分行确立的“推进转型发展、建设优秀分行”的发展战略，全力推进各项业务快速发展，主要业务指标实现大跨越。在全省工行郊县支行考核中首次进入前十强，荣获县委、县政府纳税先进企业、统战工作先进单位，工行河南省分行营业部先进单位、党风廉政建设先进单位等称号。

工行中牟支行内设综合管理部、市场营销部、营业部3个部门，下辖支行营业厅、青年西路支行2个网点，自助银行5间。

【存贷款业务】　2014年，工行中牟支行各项存款余额124748万元，较年初增22330万元，其中：储蓄存款余额为79449万元，较年初增16420万元；对公存款余额为45299万元，较年初增5910万元；同业存款余额为3079万元，较年初下降5951万元。各项贷款余额为111268万元，较年初增51032万元；其中：公司贷款余额为21576万元，较年初增5514万元；个人贷款余额为89692万元，较年初增45518万元。

【业务发展】　2014年，工行中牟支行牢牢把握转型发展这一主线，牢牢把握加快创新这一根本，牢牢把握质量控制这一关键，牢牢把握完善机制这一动力，积极适应新常态，强化责任担当，强化规矩意识，强化贯彻落实，主动把握机遇，以真抓实干、奋发有为的精神，努力在转型发展和优秀分行建设中取得好成绩。全年销售个人理财产品86132万元，完成任务152%；销售货币基金59180万元，完成任务696%，销售非货币基金10513万元，完成任务84%；销售保险2592万元，完成任务154%；办理国际结算350万美元，结售汇128万美元；实现利润3995万元，较上年同期新增749万元。

【新业务开发】　2014年，工行中牟支行以政府主导发展PPP合作业务为契机，探索新型业务合作模式，推进资产业务多元化，营销发债业务，股权融资业务、并购业务和理财直投、直融业务。强化本外币联动，统筹外币存款、跨境人民币、对外担保、外汇资金交易业务的全面发展。全面推广MOVA、PBMS、CBMS管理系统的运用。

【网点及自助服务建设】　2014年，工行中牟支行加强网点服务及渠道建设。加强服务考核，定期召开服务工作分析会，从服务规范、服务流程、机具配置等环节查找不足，及时完善；创造条件努力培养客户使用自助设备的习惯，提高柜面业务分流率；加快自助设备布设，新增自助设备10台、新建自助银行2间，使支行的自助服务能力大幅提高。

【内控管理】　2014年，工行中牟支行及时传达学习行业规章制度；持续以案例分析等形式开展警示教育；定期召开内控案防及党风廉政建设分析会。2014年度开展“百日风险排查”和“打击非法集资”等专项活动。组织全体员工签订员工不参与民间融资、违规经商以及利用个人账户为他人过渡资金保证书。通过学习和活动的开展，每位员工都常怀“畏惧”之心，常思“违规”之害，筑牢思想道德防线，增强员工抵制各种诱惑的能力，营造和谐发展氛围，确保支行全年实现安全运营。

（审核：王镜远　撰稿：李建平）

农业银行

农行中牟支行行长
陈　鹏

【概况】　2014年，中国农业银行股份有限公司中牟县支行（简称农行中牟县支行）认真贯彻落实省分行“从严治行、规范管理、稳健经营、有效发展”工作总基调，以科学发展观为指导，以提升价值创造力为核心，以加强经济资本管理为目标，以存款、中间业务、客户储备为抓手，转变发展方式，强化精细管理，夯实经营基础，创新经营机制，持续加压奋进，实现各项业务稳步发展，在省分行营业部对各支行业务经营指标的考核中，8项指标位居前三位。

2014年，农行中牟县支行各项存款余额21.81亿元，同比下降6.4亿元，其中对公存款余额5.5亿元，较年初下降5.11亿元，同比下降4.84亿元；储蓄存款余额16.3亿元，较年初下降0.77亿元，同比下降1.58亿元。各项贷款余额3.35亿元，较年初下降1.7亿元。被评为内控“一类行”，实现安全经营无事故、无经济刑事案件，被省分行评为“四无”（即无经济案件、无内部员工刑事犯罪案件、无违规违纪案件、无重大责任案件）县级支行。

2014年，农行中牟县支行内设综合管理部、客户部、信贷管理部和财会运营部4个部室，有支行营业室、四通分理处、官渡分理处、潘安分理处、城关分理处、万邦国际分理处、白沙分理处7个营业机构。

【负债业务管理】　2014年，农行中牟县支行紧紧围绕“提高经济资本回报率、降低经济资本占用”目标，推进服务方式转变，增强贷款议价能力，改善业务盈利模式，通过开展党的群众路线教育实践活动，使农行价值创造能力有效提升。

加强精细管理，针对支行业务发展，围绕业务经营，出台存款及客户储备竞赛活动方案、对各项重点产品进行梳理，完善重点产品单向计价办法，出台对公客户四专（即专人维护、专项费用、专户监测、专门考核）营销管理办法、个人贵宾客户三分（即：服务分层、客户分类、产品分包）营销指导意见，建立和完善员工培训制度，用更加精细的措施强化支行的管理。成立园区专项营销小组，针对中牟县周边各大产业园区，采取锁定目标、制订计划、紧盯进度、注重结果，紧密配合、团队作战、认真思考、及时总结的营销方针，强势进驻，大力营销，提高支行营销团队的战斗力和成功率。制订支行营销产品手册，培养为客户制订服务方案的能力，不断提高支行的营销技能。合理调整网点布局，加大力度调整网点布局，扩大农行中牟县支行网点覆盖面，将官渡分理处迁至位于解放路与北环路交叉口的泰安广场；将潘安分理处迁至位于商都路与西二环路交叉口的祥瑞花园；通过选址在城东路林山冷库开始建设城东路金融便利店。

在负债业务上，通过改变资源配置方式、创新考核办法等一系列措施，引导支行抓基础业务、抓重点客户、抓战略产品，以高端客户群的培育、产品的快速拓展推动业务稳定发展，以业务的有效发展促进客户稳定和产品营销，打通业务、客户、产品间通道，实现业务发展的良性循环。

【资产业务管理】　2014年，农行中牟县支行认真执行上级行的各项决策部署，并不折不扣地落实，以信贷资金支持为主，做好支持地方经济发展，积极稳妥推进“三农”业务，牢固树立精细管理意识，依法合规经营。一是以农户为重点，以惠农卡为载体，以农户小额贷款为推手，严格执行“双人、实地、面对面”调查的原则，认真进行贷后检查，督促客户经理及时处理CMS中风险预警。严格落实“三包一挂”，坚决杜绝道德风险的发生，努力实现“服务到位、风险可控、发展持续”的战略发展目标。二是针对中牟县主要农业产业养殖、种植、收购、冷藏等农业产业化龙头企业首次发放“公司+农户”贷款。三是深入基层，为企业发展助添动力。为中牟县非税收入征收管理局、中牟县兴农小城镇建设有限公司、河南保利置业有限公司、河南省煤炭销售集团有限公司、郑州中基建筑有限公司积极融资业务，为中牟县优质企业的发展提供支持。

【中间业务】 2014年，农行中牟县支行积极稳妥推进中间业务发展，实现中间业务收入880万元。一是加强与中国人寿及太平洋保险、中华联合保险、安邦等财险公司的联系，联合推出适合各个层面投资者和保险使用者的保险产品。二是在业务发展渠道上，通过持续强化电子渠道建设、加强大堂业务引导、网上银行、电话银行、个人短信服务等产品的营销，推行“折换卡”工程等措施，引导部分柜面业务向电子渠道迁移。三是助农电话业务全面开展。由专业团队将助农电话业务引导到各乡镇。以更加丰富的管理手段、更加具体的工作措施、更加多样的激励约束办法，快速应对市场变化，有效推进了中间业务的稳步发展。

【内控管理】 2014年，农行中牟县支行严抓内控管理。一是健全全面风险管理体系，资产业务严格执行授信评审制度，贷款不良率持续降低。二是强化运营基础管理，出台《中牟县支行进一步提升运营工作重点指标实施方案》，防控操作风险，加大现场检查频次及力度，通过不同渠道，强化监管，防范风险。2014年，农行中牟县支行实现安全运营无风险。

【经营机制改革】 2014年，农行中牟县支行坚持“重人品、重业绩”的用人导向，通过科学的选人用人机制，在确保各项业务稳健经营的同时，为中牟农行的可持续发展，培养后继中坚力量。通过动员，按照各层面编制要求组织报名，召开双向选择民主推荐会议，完成岗位管理体系落地工作。

（审核：郭新富　撰稿：王雪贵）

中国银行

中国银行中牟支行
行长　张　航

【概况】 2014年，中国银行股份有限公司中牟支行（简称中国银行中牟支行）认真贯彻落实总分行和郑州高新区支行党委发展战略和工作要求，以“担当社会责任，做最好的银行”作为战略目标，以“三比三看三提高”为导向，坚持以效益为中心，以深入开展“客户服务年”为抓手，实现净利润、净收入和非利息收入的同步快速增长。不断完善内生动力机制，持续推动服务发展、客户发展、存款发展、非利息收入发展和经营管理发展，以开展党的群众路线教育实践活动为契机，切实加强学习能力、战略规划能力和综合管理协调能力的提升，加强资产质量管理，落实内控防案工作，持续推进中牟支行核心竞争力、软实力和可持续发展能力提升，以支持地方经济为己任，强化内控合规与风险防范工作，保持资产质量相对稳定，全年无案件无不良影响事件发生。

2014年，中国银行中牟支行内设综合管理部、营业部和中牟郑汴产业园区支行。

【主要经营业绩】 截至2014年12月31日，中国银行中牟支行各项存款208427万元，较上年增长25427万元；各项贷款79599万元，较上年下降19822万元；实现净利润6402.64万元，同比增加1021.64万元，实现净收入10269.96万元，同比增4888.96万元，实现非利息收入 2236.44 万元，同比增长 1131.34 万元。

【经营效益】 2014 年，中国银行中牟支行切实贯彻落实内生动力机制，关注贷存比和资产综合收益率指标，确保存款、贷款、非利息收入等各项工作统筹发展奠定基础。高度重视非利息收入，狠抓大项目带动，一方面积极做好新项目拓展和储备，另一方面大力推动已营销项目的落地实施。进一步加大资金业务、国际结算及金融机构业务的营销力度，保证传统优势业务不断进步，夯实全年非利息收入增速基础。加快优化负债结构。大力拓展低成本存款，不断提高活期存款占比，有效控制付息成本；大力争揽行政事业单位存款。大力提高资本回报率。制发经济资本测算模板，对全部待投放项目进行拨备前利润、净利润、经济资本占用、RAROC 指标进行测算，落实存款和非利息收入带动，在存贷比限定额度内优先支持定价高的高收益项目，争取早投放，早受益；把控好贷款投放节奏，注重贷款综合收益提升；着力提升净息差，提高利息收入。

【扩大存款规模】 2014 年，中国银行中牟支行贯彻贷存比考核机制，进一步增强全行加快存款发展的内生动力，紧紧抓住存款这个基础，牢固树立存款立行的经营指导思想，狠抓存款不放松，向规模要效益的目标不动摇。一是时点与日均并重，切实提高存款资金来源的稳定性，强化日均、时点并重的存款考核机制。二是开展全员揽存，充分挖掘和调动全员营销潜力和热情。三是资源拉动存款增长。对全辖公司、个金授信项目实行清单式管理，充分利用授信与足额承兑业务组合对存款的拉动作用，关注客户资金流向和上下游客户，形成客户资金在中国银行中牟支行体内循环，督促客户经理严格落实存款沉淀。

【“客户服务年”活动】 2014 年，中国银行中牟支行以提高客户的数量和质量作为开展“客户服务年”活动的落脚点，通过完善客户服务工作长效机制，提升客户服务的效率和效果，不断巩固和拓展能为该行带来存款、收入及其他延伸效益的客户，提高客户贡献度，夯实该行长远发展基础。一是上下联动，形成高层营销、联动营销、全员营销和批量营销的多层次营销体系。二是将客户指标纳入部门和客户经理绩效考核体系，从机制上保障客户营销持续推进。三是对公司客户、新模式下中小企业客户等重点客户单独进行营销。四是开展全行中层干部客户营销工作，营销结果严格与业绩挂钩，按月通报，按季考核。

【市场竞争能力提升】 2014 年，中国银行中牟支行强化创新发展，注重流程创新和管理创新，狠抓业务创新和产品创新，加快推进投行及新兴市场业务拓展。为存款、非利息收入、客户服务提供新的增长点。一是围绕客户需求创新服务，实现客户需求与该行服务的紧密结合。年初在存款增长乏力、贷款规模紧张的情况下，创新组合内部银团业务，对地方政府提供有力支持，给该行与县政府的进一步合作奠定坚实基础。二是狠抓业务创新和产品创新，加快推进投行及新兴市场业务拓展，提高创新型业务收入占比。三是积极推进助农取款点的建设。

【创造客户最佳服务体验】 2014 年，中国银行中牟支行以“打造最佳客户体验”为依托，创建全国“百佳”网点。认真落实董事长“做最好的银行”的指示要求，以“百佳”网点创建为标杆，加大资源投入和专业指导，提高创建水平。全年该行无客户有效投诉。加强技能达标测评，不断提高星级柜员数量，让客户体验到中国银行的优质服务，树立服务标杆。全行员工年度测评参测率 100%，合格率 95% 以上，综合能手达标率 82%。在全省业务技能比赛中，该行选手马瑞红获中文录入第 4 名、郑州地区第 1 名。进一步强化“内部互为客户”的观念，完善全行“一体化”服务体系，把

“一线为客户，二线为一线，上级为下级”服务推向新高度，提高全行服务整体合力和穿透力。建立新的全员培训制度，加强员工尤其是客户经理培训力度，通过条线指导培训、晨会培训和工作中的以老带新相结合，培养“一专多能”的复合型人才队伍。

【网点竞争力提升】 2014 年，中国银行中牟支行督促网点发挥内生动力，加快综合经营，提升市场攻击力，使网点在市场竞争中由“碉堡”变成“炮楼”，成为全行利润来源的主渠道、事业成就的主战场、人才成长的主阵地。一是以总行网点业绩排序机制为契机，将网点综合业绩评价纳入绩效考核，切实加大对网点的人力及财务等资源投入。二是有序推进业务下沉，鼓励网点大力拓展中小企业、个人贷款等业务，加强全功能复合型网点建设。三是加快业务流程优化、提升自助渠道交易量和电子渠道迁移率，提升网点服务效率。四是优化网点管理，多次召开专题会议，在全年各项竞赛活动中分别制订网点竞赛方案，截至 2014 年末，该行网均存款 4 大行排名第一，中牟郑汴产业园区支行入围省行“20 家进位网点”。

【业务管理】 2014 年，中国银行中牟支行坚持和弘扬“用心工作、细节决定成败”的执行力文化，强化内控合规与风险防范工作，保持资产质量相对稳定，全年无案件、重大责任事故和较大不良影响事件发生。

在优化资源配置方面，严格实施分部门核算，按照“压弹性、保刚性”的原则，把有限的资源优先用于业务发展。通过全员揽存、客户及产品计件等挣取的人事费用直接兑现激励到员工本人专项奖励。资源配置继续向基层一线和营销岗位倾斜，加大网点对资源配置使用的自主权，充分发挥资源配置的激励作用。坚持一线员工收入增速高于全行整体增速、费用增速高于机关费用增速，鼓励青年人才在基层一线锻炼成长、建功立业。

在资产风险管理方面，流程优化，对中小企业项目建立内部上会制度，对申报流程进行规范，明确各阶段具体时间并予以监督。积极做好不良压降工作，明确提出年末不发生报表新增不良，采取多种措施积极化解不良资产，做好资产质量防下迁工作。加大表外不良清收，下发表外不良资产清收现金奖励办法。加强资产质量盘存工作，提高盘存工作的前瞻性，对有风险隐患的客户及时纳入加强管理类名单。加强授信准入、贷后管理以及押品管理，做实资产盘点。加强对授信项目的现场检查和排查力度，建立对客户经理、主管行长、现场调查的制度约束，争取授信风险早发现、早预警、早化解。

内控防案方面，要求全行转变内控防案的观念和意识，提升认识的深度和广度，想全想细，想一万想万一。做到发现疑点不放弃，从严查处当事人和事，同时追究条线检查者的责任。加强员工教育，组织全辖学习银监局“二十个严禁”以及《中国银行股份有限公司管理问责办法》《中国银行股份有限公司员工违规行为处理办法》和“双十禁”等相关规章，组织全体员工现场测试。加强操作风险的管控，梳理出各条线风险点。开展了“减差错、防风险、争做零差错网点”竞赛活动，营造人人争合规的良好氛围。2014 年，该行平均差错率控制在 0.00393%，较 2013 年下降 0.0018%。每季度对网点负责人、客户经理等重点岗位人员进行数据筛查。全面落实省行要求的重点案件风险排查和非法集资、民间借贷风险排查，落实案防“三个一”活动。“一把手”对员工家访，覆盖面 100%。一把手亲自负责每月开展一次以“双十禁”和“二十个严禁”为主要内容的自查。严查员工参与民间借贷和非法集资行为，早发现、早处理，将问题消灭在萌芽阶段，争取主动。

【贯彻落实总分行战略部署】 2014 年，中国银行中牟支行注重政策传导，确保全行上下与开发区支行战略导向、中心任务和经营指导思想保持高度一致。坚持围绕总分行市行战略部署和中心任务开展工作。为全年绩效争先进位奠定坚实基础。建立健全机制。年初制订全年任务计划分配和绩效考核办法，制订客户营销及全员揽存方案。提出分管副职绩效在与分管业务挂钩的同时要与分管网点存款增长等主营指标挂钩，在实施客户经理统一考核更多主动权，改革业务经理考核模式，充分发挥绩效考核在全行业务发展中的指挥棒作用。传导充分调动各单位发展核心指标的主动性。对绩效考核资产质量、风险管理与合规内控等年度考核指标分解落实，确保绩效最大化。

（审核：张　航　撰稿：魏培红）

中牟农商银行

中牟农商银行董事长
丁继红

【概况】　2014年是中牟农商银行的“银行元年”。年初以来，为认真贯彻落实河南省农村信用合作联社在年度工作会议上提出的“八大银行”建设目标及郑州市农信办工作会议精神，全行以加快建设现代银行制度、着力创建良好银行为目标，紧紧抓住中牟“三区”叠加、郑汴一体化建设的战略机遇，以农商银行改制为统揽，以流程银行建设为根本，以切实转换经营机制为保障，以企业文化建设为核心，整合配置资源，一手抓业务发展，一手抓改革转型，着力做好战略规划、品牌塑造、机制转换、理念更新、风险控制、文化建设、创新驱动等重点工作，推进由农信社向现代良好银行的完美嬗变，改革发展取得了重大突破。

各项存款快速增长。截至年末，全行各项存款余额1063824万元，比年初净增234590万元，增幅28.29%，存款余额在同行业占比为39.33%。超额完成郑州市农信办下达的组织资金任务，奠定中牟农商银行组织资金工作新的里程碑。

各项贷款稳步扩张。截至年末，全行各项贷款余额614632万元，比年初增加103281万元，增幅20.2%，贷款余额同业占比为41.37%，占全县金融机构市场份额，居全县金融机构第一位。

不良贷款明显下降。截至年末，全行不良贷款余额为17586万元，不良率2.86%，较年初下降0.02个百分点。

盈利能力稳步提升。截至年末，全行实现各项收入89768万元，同比增加29598万元。经营利润32852万元，同比增加6423万元。

贡献税收再创新高。截至年末，全行缴纳地方税收1.3亿元，同比增加3000万元，支持地方税收再创历史新高，连续3年被中牟县委、县政府评为纳税先进单位。

科技能力大幅提升。截至年末，全行新增自助设备47台；新增布放POS机237台；新增布放金燕自助通41台；新增农民金融自助服务中心7台。

改革指标持续优化。截至年末，不良贷款比率2.86%；拨备覆盖率281.09%；资本充足率按新口径计算13.71%，按老口径计算19.57%；核心资本充足率按新口径计算12.6%，按老口径计算13.32%，各项核心指标均达到良好银行标准。

【中牟农商银行挂牌营业】　2014年，中牟农商银行改革实现重大突破，顺利挂牌开业。在省联社、郑州市金融办、县委县政府关心和支持下，中牟农商银行按照消化历史包袱、加快体制机制改革、推动转型发展的思路，通过达标升级、资产置换、消化历史包袱，加快体制机制改革、推动转型发展，成功完成从信用合作社到信用联社再到股份制农村商业银行的完美嬗变。2014年4月1日获银监会批复，6月6日成功创立，7月12日正式对外挂牌营业，管理体制和经营机制焕发新的活力。

【年末存款余额突破100亿元大关】　2014年，中牟农商银行紧抓县域经济发展机遇，启动

"存款破百亿，献礼农商行"组织资金竞赛活动，一季度存款增长21亿元，一举完成全年任务目标，开业当月存款净增4.2亿元。组织资金取得突破性增长，壮大了资金实力，扩大了市场份额。年末各项存款余额1063824万元，突破100亿元大关，市场份额位居县域第一。

【打造慈善银行】 2014年，中牟农商银行履行社会责任，打造慈善银行。作为中牟本土成长起来的金融企业，中牟农商银行"发展不忘本"，主动履行企业公民责任，将简朴开业省下的资金连同职工捐款100万元，设立"金燕助学助困慈善基金"，并多次开展慈善活动，被授予中牟县慈善银行、十大爱心企业荣誉称号，中牟农商银行董事长丁继红被授予慈善好人称号，获得社会各界的高度赞誉。

【缴税额创历史新高】 2014年，中牟农商银行"扎根'三农'，专注中小"，不断提升对县域经济和社会发展的贡献度。截至年末，投放信贷资金10.6亿元，向地方缴纳税金1.3亿元，创历史新高。

【用人机制改革】 2014年，中牟农商银行改革用人机制，做好重点工作。积极探索建立"员工能进能出，岗位能上能下，薪酬能高能低"的选人用人育人机制；构建"激励有力，约束有效"的薪酬激励机制；建设以"质量优先、效率优先、成果优先、激励优先"为导向的绩效考评机制。并创立中高管奖金递延支付制度；首次完全实现同工同酬；补缴临时工基本养老保险，解决临时工的后顾之忧。这些体现了中牟农商银行以人为本的企业文化和对职工的人文关怀，保障了职工权益，化解了历史遗留问题，提升了员工主人翁意识和全员凝聚力。

【全员培训】 2014年，中牟农商银行启动全员培训，打造赢在中层。坚持把提高员工特别是中层管理人员综合素质作为一项战略性工作。一是加大培训力度，坚持"分层次、分条线、多形式"的系统化培训理念，举办"互联网金融与传统银行的竞争合作"等8期培训，成为支撑全行各项战略与目标真正落地的有效举措。二是丰富学习形式，除培训外，向中高管推荐《在不确定性中引领》《从优秀到卓越》两本契合中牟农商银行发展现状的图书。三是注重紧密联系"创新、转型、发展"的主题，每一个培训方案都力求吻合、服务于发展主题。

【网点管理】 2014年，中牟农商银行优化网点布局，加强网点管理。一是明确网点发展理念和战略，河南银监局批准筹建5个网点，开业1个；二是明确机构和网点发展规划，提出实施网点带动战略、推进网点转型、网点差异化定位、打造标杆支行、网点"三级动态"管理理念；三是规范网点名称，按照现代银行要求，变更3个支行、5个分理处机构名称，对人民银行金融机构信息系统内全部网点的信息逐一核实、变更、办证。

【公司治理】 2014年，中牟农商银行健全公司治理，优化机构设置。严格按照银监会要求，建立健全"三会一层"及下设的专业委员会，科学起草章程、议事规则、有关制度和办法，明晰"三会一层"职责和运转机制，优化董事会和各专业委员会构成，着重提升董事会履职能力和战略导航作用，积极构建"三会一层"的有效制衡，协调运转。按照"面向市场、流程再造、职责清晰、精简效能、弹性设置"的原则，推进前中后台分离，强化前台业务部门的市场拓展功能；增强了中台部门职能管理和风险控制职能，提升了后台部门支持保障功能。在此基础上，对前中后台机构职责全面梳理优化，初步建立完善了前中后台既分工明确又无缝对接的现代银行运行机制。这一系列举措在全行推进建设流程银行、实现转型发展中的效果日益凸显。

【监管评级】 2014年，中牟农商银行严格监管指标，实现提档升级。初步建立起监管评级常态化管理机制，不断完善资本测算、分析、评估体系，对影响监管评级的核心指标与常规业务指标同步考核监测；树立资本约束理念，引导资本向低风险、高回报业务流动，大力发展中间业务；按照《三年战略发展规划》积极探索建立内源性和外源性资本动态补充机制，综合运用利润积累、股权融资和二级资本补充工具，不断拓宽资本补充渠道、优化监管指标，确保监管指标持续提档升级。中牟农商银行各项监管指标达到良好银行标准，监管评级达到3A级。

【信贷投放】 2014年，中牟农商银行加大信贷投放，提升服务质量。牢固树立服务“三农”的宗旨，在严格把控风险的基础上，协助基层支行加大“金燕快贷通”业务的乡镇覆盖面，加大支农力度。截至2014年12月末，全辖区金燕快贷通授信70537万元，较年初净增9237万元；发放209855万元，较年初净增44909万元。通过创建“百千万”信贷工程，扩大金融服务范围。修订利率定价办法，针对客户所处行业、在农商行存款情况、信誉情况等对利率进行定价，实行“一户一定价”的灵活利率措施，挖掘潜在优质客户，提高客户忠诚度。通过树立“以客户为中心、以市场为导向”的现代银行营销理念，成立总行贷款审批小组，在风险可控的前提下，有效缩短审批流程，简化信贷审批手续，加快贷款发放速度。并制订定期电话回访制度，收集客户反馈意见，杜绝贷款发放过程中的“吃、拿、卡、要”现象，净化信贷队伍，提高信贷质量与效率。

【产品创新】 2014年，中牟农商银行创新金融产品，解决融资瓶颈。始终坚持立足县域，发挥优势、做优服务，加大产品和服务方式创新。提出了“应市场而生，因客户而变”的产品理念和“客户分层，产品分类”的营销理念，推出起航e贷系列中小微企业贷款、致富e贷系列富农惠民贷款、幸福e贷个人消费类贷款3大系列13个品种的信贷产品体系。同时，紧追利率市场化步伐，出台贷款利率定价管理办法，积极探索资产负债业务创新思路。借助农商银行开业之机，组织开展“百企授信”，对辖内116家发展前景广阔的企业授信43亿元，着力打造中小企业的伙伴银行、助力县域经济发展的主力银行。

【不良贷款清收】 2014年，中牟农商银行把清收不良贷款工作作为加快发展、深化改革的“生命工程”来抓，多策并举，灵活施策，全力管控。一是严格管理。加强对2012年1月1日以后新发放形成的不良贷款管理，印发新增不良贷款问责暂行办法，严格问责。对超过新增不良容忍度的，对主调查人、经营主责任人进行问责，严控不良贷款前清后增。二是贷后回访。建立贷后回访制度，明确专人对新增贷款的廉洁性及贷款手续的真实性等进行电话抽查回访。全年回访971笔，涉及贷款近52427万元，有效遏制信贷业务中的违规违纪现象。三是风险预警。把贷款到期收回率、贷款利息收回率、新增贷款不良率“三率”作为贷款质量考核的重要指标，建立三级预警管理机制，实行绿黄红“三色标”管理，逐月监测，逐月预警，有效管控信贷资产风险。同时，按照客户经理、信贷副行长、支行行长三个层级，明确责任，分层次、无缝隙，逐笔开展清收，逐笔制订处置措施。截至12月末，不良贷款余额17586万元，较年初下降4169万元，较年初下降1.39%；不良率2.86%。清收处置各类不良贷款12148万元，其中：现金清收各类不良5536万元（清收表外不良贷款2786万元，清收账面不良2531万元，清收隐性不良88万元）；核销不良贷款6743万元，隐性不良贷款全部消化。

【内部管理】 2014年，中牟农商银行通过全面开展管理提升活动，以良好银行建设为统揽，以强化基础会计管理为根本，以提升服务水平为突破口，更新理念、优化有段、创新管理、有效激励。一是以基础会计为根本，树立科学导向；二是以形象提升为抓手，打造标杆网点；三是以服务提升为契机，塑造品牌形象；四是以团队建设为基础，铸造精英队伍；五是以绩效建设为手段，构建高效管理体系。建立以业绩为导向的考核评价机制，从内、外部2个条线，从“服务、业务、学习、合规”4个维度对员工进行考核，引导基层支行充分发挥绩效考核导向、激励作用，持续提升内部管理，打造高绩效团队。

【安全保卫】 2014年，中牟农商银行遵循“预防为主，综合治理，谁主管，谁负责”的指导原则，坚持从人防、物防、技防、整章建制、加强队伍建设等方面入手筑牢安全保卫工作的基础，通过制度约束和检查督促，强化员工的安全防范意识，使安全管理落到实处。一是完成智能安防系统后期测试调试验收工作。二是创新安全检查模式，由原来的单纯检查向综合服务转型。三是统一发放新的安全服务标牌，将安全保卫工作要素、环节图表化、直观化。四是修订、完善安全检查标准。对安全检查标准细分、细化，实现安全检查精细化。五是根据基层支行各岗位的权、责、利，制订切实有效的案件防范预案。

【案件防控】 2014年，中牟农商银行加大案件防控，化解潜在风险。保持高压态势，把案件风险防控作为促进全行稳健发展的重大战略工作来抓，坚持“标本兼治、综合治理、惩防并举、注重预防”的方针，重点做好“四个强化”：强化思想教育、强化组织领导，强化内控体系、强化责任追究，将人防、物防、技防有机紧密结合起来，做实“总行高压防控，专业条线管控，稽核监督严控、支行网点把控”四级管理，构筑案件防范“铜墙铁壁”；做实“四项活动”：按照省联社工作部署，扎实开展作风纪律自查自纠活动、案件风险隐患自查自纠活动、重点案件风险排查活动、非法集资风险专项排查活动。通过排查，2014年全行未发现职工存在违规违纪行为，未发现辖区内存在案件风险隐患、未发现存在员工内外勾结盗取或挪用客户资金、未发现存在票据“三不真实”的涉票类案件发生、未发现存在违规发放贷款及各类诈骗农信社贷款案件，未发现辖区干部职工有参与非法集资行为。

【信访稳定】 2014年，中牟农商银行明确责任主体，确保信访稳定。确立以董事长是主要责任人，行长是主体责任人，监事长具体分管，负有监督责任的信访稳定领导组。明确审计监察部为具体责任部门，指定专人管理。一是加大信访隐患排查。明确各支行行长为辖区信访案件主要责任人，加大信访稳定隐患排查，着力做好重大节假日期间的信访稳定。二是建立健全信访制度。设立信访、举报登记簿制度、谈话记录制度，并及时组织人员详细核查，做到件件有落实，转办案件有回音。截至12月末，收到各类信访、举报14件（省联社转办5件、省银监局转办2件、县信访局转办1件、本行接访6件），其中：涉及信贷业务8件，服务投诉5件，员工个人1件。上述信访举报，全部进行调查处理，办结率达100%。全行信访件较上年同期减少15件，下降率51.72%。

【金融大厦建设】 2014年，中牟农商银行推进金融大厦建设。金融大厦主体及地下车库、人防工程项目基本完工；幕墙工程，达到总工程量进度的30%以上；内饰装修工程，年度内做好出施工图、会审、预算及招标事宜；配套项目工程，中央空调、消防、电梯，年内达到总工程量进度的70%以上。

（审核：李新月　撰稿：韩文磊　刘金伟　张亚博）

人民财产保险

【概况】 2014年，人保财险中牟县支公司紧密围绕“转方式促发展、强合规增效益”的工作主基调，贯彻落实“重在持续谋发展、重在提升促转变、重在统筹增合力、重在员工讲和谐”的发展理念，克服困难，开拓创新、努力拼搏，在经营管理上取得明显成就，员工收入比上年有所增长，各项管理显著提高，员工精神面貌焕然一新。截至年底，该公司实现签单保费1205万元，实收1202万元，比上年同期增长2.17%，较市公司下达的年度计划还有差距；简单赔付率67.21%，车险续保率65.93%；创造利润50余万元。

【新业务新领域开拓】 2014年，人保财险中牟县支公司提出巩固车险业务，大力发展非车险业务的工作思路。

在车险业务方面，抓大不放小，多案并举，员工续保业务是基础，主要靠电话营销、网销冲击市场。在狠抓续保业务的同时，根据上级公司“转方式、促发展”的工作思路，对中牟市场的4S店、修理厂、汽车二级经销商等车辆情况认真摸排调查，车商渠道业务成为该公司车险业务增长的新渠道，公司与多个车商签订合作协议，月保费规模达到10万元以上。中牟县境内2家出租车公司，均由该公司统保，年保费200余万元。12月雁鸣湖出租车公司更新车辆60多辆，达成承保意向并准备出单。该公司还积极与政府、事业单位等就政府采购车辆接触洽谈。

建有狼城岗镇三农营销服务部、韩寺镇三农营销服务部、九龙镇三农营销服务部，万滩镇三农营销服务站，并筹备黄店三农营销服务站，为三农客户服务中心出单、送单、搜集保户资料等提供便利条件。

借助渠道力量加大非车险业务发展，该公司顺利承保县教体局的校园方责任险、电业局团体意外伤害。其中，校园方责任险较上年净增15万余元。电业局的供电责任保险洽谈成功。通过现承保险种的基础上拓展承保电业局的企财险等其他险种。

【内部管理】 2014年，人保财险中牟县支公司认真分析研究历年的各项成本支出情况，找出管理上的薄弱环节并逐项整改。首先是完善各项费用管理制度，重新制订车辆管理、办公用品管理等费用管理制度。严格控制各项费用支出，取得很好效果。其次是抓好理赔管理促进效益提高。通过加强技能培训，提高定损质量，通过一系列理赔管理办法加强对定损和理赔的把关，挤出赔款水分，控制赔款支出。

加强团队建设，提高团队凝聚力，增强员工幸福感。该公司提出销售队伍人力资源改革，销售队伍人力资源改革是贯彻落实公司“使命2015计划”、强化销售服务体系建设的重要举措。公司将销售人员划分为3个团队，各个团队协同作战，发挥专长，汲取经验，激发销售团队的业务发展能力，增强销售人员的内在活力，提高了团队凝聚力。员工幸福感被重视起来，提高员工的工作热情和主人公精神，推动公司整体业务发展。

加强企业文化建设，推进精神文明建设发展。注重加强以党风廉政建设、领导班子思想作风建设、职工队伍建设、企业文化建设等方面为主要内容的企业精神文明建设。

（审核：朱广军　撰稿：白爱莉）

人寿保险

人寿中牟支公司
总经理　冉皓洁

【概况】 2014年，中国人寿中牟支公司内控风险，外抢市场，全体内、外勤同心协力，锐意进取，积极面对激烈的市场竞争，不盯计划盯市场，两大渠道实现翻番，公司首次进入一类A级公司。负责个险人员人力达1027人，实现千人团队目标，位居全市第一，全省第二。2014年，实现规模保费17329万元，其中首年保费收入8717万元，同比增长122%；长险首年期交保费收入3924万元，同比增长117%；实现10年期2369万元，同比增长93%；意外险业务保费收入570万元，同比增长1%；中介业务保费收入5346.42万元，完成年度目标任务的115%以上，首次突破5000万元大关。

【个险渠道】 2014年，中国人寿中牟支公司持续强化团队建设。坚持借助政策保险平台，以新农合服务专员队伍建设为主，以消灭空白村为目标，以总人口千分之一配置1人服务为标准，以月集中增员为主要模式推动队伍建设。2014年新增上岗人员402人，月均增员率在5%以上，引领全市队伍发展。业务发展迅速，团队士气高涨。通过成功运作节点企划方案及2个项目运作的成功实施，大大推动个险业务的高速增长。一季度抢先抓早开门红及3月“福满一生”停办的机会，实现季度突破近1000万元保费，同比增长50%以上，二季度财富升级活动中，打破自有客户资料独占的分配原则，把老主管、精英的一部分资料给新人用，大大提高新人参与的积极性，使一部分新人迅速成长起来。截至上半年完成个险年度计划的85%以上，张庄、芦医庙营销服务部分别提前7个月、5个月达到五星级营销服务部标准，为全县农村创星工作做出榜样。三季度的防癌险战役及积分兑奖项目成功运作，更使中牟公司业务上一个新台阶，截至9月底超额完成全年计划。首次提前近4个月完成全年任务。但全体个险人员并没有松懈，面对主要竞争对手平安的快速发展，继续加快发展步伐，抢增员、抢市场份额。成功创成五星以上团队4个，三星3个，二星4个，一星2个，所有星级乡站同比均呈晋升状态。城区业务也得到迅猛发展，营销部考核保费达到800万元以上，成功创成钻石五星团队。收展部基础差、人力少，但坚持抓增员，使人力翻番，也创成二星标准化团队。狠抓基础管理。一是在新人育成训练上，坚持新人岗前封闭培训和新人周培训常态运作；二是在日常会议经营上，坚持大晨会经营及分职场会议运作；坚持周主管例会、月分析例会做到阶段有总结点评。继续加大教育培训投入。2014年公司采取封闭式管理的形式，组织新人代资考培训9期，低绩效培训班2期，主管技能提升培训2期，为队伍建设及业务发展的快速推进提供有力保障。

【银邮渠道】 2014年，中国人寿中牟支公司银邮渠道加强与银行的合作。工商行首次突破1000万元大关，农行在第三季度中从县级行中脱颖而出，取得季度破千万元的好成绩。加强自营队伍建设。理财规划师队伍从数人发展到近30人的团队（虽然有兼职），为期交业务的发展作出贡献。三是借助个险会销平台。有效发动内后勤资源优势。2014年，中国人寿中牟支公司银邮渠道甩掉中牟公司多年来的落后帽子，在全市位居第二。

【团险渠道】 2014年，中国人寿中牟支公司积极应对市场竞争，牢牢把握学生平安保险市场，确保学生平安保险的稳步增长。打通医护人员及教师意外伤害保险的通道。法人客户同比增加11个，保费增加43万元，成功实现小额保险第一单，并在12月成功得到政府文件支持。

【内部风险管控】 2014年，中国人寿中牟支公司将风险管控作为公司经营的一项重要任务，全员风险意识明显提高。严格按照上级风险排查要求，对3大业务渠道销售误导及业管、财务的关键环节严格自查，没有出现因客户投诉引起风险的事件。

（审核：冉皓洁　撰稿：杨申旺）

编辑：赵玉杰

经济管理与监督

发展和改革工作

发改委主任　於红太

【概况】　2014年，中牟县发展和改革委员会（简称中牟县发改委）全面贯彻党的十八大精神，以“建设都市型田园城市，打造郑汴牵手的中原明珠”为目标，坚持“强投资、夯基础、调结构、求提升”，努力推动经济发展方式转变、产业结构调整、重大项目推进、产业集聚区建设等工作，较好完成中牟县委、县政府安排的各项工作。

【国民经济和社会发展计划执行情况】　2014年，中牟县深入贯彻落实中央、省、市重大决策部署，按照“抓改革、强投资、调结构、求提升”的总要求，以人为核心持续推进新型城镇化建设，以三大主导产业和各产业园区为主载体强力推进现代产业体系构建，以“走出去、请进来”的思路拓展招商选资工作，坚定信心鼓干劲，攻坚克难谱新篇，全县经济社会延续了平稳发展的良好态势，较好完成县十三届人大三次会议确定的各项目标任务。

经济运行总体平稳，效益质量稳步提高。面对经济下行压力不断加大的形势，中牟县务实创新、开拓进取，经济社会仍保持稳中有进、稳中提质的良好态势。全年地区生产总值完成243亿元，同比增长7.0%；其中第一产业增加值完成23亿元，同比增长4.0%，第二产业增加值完成135亿元，同比增长7.4%，第三产业增加值完成85亿元，同比增长7.6%。固定资产投资完成273亿元，同比增长18.7%。地方财政总收入完成43.9亿元，同比增长11.9%。地方公共财政预算收入完成31.7亿元，同比增长5.8%。社会消费品零售总额完成80亿元，同比增长13.3%。金融机构存款余额273亿元，比年初增长17.7%；贷款余额148.6亿元，比年初增长22.0%。初步预计，城镇居民人均可支配收入22600元，同比增长9.9%；农民人均纯收入13900元，同比增长10.8%。

新型城镇化扎实推进，城乡发展同步提升。“四个体系”更加完善，以人为核心的新型城镇化建设稳步推进，城乡一体化水平进一步提高。突出规划引领作用，规划体系不断优化健全，中牟县城乡总体规划、中牟汽车产业集聚区控制性详细规划等编制工作初步完成，万滩、大孟、黄店等总体规划获准实施。交通路网建设加快推进，新建改造城乡、园区、社区道路68条154.4公里，完成投资8.7亿元。生态廊道建设效果显著，贾鲁河、S223线等63个、总长341公里的生态廊道绿化工程竣工，新增绿化面积3400万平方米，完成投资59亿元。城区功能进一步提升，各项基础设施建设有序推进，综合承载能力稳步提高，郑州新区污水处理厂、南水北调十里头水厂启动建设，新增供热70万平方米，新建公共绿地17.9万平方米，顺利通过国家卫生县城复验。四类社区建设工作有序开展，启动城中村改造、合村并城社区项目19个，建设社区基础设施和公共服务设施28个；安置房建设成效显著，建成安置房328万平方米。

园区集聚效应显现，承载能力不断增强。

坚持“四突出、四提升”，加快推进产业园区建设步伐，产业园区综合承载能力不断提升，产业集聚集群效应日益显现，成为推进产业转型升级、构建现代产业体系的主要着力点。各产业园区固定资产投资完成253.7亿元，税收收入19.2亿元；新增建成区面积达11.8平方公里，基础设施投资完成110亿元。汽车产业集聚区在省一星级产业集聚区评比中排名第一，全年生产整车15万辆；绿博文化产业园发展增速位居全市17个服务业专业园区首位，方特水上世界建成开业，方特欢乐世界晋级国家4A级景区，丰富旅游资源、提升城市品位，吸引游客能力持续增强。国家农业公园14家企业开园迎宾，成功举办郑州市首届农业嘉年华，被认定为全国青少年农业科普示范基地。官渡工业园建设扎实推进，安佑科技、欧帕机器人一期等项目建成投产，欧帕二期、蓝天玻璃在加紧建设。

项目拉动作用突出，强投资稳增长效果明显。坚持将强投资作为稳增长的关键支撑，强化重大项目推进力度，确保目标任务顺利完成。加大项目建设推进力度，全力推动欧帕二期通用机器人、郑州日产汽车零部件生产等县重点项目建设；尤其是第四季度集中开工项目41个，超额完成郑州市下达的21个项目任务。省市重点项目68个，项目数量、投资总额在省、市名列前茅。郑州比克新能源产业基地、郑州汽车服务业博览园、河南万邦国际农产品物流园区二期等44个纳入省市考核的重点项目，全年完成投资251亿元，占年度计划120%；豫港制药3.6亿支粉针剂、S223线生态廊道等48个项目完工。项目建设有力推动县域经济持续稳定健康发展。

转型升级步伐加快，产业结构更为优化。以三大主导产业为代表的三次产业协同发展，产业结构进一步优化，三次产业占比调整为9.4∶55.6∶35.0。工业支撑作用进一步增强，全县规上工业增加值完成96亿元，同比增长7.0%；汽车及零部件产业发展成效显著，汽车整车企业发展为6家，零部件企业190家，汽车产业年产值达500亿元，郑州凯雪成功上市；比克科技园、创业园等项目启动建设，郑州东工6万台整车等项目基本建成，比克新能源汽车样车下线。现代服务业水平进一步提升，时尚文化创意旅游发展提速，全年全县接待游客580万人次，旅游收入达55.5亿元；房地产业稳健运行，商品房销售106万平方米，销售金额达58.7亿元。农业基础性作用进一步巩固，都市型现代农业发展步伐加快，产业化经营能力不断提升，农业生产条件持续改善，新增设施农业1000亩、有效灌溉面积1万亩，农业机械化率达82%，连续23年获得省“红旗渠精神杯”。

改革开放稳步推进，发展活力充分释放。重点领域改革取得新进展。行政审批改革继续深化，按照“精简、统一、便民、高效”的总要求，初步实现“两集中、两到位”，审批事项进一步削减、审批流程进一步规范、审批效率进一步提高。财税管理体制改革深入开展，全面实行“零基预算”“综合预算”。事业单位分类改革工作有序推进，积极开展第二批事业单位法人治理结构改革试点工作。区位优势日益凸显，营商环境日趋改善，围绕三大主导产业，强化“五职”招商和产业链招商，招大引强选优的招商工作成效显著。全年登记备案项目257个，签约项目79个，协议资金927亿元，郑州比克电池、辅仁熙德隆等“三力”型项目在加快建设，周星驰比高集团、天津力神电池等在洽谈对接。全年引进域外境内资金84亿元，实际利用外资5240万美元，外贸进出口2.1亿美元。

节能减排积极开展，生态环保有效加强。积极开展能源结构调整，大力推动、鼓励和培育新能源项目建设，能源结构和布局一定程度上得以优化。组织企业编制能源审计报告和节能自查报告，完成“万家千家”企业年度节能自查报告，配合完成《郑州市天然气管网规划》等6个专项规划编制工作。组织开展以“携手节能低碳、共建碧水蓝天”为主题的节能宣传周和低碳日宣传活动，取得良好社会效果。深入开展生态环境综合整治，严格环境准入制度和污染物排放标准，减排目标责任制有效落实，节能降耗的政策机制逐步完善。农村环境连片整治项目竣工。积极开展扬尘污染治理工作，扬尘二次污染防治成效明显；燃煤锅炉拆改完毕，机关黄标车全部淘汰，PM2.5 监测系统完成升级改造。

社会事业全面发展，民生福祉持续改善。社会事业发展提速，人民生活水平进一步提高。平价超市、城区居民集中供热和改扩建中小学等民生实事工程全面完成。教育事业均衡发展，新建、改扩建中小学 6 所，新增学位 1650 个；新建、续建幼儿园 15 所，新增学位 3960 个；高中免费教育和平行招生政策继续施行。社会保障力度不断加大，社会保险“五险合一”全面推行；建成 14 个农村养老服务中心示范点；医疗救助 2171 人次，发放救助资金 185.3 万元。持续推进县级公立医院综合改革，公共卫生服务均等化水平进一步提高，33418 名患者享受“先诊疗、后结算”惠民政策。丰富群众精神文化生活，成功举办周末广场文化活动 50 场，免费送戏下乡 176 场、放映公益电影 3252 场。积极拓宽就业渠道，新增城镇就业 3400 人，转移农村劳动力 1.9 万人。

在经济社会发展取得良好成绩的同时，中牟县经济社会发展仍面临不少困难和挑战。根据初步统计结果，一些指标未能达到年度预期目标，主要原因是：区划调整导致中牟县经济总量、发展潜力发展空间大幅减弱的影响持续存在，经济结构调整仍然滞后，产业技术水平总体偏低；经济下行压力依然较大，工业经济下行趋势尚未发生根本改变；城乡之间、乡镇之间经济发展差距较大，新型城镇化建设的任务仍然很重；土地指标缺乏、资金紧张等因素制约发展的问题仍待解决；生态文明建设需要进一步加强。

【民生实事】 2014 年，中牟县积极运用价格调节基金支持平价蔬菜超市的建设，努力改变农副产品供应过度市场化和“菜贱伤农、菜贵伤民”的现状，增强政府运用经济手段调控市场价格的能力，减少流通环节，降低流通成本，引导生产、经营和消费，抑制主要农副产品价格的异常波动。运用价格调节基金在县城新建 10 家平价蔬菜超市，总投资 100 万元。中牟县发改委严格按照时间节点推进工作。9 月平价蔬菜超市基本建成；10 月 15 日通过县政府项目竣工验收组验收，新建 10 家平价蔬菜超市正式营业。

【重点项目建设】 2014 年，中牟县县级重点项目 178 个，年度计划投资 325.3 亿元，全年完成投资 335 亿元，占年度计划投资的 103%，实现投资新突破，为强投资工作完成奠定坚实基础。项目建设推动较快。郑州市下达的第四季度开工任务 21 个项目，中牟县加大推进力度，县领导多次召开推进会议，截至年底开工 41 个项目，超额完成任务。

2014 年，中牟县省市重点项目 68 个，位居郑州市 5 县市第 1 位，在省辖市项目数量上位居第 4 位。纳入郑州市考核的省市重点项目 44 个，年度计划投资 208.2 亿元，位居郑州市 5 县市第二位，全年完成投资 251 亿元，占计划的 120%，开工率达 122%，郑州豫港制药有限公司年产 3.6 亿支粉针剂工程、方特水上乐园建设项目等一批重大项目完工，为中牟县经济持续发展起到强有力地推动作用。

为进一步建立完善多种工作机制，建立完善领导分包项目制度、并联审批制度、项目台账管理制度、周例会制度、现场观摩制度、效能统计官制度等一系列制度。对项目建设顺利进行起到至关重要的作用。

【建设项目审批、核准、备案】 2014 年，中牟县发改委办理审批项目 92 个，核准项目 7 个，备案 153 个。

【物价工作】 2014 年，中牟县收费许可证年审、换证 101 件，民办幼儿园价格备案 53 件，医疗机构特殊耗材备案 3 件，新建商品住房价格备案20件，申请医保刷卡事项16件。

2014年，中牟县组织开展价格收费专项检查，检查企事业单位、个体工商户219家。其中，诊所、药店103家，农资18家，县级医院6家、乡镇卫生院10家，房地产、物业13家，行政事业单位69家。这次专项检查，保持了全县价格总水平的基本稳定，规范了各执收单位的收费行为，优化了经济发展环境。维护了人民群众的切身利益。

2014年，中牟县办理涉案物品价格鉴定案件214起，鉴定标的估价金额567余万元。接受委托评估受损车物886起，鉴定标的物的估价金额870余万元。

2014年，中牟县价格调节基金征收2683.93万元。

（审核：吴书领　撰稿：李　旭）

财　政

财政局局长　仇向阳

【概况】　2014年，中牟县财政部门面对复杂多变的经济形势，深入贯彻十八大会议精神，认真执行上级各项财政政策，紧紧围绕“深化财税体制改革”的工作重心，狠抓增收节支，全面加强财政科学化、精细化管理，切实保障了新型城镇化建设和改善民生等重点支出的资金需求，顺利完成各项工作任务，为新型城镇化建设和改善民生等重点项目提供坚实的财力保障。

【财政收入】　财政总收入。2014年，中牟县地方财政总收入完成439280万元，较上年392605万元增长11.9%，增收46675万元。从级次完成情况看：中央级122737万元，同比增长31.3%；县级316543万元，同比增长5.8%。

地方财政收入。2014年，中牟县公共财政预算收入完成316543万元，完成调整预算31亿元的102.1%，较上年299143万元增长5.8%。2014年，中牟县政府性基金预算收入完成376893万元，较上年区划调整后35亿元增长7.7%，其中国有土地使用权出让收入完成355223万元。

县本级财政收入。2014年，中牟县本级公共财政预算收入完成175645万元，完成调整预算的103.3%，较上年172304万元增长1.9%，其中：税收收入完成71717万元，占调整预算的102.4%；非税收入完成103928万元，占调整预算的103.9%。

【财政支出】　公共财政预算支出。2014年，中牟县公共财政预算支出507136万元，完成年度预算的98%，较上年增长18.16%。其中，县本级公共财政预算支出完成407435万元，完成年度预算的124.1%，同比增长48.1%。

政府性基金预算支出。2014年，中牟县政府性基金预算支出399446万元，较上年区划调整后36亿元增长11%，其中国有土地使用权出让收入安排的支出387273万元。

【财政融资】　2014年，中牟县完成融资任务514362万元，为中牟县“十大切入点”工程建设提供有力资金保障，其中：信托融资8.8亿元、企业债券10亿元、银行贷款288263万元、融资租赁38099万元。政府性债务方面偿还本息245722.68万元，其中偿还本金205034.12万元，偿还利息40688.56万元。

【财政管理】　2014年，中牟县财政部门坚持依法征管，努力完成收入任务。一是抓收入协调。组织召开财税部门联席会议，分析收入中存在的问题，采取措施，督促收入均衡入库。二是抓税源监控。发挥协税部门和税源信息平台的作用，针对全县近年来政府投资工程和企业占地进行摸排，掌握第一手税源数据，配合税务部门开展税收专项清查，堵塞征管漏洞。三是抓非税征管。推进非税收入信息化建设，在全县范围推广非税收入征收管理新系统，从源头上遏制“三乱”行为，实现非税收入科学化、精细化管理。四是抓督促考核。进一步完善财政收入考核办法，每月对各乡镇收入情况分析排名和通报，年终对各乡镇收入情况考核，促进各征收部门按时间节点完成征收任务。

坚持民生导向，切实促进社会和谐。一是支持教育发展，全年教育支出88506万元。推进义务教育均衡发展，拨付资金27559万元；加大学前教育投入力度，拨付幼儿园补贴资金941万元；落实高中及中等职业学校家庭经济困难学生救助制度，拨付资金857万元。二是落实惠农政策，全年农林水支出59221万元。全面落实各项惠农补贴政策，拨付补贴资金9909万元。做好农业综合开发和财政扶贫，拨付资金5543万元。大力支持文化惠农，拨付文化惠农专项资金843万元，推动新农村建设和精神文明建设。三是推进公共卫生和医疗事业改革，

中牟汽车工业集聚区“牟风·安惠园”公租房项目奠基仪式

全年医疗卫生支出64546万元。建立全覆盖的医疗保险体系，拨付资金17400万元。推动基层医疗卫生机构和县级公立医院综合改革，拨付资金4700万元。提升公共卫生服务和大病保险水平，拨付资金2326万元。落实人口和计划生育政策导向机制，拨付人口和计划生育事业费1551万元。四是完善社会保障和就业体系，全年社会保障和就业支出35451万元。健全社会保险体系，扩大社会保险参保范围，拨付资金3110万元；稳步提升社会保险待遇，拨付资金10800万元。完善社会救助体系，拨付资金4347万元。完善养老服务体系，启动县社会福利中心建设拨付资金2014万元。保障被征地农民切身利益，拨付资金857万元。做好就业扶持工作，拨付资金1144万元。

坚持重点推进，着力夯实发展基础。支持园区发展和新型城镇化建设，全年拨付政府投资工程和其他工程建设资金64.8亿元。一是支持各大产业园区项目建设，全年拨付四大园区建设资金22亿元。二是加快推进新型城镇化建设步伐，拨付生态廊道绿化工程资金2.3亿元、新农村社区建设资金9.4亿元、城中村改造和合村并城建设资金1.4亿元、县城基础设施完善改造提升工程和县城绿化全覆盖工程资金16.2亿元、城乡快速路网建设资金7.6亿元，这些资金的投入使中牟县城乡面貌发生巨大改变，交通更加便利，基础设施更加完善，生态环境明显改善。

【深化财政改革】 2014年，中牟县深化预算改革和县乡财政体制改革。2014年起县乡两级部门预算编制全部遵循“零基预算”和“综合预算”原则，按照“人员经费按政策、公用经费按定额、项目支出按财力”的要求进行部门预算编制，预算编制更加科学化、精细化。

推进国库集中支付制度改革。为继续深化国库集中支付制度改革，充分利用现代信息网络技术，建立预算资金监控机制，通过动态监控系统全面跟踪财政资金的申请、审核、支付、清算等操作流程，确保财政资金安全、高效运行；乡镇国库集中支付改革不断深化，截至2014年底，乡镇集中支付资金292141万元。

深入推行公务卡结算制度改革。出台和完善相关改革文件，建立强制结算目录，公务卡办卡数量、支付笔数、刷卡结算金额较往年均显著提高。截至2014年底，预算单位办理公务卡7161张，较上年3856张增长85.7%，公务卡支付26777笔，较上年2041笔增长12倍。

扎实做好新会计制度的贯彻实施工作。为确保行政事业单位新会计制度的顺利贯彻实施，

组织全县140个预算单位和14个乡镇（街道）财政所近180名报账会计参加培训学习，确保新旧会计制度顺利衔接、平稳过渡。

规范工程项目招投标工作。完善招投标管理办法，主要是针对投资金额在30万元以上的重大工程项目评审采用合格制，并在开标前交纳固定标价30%的诚信保证金，有效避免招投标过程中投标人违规串标行为，使招投标工作更加公正、规范。

严格贯彻中央“八项规定”，切实压缩“三公”经费。在部门预算安排上，明确要求部门和单位据实填列部门和人员信息，并按照相关标准科学合理测算其公用经费支出，从源头控制支出规模；在部门预算执行中，对超计划申请公用经费的，财政部门不予办理预算追加手续。2014年，全县“三公”经费支出6249万元，同比减支2271万元，降幅27%，其中公务接待费1051万元，降幅为63%，会议费647万元，降幅为46%。

（审核：岳　秋　撰稿：郝　芳　吴　静）

国家税务

国税局局长　王学杰

【概况】　2014年，中牟县国家税务局（简称中牟县国税局）以开展党的群众路线教育实践活动为契机，依法组织税收收入，牢牢把握服务发展大局，强化征管促公平，优化服务促发展，深化作风促形象，提升素能促活力，各项工作取得长足发展。同年，中牟县国税局第三次成功创建省级文明单位，相继获得河南省青年文明号、郑州新区国税系统优秀领导班子、中牟县现代产业体系构建工作先进单位等荣誉称号。1人获河南省青年岗位能手称号，2人通过注册税务师考试，1人考取硕士研究生。

【税收收入】　2014年，中牟县国税局以服务经济发展为己任，牢固坚持组织收入原则，积极应对，主动作为，大力组织收入，实现税收收入平稳较快增长。全年完成各类税收14.94亿元，占年计划12.35亿元的120.94%，同比增长27.35%，增收3.21亿元。县级收入完成3.72亿元，占年计划2.7亿元的137.93%，同比增长46.86%，增收1.19亿元，为全县经济社会发展作出积极贡献。在保证收入增长的同时，收入质量也得到同步提升，综合两税返还、一般申报等因素，可为地方财政提供财力3.96亿元，同比增长43.47%，占全县全年财政收入的比重上升3.4个百分点，国税收入对地方财政贡献更加明显。

【征收管理】　2014年，中牟县国税局稳妥推进“营改增”试点。2014年，全县试点纳税人达687户，入库增值税3284万元。认真做好税源交接、政策宣传辅导、调查确认、信息录入等工作，确保铁路运输业、邮政业、电信业等行业“营改增”工作准确、及时落实到位。加强政策效应分析，密切关注试点纳税人税负变化情况，全年撰写“营改增”典型企业调查报告和重点行业调查报告24户次。根据新区国税局统一安排，积极做好统一的增值税发票税控系统升级工作，保障改革试点和整合后的增值税防伪税控系统、货物运输业增值税专用发票税控系统顺利运行。

做好各税种管理。采取提前介入、个性辅导、重点审查、全面汇算的方式做好企业所得税汇算工作，汇算企业同比增长5.58%，汇算辅导企业92户，调增应纳税所得额1.2亿元，入库所得税582.64万元。郑庵分局采取分组开展辅导、每周定期汇报的方式认真开展所得税汇算清缴，分局企业所得税低零负申报率从74.07%下降到38.18%，下降35.89个百分点，同比下降10.33个百分点。认真做好非居民企业代扣代缴，代扣代缴所得税697万元，同比增长9.9%。加强出口退税案头审核，对6.32万元退税款做出不予退税处理，确保企业出口业务的真实性；每月定期开展流转税分析，全年完成12篇分析报告。

夯实征管基础。简化个体征收模式，对个体户实施“按季申报、按年调整、报缴合一、银行扣税”；核实总局大企业税收管理信息系统14户企业信息，抽调2人参加省国税局大企业现场审计，入库税款5.6万元。城区分局组织开展所得税低零申报、增值税行业税负、个体税收等专项整治，认真开展纳税评估，入库税款183.7万元。

【纳税服务】 2014年，中牟县国税局落实政策扶持发展。落实资源综合利用、残疾人税收优惠政策，办理退税1152万元；支持外向型经济发展，办理出口退税9244万元；积极落实小微企业、增值税起征点调整等优惠政策，减免企业所得税80.55万元，增值税36万元，在促进产业升级和结构调整等方面发挥积极作用。在落实小微企业税收优惠政策的过程中，官渡分局针对辖区纳税人采取电话通知、短信提醒、外网公告等多种方式，主动提醒符合条件纳税人申请享受优惠政策。

以税咨政当好助手。按月对汽车产业园、绿博园产业园、农业示范园等产业园区的1000余户纳税人信息逐户核实、统计和上报，为政府决策提供参考。积极参与扶持地方经济社会发展的各类专项行动，深入企业开展走访调研，帮助企业解决实际问题，得到社会各界和纳税人普遍欢迎和好评。

优化服务提升效能。调整设置大厅功能分区，合并设置6个综合业务窗口。强化制度落实，落实领导带班、主任值班、导税制度，完善预约办税、业务衔接与资料传递等六项管理制度，全年保持服务零投诉；办税大厅坚持例征期晨会制度，点评工作人员个人表现，表扬先进、督促落后，凝聚了团队合力。落实便民办税春风行动，即办事项扩大到229个，占依纳税人申请事项的80.63%。开展税法大讲堂12期，培训纳税人1354户次，印发涉税指引宣传页1000份，让纳税人明明白白办税。捆绑受理682户次纳税人的关联业务，实施联审联批，节约办税成本；优化审批流程，减少审批环节106个，取消和合并办税事项107项，138种表单取消局长签字，127个备案类事项、68项税收优惠政策审批事项实现“前台受理、后台审结”。

【风险管理】 2014年，中牟县国税局结合当前税收执法工作重点和执法难点，从完善考核体系入手，扎实开展执法监督和专项检查，切实防范税收执法风险。贯彻落实省国税局行政处罚自由裁量权工作标准，对税务机关行政处罚行为从规章制度上进行规范；认真开展督查内审，采取部门实施、单位互查、交叉检查、专项检查等形式组织3次执法检查，对组织收入、代开发票等开展执法督察，核查疑点数据692条；每天监控税收开票情况，及时清理垃圾数据，大力清理多缴税金，全年退还多缴税金3363万元，抵缴税金230万元；强化数据质量监控，数据质量实现全年零过错，在郑州新区国税系统排名第一。

（审核：孙素香　撰稿：魏　东）

地方税务

地税局局长　王大卫

【概况】 2014年，面对来自整体经济下行趋势持续，房地产行业销量下降，资金面持续偏紧；优质税源被划走的深刻影响；“营改增”持续扩围的税制改革导致地方税收减收等因素，中牟县地税干部职工以“三个服务”为引领，奋力建设“六个地税”，积极应对地方税收严峻形势，分析税源找税收，科学征管促税收，依法征税保税收，全年组织各项税收19.65亿元，其中地方级税收完成17.54亿元，完成县委县政府和郑州新区地税局（以下简称新区地税局）下达的税收收入任务。中牟县地税局以观摩讲评机制为抓手推动基层绩效管理工作经验在河南省地税局（以下简称省地税局）、新区地税局网站发专期；税源清查、社会综合治税、规范行业管理税收专项检查等工作经验在新区地税局网站发专期；获2014年度新区地税系统绩效管理优秀单位称号和2014年度全县民主评议政风行风第一名；县地税局机关被命名为省级园林单位；郑庵中心地税所被命名为2013—2017年度河南省青年文明号。

【税收收入】 2014年，中牟县地税局充分发挥综合治税、税收网格等税源管理手段，挖潜增收，以查促收，确保组织收入平稳较快增长，税收收入完成19.65亿元，其中地方级完成17.54亿元，为以中牟新型城镇化建设为引领的“三化”协调发展提供财力支撑。

2014年中牟县地税局组织收入分级次完成情况表

单位：亿元

项　目	当年	上年	同比±收	增减%
中牟县地税收入总计	20.76	22.37	-1.61	-7.19
一、工商税收收入合计	14.71	14.16	0.55	3.86
其中：中央级收入	2.11	1.52	0.60	39.41
地方级收入	12.59	12.64	-0.05	-0.40
其中：县级收入	12.59	12.64	-0.05	-0.40
二、两税收入合计	4.94	7.08	-2.14	-30.20
其中：耕地占用税	2.24	2.75	-0.50	-18.35
契税	2.70	4.33	-1.63	-37.72
三、其他收入合计	1.11	1.13	-0.02	-1.48

2014年中牟县地税局税收收入分税种完成情况表

单位：亿元

项　目	当年	上年	同比±收	增减%
国内税收合计	19.65	21.24	-1.59	-7.49
营业税	6.37	7.59	-1.23	-16.14
企业所得税	2.23	1.56	0.67	42.82
个人所得税	1.29	0.97	0.33	33.88
城镇土地使用税	1.46	1.40	0.06	4.15
城建税	0.79	0.78	0.02	2.03
印花税	0.26	0.23	0.03	14.80
土地增值税	1.92	1.15	0.77	66.42
房产税	0.26	0.27	-0.01	-2.58
车船税	0.12	0.21	-0.09	-42.42
耕地占用税	2.24	2.75	-0.50	-18.35
契税	2.70	4.33	-1.63	-37.72

【税源、税种管理】 固定税源：截至2014年底，中牟县地税局管辖各类纳税人9466户，其中：个体纳税人6484户；非个体纳税人2982户，其中：房地产业173户，建筑业250户，制造业205户。

2014年，构成中牟县主体税源的四大支柱产业税收完成情况，房地产业完成收入4.93亿元，占工商税收的33.5%，建筑业完成收入4.13亿元，占工商税收的28.4%，制造业完成收入1.4亿元，占工商税收的9.5%，金融业完成收入1.56亿元，占工商税收的10.6%，四大产业税收合计占到81.7%。

2014年，占国内税收收入比重较大的营业税、契税、耕地占用税、企业所得税，完成收入分别为6.37亿元、2.7亿元、2.24亿元、2.23亿元，比重分别为32.41%、13.73%、11.42%、11.34%。

2014年，中牟县国税局加强税源、税种管理举措。一是深入开展税源调研。制订“四清、三查、一督办”的促收工作方案，开展以“挖潜增收”为目的的税源清查工作。对全县9216户纳税人摸底清查，清理补办税务登记714户，转非216户，补充完善纳税人基础信息59户次，帮助纳税人建立账簿28户次，清缴入库税款4022万元、滞纳金923.7万元。二是突出对重点税种清查进行规范。突出对土地使用税、房产税等税种的清查，通过实地调查，进一步核实系统中已录入的纳税人土地信息、房产信息是否真实准确，并比对已纳税种是否足额申报明确重点。三是突出清查重点环节规范。对房地产行业预售款项的税收重点清查、对重点项目工程进度与入库情况重点清查、对清缴欠税进行重点清查、对场地租赁行业所涉及的税种进行清查。县地税局领导驻扎主管税务所、分局督导清查清缴，采取多种途径、结合网格化管理加强与当地党委、政府沟通，积极争取当地党委政府干预、上级主管部门协调、司法途径强力介入等措施。2014年重点工程入库2.43亿元。

【税收征管】 2014年，中牟县地税局新办理税务登记证纳税人1969户，注销纳税人576户。

2014年，中牟县地税局开展“便民办税春风行动”，严格贯彻落实“涉税服务九项要求”，全面推进《全国县级税务机关纳税服务规范》，要求各岗位秉持“服务大于管理”的先进理念，改进服务薄弱环节，为纳税人提供实在服务，提升纳税人满意度。

强化办税服务厅功能，简化规范各项流程。一是梳理所有的纳税事项和审批流程。梳理登记环节、申报环节、发票环节、减免税环节等所有涉税事项流程。二是对梳理后的流程进行优化。一方面简化税务登记办证环节、外经证办理、代开发票等4项环节的资料提供；取消在税务登记办税窗口租赁税发票前置的条件。另一方面从纳税人所需出发，对代开票流程简化规范；实现税收业务中牟县区域内“同城通办”。按新区地税局要求18项免单业务、8项免填单业务完全推开。解决纳税人要求打印多个税务登记证副本的问题。解决纳税人多跑路，资料重复提交等问题，解决代开窗口和管理单位信息交流困难，延缓开票时间的弊端。三是增加大厅即办事项，加强税务机关内部工作流程传递。对大厅不能即办事项的办理时限明确规范。将如二手房涉及减免需税政部门审批等业务的权限放置大厅，使纳税人便捷办税。加强税务机关内部岗责传递体系，规范传递文书，全面推动办税服务提速提效，让纳税人感受服务实效、快捷办税。

【税务稽查】 2014年，中牟县地税局充分发挥稽查职能，深入开展房地产业、建筑业两个行业和汽车产业园区、重点税源企业、常规检查、上级交办案件4类专项检查，严厉打击涉税违法行为，以查促收，以查促管，全力助推中牟县税收收入快速稳定增长。2014年，立案检查纳税人6户，约谈138户，入库税款、滞纳金、罚款1715.35万元，同比增长32%；高标准完成举报中心规范化建设，加大涉税举报案件查处力度，全年受理税务违法举报案件7起，入库税款、滞纳金、罚款154万元；完成注销户检查46户，入库税款、滞纳金101.76万元；严厉打击发票违法行为，全年处理发票违章行为6起，罚款4.25万元；全力开展追缴欠税工作，通过税法宣传、集中约谈、到银行强制扣款等方式，入库税款近600万元。

【发票管理】 2014年，中牟县地税局认真落实河南省地税局取消百元版通用定额发票工作，对纳税人认真做好政策宣传和解释，科学预测发票分类发售情况，做好发票的衔接工作。按照新区地税局推进应用网络发票相关工作要求，中牟县地税局把大力推广网络发票作为票管工作重中之重，以“加强源头控管，开展发票检查”为抓手，强化培训辅导，优化服务举措，助推网络发票推广应用工作驶入快车道，截至12月底，中牟县地税局实现网络在线开票469户，占总用票户数的58.47%，开具发票136479份，开票金额70.31亿元。

【纳税服务】 2014年，中牟县地税局以建设“服务地税”为出发点，班子成员和科室负责人轮流在大厅值班，各岗位秉持“服务大于、先于、重于、优于管理”的执法理念，改进服务薄弱环节，提升纳税人满意度。把纳税服务与群众路线教育实践活动相结合，大力开展“便民办税春风行动”，贯彻学习《全国县级税务机关纳税服务规范》，认真落实河南省地税局“纳税服务九项要求”。提高中牟县地税局办税服务效能，形成以规范化、信息化、个性化服务为依托，全体上下齐行动的纳税服务新格局。在县地税局办税服务厅设立纳税维权室，加强对纳税人的日常需求调查，进一步拓宽纳税人投诉维权渠道。4月，中牟县地税局在征求到纳税人反映能不能提供税务登记证“一正几副”的问题后，迅速做出对有此项业务需求的纳税人在做好备案后予以办理的决定。还在县地税局办税服务厅开通无线网络，添置24小时自助办税终端机，布置减压室，为纳税人提供更贴心的服务。

（审核：王喜中 撰稿：张运增）

工商行政管理

工商局局长 张绍辉

【概况】 2014年，中牟县工商局紧紧围绕全县“三大主体”工程建设，深入推进改革，加强职能转变，全面履职尽责，克难攻坚，砥砺前进，以工商登记制度改革为突破口，大力推进市场准入、商标、消费维权等服务效能全面提升；以年检改年报公示为先导，进一步加强市场监管和行政执法。全年新注册企业1054家，企业总数达到3409家；新注册个体工商户4903户，总数达18314户；新注册农民专业合作社195户，总数达710户；新注册家庭农场14户，总数达15户，各类市场主体实现持续增长。依法查处各类违法违规案件890起，其中万元以上案件114起，实现罚没收入90.92万元，切实维护经济市场良好环境，促进全县经济社会繁荣发展。

【加强市场监管】 2014年，中牟县工商局按照省、市工商局的统一部署，逐步推进监管区域调整，将原八岗镇、张庄镇、三官庙镇辖区企业商户移交机场工商分局管理，其中企业172家，个体工商户2268户、农民专业合作社54户；将原九龙镇辖区企业商户和原郑庵镇、姚家镇、黄店镇部分企业商户移交经济技术开发区工商分局管理，其中企业261家、个体工商户1102户、农民专业合作社25户；将原白沙镇辖区企业商户和刘集乡辖区部分企业商户移交郑东新区工商分局筹建处管理，其中企业575家、个体工商户2956户、农民专业合作社72户。贯彻落实国务院《企业信息公示暂行条例》，扎实推进企业年检制度、个体工商户验照

工商人员上门为企业商户服务

制度向年度报告公示制度改革，实行上门指导，组织培训等，截至2014年底，全县4795家市场主体对外公示2013年度报告。102家企业公示即时信息；围绕重点市场和群众反映强烈的突出问题，开展中原红盾集中整治等专项行动，突出查处制售假冒伪劣商品、传销、无照经营、

创建“无传销社区、校园”宣传教育活动

“黑网吧”、商标侵权、违法广告、商业贿赂以及利用合同格式条款侵害消费者权益违法违规行为。一批影响经济发展和损害群众利益的案件被成功告破，有效维护全县经济市场秩序。

【注册登记】 2014年，中牟县工商局按照国务院有关商事制度改革部署，大力推进落实注册资本实缴改认缴、“先证后照”改“先照后证”等各项惠商政策，在县办事大厅工商窗口增加工作人员、增设咨询台、简化办事流程、规范办事程序、开辟绿色通道，全面实行一次性告知、限时办结、一站式服务、上门服务、预约服务、延时服务等措施，商事制度改革稳步推进，降低了准入门槛，激发了市场活力，市场主体出现前所未有的“井喷”态势，仅新规实施当月，新注册企业180家，与过去半年新增企业总和相当。围绕中牟县重点招商项目搞好服务，为中牟汽车产业集聚区入驻企业开辟绿色通道，启动特事特办程序，指定工商专项联络人，全天候办理，真正体现中牟办事速度；同时为促进落地企业壮大，组织辖区工商所现场办公，送照上门，一次送达600多份，受到企业商用户的好评；还全力服务郑州市中牟农业嘉年华活动，提升中牟观光农业的影响力，受到县领导的肯定。

【流通环节食品安全监管】 2014年，中牟县工商局认真贯彻落实上级有关食品安全工作的决策部署，把流通环节食品安全监管作为工商工作的重中之重。以深入开展食品安全专项整治活动为动力，以加强巡查、检查、抽查和检测为主要手段，以加强制度建设为基础，以加强督查、责任追究为保证，狠抓流通领域食品安全工作。开展农村食品安全专项整治、食品市场夏日行动、校园周边流通环节食品安全专项整治行动、流通环节食用明胶和含明胶食品专项行动和“五一”、“十一”、中秋、春节等节假日期间食品安全专项整治行动等；探索建立局、所、个人的三级食品安全监管网络，创建食品安全示范店，制订落实食品经营户责任制和食品安全培训学习制度；进而严格规范食品流通许可登记，依法实行对食品流通许可证分级审批，严把食品市场准入关，使全县流通环节食品消费环境得到改善。全年办理食品流通许可证635份，其中企业52份，个体工商户583份；委托专业检验机构，对全县市场上销售的各类豆制品、调味品、小食品、肉制品等30个品种95个批次的食品进行抽样检测，并对其中22个批次的不合格食品经营者予以立案调查。查办违法违规食品案件151起，案值26.31万元，查扣不合格食品450千克。其中，无照经营食品案件53起，销售过期食品案件52起，侵权食品案件19起，销售不合格食品案件15

起，营养标签不符合规定食品案件8起，超范围经营食品案件3起，虚假宣传食品案件1起。

【消费维权】 2014年，中牟县工商局围绕“新消法、新权益、新责任”的消费维权主题，在强化县12315申诉中心和县消费者协会作用的同时，以学校、商场、企业、村委和社区为依托，统一标准规范消费维权服务站16个、消费者投诉站8个、12315联系站8个、消费者协会分会7个，全县“一会两站”的规范化建设

工商人员开展“消费维权”集中行动

再上新台阶。全年印发新《消法》及消费维权资料等4000份，受理各类消费咨询198起，依法受理处理消费投诉61起，为消费者挽回经济损失11.68万元。并依法成功调解青年路街道袁庄村陈长群等17户农民购买中牟县花桥农资服务部“多福”杀菌剂，使用后15亩洋葱死亡一半，造成损失案，经过反复调解，终使受害农户获得相应补偿；调解万滩镇杨家移民村村民孙俊华等购买中牟县人民路为民农机商户“小白龙”牌微耕机不能正常使用案，当事人获得退货，有效稳定移民思想情绪，在移民中产生良好社会影响。

【商标发展】 2014年，中牟县工商局主动作为，进一步提升实施商标战略层次。积极协调组织在重点区域、重点企业宣讲商标法规知识，兴办商标战略大型专题讲座，增强商标意识，按照《郑州市关于进一步深入推动商标战略实施意见》，主要领导和业务科室主动上牵下引，将商标战略实施工作上升到政府层面，县领导带有关人员到省工商局商标处汇报情况，接受业务指导；鼓励企业参与著名、驰名商标的培育申报工作。2014年全县新增河南省著名商标3件，再创历史新高。

【网格化管理】 2014年，中牟县工商局全面推行网格化精细管理，以具体工作岗位为基础支点和基本单元格，对各工商所、各岗位的执法监管服务等各项职责分工进行界定，进一步明确责任、任务，局领导、机关人员带头下沉村组，发挥工商网格协管员的特别优势，发现非法经营行为等实现全覆盖、无缝对接。网格化管理工作再次获得全县职能部门第一名的好成绩，被县长效办确定为示范单位，创建的“一拖四”工商网格协管员，使网格管理触角深入基层各点，受到县领导的好评，并指示在全县推广运用。网格化管理以点带面，对口帮扶的联系点——黄店镇岗陈村，县工商局领导班子两次带队走访调研，探索“岗陈工商之路”，与村干部、村民群众共谋发展思路，引导其发展养殖业和农产品加工微型企业及农民专业合作社，实现创业带就业、创业带致富。网格员徐亮进村入户，发现几处30—40亩农田无水井，造成全村近200亩农作物减产或几乎绝收后，捐出工资和借资1万元，为岗陈村打2眼机井，村民们将这2眼机井命名为“爱心井”，《郑州日报》、郑州电视对此作专访和报道。

（审核：王平一　撰稿：何铭功）

质量技术监督

质监局局长　李义柱

【概况】 2014年，中牟县质量技术监督工作紧紧围绕河南省质监局“抓质量、保安全、促发展、强质监”和郑州市质监局提出的处“首善之地”、创“首善之举”、建“首善之局”的方

针，树立科学发展观，不断强化中心意识、大局意识和服务意识，促进业务工作开展，名牌战略、服务企业、执法打假、食品及特种设备安全等项工作得到社会认可，赢得企业赞扬，受到县委、县政府及郑州市质监局的表彰，各项工作取得跨越式发展。

【产品质量监督管理】 2014 年，中牟县质监局对机动车安全技术检验机构开展监督检查。对省质监局批准的机动车安检设置规划 3 条筹建报名单位公开进行评审；重视产品质量不合格后处理工作。对 4 家企业下达产品质量检查结果告知书，并对企业生产的不合格产品进行专项检查，下达责令整改通知书，要求限期整改。

【食品质量安全监管】 2014 年，中牟县质监局开展食品添加剂、魔爽烟、烤鱼片、速冻食品、玉米制品、熟制花生、白酒、生产使用明胶企业、农村食品、鱼肝油和瓶桶装饮用纯净水专项检查等 11 个专项检查行动。出动执法人员 172 人次，车辆 30 台次，检查企业 22 家次，处理申投诉 26 余起，下达整改通知书 33 份。

【特种设备安全监督】 2014 年，中牟县质监局开展春节、“两会”、“五一”、“十一” 期间安全大检查，检查使用单位 121 家，下达指令书 26 份；开展液化石油气质量安全专项整治活动，检查充装单位 4 家，查处 1 家涉嫌掺混 “二甲醚” 充装单位；办理安装告知 171 份，注册特种设备 91 台。

【地方标准制订】 2014 年，中牟县质监局充分发挥质监优势，积极服务地方政府中心工作。县行政审批服务中心（办事大厅）国家级服务标准化试点项目落户中牟。在省、市质监局指导下，县质监局和县服务审批中心集中对 446 项标准进行整理，新制订标准 71 项，更新现有标准 206 项，删减标准 97 项，修改后的新标准体系包含 3 大体系、19 个子体系的 396 项标准，受到县领导的充分肯定。

【计量监督】 2014 年，中牟县质监局检定电能表 7200 块，燃气表 1.3 万块，燃油加油机 980 台，水表 6100 块，检定天平 110 台，B 超 45 台，血压计 180 台，校准测试各类热工设备 93 台，压力表 320 块；受理委托各类食品 2300 个批次，检验 465 个批次。监督抽查企业定量包装商品净含量 25 个批次，对辖区内超市定量包装商品净含量抽查 38 个批次；与郑州市检测中心配合对辖区内可燃气体报警器检定 68 台，加气枪 25 台，对辖区内商砼拌混站计量器具检定 125 台（件），验配眼镜专用计量器具 36 台，企业专用定量灌装机 25 台。与郑州市检测中心、中牟县交警大队完成辖区内道路交通监控设备的检定，检定电子警察 515 道。

【组织机构代码办理】 2014 年，中牟县质监局办理组织机构代码证书 2229 份，换证 478 份，受理年度报告 2171 份，迁出 133 份，挂失 8 份，废置 68 份。

【严格依法行政】 2014 年，中牟县质监局依靠网格化管理模式的便利，查处食品生产加工点 18 家，立案 7 起，拆除设备 2 套，责令改正 9 家；进行农资打假专项执法检查，查处农药违法案件 3 起；查处伪造他人厂名、厂址生产家具企业 6 家，下达责令改正通知书 6 份；检查汽车 4S 店、汽车饰品店 7 家，汽车零部件生产企业 7 家，立案 2 起；对县域内 8 家饲料生产企业进行执法检查，立案 2 起。

【履行业务职能】 2014 年，中牟县质监局围绕汽车产业园区建设，大力做好国家级汽车及零部件质检中心筹建工作。将其作为服务地方经济建设和提升技术监督基础建设的首要任务来抓，积极向郑州市质监局和中牟县政府汇报，并得到郑州市政府的高度重视。9 月在市工业经济科技和安全生产领导小组会议上，原则通过关于筹建国家汽车及零部件质量监督检验中心相关问题。该项目计划分两期实施，一期为零部件检验项目，投资8000万元（不含土地费用），争取一年半完成实验室基本建设；二期规划建设整车检测项目。郑州市质监局和中牟县政府达成初步协议，由中牟县无偿提供600亩土地，并负责办公楼、研发中心、检测厂房的建设和装修；郑州市质监局自筹5000万元，用于手续报批、规划、评审等，同时由市质监局提请市政府支持项目建设资金3000万元用于检测设备购置。各项工作稳步向前推进。

打牢基点，加强计量监督，做好质量兴县工作。为保证道路交通技术监控设备记录的数据准确有效，中牟县质监局开展辖区内道路交通监控设备检定。一是积极协调，由县财政划拨专项资金40万元；二是得到市质监局检测中心及中牟县公安局的大力支持。市中心派出鉴定人员，检定监控设备515道，合格495道，合格率96.1%，对不合格的设备，中牟县质监局要求安装单位限期调换及修理，待检定合格后使用。此项工作受到县领导和群众的认可。中牟县质监局把实施名牌战略作为一项突出的战略任务，把质量振兴工程工作的立足点和着力点牢牢定位在培育名牌、创建名牌和宣传名牌上。经过努力，有5家企业获得县长质量奖，1家企业获得河南省名牌，4家企业申报河南省质量诚信企业。

（审核：马彦群　撰稿：贺　潜）

审计监督

审计局局长　马建民

【概况】　2014年，中牟县审计局完成审计项目55个，其中，完成专项审计（调查）项目2个，专项资金审计调查17个，本级预算执行审计2个，经济责任审计27个，财政财务收支审计6个，财政决算审计1个。查处各类违规违纪资金19526万元，管理不规范资金242588万元，非金额计量问题6个，应上缴县财政5923万元，提出审计建议113条，有力地维护中牟县经济工作秩序，为中牟县经济发展繁荣保驾护航。

【土地出让收支和耕地保护情况审计】　根据上级安排，中牟县审计局派出审计组，自2014年5月21日至6月12日，对新郑市失业保险基金的征缴、管理、使用及结余情况进行审计。8月18日至10月30日，配合审计署驻郑特派办对商丘市土地出让收支和耕地保护情况进行审计。11月至12月，配合省审计厅参加平顶山检察院检察长刘新年离任经济责任审计。所有外出审计项目圆满结束。

【本级财政预算执行审计】　2014年，中牟县审计局在本级审计中查出隐瞒转移截留预算收入84450万元、财政收入核算不实6376.18万元、财政支出核算不实5748万元、管理不规范资金233579.87万元。在对县地税局的税收计划执行审计中，查出违规资金72.4万元。通过审计发现预算执行和其他财政收支中还存在一些违规和管理不规范的问题，需要通过加强管理和深化改革逐步解决。

【经济责任审计】　2014年，中牟县审计局按照“积极稳妥、量力而行、提高质量、防范风险”的工作方针，积极推进经济责任审计工作，促进经济责任审计不断深化。根据县委组织部委托，中牟县审计局完成27名科级干部经济责任审计，审计查出违规资金6397万元，管理不规范资金2829万元，应上缴县财政148万元，提出审计建议58条。

【专项资金审计及专项审计调查】　2014年，中牟县审计局完成专项资金审计及专项审计调查项目19个，查出违规资金12052万元，管理不规范资金5812万元，应上缴县财政5539万元，非金额计量问题2个，提出审计建议35

条。通过审计，揭露和纠正各专项资金管理中存在的问题，确保专项资金的安全使用和及时到位，促进专项资金管理部门加强资金管理，做到专款专用。

【重点投资项目审计】 2014年，中牟县审计局完成政府投资建设项目审计60个，审计建设项目资金145568万元，为政府节约建设项目资金14016万元，有效遏制建设工程中高估冒算等不规范行为，使各项建设资金效能得到充分发挥。

（审核：朱永娥　撰稿：陈志霞）

安全生产管理

安监局局长　王梦醒

【概况】 2014年，中牟县安监局以深化改革为动力，以安全生产网格化管理为抓手，以安全中牟创建活动为载体，坚持科学发展、安全发展，坚守安全生产“一条红线”，不断强化党政同责、一岗双责、齐抓共管“三项要求”，注重预防、狠抓治本，依法治理、夯实基础，深入开展安全生产各项工作，有效防范遏制了重特大事故。全县安全生产继续保持平稳态势，为构建“平安中牟”，推进新一轮跨越式发展，创造良好的安全生产环境。2014年，中牟县发生各类安全生产事故47起，其中道路交通事故17起，火灾事故30起，死亡10人，均为道路交通事故死亡，死亡人数占市政府下达中牟县年度总控制指标13人的76.9%，没有发生工矿商贸企业事故和较大及以上生产安全事故。

【强化安全生产主体责任】 2014年为严格落实安全生产“党政同责”和“一岗双责”制度，县政府与全县14个乡镇办和39个安委会成员单位签订安全生产目标责任书，要求各有关单位将目标任务层层分解，形成一级抓一级、逐级抓落实的目标责任体系，确保安全生产工作目标明确、责任清晰，有力促进安全责任的全面落实。

【安全创建活动】 2014年，中牟县政府下发《安全中牟创建2014年行动计划》，要求扎实推进安全生产基层基础建设。在广惠街、刘集镇、青年路等开展示范点建设，以示范点为标准，在全县全面开展安全创建工作。2014年底，全县277个行政村（社区）中有180个行政村（社区）达到安全和谐型村（社区）的标准，完成65%的创建目标。交通、教育、旅游、消防、水利、农机、建筑施工、烟草、电力等9个行业达到安全发展型行业创建标准；14个乡镇（街道）的安监机构全部完成创建任务。

【重大危险源管理】 2014年，中牟县有3处重大危险源，即位于姚家镇罗宋村的3个烟花爆竹仓库，认真落实登记、评估、申报与监控制度，建立动态数据库。中牟县安监局和有关乡镇安监人员严格按照《河南省重大危险源监督管理办法》，完善跟踪监控、分级负责的监控机制，定期、不定期对其进行安全监管。

【应急管理】 2014年，中牟县安监局修订完善《中牟县安全生产事故灾难应急预案》和32个应急救援专项预案，使预案更具有操作性。对全县各行业、各部门的应急救援力量调查摸底，充分利用和整合现有的应急救援资源，提高救援装备水平。2014年，中牟县组织消防大队、学校、商场、医院、化工企业举行多次应急救援演练，有效提高应对各类突发事故的能力。

【安全生产宣传】 2014年，中牟县安监局围绕“强化红线意识、促进安全发展”这一主题，深入开展全民安全教育日、安全生产隐患排查治理、应急预案演练、安全生产集中培训等一系列活动，动员全社会更加关注、广泛参与、积极支持安全生产工作，努力营造浓厚的社会氛围。在6月16日安全生产宣传咨询日活动期间，37个参加单位，设立咨询台74个，制作宣传板面88块，悬挂宣传横幅300条，发放安全知识宣传资料、读本10万余份，解答群众提出的问题5万多条，受教育群众达2万余人，进一步提高广大群众的安全生产意识。

【安全隐患排查和专项整治】 2014年，中牟县安监局组织开展春节、清明节、“五一”期间的安全生产大检查，分别对危险化学品、烟花爆竹、道路交通、建筑施工、公共聚集场所消防、冷库、冶金、建材、校园安全等重点行业和领域进行专项整治，认真排查事故隐患。对查出的事故隐患，及时建立档案，明确整改措施、整改时限和整改责任。集中开展“六打六治”打非治违专项行动，集中打击、整治表现突出的非法违法、违规违章行为。全县组织执法检查组17个，参加执法检查人员2066人次，检查企事业单位和场所1020家次，组织开展跨地区、跨部门联合执法28次，开展暗查暗访36次，打击六类非法违法问题112起，有效规范全县安全生产秩序和企业安全生产行为。

（审核：王梦醒　撰稿：李成苹）

统计工作

统计局局长　李广柱

【概况】 2014年，中牟县统计局以贯彻落实党的十八大，十八届三中、四中全会精神为引领，以实现三个提高为工作目标，进一步统一认识，拉高坐标，围绕“五个一流”，真抓实干，务实创新，各项工作都有质的飞跃，为全县经济跨越式发展提供有力数据支撑。

【大型普查】 2014年，中牟县经济普查办公室结合县情认真制订经济普查各项工作细则，精心组织，周密安排、部署各阶段经济普查工作任务。在700多名普查工作人员的积极努力下，完成第三次全国经济普查各阶段工作任务。截至2014年底，全县普查登记单位32536家。其中法人单位2717家，产业单位613家，个体29206家。普查结果符合中牟实际，真实、准确地反映全县经济社会发展现状。

【专项调查】 2014年，中牟县统计局按照省、市统计部门的要求，开展住户调查、价格调查、月度劳动力调查、住宿设施调查、采购经理调查、“百村千户”调查等专项调查工作，还与汽车产业园区联合开展园区企业基本情况调查、与县纪委联合开展工作满意度民意调查、与县委组织部联合开展党的群众路线教育民意调查等10多项统计调查工作。尤其是人口抽样调查工作，8月开始，根据国家、省、市人口与城镇化抽样调查方案要求，完成机构组建、经费落实、抽取样本、选调和培训调查员、编制户主姓名底册、正式入户登记等各项工作，较好完成人口与城镇化抽样调查阶段性工作任务。

【统计基础规范化建设】 2014年，中牟县政府印发《关于印发中牟县深入开展统计基础建设提升年活动实施意见的通知》，提出开展“八有”“八化”规范化建设提升年活动，重点做好“两个延伸”工作。一是向村级延伸，加强村级统计规范化建设，完善村级统计工作制度，在青年路街道西街村建成村级统计办公室标准化试点，并将试点向全县推广，建成村级统计办公室28个；二是向企业延伸，继续推进“四上”企业统计基层基础建设达标工作，在郑州市玉笋房地产有限公司建成企业统计办公室标准化试点，并向全县推广，建成企业统计办公室18个。

【统计数据质量控制】 2014年，中牟县统计局按照省、市统计部门的总体部署，紧紧围绕县委、县政府的中心工作，坚持以科学发展观为统领，以提高统计数据质量为核心，全面推行数据分级审核制度，在以往数据质量分级评估制度的基础上，利用局域网建立月度综合数据库，实现纸质报表与电子质同步流转；继续实行各专业数据会审制度，定期召开各专业数据联审会议，加强不同专业不同指标间的审核；严把源头数据质量审核关，建立和进一步完善统计数据质量控制办法，继续强化对基层数据的审核工作；加强对各专业数据质量检查，对230多家企业单位进行数据质量检查；加强对项目库、基本单位名录库的管理核查工作。通过一系列的数据评审监管等工作，各专业统计数据质量明显提高，较为客观地反映了全县经济社会发展水平，为领导科学决策提供大量准确、及时的统计信息参考。

【统计队伍建设】 2014年，中牟县统计局开展3次培训。一是组织乡镇办统计分管领导和统计人员培训，在中牟党校举办2014年乡镇办统计业务知识培训班，全县14个乡镇办、5个园区的分管统计领导和统计员60余人参加培训；二是组织“四上”企业统计人员业务培训，9月将统计业务培训向“四上”企业推进，对230多家企业统计人员进行统计法律法规和统计业务知识培训；三是组织全县统计干部素质提升培训，10月在郑州师范学院统计学院进行为期一周的综合素质提升培训，县统计局机关干部及乡镇统计信息中心主任60余人参加。

实施素质提升工程。中牟县统计局采用“1+1+1”的模式，着力提升统计工作能力。第一个“1”是开办统计大讲堂，开展业务轮讲活动，要求每个科室、每个专业和每个人员都积极参与讲业务；第二个“1”是在讲业务的同时，讲政治、历史、国学、管理、军事等综合知识，提高人员整体素质，并做到年初制订学习计划、年中逐一落实、年终做好总评；第三个“1”是结对帮教，要求每个统计人员分别联系一个企业的统计工作者，定期到企业面对面进行业务指导。统计大讲堂举办50余期，带动中牟县统计局整体业务水平的提升，形成比学习、比思路、比工作的浓厚氛围。

组织实施大考核。中牟县统计局突出专项考核，重点考核信息宣传、调研分析和干部下基层情况；突出综合考核，每季度组织述绩评议，现场点评，现场测评；突出对乡镇的考核，研究出台《加强对乡镇经济发展指标考核的意见》和《加强乡镇统计规范化工作意见》，每半年通报排名一次，促使乡镇各项统计任务的落实。

【信用体系建设】 2014年，中牟县统计局成立信用体系建设办公室，并明确1名副职分管，1名业务能力强的人员具体负责。建立互通信息的信用征集网络，并制订《中牟县企业信用信息征集目录》和《中牟县企业信用信息征集工作方案》，确定成员单位信息联络员，建立工作群。个人信用信息数据库建设取得初步进展，重点人群基础信用信息入库，涵盖司法局、财政局、建设局等部门掌握的律师、会计师、资产评估师、工程质量监理师等2038人。信用信息平台建设列入预算。

【“四上”企业入库】 2014年，为全面客观地反映中牟县经济运行情况，中牟县统计局抓好新增企业入库申报工作。县委常委、常务副县长李文岭专门签发以政府办名义发文，把“四上企业”入库工作列入政府目标考核，并定期发布政府督查。中牟县统计局局长李广柱把“四上”企业申报工作纳入重要议事日程，每月申报开网日亲自部署，听取各专业情况汇报，要求各专业结合名录库资料，做到有凭有据，有的放矢。

牵头联系发改委、工信局、商务局、住建局、房管局等单位，全面加强部门协调配合，交换相关信息，对企业申报工作中遇到的疑难问题，及时与统计局专业人员沟通请教，确保企业申报一次成功。

对新申报的企业实地查看，实地看企业规模、财务报表、统计联网直报条件等，严格执行“四上”企业审批标准要求，切实把好新增企业入库关。

对于新申报的企业统计员，各专业进行一对一培训，详细解释报表内容，对他们上报的数据进行重点审核和关注，确保数据上报质量。

2014 年底，中牟县成功申报 121 家企业，排在郑州市 6 县市前列。

【统计法制】 2014 年，中牟县统计局以宣传贯彻实施《统计法》为中心，以强化统计执法为重点，以提高依法统计能力为立足点，坚持普法与执法相结合，坚持检查、巡查与基础建设相结合，坚持健全执法队伍与强化执法监督相结合，加大查处案件力度，为提高政府统计能力、提高统计数据质量、提高统计公信力提

"走进统计"邀请省、市、县人大代表座谈

供更加坚实有力的法制保障。一是开展丰富多样的统计法制宣传。利用"第五届国家统计日"及借助政府领导依法行政培训、第三次经济普查、统计年定报工作会议和统计从业资格培训等，适时进行统计法律、法规知识宣传及培训，不断提高全社会依法统计的意识和能力。二是加强执法检查力度。在全县以常规检查与突击检查相结合的方式开展执法检查活动，切实增强广大统计对象依法统计的自觉性，营造良好的统计执法环境，为统计数据的真实可靠提供保障。

【统计服务】 2014 年，中牟县统计局围绕全县经济工作中心，积极开展"大调研"和"五个走进"（即走进园区、走进企业、走进市场、走进社区、走进乡村）活动，强力推进"三个三分之一"工作法，重点在"三区"和"10+2+1"工程建设、三大主导产业发展、产业转型升级和结构调整（服务业）、城乡一体化（新型社区建设）等方面，以及社会大众普遍关注的民生问题、环境治理等方面深入调查研究，撰写出高质量的统计调查报告，找准问题，积极建议，切实提高经济运行形势研判和预测预警能力，当好县委县政府和各级领导的参谋助手。

深入调研分析，撰写统计分析和信息 307 篇，其中，《强化基础建设激活统计一盘棋》《坚持"三化"协调发展建设"都市型"田园城市》两篇文章在《中国信息报》上刊登；《统计员下基层为企业送数据》在《东方今报》上发表；《中牟县现代农业发展报告》被郑州市委办公厅评为优秀报告；《关于对小微企业发展现状的调研报告》得到县委书记路红卫的重要批示，《中牟县服务业现状分析》等 6 篇调研获县主要领导批示，并把所提建议列为县委办督办事项定期汇报，有力促进中牟县服务业统计工作的开展。

中牟县统计局时刻关注全县经济社会发展的苗头性、趋势性、拐点性情况，时刻关注经济动态变化，时刻为宏观调控做准备，时刻保持统计工作的主动性，及时解决苗头性、倾向性问题。特别是对"十二五"规划确定的重点项目、小微型企业、科技创新、节能环保、战略性新兴产业、"三农"和社会民生等重点领域，开展调研，定期分析总结，突出月度数据、突出分析时效性，突出分析的"快""准"，及时为各级领导把握形势、科学决策提供参考依据。

"走进园区"宣传统计工作

密切关注需求，服务统计对象。一是在服务方式上变被动服务为主动服务，增强统计服

务的时效性。二是在服务内容上通过及时快捷的统计分析资料为县委、县政府领导决策提供有深度、有见地、有价值的参考资料，用高质量、高水平的统计服务赢得领导对统计工作的肯定和重视，坚持做到在月度分析上求“快”、在预测分析上求“准”、在专题分析上求“精”、在对比分析上求“深”。三是在统计服务对象上变单一对象服务为对全层次服务，每月按时对外提供《中牟经济动态》等统计资料，同时做好各项统计数据的对外咨询服务，向各级领导及社会各界提供科学翔实的统计资料，还经常为领导和相关部门加工整理、分析临时急需的统计资料和信息，使统计对上服务与对全社会服务有机结合，赢得社会各界的认可和肯定。

实施“四个走进”，服务社会需求。一是“走进统计”。以统计开放日为契机，邀请县党代表、人大代表、政协委员和媒体代表等参加座谈会，向各位嘉宾介绍统计工作的基本情况，重点讲解 GDP、在岗职工平均工资、城乡居民收入、居民消费价格指数等社会公众比较关注的指标的内涵和范围。二是“走进商场”。向各商户宣传居民消费价格统计及如何采价的有关内容。三是“走进社区”。向社区住户宣传居民收入统计及如何记账的有关知识。四是“走进园区”。向园区内企业宣传统计“四大”工程等方面的内容。

（审核：刘记坤　撰稿：许文秀　张琳楠）

调查工作

中牟调查队队长
王青云

【概况】 2014 年，国家统计局中牟调查队（简称中牟调查队）坚持以科学发展为主题，以提高数据质量为中心，深入贯彻全国统计工作会议精神，全面落实上级工作部署，牢固树立国家使命意识、国家责任意识、国家担当意识，坚持教育实践活动与调查工作两手抓两促进，严格按照拓展“四大工程”的要求，持续推进调查工作“三化”建设和现代化服务型调查建设。

【国家调查】 2014 年，中牟调查队承担的国家调查任务有城乡一体化住户调查、农民工监测调查、农户固定资产投资调查、农产品生产价格调查、主要农产品中间消耗调查、农产品集贸市场价格调查、农产量调查、主要畜禽监测调查、小微商业调查、小微服务业调查等。10 月底增加新设立小微企业及个体户调查、小微建筑业调查两项专业。其中，城乡一体化调查有调查点 10 个，每个调查点涉及 10—12 个调查户，农民工监测调查有调查点 9 个，与城乡一体化调查的农村调查点共用 1 套网点，受区划调整的影响，结合专业方案要求，2014 年样本点进行更换，调查户在调查小区范围内进行样本轮换；农产品生产价格调查对象为 20 个普通农户、16 个规模户（生产大户），主要农产品中间消耗调查对象为 12 个普通农户、10 个规模户（生产大户），其中部分调查户涉及 2 项调查；农产品集贸市场价格调查主要采集城东集贸市场部分农产品价格情况，每月固定时点

深入田间地头开展夏粮预产调查

持手机入市场采价上报；农产量调查包括 21 个开展卫星遥感测产调查网点，涉及全县 11 个乡镇，21 个行政村，主要包含夏粮预实产、秋粮预实产等常规工作；主要畜禽监测调查包括 4 个养殖小区、117 个畜禽生产企业（养殖大户），在全县每个乡镇（街道办）均有调查点，年底通过摸底调查，全面掌握企业增加与消亡

情况，及时、准确提供反映畜牧业生产发展情况；新设立小微企业和个体经营户、小微商业调查、小微服务业调查、小微建筑业主要调查抽中样本单位的基本情况、经营状况，以联网直报的形式上报。

【地方调查】 2014 年，中牟调查队承担地方调查任务 2 项，分别为城乡一体化住户调查、农户固定资产投资调查。其中，城乡一体化住户调查有乡乡调查点 42 个，每个调查点涉及 10—12 个调查户，调查目的在于推算中牟县分乡镇（街道）城乡居民收支调查数据，以季报形式上报；农户固定资产投资调查有县水平调查点 11 个，乡镇调查点 36 个，每个调查点涉及 10—12 个调查户，与城乡一体化住户调查点一致，调查目的在于反映中牟县全县及分乡镇（街道）农户固定资产投资情况，以年报形式上报。

【专项调查】 2014 年，中牟调查队开展河南省党风廉政建设和反腐倡廉民意调查、第三次经济普查个体经营户抽样调查 2 项专项调查，第 1 项为河南省纪律检查委员会委托的调查任务，第 2 项是按照河南调查总队第三次全国经济普查工作部署，以全县范围内所有从事第二产业和第三产业生产经营活动个体经营户为抽样调查总体而开展的调查。

党风廉政建设和反腐倡廉民意调查，目的在于深入了解和把握当前人民群众对党风廉政建设和反腐败斗争状况的意见和看法，正确估价反腐败斗争形势，为党和国家制订有关政策提供参考依据。通过采用住户规模比例法，按照随机等距抽样原则，在全县抽中调查户 150 户，包括 5 个社区 50 户城镇居民和 5 个行政村 100 户农村居民，以现场调查、现场密封的形式消除调查对象思想顾虑，确保问卷客观真实。

第三次经济普查个体经营户抽样调查，是抽取一定数量的个体经营户作为样本进行深度调查，对个体户登记的基本情况进行核实，推算个体经营户的分行业、分地区的相关经济数据。根据河南省三经普个体户调查抽样方案要求，抽取中牟县 13 个乡、镇（街道办）25 个村委会作为样本小区，全县 2196 家个体户样本涵盖住宿、餐饮、批发、零售、运输、建筑、医疗等行业。这次调查充分运用现代信息技术，全面采用手持电子终端设备和电子地图，实现个体户调查数据的采集、报送、处理等手段的自动化、电子化，提高调查的信息化水平。

中牟调查队还完成“千村调查”、长效机制落实情况调查等临时性调查任务。通过对这些社会广泛关注、群众反映强烈的民生问题的调研，进一步发挥调查队服务政府的作用，通过深入实际、联系群众，切实改进调查工作作风，努力打造现代化服务型统计。

【调查工作改革】 2014 年，中牟调查队在第三次经济普查个体经营户抽样调查中，初次采用电子终端设备 PDA 进行现场调查，将个体经营户普查表加载到 PDA 中，采样工作完成后，再由调查人员将数据直接发送至数据接收平台。继集贸市场手机采价后，再次将移动设备应用于实际调查业务，实现数据调查的电子化、智能化。

河南调查总队工作组到中牟开展报表测试评估试点工作

5 月，国家统计局有关人员到中牟开展基层统计报表可行性测试评估工作，中牟调查队专业人员、村辅助调查员认真参与测评，对当前的调查报表提出建议，使报表问卷更简单直接、更具操作可行性，进一步促进调查效率的提高。

（审核：王青云　撰稿：丁聪聪）

编辑：赵玉杰

教育　体育

综　述

教育体育局局长
陈赞枝

【概况】　2014年，中牟县有各级各类公办学校245所。其中幼儿园42所，成建制小学77所，农村教学点101所，初级中学18所，普通高中3所，中等职业学校2所，特殊教育学校1所，新建郑庵镇春晖社区小学1所。在校生117543人，其中幼儿园23990人，小学58795人，初中18859人，普通高中13039人，中等职业学校2765人，特殊教育学校95人。

中牟县有教职工5645人，其中普通高中教师1052人，职业学校教师291人，初中教师1471人，小学教师2363人，特殊教育教师25人，幼儿园教师443人。有高级教师598人，中级教师2639人，初级以下教师2712人。2014年全县退休教师119人。

2014年，中牟县教育体育局以创文明单位为契机，落实中央八项规定，加强机关各项管理制度建设，切实转变工作作风，提高服务质量。10月，县教育体育局通过省级文明单位检查验收。中牟教育体育事业持续、稳定、健康发展。

教育基础设施建设强力推进。新建改扩建中小学6所，新增学位1650个；新建社区幼儿园4所，新增学位1080个。组织实施中牟县教师进修学校迁建工程、中牟二高图书实验楼项目等7个政府投资项目。中牟二高图书实验楼项目、五初中二期工程、商都路学校附属工程项目均完工并投入使用。全县学校办学条件显著提升，有效改善办学条件，提高教育教学水平。中牟县顺利通过国家义务教育发展基本均衡县验收。

2014年，中牟县第三届运动会暨首届全民健身大会成功举办。三运会是自2006年中牟县举办运动会以来规模最大，参与人数最多，参与群众最广泛的一次大型群众性体育盛会。中牟县教育体育局获河南省全民健身活动先进单位、河南省老年人体育工作先进单位等多项荣誉称号。

2014年，中牟县加大中小学评价体系改革力度，积极实施义务教育教育质量体检与改进提升项目的绿色评价体系，使全县的学业质量分析向分析教师有效的教、学生快乐的学等方面转变。继续重视和加强校园文化建设，充分发挥学生个性特长，积极开展形式多样、内容丰富的第二课堂活动。继续转变职业教育发展模式，深入开展校企合作，加强中职学校专业建设与课程改革，中牟县职业学校就业安置率达到100%。通过与郑州宇通、郑州富士康、郑州东工等企业的合作，为当地企业提供大量优质工作者，积极促进地方经济发展。

全力推进教师队伍建设，建立完善教师长效补充机制。2014年，中牟县公开招聘教师146名。其中农村中小学教师80名（含偏远乡镇定向招聘37名），幼儿园教师66名，及时有效补充新教师，保持教师队伍整体稳定。切实提高农村教师待遇，鼓励更多优秀教师到农村学校从教。在上年对乡镇教师发放生活补贴的基础上，2014年为全县中小学发放班务津贴，规范实施课时补贴。

在保障义务教育阶段就近免试入学的基础上，划定城区学校招生区域，公示学校招生范围和招生政策，接受学生家长和社会的监督。2014年高招，本科一批、二批、三批、专科一批上线人数均位居郑州市属五县（市）第二名。

【经费投入】 2014年，中牟县对教育财政拨款88443.7万元。其中，工资福利支出32994.8万元，包括教师工资、绩效工资、偏远地区教师津贴、班主任津贴等；商品服务支出15540.4万元，包括办公费、水电费等用于维持单位正常运转开支；对个人和家庭补助支出8525.96万元，主要包括抚恤金、学生助学金、住房公积金等；基本建设支出13188.5万元，主要包括房屋建筑建设、基础设施建设和大型修缮；其他资本性支出19218.6万元，主要用于办公设备、专项设备的购置等。

【学校基本建设】 2014年，中牟县新建中小学7所，新增校舍6.02万平方米，新增教学班156个，总投资14780万元。其中，文昌街学校总建筑面积2.3万平方米，48班规模，总投资4500万元；卫民路小学总建筑面积1.4万平方米，48班规模，总投资3680万元；春晖社区小学总建筑面积3500平方米，12班规模，总投资1200万元；福山社区小学总建筑面积5600平方米，12班规模，总投资1500万元；付李庄社区小学总建筑面积3800平方米，12班规模，总投资1200万元；朱固社区小学总建筑面积4500平方米，12班规模，总投资1200万元；土山店社区小学总建筑面积5800平方米，12班规模，总投资1500万元。

改扩建中小学6所，新增校舍2.09万平方米，新增教学班62个，总投资4000万元。其中，城东路小学建筑面积4600平方米，总投资1200万元；荟萃路小学建筑面积2300平方米，总投资500万元；官渡中学建筑面积8400平方米，总投资1500万元；刁家中心小学建筑面积2600平方米，总投资400万元；黄店中心小学建筑面积2800平方米，总投资400万元；刘申庄小学建筑面积1800平方米，总投资300万元。

新建幼儿园2所，新增校舍7000平方米，新增教学班18个，总投资1200万元。其中，郑庵福山社区幼儿园建筑面积3500平方米，9班规模，总投资600万元；雁鸣湖太平庄社区幼儿园建筑面积3500平方米，9班规模，总投资600万元。

改扩建运动场3个，建筑面积2万平方米，总投资1100万元。其中，三初中运动场500万元，四初中运动场300万元，二初中运动场300万元。维修改造校舍3.2万平方米，新建围墙3000米，新建改扩建学校大门6个，新建厕所1500平方米，总投资2300万元。

【基层党建】 2014年，中牟县教育体育局党委下辖党支部29个，包括机关支部1个、二级机构党支部3个、学校党支部25个，有党员1029名，其中正式党员1012名，预备党员17名。接收预备党员17名，教师党员15人，学生党员2人，其中女性教师党员7人，本科以上学历10人。

中牟县教育体育局发展党员工作实现规范化、制度化要求，坚持标准，注重质量，做到成熟一个发展一个；强化培训，提高党务工作者的业务素质，把握做好发展党员工作的关键；优化结构，建立一支数量充足的入党积极分子队伍，做好发展党员工作的基础；注重培养，全面提高入党积极分子综合素质，掌握发展党员工作的重点；健全机制，规范程序，为做好发展党员工作提供组织保证。

加强入党积极分子队伍建设，注重对党外群众的宣传教育，注重对积极分子的管理和培养。2014年，县教体局党委组织各级入党积极分子培训班，培训积极分子200余人次。建立结对帮扶制度、谈心汇报制度、教育培养制度。定期考察积极分子。在5所基层党支部建立党校，为集中培训积极分子及考察积极分子提供便利。

【群众路线教育实践活动】 2014年，中牟县教体局按照中央和省市县的有关部署要求，在工作节奏上先学先行先部署，在工作方式上求新求活求实效，紧紧围绕“为民务实清廉”主题，按照“照镜子、正衣冠、洗洗澡、治治病”总要求，践行“三严三实”，以求真务实的态度、严格规范的标准、求实创新的举措，扎实开展教育实践活动，取得显著成效。

中牟县委副书记楚惠东到县教体局调研党的群众路线教育实践活动

坚持深学，有效增强全局党员干部践行党的群众路线的思想自觉和行动自觉。活动期间，县教体局编发《活动简报》12期，制作宣传展板、橱窗6期，在中牟教育信息网开办教育实践活动专栏并上传信息100余条。实现教育系统党员干部对群众路线的认知和开展的全覆盖。

坚持深查，大力弘扬批评与自我批评的优良传统。一是开门纳谏找问题。县教体局党委成员深入11个乡镇3个街道，分赴28个定点联系学校，广泛调研，征求意见。召开座谈会58场，个别访谈1000余人次，发放意见征求表1070余份，征集书面意见和建议函186份，意见和建议357条次，其中对领导班子“四风”方面的意见和建议116条次，对班子成员“四风”方面的意见和建议70余条次。二是聚焦“四风”找问题。局党委成员认真撰写个人对照检查材料。三是互相批评找问题。局班子成员、局属基层党组织广大党员干部拿起批评与自我批评武器，广泛开展谈心交心，局班子成员互相当场提出批评意见186条。

坚持深改，真正让群众看到实实在在的变化。一是局党委针对查找的六类突出问题制订了28项整改措施。二是细化分解政治机关作风。在着力整改超标准接待、铺张浪费等奢靡之风问题上，县教体局严格控制“三公”经费，2014年，局机关“三公”经费与2013年同期比减少36.37%。三是针对党员干部身上存在的“四风”问题，知错立改，不回避、不护短、不拖延，扎实有效地开展党员干部勤政廉政专项教育整治。

坚持深立，有效推动作风建设制度化规范化常态化。一是注重将教育实践活动与全局开展的“千名党员大家访”“三表率”“五模范”等工作经验相结合，与“最美教师”、焦裕禄等先进人物的精神力量相结合。二是制订局党委改进作风、密切联系群众“四项规定”、加强廉洁自律“十不准”等制度。

坚持深干，将党员干部在活动中焕发出来的激情干劲转化为推动教育发展的强劲动力。2014年，中牟县新建和改扩建中小学6所，新增学位1650个；新建社区幼儿园4所，新增学位1080个。县教体局积极推进普通高中改革，实现普通高中平行招生和高中阶段免费教育。着力打造阳光招生工程，划定城区学校招生区域，公示学校招生范围和招生政策，接受学生家长和社会的监督。

【督导与评估】 2014年，中牟县委、县政府不断加大教育投入，大力推进中小学幼儿园建设，努力提供更多的优质教育资源。①县政府专门成立中小学、幼儿园建设指挥部，设立联席办公会议制度，专题研究和解决中小学、幼儿园规划建设过程中出现的重大问题，各职能部门积极配合，全力推进项目建设。形成政府统筹、部门各负其责的教育工作格局。②定期督导评估。全面落实“以县为主”的教育管理体制，进一步明确乡镇、街道和各相关职能部门的工作职责。加强督导检查，并将学校建设评估结果纳入年终考核，确保教育发展各项工作落到实处。③加大教育投入。继续增加县本级财政中教育事业经费的支出比例，逐年增加县级预算内教育基本建设经费。建立符合中牟县经济发展要求的教育经费投入和管理机制。积极实施和完善部门预算制度，教育事业费和公用经费做到定员定额编制预算，并及时足额拨付。

2014 年 12 月，中牟县接受郑州市政府关于 2014 年县级政府中小学幼儿园建设工作和中小学中等职业学校生均公用经费标准制订及落实情况的督导检查，得到充分肯定。2014 年，经郑州市督学评估，中牟县有 23 所学校达到现代化学校的标准。

2014 年，中牟县 13 所幼儿园（公办 4 所，民办 9 所）通过评估验收。其中，郑州市一级幼儿园 2 所，分别是：郑东鑫成幼儿园、中牟县外国语学校幼儿园；郑州市二级幼儿园 7 所，分别是：狼城岗镇韦滩幼儿园、黄店镇中心幼儿园、狼城岗镇南仁幼儿园、万滩镇中心幼儿园、狼城岗镇树人幼儿园、大孟镇大吕幼儿园、狼城岗镇实验幼儿园；郑州市合格幼儿园 4 所，分别是：黄店镇跨世纪儿童乐园幼儿园、黄店镇金色摇篮幼儿园、黄店镇宝宝乐幼儿园、狼城岗镇好孩子幼儿园。

【安全稳定】 2014 年，县教体局不断创新工作思路，加大校园安全设施投入，狠抓校园、午托部、校车安全隐患的排查，加强对全县中小学、幼儿园安全检查的力度，建立健全“党政同责、一岗双责、齐抓共管”的安全管理制度和长效机制。当年，中牟县教育系统未发生重大安全事故。

2014 年，县教体局下发 15 个有关安全管理的政策性文件。主要有：《中牟县教育体育局关于在全县学校开展校园安全大检查的实施细则》《中牟县教育体育局关于切实做好国家标准 GB/T29315—2012 中小学、幼儿园安全技术防范系统要求贯彻落实工作的通知》《中牟县教育体育局关于在全县学校开展校园安全大检查的通知》《中牟县教育体育局关于在全县学校开展校园安全大检查的实施方案》《中牟县教育体育局关于进一步加强学校安全管理工作的通知》等。

各学校充分利用安全课、校园广播、学校集会、宣传橱窗、黑板报、班会等形式，集中进行包括消防安全、交通安全、集会安全、餐饮安全等内容的安全教育活动，普及安全知识，提高师生的安全意识，增强安全防范技能。2014 年 4 月，在郑州市教育局和郑州晚报社组织的“晨钟杯”第四届中小学生安全知识竞赛活动中，刁家乡中心小学、县直第四初中获得优秀组织奖，中牟县教体局获优秀组织奖，受到郑州市教育局表彰。

县教育体育局每月对校园安全进行综合检查，对学校分类排名。对存在较大安全隐患的学校或幼儿园下发整改通知书，限期整改到位。配合县交警大队，定期抽调警力，在全县设立执勤点，严查接送学生车辆超速、超员、货车载人等违法行为。对全县校车安全检查存在问题以公函的形式向县交警大队移交。对全县午托部安全检查存在问题以公函的形式向县公安局、青年路办事处、东风路办事处、广惠街办事处、县食品药品监督管理局移交。

【学校食品卫生】 2014 年，中牟县教体局认真做好学校卫生防疫工作。3 月，与县卫生局联合下发《关于进一步加强学校结核病控制工作的通知》。6 月，郑州市中小学卫生保健站对中牟县各学校从事学校卫生工作的人员进行培训。7 月，全县非医学专业学校卫生人员到郑州市中小学卫生保健站参加救护知识培训。对全县中小学校、幼儿园的卫生工作进行专项督导检查。认真做好地方病的健康教育工作。各学校将地方病防治知识纳入健康教育课程，开课率达 100%，全年开展 2 次以上健康教育活动。做好师生健康检查工作。委托中牟县卫生防疫站为全县师生进行健康体质检查，免费体检教师 7283 人、义务教育阶段学生 64700 人。

加强学校食堂食品监管工作。对学校食堂所需的大米、面粉、食用油、食盐等大宗商品实行定点采购制度，加强学校食堂从业人员管理，要求炊管人员具有健康证、培训合格证，坚持月检查通报制度，每月，县教体局都组织有关人员对全县学校食堂进行一次全面督导检查。

开展中小学校食堂等级量化评定工作。中牟县中小学校食堂35所，其中一级食堂7所，二级食堂7所，三级食堂11所，不合格食堂10所。

广泛开展健康教育工作。各学校都将健康教育列入教学计划，每学期安排9课时，上课率达100%。县教体局开展“9月防近视月”和“9月20日爱牙日”活动。

【行风建设】　2014年，中牟县教体局严格贯彻落实县委、县政府、县纪委关于党风廉政建设的部署和要求，健全惩治和预防腐败体系，履行职责，实施责任分解，半年和年终两次考核，坚决进行责任追究。狠抓行风建设，优化经济发展环境，推动全县各级各类教育事业的快速发展。2014年受理上级转办、交办案件11起，结案率100%。查结违纪案件2起，受党纪、政纪处分2人。

2014年，中牟县教体局制订年度纪检监察工作要点，修订教体局领导干部党风廉政建设岗位职责，量化分解党风廉政建设任务。积极配合县纪委开展的民主评议学校行风活动，由县纪委纠风办和教体局联合制订《中牟县2014年民主评议学校行风工作实施方案》，成立领导小组，利用学校家长会，局包乡包校领导及人员参与，搜集全县学生信息，广泛征求社会各界意见建议，开展满意度调查，评出民主评议学校行风工作先进单位。加强对领导干部党性和人生观的教育，牢固地树立全心全意为人民服务的观念。坚持校务、政务公开，推进民主化管理。公开教育收费。特别是春秋两季开学后，针对义务教育阶段免费政策的落实，以及非义务教育阶段收费政策的执行情况做大量深入细致的工作。利用收费公示栏，使全县各级公办学校收费情况向社会公示，公示率100%。制订《中牟县中小学校长公开选拔制度》，开通中牟县教体局纪委官方微博“清风中牟教育”，月均发布750条微博，大力宣传中牟县的反腐倡廉工作，接受群众监督，畅通人民群众和政府部门的沟通渠道。

【师德建设】　2014年，中牟县教体局下发《转发〈市教育局关于做好学校与教师签订郑州市中小学教师违反职业道德行为管理责任书〉的通知》《关于推荐中牟县第四届名师、首席教师、县级骨干教师的通知》《关于组织开展2013—2014学年中小学、幼儿园教师职业道德考核工作的通知》《关于组织评选2014年度师德先进个人的通知》《关于选拔市级中小学骨干教师培养对象的通知》《关于组织实施“国培计划（2014）”——河南省农村中小学、幼儿园教师培训项目的通知》等文件。10月15日，在中牟一高西校区组织“2014年郑州市师德巡回报告会”。当年评选出市级师德先进个人21人，县级师德先进个人85人，市级师德先进学校3所，市级家访先进个人10人，市级家访先进学校4所。

【信访稳定】　2014年，中牟县教体局接待受理各类信访举报129件次，其中，政策咨询性质的19件次，上级交办转办11起，自理案件1起，结案率100%。县教体局严格执行《信访条例》，坚持“领导接待日”及领导下访制度，按照“属地管理，分级负责，归口办理，谁主管，谁负责”的原则，结合教育实际，采取有效措施，认真受理日常群众来信来访，做好国家、省、市“两会”及其他重大政治活动期间的安全稳定保障工作，坚决控制越级上访和集体上访，维护教育良好形象。

【治理教育乱收费】　2014年春秋两季开学后，县教体局组织有关人员，分组到各学校督察收费情况。从11月15日开始，县教体局配合物价部门，集中利用1个月时间，在不影响学校正常教学工作的前提下，通过查账核对等方式，对县城3所高中、2所职业学校、5所初中、5所小学、3所幼儿园等18所学校及大孟镇、郑庵镇、官渡镇11个乡镇22所学校2013年以来的收费情况进行检查。检查结果表明，义务教育阶段免费政策执行情况良好。非义务教育阶段均能按照物价部门颁发的收费许可证收费。

【教育宣传】 2014年，中牟县教体局按照团结稳定鼓劲、正面宣传为主的方针，围绕推进教育均衡发展、推进基层课程改革、提高教育教学质量、实现教育惠农惠民、推进教育公平等方面的重要决策和举措，通过策划专版、邀请媒体集中采访等形式对内对外宣传，积极推介全县教育发展的新举措、新成绩、新经验和新面貌，进一步提高中牟县教育的知名度和美誉度。2014年在省市级主流媒体上发表信息357篇、2次组织新闻宣传员培训。对中牟县第一初级中学等19个新闻宣传先进集体、郭宗瑞等19名新闻宣传先进个人予以表彰。

2014年，中牟县教育系统以“两创两争”（创建文明学校、创建文明班级，争当文明教师、争当文明学生）活动为中心，加大工作力度，完善工作机制，认真扎实开展文明创建活动，涌现出一批先进集体和先进个人。其中市级荣誉有7所文明学校、42个文明班级、23个文明教师、70个文明学生。县级荣誉有15所文明学校、106个文明班级、118个文明教师。

【青少年校外教育】 中牟县青少年校外活动中心有建筑面积2000多平方米，设有乒乓球室、舞蹈室、科技室、多媒体室、书法室、美术室等，可同时容纳400多人活动。有专兼职教师18人，特聘省级教育专家周慧玲为中心总顾问，省著名舞蹈专家沙露、郑州大学音乐系主任陈艳为中心艺术顾问。活动中心开展的培训项目有9个，分别是乒乓球、篮球、舞蹈、美术、书法、钢琴、电子琴、少儿声乐、笛子等。

2014年，该中心组织全县青少年乒乓球比赛、舞蹈比赛、课本剧比赛、书画展览，并承办群众性竞赛3次。举办“迎新春”“迎六一”美术绘画书法作品展出活动。结合“雷锋活动月”，开展互帮互助的活动；结合“五一”劳动节，开展社会实践活动；结合“七一”建党节、“八一”建军节，开展有趣的知识问答活动，进行爱国主义教育；还开展安全教育、消防活动等活动。还在节假日开展一批有益的教育活动。

【社会实践活动和保障】 2014年，中牟县教体局在全县大力开展勤工俭学工作，各乡镇、县直各学校根据各校的实际情况制订勤工俭学工作计划，成立相应的领导小组。全年实现活动收益及分配243.69万元。

2014年，在全县中小学积极开展中小学社会实践活动。郑州市教育局对中牟县在中小学社会实践活动中表现突出的29名教师和58名优秀学员进行表彰。中牟县教体局对101名教师和202名优秀学员进行表彰。做好校方责任险工作。中牟县初中、小学参保77753人，高中、幼儿园参保31978人。确保所有学生应保尽保，圆满地完成了2014年度的校方责任险工作。

【教育信息化建设】 2014年，中牟县中小学有1959个教学班，200所中小学除9所小教学点未接入网络，其余全部通过移动光纤接入“班班通”中心机房。全县中小学有计算机教室100个，录播教室3个，4300名专任教师配备备课用笔记本电脑，农村初中配备教师电子备课室24个。教学班除新建、改扩建外基本实现班班通设备全覆盖。

中牟县教育信息网设有《新闻中心》《公示公告》《外埠新闻》《教育动态》《政策法规》《教育政务》《招生考试》《乡镇动态》《热点新闻》《教育时讯》《教育科研》《专题报道》《师生社区》《资源中心》《友情链接》《图片新闻》《教育机关》《体育》18个栏目。中牟县教育信息网2007年在郑州市教育局登记备案。中牟县教育信息网每天新闻更新速度和数量逐年提升，平均每周发布各类教育新闻、信息500余条。

全县5320名教师全部注册“优教通”，学生注册30748人，约3000人经常使用“优教通”系统，进行家校互动及网上作业布置的约160人，“班班通”系统使用率约为60%。2014年，教育信息化课题申报省级课题2个，市级课题2个。

【教育科研】 2014年，中牟县教育科研网络得到完善，11个乡镇中心学校都有教育科研专干，县城各学校成立教科室，乡镇比较大的学校成立教科室。2014年暑假选拔一批有科研能力的优秀教师为学校教科室主任，壮大教科研队伍，充实教科研力量。广大教师的教育科研意识越来越强，科研能力提升。6项课题获准河南省教育科学“十二五”规划2014年课题立项，4项科研成果获2014年河南省教育科研成果奖：二等奖1项，三等奖3项。114项教育科研课题通过郑州市批准立项，34项获郑州市教育科研成果奖，一等奖10项，二等奖12项，三等奖9项。批准立项县级课题立项267项，结项课题165项。中牟县第一高级中学、中牟县第五初级中学、百花路幼儿园、大孟镇岗头桥小学等4所学校获得2014年度郑州市教科研先进单位称号；9名教师获得2014年度郑州市教育科研先进个人称号。

【共青团、少先队工作】 2014年，中牟县教育体育局在深入贯彻落实《关于进一步加强和改进未成年人思想道德建设的若干意见》的基础上，坚持“以人为本”的教育理念，着眼于提高少年儿童思想道德教育的针对性、实效性和主动性，深入开展争当“四好少年”活动，提高少先队员的道德水平。一是以宣传《未成年人保护法》《预防未成年人犯罪法》为重点。广泛开展法律知识进校园教育活动，聘请法制副校长给在校学生讲授法律知识。二是开展“民族精神代代传”“缅怀革命先烈、弘扬民族精神”等一系列主题教育活动。3月，开展慰问所在乡镇孤寡老人活动，帮助老人打扫卫生、洗衣服等。4月，配合县委宣传部在县直一初中组织开展“我们的节日·清明”活动及“清明祭英烈”网上签名寄语活动启动仪式。4月3日，组织全县少先队员1000余人开展“缅怀革命先烈、弘扬民族精神”清明节祭扫活动，为中小学生讲解革命斗争史，让学生了解中华民族近百年来的兴衰历史，培育学生爱国主义的高尚情操。5月，组织开展“助残日”活动，在儿童节期间组织开展“学雷锋，做美德少年”网上签名寄语等系列活动。10月13日，举行“红旗下的誓言”10分钟大队会、“寻找心中的榜样”学生故事会比赛、少先队建队历史图片展、重温建队仪式、家长为自己的孩子戴上红领巾等活动，让他们感受到组织的光荣。在少先队建队日，在全县13422名小学生中开展读书、演讲、征文比赛和中小学生绘画比赛等形式的活动。

将每周1课时的少先队活动课在中小学普遍落实到课表上，并将少先队活动课开展情况纳入督导和检查。在深化试点工作的基础上，鼓励各校申报试验示范校，鼓励基层少先队组织积极创新，组织开展教研活动、案例征集、互观互检、成果展示等，推动课程的深入开展。利用红领巾社团开展带有一定特色性质的少先队活动课。8月举办中牟县少先队辅导员风采大赛，有多个郊县（市）区的同行前来观摩。

2014年，县教体局新建乡村学校少年宫6所，刁家乡中心小学、黄店镇第一初级中学、郑庵镇第一初级中学3所学校获得中央、省级彩票公益金支持，每校获得20万元资金支持，进一步完善学校乡村少年宫设施。

县教体育局深入落实团中央、教育部、全国少工委《关于印发〈少先队总辅导员设置管理办法（试行）的通知〉》全面推进各级少先队辅导员的配备工作。实现每位辅导员每年72小时培训目标，完善辅导员分级全员培训机制。开展辅导员交流、研讨、联谊活动，增强辅导员的组织归属感；组织优秀辅导员参加省市少先队辅导员风采大赛。培树典型、大力选树、宣传好优秀少先队辅导员的典型和事迹。

【贫困师生资助】 2014年，中牟县教体局筹措解困金6万余元，春节前对63个困难教职工进行慰问。开展“金秋助学”活动，对考上大学的特困教师子女捐资助学16万多元，资助40名学生，每生4000—5000元。县教育工会联系中牟县慈善总会和企业在教师节来临之时为全县55名困难教师每人发放救助金5000元，为全县270名优秀教师每人发放奖金600元，为全县幼儿园和部分小学配备冰柜价值20多万元。投入金额16万元，资助幼儿教师16名；投入资助金额14.3万元，资助患病教师26人。

中牟县教体局加大生源地贷款宣传力度，实现应贷尽贷。利用宣传板面、宣传页进行宣传，使所有在校高三毕业生人人皆知。利用中牟县教育信息网、中牟电视台、《郑州晚报》、中牟资助微信平台和中牟资助微博等宣传生源地贷款政策。2014年，有641名大学生享受到社会救助188.5万元；中牟生源地助学贷款完成101份合同，合同金额80.2万元。

2014年春季高中助学金资助2598人，资助金额182.225万元；秋季高中助学金资助2454名学生，资助金额177.775万元。2014年春季中职助学金资助516人，资助金额38.7万元，有2414人享受国家免除学费156.905万元；2014年秋季中职助学金资助788人，资助金额59.1万元，有3506人享受国家免除学费244.2075万元。学前教育，资助幼儿20465人，资助金额409.3万元；资助家庭经济困难幼儿58.2人，资助金额58.2万元；利用中央学前奖补资金301万元，资助学生3010人。

配合郑州市教育局做好低收入子女先天性心脏病手术资助。配合县妇联资助8名女童，资助金额1.2万元；资助112名大学新生路费及生活补助7万元；资助低保子女考入大学学生40名，资助资金32万元。

基础教育

【进城务工农民子女入学】 2014年，中牟县教体局充分发挥全日制公办中小学的接收主渠道作用，确保进城务工农民子女全部入公办学校就读。全日制公办中小学充分利用和挖掘教育资源，按照相对就近入学的原则，尽可能多地接收进城务工就业农民子女就学，有招生能力的学校不得拒收进城务工就业农民子女。进城务工就业农民子女入学经县教育行政部门审查同意，安排到指定学校就读。学校原则上将其与城市学生混班组织教学。为在校的进城务工就业农民子女办理学籍，其毕业和升学参照当地有关借读生的规定执行。维护接受义务教育进城务工就业农民子女的正当权益，在评优奖励、入队入团、课外活动等方面，学校做到进城务工就业农民子女与城市学生一视同仁。加强与进城务工就业农民子女学生家庭的联系，及时了解学生思想、学习、生活等情况，帮助他们克服心理障碍，尽快适应新的学习环境。全日制公办中小学校接收进城务工就业农民子女接受义务教育，收费与当地学生一视同仁，到当地教育行政部门安排的公办中小学就读免收借读费。全年安排进城务工子女入学1811人，其中小学1170人，初中641人。

【学前教育】 2014年，中牟县注册幼儿园103所，其中公办42所（县城7所，乡镇35所），占全县幼儿园总数的40.8%；民办61所（县城22所，乡镇39所），占全县幼儿园总数的59.2%。全县在园幼儿23990人，公办园在园人数10169人，占全县在园幼儿人数的42.4%；民办园在园人数13821人，占全县在园幼儿人数的57.6%。2014年，中牟县学前三年入园率75%，学前一年入园率93.8%。2014年中牟县有省级示范园3所，市级示范园3所，市一级幼儿园6所，市二级园13所，合格园19所。

2014年，中牟县9所新建乡镇公办幼儿园投入使用，分别是：刁家乡水沱寨幼儿园、郑庵镇春晖幼儿园、狼城岗镇瓦坡幼儿园、狼城岗镇青谷堆幼儿园、雁鸣湖镇朱固社区幼儿园、雁鸣湖镇中心幼儿园、官渡镇西吴幼儿园、官渡镇店李口幼儿园、官渡镇周庄幼儿园。其中，郑庵镇中心幼儿园搬入新园址，更名为郑庵镇春晖幼儿园；雁鸣湖中心幼儿园搬入新址，更名为雁鸣湖镇朱固社区幼儿园。

开展“百园扶百园”幼儿园结对帮扶活动。充分发挥省、市级示范园的示范、引领、辐射作用，提升城区、农村、民办薄弱幼儿园的办园水平。完成第一期学前三年行动计划各项既定目标。制订二期三年行动计划——《中牟县学前教育三年行动计划（2014—2016 年）（讨论稿）》。

2014 年，中牟县举办幼儿教师说课和自制玩教具 2 项比赛。组织幼儿教师参加郑州市说课比赛，获得一等奖 1 人、二等奖 4 人、三等奖 1 人。在郑州市教育局组织的幼儿教师玩教具制作大赛中，获得一等奖 3 人、二等奖 1 人、三等奖 6 人。11 月底，郑州市学前教育管理信息系统（二期）正式运行。12 月底，中牟县学前机构全部按时、按要求完成系统填报相关工作。

3 月中牟县教体局对全县近 200 名乡镇学前班教师进行专业培训，5 月对全县近 130 名民办幼儿园园长进行培训，10 月对全县 450 名民办幼儿园教师进行培训。

【义务教育】　2014 年，中牟县顺利通过教育部义务教育发展基本均衡县验收。为切实保障全县义务教育均衡发展，县政府制订倾斜政策，突出重点，扶持薄弱，保障县域内所有学校都有共享优质教育资源的机会，最大限度实现区域内均衡发展。通过改善办学条件，全县每所学校的教学设施、仪器设备、图书等资源配置基本均衡，让每位学生享有同等的学习生活条件，有效地促进全县义务教育均衡发展。严格执行国家“两免一补”政策，确保“两免一补”资金及时足额发放到受助学生手中。教师工资实行财政单列，并做到不低于公务员工资水平，认真落实教师绩效工资政策，按国家规定标准及时足额发放。坚持“一要倾斜，二要均衡”的原则编制财政预算，在对偏远乡镇和薄弱学校实施倾斜的同时，结余资金重点用于农村薄弱学校改造。规范招生行为，建立健全义务教育阶段免试就近入学制度，控制城乡学生有序流动。对县城学校实行限规模、限班额政策。同时，将 3 所普通高中计划内招生指标的 60% 均衡分配到全县各个初中，有效稳定农村薄弱初中阶段生源，充分调动农村薄弱初中师生的工作积极性和学习热情，促进初中教育的均衡发展。建立农民工随住子女入学“绿色通道”，实施特殊教育对象接纳“零”拒绝，随来随入，并享受与城市学生同等权利、同样待遇。2014 年，外来务工和农民进城务工随住子女入学率达 100%，残童入学率达 100%，且全部安排在公办学校就读。严格执行国家“两免一补”政策，确保“两免一补”资金及时足额发放到受助学生手中。2014 年，小学、初中公用经费分别按每生每年 630 元和 830 元拨付，全县发放公用经费 4923.3 万元，免课本费 1320.7 万元，免作业本费 154.1 万元，贫困寄宿生生活补助费 544.64 万元。受助人数 4683 人。

【普通高中教育】　2014 年，中牟县有普通高中 3 所，教师 1052 人，在校生 13039 人。普通高中继续实行平行招生政策。按照中招考试成绩，先将前 200 名录取到省级示范性高中中牟一高。前 200 名由于成绩并列实录 203 人。92 名体、音、美特长生录取按照《中牟县教育体育局关于 2014 年普通高中招收体育、艺术特长生的通知》执行。具体情况为：一高和二高体育特长生按专业成绩由高到低录取，四高体育特长生在专业过线的基础上按文化成绩由高到低录取。3 所高中音乐和美术特长生在专业过线的基础上按文化成绩由高到低录取。统招生按分数由高到低实录 1367 人。2014 年普通高中共录取 3022 人，其中统招生 1367 人，分配生 602 人，调录统招生 1053 人。择校生录取：三所普通高中的择校生计划均为 100 人，录取结果是：一高择校线 344 分，实录 90 人；二高择校线 334 分，实录 92 人；四高择校线 341 分，实录 99 人。

2014 年，中牟县高考报考人数 4846 人，一本上线人数 571 人，二本上线人数 1748 人，三本上线人数 2939 人，专科一批上线人数 4735 人。本科一批、二批、三批、专科一批上线人数均位居郑州市属五县（市）第二名。

【德育建设】 2014 年，中牟县进一步明确“以人为本，德育为先，常抓不懈，注重实效”的总体思路。坚持德育工作 4 项基本制度：即升国旗有特色，主题班会有创新，重大节日纪念活动丰富多彩，学生日常行为规范达标考核注重实效。发挥郑州市名班主任工作室辐射作用，利用郑州市设在中牟一高和第二初中的 2 个名班主任工作室开展班主任培训，并在中牟县教育信息网上开设名班主任工作室专栏，定期将活动情况展示汇报。当年，有 19 位教师获得 2014 年度郑州市优秀班主任称号，104 位教师被评为中牟县优秀班主任。4 月，中牟县教体局组织开展班级文化建设工作交流活动，分别在荟萃路小学和东风路小学召开班级文化建设观摩交流会，将班级文化建设工作经验收集整理，并汇集成册；10 月，组织书香校园创建活动，分别在新圃街小学和青年路小学召开全县中小学书香校园建设观摩推进会。

【基础教育教学研究】 2014 年，中牟县基础教育研究室设有高中组、初中组、小学组（含幼教）、电教、实验器材装备、行政后勤 6 个科室。其中高中组涵盖语文、数学、英语、物理、化学、生物、地理、历史、思想政治、综合实践、心理健康教育，及体育、音乐、美术 14 门学科；初中组涵盖语文、数学、英语、物理、化学、生物、地理、历史、思想政治、综合实践、心理健康咨询，及体育、音乐、美术 14 门学科；小学组涵盖语文、数学、英语、思想品德、科学、综合实践、体音美、心理健康教育 10 个学科。

2014 年，中牟县基础教育课程改革，从关注课堂方向，到关注课堂道德、课堂生命，到关注课堂生态（课堂文化）的重建；形成独具特色的新课堂——道德课堂，确立新课程课堂教学改革的主题与目标。

2014 年，结合中牟县教育教学实际，不断对教学诊断、纠错、创新，解决理论与实践脱节的问题，构建理论与实践相结合的桥梁。将反思理论指导实践，融于实践，通过实践的检验进一步提升理论。在反思过程中提高教师的教学科研意识。落实好集体备课制度，充分挖掘学校课程资源。各校根据自身实际探讨集体备课制度。开展听随堂课、推门听课，促使教师快速成长。在听课记录中详细记录每一次听课的具体时间、地点、授课人、授课过程、课后反馈以及本节课在教学设计、教学过程、新课程理念方面的优点和不足，在课后立即评课，提出针对性的改进措施和建议，提高教师的课堂教学质量。教研室通过培训、研究、创办刊物等促使教师专业化成长。坚持开展问题解决式的课堂观察活动。推进导学案的使用及学习小组建设。各校编写使用导学案，在道德课堂探索过程中重视学习小组的建设。

2014 年，中牟县教体局搜集整理各种教研文档装订成册。按时出版《中牟教研》。开展以老带新、以新促老的青蓝工程主体教研活动，成立中牟县学科中心组，研究引领全县课堂教学研究工作。制订教研员工作职责、试题命制规范、外出学习制度等规范教研工作。组织教研员内部经验交流活动，促进教研工作的针对性、有效性。推进全县课堂教学改革。9 月，在全县范围内推进校本课程开发工作。11 月，举行学科课堂教学模式·课型展示交流活动，18 位教师上展示课，各学段教师全员参与，促进中牟县道德课堂的建设。9 月，中牟县基础教研室荣获省教育厅第十八届教育教学信息化大赛组织工作先进单位。

职业与成人教育

【概况】 2014 年，中牟县有各级各类职业学校 8 所，其中，高等职业院校 2 所，中等职业学校 6 所，在校生 16979 人，教职工 1345 人，有国家级重点职业学校 2 所。中牟县中等职业学校招生2700人，其中2所公办职业学校招生1400人，就业率100%。乡镇成人学校11所（其中，省级示范性乡镇成人学校5所，市级规范性乡镇成人学校6所）。官渡镇成人学校成为省级示范性成人学校。

【专业设置】 2014年，中牟县职业学校开设专业主要有电子电器应用与维修、机电技术应用、电子与信息技术、汽车运用与维修、中餐烹饪、旅游服务与管理、幼儿教育、现代农业技术、畜禽生产与疾病防治、计算机应用、计算机组装与维修、会计电算化、市场营销、建筑工程施工、服装设计与工艺、工艺美术计算机应用、电子商务、电子技术应用、供用电技术、数控技术应用、火电厂热力设备运行与检修、城市轨道交通供电、电气技术应用、农村电气技术、机电设备安装与维修、计算机网络技术、继电保护及自动装置调试与维护、计算机动漫与游戏制作等28个专业。

【职业教育发展与建设】 2014年，中牟县高度重视并大力发展职业教育工作。中牟县委、县政府把职业教育放在实施“科教兴县，全面提高劳动者素质”的优先发展战略地位，加强组织领导，制定目标，出台政策，强化措施，狠抓落实，优化教育资源，促进职业教育又好又快发展。县教体局召开职业教育工作会议，总结经验，查找问题，科学规划，大力促进全县职业教育发展。中牟县职业教育按照就业、升学双轨的办学思路，坚持学历教育和非学历教育相结合，并坚持以管理为主线、以教学为中心、以就业为导向、以招生为前提、以升学为方向、以竞争为动力、以育人为目的的办学理念，搭建升学、就业双平台，铺设人生成功之路。中牟县坚持以《河南省人民政府关于实施职业教育攻坚计划的决定》为动力，把发展职业教育作为一项“强县富民重点工程”来抓，不断加大投入，规范学校管理，深化职业教育改革，取得规模、质量、效益的稳步提升，推动全县职业教育健康、快速、协调和可持续性发展，为中牟的经济发展提供有力的智力支撑和人才保障。5月，县教体局组织召开中牟县2014年职业教育招生工作动员会，下发《关于做好2014年度职业教育招生工作的通知》和《中牟县教育体育局关于表彰二〇一三年度职业教育招生工作先进单位的决定》，制订政策措施，实行领导包乡制度，责任到人，奖优罚劣，全力推进职业教育招生工作，形成全民为职教发展作贡献的新局面。2014年，县财政投资1320万元为中牟职专和中牟一职高硬化改造校园和购置实验实训设备。积极开展市、县职业学校优质课、观摩课评选活动。其中优质课4人获市级一等奖，6人获市级二等奖，5人获市级三等奖，26人获县级奖，4人次获观摩课教学奖。观摩课有4人获省级奖，26人获县级奖，5人获观摩课教学奖。

【初中毕业生培训】 2014年，中牟县教体局对全县应届初中毕业生，采取平时入课堂的办法，进行离校前的实用技术培训，使他们初步掌握一些实用技术，为走上社会奠定基础。

【成人技术培训】 2014年，中牟县根据农村实际，围绕支柱产业，坚持“实用、实际、实效”的原则，大力开展多种形式的实用技术培训。全县成人学校举办培训班860期，培训农村劳动力1.8万人次，其中农村实用技术培训5.3万人次，下岗再就业培训5800人次，城镇职工培训1.3万人次。

【成人教育优质课评选】 2014年，中牟县教体局开展成人教育优质课评选活动，评出县级优质课15节，5人获市级优质课奖，进一步推动全县成人教育教学水平的提高。

【职业教育教学研究】 2014年，中牟县教体局在职业教研室设立中牟县社区教育指导服务中心、中牟县中等职业教育师资发展中心办公室，对全县的职业教育、成人教育（社区教育）教学教研实施管理。

组织开展教科研活动，组织参加每年省、市科研立项、教学论文、课件评选等活动。2014年，有16次人获省级教学论文、课件评选奖，28人次获市级教学论文、课件评选奖。省级科研立项2项、结项4项，市级科研立项4项，结项4项。

在2014年省、市中等职业教育技能大赛中，中牟县获省一等奖1人次，二等奖6人次，三等奖12人次；获市一等奖3人次，二等奖12人次，三等奖10人次。组织国家级骨干教师培训6人次，省级专业课骨干教师培训15人次，市级骨干教师培训62人次，教师业务培训100余人次，有效促进教师队伍的素质提高。

2014年，中牟县教体局组织参加省、市职业学校优质课、观摩课评选活动，2人获省级一等奖，3人获省级二等奖，1人获省级三等奖。4人获市级一等奖，6人获市级二等奖，3人获市级三等奖。开展一次县优质课、观摩课评选活动，14人获县级一等奖，18人获县级二等奖，4人获观摩课奖。在2014年成人教育优质课活动中，1人获省级一等奖，2人获省级二等奖，2人获市级一等奖，4人获市级二等奖。

2014年，中牟县教体局积极组织开展国家、省、市职业学校学生“文明风采”征文竞赛活动，4人获国家奖，28人获省级奖，19名教师获辅导奖，39人获市级奖，28名教师获辅导奖。

民办教育

【概况】 2014年，中牟县民办教育坚持“积极鼓励、大力支持、正确引导、规范管理”的指导方针，得到稳步、健康、有序、快速发展。全县拥有民办中小学学校5所，教职工494人，招收新生1551人，在校生8998人。小学毕业生80%升入各乡镇初中，20%到县城初中就读。初中毕业生85%升入郑州市区高中、中牟一高、二高、四高和职业学校，部分毕业生自主就业。其他培训机构9所，教职工96人，学生人数2498人。2014年，中牟县民办教育不仅在数量上有明显增加，在办学质量上也不断上升。由于民办学校的发展，中牟县优质教育资源的规模和总量不断扩大，满足中牟县群众对教育的多层次、多样化需求，而且吸引外地一批优秀生源，改变过去办学体制下老百姓无选择的局面。民办教育事业的发展，使县公办学校与民办学校共同存在、共同发展，互相竞争、互相促进的办学格局初步形成。

【民办教育课程】 2014年，中牟县民办中小学开设语文、数学、英语、思想品德、书法、安全教育、体育、音乐、美术等课程，民办培训机构开设有幼儿英语、幼儿口才，小学英语、数学、作文，中学英语、语文、数学、物理、化学等多种文化课及舞蹈、美术多种学习动力课程，各科教学情况良好。

【规范民办教育机构管理】 2014年，中牟县民办教育规模大、标准高、生源充足、质量较高，成为中牟县教育事业的重要组成部分。12月，根据郑州市教育局《关于民办学校（教育机构）年审工作的通知》，县教体局对全县民办教育机构进行年审。县教体局成立中牟县民办学校管理领导小组，并根据郑州市教育局《民办学校管理若干规定》，对民办学校进行依法、规范管理。每学期开学后，领导组都对所有民办学校全面认真检查。内容包括查安全、查卫生、查教学、查诚信。2014年，中牟县民办教育机构没有发生1起安全事故和上访事件。

特殊教育

【概况】 中牟县特殊教育学校直属于中牟县教育体育局。该校占地2410平方米，建筑面积3586平方米。学校有教学办公综合楼、学生生活楼、康复生活综合楼各1幢。2014年8月学校投入18.6万元，购置蒸馍机、蒸车、烤箱、大型冰箱等。新增加图书834册，图书达到

5837册。新增4套班班通，2套太阳能设备。

2014年，该学校有7个教学班，其中3个聋哑教学班和4个培智教学班，有学生95人。8月，招适龄残疾儿童11人。教职工24人。专任教师23人，其中本科教师有9人，专科教师有14人，高学历率100%。高级教师2人，一级教师17人，二级教师2人，三级教师2人。生活辅导教师4人，伙食管理人员1名，外聘2名生活辅导教师。9月，学校康复生活综合楼投入使用。学校全面贯彻落实义务教育阶段“两免一补”新的政策。10月，学校生均公用经费调整到每年4000元。谢美泉获河南省骨干教师称号；李霞、孔敏所带班级被评为郑州市文明班集体。

【教育教学管理】　2014年，中牟县特殊教育学校本着精细、精致、精彩的目标，把学校工作做实、做细、做精。学校完善教师考勤制度、教师办公制度、教育教学管理制度、安全卫生制度等制度，进一步规范学校行政管理工作。中牟特殊教育学校形成“全面发展，育残成才”的培养目标，开设有服装、工艺等特色校本课程，成立舞蹈、乒乓球、篮球、田径、音乐、绘画等兴趣小组，并聘请专业教师对学生进行指导训练。学校还利用重大节日和庆典活动引导学生积极参与社会实践活动。

学校高度重视教师的爱心教育和特教老师基本功训练。“手语基本功大赛”“公开观摩交流课”每期举办一次，三笔字比赛每学期定期举行，推门课活动不定期进行，教师技能大赛活动不断推陈出新。学校的课题“特殊教育学校校园文化建设”“基于聋校全程性职业教育对聋生融入主流社会的思考与实践”被确定为河南省重点研究课题。

学校把学生的安全工作放在第一位。学校卫生工作坚持“领导重视是保障、加强监督是措施、落实行动是责任”的机制。卫生区分片到班，责任到人，每周评比，达到美化、净化育人环境、促进学生全面健康发展的目标。学校窗明几净、赏心悦目，成为学校工作一道亮丽的风景线。

【教学方法】　2014年，中牟县特殊教育学校聋生使用人民教育出版社出版的全日制聋校实验教材，培智生使用上海教育出版社出版的辅读学校使用教材。对于聋生教师常用的教学方法有：讲解法、游戏法、演示法、表演法、直观教学法，对于智障生在教学中以生活自理、实用语文、实用数学和活动训练4个领域课教学为主，在课堂教学中，个别化教学和小组教学的形式相结合。

学校严格执行特殊教育国家课程计划，以人为本，巩固聋教育，加强康复教育，积极探讨培智教育的新路子，打造高效课堂，努力培养残疾儿童适应生活、回归主流社会的自信心和必备的基本技能。学校按照课程计划开全所有学科，每学期学科任课教师依据制订的学科教学计划组织教学。

师资队伍建设

【人事制度改革】　2014年，中牟县教体局认真贯彻落实《义务教育法》和《教师法》，把农村中小学教师队伍建设摆到重要位置，以提高教师队伍整体素质为中心，以改善农村教师队伍状况和加强骨干教师选拔培养为重点，调整布局，深化改革，优化管理，注重成效。根据《关于进一步做好农村专业技术人才职称工作的若干意见》，对乡村中小学连续从事教学工作30年以上，男满55周岁、女年满50周岁，教学效果优良的一线教师，符合晋升条件的，直接认定中学一级教师或小学高级教师专业技术职务任职资格。

县教体局对中小学、幼儿园缺编教师实行公开招聘、试讲制度，偏远乡镇（如狼城岗镇、雁鸣湖镇、刁家乡、黄店镇）开始定向招聘。实行中小学校长公开选拔制度。参照《党政领导干部选拔任用工作条例》和《公开选拔党政领导干部工作暂行规定》等有关规定，坚持德才兼备、以德为先的用人标准；坚持公开、平等、竞争、择优的工作方针；坚持面试与考察相结合和发扬民主走群众路线的方法。扩大选人用人视野，发现并选拔出德才兼备、年富力强、实绩突出、群众公认的优秀中青年干部走上校长岗位。按照全员聘用合同制的要求，规范人事管理工作。

【教师节表彰】 2014年9月9日上午，中牟县在县委党校礼堂隆重举行庆祝第30个教师节暨表彰大会，全县受表彰的优秀教师以及各乡镇、各单位代表齐聚一堂，共同欢庆第30个教师节。县领导路红卫、潘开名、刘玉玲、李延中、李文岭、李五群、王洪波、申宏尧、田金锁，县教体局局长陈赞枝、党委书记宋健出席表彰大会。会议对中牟县优秀教师、名师代表、尊师重教先进单位及乡镇代表进行颁奖。县委书记路红卫发表讲话，从怎样对待人民教师，怎样发展中牟县教育事业进行分析、梳理，并提出明确要求。一是对教师待遇要好。不让老师们为生活作难，关心教师子女上学，关心教师的身体健康，利用各种资源，帮助有困难的老师解决困难。提高教师待遇，把尊师重教落到实处，落到办实事上。二是重视教育。加强教育经费的投入，积极推进教育改革。推进城乡教师交流，努力实现县域内教育的均衡发展，让所有的孩子都能够享受到优质教育。重视人才的选拔与培养，要让优秀的人来从事教育工作，继续坚持逢进必考，挑选最优秀的人才，加大对教师的培养力度。2014年，中牟县第一高级中学冉雯晖被评为国家级优秀教师，中牟县第二高级中学贺维力等20名教师被评为郑州市优秀教师，270名教师被评为中牟县优秀教师。

【教师培训】 2014年，中牟县教体局针对不同受训对象和特点，提出“分块管理，齐抓共管，专人负责，管理规范”的管理理念，形成“县教体局—乡镇中心校—培训学校—学员单位”四级管理网络，县教体局计划指导，各中心校协助，进修学校负责日常教学管理，学员所在单位给以优惠政策，四方互相配合，形成强大合力，确保培训质量。2014年，县教体局组织第三周期幼儿园教师继续教育岗位培训班，结业149人；小学教师继续教育岗位培训第四周期培训班，其中骨干教师结业18人，职务教

中牟县举办民办幼儿园教师培训班

师结业895人；初中教师继续教育岗位培训第四周期第二期培训班，骨干教师结业65人，职务教师结业547人；高中教师继续教育岗位培训第三周期第三期培训班，研究生课程结业86人，职务教师结业170人；新教师岗前培训班，幼儿园新教师结业127人，小学新教师结业73人，中学新教师结业62人；中小学校长培训班，其中小学校长任职资格培训50人，初中校长任职资格培训20人，初中校长提高培训14人，初中校长高级研修培训54人；参加“国培计划”4868人，“省培计划”14人；承担“国培计划（2014）”培训任务的省内高校“送培

中牟县教体局组织教师参加业务技能竞赛

到县”活动4次，其中，郑州幼儿高等师范专

科学科 1 次，河南大学小学数学 1 次，河南大学初中英语 1 次，洛阳师院初中数学 1 次；组织 120 人参加计算机初级培训，208 人参加计算机中级培训，440 人参加教育技术初级培训，1775 人参加教育技术中级培训，70 人参加英特尔未来教育；组织 96 人参加高中教师研究生课程进修班培训；组织 298 人参加小学班主任培训班培训，65 人参加初中班主任培训班培训，17 人参加高中班主任培训班培训；组织 1313 人参加中小学学科教师专项培训。2014 年，教师资格认定有 92 人参加体检和说课，85 人通过并取得教师资格证书。

【骨干教师培养】 2014 年，中牟县教体局完善教师层级攀升的激励机制，努力打造一支学习型、研究型、专家型的教师队伍。采用国家级、省级、市级、县级、校级五级教师培养模式，培养出市级名师 2 人，县级名师 16 人；县级首席教师 23 人；市级骨干教师 44 人，县级骨干教师 61 人。

体　育

【概述】 2014 年，中牟县教体局积极开展体育教学科研工作，重点抓好新课标的落实工作。开展各项教研活动，参加省、市、县举办的教研活动，省级优质课验收 9 人获奖，市级达标课验收 12 人获奖，县级分课型示范课 34 人获奖，组织参加省、市级达标课验收观摩活动；组织参加全国体育教师技能赛观摩活动。

中牟县教体局组织全县中小学体育教师参加省、市体育教师培训，提高体育教师的教学水平和业务能力。落实中小学生校园每天活动 1 小时活动和每天 2 个大课间的规定，并纳入课表，列入学校统一计划。规范学校大课间体育活动，融艺术教育于其中，建立检查、督导、评比制度。认真实施《国家学生体质健康标准》，使学生体质健康达标率不低于 85%，并不断努力提高全县中小学学生体质。

【竞技体育】 2014 年，中牟县各级各类学校举办活动 230 余次，参赛人员达 1 万余人次。县教体局承办中牟县第三届运动会暨首届全民健身大会，首次设置青少年篮球、田径、排球等项目的比赛，促进学校竞技体育的开展。

【中牟县运动会暨首届全民健身大会召开】 2014 年 10 月 12 日上午，中牟县第三届运动会暨首届全民健身大会在中牟县第一高级中学隆重开幕。中牟县委书记路红卫、县长潘开名，郑州市体育局局长李庆山等领导出席开幕仪式。

第三届运动会由中牟县委、县政府主办，中牟县教体局承办，分设乡（镇、街道）组、县直组、驻县组、企业组、青年组、社会组 6 个大组，12 个比赛项目。该届运动会以“全民健身、广泛参与、科学发展、体育为民”的主题，以“隆重、热烈、健康、祥和”为总要求，推动全民健身运动，增强全县人民的身体素质。开幕式由外国语小学伴舞、中牟网制作出版、

中牟县第三届运动会暨首届全民健身大会开幕式上进行团体操表演

启明星音乐社岳志海演唱的中牟版《小苹果》拉开帷幕，在五星红旗的指引下，全体裁判员、运动员、中牟县各企事业单位、乡镇街道代表团陆续入场，中牟县人民政府县长潘开名、郑州市体育局局长李庆山致辞，中牟县委书记路红卫宣布开幕。随后，县直各单位、各乡镇（街道）、青年路小学、新圃街小学、官渡路小学、城东路小学表演了充满活力的舞蹈。成人组设置武术、拔河、象棋、空竹、跳绳等群众喜闻乐

见、具有特色的比赛项目；青年组设项则充分发扬“更高、更快、更强”的奥林匹克精神。

11 月 14 日，中牟县第三届运动会暨首届全民健身大会闭幕。此次运动会自 2014 年 4 月筹备开始至 10 月 31 日结束，历时 6 个多月，有 91 个部门单位和 42 个学校 1.5 万人参加，是中牟县历年来规模最大、参赛人数最多、参与群众最广泛的一次大型群众性体育盛会。

【群众体育活动】 2014 年，县教体局成功举办中牟县第三届运动会暨首届全民健身大会，有篮球、羽毛球、乒乓球、太极拳、健身秧歌、大众广播体操等比赛活动，开幕式规模庞大，参与人数 1 万人左右，有力推动中牟县群众体育活动的蓬勃开展。2 月和县篮球协会承办第七届“潘安杯”篮球比赛，在青少年活动中心举办六郊县乒乓球邀请赛。11 月和篮球协会、中国建设银行中牟支行举办首届“建行杯”全民健身篮球赛。12 月和县羽毛球协会举办第二届“仰韶杯”羽毛球公开赛。全县各局委、乡镇都举行不同形式的趣味运动会。在全民健身月活动期间，中牟县各单位、各乡镇举办不同类型的健身运动竞赛 30 余次，各部门、各乡镇参与人次 11 万人。

（审核：陈赞枝　王国恩　李国昌　撰稿：张进才）

河南农业职业学院

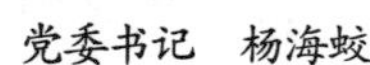

党委书记　杨海蛟

院长　姬广闻

【概况】 河南农业职业学院占地面积 1218 亩（分为 4 个校区，新校区 1300 亩完成征地等前期工作并列入省重点建设项目），建筑面积 42 万平方米，实训设备总价值 10013 万元，图书馆藏书 100 多万册。有教职工 786 人，其中教授 32 人，副教授 121 人，博士、硕士学位教师 278 人。校外兼职教师 490 人。国务院特贴专家、省政府特贴专家、全国农业职业教育教学名师、省市级优秀专家、职教专家、教学名师、学术技术带头人、专业技术拔尖人才等 110 人，省级教学团队 5 个。教师累计获得国家科技进步一等奖、省级成果一等奖等教研科研成果奖励 303 项。学院设农业工程学院、园艺园林学院、牧业工程学院、食品工程学院、信息工程学院、经济贸易学院、财会金融学院、机电工程学院、旅游管理学院、人文教育学院 10 个二级学院，全日制高职专业 51 个，其中国家综合改革试点专业 2 个，国家骨干重点建设专业 5 个，省级特色专业 4 个；在课程开发建设上，获得国家精品课程、国家精品资源共享课程 4 门，省级精品课程及省级精品资源共享课程 8 门；建成国家示范性实训基地 2 个，省级示范性实训基地 3 个。在校生 12252 人。

2014 年，河南农业职业学院坚持以人才培养为中心，坚持走内涵发展之路，坚持改革创新，大力推进教育教学改革，实施人才工程建设，各项工作取得突出成绩。荣获 2012—2014 年度河南省文明标兵学校、服务农业现代化和农业专业委员会工作先进集体、郑州市“道德讲堂”活动先进集体、河南省大学生“诚信校园行”第二届辩论大赛优秀组织奖、被河南日

河南省农业职业教育集团、河南省农业教育协会 2014 年年会在学院召开

报报业集团授予值得推荐的20张河南教育名片荣誉称号，学院教务处荣获全国职业教育先进单位、年度目标管理先进单位称号，学院被列为中国职教学会农村与农业委员会副主任单位、河南省农业职业教育集团理事长单位、河南省农业教育协会会长单位、河南省农业行业职业教育校企合作指导委员会牵头单位。

【招生就业】　2014年，河南农业职业学院招生工作突出重点，改进方法，加大宣传力度。在普通高中生源不断萎缩的形势下，经过不懈努力，遏制招生滑坡的势头。成功举办2014届毕业生双向选择洽谈会，到会企业近300家，为学生提供就业岗位5000个，2014届毕业生一次性就业率95.6%，年终就业率98%以上。河南农业职业学院被河南省商业厅认定为对外劳合作平台，可以直接对外派遣技术实习生和研修生，为学生铺设一条到国外实习，打工、就业新的成材之道。

【教学工作】　2014年，河南农业职业学院深入开展“教学质量工程”建设，全面启动精品课程、教学团队、特色专业等教学质量工程的建设工作。2014年新增水产养殖技术、市场营销、汽车制造与装配3个专业，立项院级精品课程9门、专业教学团队1个、特色专业1个；组织开展教学效果及教学质量优秀奖的评定工作，有40名教师获得优质教学质量综合奖；专业建设不断加强。兽医、食品营养与检测2个专业被评为河南省高等学校专业综合改革试点建设项目；省级精品课程果蔬贮藏加工技术成功升级为河南省高等学校精品资源共享课程。严格考试管理，抓考风、促学风，提高育人质量。在第七届河南省高职院校技能大赛中，学院获得优秀组织奖；学院参赛16个项目，获得3个一等奖、3个二等奖、7个三等奖、3个优秀奖。在2014年全国职业院校技能大赛中取得2个二等奖、1个三等奖的优异成绩。学院教务处被评为全国职教先进单位。

【人才工作】　2014年，河南农业职业学院持续实施“人才强校”工程，组织修订《青年教师导师制管理办法》《教学质量工程奖励办法》《青年教师下企业一线专业实践管理办法》，努力打造“双师型”教师队伍。4名教师晋升为教授，8名教师晋升为副教授，成功申报种子生产与经营专业、食品类专业2个国家级，园艺技术类专业省级高职师资培训基地。1人被批准享受国务院特殊津贴，1名教师被评为全国模范教师，1人被批准享受省政府特殊津贴，1名教师被评为职教专家，1名教师被评为教育厅学术技术带头人。组织41场次专家学术讲座，选派53名专业骨干教师参加各类培训班。青年教师成长迅速，优秀人才脱颖而出。

【科研教研】　2014年，河南农业职业学院积极引导和支持教师围绕高等职业教育教学改革和中原经济区建设的热点、难点问题开展研究，推进教育创新、教学水平和服务能力不断提高。全年组织申报省部级科研项目37项，立项6项，申报地厅级科研项目46项，立项37项，参与研究国家社科基金项目2项，省级教改项目12项。全年共获得省级成果特等奖1项、一等奖12项，获厅级教学、科学研究成果奖55项。发表论文、出版论著教材、获得各类成果奖与2013年相比，同比增长12%。河南农业职业学院大蒜工程技术研究中心被认定为省级工程技术研究中心。

【教学实训】　2014年，河南农业职业学院完成全民振兴工程建设、校企共建现代农业综合实训基地、政府性基金3个实验室建设项目，总投资967万元，购置设备2156套。新建高压电技术、旅游管理、显微外科等7个实训室，改建计算机、电子商务等7个实训室，扩建物流实训中心、机械加工中心等9个实训室，学院教学实训条件得到较大改善。全年完成各行业专业技能鉴定和人才认证7000多人次。

【社会服务】　2014年，河南农业职业学院积极发挥服务“三农”专家团和科技园的示范、推广作用。为新疆哈密地区培训农业人才81人。解答农民科技咨询3000多人次。学院积极承担南阳市6县区南水北调丹江口库区移民“强村富民”规划评审工作。学院“万名专家包万村”专家组成员，针对河南省60年一遇的特大旱情，多次下乡指导农业生产技术，受到农民欢迎。2个省院合作项目建设进展顺利，通许高效现代农业示范工程取得重大进展，小麦增产率达10.95%。全年完成全省新型职业农民等培训6000多人次。

【精神文明建设】 2014年，河南农业职业学院紧紧围绕学院的中心工作、围绕立德树人根本任务，积极开展“社会主义核心价值观”宣讲教育活动，组织10场“道德讲堂”报告会，河南农业职业学院“道德讲堂”被郑州市文明办评选为品牌项目。学院顺利通过省级文明单位复查验收，同时获得河南省文明标兵学校荣誉称号。

【团学工作】 2014年，河南农业职业学院紧紧围绕学习践行社会主义核心价值观教育活动，开展思想政治教育。牢牢把握思想政治理论课主阵地、主渠道，围绕思想政治理论课教学“实效性、针对性、感染力、说服力”的目标开展两课教学工作。面对全院学生开展心理咨询辅导活动，举办心理健康演讲比赛、开展“诚信校园行”演讲比赛、进行“文明学生”评选活动及第九届大学生科技文化艺术节系列活动、“雷锋月”青年志愿者系列活动，丰富校园文化生活，提高思想教育的针对性和实效性。关注家庭经济困难学生，全年发放奖助学金1000多万元，为近1000名困难学生办理国家助学贷款300多万元。

（审核：姬广闻　撰稿：田章坤）

郑州电力职业技术学院

【概况】 2014年，郑州电力职业技术学院有

董事长　肖彦君

458名教职工，其中，专任教师340人，行政人员57人，教辅人员41人，工勤人员20人。研究生以上教师55人，副高以上职称68人。学校占地面积528亩，建筑面积167167平方米，馆藏图书43万册。学校设有电力工程系、信息工程系、机电工程系、经济管理系、中成部、基础部6个系部。开设有发电厂及电力系统、供用电技术、计算机网络技术、电子商务、数控技术、汽车电子技术等31个专业。

【技能大赛】 2014年12月，郑州电力职业技术学院各系部组织不同项目和类别的技能大赛。

郑州电力职业技术学院学生参加技能大赛

经济管理系举办2014年市场营销技能大赛。机电工程系举办的技能大赛分车工、三维CAD创新设计、汽车发动机拆装、手工绘图、建筑工程测量5个项目，参赛学生300余人，涵盖机械、汽车、建筑三大学科。电力工程系举办第一届电力知识竞赛。

【校企合作】 2014年12月22日，郑州电力职业技术学院举行与辽宁天业民用航空培训服务有限公司校企合作签约仪式。当月，学院领导和部分院系领导奔赴学院学生所在的顶岗实习企业，看望慰问学院参加顶岗实习的学生和指导教师。

郑州电力职业技术学院与外地企业开展校企合作

【讲课大赛】 2014 年 12 月，郑州电力职业技术学院举办中青年教师讲课比赛。经评委会评委对各系部推荐教师的教案、说课、讲课认真综合评比，机电工程系教师赵永刚获一等奖；经济管理系教师尚峥、机电工程系教师杨粟获二等奖；基础部教师员佳、刘小红，中成部教师杨慧芳获三等奖；信息工程系教师李夏、李静静，电力工程系教师孙爱芳、张红丽，经济管理系教师郭俊，中成部教师薛玉敏获优秀奖。

【第七届秋季田径运动会】 2014 年 11 月 5 日—7 日，郑州电业职业技术学院在学院体育场举办主题为“快乐运动，筑梦青春”第七届秋季田径运动会。

（审核：张云鹤　杨松林　撰稿：王小平）

易斯顿（国际）美术学院

董事长　王福祥

【概况】 郑州轻工业学院易斯顿（国际）美术学院（简称易斯顿美术学院），2001 年建院，是郑州轻工业学院与投资人旅匈华侨王福祥合作办学的二级教学单位。该学院有教职工近 300 人，拥有造型艺术、环境艺术设计、视觉传达设计、服装设计、数字媒体、工业设计等 6 个专业教学系（室），本科、专升本、专科 3 个办学层次，全日制在校生 4000 余人。毕业生根据国家高校现行就业政策就业。该学院设有专业研究所、实验室、工作室等实训所供教师研发和学生实践，是一所学科体系完备的专业美术学院。2014 年，易斯顿美术学院获得优秀教育单位、河南之星优秀组织奖、河南省园林单位、涉外工作先进单位等称号。

【校区建设】 易斯顿美术学院占地 234 亩，总建筑面积 18 万平方米。主体建筑的装饰浮雕和挂件均为师生自主设计制作；大门口的 8 根罗马大柱组合的方石雕大门由董事长王福祥设计，为中牟新区一个标志性的建筑群。高配置的多媒体计算机中心和宽带网络让校园的每个角落都沟通无限。艺术展览中心建筑面积 1500 平方米，现代化多功能报告厅配备有功能强大的多媒体设施，易斯顿美术学院的大型会议、学术报告、专题讲座、文艺演出、服装 T 台秀等重大活动均在这里举行。

易斯顿美术学院有高标准的灯光篮球场、400 米塑胶标准跑道及足球场、室内乒乓球训练场和健身活动中心。生活区 5 栋学生公寓排列整齐，学生及教职工公寓内互联网、闭路电视、暖气、空调、卫浴等现代生活设施一应俱全，校园餐厅装配有中央空调。智能校园一卡通系统联通购物、就餐、洗衣、门禁、考勤、图书借阅、电子阅览等生活、学习的各个环节，师生不出校门就能沟通世界。

【生态园区】 易斯顿美术学院校区设计规划尊崇古人“天人合一”的自然法则，高度重视校区生态、环保、自然、和谐校园的塑造，根据艺术院校的特点打造植物、动物和石雕 3 个写生园区，使学生足不出校就可以进行植物、动物、石雕的写生训练，使学生直观的近距离观察、研究和描绘，提高学生的审美情趣和基础技能，培养对大自然的亲和力及造型技能。

【教学设施】 2014 年，易斯顿美术学院图书馆内设精品阅览室、电子阅览室、普通阅览室和自习区，有中文图书和大量艺术类外文原版书籍，其中中俄文原版艺术类书刊在河南省内独具特色，电子阅览室可实现与郑州轻工业学院图书馆的资源共享；语音实验室、计算机实验室设备一流，能够满足艺术类专业学生的学习需求。学院建有雕塑研究所、陶艺实验室、陶艺研究所、考察雕塑制作现场、服装实验室、产品实验室、丝网印刷实验室等。

【教育教学】 2014 年，易斯顿美术学院坚持“创建特色美术学院”的办学目标和“集百家之长、创自我风格”的办学宗旨，坚持“厚基础、宽口径、强能力、重实践”的人才培养理念，根据学科发展和实际需求及时调整和修订培养方案，强调课堂学习与课外实践相结合，建立专业研究所、研发室、实验室、实训室、教师工作室和外教工作室等场所供教师研发和学生实习实践。组织师生参加国内外赛事、活动并获奖。不断探索体现艺术专业院校现代教育理念的教学模式，把俄罗斯深厚的艺术基础教育模式及世界现代的绘画艺术、德国的艺术设计新理念、设计技术及技法与中国的绘画、设计艺术有机结合起来，利用德国柏林艺术大学和俄罗斯苏里科夫美术学院良好的教学资源，建立起“中、俄、德三结合”的特色教学模式，使学院的艺术、设计水平与国际接轨。易斯顿美术学院重视中国传统文化和现代先进文化相结合，注重学生理论知识和实践应用技能相结合，学院探索出将校园文化活动和专业课程相结合的活动体系，具有特色的专业和社团活动丰富多彩，健康向上，激发学生的专业研究积极性，营造出重视学习、善于学习的氛围，使学生创作、设计出既具现代气息，又有中国民族特色的高质量作品。

【师资队伍建设】 2014 年，易斯顿美术学院重视青年教师的成长，启动青年骨干教师培养方案，积极鼓励教师采用各种形式到省内外高校进修。截至 2014 年底，有 90 余名教师到清华美院、中央美术学院、南京艺术学院、中国传媒大学、四川美术学院等高校交流学习相关课程，并将学来的教学方法运用到教学中，不断提高教学水平。易斯顿美术学院邀请 50 余名丰富经验的外籍专家学者，80 余名国内兄弟院校的教授、知名设计师来校任教和讲学，使教学质量稳步提高，办学影响日益扩大。

【实践教学】 2014 年，易斯顿美术学院强调课堂学习与课外实践相结合，建立多个研究所和工作室，建有实习基地 38 家。2014 年在林州太行山、河北曲阳、江西景德镇、安徽宏村等地建立写生基地，组织学生到祖国各地等体验民俗、民风、民情和感受历史文化古迹的魅力。在郑州环境建设雕塑研究所建立实习基地。组织学生实践活动，有计划安排学生走出校园参加展览、展会、到建筑工地考察等活动，深入社会了解各专业的前沿信息。

【院系特色】 雕塑专业是易斯顿美术学院的特色专业，师资力量雄厚，并有俄罗斯苏里科夫美术学院教授授课。学院雕塑专业设有陶艺实验室、雕塑材料创作实验室，形成完备的教学体系，成为河南省雕塑人才培养基地。教师与学生作品多次获得全国奖项并广泛参与室外大型城市雕塑、园林雕塑及装饰雕塑的设计和施工。

【国际交流】 2014 年 3 月 10 日，由院长马克司福森博士率队的美国水牛城大学代表团一行 7 人来易斯顿美术学院参观访问，郑州轻工业学院国际合作交流处领导及易斯顿美术学院院相关领导与来宾进行座谈。3 月 24 日，法国专业精英学院联盟（GES）及意大利国立美术学院先后来易斯顿美术学院商洽合作交流与人才选拔事宜。GES 中国区校方代表王佳仪一行 3 人抵达易斯顿美术学院，受到院领导的热情接待并初步探讨两校在服装、数字媒体等专业合作的可能性，易斯顿美术学院院领导与来宾会谈，提出深化两校艺术交流的构想。11 月 6 日，来

意大利威尼斯国立美术大学副院长、教授来易斯顿美术学院进行学术交流

自俄罗斯雕塑艺术世家的教师契拉普金娜·娜杰日达·伊万诺夫娜在易斯顿美术学院为广大师生带来《创艺之路》讲座，分享她雕塑创作道路上的经验与成果。讲座过程中，娜杰日达·伊万诺夫娜以生动和极具感染力的故事讲述其学习雕塑艺术的经历，分享在俄罗斯执教的经验及俄罗斯教学的一些独特技巧。12 月 15 日，美国水牛城大学肯尼斯·P·佩尼教授到易斯顿美术学院进行学术交流活动。

【国内院校交流】 易斯顿美术学院高度重视毕业设计工作，聘请有江南大学、河南大学、郑州大学、河南工业大学、郑州轻工业学院等一些具有丰富教学经验的教授、副教授、讲师，和河南省美术家协会、河南省出版集团、河南省包装技术研究所等企事业单位的资深专家、设计师，对学生进行毕业设计和创作指导。4 月 17 日，洛阳师范学院美术学院院长李勇及相关院领导一行 3 人莅临易斯顿美术学院，与领导交流艺术类学科办学经李勇院长一行陪同下参观了该院校园，对学院办学情况、教学设施实地考察。11 月 7 日—8 日，易斯顿美术学院组织教师前往湖北美术学院参观“千里之行”中国重点美术院校 2014 届毕业生优秀作品展，同时对昙花林艺术区进行调研考察活动。12 月 4 日，江南大学设计学院教授熊微到学院举办《怎样才算好设计》的学术讲座。

【领导关怀】 2014 年 4 月 1 日，欧洲中华总商会主席张曼新、欧洲中华总商会副主席万子美等著名侨联领导一行 9 人到易斯顿美术学院考察指导工作，主席张曼新等侨联领导对学院董事长王福祥的办学事迹和学院 10 余年的办学成绩高度评价。9 月 5 日下午，易斯顿美术学院 2014 级新生开学典礼暨军训动员大会举行，郑州轻工业学院副校长赵继红、合作办学管理处处长王培义等轻院领导参加此次典礼。11 月 26 日上午，以信阳师范学院美术学院院长刘根禾为组长的河南省高校艺术类本科专业实地评估专家组到学院评估指导工作。

易斯顿学院接受专家组评估

（审核：王　远　撰稿：李亚飞　杨　巍）

郑州电子信息职业技术学院

董事长、院长　陈卿

【概况】 郑州电子信息职业技术学院占地 831.77 亩，其中有国有土地使用证的 516.83 亩，校园建筑面积 30.06 万平方米；有近亿元的各种先进教学设施，生均 6031 元，万元以上设备 573 台，配有 85 个门类齐全的现代化实验室；图书馆藏书 100 余万册，其中电子图书 30 万册，生均 101.94 册。电子数据库 8 种，中外文期刊 189 种，建有设备齐全的电子阅览室和视听系统，拥有包括 5 个校内工程在内的实验室，校

外包括郑州宇通汽车、海马汽车、郑州日产汽车等实习基地146个。学院设7个系38个专业。2014年该学院计划招生2300人，实际招生2350人。郑州大河专修学院合并到郑州电子信息职业技术学院，设有轨道专业。2014年，该学院被评为河南省职业教育特色院校，被郑州市教育局评为民办教育十佳单位和市教育系统平安校园先进单位，被省民办教育协会评为河南省民办教育先进单位。

【师资队伍建设】 2014年，郑州电子信息职业技术学院，坚持练内功，精心打造能适应市场、理论水平高、技术能力强的“双师型”师资队伍，重点抓好学科带头人、骨干教师梯队建设。2014年，学院有326名专兼职教师，教授、副教授、高讲、高工等高中级职称的教师占60%以上；大力提高教师专业实践能力，与周边高校或科研院所实行“校—所（院所）”联合，师资互补，教师相互交流使用。实施“四个一百”工程。即学院每年拿出100万元，采取送出去引进来的方式培养、培训教师；培养100名本科生和100名研究生；诚聘100名专家教授和高级以上职称的专业工程技术人员。对师德欠佳者以及学历不达标者辞退和解聘。2014年获研究生毕业16人，行政人员培训27人，教师培训128人，教师参加进修博士、硕士研究生学习16人，辅导员资格培训7人。

【招生就业】 2014年，郑州电子信息职业技术学院积极探索校企合作、产教结合的培养模式，大力实施订单培养和委托培养。学院创办专门为用人单位培养人才的“3G网络工程班”“日产班”“宇通班”“轨道及营运管理班”“空乘班”等，实施零距离就业模式，让用人单位介入学院的整个人才培养过程，学生毕业前几个月，不少人被厂家点名“预订”。2014年，该学院招生2350人，超额完成计划50人；毕业生2278人，就业比例为98%。

【邵鸿到学院视察调研】 2014年11月28日，全国政协常委、九三学社副主席邵鸿到郑州电子信息职业技术学院视察调研，对学院发展提出很好的建议和要求，为学院工作注入新的活力。

九三学社中央副主席，全国政协常委、副秘书长邵鸿（前排左一）到学院视察调研

【党建工作】 2014年，郑州电子信息职业技术学院党委按照省高校工委、省教育厅党委对于群众路线教育实践活动的工作部署，结合学院8个党支部的实际，加强党的建设，落实反腐倡廉建设，确保学院各项工作稳定、健康发展，真正贯彻落实中共十八大精神。

2014年，该学院培训党员和要求入党的积极分子400人，发展新党员50名。学院6次组织党员、入党积极分子、党课学员走出校门，600多人次到郑州、兰考参观学习。学院工商管理系党支部、信息工程系党支部被省高校工委表彰为先进党支部，15名党员被学院党委评为优秀党员。

【教学管理】 2014年，郑州电子信息职业技术学院按照“重实践、多形式加强课堂教学管理”的要求，科学安排教学，组织教师听课，参与教师管理和加强指导。每周检查任课教师教案，及时表优批差。

组织2014年全国职业技术高级考试，中专职业技能鉴定，秘书职业技能鉴定，市场营销职业技能鉴定，物流管理职业技能鉴定，英语

AB 级考试，全国计算机等级考试等各类大型考试。学院对考风、学风、校风严肃整顿，加强考试的科学化和规范化管理。对当年录取 2213 名新生的学籍严格管理。劝退一些试读、旁听生，处理休学、退学学生的学籍。完成 2011 级学生毕业设计论文资格和毕业生毕业资格的审核。

组织数控操作技能比赛、汽车发动机检测、低压电器实际操作比赛、新生篮球比赛、电子竞技大赛、第二届艺术大赛、书法比赛、合唱比赛等几十项活动。

2014 年，学院专业课教师论文 47 篇获校级奖，14 篇获省级论文奖；21 名教师被评为省高校专业课拔尖人才；145 名学生书面设计作业获校级奖，35 名学生作品获校级奖，4 名学生的设计软件及其他作品获省级一、二等奖。40 名教师被评为校模范教师，9 名被评为省高校优秀教师；8 名学生获省级高校专业比赛一、二等奖。

【学生管理】　2014 年，郑州电子信息职业技术学院党委亲自抓学生管理，学工部、学生处、保卫处、团委分工合作，合署办公，变单一管理为服务型管理机构。

2014 年，学院有专职辅导员 68 名，一线专职辅导员 37 名，兼职辅导员 9 名。参加省教育厅辅导员培训班 106 人，选派 6 名在职辅导员参加河南大学辅导员培训班，选派表现优秀的辅导员参加省高校工委辅导员培训，学院对辅导员和班主任每周安排 3 个学时的业务培训，极大提高辅导员队伍的业务水平。依据《普通高等学校辅导员建设规定》，订制《辅导员（专、兼）职工作条例（试行）》《辅导员职责及考核办法（2009 年修订）》《辅导员的主要工作职责》等。学生管理队伍的教师发表多篇论文。8 名从事学生管理的教师获省级表彰，80 人次获校级表彰。

每个班级 6 个记录本，分别记录纪律、考勤、好人好事、评优评先、助学金、卫生、财产各项费用收支情况等，随时掌控学生情况。开展安全知识竞赛，消防知识演习，提高学生自防自救意识。集中清查学生寝室中大功率电器，查出电炉 12 个、电饭锅 6 个、酒精炉 6 个，召开两次安全防火会议，使消防安全教育进课堂。对 2014 年新生进行明礼和遵纪守法教育，严格军事训练，教育学生热爱党、热爱学校。

开展学习模范人物活动，评选出省市院级三好学生、十佳学习标兵、十佳优秀党员、十佳班长、十佳团支部、十佳创业之星，学校召开师生大会颁奖表彰。

2014 年下学期全院开展以歌颂学院、热爱校长为主题的征文活动。征集 2131 篇稿件，学院专家组评选出 35 篇，分别评出一、二、三等奖。学院积极参与推荐优秀学生干部参加校、市、省的评优表彰。

学院团委积极探索，大胆创新，把政治思想教育工作与学生的实际需要紧密结合起来，举办各种有益活动。学院团委被中牟县团委、河南省团委授予先进团委称号；被郑州市人社局、团郑州市委授予郑州先进团总支称号；被中共郑州市委宣传部、郑州市教育局、共青团郑州市委授予“实现中国梦，颂歌献给党”合唱比赛组织奖；被团河南省委、河南省教育厅、河南省学联，授予河南省高校优秀学生社团称号；被省委宣传部、团省委、省文明办、省教育厅、省学联合授予志愿者暑假“三下乡”社会实践活动优秀服务团队称号。

【校园文化建设】　2014 年，郑州电子信息职业技术学院东西校区建有“百米文化长廊”。举办以科技节、文化节、体育节和艺术节等为代表的各项知识竞赛活动。学院举办各种文体活动。其中，3 月举办“标准普通话朗诵比赛”，48 名学生获校级一、二、三等奖，6 名参加省部分高校比赛，3 名获二等奖。3 月学院举办第四届打字节比赛，20 人获奖。4 月举办第四届大学生羽毛球和乒乓球团体赛、大型春季运动会、象棋友谊赛、擂台赛、“三人制”篮球赛等活动，激发学生积极参与竞争的思想意识。5 月举办第四届“实现中国梦”主题演讲比赛，5名参加省大学生演讲比赛并分别获奖。6月举办首届“五人制”足球赛和第三届美术设计作品展比赛；10月和12月举办迎国庆和庆元旦文艺晚会，11月举办首届“才华横溢超级短剧”表演大赛等活动。2014年学院成立一支10人组成的下乡支教服务社团，50多人参加的鼓乐队，近300名整齐划一的校园迎新依仗队。学院广播站开设有《新闻直通车》《校园风》《体坛瞭望》《英语沙龙》《情感天地》《创作天地》《音乐让我说》《自娱自乐》等栏目，极大丰富了校园生活。各社团活动开展贴近学生生活，丰富多彩，青年志愿者协会“迎新生活动”、关于义务清扫校园、完美团队竞技比赛、敬老院进行慰问和服务、“新生接待”等活动、暑期文化科技卫生“三下乡”社会实践活动、“校园风采大赛”，学院组建各类学生社团，大力扶植学术性、科技型、知识性社团，如实现中国梦理论研讨会、英语社、动漫社、电子竞技协会、礼仪队、民族舞社、乒乓球协会、羽毛球社等。广播站举办第一届七彩之星普通话大赛，提高学院学生的普通话水平及表达能力。

【资金管理】 2014年，郑州电子信息职业技术学院做好资金安排，确保工程款按计划支付，及时准确收缴学费和落实学生各项奖、助、贷资金。圆满完成省下达的招生计划，做好困难学生的入学工作，帮助办理2014年国家助学贷款，使学费收入达2500万元，比上年增长30%，对困难学生实施减、贷、免学费政策。1600多名获学院助学金，660名学生获得国家助学金，平均每生每年3000元；30名学生获得国家励志奖学金，每生5000元；1名学生获得国家奖学金8000元。正常业务活动资金总额比上年增长300万元，费用水平上升40%。其中，教师工资及生活补贴增加100万元，交通费增加4万元，办公条件改善增加4万元，职工统筹意外伤害保险增加2万元，增加教学实验、实习设备，改善设备购置增加150万元，教材资料充实完善费用增加10万元，其他水电、补助费用35万元。学院建设学生宿舍楼，总投资1580万元，多媒体楼建设投资102万元，电路改造投资20万元，体育馆投资150万元，总体事业费有结余，建设投资比例较大。

（审核：陈国云　撰稿：李国法）

编辑：钟宇斐

科技 气象

科技发展

科技工信局局长
张海献

【概况】 2014年，中牟县科学技术和工业信息化局（简称中牟县科技工信局）紧紧围绕中牟经济社会发展总体规划，积极实施科技兴县、工业强县战略，强力推进各项科技计划，切实抓好工业经济运行，不断加快重大项目和产业集聚区建设，持续做好企业服务年活动，稳步推进企业改革，着力解决破产改制企业遗留问题，力求保稳定、促和谐、求发展，按计划完成全年工作目标任务。

【科技工作】 2014年，中牟县科技工信局持续推进科技创新。推荐的海马商务汽车有限公司"ZQ6380系列乘用车车身关键技术研究及应用"和"福仕达ZQ系列乘用车开发"2个项目被认定为市级科技成果二等奖；推荐的河南邦友、晨明、弘亿国际等3家郑州市现代农业科技型龙头企业顺利获批；推荐中牟县50家企业申报郑州市科技型企业，其中28家企业通过认定；推荐郑州红宇和经纬电力2家公司为郑州市2014年度创新型试点企业获得批准；推荐郑州凯雪冷链股份有限公司为河南省第八批创新型试点企业顺利获批；组织中部汽车、河南邦友、龙翔水产、河南杜泊实业等4家公司申报市级工程技术研究中心获得批准。组织富岛机械、紫光通和、中威高科等3家申报高新技术企业，获得郑州市科技局批准；同时积极做好企业技术服务工作，对弘亿国际、凯雪冷链、富岛机械、龙祥水产、河南邦友等20多家企业进行技术难题征集，并上报郑州市科技局研究推进，有效促进企业技术创新发展。

科技部领导及专家在省科技厅厅长贾跃（前排右四）等陪同下察看中牟农业科技园区建设

积极开展科技园区创建。积极配合郑州市做好国家级农业科技园区创建申报，科技部、河南省科技厅多次到中牟县实地视察调研，国家级农业科技园区通过专家论证和审核审批；在农业科技园区与汽车产业聚集区分别建设科技企业孵化器，其中汽车产业科技企业孵化器通过市级认定；推进中牟县汽车产业技术创新联盟，完成市级创新联盟申报；依托汽车产业集聚园区，围绕汽车及零部件行业，联合建立中牟县公共科技研发平台，通过市级研发平台认定。

认真落实科技项目申报。中牟县申报的2014年市科技计划项目，26项被列入年度市各类科技计划；征集县级科技项目38项；完成中牟县科技富民强县项目申报，项目的实施对于促进农民依靠科技增收致富和壮大财政实力，加快推动农业产业和特色优势产业发展具有十分重要的作用；组织完成中牟县科技信息服务站建设申报工作，全县申报各类科技信息服务站点120个。

不断加强技术市场管理。中牟县科技工信局对郑州比克新能源汽车有限公司提交的“电动车轻量化车体开发设计”等52份技术合同进行认定，全年完成技术合同额4.51亿，完成郑州市下达的目标任务。

【知识产权工作】 2014年，中牟县科技工信局加强《中华人民共和国专利法》《河南省专利保护条例》等有关法律法规的宣传。根据《中牟县专利申请资助和专利实施奖励暂行办法》，组织一批县级专利资助，完成专利审核130余件，资助金额9.05万元。组织两批市级专利资助申请，涉及中威高科、凯雪冷链2家公司。

【节能减排】 2014年，中牟县科技工信局指导河南津大幕墙有限公司“55系列保温型铝合金内平窗”和郑州凯雪冷气设备有限公司“KX－GZ商用冷藏展示柜”进行节能产品认定申报；河南津大幕墙有限公司的“55系列保温型铝合金内平窗”节能产品通过省工信厅认证。

（审核：刘红芹　撰稿：高洪力　鲁　茜）

地震监测

【防震减灾】 2014年，中牟县地震台建设用地规划获批准（地震台和气象台合并建设），基础建设由中牟县气象局负责；全县14个乡（镇）街道兼职防震减灾助理员和行政村、社区灾情速报员网络建设完成，地震宏观监测点运行有序。

（审核：刘红芹　撰稿：高洪力　鲁　茜）

气　象

【概况】 2014年，中牟县气象局按照一年四季不放松，一次过程不放过的理念认真做好气象服务工作，尤其重视决策服务，遇有重大过程时，坚持由局长亲自向县领导汇报，并将第一手材料送到县长和主管副县长手中，为县领导指挥抗灾抢险提供准确的决策信息，减轻自然灾害造成的损失。为县人大、政协两会等重大社会活动准确及时提供气象保障服务，认真做好高招专题气象预报、秋收秋种专题气象预报、“三夏”专题气象预报、秸秆禁烧监测预报服务。全方位、及时准确的气象服务为中牟县各种活动顺利开展提供优质的气象保障服务。2014年，中牟县气象局被郑州市气象局评为全市气象系统综合考评特别优秀单位。

气象局局长　李敏

【基本气候特征】 2014年，中牟县气温特高，降水偏少，日照时数偏少，各类灾害性天气均有发生，但对人们的生活及各行各业影响不明显。

气温　2014年，中牟县年平均气温16.0℃，较历年同期14.5℃偏高1.5℃，属特高量级。年内各季分布：冬季平均气温3.3℃，较历年同期相比偏高1.3℃，属特高量级；春季平均气温17.7℃，较历年同期相比偏高2.6℃，属特高量级；夏季平均气温26.5℃，较历年同期相比偏高0.4℃，属略高量级；秋季平均气温16.0℃，较历年同期相比偏高1.1℃，属特高量级。2014年12月平均气温4.0℃，较历年同期相比偏高1.7℃，属特高量级。年极端最高气温39.0℃，出现在2014年7月21日，年极端最低气温－7.6℃，出现在2013年12月27日和2014年2月11日。

降水　2014年，中牟县年总降水量459.4毫米，较历年同期604.4毫米偏少145.0毫米，距平百分率为－23.9%，属偏少量级。年内各季分布：冬季总降水量16.2毫米，较历年同期相比偏少11.1毫米，距平百分率为－40.6%，属偏少量级；春季总降水量122.5毫米，较历年同期相比偏少1.7毫米，距平百分率为-1.4%，属略少量级；夏季总降水量84.7毫米，较历年同期相比偏少244.0毫米，距平百分率为-74%，属特少量级；秋季总降水量234.9毫米，较历年同期相比偏多110.7毫米，距平百分率为89%，属特多量级。2014年12月降水量0.3毫米，较历年同期偏少8.5毫米距平半分率为-96.5%，属特少量级。年内一日最大降水量33.3毫米，出现在2014年9月14日。

日照 2014年，中牟县年总日照时数1759.1小时，较历年同期2016.9小时偏少257.8小时，距平百分率为-12.7%，属略少量级。年内各季分布：冬季总日照时数315.7小时，较历年同期偏少71.7小时，距平百分率为-18.5%，属略少量级；春季总日照时数595.3小时，较历年同期偏多2.5小时，与历年持平；夏季总日照时数482.8小时，较历年同期偏少83.2小时，距平百分率为-15%，属略少量级；秋季总日照时数347.9小时，较历年同期偏少39.5小时，距平百分率为-10%，属略少量级。2014年12月日照时数145.6小时，较历年同期偏多14.7小时，距平百分率为11.2%，属略多量级。

【主要气象灾害】 大雾 2014年，中牟县出现14次大雾天气，时间分别在1月10日、31日，3月26日，4月8日，9月8日、20日，10月2日、20日、22日，11月6日、26—27日。其中3月26日最小能见度30米，大雾天气使高速公路全线封闭，一般公路车速极慢，几乎看不到路口，车祸高发，给人们带来极大不便。

霾 2014年，中牟县出现52次霾天气，与历年同期相比多32.5天，其中1月出现10次，10月出现11次，持续霾天气造成空气质量下降，呼吸道疾病患者明显增多，给人体健康带来不利影响。

干旱 2014年6—8月，中牟县总降水量仅为84.7毫米，较常年同期（328.7毫米）偏少近7成，为1951年以来同期最低值。受到持续高温少雨天气的影响，中牟县遭遇63年来最严重的“夏旱”。干旱会导致人体免疫力下降；是危害农牧业生产的第一灾害；促使生态环境进一步恶化；气候暖干化引发其他自然灾害发生。持续高温少雨天气，水分蒸发蒸腾加剧，土壤表层墒情下降较快，秋作物生长水分供给不足。

高温 2014年，中牟县日最高气温（≥35℃）日数14天，其中，5月29日和7月21日最高温度达到39℃以上，中暑和因高温造成的意外事故明显增加，对人体健康产生不利影响。

干热风 2014年5月27日至30日，气象部门连续发布干热风橙色预警信号，干热风时，温度显著升高，湿度显著下降，并伴有一定风力，蒸腾加剧，根系吸水不及，导致小麦灌浆不足，秕粒严重甚至枯萎死亡。

雷雨大风 2014年7月29日傍晚到夜间，中牟全县范围内发生雷雨大风天气，其中韩寺镇伴有短时大风、强降水、冰雹等强对流天气。全县受灾人口7725人，农业受灾面积238公顷，主要受灾作物为玉米、豆角和番茄，倒塌房屋2户11间，损坏房屋60户108间，折断树木1800棵，线杆110根，直接经济损失420.6万元，其中农业损失268.5万元。

连阴雨 2014年9月14日至18日，中牟全县出现连续性阴雨天气，旱情全部解除，增加土壤储水量，充足的土壤底墒对冬小麦播种和冬前苗青生长十分有利，但不利于秋作物的成熟和收获。

【气候与农作物生长】 2013年12月上旬，中牟县冬小麦处于分蘖期，旬内气温偏低，光照充足，无有效降水，但墒情适宜，总体气象条件利于冬小麦生长。中旬，冬小麦仍处于分蘖期，部分进入越冬期，旬内气温正常略偏低，利于冬小麦进行冬前抗寒锻炼，无有效降水，对冬小麦分蘖期及形成壮苗有一定不利影响，但墒情适宜，有利于冬小麦冬前生长。下旬，冬小麦进入越冬期，旬内气温偏低，光照充足，墒情适宜，利于冬小麦越冬，部分地方旱情持续并有所发展。

1月上旬，中牟县冬小麦进入越冬期，旬内温度偏高，对冬小麦安全越冬生长较为有利，但由于降水持续偏少，旱情持续并有所发展。中旬，冬小麦处于越冬期，旬内气温偏高，对冬小麦安全越冬较为有利，但由于降水持续偏少，旱情持续。下旬，冬小麦处于越冬期，旬内气温偏高，降水持续偏少，旱情持续，但墒情仍以适宜为主，对冬小麦安全越冬无明显不利影响。

2月上旬，中牟县小麦仍处于越冬期，旬内出现大范围的降雪过程，有效补充土壤水分，旱情有所缓解，对冬小麦的越冬较为有利。中旬，冬小麦陆续进入返青期，部分仍处于越冬期，旬内出现雨雪过程，有效补充土壤水分，旱情进一步缓解，为冬小麦返青恢复生长奠定较好的水分基础。下旬，冬小麦进入返青期，旬内气温偏高，墒情适宜，对冬小麦的返青生长较为有利。

3月上旬，中牟县冬小麦进入返青期，部分进入起身期，旬内温度正常略偏高，降水偏少，但墒情适宜，对冬小麦返青生长较为有利。中旬，冬小麦进入起身期，部分进入拔节期，旬内气温偏高，光照充足，为冬小麦返青后的快速生长提供有利光温条件，但降水持续偏少，对冬小麦生长无明显不利影响。下旬，冬小麦进入拔节期，旬内气温明显偏高，光照充足，有利于冬小麦快速生长，但也加快土壤失墒。

4月上旬，中牟县冬小麦处于拔节期，部分进入孕穗期，旬内气温偏高，降水持续偏少，对冬小麦的生长有一定不利影响。中旬，冬小麦处于孕穗—抽穗期，旬内气温正常，出现大范围的连续降水过程，使旱情得到基本解除，对小麦的抽穗及春播作物的播种、出苗非常有利。下旬，冬小麦处于开花期，旬内气温正常略偏低，降水充足，墒情适宜，对小麦及春播作物的生长较为有利。

5月上旬，中牟县内冬小麦处于开花期，旬内气温正常略偏高、光照充足，对作物光合作用有利；虽出现一次降水过程，降水分布不均，但大部地方墒情适宜，利于小麦抽穗灌浆及春播作物的苗期生长。中旬，冬小麦仍处于开花期，部分进入乳熟期，旬内气温正常略偏低，光照较为不足，对冬小麦灌浆有一定不利影响。下旬，冬小麦处于成熟期，部分陆续进入成熟收获期，旬内气温偏高，天气以晴好为主，利于小麦的收获晾晒，但出现干热风天气，对晚熟地方小麦后期灌浆略有影响；旬末出现大范围降水过程，大部地方墒情适宜，对秋作物的播种较为有利。

6月上旬，中牟县冬小麦进入收获期，部分夏玉米处于播种期，旬内以晴好天气为主，气温偏高，利于小麦的适时收获、晾晒，旬初虽出现大范围降水过程，但降水时空分布不均，部分地方旱情持续，但大部地方墒情适宜，对秋作物的播种出苗较为有利。中旬，冬小麦收获完毕，夏玉米处于播种—出苗期，部分处于出苗—三叶期，旬内气温偏低，旬内虽出现大范围降水过程，但由于降水分布不均，部分地方旱情持续，大部分地方墒情适宜，对玉米的苗期生长较为有利。下旬，夏玉米处于三叶—七叶期，部分夏玉米仍处于出苗—三叶期，旬内虽出现较大范围降水过程，但由于降水时空分布不均，部分地方旱情持续，对大田秋作物的生长有一定不利影响，大部地方墒情适宜，对夏玉米及秋作物的生长比较有利。

7月上旬，中牟县夏玉米大部分处于七叶期，旬内气温偏低，降水偏少且分布不均，部分地方旱情持续，但大部分地方墒情适宜，对夏玉米等秋作物的生长较为有利。中旬，夏玉米仍处于七叶期，部分进入拔节期，旬内气温偏高，降水偏少且分布不均，对秋作物正常生长有一定不利影响，但总体墒情适宜，利于夏玉米等秋作物的生长。下旬，夏玉米进入抽雄期，旬内气温偏高，降水偏少且分布不均，部分地块旱情持续，不利于秋作物生长，需做好抗旱工作。

8月上旬，中牟县夏玉米进入吐丝期，旬内出现大范围降水过程，前期干旱明显缓解，局部旱情解除，对正处需水关键期的秋作物正常生长较为有利，但由于降水不均，部分地方旱情仍在持续。中旬，夏玉米大部分处于灌浆乳熟期，旬内气温偏低，出现降水过程，但由于降水分布不均，部分地方旱情依然持续。下旬，夏玉米进入灌浆攻籽期，旬内气温正常，降水充足，旱情明显缓解或解除，对大田秋作物的后期生长较为有利；但大部分地方光照较为不足，对夏玉米的灌浆攻籽有一定不利影响。

9 月上旬，中牟县夏玉米大部分陆续进入乳熟期，旬内气温正常，降水虽偏少，但由于前期降水较多，大部地方墒情适宜，为未来冬小麦的播种提供良好的底墒条件，但持续阴雨天气，光照偏少，对夏玉米的灌浆攻籽有一定不利影响。中旬夏玉米陆续进入成熟期，小部分处于乳熟期，旬内出现连阴雨天气，气温普遍偏低，降水明显偏多，日照明显不足，对秋作物的成熟较为不利，但充足的底墒，有利于未来冬小麦的播种。下旬，夏玉米大部分地方进入成熟收获期，旬内气温偏高，降水偏多，其中 27—29 日出现大范围降水过程，土壤墒情偏湿状况持续，加之光照不足，对秋作物后期灌浆成熟、晾晒及秋收工作有不利影响，但底墒充足，对冬小麦的播种出苗较为有利。

10 月上旬，中牟县夏玉米进入成熟收获期，大部分夏玉米收获完毕，旬内气温偏高，降水偏少，日照较为充足，以晴好天气为主，利于秋作物收获晾晒、腾茬和整地，墒情适宜，对冬小麦的播种、较为有利。中旬，秋收工作结束，大部分冬小麦处于播种期，旬内气温偏高，降水充足，日照偏少，旬前期以晴好天气为主，对秋作物的晾晒脱粒及贮运入库较为有利，旬末出现大范围降水过程，底墒充足，对冬小麦的播种、出苗及生长较为有利。下旬，大部分冬小麦处于播种—出苗期，旬内气温偏高，部分地方土壤偏湿状况明显改善，降水虽偏少，但墒情适宜，对冬小麦的苗期生长较为有利。

11 月上旬，中牟县大部分冬小麦处于出苗期，旬内气温偏低，降水偏少，但部分地方墒情适宜，对冬小麦的苗期生长较为有利。中旬，大部分冬小麦处于三叶期，旬内气温偏高，光照充足，降水虽偏少，但大部地方墒情适宜，总体气象条件对冬小麦的冬前生长较为有利。下旬，冬小麦处于三叶期，部分进入分蘖期，旬内气温偏高、光照较为不足，出现大范围降水过程相当于对中牟县冬小麦提前进行一次“冬灌”，部分地方土壤缺墒状况会明显改善，对冬小麦分蘖生长、培育冬前壮苗及后期安全越冬均较为有利。

【气候与交通运输及建筑业】　2014 年，中牟县大雾天气出现 14 次，导致中牟县高速公路多次封闭，交通事故频发，对交通运输及建筑业存在一定的影响。

夏季雷雨大风天气给县城道路造成积水，给交通带来不便，给农民带来农业损失。

【气候与人体健康及生活】　2014 年，中牟县持续大雾天气对人的心理和身体都有影响，大雾天会给人造成沉闷、压抑的感受，会刺激或者加剧心理抑郁的状态。由于雾天光线较弱及导致的低气压，有些人在雾天会产生精神懒散、情绪低落的现象。

霾天气中的碳氧化物，对人的眼、鼻和呼吸道有强烈的刺激作用，在一定条件下，将对肝、胃和心脏血管系统的功能产生破坏作用。

【业务建设】　2014 年，中牟县气象局在中牟县建成气象信息服务站 38 个，其中乡镇 16 个（各乡镇全部建成）、村级 13 个、农技推广区域站 6 个、社区 1 个、示范园 2 个；在全县 370 个行政村安装手机大喇叭；安装大型电子显示屏 19 块；布设 11 套自动雨量站（3 月对全县单要素雨量站升级改造，全部更换成无锡产的新型雨量站，利用太阳能供电，不需要市电）、4 个四要素自动气象站，5 套 7 要素自动气象站，4 套土壤水分自动观测站，1 套农业气象自动观测系统，2 套田间小气候观测站；建成 5 个标准化固定炮站，经过省气象局验收合格，新购火箭发射架 1 部。建立以大学生村官、村支书、村委会主任和农民技术员为主的乡村气象信息员队伍，在为农服务和农村气象灾害防御中发挥重要作用。初步建成农村气象灾害防御体系和农业气象服务体系。

在“两个体系”建设中，作为河南省气象局社会化服务试点县，中牟县气象局积极开展试点工作，分别与农业公园内的秀园花卉和河南沧润2家涉农企业及姚家、狼城岗2个农技推广区域站签订合作协议。向省气象局申报“嘉年华打造直通式为农服务品牌”创新项目。在农业公园内安装水产养殖多要素自动站一套，开发现代都市农业气象服务平台1个，提升为农服务的档次和水平。成功承办全省“三农”专项现场会农业公园的观摩和县“农业嘉年华”活动气象展馆的布展和讲解工作。

《人民日报》、新华社、中央电视台、《中国科学报》等媒体记者到中牟·国家农业公园，对中牟县气象为农服务和气象科普宣传工作进行采访

【气象服务】 2014年，中牟县气象局为社会提供多项气象服务。对造成重大影响的强对流天气等灾害过程不漏报并及时发布预警信号，发布高温、大风、暴雨、雷电等气象灾害预警信号53期。提前为中牟县人大、政协两会等重大社会活动提供准确及时的气象保障服务。积极为高招、“三夏”、秋收秋种、秸秆禁烧监测等提供优质气象服务。

3月23日气象日，中牟县气象局在世纪广场开展气象宣传

【人工影响天气工作】 2014年，中牟县气象局积极抓住有利天气时机，在郑庵镇前李庄和刁家乡韩家村进行6次人工影响天气作业，发射火箭弹45枚，有效缓解春季和夏种及麦播期间的旱情，保证农业正常生产。

（审核：李　敏　撰稿：朱翠红）

编辑：冯喜平

文化 旅游

社会文化与新闻出版

文化和广电旅游局
局长 王玉忠

【概况】 2014年，中牟县文化广电和旅游局切实贯彻落实中央文艺座谈会精神，加快社会主义文化事业的改革和发展，繁荣公益性文化事业，以文化利民惠民，为实现中牟县经济提质增效、展现中牟精神文明风貌、促进中牟社会和谐发展提供有力的精神支撑。

【文化惠民活动】 2014年，中牟县文化广电和旅游局深入全县各乡镇（街道）开展送戏下乡活动，完成226场的演出任务，其中，“舞台艺术进乡村、进社区”活动160场，“舞台艺术送农民”16场，周末广场活动50场。为建成一批有知名度、带动力、辐射力的文化创作、宣传、展示基地，中牟县积极搭建平台，引进中国书法导报社、郑大书画研究院等知名文化社团组织。

【行政审批改革】 2014年，中牟县文化广电和旅游局按照“精简、统一、便民、高效”的总要求，建立“一个窗口对外、一个机构履职、一枚印章签批”的行政审批新机制，将局行政审批职能向所属行政服务科集中，行政服务科向县行政服务中心办事大厅集中，全面实行“一站式办公、一条龙服务”的运行模式，推出便民利民服务项目，对每一个文化项目的审批做到送到即审，为特殊情况开辟“绿色通道”，把“承诺件”当成“即办件”处理，极大促进职能转变和管理创新，提高行政服务效能，全年办理文化经营项目审批事项503件，办结率达100%，提前办结率为100%。

【公共文化基础设施建设】 2014年，中牟县文化广电和旅游局以标准化、均等化为方向，继续加强县、乡、村三级公共文化服务设施建设，完善已建成公共文化设施的管理。2014年建成大孟镇电子阅览室，配备电脑、投影仪、打印机、复印机、桌椅整套装备。4月中旬，对全县公共文化设施的开放与管理情况全面摸底调查、督促、指导整改。为进一步巩固建设成果，保障农家书屋正常运行，2014年通过招标采购，配发新图书206种，55013册，价值54912.73元；报刊28种，价值455715.38元。

【群众文化活动】 2014年，中牟县文化广电和旅游局文化馆组织全县文艺骨干培训班，内容包括书法篆刻、山水花鸟、舞龙舞狮、盘鼓、广场舞等8个门类，参加人员700多人。举办春满中牟、“勤政为民尽责圆梦”——群众路线教育实践活动书画作品展、郑州五县市书法精品联展——书法创作点评活动、郑州五县市书法精品联展、新中国成立65周年书画摄影展、中牟县“三农秀园杯”书法绘画作品展等各类书画展览活动，1000多名书画爱好者参加，提高全县群众的艺术创作水平和艺术鉴赏力。春节期间为群众送祝福、送温暖，举办义写春联活动。为营造节日喜庆气氛，举办元宵节民间文艺大赛和非物质文化遗产展示展演等活动。

春满人间书画作品展（王泉水摄）

为发掘和选拔文艺人才，组织参加和举办文艺大赛，组织100多幅作品参加郑州市第八届少儿艺术节，获2014年度郑州市第八届少儿文化艺术节单位组织奖；举办“大美中牟，蓝菲之星”歌手大赛，历时3个多月，参赛选手近400人。

【义写春联】 2014年，中牟县文化广电和旅游局文化馆组织县城书法家20余人到大孟镇王林庄、官渡镇党庄村、东风路清华园小区义为群众义写春联数百副，各乡镇（街道）文化站组织当地书法家为群众义写春联数千副，受到群众的真心欢迎。

【元宵节民间文艺大赛】 2014年2月12日，在中牟县人民文化广场举办元宵节民间文艺大赛，分综合、秧歌广场舞两大类，中牟县各乡镇（街道）34支民间文艺团队参赛，参赛人数1800多人，营造节日气氛，锻炼队伍能力，活跃群众文化生活。

【“大美中牟，蓝菲之星”歌手大赛】 2014年9月10日开始，中牟县委宣传部联合中牟县文化广电和旅游局举办“大美中牟，蓝菲之星”歌手大赛，历时3个多月，经过海选、晋级、决赛多轮竞逐，10名选手“过关斩将”，从400多报名参赛者中脱颖而出进入总决赛。2015年1月22日举行总决赛，经过专业评委给分和大众评审，3名选手胜出，朱明月、张培训、张建勋分别摘取了总决赛的冠、亚、季军，韩冬、张建分获最佳人气奖和最佳潜质奖，马栓、杨军、王亚娟、王元、王艳力获优秀奖。大赛呈现出3个特点，一是首次邀请中牟电视台现场报道，并进行电视转播；二是演唱类别、唱法多样，民族、通俗、美声俱有，独唱、小合唱齐全；三是选手素质高，实力强，参加总决赛的9名中牟籍选手全是正规艺术院校毕业生，冠亚军还是研究生毕业，他们既有较高天资，又经过专业教育，所以演唱既专业又显水平，彰显中牟县文艺人才济济和群众文化活动的深厚基础，推动中牟县群众文化活动提质升档。

【文艺骨干培训】 2014年12月，中牟县文化广电和旅游局提供专项经费，开展全县文艺骨干集中培训，举办书法篆刻培训班和文艺骨干动态文艺培训班，受益人员800多人。内容涉及书法、篆刻、美术、盘鼓、舞龙、舞狮、广场舞等专业。书法篆刻培训班与县教体局联合主办；选派专业教师进行培训，邀请省级或国家级专家授课，深得广大学员的信赖和欢迎。

【非物质文化遗产保护】 2014年，中牟县非物质文化遗产（简称非遗）保护工作认真落实贯彻“保护为主、抢救第一、合理利用、传承发展”的方针，取得一定成效。一是认真开展常态化基础保护工作。深入全县11个乡镇、3个街道办事处挖掘非遗线索50多条，调研指导市县级非遗项目8个。二是开展宣传、展示展演活动，让大众走近非遗、了解非遗，增进对非遗保护、传承的自觉意识。1月非遗项目面塑、诗竹画在中牟县2014年春节文艺晚会精彩亮相，面塑、糖画、诗竹画令现场观众耳目一新；2月举办元宵节非遗展示展演和《河南省非物质文化遗产保护条例》宣传活动；4月，组织市级项目面塑和糖画参加首届郑州中牟·国家农业公园嘉年华活动；6月开展主题为“保护文化遗产守护精神家园”第九个“文化遗产日”活动，制作宣传展板，宣传《中华人民共和国非物质文化遗产法》，展示中牟县非遗保

非物质文化遗产诗竹画传承人吴旭在县春节文艺晚会现场接受采访（李静摄）

护成果，非遗项目诗竹画、面塑、黑陶等参加展示展演。三是积极开展项目申报工作。5 月 25 日，张明彦、校艳坡、田金汉、雷雨成功申报第三批郑州市非遗代表传承人；第二届河南民间艺术展中牟县报送的黑陶作品镂空鱼瓶、双福瓶分获三等奖和优秀奖，镂空鱼瓶被省博物馆收藏；11 月省级项目《黄河打硪号子》代表性传承人闫西禄的省级财政专项保护经费拨款到位；召开中牟县第二批县级非遗项目专家论证会，对第二批县级非物质文化遗产项目 7 项名录论证表决，在项目申报领域引入专家论证机制。中牟县文化广电和旅游局获 2014 年度郑州市非物质文化遗产工作先进集体称号。

【元宵节非物质文化遗产展示展演活动】 2014 年 2 月 12 日，在中牟县文化广场举办元宵节非物质文化遗产展示展演活动，东风路办事处和青年路办事处的花篮、小车、旱船，官渡镇校艳坡的面塑、万滩镇吴旭的诗竹画、黄店镇表演的麒麟舞、大孟镇的传统武术参加展示展演；同时还开展《河南省非物质文化遗产保护条例》宣传活动，制作展板 3 块，悬挂横幅 6 幅。现场观众近万人。

【中牟县第二批县级非遗项目专家论证会】 2014 年 10 月 30 日，中牟县第二批县级非遗项目专家论证会在中牟县文化活动中心召开，对中牟县第二批县级非物质文化遗产项目 7 项名录传统技艺黑陶烧制技艺、传统技艺臭豆腐、传统技艺张富贵五香风干卤兔肉、民间文学传统民间歌谣、传统美术诗竹画、曲艺河南坠子、传统医药张化义皮肤科和第一批县级非物质文化遗产 1 项扩展项目名录传统医药接骨膏药及糊鸡技术展开讨论、评审鉴定，并对项目申报书内容进行修改、补充和完善。经专家论证表决后，全部获得通过。12 月，中牟县政府公布第二批县级非物质文化化遗产项目名录 6 项和第一批县级非物质文化遗产扩展项目名录 1 项。自此，中牟县已拥有省级名录 3 项、市级名录 13 项，县级名录 61 项，形成完备的省、市、县、乡、村五级非遗项目管理网络。

【黑陶镂空鱼瓶入藏省博物馆】 2014 年 7 月，中牟县非物质文化遗产保护中心办公室组织中牟县民间文化能人参加第二届河南民间艺术展活动，官渡镇许村黑陶烧制技艺传承人许道先的黑陶制品镂空鱼瓶、双福瓶受到专家认可，分获三等奖、优秀奖，镂空鱼瓶入藏河南省博物馆。

在中国古代许多地方，流行取“鱼”与“余”谐音来寄托年年有余、吉庆有余的愿望，创作者许道先把这样的设计理念融入作品镂空鱼瓶中，在拉胚成型后手工雕刻双鱼相戏的情景。双福瓶瓶身透雕增显祝福之意，大大的“福”字寓意顺利、福气、富贵等一切美好的寓意。这两件参展作品代表中原陶瓷文化特色，有独特的文化价值、历史价值和艺术价值。镂空鱼瓶、双福瓶在大展上亮相并获奖，展示中牟县民间文化能人的技艺和成果，推进中牟县民间文化活动的传播。

【图书馆基本文化服务】 2014 年，中牟县图书馆以“读者至上、服务第一”为宗旨，优化基础服务，保障资源供给，增强基本服务能力。少儿阅览室在周六、周日全天开放，方便服务青少年学生；馆内图书的采编、流通、检索、统计全面实现自动化管理，提高工作效率；借助 VPN 技术实现与郑州市图书馆内网互联，实现业务系统互联、数据资源共享；年底加入郑州市图书馆联盟，推行联盟馆通借通还服务；新增4台电子书借阅机，实现读者网络即时下载阅读服务；完成图书馆服务器升级改造的立项；坚持定期更新图书馆网页，提供最新知识；全年采购新书2000多册、期刊200多种，办理借书证1095个，比上年增长56%，更新换证385个，办理电话续借100余人次，期刊流通5万余册次，图书流通25万余册次，比上年增长177.8%；电子阅览室流通人数5000余人次；馆内人流量15万人次，比上年增长36.4%，较好满足读者需求。2014年，县图书馆获得创建国家公共文化服务体系示范区先进集体、全民阅读推广先进单位、郑州地区公共图书馆服务联盟建设工作先进单位等荣誉称号。

【图书馆拓展服务】 2014年，中牟县图书馆举办“欢乐元宵”谜语有奖竞猜；积极开展多种形式的为读者服务活动，打造书香中牟，建设文明和谐社会。全年开展为读者阅读服务活动6次，下基层送书3次；开展儿童绘画比赛、诗歌朗诵比赛、文化强国强军知识网络竞答、少年儿童红歌赛、毛保增个人书画展和研讨会等活动。

【“欢乐元宵”谜语有奖竞猜活动】 2014年农历正月十三日，中牟县图书馆精心开展“欢乐元宵”谜语有奖竞猜活动。组织内容丰富、寓教于乐的谜语2000条，设奖品2000余份，活动参与人数5000余人。

【图书馆涉农服务】 2014年，中牟县图书馆加强对农村文化的服务，开展免费捐赠图书、参加郑州市中牟县首届农业嘉年华活动、举办“冬日里送温暖”送书下乡活动等。

【免费捐赠图书活动】 2014年1月8日，中牟县图书馆到姚家镇春岗村，向春峰果蔬合作社捐赠文学类、科普科技类图书600册，用于帮助合作社成员解答生产生活上的疑问并丰富他们的精神文化生活。双方进行座谈，共同商讨县图书馆帮助合作社建立图书室的具体事项和图书室的运行思路。

【参加首届农业嘉年华活动】 2014年4月17日，郑州中牟首届农业嘉年华在中牟·国家农业公园举办，在中牟县文化广电和旅游局的支持下，中牟县图书馆协同中原出版传媒集团和中原农民出版社在展区获得一席之地。工作人员带着馆藏图书，给过往的游客介绍中牟县图书馆，宣传文化知识的重要性。此次活动主要展示有关农业方面的多种图书300余本，为农民带去文化知识营养。

【“冬日里送温暖”送书下乡活动】 2014年12月12日，中牟县图书馆为刁家乡韩家村第二中心幼儿园带去《幼儿画报》《喜洋洋与灰太狼》等20余种广受小读者喜爱的书画期刊500余册，受到该幼儿园教师和小朋友们的热烈欢迎。

【文物保护】 2014年，中牟县文化广电和旅游局以确保文物安全为中心，对全县区域内66处县级文物保护单位实地勘察，并划分保护范围和建设控制地带；对14个乡镇（街道）的田野零散石刻文物逐一排查，发现零散石碑31通；落实文物安全责任制，“人防、物防、技防”齐抓，全天24小时值班，进一步巩固县、乡、村三级文物保护网，确保文物安全；配合各类建设项目积极开展文物勘探，钻探面积近1000万平方米，未发生漏探误探等质量事故；配合郑州考古院对勘探文物进行发掘清理，有效保护地下文物安全，为研究中牟县古代生活形态、社会发展状况及墓葬形制等提供实物依据。在6月14日第九个“中国文化遗产日”，开展一系列以文化为主题、形式多样的宣传活动，介绍中牟历史文化，宣传文物保护的法律法规。10月28日，寿圣寺双塔维修抢险加固工程建设在历时2年多后，顺利通过郑州古建筑专家组验收。中牟县文物工作进入郑州市先进行列。

【寿圣寺双塔抢险维修加固工程通过验收】 寿圣寺双塔位于中牟县城南30公里黄店镇冉家村，建于北宋晚期，2013年被国务院公布为第七批全国重点文物保护单位。由于雨水冲刷，产生大量的水土流失，对双塔塔基的稳定产生影响，东、西塔均有不同程度的倾斜。郑州市、中牟县有关部门高度重视，郑州市人大常委会副主任党普选过问此事，并指定相关部门制订维修抢险加固方案，中牟县文化广电和旅游局积极争取资金对双塔实施抢险维修加固。

2012年2月，在郑州市文物遗产处、中牟县财政局、县文化广电和旅游局等单位努力下，最终选定郑州鼎力文物保护规划设计有限公司、

抢险加固维修后的寿圣寺双塔

郑州华源文物保护工程有限公司、南阳市古代建筑保护研究院参与工程的设计、施工和监理，并依照设计方案开始施工。工程历时2年多，2014年3月，县文化广电和旅游局对工程进行初步验收。2014年10月28日上午，受河南省文物局委托，郑州市文物局局长任伟带领古建筑专家组，在中牟县副县长王洪波以及县文化广电和旅游局局长王玉忠等人的陪同下，赴双塔工程现场进行实地勘察验收。在县政府举行的验收会上，专家组在听取工程设计方、施工方及监理方汇报后，对该工程做出“总体符合要求，质量合格”的认定。

【第一次可移动文物普查】 2014年，中牟县主要开展第一次可移动文物普查的信息输入工作。县文物保护管理所现存可移动文物1239件，其中一级品2件，二级品14件，三级品510件。三级品以上文物已全部输入国家信息库。这次普查要求输入713件，截至2014年12月底，中牟县完成可移动文物拍照及信息输入63件。2015年7月底前将完成所有可移动文物信息输入。

【文化市场管理】 2014年，中牟县加强文化市场管理执法人员法律法规培训，提升执法队伍思想素质和执法水平；从严治队，提高其行政管理水平；加大文化市场综合行政执法工作；以查处文化市场违法违规案件为抓手，以“扫黄打非”、净化社会文化环境为重点，扎实做好日常监管，科学部署集中行动，全面提升执法效能。2014年，出动文化市场管理执法人员2776人次、执法车418辆次，检查经营场所4708家次，立案查处72家违规经营单位。

【综合行政执法】 2014年，中牟县文化广电和旅游局加强对网吧和娱乐市场的监管，加大日常监管和专项整治力度，检查网吧1245家次，立案查处55家，检查歌舞娱乐场所79家次、责令整改7家；加强对出版物市场监管，加大对非法游商和无证经营摊点的打击力度，检查印刷复制行业205家次、警告2家、收缴违法音像制品（光碟）823张、检查图书报刊经营单位95家次、收缴违法图书984本；深入开展“扫黄打非”斗争，组织开展“净网”“清源”“秋风”等专项行动，出动执法人员865人次、执法车辆268辆次，收缴非法出版物1607本（盘）；加强文化经营场所安全生产监管，防止发生重大安全责任事故。在全年执法检查中，发现安全隐患28处，提出安全隐患治理意见16条，现场监督整改安全隐患25处，对存在通道拥挤、线路老化、消防灭火器过期、消防门紧锁等安全隐患的10家文化经营场所限期整改，并回访整改落实情况。

各种得力措施和重拳行动，有效整顿和规范全县文化市场经营秩序，确保文化市场健康有序发展。文化市场管理工作获2014年度郑州市文化广电新闻出版系统案卷选送先进单位称

号和郑州市文化广电新闻出版系统案卷评比优秀卷宗三等奖等。

【文艺创作演出】 2014年，中牟县演艺中心坚持以人民为中心的创作导向，深入生活，深入基层，积极推进中牟县现实题材剧目的创作，繁荣中牟县舞台艺术。

为推动中牟县党的群众路线教育实践活动的扎实开展，在中牟县委、县政府、县委宣传部、中牟县文化广电和旅游局的大力支持和帮助下，推出大型现代豫剧《焦裕禄》，在社会上产生良好反响，《中国纪检监察报》对此报道。

结合中牟县经济社会发展和新型城镇化建设改造实际，中牟县演艺中心找编剧、请导演，不分昼夜、加班加点，相继赶排出中牟县现实题材现代豫剧小品和精品戏曲《拆迁之喜》《爷俩竞选》《铡包勉》，演员们用高尚的艺德、才华和实力精心演绎当代中牟县人民群众的伟大实践，倾全力打造出受到人民群众欢迎的艺术佳作。戏曲《铡包勉》讲述包拯一身正气、坚守“王子犯法与庶民同罪”、不认亲情铡死亲侄包勉的故事。剧中以历史人物重塑当代社会现象，表达“为官一任，造福一方”的美好社会理想。取材于中牟县特色商业街区二期改造工程编排的戏曲《拆迁之喜》，以中牟县实际改造现状为创作素材，配合新型城镇化改造工程的顺利进展，促进中牟县社会建设“一年成势、二年成形、三年成城”的规划蓝图的实施。小品《爷俩竞选》宣传中共农村基层干部“公平、公正、公开”竞选的基本政策，体现干部选拔工作“人人参与、唯才是举”的基本原则。

这三部精品文艺节目迎合中牟县社会发展实际、顺应时代发展要求、贴合人民群众利益，及时地推出和上演产生了积极的社会影响。2014年12月12日下午在中牟县委党校进行首场汇报演出，赢得台下观众的阵阵掌声。县委组织部部长王朝杰、县政协副主席申宏尧、县委宣传部常务副部长衡文学给予高度赞扬，文化广电和旅游局局长王玉忠、常务副局长张宏伟等局领导也到场观看并深表满意。作为折子戏专场，这三个剧目成为演艺中心的招牌节目，每到一地演出观众都点名要求上演这几个剧目。

【公益演出】 2014年，中牟县演艺中心以强烈的社会责任感，坚持深入基层，继续以民众喜闻乐见的优秀地方戏曲表演形式开展公益性演出。4月8日至10月底，县演艺中心演职人员深入全县各乡镇（街道）演出226场，其中“郑州市舞台艺术进乡村、进社区”活动160场，“千场艺术送农民”16场，“欢乐中原·文明中牟”周末文化广场活动50场，完成全年各项演出任务。

【商业演出】 2014年，中牟县演艺中心努力拓展演艺市场，在演出黄金季节抓紧开展商业演出活动。从正月初二开始，全团48名职工放弃与家人团圆的机会，赴巩义、洛阳、新密、新乡、登封等地演出30余场，受到周边县市观众的热烈欢迎。每到一地演出结束时，观众们都对演员们恋恋不舍。

（审核：周致远　撰稿：周玉萍）

文化艺术

文联主席　王银玲

【概况】 2014年，中牟县文学艺术界联合会（简称县文联）有主席1名，副主席1名，科员2名，实有编制5名。下有作家协会，书法家协会，美术家协会，摄影电影电视家协会，戏剧家协会，音乐、舞蹈家、杂技家协会，老年诗词研究会，老年书画研究会，陈氏太极拳文化研究会，曲艺家协会10个协会。各协会分别设有主席1名，副主席1名，秘书长2名。

【文艺座谈会召开】 2014年初，中牟县文联召开各个协会负责人参加的座谈会，针对县文联的下一步工作及各个协会的现状、急需解决的问题以及2014年的工作进行深入交流。县文联在走访协会和座谈中，了解各个协会的实际情况，为下一步调整协会班子领导奠定基础。

【文艺活动】 2014年1月14日，河南省文联组织音乐家协会、舞蹈家协会、曲艺家协会和摄影家协会的艺术家们赴中牟官渡镇北沟、石井移民新村慰问，以丰富多彩的文艺形式和实实在在的服务给村民送去关怀与温暖，受到村民们的拥护和欢迎。

4月17日至5月4日，在中牟国家农业公园举办“2014中牟·国家农业公园嘉年华农趣摄影展”，拍摄内容包括中牟·国家农业公园、弘亿国际庄园、河南邦友农业生态循环发展有限公司等现代农业基地。省、市、县摄影家及广大摄影爱好者用微妙的镜头和独特的视角，充分展示充满活力的园区面貌及中牟的发展变化。

8月15日，县文联组织曲艺家协会的艺术家们到河南省武警总队文工团录音，并刻制光盘，对这些珍贵影音资料进行保存。

9月26日至10月10日，县文联在县文化活动中心综合办公楼三楼展厅隆重举办中牟县庆祝新中国成立65周年“翰墨丹青寄深情”书画摄影展。全县摄影、书画艺术家们从不同角度讴歌新中国成立65年的战斗历程和辉煌成就，为庆祝新中国成立65周年营造良好氛围。中牟县积极配合在市文联各协会换届工作，向其推荐优秀文艺人才。

10月31日至11月2日，县文联举办2014雁鸣湖金秋笔会。来自省内外的40多位知名作家、评论家参加采风考察。县领导路红卫、王朝杰、李五群、王洪波出席开幕式。11月19日，邀请原河南省文联主席何南丁，原河南省文联副主席孙荪，河南省文联副主席、河南省文学院院长何弘，省作协副主席杨晓敏、王剑冰、乔叶，著名作家孟宪明，《散文选刊》主编葛一敏等一行到中牟县再次进行参观采风。

12月13日至15日，县文联举办中牟县文学创作培训班，邀请省文联原副主席孙荪、省文学院院长何弘、河南省著名诗人王绶青、儿童文学作家毛新茹、省作协副主席乔叶、《微文选刊》主编葛一敏授课，为中牟县作家协会、老年诗词研究会、河南农业职业学院、郑州电力职业技术学院、易斯顿美术学院、中牟一高等社会团体、学校及文学爱好者带来文学盛宴。

县文联组织各协会参加郑州市第十九届精神文明建设“五个一工程”暨第十六届文学艺术优秀成果奖评选活动，中牟县作协会员刘联珩创作的《母亲河畔——一个基层金融老兵的故事》参加评选并获奖。

【文艺创作成果】 2014年，中牟县文联积极参加由中共郑州市委宣传部，郑州市文学艺术界联合会主办的郑州市第三届曲艺大赛，有6个曲艺节目进入决赛。其中，蔡其山的《劝世明言》、耿书堂的《万金难买爹和娘》、岳建军的《刘芳舍子一折》，分别获得大赛业余组一、二等奖及优秀奖，县文联获得组织奖。

（审核：王银玲 撰稿：张栋浩）

广播电视

广播电视总台台长
王宪军

【概况】 2014年，中牟县广播电视总台深入贯彻落实党的十八大、十八届三中四中全会和习近平系列重要讲话精神，真抓实干，务实重做，较好地完成全年各项目标任务。新闻宣传围绕中心，服务大局，充分发挥广播电视媒体的导向作用和舆论监督作用。对外宣传工作取得新成绩，在国家、省、市三级媒体采用稿件334篇，节目创优成绩突出，获奖等次和数量在全省县级台中处于领先地位。放映公益电影3252场；广播电视实现安全播出；新发展城乡有线电视9206户，是上年的113%；白沙广电站所辖区域有线电视基本实现数字化；新发展广电宽带用户1697户，是上年的106.5%；管理和服务水平进一步提高。2014年5月被郑州市委、市政府评为市级文明单位。

【新闻宣传】 2014年，中牟县广播电视总台围绕县委、县政府中心工作宣传报道，为工作顺利进行营造良好的宣传舆论氛围。

县广播电台、电视台针对新型城镇化、产业集聚区建设、汽车、旅游、现代农业、党的群众路线教育实践活动等全县中心和重点工作，进行宣传报道。集中播出《党的群众路线教育实践活动》《社会主义核心价值观大家谈》《聚焦重点工程》《寻找最美中牟人》《县城解放路特色商业街区改造》《优化经济发展环境促进项目落地》《坚持依靠群众、推进工作落实长效机制》等反映多项县委、县政府中心工作的专栏性报道。

完成电视实况录播任务。对中牟县2014年春节晚会、领导干部大讲堂、新型城镇化建设推进大会、县直单位的知识比赛、广场文化演出等进行30余场实况录播。

努力打造精品栏目，办好活动。县电视台在办好《中牟新闻》《郑东在线》《中牟网格》栏目的基础上，新上《中牟，您早》健身栏目，播出360期；与县交警大队联办《交通你我他》栏目；成功举办“唱响中牟”2014电视歌手大赛活动。与县委宣传部联合举办“中国梦·中牟情”红歌演唱会。全年连续播出40条中国梦和社会主义核心价值观公益广告。

对外宣传工作取得突破。2014年，县广播电台、电视台在市级以上媒体采用稿334篇（电台139篇，电视台195篇），完成全年260篇外宣任务的128%。其中，作品《张鑫：救人救火是军人职责和使命》于2月25日在河南卫视《河南新闻联播》播出3分41秒，并且上了内容提要。

【广播电视节目创优】 2014年，中牟县广播电台在省新闻出版广电局组织的全省广播、电视节目技术质量奖评比中，有16篇作品分别获二、三等奖，获奖等次和数量在县级台中处于领先地位。在河南省广电协会组织的全省县级台广播电视节目创优评比中有3件节目获得省级一等奖、1篇作品获得省级二等奖，综合排名在全省县级台名列第四，这是中牟广播电视总台建台以来取得的最好成绩。在郑州市文化广电新闻出版局组织的全市广播电视新闻奖评比中，中牟电视台1件作品获一等奖，2件作品获二等奖，5件作品获三等奖；县广播电台1件作品获一等奖，2件作品获二等奖，2件作品获三等奖。

【有线电视和广电宽带发展】 2014年，中牟县广电总台承担县政府为民办实事项目“免费为已入住新型农村社区的农户实施有线电视数字化整体转换”工作。县广电总台多次召开专题会议研究布置，制订具体实施方案，班子成员深入有线电视管网建设工地检查督导工作，发现问题及时帮助解决。工程技术人员对社区提前进行线路的规划设计，施工人员精心施工。全年完成16个新型社区的管网建设56.5公里，新建或改造、改建数字电视专网线路163公里，安装调试光发射机、光接收机、放大器等基础设备330台，采购机顶盒1万台，使8000余户具备开通数字电视条件。开通用户1162户。

城乡有线电视实现快速发展。新建县城西区牟山路有线电视管网2000米，搬迁大孟广电站有线电视机房，白沙广电站所辖区域有线电视基本实现数字化。在搞好有线电视线路改造和信号维护的基础上，新发展城乡有线电视9206户。

广电宽带业务市场占有份额有所扩大。积极对广电宽带升级提速，带宽增加到1.5G，提高了网速，开通无线上网功能，基本满足宽带用户无线上网的需求。全年新发展广电宽带用户1697户。

【广播电视安全播出】 2014年，中牟县广电总台以高度的政治意识和责任意识，精心组织、周密安排、加强值守，落实责任，把广播电视安全播出尤其是重点时段和重要播出期的安全播出作为工作的重中之重来抓，确保了安全播出。

【公益电影放映】　2014 年，中牟县广电总台在全县农村放映公益电影 3252 场，完成全年放映任务，丰富了群众的精神文化生活。

【干部职工培训】　2014 年，中牟县广电总台结合广播电视新闻宣传和广电网络工程工作实际，加强培训，鼓励干部职工自学的同时，通过走出去、请进来、脱产、函授等多种形式培训提高素质。成功举办庆祝第 15 个记者节暨“中国梦·广电情”诗歌朗诵比赛活动。组织 30 多人次到北京、杭州、长沙、河北正定县、河南滑县、项城市、林州市等地考察学习广播电视宣传和有线电视网络建设管理方面的先进经验，为做好广电节目和网络工作打下良好基础。

【管理与服务】　2014 年，中牟县广电总台出台责任目标管理办法，从新闻宣传到网络建设、维护作出规定，有力地促进工作开展。加强对广电网络建设的管理，对网络科学规划，严格审批，认真验收，保障了工程质量。增加接听故障报修电话的人员，每天对有线电视安装、维修用户进行电话回访，了解客户满意度，促进服务质量的提高。加大督查力度，每月对有关二级机构责任目标完成情况考核，将考核结果与工资挂钩，进一步调动了干部职工工作积极性。

（审核：杜新锋　撰稿：杨国浩）

档案与史志

【概况】　2014 年，中牟县档案局以服务于新型城镇化建设为重点，紧紧围绕县委、县政府中心工作及新时期档案、史志事业发展战略目标，着力抓好全县档案、史志工作，积极完成年度各项目标任务，全面推进中牟全县档案、史志事业快速发展。

档案局局长　谢悦

2014 年，中牟县史志系统立足本职，融入大局，服务现实，通过建立政府责任书制度、史志工作组制度、年鉴审核验收制度、加大业务培训指导力度，强力推进史志工作，完成《中牟年鉴》（2014）编纂出版工作任务，中牟县史志工作进入新的发展阶段。

【新型城镇化建设声像档案工作】　2014 年 9 月，中牟县召开新型城镇化声像资料收集建档工作会议，安排部署新型城镇化声像资料收集建设档案工作，县委办公室、县政府办公室联合下发《关于开展新型城镇化建设声像资料收集建档工作的实施方案》，县委常委、县委办主任张书勤出席会议，对全县声像资料收集建档工作提出明确要求。

中牟县档案局对收集、整理和保管好中牟县新型城镇化建设过程中所产生的照片、音频、视频等资料的工作，量化责任目标，倒排工期，加强督促指导，使涉及的 32 个单位声像资料建档工作如期启动。2014 年，全县各乡镇、街道、新型城镇化建设各有关部门整理出专题声像档案 11041 张，其中纸质 3930 张，电子 7111 张，光盘 32 张，整理重大活动、重大事件光盘 3 张。这些专题声像档案全方位记录中牟县新型城镇化建设过程和发展成果。

【档案服务民生】　2014 年，中牟县档案局进一步完善档案资料利用工作机制，切实做好档案服务民生工作。2014 年，中牟县档案局接待咨询、查阅利用 2 万人次，提供利用档案资料 6000 多卷次。

【档案馆安全风险评估】　2014 年，中牟县档案局立足档案馆工作实际，主动开展工作，在郑州市12个县市区率先开展档案馆安全风险评估工作。

中牟县档案局认真开展自评、自查，严格对验收照评估标准，责任到人，逐条评估，认真查找隐患，切实抓好安全隐患的排查，落实好安全隐患的整改，加强档案馆软硬件设施建设，全面提升了中牟县档案馆的档案安全水平。中牟县顺利通过河南省验收专家组对档案馆安全风险评估的全面验收。

【档案业务指导】 2014年，中牟县档案局继续开展“双套制”归档工作。各单位的档案双套归档经验收合格后，才能获得合格证。县档案局严把收集关、质量关、时间关、电子档案归档关，对各单位纸质档案和电子档案分别进行检查验收。坚持做到收集不齐的不指导整理，质量不符合要求的要重整。

截至6月底，中牟县所有单位的纸质和电子档案全部通过验收，全县完成11个乡镇，3个街道办事处顺利完成年度归档工作，建档率100%，完成县直单位建档104个（含二级机构），建档率100%。归档文书档案716卷、20129件；会计档案1421卷；声像档案682张、光盘104盘（不包括科技档案、专门档案）。年度“双套制”归档工作圆满完成。

【档案法制与宣传】 2014年11月，中牟县档案局对全县各乡（镇、街道）、县直及驻县各单位开展为期两周的年度档案执法检查。县档案局检查组检查全县100多个单位档案工作。档案管理情况普遍好于往年，但还存在发展不平衡问题，县档案局对检查中发现的问题提出整改意见。

2014年，中牟县档案局在各种门类媒体上发表宣传报道新闻125篇，完成郑州市档案局下达的年度宣传任务。

（审核：李　昊　撰稿：郝晓龙）

【《中牟年鉴》编纂】 2014年初，中牟县政府出台《中牟县史志工作要点》，把《中牟年鉴》编纂作为全县史志工作的一项重点工作。为进一步提高年鉴编纂质量，中牟县志办公室认真组织开展年鉴编纂质量年活动。结合工作实际，重新科学修订《中牟年鉴》编纂方案。

各部门、各单位的史志工作组依照年鉴编纂方案，收集整理大量翔实的文字和珍贵的图片资料并按要求编写成文。县志办公室加大业务指导和工作督促力度，实行任务分包、责任到人，认真进行业务指导，耐心解决供稿中存在的问题，督促有关单位及时供稿并确保稿件质量。在短短的两个月内，县志办公室收到较高质量的数百万字的文字材料和近1000张彩照。

县志办编辑按照年鉴编辑的规范要求，结合中牟实际优化篇目结构，合理设置条目，认真编写修改稿件，补充核实资料和数据，锤炼语言，统一文风。经编辑们数月的辛勤工作，12月底完成年鉴初稿。为保证内容准确无误，将书稿返回各供稿单位征求意见。在此基础上，进一步修改定稿。经县政府同意其出版。经中州古籍出版社审查后，送厂印刷。在印刷期间，县志办公室两位人员进驻印刷厂，将90万字的书稿精心校对4遍，耐心协调处理印刷过程中出现的有关问题。《中牟年鉴》（2014）顺利出版发行。

【基层志书编纂】 2014年初，中牟县政府召开全县地方史志工作会，把乡镇志编纂作为全县史志工作的一项重点工作，进行安排部署。中牟县志办加大业务指导力度，安排专人负责包括乡镇志在内的基层志编纂指导和审核工作，帮助他们解决编纂中遇到的各种问题。

2014年，中牟县第一部乡镇志——《雁鸣湖镇志》正式出版，受到县乡两级领导和全县各界人士的好评。在全市史志工作会上，郑州市史志办公室主要领导给予《雁鸣湖镇志》高度评价，推荐全市各县（市）区在编纂乡镇志中参考，为全县各乡镇（街道）编纂乡镇志开了一个好头。中牟县继第一部村级志书——

《东漳村志》印刷问世后，郑庵镇《桃村李村志》进入修改阶段，官渡镇《官渡桥村志》启动。《中牟县教育志》顺利启动，并基本完成资料收集；《中牟黄河志》提高编纂质量，加快编纂进度，认真组织开展内部评议和进一步补充修改；《中牟县国土志》编纂工作扎实有效，认真开展初稿编写；《中牟郑银村镇银行志》进入专家评议和编辑修改阶段。随着全县乡镇志编纂的组织开展，中牟县志书编纂在广度、深度上不断拓展，开始进入全面发展的历史新时期。

【读志用志工作】 2014 年，中牟县志办加大读志用志基础建设。通过收集、交换等形式获得地情文献资料和外地志书年鉴，进一步丰富方志馆（室）藏。完成清代同治年间《中牟县志》3 册 500 多页的扫描处理，待全部完成后影印出版并上传中牟档案史志信息网站，供全县社会各界人士查阅利用。

为中牟县委办、县委宣传部、县政府办、政协办、雁鸣湖镇、郑州村镇银行等 20 多个单位开展用志服务工作，提供了大量所需的地情资料。配合河南省社科院、河南大学、山西师范大学“黄河水患对古代城镇经济社会发展的影响”课题组的实地考察，并为课题组提供大量翔实的地情文字、图片资料。通过开展读志用志“六进”活动，不断满足省、市、县社会各界人士探亲访祖、编修村史村志和家谱族谱，及专家学者研究历史文化的需要。参与《郑州名典》丛书《名镇》《名村》《名产》三个分册、《郑州地情活页》等地情书的资料收集、供稿、校对等工作，为服务郑州经济社会发展发挥了良好作用。

【史志队伍建设】 2014 年初，中牟县志办采取以会代训的形式，对全县 130 多名年鉴供稿人员进行业务培训；安排 5 人赴北京大学参加郑州市修志编鉴业务培训班，聆听全国知名地方志专家学者的讲座；选派 2 人参加全省乡镇志编纂业务培训班；组织县志办 4 名业务骨干和 8 名乡镇志主笔，参加全市乡镇志编纂业务培训班。中牟县志办还积极组织参加业务竞赛活动。徐园获市人力资源和社会保障局授予的“2014 年度郑州好公文创作大赛”入围奖和郑州市史志办组织的学习贯彻十八届三中全会精神业务论文竞赛获三等奖。2014 年，中牟县志办经批准正式成为中国出版协会年鉴工作委员会的会员单位，接受全国知名年鉴编纂专家们的业务指导，积极报送 2013 年版《中牟年鉴》参加全国第五届年鉴编纂出版评比活动。通过参加各种业务学习、培训、交流，开阔视野，增强干好史志工作的信心，提高全县史志队伍的业务水平。

（审核：李　昊　撰稿：徐　园）

党史工作

党史研究室主任
霍银群

【概况】 2014 年，中牟县委党史研究室紧紧围绕县委中心工作，努力适应中牟县经济社会发展新形势，加强党史工作，真正履行“存史、资政、育人”的职能。寻求新突破、力求新发展，以昂扬向上的精神状态，求真务实的工作作风，为实现中牟经济社会又好又快发展提供精神动力和智力支持。

【党史资料征编研】 2014 年，中牟县委党史研究室切实抓好党史资料、信息征集、编撰和研究，认真细致地收集全县重要活动、会议资料、重要决议和决定、重要图片以及获市级以上表彰的优秀党员、劳动模范等先进事迹等资料；坚持定期向郑州市委党史研究室整理报送部门大事记。

每月收集整理中牟大事记，1—11 月收集整理中牟大事记录 11 万余字。每月 30 号前向郑州市委党史研究室和郑州市史志办分别报送当月大事月报，并组织编写并出版《2001—2010

年中牟党史大事记》。中牟县整理出2011—2014年中牟党史大事记并做好编印出版的前期准备工作。积极配合郑州市委党史研究室《郑州改革开放实录》的编写工作，搜集和整理供稿资料数万字。

【宣传教育活动】 2014年，中牟县委党史研究室开展各具特色的党史宣教活动，提高对党员干部特别是青少年的引导水平。以强化未成年人思想道德建设和党员思想政治教育为总抓手，组织开展一系列丰富多彩的主题教育活动，引导党员群众树立与社会主义市场经济发展相适应的理想信念和道德规范；大力开展社会主义核心价值体系教育主题活动，以“学党史、知党情、跟党走”的形势政策宣传教育活动为主，纪念中国共产党建党93周年。

（审核：霍银群　撰稿：张宁可　樊恺　岳垚）

图书发行

新华书店执行董事经理　张书文

【概况】 2014年，河南省中牟县新华书店有限公司（简称中牟县新华书店），以“三个代表”重要思想和科学发展观为指导，深入开展党的群众路线教育实践活动围绕，圆满完成各项任务为目标，开拓进取，同心同德、埋头苦干，以新的经营理念，推动企业新发展，取得“两个效益”的双丰收。

【图书营销】 2014年，中牟县新华书店拥有中牟县规模面积最大、服务环境最好、展销品种最多的图书及电子音像出版物超市。在县城内设2个门市部，乡镇下设5个门市部。其中，县城的建设路门市部100平方米、购书中心营业面积800平方米，经营范围涉及图书、音像制品、电子出版物、文化用品等，陈列展销品种2万多种。

中牟县新华书店长期开展团供、尤其是图书馆设备、大中专及成教教材招投标业务，讲诚信、重服务，得到大客户的高度认可。书店拥有高效、便捷的信息网络、企业网络系统工程，强力推进商流向连锁经营、物流向集中配送、资金流向全程监测的方向发展。

中牟县新华书店坚持“精细化配置、市场化运作、客户化服务”的原则，秉承“依法经营，开拓创新，快捷、准确、诚信；服务读者，追求卓越，热情、周到、满意”的质量方针，拥有一套科学化、规范化的管理控制系统。

2014年，中牟县新华书店在郑州市内公共性图书馆、大中专院校图书馆、大中专及成教教材招投标中多次中标。其中，为郑州电力学院、河南农业职业学院等大中专院校及各教育部门提供教材及教辅资料，为县直各学校大中小型图书馆装备馆藏用书，为开展团供业务打下坚实基础。2014年图书馆配图书码洋59万余元，通过招投标，中标中牟县义务教育阶段教师用书码洋110余万元。为更好地为大中专院校服务，中牟县新华书店进一步理顺业务关系，优化业务流程，聘请专门技术顾问，组建专门的编目队伍，装备高配置的品牌服务器和工作机。

【重点图书发行】 2014年，中牟县新华书店坚持正确方向，做好重点图书发行。牢固树立政治责任意识，坚持发行工作的宣传导向作用，认真做好政治理论文献、读物和青少年读书活动图书的发行工作，探索其发行市场营销的新模式。深入机关、团体、乡（镇），通过专题展销、上门征订等形式，满足广大干部群众的学习需要。2014年销售《中国梦》16套，《中国通史》73套，合计码洋29.72万元；《面对面》1900册，《十八大文件汇编》500册，《习近平讲话实录》700册。

【普通图书发行】 2014年，中牟县新华书店积极把握商机，促进一般图书的市场占有额。

围绕节日、纪念日做文章，精心备货、合理安排、细化服务，深入挖掘假日商机，积极拓展新的经济增长点，围绕团供等潜力巨大的市场做文章。中牟县新华书店主动收集信息，寻找业务源。2014年征订发行大中专教材码洋75万余元。中牟县新华书店对目标市场细分和开拓，以店外推销、流动售书等形式，深入学校、乡村、社会、部队及专业市场等进行个性化、针对性的开发营销活动，实现经济增长，满足读者需求。全年摆摊售书22次，参与60余人次，销售图书15余万元。

【教材发行】 中牟县新华书店担负着全县15个乡镇和县直10所中小学生的教材发行任务。2014年，中牟县新华书店认真落实、完善“一把手”抓教材教辅工作机制，进一步完善工作措施，把标准化的管理和服务落实到每个作业环节，并建立责任体系，全面量化管理。仓储中心履行在征订、发行、售后服务等方面的承诺，确保全县15个乡（镇）学校和10所县直学校“课前到书，人手一册”，受到各乡（镇）中心学校及学生们的好评。在教材征订中，中牟县新华书店积极宣传“一费制”政策，宣传副课对于学生德、智、体、美、劳全面发展的重要性，说服学校严格按照河南省教育厅中小学教学用书目录征订全主、副课教材。《体育》《音乐》《美术》等教材在中学的配套率达96.5%，在小学达99%；《写字》《劳动》《信息技术》等教材在中小学生中实现人手一册，在教材教辅征订难度不断加大的情况下仍取得好成绩。2014年教材征订册数完成185万余册。

（审核：张书文　撰稿：彭鸿雁）

旅　游

【概况】 2014年，中牟县接待游客584.06万人次，同比增长12.5%，旅游总收入55.46亿元，同比增长13.8%。

2014年，中牟县处理旅游投诉3起，结案满意率100%。旅游投诉率控制在0.5‰以内。无旅游安全事故发生。全县旅游产业呈现出持续快速发展的良好态势。

文化和广电旅游局
局长　王玉忠

【郑州绿博园连获殊荣】 2014年11月17日，郑州绿博园景区被河南省文明办、省住房和城乡建设厅、省旅游局联合授予河南省文明风景旅游区称号，成为河南省第二批省级文明景区。2014年11月，郑州绿博园景区获郑州市首批旅游标准化示范单位。

【方特欢乐世界成为国家4A级景区】 2014年12月12日，郑州方特欢乐世界经郑州市旅游质量等级委员会推荐，河南省旅游景区等级评定委员会组织评定，成为中牟县第二个国家4A级景区。

【郑州方特水上乐园开业】 2014年7月6日，郑州方特水上乐园开业。其位于郑开大道与人文路交叉口向南，方特欢乐世界的东侧，绿博园对面。由深圳华强文化科技集团投资建设。方特水上乐园主要分为室内、外主题水乐园两部分，聚集20余种世界级水上游乐设备。它是华强集团继方特欢乐世界后，在华中地区推出的又一精品项目。

【中牟·国家农业公园嘉年华开幕】 2014年4月17日上午，首届郑州中牟·国家农业公园嘉年华活动在中牟县正式拉开帷幕。河南省省委农办副主任马万里、河南省农业厅副厅长张惠民、郑州吉奥金禾嘉年华农业科技有限公司总裁段然、郑州市农委主任周亚民、中牟县委书记路红卫等领导出席当日活动。

首届郑州中牟·国家农业公园嘉年华的主题为“体验都市农业，感受田园生活”，活动由中牟雁翔现代农业公园管理有限公司和郑州吉奥金禾嘉年华农业科技有限公司主办，郑州未来农业发展有限公司等15家企业联合承办。这届嘉年华从4月17日至5月3日，为期近20天。

这届嘉年华是集观光、品尝、体验、娱乐、购物为一体的现代农业盛会，活动包括“8馆3场2街1线”。

【旅游宣传推介】 2014年，中牟县文化广电和旅游局积极参与省市旅游局组织的旅游推介活动，分赴湖北武汉、浙江绍兴和湖州等地异地促销，进一步宣传中牟。印发宣传彩页、旅游扑克等宣传品，利用版面等形式开展活动，提升中牟县旅游知名度。

“5·19”国家旅游日前夕，中牟县文化广电和旅游局组织绿博园、方特、雁鸣湖、科技园等旅游企业参加由河南省旅游局主办、郑州市旅游局承办的2014年中国旅游日河南分会场活动。国庆节期间，组织全县旅游企业开展《旅游法》颁布和实施一周年庆祝活动。

（审稿：周致远　撰稿：刘志华）

雁鸣湖生态示范区

雁鸣湖管委会书记
王献科

【概况】 2014年，郑州市雁鸣湖生态示范区管理委员会（简称雁鸣湖管委会）认真贯彻执行雁鸣湖生态文明示范区总体规划，不断加强和创新社会管理，积极探索并大胆进行景区管理体制改革，圆满完成各项工作任务，有力推动示范区经济社会平稳较快发展，为中牟经济跨越式发展作出积极贡献。

【基础设施建设】 2014年，雁鸣湖生态示范区的雁鸣大道、高尔夫路、环湖路一期建成通车，长22.78公里，完成投资约4.12亿元。建设中的有环湖路二期、三期工程和雁鸣湖南湖南岸景观工程。其中，环湖路二期拆迁工作和附属物清障工作基本完成，施工单位进行打围堰。环湖路三期工程进行清障，协调施工便道占用沿线企业土地问题。湖滨广场展示厅主体完工，进行屋顶、立面绿化和内部装饰。成湖工程2012年4月开工建设，分为11个标段，完成挖湖土方200多万立方米，完成湖区岛屿及绿化，主湖水域面积达4000亩，完成投资约5000万元。

【招商引资服务】 2014年，雁鸣湖管委会将招商引资作为加快景区发展的头等大事，进一步解放思想，优化环境，放大优势。以引进和培养与雁鸣湖旅游文化相配套的高成长项目为目标，开通招商引资便捷渠道，扩大招商引资领域，招商引资工作取得明显成效。景区规划范围内涉及中牟县重大产业项目的有中原文化博物馆苑、雁鸣湖中北湖生态湿地旅游、牛津国际公学、得源·雁鸣湖通用航空起降点，广惠老龄公寓等。其中，中原文化博物馆苑项目计划投资35亿元，占地259.8亩，将建设一个公益性博物馆群落及与文化产业商业配套的设施，项目控制性规划通过专家论证，正在完善土地手续；牛津公学项目计划投资3亿元，占地300亩，2014年4月8日举行奠基仪式；得源·雁鸣湖通用航空起降中心项目计划投资7.5亿元，占地1000余亩，主要建设飞机场、航空运动俱乐部、通用飞机6S店、通用航空驾驶员

文博园项目控制性规划论证会召开

培训学校、通航会务会展中心、通航物流中心等设施，提供飞机销售、机场运营、飞机托管、飞机 6S 店等服务，于 2014 年 10 月投入试飞运营；广惠老年公寓项目计划总投资 8 亿元，占地 246 亩，将打造老龄产业服务一体化集聚区，当年办理土地报批手续。

雁鸣湖中北湖生态湿地旅游景区完成中湖环湖道路、游览步道和相关绿化。其他项目均完成选址，强力推进可行性研究报告，规划设计方案。景区各入驻企业运行态势良好，各项经济指标均实现稳步增长，其中 2014 年省重点项目航空起降点进入初期运行阶段。

【经营管理】　2014 年，按照郑州市旅游局 3A 级景区要求，雁鸣湖管委会完成《申请评定报告》软件申报工作，升级和完善雁鸣湖旅游标志系统，实现景区标准化导视系统全覆盖。扩建游客服务中心、公厕等基础设施建设，改善服务配套设施，开展沿湖沿岸的治理工作，东湖南岸临湖增置水上木屋，提升雁鸣湖景区的对外形象。景区入驻企业活动频繁，利海集团与中央电视台合作，成功举办首届雁鸣湖动漫城。高尔夫球场成功举办“2014 春季会员赛”“第十届奔驰车主活动”等 19 场赛事，其中 9 月 22 日—28 日成功举办“美巡赛”，来自 24 个国家和地区的 140 多名选手参赛。赛事期间，职业高尔夫球频道、新浪网、新华网等多家电视、网络、报纸、杂志媒体进行跟踪报道，受众覆盖全球，极大提高了雁鸣湖景区的影响力。

【景区安全】　2014 年，雁鸣湖管委会开展以建筑施工、水上安全、食品安全等为重点的安全生产检查活动。建立健全安全生产运行机制，对存在隐患状况的企业挂牌督办，确保景区全年没有发生一起安全事故。

雁鸣湖管委会对景区食品卫生及私搭乱建情况进行综合执法检查

（供稿：王向青　何　军）

编辑：钟宇斐

卫 生

卫生事业

卫生局局长 王进兴

【概况】 2014年，中牟县有医疗机构385家，其中县级公立医院3家，既往改制医院1家，疾病预防控制机构1家，乡镇卫生院11家和社区卫生服务中心2家，村卫生室302家，民营医院5家，县城诊所54家及综合门诊部4家；各级各类医疗机构床位2933张，在册医护人员2638人。

2014年，中牟县卫生工作紧紧围绕“大投入实现大跨越，大举措推动大提升”的工作思路，圆满完成各项工作任务。有效利用中牟县区域优势，全力推进卫生系统项目建设；实行“公开招录、逢进必考”的人事制度改革，积极争取上级资金开展卫生信息化建设；对乡级医疗机构严格执行收支两条线管理；通过公开摇号，对全县17家公立医疗机构实施药房托管；在全县卫生系统开展“规范执业行为，提升服务水平”综合整治。中牟县卫生局获得全国疾病预防控制工作先进集体荣誉称号，跻身全省首批示范卫生监督机构创建单位行列。

【新型农村合作医疗管理】 2014年，中牟县新农合人均筹资标准提高到380元，全县有43.63万名农民参合，参合率为99.90%，位居郑州市第一名。全年有144.43万人次享受到新农合补偿，补偿医疗费用2.02亿元。实施惠民政策，补偿起付线逐渐降低，报销比例大幅度提高，年度累计补偿封顶线由15万元增加到20万元。

【农村卫生工作】 2014年，中牟县卫生局投入11万余元，对全县302个村卫生室的乡村医生进行为期3天的免费集中脱产培训，巩固更新村医的业务知识，提高业务技能。推行乡村医生签约服务，由主管领导带队，选取乡镇卫生院代表到新密市、南昌市等地参观学习乡村医生签约服务经验，制订中牟县乡村医生签约服务方案，推动签约工作深入开展。2014年，乡村医生签约服务农户48844户，为农村居民提供基本医疗和基本公共卫生服务并指导农村居民进行预防保健。

【推行基本药物制度】 2014年，中牟县卫生局投入439980元，为3家县级公立医院、妇幼保健院、卫生防疫站、19家乡镇卫生院和全县302家一体化村卫生室配备条码扫描器和数字证书。把县直医疗机构国家基本药物使用比例纳入2014年县直医疗机构考核细则。

【医政管理】 2014年，中牟县卫生局深入开展“医疗质量万里行”、“三好一满意”（即服务好、质量好、医德好，群众满意）活动，强化“十大指标”宏观监管，严格控制医疗费用增长，二级医院药占比均大幅下降；推行优质化护理、突出医院服务宗旨；完善医疗安全防范机制，进一步落实医疗安全责任制。

【实行药房托管】 2014年，中牟县卫生局通过公开摇号，对全县乡级以上公立医疗机构药房托管进行招标。为全县公立医疗机构选择4家配送企业，进一步加强药品规范管理，确保百姓用药更加公开透明，促进建立长效反商业贿赂机制，实现经济效益和社会效益双赢。

【执行收支两条线制度】 2014年，中牟县11家乡镇卫生院、2家社区卫生服务中心实施收支两条线制度。同年3月，中牟县卫生局与财政局联合下发《关于对基层医疗卫生机构实施收支核定的通知》《关于进一步加强基层医疗卫生机构收支管理的通知》，构建起科学有效的财务管理体系。并联合县财政局成立宣讲队，由县卫生局班子成员带队逐一到各分包14个乡镇卫生院宣传收支两条线制度，使该项改革得到广泛的理解和支持，减少改革阻力。

【优化整合医疗资源】 2014年，中牟县的人民医院、中医院、二院分别与郑州市人民医院、郑州市第一人民医院、郑州市中医院、郑州市中心医院组建医疗联合体，建立专家人才技术、科研教学和医疗设备共享机制，实现优势互补、资源重组、互惠互利。

【人才队伍建设】 2014年，中牟县卫生局在全县卫生系统内开展“公开竞聘、综合考核”的新型任用方式。根据各单位核编情况，实行分批入编、人事代理等方式调整人员结构，解决人员待遇问题。2014年为4个偏远乡镇卫生院每人每月增加200元交通补助费。结合各单位需求，1月公开招聘43名临时卫生专业技术人员，6月公开招聘123名临时卫生专业技术人员，10月公开招聘2名乡镇卫生院院长。

【医疗卫生机构基础建设】 2014年5月，投资1亿元、总建筑面积2.4万平方米的中牟县妇幼保健院新址开诊运营。中牟县公共卫生服务中心投资4000万元，总建筑面积1.3万平方米，2014年9月投入使用。2014年10月11日，计划投资3亿元、总建筑面积79969.5平方米的县中医院新址开工奠基。按照全县新型城镇化建设规划，同步为7家新型农村社区建设社区卫生服务中心。

【公共卫生】 2014年，中牟县各基层医疗单位为全县城乡居民及时更新纸质、电子档案，建档率达99.6%，更新率达95%。为全县35—64岁妇女进行“两癌”筛查，宫颈癌筛查23057人，乳腺癌筛查2292人；为35814名0—6岁儿童进行免费体检；0—6岁儿童建卡率93.51%，系统管理率90.34%；对12406名新生儿进行免费疾病筛查；围产期保健建卡率87.48%、孕产妇系统管理率83.6%、新法接生率100%；发放“降消”（降低孕产妇死亡率和消除新生儿破伤风）项目救助款296.55万元，救助孕产妇12154人；为全县准备怀孕的3716名农村妇女免费增补叶酸，服用率达100%。

【疾病防控】 2014年，中牟县常规免疫接种工作整体进展平稳，适龄儿童建证率≥90%、入托入学儿童接种证查验率≥95%、流动儿童接种率≥90%、规范接种单位覆盖率≥90%。通过加强宣传、监测，健全防治网络体系等措施，做好艾滋病防治工作，对全县各娱乐场所进行现场干预，干预915人次，检测245人次。积极开展重性精神疾病患者建档和随访服务，规范管理重性精神病患者1076人。开展“两测一服务”活动，2014年确定35—59岁普查对象145741人，实际普查人数125767人，普查率为86.29%。

【健康教育】 2014年，中牟县各医疗卫生单位到农村、社区、厂矿、政府机关和校园等单位开展健康大讲堂216场，受益群众3万余人。中牟县卫生局印发健康宣传报《卫生与健康》12期12万余份；在中牟电视台设《健康中牟》专栏，举办12期电视健康知识讲座；发放健康知识短信12万余条。为71086名60岁以上城乡居民免费体检。

【卫生监督】 2014年，中牟县卫生局在全县开展“亮剑行动”和“卫监行动”。出动车辆218台（次），监督人员672人（次），检查各级各类医疗机构454家，取缔无证诊所16家，立案查处36家，罚款8.9万元。接受举报案件6起，均全部落实到位。对辖区内的292家公共场所从业单位全面开展量化分级管理工作，公共场所建档率达到100%。

【县级公立医院改革】　2014年，中牟县卫生局率先将县人民医院、中医院、妇幼保健院3家公立医院同时纳入县级公立医院综合改革，继续推行“先诊疗、后结算”规定。2014年，全县33418名患者享受“先诊疗，后付费”惠民政策，总治疗费用11805万元，方便了患者就医。在2014年郑州市县级公立医院综合改革年终考评中，县中医院、人民医院分获第一、第二名的好成绩。

【卫生文化和行风建设】　2014年，中牟县卫生局组织开展“弘扬胡佩兰精神、做人民健康卫士”系列主题活动，持续改进服务态度和医疗质量，不断提升服务水平，为群众提供“服务好、质量好、医德好和群众满意”的医疗服务。扎实推进惩治和预防腐败体系建设。加强对医疗卫生单位基建、设备等招标采购的指导和监管，实行党务、政务、院务公开。

主要医疗卫生机构

【中牟县人民医院】　该院始建于1932年，是一所集医疗、教学、科研、预防、保健、康复、急救为一体的二级甲等综合性医院。该院由新、老两个院区组成，西区医院位于中牟县商都大道2996号，占地188亩，一期建筑面积7.5万平方米，开放床位938张。东区医院地处县城中心，解放路64号，占地35亩，医疗业务建筑面积2.2万平方米，开放床位265张。医院有职工1199人，其中专业技术人员999人，具有高级职称人员78人，中级技术人员232人，研究生学历34人。医院设置临床科室25个，医技科室8个，特殊医疗护理科室8个。专科齐全、分类设置合理，专业优势明显。该院设备齐全，拥有近百台先进的医疗设备。新区医院引进64排128层CT、1.5T核磁共振、大C臂、1800速全自动生化分析仪、PCR、电子胃镜、腹腔镜等大型高端医疗设备，为临床诊断提供强有力的保证。该院是郑州市职工医疗保险、中牟县城镇职工基本医疗保险、中牟县新型农村合作医疗、中牟县城镇居民基本医疗保险、中国人寿保险、平安保险、太平洋保险定点医院，中牟县公安局法医鉴定中心，解放军第307医院、河南省人民医院、郑州大学一附院、郑州人民医院、黄河科技大学协作单位。

【中牟县中医院】　该院位于中牟县青年路西段，始建于1983年5月，是一所集医疗、教学、科研、预防、保健、急救、康复为一体，以中医特色为主的国家二级甲等中医院。该院占地面积17亩，建筑面积约2万平方米。有职工444人，专业技术人员361人，其中高级专业技术人员31人（主任医师12名），中级技术人员78人。该院开设床位360张，设有内一科、内二科、内三科、外一科、外二科、骨伤一科、骨伤二科、妇产科、儿科、针推科、重症医学科（ICU）等11个病区，门诊设有内科（心血管病专科、内分泌科、神经内科、呼吸内科、肝病专科、脾胃专科）、外科、骨科、妇科、儿科、肛肠科、皮肤科、眼科、五官科、牙科、急诊科、临床检验中心和法医鉴定中心。该院拥有核磁共振、16排螺旋CT、CR、日立—preirus（二郎神）彩超、全自动生化分析仪等大中型医疗设备70余台，2012年，新引进中医体质辨识系统。该院是河南省重点县中医院、河南省文明中医院、郑州市文明单位，是中国人寿保险公司、中牟县新型农村合作医疗、中牟县职工基本医疗保险、中牟县城镇居民基本医疗保险、郑州市职工基本医疗保险定点医院，郑州市中医医院联合体、郑州人民医院医疗集团成员。

为改善就医环境，更好地服务广大患者，在中牟县新城区征地92亩，计划投资2.8亿元，总建筑面积7.9万平方米，床位800张的中医院新院区现已破土开工。

【中牟县第二人民医院】 该院位于官渡大街中段，始建于1984年，是集医疗、教学、康复、科研为一体的综合性二级医院，1995年荣获卫生部命名的爱婴医院称号。医院占地面积1.55万平方米，建筑面积2.1万平方米，床位200张。该院有专业技术人员185人，其中高级职称12人，中级职称35人，初级职称138人。该院设有内科、外科、妇产科、五官科、中医康复科5个临床病区，设有25个门诊和医技科室。日门诊量500人次。拥有全身16排CT机、数字化X线成像系统（DR）、体外碎石机、彩色B超、黑白B超、经颅多普勒、脑地形图、电子胃镜、心电图、心电监护仪、除颤仪、呼吸机、麻醉机、全自动血球计数仪、尿液分析仪、全自动生化分析仪、酶标仪、腹腔镜、宫腔镜、视野计、眼电生理仪等大型医疗设备30余台（件）。该院是中牟县职工基本医疗保险和中牟县城镇居民医保的定点医院，中牟县、郑州航空港经济综合试验区、郑州经济技术开发区、郑东新区新农合定点医院，中牟县紧急医疗救援中心120定点医院，河南省人民医院协作医院，河南中医学院第一附属医院协作医院，郑州市中心医院医联体成员单位。

【中牟县妇幼保健院】 该院始建于1962年，是一所集医疗、保健、科研、教学为一体的具有公共卫生职能的妇幼保健专科医院。占地51.39亩，建筑面积2.5万平方米，开放床位200张。该院有在岗职工181名，其中专业技术人员154名，副高级职称2人，中级职称31人。门诊部设妇产科、儿科、外科、妇女保健科、儿童保健科、检验科、影像科、放射科等科室；住院部设妇科、产科、儿科和新生儿科4大病区。该院主要为妇女儿童身体健康提供保健服务，主要包括：妇女保健、儿童保健、妇女病普查、产前诊断与接生、高危孕产妇筛查监测与监护、高危新生儿筛查治疗与救护、儿童疾病防治、妇幼卫生监测与信息管理、妇幼卫生保健、人员培训、妇幼保健科学研究、计划生育技术服务、妇幼保健咨询。该院拥有美国GE四维彩超、阴道彩超、乳腺彩超、日立全自动生化分析仪、腹腔镜、宫腔镜、血细胞分析仪、微量元素分析仪、产后康复治疗仪、超声妇科治疗仪、精子分析仪、数字影像系统（DR）、导乐分娩仪、产后康复生物刺激反馈仪、儿童康复系列设备等先进的医疗设备，为医疗诊断水平的提高奠定良好的基础。该院是郑州市孕产妇危重症转运救护中心、郑州市新生儿危重症转运救护中心。该院荣获爱婴医院、河南省十佳妇幼保健院、郑州市五一文明号、郑州市特色专科医院等称号。该院是中牟县城镇职工医疗保险、中牟县城镇居民医疗保险、中牟县新型农村合作医疗、郑州经济技术开发区新型农村合作医疗、郑州航空港经济综合试验区新型农村合作医疗定点医疗机构，河南省妇幼保健院协作医院，郑州市第一人民医院、郑州市儿童医院医联体成员单位。

【中牟县疾病预防控制中心】 始建于1960年，前身为中牟县卫生防疫站，位于青年路西路1106号，占地面积8199.18平方米，建筑面积5750.5平方米。有专业技术人员66名，其中高级职称10人，中级职称26人，研究生6人，本科生32人。设有传染病防治科、慢性病防治科、免疫规划科、结核病防治科、公共卫生科、学校卫生科、信息宣教科、质量控制科、办公室、财务科等科室。该中心肩负着全县疾病预防控制、卫生监测、突发事件处理、健康教育、科研培训等任务，是中国医学科学院病原生物学研究所“流行病学研究基地”。承担着国家“十二五”重大科技专项“结核分枝杆菌感染的流行病学调查和队列研究”“结核分枝杆菌新发感染的流行病学调查”项目。该中心把严重危害人民群众身体健康的各类传染病、地方病防治作为重点工作，认真落实手足口病等传染病防控措施；加强儿童免疫规划疫苗接种的管理；积极开展学校传染病防治和学生健康体检工作；严格按照上级要求对农村饮用水卫生进行监测；不断加强对各厂矿企业职业危害因素监测和职业病体检工作的力度。

（审核：李珂君　撰稿：唐及超）

食品药品监督管理

食药监局局长
张海峰

【概况】　2014 年，中牟县食品药品监督管理局（简称中牟县食药监局）按照“科学化、制度化、规范化、精细化”的工作思路，准确把握全县餐饮药械监管发展形势，着力解决涉及民生的食品药品安全突出问题，促进中牟县食品药品市场规范有序，推动食品药品监管工作再上新台阶。该局被河南省委、省政府授予省级文明单位称号，被郑州市食品药品监督管理局授予 2014 年度郑州市食品药品监管工作先进单位，被县委、县政府授予 2014 年度“坚持依靠群众、推进工作落实”长效机制工作先进单位，被县政府授予 2014 年度食品安全工作先进单位、2014 年度法制工作先进单位。

【餐饮服务行政许可】　2014 年，中牟县食药监局严格按照《行政许可法》及《餐饮服务许可管理办法》要求，严把许可关，合格 1 家，发放 1 家。2014 年受理餐饮服务许可申请 653 件，发放餐饮服务许可证 517 家。按照《食品安全法》要求，积极督促餐饮从业人员 2300 余人进行健康体检。

【餐饮服务单位量化分级管理】　2014 年，中牟县食药监局进一步加强餐饮业量化分级管理制度，组织召开全县餐饮服务单位食品安全工作会议，对餐饮单位和学校食堂负责人、管理员进行食品安全培训，并对量化分级工作全面部署。2014 年对餐饮单位进行许可量化和动态量化等级评定，对 612 家餐饮单位和学校食堂进行动态等级评定，其中 B 级单位 124 家，C 级单位 488 家，建立餐饮服务许可档案和日常监管档案 695 件。

【重大活动餐饮食品安全保障】　2014 年，中牟食药监局将重大活动餐饮食品安全保障工作纳入全年工作计划，年初制订《中牟县食品药品监督管理局餐饮服务环节食品安全事故应急预案》和《重大活动期间餐饮服务食品安全保障工作方案》，在每次重大活动前制订详细方案，细化工作目标，明确工作任务，全面做好食品安全保障工作。在重大活动期间，选派监督员，采取定人、定岗、定责的工作方法，提前介入，落实责任，全面开展监督检查，加强现场食品快速检测，消除食品安全隐患，全程进行巡回监督指导，全力做好餐饮食品安全保障工作。完成“两会”期间、“五一”和“十一”期间方特、绿博园景区食品安全、高招中招期间、“西瓜节”期间、郑州农业国际公园嘉年华活动及美食节活动期间等 10 余次食品安全保障等餐饮食品安全保障工作任务，未出现食品安全问题，受到一致好评。

【食品安全专项整治】　2014 年，中牟县食药监局按照抓“重点时段、重点季节、重点场所、重点对象”的要求，开展元旦春节期间餐饮服务食品安全专项整治、春季学校食堂专项检查、集体食堂和午托机构餐饮食品安全专项整治、“五一”“十一”餐饮食品安全专项整治、工地食堂专项整治、食用明胶专项整治、夏季食品专项整治、医疗机构食堂专项整治、含铝添加剂专项整治、“四打击四规范”活动、儿童食品及校园周边食品安全等一系列专项整治活动，尤其是年初开展的全县集体食堂专项整治，成效显著，集体食堂办证率由整治前的 18.32% 增加至 70.1%。

【餐饮食品安全示范街和示范单位创建】 2014年，中牟食药监局充分调研，并以出台创建方案和考核标准、加强培训指导、印发宣传手册、召开现场会等方式为推进示范创建工作奠定扎实基础。积极督促各餐饮单位在原有基础上提档升级，进一步提升自身示范等级，保证各餐饮单位管理规范有序。将东风路、建设路两条街道建成餐饮食品安全示范街，并完成创建示范单位26家。

【保健食品化妆品安全基础监管】 2014年，中牟县食药监局对辖区内的保健食品和化妆品生产经营企业实地调查，掌握相关企业的基本情况和区域内保健食品及化妆品安全状况，为进一步做好保健食品和化妆品监管工作提供依据。完善保健食品化妆品生产经营企业档案，建档191份。发布保健食品、化妆品安全消费警示2次。上报化妆品不良反应报告1例。

【药械日常监管】 2014年，中牟县食药监局坚持明确日常监管重点，加强日常监管巡查力度。在监督检查过程中，对药品生产企业推行实施新版GMP情况、药品经营企业执行GSP情况重点检查。全年对全县药械生产经营企业和县、乡（镇）医疗机构进行全覆盖监督检查，出动执法人员868人次，执法车辆224台次，检查涉药涉械单位411家次，医疗器械案件1起，下发责令整改通知书77份。

【基本药物监管】 2014年，中牟县食药监局对辖区内药品批发企业每季度监督检查1次，重点检查药品批发企业对所有赋码基本药物产品是否进行100%核注核销，并通过电子监管网实现数据上传。积极开展基本药物抽验，完成20批次的基本药物抽验任务。

【特殊药品监管】 2014年，中牟县食药监局对辖区内3家特殊药品生产经营企业进行监督检查，检查企业12家次，检查覆盖率100%。重点检查人员培训、购进渠道、生产计划执行情况、储存管理制度及落实情况、安全管理情况和使用销售情况等。检查药械生产经营企业211家次，乡级以上医疗机构34家次。通过检查发现，各涉药涉械单位基本能够执行双人双锁管理，特药购进、使用和销售的票、账、货相符。2014年，辖区内未发生特药流弊事件。

【药械专项整治】 2014年，中牟食药监局组织开展春节期间药品流通领域集中整治，中药鳖甲、疫苗、药品流通环节集中整治，高考期间药品专项整治，医疗器械“五整治”，体验式销售、贴敷类医疗器械、透明质酸钠、无菌和植入性医疗器械、定制式义齿等专项整治活动，有效规范中牟县药械市场秩序。

【行政许可和GSP认证、跟踪检查】 2014年，中牟县食药监局按照郑州市食药监局的工作要求，坚持即到即办的工作原则，按期完成对药械经营企业现场核查验收工作。全年核查验收新开办零售药店20家、变更药店6家、换证医疗器械经营企业1家、变更医疗器械经营企业1家、新开办医疗器械经营企业5家，办结率100%。同时积极督促指导企业开展GSP认证换证工作。全年共有29家药品经营企业顺利通过GSP认证，其中1家药品批发企业、2家药品零售连锁总部、12家换证药品经营企业，14家新开办药品经营企业。

【药械安全监测】 2014年，中牟食药监局制发《关于印发中牟县2014年度药品、医疗器械不良反应/事件监测工作实施方案的通知》，做到全面部署安排，明确专人负责收集、上报ADR/MDR报告，切实把ADR/MDR监测工作落到实处。全年上报药品不良反应监测报告540例，其中新的一般病例报告135例，占报告总数的25%；严重病例报告14例，占报告总数的2.6%。上报医疗器械不良事件57例。

【案件查处】 2014年，中牟食药监局紧紧围绕稽查工作要求和目标任务，明确稽查重点工作，强化依法监管责任，努力构建打假治劣长效机制，以日常监督检查为基础，以专项监督检查为手段，以严厉打击制假售假为重点，不断加大稽查工作力度。全年立案查处餐饮食品违法案件49起，罚款14.96万元，没收销毁不合格食品、食品原料及食品添加剂114公斤；立案查处药械案件35起，罚款15万元。全年无行政复议、行政诉讼案件。全年受理各类举报投诉12起，回复12起，满意率100%。有力打击违法经营现象，增强企业自律意识，规范行业经营行为。

【药品检验】 2014年，中牟县食药监局开展药品性状（外观）鉴别、重量（装量）差异等18项检验，针对性抽验药品91批次，检出不合格药品25批次，为药品打假治劣工作提供强有力技术支撑。

【食品药品安全宣传】 2014年，中牟县食药监局利用“3·5”学雷锋纪念日、“3·15”消费者权益保护日、“5·12”防灾减灾日、“食品安全宣传周”、“安全用药月”等，组织开展现场宣传活动，大力宣传食品药品安全知识和法律法规。设立法律法规鉴别假劣药品咨询台7处，展示假劣药品50余种，接受群众咨询300余人次，散发各类宣传资料4000余份，借助报刊、电视台等媒介宣传食品药品安全监管工作动态。其中，题为《强化食品药品监管，维护市场经济秩序》专题报道在中牟电视台网格帮忙栏目播出，营造“人人关注食品药品安全，人人关爱生命健康”的浓厚社会氛围。

【省级文明单位创建】 2014年初，中牟食药监局党组就把创建省级文明单位列为当年重点工作，通过深入开展培育和践行社会主义核心价值观活动，多次举办道德大讲堂，积极开展阳光执法、文明执法和文明餐桌活动，在餐饮单位和药品经营企业开展诚信建设创评活动，积极开展扶贫帮困献爱心和社会公益活动。改善中牟县食药监局机关环境，进一步美化办公环境。在大厅内安装LED电子显示屏，为实现政务公开和宣传单位形象增加新窗口。建立机关文体活动室、阅览室、荣誉室。中牟县食药监局精神文明创建工作取得良好效果，局机关形成团结友爱、奋发向上的氛围，被河南省委、省政府授予省级文明单位称号。

【行政执法规范监督】 2014年，中牟县食药监局严格执行《行政处罚办案工作制度》和中纪委“八条禁令”、省食品药品监管系统“五条禁令”等规章制度，对案件查处以事实为依据，以法律为准绳，做到“七个到位”，即证件出示到位、法规宣传到位、现场检查到位、事实认定到位、执法程序到位、问题整改到位、权利告知到位；做到“四个必须”，即认定事实必须清楚、适用法律必须准确、执法程序必须合法、管理相对人的合法权益必须维护。提供检举、举报的渠道，公开举报电话12331，广泛听取社会各界对药品质量管理的意见、建议。

（审核：张 锋 撰稿：易丹丹）

爱国卫生运动

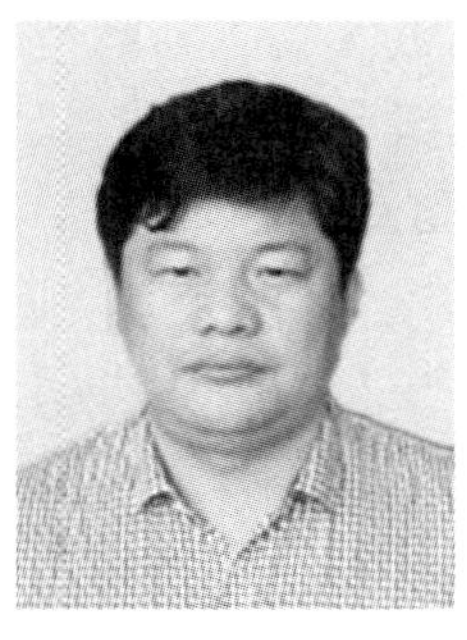
爱卫办主任 张中锋

【概况】 2014年，中牟县爱国卫生运动委员会办公室（简称中牟县爱卫办），挂中牟县创建卫生城市领导小组办公室（简称中牟县创建办）牌子，紧紧围绕巩固、提高国家卫生县城创建成果这一工作重点，结合城乡环境卫生整洁行动，落实长效管理机制，强化城乡环境卫生督查督办与评优评差，扎实开展健康教育、病媒生物防制工作，积极组织实施卫生先进单位、卫生乡镇创建、农村改厕、垃圾中转站建设，各项工作取得显著成效，顺利通过“国家卫生县城”届满重创考核验收，同时，农村爱国卫生工作各项目标任务超额完成。中牟县爱卫办被郑州市人民政府授予2014年度郑州市“爱国卫生杯”铜杯。

【巩固提升国家卫生县城创建成果】 2014年，中牟县爱卫办坚持县创建指挥周工作例会制度，例会采取实地察看，发现问题，现场督查解决，对热点、难点问题采取重点解决的办法，召开各种创建工作例会40次，下发工作简报48期，解决创建工作突出问题400余件。实行督查巡查制度，坚持实行每周不间断督查，利用摄像机、照相机，对存在的问题和整改情况现场录像，并下发督办查办通知书129份，涉及78个单位426项创建工作问题，要求限期整改。开展市容环境卫生专项整治，通过市容秩序、交通秩序、建筑工地、集贸市场经营秩序、“五小”单位管理达标等专项整治活动，解决县城区脏乱差现象。加强基础设施建设，投资212万元在新老城区新增建设公厕8座（环保型5座、固定公厕3座）；投资460万元改造扩建府前街综合市场并启用；新建设四牟园；贾鲁河生态改造、解放路商业街改造正在紧锣密鼓进行中；对青年路、东风路西段、西环路中段、建设路、荟萃路西段、西二环、商都大街东段人行道进行建设和维修；对商都大街慢车道和人行道，学苑路、牟州街、官渡大街人行道等城市人行道升级改造；新开工建设泰安路、迅达路、交通路、新圃街南段等道路。

【爱国卫生宣传】 2014年，中牟县爱卫办召开爱国卫生各种会议，安排部署工作；利用新闻媒体、节假日和活动月开展不间断宣传；利用培训班、专家授课、印发资料、设置宣传专栏、公益宣传广告等形式搞好宣传。

【农村环境卫生整洁】 2014年，根据《郑州市城乡环境卫生整洁行动工作方案》精神，结合中牟县实际，中牟县爱卫办制订工作方案，对城乡环境卫生整洁工作任务层层分解，制定管理制度，建立保洁队伍。每个乡镇区配备环卫工人10—15名，村3—5人，村民组1人，落实农户门前卫生“三包”责任制。环卫人员工资及清运经费采取“村委拿一些，乡镇补一些，县财政拨一些”的办法解决。

【村容村貌绩效考核】 2014年，中牟县爱卫办每季度组织人员对全县274个行政村的村容村貌整治工作进行考核，排出前50个先进村，后20个落后村，每季度在电视台进行公布，并召开后20个落后村负责人会议，进行观摩或约谈，督促落后村向先进村进行转化。

【农村垃圾中转站建设】 2014年，中牟县新增建设农村垃圾中转站36座，并投入使用，逐步建立成熟的“组保洁，村收集、镇转运、县处理”的环卫模式，大大改善农村环境卫生。

【卫生村、卫生先进单位、无烟单位创建】 2014年，中牟县卫生村、卫生先进单位、无烟单位创建工作严格按照《河南省卫生村标准》《河南单位行业卫生标准》《郑州市卫生村标准》《郑州市无烟单位标准》进行达标创建。当年，中牟县新创成省级卫生村4个，省级卫生先进单位2个，市级卫生村8个，市级卫生先进单位1个，市级无烟单位8个。

【积存垃圾清运】 2014年，中牟县爱卫办积极开展自查，发现积存垃圾，及时下发督办查办通知书并督促其整改，对整改情况进行督查并现场拍照，每月底把整改情况制作成幻灯片报郑州市爱卫办。2014年下发督办查办通知书129份，清理及代清积存垃圾336处。

【健康教育宣传】 2014年，中牟县爱卫办在县城区主次干道、公共场所、广场游园、社区及居民楼院修复新建健康教育专栏300余块(处)。县爱卫办统一制作健康教育宣传板面（条幅）1000余幅，张贴固定到社区、公共场所、主次干道等醒目位置和健康教育专栏内。在广播电台开辟健康教育专题节目，每周播放不少于1次。在学校、社区、医疗单位及乡镇农村开展普及健康知识宣传活动，提高群众的卫生意识和卫生行为形成。

【病媒生物防治】 2014年，中牟县爱卫办在全县全方位开展春季、冬季灭鼠活动和重点场所消毒消杀活动，投放鼠药2万余公斤，发放宣传资料3万份，有效控制病媒传染病发生；在全县居民区和公共场所的重点部位修复建设5000多处灭鼠专用毒饵洞。夏秋季节对县城公共场所和重点单位进行药物喷洒灭蚊蝇灭蟑活动，并对各单位免费发放奋斗呐等灭蚊蝇药物560公斤，要求各单位按标准对单位和家属区进行消杀。

【国家卫生县城届满复审顺利通过】 2014年，中牟县国家卫生县城届满复审。3月，通过郑州市爱卫办的初审。5月，通过省爱卫办的暗访。8月，通过受国家爱卫办委托，省爱卫办组织的专家组的现场考核验收。12月，通过国家爱卫办的暗访考核。

（审核：李四乐 撰稿：张秀兰 李 宁）

编辑：李 红

社会生活

人民生活

【农民收入】 2014年，中牟县农民人均纯收入13849元，比上年增加1304元，增长10.4%。其中，工资性收入6975元，比上年增加1075元，增长18.2%，占纯收入总量的50.4%；家庭经营纯收入5983元，比上年增加103元，增长1.8%，占纯收入总量的43.2%；财产性纯收入338元，比上年增加58元，增长20.6%，占纯收入总量的2.4%；转移性纯收入553元，比上年增加69元，增长14.3%，占纯收入总量的4.0%。随着全域城镇化建设的快速推进，农民实现就地、就近转移就业的速度明显加快，工资性收入在纯收入中的比重首次突破50%大关，成为农民收入的最主要构成部分。

【农民消费】 2014年，中牟县农民人均生活消费支出8179元，比上年增加933元，增长12.9%。在生活消费支出八大项中，衣、食、住、行稳稳占据前四位，从高到低依次为：居住消费支出2309元，食品消费支出2137元，交通和通信消费支出1126元，衣着消费支出701元，医疗保健消费支出675元，家庭设备及用品消费支出635元，文化教育娱乐消费支出434元，其他商品和服务消费支出162元。总体上看，随着收入的不断增长，农民生活消费支出呈现多元化发展趋势，消费结构逐步优化。

2014年中牟县农民人均收支情况

单位：元

指标名称	数量
总收支情况	
一、总收入	20519
二、总支出	15453
现金收支情况：	
一、现金收入	19220
（一）工资性收入	6975
（二）家庭经营现金收入	11336
（三）财产性收入	338
（四）转移性收入	571
二、现金支出	15453
（一）生产费用支出	6730
（二）生活消费支出	8179
1. 食品消费支出	2137
2. 衣着	702
3. 居住	2309
4. 家庭设备．用品及服务	635
5. 交通和通信	1126
6. 文化教育．娱乐用品及服务	434
7. 医疗保健	675
8. 其他商品和服务	162
（三）财产性支出	6
（四）转移性支出	539
纯收入情况：	
一、全年纯收入	13849
（一）工资性收入	6975
（二）家庭经营纯收入	5984
（三）财产性纯收入	338
（四）转移性纯收入	553
二、全年现金纯收入	12926
三、全年实物纯收入	923

（审核：王青云　撰稿：吕海杰）

【城镇居民消费】 2014年，中牟县城镇居民消费价格比上年上涨2%，其中食品价格上涨2.4%，烟酒价格上涨1.7%，衣着价格上涨4%，家庭设备用品及服务价格上涨1%，医疗保健和个人用品价格上涨2.6%，交通和通信价格下降2.2%，娱乐教育文化用品及服务价格下降0.2%，居住价格上涨3.4%。

（审核：姚恩慧　撰稿：白桂芬）

2014年中牟县分类市场价格指数

（以上年平均价格为100）

类别	指数
城镇居民消费价格指数	102.0
食品	102.4
粮食	103.7
肉禽及其制品	95.8
蛋类	114.9
水产品	102.0
菜类	94.8
烟酒	101.7
衣着	104.0
家庭设备用品及维修服务	101.0
医疗保健和个人用品	102.6
交通和通信	97.8
娱乐教育文化用品及服务	99.8
居住	103.4

（审核：姚恩慧　撰稿：白桂芬）

2014年中牟县城镇居民收支情况

单位：元

指标名称	数量
一、家庭总收入	25316
其中：可支配收入	22724
（一）工资性收入	19283
（二）经营净收入	3735
（三）财产性收入	198
（四）转移性收入	2100
二、家庭总支出	19593
（一）消费性支出	13831
1. 食品	3980
2. 衣着	1744
3. 居住	1443
4. 家庭设备用品及服务	968
5. 医疗保健	1049
6. 交通和通信	2821
7. 教育文化娱乐服务	1488
8. 其他商品和服务	339
（二）财产性支出	3
（三）转移性支出	2607
（四）社会保障支出	2567
（五）购房与建房支出	584

（审核：王青云　撰稿：吕海杰）

人口和计划生育

人口计生委主任
刘须峰

【概况】 2014年，中牟县人口和计划生育工作以深化人口计生机构改革和调整完善生育政策为契机，以稳定低生育水平、促进人口均衡发展为重点，坚持计划生育基本国策，不断创新完善体制机制、手段方法，扎实推进人口计生服务体系拓展转型和服务质量持续提升。2014年，全县总出生5396人，人口出生率11.38‰，人口自然增长率6.68‰，政策生育率94.2%，出生人口性别比109.23。

【目标管理和绩效考核】 2014年，中牟县制订出台《中牟县2014年人口计生工作要点》，对全县人口计生工作进行安排部署。在全县人口和计划生育工作会议上，县委、县政府与各乡（镇、街道）、各单位签订年度目标管理责任书，对各级各部门人口计生工作考核内容、责任划分再明确、再细化。对圆满完成2013年各项目标任务的6个先进乡（镇、街道）、10个先进单位、50个先进村和65名先进个人进行表彰；对2个乡镇通报批评，5个行政村一票否决，7个行政村黄牌警告，8个行政村通报批评。8月，对14个乡（镇、街道）前2个季度计划生育工作进行考核排序，评出50个先进村，20个落后村，对落后村的村干部扣除绩效报酬，县委、县政府召开专题工作会，对考核结果进行全县通报，各级狠抓人口计生工作的责任感和积极性提升明显。持续深化计划生育网格化管理机制。2014年，中牟县人口和计划生育网格化管理工作位列全县第二，县人口计生委被评为中牟县“三大主题”工作先进单位。

【计划生育基层基础】 2014年，中牟县人口计生委不断加强计生队伍建设。10—12月，结合中牟县第八届村民委员会换届选举工作，按照省卫计委《关于在全省村级组织换届选举中加强计划生育工作的意见》要求，县人口计生委建立联系点制度，全程参与、监督、指导村级计生管理员选（续）聘工作。全县新选聘计生管理员154名、续聘120名，进入村“两委”的村级计生管理员108名，占全县村级计生管理员总数的39.4%。制订出台《2014年全县人口计生干部学习培训方案》，修订《中牟县人口和计划生育工作应知应会》读本，通过全员自学和举办业务培训班等办法，对县、乡、村、组四级人口计生干部进行多层次、多形式的学习培训，加强对基层业务的指导和帮扶，全面提升基层人口计生队伍的业务能力水平。2014年，举办优生、法制、统计、流动人口、药具、科技业务培训，极大提高计生专业人员的业务能力。加强对计生人员的管理和考核。县人口计生委制订出台绩效考核方案，从学习培训、工作作风和业务开展3个方面提高机关工作效能。机关各科室、各二级单位每季度一述职、每半年一考核、每年度一评比，用考核促进工作，用考核评价工作，对12个先进科室进行表彰奖励，充分调动科室和各级工作人员的能动性和争先创优的积极性，有效推动工作开展。2014年中牟县“迎国庆、唱红歌”歌咏比赛中夺第一名。

持续开展全县人口计生业务大提升活动。抽调业务骨干，定期深入乡、村一线，面对面帮扶，一项一项指导，逐个解决问题，乡、村业务工作水平取得实质性提高。继续在提升乡所、村室标准和档次上下功夫，推进乡所、村室示范化创建工作。全县示范化村室192个，占行政村总数的70%。

加强计划生育属地化管理。县人口计生委组织对14个乡（镇、街道）属地化管理工作进行深入调研，在广泛征求基层干部群众意见建议的基础上，制发《关于建立完善人口和计划生育属地化管理工作机制的通知》和《县直及驻县各单位、各类经济组织和社会组织计划生育属地化管理职责》等一系列文件，从健全体系机制、完善基础、明确职责、加强考核等方面着手，进一步完善计划生育属地化管理工作体系。

深化基层计划生育村民自治。不断完善“宣传做先导、诚信做基础、两委负总责、依法建章程、协会做骨干、群众做主人”的计划生育基层群众自治工作机制，积极开展“百村（居）示范、千村（居）合格”活动。全县274个行政村均开展计划生育村民自治村建设，创建计划生育村自治合格村256个，占行政村总数的93.4%，其中示范村112个，占行政村总数的40.9%。深入开展生育关怀行动。不断加强生育关怀示范园建设，有效帮扶了计生家庭。截至2014年底，全县生育关怀示范园达到15个。本着“贴近实际、贴近生活、贴近群众”原则，组织广大理事、会员成立15个爱心帮扶志愿者服务队，通过宣传和“一对一”结对帮扶等形式，为关怀对象开展登门慰问、生活照料、精神鼓励和情感关怀等服务活动。2014 年，慰问计生困难家庭 723 户，救助贫困母亲 255 人，慰问留守儿童 230 户、空巢老人 48 户，帮种帮收农作物 730 亩。

【计划生育优质服务】 2014 年，中牟县认真贯彻落实新修订的《河南省人口与计划生育条例》。为适应生育政策（实施单独二孩政策、取消“4·28”生育间隔）调整需要，不断优化生育证办理程序，大力开展便民服务，使群众感受到办证的便捷，能够科学规划生育时间，避免扎堆办证。逐步完善二孩生育证办理信息双向通报制度，有效减少弄虚作假现象，规范了城镇居民二孩生育秩序。2014 年，中牟县办理农村独女家庭二孩生育证 1699 例，办理单独二孩生育证 206 例。

大力开展“婚育新风进万家”活动。定期向育龄群众宣传婚育新风、计生政策、国家免费孕前优生健康检查和生殖健康知识等内容，大力传播新型生育文化，使群众足不出户就能了解计生知识和政策法规，不断转变生育观念。在传统的宣传日、康检月和春季服务活动集中宣传教育的基础上，充分发挥网络、媒体、短信、《中牟人口报》等载体加强宣传引导。

深入开展“生殖健康进家庭”优质服务活动。抽调业务骨干，采取集中跟踪和重点跟踪相结合方式，对全县 274 个村进行跟踪调研。活动期间，县主要领导和分管计生工作的四大班子领导多次深入基层调研活动开展情况，并开展动员会、推进会，及时发现和解决问题，全力加快活动进程。县人口计生委成立督导组，由班子成员带队，每天深入乡、村一线督促指导。同时，及时反馈活动开展情况，每周将“四术”任务通报发至县四大班子领导、乡（镇、街道）主要领导和计生分管领导。育龄群众避孕方法基本知识知晓率达 85% 以上，术后随访率 95% 以上。2014 年，中牟县普查育龄群众 3.1 万人次，查出各类妇科病 0.24 万人次，治疗常见病 1785 例。

加快免费孕前优生健康检查全覆盖。县政

国家人口与发展中心到中牟县开展计划生育家庭发展追踪调研工作

府将免费孕前优生健康检查项目列入 2014 年中牟县十大民生实事项目。全年举办 3 期免费孕前优生健康检查技术培训班，邀请省、市领导、专家对全县 350 名计生专干进行业务知识培训，进一步强化工作职责、明确工作流程、服务内容等，服务能力有效提升。2014 年，共投入专项经费 96 万元，发放优生宣传品 45039 份，优生咨询 5691 对，婚孕前培训 5725 对，免费发放叶酸 5618 对，孕前风险评估 10044 人。完成国家检查任务 5105 对，占总任务数的 110%；完成市检查任务 5618 对，占总任务数的 120%；查出高危对象 1396 人、出生缺陷 59 人，高危对象和出生缺陷人数较往年明显下降，出生人口素质不断提高，群众优生优育意识明显增强。同时，结合孕前优生免费健康检查，对育龄群众提供全方位的医疗、保健、咨询指导服务，全年为 5000 多名育龄对象普查，查出患病 1810 人，治疗 1356 人次，治疗率为 70% 以上。

强化流动人口计划生育服务管理。将流动人口计划生育服务管理作为全年工作的重点。出台《中牟县培育先进典型促进社会融合实施方案》《中牟县流动人口和计划生育基本公共服务均等化实施方案》《中牟县关于开展流动人口联合清理清查活动的通知》等文件，持续加大流动人口服务管理工作。多次召开清理清查动员专题会，成立 36 个清理清查小组，抽调各乡（镇、街道）及公安、工商、卫生、人社、房产、城建等部门 600 余人次，4 次在全县开展联合清理清查活动。活动中，积极协调公安、卫生等7个相关部门，定时收集、整理、汇总、分析流动人口信息，对梳理信息进行筛查，将筛查个案信息分解到各有关乡（镇、街道），经确认后，建档立卡、纳入管理，形成“排查、梳理、筛查、确认、管理”的高效工作流程，使部门信息共享机制得到加强，为彻底澄清流动人口底数，做好均等化服务工作提供准确数据。2014年，全县有流动人口9804人，跨省流动2583人，省内流动7221人。其中流入2305人，流出4916人。流出人口中，育龄妇女持证率98.13%，签订合同率98%，寄回避孕节育报告单率100%；流入人口中，已婚育龄妇女签订合同率99.71%，免费参加健康检查率100%，婚育证明催办率98%。同时，建立健全流动人口服务与管理工作考核机制，出台流动人口计划生育工作考核方案，将各乡（镇、街道）、各相关部门流动人口职责落实情况纳入目标考核，与各部门签订目标管理责任书，加强督查指导，进一步推动流动人口计划生育工作齐抓共管。

【计划生育利益导向】 2014年，中牟县落实计划生育利益导向政策。全县奖扶对象1413人，特扶对象21人，城镇年老奖励扶助对象587人，独生子女父母奖励对象22900人，放弃二孩生育指标对象7人，政策内双女绝育对象2180户，独生子女“节育奖”对象138人，50—59周岁生活补贴对象3358人，独女养老保险对象335户，低保独女生活补贴对象122人，城乡居民养老保险优待补贴计生家庭对象4326人，“四术”保险对象3216人。计划生育手术并发症9人，其中三级乙等1人、三级丙等6人、三级丁等1人、三级戊等1人。

加大计划生育特殊家庭奖扶力度。2014年8月14日，经县长办公会研究决定，自2015年起，每年投入200余万元，提高计划生育特殊家庭奖扶含金量。对失能人员每人每年发放护理补贴金1.2万元；对女方45—49周岁和单方50周岁以上的独生子女家庭，子女死亡的，分别给予一次性精神抚慰金和丧葬补贴2万元和3万元；对独生子女伤残、死亡家庭，独生子女

中牟县人口计生委举行关怀计划生育家庭物质发放仪式

父母死亡的，每人一次性给予丧葬服务补贴1万元；对计划生育手术并发症家庭，本人或配偶死亡的，每人一次性给予丧葬服务补贴1万元；每逢春节、中秋节，对计划生育独女困难家庭和特别扶助家庭进行慰问，慰问标准每户每次500元；对独生子女家庭（城镇、农村）父母年满60周岁的，发放居家养老服务费每人每年1200元；计生双女家庭（农村）父母年满60周岁的，发放居家养老服务费每人每年600元；将一级手术并发症患者的特别扶助标准由每人每年7200元提高至每人每年1.08万元，二级手术并发症患者的特别扶助标准由每人每年4800元提高至每人每年7200元，三级手术并发症患者的特别扶助标准由每人每年2400元提高至每人每年3600元；将农村独女困难家庭的最低生活保障标准，由每人每年360元提高至每人每年720元。出台《关于明确新型城镇化拆迁安置有关政策的通知》，就独生子女家庭在拆迁安置中落实“多分45平方米”政策进一步明确，切实维护计生家庭的合法权益。

【计划生育依法行政】 2014年，中牟县规范社会抚养费征收主体和征收程序，规范管理使用办法，在提高社会抚养费征收到位率上下功夫，确保依法足额征收。配合纪检部门加大对党员干部违反计生政策的查处力度，2014年，

查处违反计生政策的党员干部51名。

深入开展依法信访活动。落实信访责任，畅通信访渠道，完善信访制度，依法开展信访维权活动。2014年，全县人口计生信访系统受理各类群众信访诉求案件182件，其中：举报类信件26件次，求决类信访63件次，政策咨询、建议及其他类信访93件次。接市人口计生委批转立案案件4件，报结果案件2件，结案率100%。不断深化计划生育政务公开，丰富公开形式，更新公开内容，确保信息准确，内容合法。

持续加大出生人口性别比综合治理力度。调整综合治理出生人口性别比领导小组，细化职责和任务，制订出台2014年打击“两非”行为专项治理活动方案，完善联席会议制度、孕

开展打击人口“两黑”“两非”专项整治活动

情消失上报和核查倒查制度。2014年，全年开展12次大规模清理清查活动，出动联合执法人员240余人次，立案35起，收缴B超机3台、吸引器3台、人流包2套，取缔黑诊所35家、收缴罚款4万余元，对“两非”从业人员和非法窝点重拳打击，有效遏制出生人口性别比升高势头。

（审核：刘须峰　撰稿：马世钧）

民　政

【概况】　2014年，中牟县民政局认真践行“以民为本、为民解困、为民服务”的民政宗旨，较好完成各项目标任务，困难群众基本生活得到有效保障，为促进全县和谐稳定和经济发展发挥重要作用。2014年，中牟县民政局获得由中共河南省委宣传部颁发的全省先进基层党校，获得由中共郑州市委宣传部颁发的郑州市先进基层党校等荣誉称号。

民政局局长　李晓莉

【救灾救济】　2014年，中牟县民政局制发《中牟县民政局2014年防汛救灾工作预案》，及时成立防汛救灾工作领导小组，下设办公室，主要负责救灾工作的日常开展。妥善安置灾民生活。全年下拨救灾面粉10万公斤、棉被800条、棉衣200套，救助困难群众1996人，发放救灾资金30万元，确保受灾群众及时得到生活救助。认真组织开展救灾演练，组织干部群众在雁鸣湖镇九堡下沿和狼城岗镇青谷堆村开展中牟县防汛抢险技能和迁安救护演练活动，提高民政系统应对突发性自然灾害的能力。积极开展“5·12”防灾减灾日主题宣传活动。5月12日当天，中牟县民政局为参与群众发放防灾减灾宣传单和宣传册，并现场解答群众提出的问题，促使广大群众进一步了解防灾救灾知识，提高防灾减灾意识。

【城乡低保】　2014年，中牟县成立申请救助家庭经济状况核对中心，统筹推进全县申请救助家庭经济状况核对工作，做到符合条件的一个不漏、不符合条件的一个不批，为6712户11954名低保对象发放低保金2906.3万元。

【农村五保供养】　2014年，中牟县有农村五保对象645人，其中集中供养222人，分散供养423人，发放农村五保供养资金349.97万元，切实保障农村五保供养对象的基本生活。

【城市低收入家庭】　2014年，中牟县民政局认真开展城市低收入认定审批工作，凡城市居

民户口且共同生活的家庭成员月人均收入高于城市低保标准但低于城市低保标准2倍的家庭，都可以申请办理城市低收入。截至12月，全县统计有城市低收入家庭32户109人。

【城市医疗救助】 2014年，中牟县严格按照对于低保对象患病住院的，不限病种，不设起付线，均按住院费50%进行救助，每人每年最高救助1万元。对参加城市居民医疗保险的人员，在有关部门报销后按报销后的个人负担部分进行救助。全年对45名符合救助条件的救助对象进行救助，发放救助金10.15万元。

【农村医疗救助】 2014年，中牟县建立农村医疗救助信息平台，使农村低保户和五保户可以在医院直接得到新农合报销后的二次救助金，不用再报送烦琐的票据、证件，有效提高医疗救助工作效率。全年救助农村医疗对象2126人次，发放救助资金175万余元。

【孤儿救助】 2014年，中牟县根据《郑州市人民政府办公厅关于加强孤儿保障工作的意见》要求，救助孤儿1270人次，发放孤儿救助金58.818万元。

【困境未成年人保护试点】 2014年，中牟县积极探索未成年人社会保护试点工作，为确保此项工作顺利推进，县政府及时下发《中牟县困境未成年人社会保护试点工作实施方案的通知》，成立工作领导组，确定东风路、青年路、广惠街3个街道及万滩镇为中牟县困境未成年人社会保护工作试点单位（每个试点单位选1个村或社区作为单位试点）。中牟县建立县、乡、村三级困境未成年人社会保护服务网络。在县民政局成立县级困境未成年人社会保护中心，负责制订全县困境未成年人社会保护工作政策，指导各试点乡镇（街道）开展困境未成年人社会保护工作；试点乡镇（街道）依托民政所建立困境未成年人社会保护工作站，对辖区内所有困境未成年人信息进行收集、建档、汇总，并及时上报县困境未成年人社会保护中心；在试点村（社区）设立困境未成年人社会保护服务点，明确1名村干部负责困境未成年人社会保护服务工作，帮助困境未成年人解决基本生活困难。

【流浪乞讨救助】 2014年，中牟县民政局按照属地管理、分级负责的工作原则，依托网格化管理网络，以村（社区）为基础，成立由14个乡（镇、街道）巡防队员等组成的救助队，划片巡查，分片管理，责任到人，对县域内车站、繁华地区、地下通道、桥梁涵洞等重点区域进行排查，将救助工作的触角延伸到城、乡的每个角落。全年救助流浪乞讨人员126人，无1起饿死、冻死乞讨人员的情况发生。

【慈善救助】 2014年，中牟县民政局动员社会各界积极参与，广泛开展以"安老、抚孤、助残、济困、助医、助学"为宗旨的全民慈善活动。全年救助2600余人次，发放救助金250余万元。认真组织中牟县2014"郑州慈善日"活动捐赠仪式。活动当天，现场举牌捐款达2200万元，名列郑州市各县市区第一名，并荣获第二届郑州慈善风云城区称号。

中牟县开展慈善捐助活动

【社会福利中心建设项目动工】 2014年9月26日，中牟县社会福利中心建设项目破土动工。截至2014年底，该项目场地的围墙拉建工作完成，主体建设部分地上5层层顶模板支护及钢筋绑扎有序进行（该项目建筑结构5层，局部4层）。

【老龄工作】 2014年8月底，中牟县14个农村养老服务中心示范点建设工作顺利完成，内部配套设施全部配置到位，大大满足全县农村老年人的养老需求。积极开展慰问百岁老人活动。2014年为全县13位百岁老人发放慰问金1.3万元，大米26袋，油13桶。

【双拥优抚】 2014年，中牟县积极开展慰问活动。中牟县民政局利用春节、“八一”建军节对20军和河南省武警总队训练基地等进行慰问，全年全县慰问驻军27个次，慰问优抚对象9000人次，送慰问品3万件，价值200万元。优抚工作全面完成。全面落实重点优抚对象抚恤补助政策，按时足额发放各类优抚对象的抚恤金、补助款。全年发放抚恤金、补助款1000多万元；全面落实重点优抚对象医疗保障政策，为100多名优抚对象发放医疗补助金20余万元。2014年6月底全面完成优抚对象三级服务网络的建设工作。全县设14个乡级管理服务站，50个村级服务站，128名义务联络员，并投入使用。

社会各界在清明节悼念烈士

【退役士兵安置】 2014年，中牟县接收退役士兵227人，其中符合安置条件的退役士兵33人（含转业士官15人，荣立二等功退役士兵2人），自主就业退役士兵194人，符合政府安置工作条件的退役士兵、转业士官安置率均为100%。全年发放各类安置经费268.7万元，其中，待安置期间生活补助费11.5万元，符合政府安置工作条件并且选择自谋职业的退役士兵的一次性经济补助费20.5万元，2013年冬季退役的194名自主就业退役士兵地方一次性经济补助费231.7万元，退役士兵职业技能教育培训费5万元。

【基层政权建设】 2014年，中牟县基层政权建设工作扎实推进。一是建立健全农村基层党员干部坚持为民务实清廉的长效机制。结合中牟县实际，制订《关于坚持依靠群众提升村务公开民主管理工作的实施意见》，并下发《关于调整中牟县村务公开和民主管理工作领导小组成员的通知》，确保中牟县村务公开民主管理工作规范运行。二是开展后进村集中整顿工作。与组织部门协作，制订工作方案，完成后进村的调查摸底，完善基层民主决策机制和基层社会矛盾调解化解机制。

第八届村委会换届选举工作圆满完成。2014年，中牟县依法进行第八届村民委员会换届选举工作，县民政局在充分做好前期准备工作的基础上，制订中牟县第八届村委会换届选举实施方案和工作流程图，使整个换届选举工作有秩序、有计划、有步骤顺利进行。截至2014年12月底，全县274个村委会（其中一个为村委会体制社区）全部进行换届选举，选举率、成功率均为100%。产生村委会成员1057名，其中党员752名，占71%；一肩挑85个，占31%；“两委”交叉任职数511人，占36%；妇女干部232名，占22%；平均年龄42岁。

【社区建设】 2014年，中牟县民政局健全完善社区服务功能；充分发挥居民自治的功能和作用；以推进楼栋长自治服务为切入点和落脚点，制订社区楼栋长自治服务工作方案，充分发挥社区楼栋长的功能和作用。2014年10月，当年申报的4个农村社区服务中心和2个农村社区示范点，通过市民政局的验收。

【社会组织】 截至2014年12月底，中牟县已成立社会组织137家（社团48家，民办非企业单位89家）。2014年新成立登记社会组织19家（社团5家，民办非企业14家），到期换证32

家，变更7家，按时办结率100%。2014年3—5月，中牟县民政局对全县118家社会组织进行年检和评估工作，对年检单位实行实地年检，实现统一受理率100%。中牟县民政局继续加强社会组织档案管理，做到及时归档，装订规范，抽调专人负责档案整理，对全县所有社会组织档案彻查分类。下半年加大执法力度，对2家养老院和3家幼儿园下发整改通知书。8月，在郑州市民政系统民办非企业档案管理工作检查评比中，中牟县民政局获得先进单位称号。

【婚姻登记】 2014年，中牟县民政局制订并完善《岗位责任制度》《印章管理和使用制度》《证件管理制度》《档案管理和保密制度》等多项规章制度，进一步提高工作人员依法行政水平和服务质量，全年办理结婚登记9445对，离婚登记2017对，补办婚姻登记证书1911对，出具无婚姻登记记录证明5195份，确保登记合格合法率达100%。

【殡葬改革】 2014年，中牟县全面落实各项殡葬惠民政策，火化遗体4298具，免除基本火化费277万元，火化率达100%。

【地名工作】 中牟县民政局按照县政府的要求，拟出《关于中牟县撤销部分乡镇设立办事处的请示》，制出区划调整前现状图和区划调整图。明确全县行政区域内撤销雁鸣湖镇、大孟镇设立雁鸣湖街道、大孟街道；积极受理地名命名申请，按程序对9个新建住宅小区进行标准地名命名，并对中牟县城市建设投资集团进行门牌号编制；做好全国第二次地名普查工作，按时参加市局组织开展的各项工作会议和业务培训，积极筹划好中牟县第二次地名普查前期准备工作。

2014年，中牟县民政局就中牟县人大117号及中牟县政协36号关于“将建设路更名为潘安大道”的提案进行答复。据中牟县人大116号关于“为荟萃路西段泰安街东的未命名道路进行命名”的提案，中牟县民政局将此道路命名为“萃安街”。中牟县民政局对县域内10处建筑群进行标准化命名。中牟县民政局完了中牟县新、老城区新建道路兴安街、清阳街、听篌街、文通路、永福街、福顺街、宝峰街、文博路107块交通标志牌的安装、维护等工作。

【勘界工作】 2014年4月，中牟县民政局与新郑市民政局联合开展2014年“新郑—中牟线”界桩检查工作。6月，中牟县民政局与郑州市管城回族区民政局联合开展2014年“管城—中牟线”界桩检查工作。

【福利企业】 2014年，中牟县有福利企业8家，安排残疾人就业190人，全年实现退税451万元。

【民政事业费支出】 2014年，中牟县民政事业各项费用支出9157.8万元。其中：抚恤事业费2552.1万元；退伍安置费794.2万元；社会救助费4441.1万元；社会福利事业费370.0万元；自然灾害生活救助费58.0万元；其他民政事业费942.4万元。

（审核：周盾营　撰稿：朱瑞雪）

残联

残联理事长　李记勤

【概况】 2014年，中牟县残联在以求真务实，开拓创新的态度，围绕县委、县政府中心工作和上级残联下达的工作责任目标，着力解决残疾人最关心、最直接、最现实的利益问题。通过努力，在各个方面都取得显著成效。

【康复服务】 2014年，中牟县残疾人康复工作以“人人享有康复服务”为目标，不断扩大残疾人康复服务受益面。开展0—6岁贫困残疾儿童抢救性康复项目。为47名残疾儿童实施抢救性康复。免费发放轮椅、腋杖、手杖等辅助器具880件。投入20万元为66名贫困白内障患者实施免费复明手术。对全县135名低保家庭精神病患者进行医疗救助；为7名住院治疗的精神病患者提供住院补贴；为152名精神病患者发放服药补贴，其中残联投入10.8万元对127名精神病患者进行服药补助。投入15万元为中牟县26名下肢缺肢残疾人免费装配假肢。全面完成康复工作目标任务。为7名成年听力残疾人装配助听器，对10名成人进行听力康复训练，对116名盲人进行定向行走培训，对120名康复协调员进行业务培训，为11名成年下肢残疾人安装矫形器，为70名低视力残疾人配戴助视器，为6名盲童发放读屏软件，全年假肢矫形器安装40例。建立2个残疾人康复示范站。县残联在青年路办事处东关村委及西街村委建立2个面积为80平方米的康复示范站，通过政府公开招标，配置康复训练器材30余件。康复示范站投入使用。

【教育就业】 2014年，中牟县残联向县特殊教育学校捐赠助学款10万元；出资4.5万元对16名贫困残疾大学生进行就学资助。投入18万元开展残疾人职业技能、实用技术等培训，培训残疾人925人。多渠道、多层次、多形式安置86名残疾人就业，对14家盲人按摩店给予每家1000元的冬季取暖补助，鼓励和扶持残疾人自主创业。年审142家企业，年审导入1558家，征收残疾人保障金360多万元。

【社会保障】 2014年，中牟县残联搞好协调，使全县540名重度残疾人享受低保救助，并录入全省重度残疾人生活救助软件系统。为302名“无劳动能力、无生活来源、无法定赡养人或抚养人”的“三无残疾人”提供每人每月300元的生活救助，发放救助金额计54.36万元。对100名居家托养的重度残疾人每人发放600元救助。2014年新增助残志愿者700名，志愿者们积极弘扬“奉献、友爱、互助、进步”的志愿服务精神，为7150名残疾人提供日常服务。

【文化宣传】 2014年，中牟县残联协调文化部门组织残疾人文艺队到社区演出5次。借助残疾人节日开展残疾人事业宣传。在“全国助残日”“肢残人日”以及“国际盲人节”期间，开展残疾人走访慰问、辅助器具赠送、残疾人代表座谈会、残疾人工作咨询等活动，中牟电视台、广播电台、中牟在线、郑州在线等多家媒体和网站对中牟县残疾人事业进行宣传报道。全年在媒体刊发反映残疾人工作和残疾人先进典型以及扶残助残先进事迹稿件5篇。选拔残疾人艺术、体育人才15人。

【组联维权工作】 2014年，中牟县残联按照国家、省、市开展残疾人基本服务状况和需求专项调查要求，完成10718名持证残疾人和0—15岁未持证残疾儿童的信息核查，为2015年入户调查打下良好基础。利用春节、“助残日”对全县贫困残疾人进行慰问。走访慰问各类残疾人167户，送去面粉，食用油，慰问金，轮椅和残疾人用品用具，价值6万元。办理残疾人证。全年办证1051本，其中到5个乡镇上门入户办理残疾人证241本。县残联在官渡镇、刘集镇、姚家镇等9个乡镇建立爱心书屋，为残疾人配备农业技术等方面图书。全年接待残疾人来访260起，配合创建办说服教育残疾人难缠户6户，配合县规划局拆除违法建筑2户，在中牟拆迁稳定工作中作出应有贡献。2014年中牟县无残疾人重大案件发生，无进京、赴省、市集访事件发生。

（审核：雍兰兰　撰稿：边　珊）

民族　宗教

【概况】 中牟县居住有32个少数民族。少数民族总人口10865人，占全县总人口的2.3%，其中回族人口9870人，占少数民族总人口的

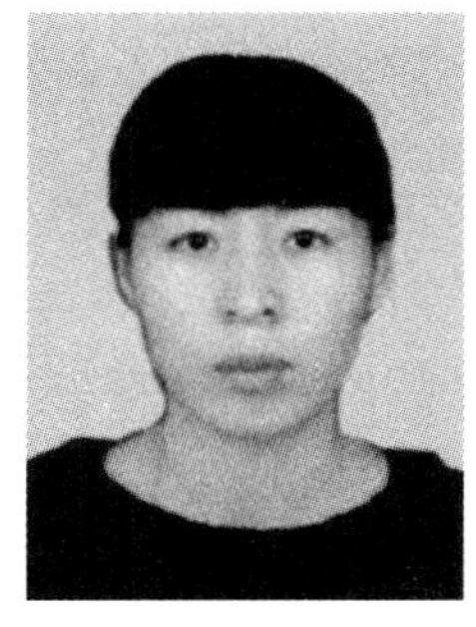
民族宗教事务局局长
丹明琴

90.9%。中牟县少数民族人口在郑州市六县（市）中居第二位。中牟县是一个少数民族分散杂居的县份，少数民族在分布上呈现大分散、小聚居的显著特点。全县14个乡（镇、街道）均有少数民族居住，超过1000人的乡（镇、街道）有青年路街道和狼城岗镇2个。少数民族聚居村有狼城岗镇南仁村、青年路街道自由街村和大孟镇万胜村3个，其中南仁村为河南省最大的少数民族聚居村。

中牟县有基督教、伊斯兰教、佛教、天主教4种宗教，有信教群众7.6万人。其中，基督教徒4.2万人，伊斯兰教0.9万人，佛教徒2.4万人，天主教徒0.1万人。有宗教团体4个，即佛教协会、伊斯兰教协会、基督教协会和基督教“三自”爱国运动委员会，宗教教职人员91人。全县有宗教活动场所48处，其中基督教堂（点）42个，分布在各乡（镇、街道）；清真寺5坊，分布在南仁村2坊，自由街村、东漳东村、万胜村各1坊；佛教活动场所1处，在官渡镇官渡桥村。

2014年，中牟县民族宗教事务局严格贯彻落实国家民族宗教政策，依法管理民族宗教事务，促进全县社会大局稳定。被郑州市民族宗教事务委员会评为郑州市清真食品管理工作先进单位。

【民族政策法律法规宣传】 2014年3月，中牟县民族宗教事务局组织举办清真食品宣传活动和民族政策法规宣传活动，悬挂宣传条幅30余条，设置宣传板面40余块，发放宣传页1000余份，接受咨询群众80余人。5月，在中牟县文化活动广场组织举办“民族团结进步宣传教育文化广场系列活动”，集中展示郑州市各县（市）区民族宗教工作的成效以及民族团结进步事业的成绩，取得良好社会效果。6月举办清真食品宣传活动和民族政策法规宣传活动，悬挂宣传条幅30余条，设置宣传板面40余块，发放宣传页1000余份，接受咨询群众80余人。

【民族团结进步创建】 2014年，中牟县成立由县委常委、统战部长为组长，副县长为副组长，各有关单位一把手为成员的中牟县民族团结进步创建工作领导小组，制发《中牟县民族团结进步创建工作的实施方案》。中牟县民族宗教事务局会同宣传、广电等有关部门，利用电视、广播、宣传栏等形式，大力宣传民族政策法规、中牟县的民族概况、各民族群众团结奋斗的典型事迹和维护民族团结促进民族进步的典范，为创建工作营造良好的舆论氛围。以“示范带动、整体推进”的思路，打造青年路街道办事处自由街村、大孟镇万胜村、狼成岗镇南仁村和雁鸣湖镇东漳村等单位的民族团结进步创建示范点，在4个民族村成立民族团结进步会，为全县推进民族团结进步创建工作树立标杆。在中牟县民族宗教事务局设立少数民族流动人口服务中心，在青年路街道办事处设立服务站，南仁村、自由街村设立服务点，西关清真寺设立联系点，形成由面到点的一体化服务体系，积极为少数民族流动人口提供子女就学、政策咨询等服务，并成立县少数民族志愿者服务中心。在官渡律师事务所挂牌成立少数民族法律援助服务站，公布热线电话，负责少数民族群众涉法的来电、来信、来访工作，积极为少数民族群众提供法律咨询诉讼代理等服务，确保少数民族群众的合法权益。

【清真食品管理】 中牟县原有清真食品生产经营单位82家，2014年陆续增加近200家，仅万邦物流园区就占170多家。至2014年底，中牟县清真食品生产经营单位280余家，主要以中小型清真饭店和万邦物流园内的清真牛羊肉批发摊点为主。2月，中牟县民族宗教事务局对全县清真食品经营单位重新摸底、登记、造册，将信息录入郑州市清真食品管理系统，并为清真食品商户更换新型清真牌证，全县的清真食品市场进一步净化。3月，对从事清真食品生产经营的企业、个体工商户进行《办法》的专题学习培训，培训人员860人次，进一步提高清真食品从业人员法律意识。6月初，中牟县民族宗教事务局从政策宣传、矛盾调解、培训学习、监督举报、职业操守等10个方面对全县22名清真食品义务监督员的履职情况进行考核。7月，组织编印《中牟县清真食品管理服务手册》500余册，并发放到全县5坊清真寺、清真食品经营商户手中。全年对全县清真食品市场进行4次专项检查整顿、18次联合执法，出动执法人员190余人次。全县的清真食品市场进一步净化，有效维护少数民族群众的合法权益。

【少数民族干部队伍建设】 2014年中牟县选拔任用干部时，在坚持《党政领导干部选拔任用工作条例》的前提下，对少数民族干部予以优先培养、选拔和使用，不断加大少数民族人才培养和使用力度，为实现经济社会又好又快发展提供智力支持和人才保障。中牟县民族宗教事务局对全县少数民族干部重新调查、汇总，完善少数民族干部的职务、级别、学历等信息，建立中牟县少数民族干部队伍数据库，全县有少数民族干部158人（其中正科级10人，副科级19人，一般同志129人）。同时加大培训力度，制订有利于提高少数民族干部整体素质的教育培训规划。7月，组织全县各单位少数民族科级干部参加2014年统战知识培训班，进一步提高他们的政策理论水平及处理矛盾纠纷等问题的能力，为更好地开展工作奠定基础。

【少数民族经济发展扶持】 2014年，中牟县把大力发展民族经济作为加强民族团结、维护社会稳定的根本出发点和落脚点。积极协调省、市、县有关部门对少数民族村进行项目资金扶持，其中争取省级少数民族发展资金29万元，用于万胜村内道路建设工程；市级少数民族发展资金20万元，用于南仁村、万胜村村内道路、文化活动广场设施等基础建设；县级少数民族发展资金55万元，用于南仁村修建幼儿园、万胜和东漳村村内道路、饮用水井等基础设施建设。

【民族宗教领域稳定】 2014年，中牟县民族宗教事务局做好少数民族群众和信教群众的思想教育工作，每周组织人员深入民族村、宗教活动场所调研排查，层层建立信息网络，发现动向，及时介入，发现问题，及时解决，将影响民族团结、社会稳定的隐患有效地消除在萌芽状态。中牟县民族宗教事务局妥善处理中牟县新县城人民医院、中牟县第一高级中学等5起因清真食品引发的矛盾纠纷。无1件因处理不当、不及时而引发的矛盾激化事件发生。

【宗教政策法律法规宣传】 2014年，中牟县民族宗教事务局通过办培训班、座谈会和制板面等形式，认真学习宣传《宗教事务条例》《宗教活动场所财务监督管理办法（试行）》，使宗教团体、场所的负责人、教职人员和广大信徒的思想觉悟有较大提高。7月，精心组织开展以“发挥正能量，共筑中国梦”为主题的“宗教政策法规学习月”活动，广泛宣传党的宗教政策和宗教工作基本方针，引导宗教界人士、宗教教职人员和信教群众深刻认识到学习宗教政策法规的重要性和必要性，利用法律维护自身合法权益的重要性。举办4期形式各样的培训班，培训人员600余人次，营造浓厚的学习氛围，有力推动在宗教界形成自觉学法、守法、用法的良好氛围，切实维护全县宗教界和谐稳定。

【和谐寺观教堂“教风年”制度建设创建】 2014年，中牟县民族宗教事务局按照全市创建活动方案的具体要求，制订出台《中牟县和谐寺观教堂“教风年”制度建设创建活动实施方案》，并通过多种形式，将创建活动的指导思想、目标要求、创建标准等，宣传到每一个宗教活动场所，让更多的宗教界人士和信教群众了解并积极参与创建活动。实行周例会制度，由乡镇统战员汇报所属宗教活动场所“教风年”制度建设创建情况及存在问题，使创建活动有序推进。中牟县投资3万余元增制宗教活动场所财务管理制度、宗教活动管理制度、教职人员守则等8项制度板面，发放到全县48处宗教活动场所张贴上墙，并在活动中加强教职人员和场所管理人员的培养，大力提高他们的综合素质。通过“教风年”制度建设创建活动的开展，推动全县宗教团体、宗教活动场所的依法管理，有效抵制不良风气的侵袭，营造教义教规的良好氛围，树立中牟县宗教的良好形象。

【宗教活动场所安全排查整治】 2014年7月和9月，中牟县民族宗教事务局分别开展宗教活动场所消防安全专项检查及宗教活动场所安全排查整顿工作。多次召开动员会，要求各乡（镇、街道）、各宗教团体结合“和谐寺观教堂”制度建设创建活动和自身实际，积极展开自查和整改。联合消防等部门，对全县宗教活动场所进行全面的督促检查，排查出24处安全隐患。针对这些安全隐患，中牟县民族宗教事务局提出整改要求，限期整改。年前，存在安全隐患的场所全部整改到位，确保信徒在宗教场所内平安、有序地过宗教生活。

【落实宗教教职人员生活补助】 2014年，中牟县民族宗教事务局多次深入宗教活动场所调研，并争取县财政资金，对全县宗教教职人员进行生活补助。在补助资金发放中，严格按照“专项管理、专款专用、准确发放、跟踪问效”的原则，每季度发放一次。全年发放生活补助资金6.48万元，切实解决中牟县宗教教职人员的实际困难，进一步增进同宗教界的感情，对全县的民族团结进步事业的繁荣发展、宗教和谐起到良好的推动作用。

【依法治理基督教私设聚会点】 2014年7月至8月，中牟县民族宗教事务局在全县开展依法治理基督教私设聚会点试点工作。与国保大队、各乡（镇、街道）及基督教“两会”紧密配合，对排查出的基督教私设聚会点的聚会地点、土地、房屋、人员规模、活动时间、负责人或传导人员等基本情况逐一进行登记备案。对通过调查摸底发现的基督教私设聚会点，联合公安部门逐一研究治理意见，对服从政府管理的聚会点，采取登记、以堂带点、就近合并等办法依法规范；对不服从政府管理及有境外背景的聚会点，由公安部门依法取缔。指导基督教“两会”建立完整的考核、年审等规章制度，形成相对完善的管理制度和长效管理机制，使中牟县基督教宗教活动纳入管理有序的正常轨道。

【引导宗教界与社会主义社会相适应】 2014年，中牟县民族宗教事务局深入宣传爱国宗教人士依靠科技勤劳致富典型事例，教育引导宗教人士和信教群众树立“学科技、用科技、依靠科技勤劳致富”的思想，努力发展生产，增加经济收入。引导宗教人士参与公益事业，坚持“一把钥匙开一把锁”，与宗教人士经常谈心、沟通，了解和掌握其思想反应、近期表现，及时了解宗教界生产生活方面遇到的困难，协调相关部门帮助解决社保、低保等问题。通过加大职业技能培训、联系就业渠道、节假日关心慰问等方式，使他们感受到党和政府的关怀和温暖。发挥宗教界的积极作用，广泛开展“情系社会献爱心”“慈善工程”等活动。9月，围绕“慈爱人间，五教同行”这一主题，在全县宗教界精心组织开展“宗教慈善周”活动，捐赠救助贫困户、病残户、爱心助学等资金5800元；10月，在中牟县举办的2014年“郑州慈善日”捐赠活动中，宗教界积极响应，向县慈善总会捐赠善款8万元。

（审核：屈巍平　撰稿：朱志刚）

编辑：赵玉杰

乡镇（街道）概况

韩寺镇

镇党委书记　张振中

【概况】　韩寺镇位于中牟县东南部，东邻开封县，东南角与尉氏县接壤，南与姚家镇、刁家乡相邻，西北与东风路街道接壤，镇区内土地平整，土壤肥沃，交通便利，所处中原地带气候宜人，适耕、适居、适投资。陇海铁路、省道223线斜跨镇境，贾鲁河、堤里小清河、丈八沟穿镇而过。全镇面积达2077公顷，辖22个行政村，34个自然村，97个村民组，总人口3.8万人，耕地4.7万亩，粮经比例2：8，复种指数260%。韩寺镇地域宽广、土地平整、水利健全，享有“中原瓜蒜之乡”美誉，拥有全县最大的“瓜蒜蔬等农产品交易基地”。韩寺镇凭借优越的地理条件，大力发展都市型现代农业，成为中牟县高效设施农业示范区。

2014年，韩寺镇党委政府以网格化管理为载体，大力调整农业产业结构，加快新型城镇化建设步伐，全镇经济建设和社会各项事业得到较好发展，韩寺镇地区生产总值完成85636万元，增长4%；服务业增加值完成35211万元，增长7%；非公有制经济完成64227万元，增长15%；规模以上工业企业增加值完成2260万元，增长20%；财政收入完成868万元；社会固定资产投资完成3.5613亿元，增长10%。

【机构与领导】　2014年，韩寺镇党委、镇政府下设党政办公室、农业服务中心、文化服务中心、计划生育服务中心、劳动保障所、国土资源所、建管办、统计站、创建办、财政所、信访办公室、人大办、公路所、督查办、企税办、阳光村务办、综治中心等。有领导班子14人。

2014年韩寺镇领导班子成员

党委书记　刘永强（11月免）
　　　　　张振中（11月任）
镇　长　张振中（11月免）
人大主席　董红斌
党委副书记、政协工委主任、综治中心主任
　　　　　郭岚玉
建管办主任　田　明
纪委书记　胡慧兴
副镇长　张林峰　张凤兰（女）
组织员　王会强
宣传员　郭书岭
统战员　李　欣
工会主席　蔡颖颖（女）
司法所长　杨玉荣（女）
综治办副主任　刘小奇
纪委副书记　万彦峰

【党政工作】　2014年，韩寺镇以学习“群众路线教育实践活动”为契机，深入落实基层党风廉政建设责任制纳入全镇整体工作，切实加强对党建工作与经济发展、农业发展、社区建设等工作的推进力度。韩寺镇党委政府坚持实行周一例会制度，定期研究党建工作运行情况。全年召开专题研究党建工作会12次，召开全镇村级党建工作会4次。建立镇党委中心组学习制度，抓领导班子学习，提高班子思想政治水平。建立和完善镇党委班子成员联系村党建工作点的工作制度，要求班子成员“少在机关，多进村入户帮助群众解决实际问题”，更好服务农村各项工作。建立健全民主集中制，坚持党委集体议事，提高班子整体合力。

认真落实“一定三有”工作机制，推行村级班子考核管理制度。与村党支部签订组织工作目标管理责任书，明确村支部党建工作的责任。推进后进支部的转化，2014年调整村级落后班子7个。大洪、刘庄、边庄、古城等4个村调整支部书记，你吾岗、潘店胡、大李庄等3个村通过镇机关干部挂职的办法，选派党支部书记。同时严格按照组织程序完成全镇22个行政村的换届选举，配强村委班子。韩寺镇党委将党建工作经费纳入财政预算，投资60万余元，建成刘庄党建示范点并投入使用，新建郭辛庄、东营、边庄村室，升级改造南岗、大洪、马家村室。党建经费按照每村3万元标准拨付到位。全面推广家庭联户代表制度和重大事项“4+2”工作法。发挥党员和联户代表的作用，形成“党员靠前站，群众跟着干”的良性工作局面，率先完成4条社区道路铺设韩寺镇党委组织党员800余人次参加中牟县万名党员干部大培训、中牟县双休日大讲堂活动；到新乡百泉教育基地、官渡科技示范园学习，接受党性教育。注重发展“双强”党员。韩寺镇打破传统发展党员的模式，防止家族党员垄断，重视在致富能手、复退军人、返乡的大学生中培养发展党员。2014年培养入党积极分子142名，发展党员17名，转正党员25名。畅通党员“出口”，坚决清退民主评议不合格党员。逐步重视大学生村干部的传、帮、带，坚定他们扎根农村、服务基层的理想信念。

紧扣主线扎实开展党的群众路线教育实践活动，韩寺镇党委组织全体党员干部去焦裕禄陵园、大别山干部学院学习，到豫中监狱接受警示教育。组织班子集中学习28次，集体讨论16次，撰写心得体会、调研文章128篇。走访

韩寺镇召开党的群众路线实践活动座谈会

群众2600余户，收集到意见建议归纳整理36条，整改30条。解决西营、刘庄等村农业万亩示范方工程、中韩路大洪、大李庄等村交通隐患、3个社区建设用地调整等惠民实事20余项。组织开展农民技能培训1500余人次，实现农村剩余劳动力转移1300余人，得到郑州市委第六督导组“活动很扎实”的评价。

2014年，韩寺镇积极开展“五有五上门”践行“五比五争”，深化县委“五比五争”活动，以焦裕禄精神为标杆，以网格化管理为依托，韩寺镇创新开展“群众家里有困难，干部上门慰问；群众家里有喜事，干部上门祝贺；群众家里有白事，干部上门吊唁；群众家里有病人，干部上门看望；群众家里有问题，干部上门解决”等“五有五上门”活动。集中化解廊道绿化占地、社区土地调整、村委换届等引起的矛盾纠纷100余起。

【社会事业发展】 2014年，韩寺镇继续完善各项社会保障体系，积极推行村务公开，大力推进民主法制建设，韩寺镇认真组织开展了创建“民主法制示范村”活动，落实了“四民主一监督”制度，提高了基层民主法制建设的水平。逐步落实完善“阳光村务”工作。

2014年，韩寺镇计划生育率95.29%，人口出生率9.76‰，计生合格村达89%。避孕措施落实率明显提高，对全镇900多户独生子女家庭予以光荣费发放。在性别比管理中，严格按“三盯一”目标管理签订合同、完善随访。和谐社会平安建设稳步提升，韩寺镇落实社会

治安综合治理各项措施，组织巡防队员，每天对全镇主要街道和事故易发路段巡逻，投资25万元在各村主干道安装视频监控平台，确保社会大局稳定；全力以赴抓好信访稳定工作，建起镇、村、组三级信访网络，积极推行“月例会制”和“领导下访制”，全年解决长期信访遗留问题3件，排查矛盾纠纷68起，成功解决63起，确保中央、省、市、县交办韩寺镇信访案件的按期结案率100%，群众满意率较上年上升；未发生因工作失误引发的重大群体性事件和重大上访事件，未发生赴京、省、市、县影响较大的恶性上访事件；落实消防安全责任制和责任追究制，没有出现特大火灾等安全事故。

切实改善民生，逐步加大对救助对象的救助力度。韩寺镇认真落实各项补贴和减轻农民负担政策，2014年农村低保年审后救助对象639户1038人，全年发放低保金136万元，资助农村五保对象和特困户1098人参加“新农合”，进行二次救助20人，发放救助金3.8万元。义务兵家属优待金按每人1.3万元标准发放；对驻藏士兵按标准给予补助，发放优待金2.3万元。依规落实各项优待政策，认真贯彻落实中央关于提高重点优抚对象抚恤、定补标准的有关政策，全年发放优抚款46.1万元。

【路网建设】 2014年，韩寺镇完成4条社区道路的铺设及绿化工作。路网建设分别是韩潘路至潘店胡社区、中刁路至瓦灰郭社区、中刁路至马家社区、县城至官渡店李口社区道路荣庄段等4条道路，总长10公里，涉及古城、西营、荣庄、潘店胡、半截楼、东岗等6个行政村。征迁房屋160户，土地清障400余亩，清理砖渣10万立方米，培土8万立方米，保证社区道路铺设按时间节点开工和顺利完工通车。

【基础设施建设】 2014年，韩寺镇着力加强文化阵地建设，完成18个行政村的农家书屋创建达标工作，配备文化专用村室，专人负责管理，每个农家书屋存书1500余册，充分满足广大群众文化需求。韩寺镇文化站组织进村放映电影25场次，在古城、半截楼、小韩、胡辛庄等5个村组织送戏下乡活动45场。

韩寺镇结合县农委对马家、刘庄、大李庄、西营、东营5个村实施高标准农业示范工。铺设生产水泥路6条，8.75公里。打机井126眼，新修过路桥涵5座，埋设地下电线50千米，新建变压器12座，整个项目受益群众9000余人，覆盖耕地面积1.1万亩。完成生态片林340亩，占目标任务的170%，完成郑民高速大洪段、大李主段、陇海铁路荣庄段的生态廊道绿化工程。

【新型农村社区建设】 2014年，韩寺镇积极破解社区建设用地难题，累计完成社区土地调整1607.7亩，全年调整土地726.7亩，其中马家社区252.7亩、瓦灰郭社区424亩、潘店胡社区50亩。韩寺镇新型农村社区总开工建设964户，马家社区累计建设410户，瓦灰郭社区建设安置房434户，潘店胡社区建设120户。马家社区、瓦灰郭社区配套幼儿园主体完工。

（审核：张振中　撰稿：段海勤）

官渡镇

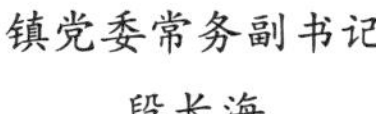

镇党委常务副书记 段长海

镇长　乔松伟

【概况】 2014年，官渡镇位于中牟县东部，西距省会郑州37公里，东距古都开封22公里，因历史上著名的“官渡之战”发生地而得名。无论是地域面积还是人口数量均是中牟县第一大镇。镇域面积128平方公里，辖44个行政村，74个自然村。镇域总人口67785人，占全县总人口的14%，镇区人口10991人，占全镇总人口的16.2%。主要盛产优质白蒜、西瓜、无公害蔬菜等。郑州市重点工业产业园之一中牟官渡工业园坐落在官渡镇，官渡工业园区与官渡镇政府机构套合设置。

2014年，官渡镇实现地区生产总值15亿元，同比增长10%；规模以上工业企业增加值完成29304.57万元，同比增长2.5%；第三产业增加值占生产总值的35%，增加值增速达10%；公共财政预算收入3740万元；固定资产投资完成22.1亿元，增长35%；实际利用省外资金8.2亿元。

【机构与领导】 2014年，官渡镇党委政府下设党政办公室、财政所、土地所、民政所、敬老院、审计所、督查办、统计所、武装部、劳保所、移民所、协税办、创建办、网格办、阳光村委、公路所、劳保所、信访办、林站、计生办、企业办等。镇机关工作人员162人，其中领导班子17人。

2014年官渡镇领导班子成员

党委书记　李晓亮
党委常务副书记、规建委主任
　　乔进京（11月免）
　　段长海（11月任）
党委副书记、镇长、筹备组组长、规建委常务副主任　张海献（11月免）
　　乔松伟（11月任）
党委副书记、办事处筹备组副组长
　　郝宏彬（11月任）
党委委员、人大主席　张兆祺
党委副书记、综治中心主任、政协工委主任
　　谢继周
党委副书记　王惠勇
党委委员、规建办主任　段国喜
党委委员、纪委书记　段增亮
副镇长　苏利军
党委委员、武装部长　汤志兴
统战员　刘庆霞（女）
宣传员　吴喜勇
工会主席　刘书红（女）
组织员　王双国
司法所长　吴　艳（女）
综治办副主任、综治工作中心副主任
　　梅利宾

【党建工作】 2014年，官渡镇党委坚持“抓党建、促发展、保稳定”的工作理念，以“党的群众路线教育实践活动”为动力，以制度建设为保证，切实加强党的思想、组织、作风建设，紧紧围绕县委、县政府的重点工作的总体部署，通过创新举措，真抓实干，使党建工作与经济工作融为一体，有力推动全镇经济社会持续快速发展。

加强队伍管理，发挥战斗堡垒作用。1.强化培训，促进干部素质提高。一是加强村级活动场所建设，投入40余万元建成小李庄、赵寨、大马砦、田庄等4个村级活动场所；建成十里铺村和镇直2个党代表工作室；投资50余万元为许村等20多个村的活动场所配套；全镇远程教育站点设备完好，开机率达100%。二是重视基层党建的指导和培训，村支部书记新参加大专学历教育6人，组织全镇新一届村支“两委”成员参加中牟县村“两委”干部培训班，加强和巩固农村基层党建工作。三是拓宽现代远程技术的培训，使每个村都有熟悉远程教育播放和应用的技术人员，加强基层党建工作的影响力。2.在平安官渡建设过程中，各村党员积极带头，成立义务巡防队，负责夜间巡防工作，保障群众的财产安全，得到群众好评。3.除开展春节、“七一”困难党员慰问活动外，还实行“五必访”制度，即党员患重大疾病或去世时必访，党员家庭受灾或发生意外时必访，党员在生产生活中遇到困难时必访，党员有较大思想情绪或有意见建议时必访，党员无故不参加组织生活时必访，以实际行动，践行关爱型镇党委。4.健全充满活力的村级工作运行机制，推进村级工作的制度化、规范化和科学化，实行村“两委”会、村民会议、村民代表大会等机构“民主议事”，村务公开监督小组、民主理财小组、村民理事会等机构“跟踪督事”，村级班子绩效考核“述职评事”。5. 做好“两委”换届，优化队伍建设。通过严格程序，规范运作，确保44个村支部全部选举成功，34个村支部书记连任，新当选年轻委员9人，妇女委员12人，优化了干部配备，党组织战斗力和凝聚力进一步提升。

加强党员队伍管理，完善基层党组织建设。1. 完善党员参与镇村重点机制。完善包村工作制度，加强对包村干部业务培训，使包村干部正确处理与村党支部书记和村“两委”班子成员的关系，在工作方法上尊重村支书，依靠村班子，广泛发动党员群众，以实际行动凝聚人心，推动工作。2. 破解削弱村级党员宗派势力难题。一是采取沟通交流、分化派系、各个突破的方法，解决派系对立的局面。二是通过以法治村政策的宣讲，弱化宗派势力的影响。3. 健全党员对支部的监督机制。一是通过听取党支部书记的述职报告，听取党员对述职报告的意见建议，确保党员干部起到监督作用。二是进一步完善并认真落实村组干部绩效考核细则，实行月考核、季考评、年终总评，奖优罚劣，建立健全考评档案，狠抓督促落实。2014年，官渡镇发展党员38名，吸收入党积极分子116人，大专以上学历25人，高中以上学历78人。

各村实现“4+2”工作法制度化；对全镇44个村财务审计，进一步完善廉政风险防控机制。

【工业园区建设】 2014年，官渡工业园区实现增加值3.32亿元，增长31%；实现主营业务收入16.3亿元，增长30%；完成固定资产投资17亿元；实现税收收入0.38亿元；主导产业增加值占比达27%；主导产业固定资产投资占比达60%。

园区管委会在坚持围绕主导产业谋划和推进招商工作基础上，开展选商工作，围绕“三力”项目，瞄准世界500强和国内行业前20强企业开展招商，以“延链补链”为重点，对重点招引企业采取“一个企业、一个团队、一套招商方案”的招商方式。2014年，官渡园区在建项目3个。其中，续建项目1个、新开工项目2个；拟开工项目3个，办理前期手续项目6个。接触洽谈项目19个，涉及资金238亿元，达成意向项目2个，意向资金30亿元。

【重点工程】 2014年，官渡镇重大工程6个，涉及行政村21个，清障任务2261亩，永久性占地210亩。郑民高速生态廊道绿化工程官渡段全长8公里，涉及店李口、付庄等6个行政村，绿化工作全部完成；天然气管道（中原油田—开封—薛店）途径店李口等6个行政村，全长8公里，年内完工；220千伏商鼎线路（商鼎变电站—刘集）全长4.2千米，12个塔基，经水溃、前庄两村，年内完工；郑汴城际铁路变电站、锦州—郑州石油管道均完工。中店路拓宽建设工程官渡段全长9.1公里，有拆迁户225户，路面宽20米，廊道每侧10米，年内完工通车。

【农业与农村经济】 2014年，官渡镇继续加强水利建设，投资2200万元对水溃沟、六支渠改造。争取上级水利资金7800万元，建成郑州市水利示范乡镇大棚、大田滴灌项目，实现节水灌溉。高效设施农业进一步推广，农业产业化水平持续提升。无公害蔬菜种植3万亩，年产鲜蔬12万吨。规范畜牧业发展，认真完成集中防疫及月月补免工作，组织防疫员参加技术培训，发放稳定家禽业发展补贴资金16万余元。全年出栏生猪35万头、肉禽62万只。成立牧兴养殖合作社、田庄香椿协会、官渡桥良田种植合作社等农村经济合作组织36个。落实年度造林任务，完成植树2000余亩，成活率达90%以上。2014年，官渡镇获得“中州杯”先进集体荣誉称号。

【社区建设】 2014年，官渡镇合村并点社区店李口社区和周庄社区开工建设，开工建设安置625户，147020平方米；意向报名250户，交押金50户；启动公共服务设施3项，其中周庄社区污水处理厂、幼儿园、卫生服务中心建成；启动基础设施5项，外网路面（起步区）完成总工程量的80%，给排水项目、雨水和污水项目及电气项目（起步区）建成；店李口社区幼儿园建成。

合村并城社区（党庄社区），开工建楼32栋，面积约38万平方米。

【“两项”专项整治】 2014年，官渡镇发现违法建设278处，全部下发整改通知书责令其限期整改拆除。拆除中店路、郑开大道两侧及卫片违法建设面积约2.5万平方米，其中自行拆除约2.2万平方米，强制拆除约3500平方米。违法建设整治有力打击违法建设势头，规范官渡镇的建设秩序。官渡镇人居环境治理，以打造“生态、文明、整洁”官渡为创建目标，把生活垃圾清运，农贸市场、国道220沿线、韩潘路、建业路、仓狼路、中店路沿线整治作为重中之重。新建两个垃圾填埋场，对仓砦垃圾场填平并绿化。创建成果有效巩固，官渡镇环境卫生水平再上新台阶。成功创建省市级卫生村23个，人居环境达标村19个、示范村16个、整治村9个。

【社会保障】 2014年，官渡镇参保41223人，参保率达95%；参合62310人，参合率达99%。享受养老待遇8756人。完成农村劳动力转移输出950人，就业再就业1633人，与欧帕机器人有限公司等结合开展专项农民工培训，实现周边群众350余人就业，切实提高农民群众的经济收入。全年发放粮食补贴962万元，粮种补贴88万元，“一喷三防”4.8万元；发放低保款247.29万元、五保款336306元、优抚款139.97万元、残疾人生活补助6.84万元、救灾款3万元。

【社会事业发展】 2014年，官渡镇举办“我为平安富裕整洁官渡作贡献”演讲比赛，突出导向引领，凝聚发展正能量。承办省委宣传部“践行价值观新年送春联”活动；主办元宵节文艺会演；板桥村盘鼓队获“2015年中牟县民间文艺展演”二等奖。成功申报县级非物质文化遗产2项，其中许村黑陶项目传承人许道先作品《镂空鱼瓶》在第二届河南省民间艺术展上获三等奖，并被河南省博物馆收藏。申报官渡桥村省级先进党校1个。新建幼儿园3所；官渡中学中招成绩在全县名列前茅；全镇薄弱学校的支持、改造力度进一步加大；官渡中学代表中牟县通过义务教育均衡发展国家级验收；官渡镇中心校被教育部及郑州市评为“中国梦我的梦”主题教育活动先进单位、郑州市“五好关工委”先进单位。切实加强公共卫生服务和医疗服务，扎实开展中医创建工作，十里铺村西医所顺利通过国家中医药创建检查组验收。一手抓完善生育政策，一手抓依法管理工作，加强基层基础工作，稳定低生育水平。认真落实计划生育奖励扶助政策，争取到市级“生育关怀”帮扶资金3万多元，为大段庄村16个独生子女户、双女节扎户发放农药、化肥、塑料薄膜等农用物资。2014年发生信访80起，总量比上年下降30%。承办上级交办信访案件32件，如期结案率100%。坚持标本兼治综合治理，深入开展平安创建，建立规范化综治中心办公场所，配备20名专职巡防队员。融合网格化管理平台，成立44支村级义务巡防队、44个民事调解委员会，镇村两级叠加巡逻的巡防网络得以实现，基层民调水平不断提高。全年排查问题3867个，办结率97.6%；台账问题226个，办结率97.7%。村民矛盾纠纷得到有效调解，群众诉求及时解决。加强食品安全监督。全力做好农作物秸秆禁烧和综合利用工作，安全生产和消防工作实现经常性、常态化。社会大局保持稳定，百姓安全感大大提升。镇巡防队获郑州市优秀治安巡防中队称号。

（审核：秦红杰　撰稿：周振军）

狼城岗镇

镇党委书记
马爱国

镇长　路彦伟

【概况】　狼城岗镇位于中牟县东北部，距县城28公里，东南与开封市相接，西邻雁鸣湖镇，南接官渡镇，北依黄河与原阳县相望。全镇132平方公里，下辖15个行政村、99个村民小组、1549名党员、8111户、35382人。其中有回族群众6000人，主要分布在南仁村。有耕地面积5.1万亩，人均1.34亩。

2014年，狼城岗镇认真贯彻落实党的十八大和十八届三中、四中全会精神，以“三化”协调发展为契机，以开展党的群众路线教育实践活动为载体，全镇各项工作取得较好成绩，经济社会保持平稳较快发展态势，较好地完成县委、县政府下达的各项目标任务。2014年，地区生产总值完成10亿元；地方财政收入完成818万元，其中国税238万元，地税580万元；固定资产投资完成4.3446亿元；全镇农民人均纯收入15275元，增长8%。

【机构与领导】　2014年，狼城岗镇党委、政府下设党政办公室、社会事务办公室、经济工作办公室、农业服务中心、文化服务中心、村镇建设发展中心、计划生育服务中心、劳动保障所，有编制78名。

2014年狼城岗镇领导班子成员

党委书记　马爱国

党委副书记、镇长　路彦伟

党委委员、人大主席　张常锋

党委副书记、政协工委主任、综治工作中心主任　王德虎

党委委员、规建办主任　魏希刚

党委委员、纪委书记　赵文奇

党委委员、副镇长　王高峰

副镇长　马利强　刘合栓

党委委员、武装部长　田永增

组织员　李少波

宣传员　杨　斐

工会主席　马志永

司法所所长　朱志强

综治中心副主任　朱福军

【党政工作】　从2014年3月27日开始，按照中央、省、市、县委的统一部署，贯彻落实“照镜子、正衣冠、洗洗澡、治治病”的总要求，扎扎实实进行教育实践活动，基本完成了学习教育、听取意见，查摆问题、开展批评，整改落实、建章立制环节三个环节的各项工作，基本达到了党员干部受教育、人民群众得实惠的目的。活动期间，全镇共召开专题党委会议4次、组织中心组专题学习6次，组织党员干部集中学习（外出参观学习）62次，撰写心得体会400余篇，召开不同层次座谈会84次，听取意见累计6200多人次，收集意见建议100余条。为切实提高群众知晓度，镇党委共制作大型宣传喷绘4个，悬挂条幅120条，书写墙体标语130条，印制宣传漫画5000张，编发简报31期，印制应知应会知识手册1600本，灌录宣传磁带20盒。在专题民主生活和组织生活会上，共查摆出问题120条，已全部整改。2014年12月圆满完成15个村的换届选举工作，配齐配强“两委”干部146人。

【基础设施建设】　2014年，狼城岗镇完成运粮河工程协调工作，维修运粮河两侧水涵24座；投资150万元，完成3条镇村道路硬化提升；完成北堤村、青谷堆村的安全饮用水工作；完成北韦小学校园环境改造，建成瓦坡社区幼

儿园、青谷堆社区幼儿园和姚寨社区幼儿园，其中瓦坡社区幼儿园、青谷堆社区幼儿园实现开园招生；完成40户危房改造任务。

【农业与农村经济】 2014年，狼城岗镇完成生态片林5181.1亩，超额完成植树造林工作任务，林木覆盖率位居全县前列并被郑州市评为林业示范乡镇。建成南北街和辛庄282亩蔬菜基地和以南仁为中心的山羊养殖集聚区，推动农机合作社发展。

【新型城镇化建设】 2014年，狼城岗镇3个社区开工建设1014户，全部封顶，完成土地调整886亩并全部清障，新增土地调整置换面积100亩，全镇城镇化率达25%。

县委副书记、县长潘开名等观摩姚砦社区建设情况

【重点项目建设】 2014年，在滩区土地复垦项目区附属物拆除工作中，专门成立了以书记为政委，镇长为指挥长的指挥部，指挥部下设8个工作组，分别分包8个村，拆除违法建设52宗，占地面积1800多亩，圆满完成了县委、县政府下达的拆除任务。在环境卫生整治工作中，坚持环境卫生整治常态化，投资60万元，补植绿化树4300棵；投资40余万元，开展环境卫生集中行动20余次，出动机械台80余次，劳力余1500多人次。在违法建设工作中，坚持“及时发现、及时制止、及时拆除”的原则，实现违法建设“零增长”目标，全年共制止违法建设53处，拆除违法建设4处、1150平方米。

【社会事业】 2014年，狼城岗镇广场舞队伍代表中牟县在郑州市华夏优秀传统民间文化展演中荣获第三名。投入大量资金，升级改造镇卫生院基础设施，实行电话、人员、车辆、设备24小时待命并做到5分钟内发车，为患者提供生命保障。完成2014年全镇参合农民的信息录入、合作医疗卡的发放及2013年慢性病报销工作，其中新农合参合率达98%以上。人口出生率控制在13.7‰以内，符合政策生育率91.5%以上，统计准确率92%以上，出生人口性别结构自然平衡，无“两非”案件发生。利益导向政策落实率达100%；计划生育信访结案率100%。解决部分重点优抚对象的“三难”问题，镇老复员军人定补100%。城乡居民养老保险新参保66人，续费补缴2367人，办理到龄享受待遇人员486人。切实落实国家的惠农政策，完成惠农补贴发放资金8527115.48元。

（审核：张常锋　撰稿：陈建华）

雁鸣湖镇

镇党委常务副书记 刘聚宝

镇长　刘海玲

【概况】 雁鸣湖镇位于中牟县北部，距县城18公里，北依黄河，西距郑州市30公里，东距开封市20公里，南距郑开大道7公里、距连霍高速下道口仅3公里，雁鸣大道贯穿南北，地理位置优越，交通十分便利。全镇总面积95.6平方公里，耕地45691亩，辖19个行政村（2个移民村），82个村民组，27个党支部，1100名党员，总人口30685人，回族596人。雁鸣湖生态文明示范区、黄河滩涂保护区和中牟·

国家农业公园囊括其中，拥有郑州东部面积最大的水域和湿地，生态环境优美，农产水产丰富，田园风光秀丽，被誉为郑州的后花园。

2014 年，雁鸣湖镇党委、政府以深入开展党的群众路线教育实践活动为抓手，以“抓服务、促民生、重建设、保生态、强招商、促和谐”为主线，团结奋进，扎实工作，完成经济社会发展的各项指标。实现社会生产总值 13 亿元，同比增长 10.6%；社会固定资产投资完成 34 亿元，同比增长 30%；财政收入完成 1.23 亿元；农民人均可支配收入 1.3 万元，同比增长 9%，经济综合实力再上新台阶。

【机构与领导】 2014 年，雁鸣湖镇党委、府下设党政办、经济发展中心、督查办、农业服务中心、计划生育服务中心、文化服务中心、村镇建设发展中心、劳动和社会保障所等 17 个站所，有领导班子成员 20 人。

2014 年雁鸣湖镇领导班子成员

党委第一书记　杨书立
党委书记　李　芳（女，3 月免）
　　张书勤（5 月任）
党委常务副书记　刘聚宝
党委副书记、镇长、筹备组组长
　　刘海玲（女）
党委副书记、筹备组副组长
　　姚国森（11 月免）
党委委员、人大主席　冉爱武（女）
镇党委副书记、综治中心主任、政协工委主任　朱玉军
党委副书记　秦长江（5 月免）
　　孙迎彬
党委委员、建管办主任
　　张广勤（女）
党委委员、纪委书记　马书强
党委委员、副镇长　任建伟
副镇长　曹清生　朱永林
　　曹剑锋（10 月任）
党委委员、武装长　王登科
组织员　朱兆峰
宣传员　王恒超
统战员　李江波
工会主席　梁冠英
司法所长　郭　仪
综治中心副主任、综治办副主任
　　王瑞娜（女）

【党政工作】 2014 年，雁鸣湖镇党委、政府以夯实党组织建设为基础，以转变发展方式为主线，以改善民生为重点，以新型城镇化建设为引领，求真务实，开拓创新，全力推动全镇经济持续快速发展、社会和谐进步。

2014 年 4 月 15 日，中国共产党雁鸣湖镇第一届代表大会第二次会议召开

党的建设规范提升。一是加强党风廉政建设工作。坚持“党委统一领导，党政齐抓共管，部门各负其责，依靠群众支持和参与”的党风廉政建设领导体制和工作机制，查处基层党员干部违纪违法案件 4 起，党纪处分 4 人。二是加强基层党员干部作风建设。结合党的群众路线教育实践活动，深入开展学习型基层党组织和学习型机关建设活动，编发十八大精神宣传、应知应会学习手册 800 套，邀请省市县教授、专家讲课 10 余次，受教育党员干部 1500 余人次。三是倾力打造标准化党组织阵地建设。投资 10 万元打造九堡、孙拔庄、太平庄 3 个县级示范点和张庄、东村 2 个镇级示范点；对岳庄、丁村等基础较弱的村开展达标升级活动。四是严格党员发展。严把党员“入口关”，注重发展

年轻党员、致富带头人和后备干部。2014年，新发展入党积极分子37名、预备党员17名、转正28名。五是加强对村级干部的学习培训。组织新一届村“两委”成员到新乡百泉教育基地进行岗前培训，加强党性教育。一系列活动的开展，切实增强基层党员的党性修养，进一步增强党员干部干事创业的动力，各级党组织创造力、凝聚力和战斗力不断提高。

政府职能切实转变。一是扎实开展党的群众路线教育实践活动。通过征求意见及时了解民生问题，为群众解决生产生活问题56件，新修田间生产路24公里，投资240万元为19个行政村新配备机井120眼。全镇干部服务意识、服务能力明显提升。二是顺利完成村级组织换届选举工作，村级干部队伍素质不断提升。三是认真落实“两级抓村”工作机制。截至2014年底，全镇有5名村支部书记纳入职业化管理。四是依托阳光村务网深入推进政务村务公开工作。五是加强政府自身建设，严格控制“三公”经费，政府职能和工作作风持续转变，行政效能明显提高。

网格化管理工作深入推进。构建以镇、村、组为单位的三级网格管理体系，形成“一级抓一级、层层抓落实”的“坚持依靠群众，推进工作落实”长效机制。坚持落实“日巡查、周例会、月协同巡查”制度，确保各级网格长履职履责，排查出问题838起，解决838起，办结率达100%。

社会大局和谐稳定。严格落实信访工作制度，及时有效地处置各类矛盾纠纷。2014年，全镇未发生集访、越级访现象。组织消防安全培训4期、整改安全隐患122处，有效提高居民生产生活安全指数。全力打造“平安雁鸣湖”，为镇区及各行政村安装视频监控系统，实现平安建设网络无缝覆盖。

【新型城镇化建设】 2014年，雁鸣湖镇新型城镇化建设快速、稳步推进。作为全县4个新市镇之一，雁鸣湖镇在观摩评比中多次受到市县领导的好评。全镇19个行政村规划为1个中心镇区和3个中心社区，计划3—5年建成。其中，统规统建社区开工楼房80栋，66.9万平方米，6216套安置房，已完成入住308户，基本

新乡县观摩团到雁鸣湖镇观摩社区建设

具备入住条件41栋36.2万平方米，在建39栋30.7万平方米。统规自建社区完成585户，具备入住条件184户，401户进行内外装修。新型城镇化空间规划体系基本成形，新型农村社区示范引领作用日益凸显。

【基础设施建设】 2014年，雁鸣湖镇加大投资力度，不断加快交通路网建设。1.7公里长的雁鸣大道北延和11.85公里长的雁月路（社区道路）建成通车，新月路、星辰路也在顺利施工，计划2015年5月建成通车。镇域内“两纵两横”的路网体系初现。

【“两项”专项整治】 2014年，雁鸣湖镇不断加大整治力度，违法建筑行为得到有效遏制。坚持“五级巡查”和“日巡查、月评比、季排名”相结合的管理制度，对未经审批的违法建筑做到发现1起，拆除1起。2014年，镇域内违法建设的自查率、拆除率均为100%，确保辖区内违法建设“零”增长。

环境卫生整治工作常态化开展，镇村面貌不断提升。投入近120万元为镇村两级配备环卫车辆，修建标准化垃圾池。建立健全镇村两级保洁队伍，完善环境卫生管理和奖惩制度，严格落实周巡查、月观摩、季考核的工作机制，城乡环境明显改善，干群环卫意识显著提升。

在全县城乡管理三年行动计划工作中，雁鸣湖镇被评为城乡管理工作优秀单位称号。

【招商引资和项目建设】 2014年，雁鸣湖镇大力培植新的经济增长点，不断加快招商引资步伐。全年完成招商引资12.32亿元。其中广利、龙祥、华秀等15家入驻企业顺利运营。国家农业公园园区实现开园迎宾，并成功举办郑州市首届农业嘉年华活动；雁鸣湖生态风景区实现对外开放，成为全县独具特色、风景秀丽的旅游新亮点。

【农业与农村经济】 2014年，雁鸣湖镇大力推进产业体系构建和农业结构调整，坚持传统农业与特色产业协调发展、统筹推进。一方面继续稳固传统农业，确保传统农作物小麦、玉米等种植规模只增不减，全面落实各项惠农政策，下发粮种补贴83.59万元，同时有序发展高效农业，扩大蔬菜等经济作物种植面积。另一方面积极培育特色产业，大力塑造“雁鸣湖大闸蟹”品牌，规范建设大闸蟹标准化养殖基地，成立雁鸣湖大闸蟹专业合作社，辖区内养殖户亩产增收2000元。

【现代水城建设】 2014年，雁鸣湖镇紧紧围绕“将雁鸣湖打造成为现代、亲水、生态的宜居新城”为奋斗目标，全力推进水系建设。截至年底，运粮河水系、小雁河下游水系景观建设完工，“舟行碧波上，人在园中游”的景观实现。

【社会事业】 2014年，雁鸣湖镇以改善民生为目标，大力发展社会事业，不断提升辖区居民幸福指数，全面提高群众的生活质量和水平。

不断完善社会保障体系。加大扶贫帮困力度，发放各类慰问、优抚款项85.5万元，切实为困难户、五保户等弱势群体提供生活保障；开展农民就业培训6期700人次，实现劳动力转移就业1322人次；完成危房改造25户，确保全镇居民无危房。

雁鸣湖镇开展农民工就业技能培训

持续发展医疗卫生事业。投资200余万元新建社区卫生服务中心1所；持续开展公共卫生服务工作，对全镇育龄妇女、儿童以及60岁以上老年人进行免费健康体检；顺利推进养老、医疗、工伤、生育、失业保险“五险合一”工作。2014年全镇新农合参合率达100%，报销住院补助3151人次，确保惠民政策落实。

扎实推进计生工作。开展计划生育法律法规常态化宣传活动，全面落实人口计生政策，重点抓好计生民生，落实计划生育家庭的系列优惠政策，及时掌握计生信息，各项指标控制在上级部门下达的目标范围内。2014年，全镇出生人口368人，人口出生率13.62‰，独生子女领证率12.3%，流动人口管理率为100%，奖励扶助政策落实率100%，各项工作指标运行良好。

全面提高文化教育水平。投资20余万元建立全县首个镇级广播站，利用广播做好政策法规、拆迁安置、文化生活等宣传工作；投资500余万元新建社区幼儿园2所，有效改善教育条件；拨付40万元用于优秀教师的奖励及教育工作办公经费，对考上大学的贫困学子给予生活补助，营造良好的教学环境。

2014年底雁鸣湖镇各行政村负责人

行政村	党支部书记	村主任
朱固	吴承恒	吴随常

续表

行政村	党支部书记	村主任
孙拔庄	黄士勇	祁银庆
西村	张广勤	翟聚安
东村	赵长勇	校刘山
司口	张合顺	李建胜
太平庄	闫小才	王保平
张庄	万全义	张老拾
万庄	万老保	万进国
九堡	许长兴	梁金坡
辛寨	潘喜峰	徐庆波
闫砦	徐二豹	朱二魁
小朱	曹书松	
岳庄	岳延河	王记江
丁村	朱喜增	
杏街	姬小水	韩刘根
小店		孙金山
韩砦	韩小顺	孙长岭
穆山	李新有	李志安
魏岗	魏国林	魏新政

2014 年底雁鸣湖镇部门负责人

部门	负责人	部门	负责人
党政办	马花茹	农办	郭会见
督查办	韩凯信	创建办	马渊
财政所	娄玉杰	景区办	郑亚广
协税办	王新青	审计办	李变叶
信访办	张兰凤	规建办	张保会
司法所	郭仪	劳保所	李小红
国土所	王艳刚	计生办	张海波
民政所	万强	长效办	张沛
企业办	张双利		

（审核：孙迎彬　撰稿：路　倩）

大孟镇

镇党委书记 冉建军

镇长　姚国森

【概况】　大孟镇位于中牟县北部，东邻官渡镇，西邻刘集镇，南邻青年路街道，北邻雁鸣湖镇、万滩镇，镇政府驻大孟村。连霍高速、郑开大道、绿博大道、郑汴城际铁路东西贯穿全境，北依连霍高速路下道口、郑徐客运专线、雁鸣湖生态旅游区；郑汴中央公园位于镇中心区域；雁鸣大道、广惠街纵穿南北，镇西南部与中牟新城连为一体，处在郑汴 20 分钟经济圈。全镇总面积 115 平方公里，耕地 7.2 万亩，总人口 5.8 万人，其中回族 369 人，辖 32 个行政村，73 个自然村，212 个村民组。2014 年，大孟镇被评为中国武术之乡。

2014 年，大孟镇围绕郑州都市区建设“三大主体”工作，以新型城镇化为引领，持续坚持“三化”协调发展，完善措施，狠抓落实，实现镇域经济快速发展，社会事业全面进步。全镇生产总值完成 11.6 亿元，同比增长 6.3%；社会固定资产投资 23 亿元，同比增长 31.3%；规模以上工业增加值 3.5 亿元，同比增长 16.2%；农民人均纯收入 1.6 万元，同比增长 11.2%；公共财政预算收入 1.058 亿元，同比增长 59.6%。

【机构与领导】　2014 年，大孟镇党委、政府、人大主席团、纪委下设党政办、人大办、纪委办、信息中心、文化服务中心、统计站、团委、妇联、移民办、财政所、民政所、信访办、网格办、企业办、三资中心、国土所、审批中心、公路所、水利站、林站、审计所、创建办、计生站、农办、农机站、农技站、社保所、协税办、畜牧站、巡逻中队、阳光村务办。

2014 年大孟镇领导班子成员

第一书记　卢志刚（11 月任）
党委书记　孔新柳（女，11 月免）
　　　　　冉建军（11 月任）
党委副书记、镇长兼筹备组组长
　　　　　周国富（11 月免）
党委副书记、镇长　姚国森（11 月任）
党委副书记、筹备组副组长
　　　　　郭宏领（11 月免）
　　　　　张宪斌（11 月免）
党委委员、筹备组副组长
　　　　　白钢林（11 月任）
党委委员、人大主席　李　三
党委副书记、综治中心主任、政协工委主任
　　　　　王会军
党委副书记　王　瑞
党委委员、建管办主任　李　勇
党委委员、纪委书记　朱金伟
党委委员、副镇长　董二伟
副镇长　董国增　郭松梅
党委委员、武装部长　刘贵良
组织员　罗长喜
宣传员　胡志刚
统战员　李士杰
司法所长　何　涛
综治办副主任　张巧凤
工会主席　孙天水
纪委副书记　程鸿光
派出所长　袁路超（8 月免）
　　　　　王建坤（8 月任）

【党建工作】　2014 年，大孟镇从“抓好党建龙头，推动跨越发展”的高度，切实加强基层党组织和党员干部队伍建设。

大孟镇党委把抓好基层党建作为第一责任，积极主动管党建、抓党建。对全镇 32 个农村党支部全面调查的基础上，召开 5 次党委会，确立“以党建为龙头，科学发展，富民强镇”的总体思路和“融入都市、服务项目、建设家园、共享发展”的发展目标。组织党员干部座谈 8 次，其中座谈支部书记 21 人次，了解掌握基层组织实情，为抓好基层党建工作奠定基础。

在全镇实行“工作区长协调制，包村领导、包村干部负责制”的工作机制，以“三抓三促”为载体，抓学习，促进干部素质提高，抓考核，促进工作效率提升，抓整改，促进干部作风转变；完善“5 + 1”工作机制，确立 20 个整改事项和 72 项具体措施，废止制度 5 项，修订完善制度 9 项；完成李南溪等 4 个软弱涣散党组织整顿；严格程序，规范运作，31 个村支部换届，选举产生新一届支部委员 103 名。提高了党建工作水平，全镇社区建设步伐加快，重点项目顺利推进，社会大局保持稳定。

投入 45 万元完成万胜村等 12 个村级活动场所标准化建设；镇区社区标准化党建服务中心开工建成，积极探索社区党建工作；建成茶庵村和信王村 2 个党代表工作室试点；全镇远程教育站点设备完好，开机率达 100%；帮扶救助困难党员 117 人；聘请专家技术培训 3 次；新建非公企业党组织 4 个（龙祥水产养殖有限公司、顺通市政公司、希望建筑安装工程公司、鼎泰机动车检测有限公司）；绿博 2 号社区党建服务中心及红色网络家园有序筹建。

全面落实党代会年会制，成功召开镇九届党代会第二次全体会议；不断强化村支部书记学历教育，支部书记大专学历率达 35%；组织党员拓展培训 300 余人次；培养积极分子 116 名，发展党员 20 名，组织志愿服务活动 12 次；落实民主生活会和组织生活会制度，开展民主评议党员 1780 名，党员参与率 98% 以上；“4 +

2”工作法和联户代表制度覆盖率100%，解决重大问题40余件；全面落实站所包村，党员干部力量下沉到村。

加强中心组理论学习，提高班子成员政策理论水平和业务工作能力。健全民主集中制，提高班子整体战斗力，为完成全年目标任务提供有力组织保证。

【重点项目建设】 2014年，大孟镇承担省市县重点项目24项，项目涉及占地1700余亩。针对项目多、任务重的实际，坚持一个项目一套班子，及时成立以工作区为主体的项目协调工作组，加大协调力度，着力解决存在问题，确保省市县重点项目稳步推进。其中，三刘寨引黄灌区调蓄二期工程，涉及大衡庄665亩征地清障结束，拆迁大棚62座，清障果树4.8万余棵；郑徐高客项目和连霍高速下道口整治项目，涉及12个行政村581亩征地清障工作完成，项目施工有序进展；电力塔基建设，500千伏双回路塔基工程40座塔基全部建成并投入运行，800千伏特高压直流塔基工程16座塔基已全部建成并投入运行，商鼎线29座塔基建设全部完成；奥特莱斯项目，493亩征地清障工作全力推进，项目按时开工建设；路网建设，绿博组团区域内大孟镇承担的九州路、永盛路、广惠街北延、祭城路和宝兴路等10条道路建设涉及占地1509.5亩征地清障工作完成，工程施工正常进行，全镇基本形成以社区为中心，横纵4条主要道路为骨干的“井”字形路网框架；围绕中国中部信息产业园项目建设，完成信阳大厦、泸州老窖、怡亚通、辅仁药业、宏盛集团、华夏万通、银科置业、郑大三附院等诸多重大项目占地651.08亩征地清障，实现诸多大项目入驻，为大孟经济跨越发展注入强大动力。

【新型城镇化建设】 2014年，大孟镇围绕“中城提升、六区联动、重点突破、梯次推进”的总体思路，全面加快新型城镇化建设步伐。

新型社区建设齐头并进。全镇续建社区4个（镇区社区、绿博2号社区、绿博6号社区和堤头社区）；新签约启动社区3个（沙岗王社区、湾张社区和大庙李社区）。其中，镇区社区：84栋46万平方米安置楼竣工完成，12月底投入使用，大孟、朱大汉2个村实现回迁入住；全长1446米的下穿隧道（彩虹隧道）工程竣工，建成河南省首个彩虹隧道并投入使用；8月中旬政府机关临建点建成投入使用；幼儿园、老人院、社区医院、中心超市、中学综合教学楼等公共设施基础建设有序进行；镇区4个村拆迁攻坚推进，大孟、三户李、后孟、朱大汉4个村1265户107万平方米房屋全部拆除。镇区社区4个村1268户5100名群众回迁安置有序进行。绿博2号社区：一期48栋18—26层高层安置房60万平方米全部开工建设，建筑物主体封顶。一期工程建设中，完成安置区邻建道路2.7万平方米，项目部及生活区板房1.5万平方米，土方开挖70万立方米。绿博6号社区：一期14栋高层23万平方米安置楼主体竣工，进行内外粉刷，基本具备回迁条件；二期工程与项目方签订合作协议，准备按协议进行征地工作。堤头社区：一期征地328.5亩结束，11栋高层和32栋多层共35万平方米安置楼主体竣工。在一期工程中，完成树木清障2万余株、清理鱼塘14座、拆迁房屋5500平方米；二期61.5亩征地结束。

大孟镇镇区社区

交通路网加速推进。宝兴路、平安大道、永盛路等道路有序施工；紫寰路、文通路、琼花路具备施工条件；雁鸣大道彩虹隧道建成通车。

镇区基础设施加快建设。社区道路及绿化工程基本完成，幼儿园、社区中心等公共设施2015年9月建成并投入使用。2014年，大孟镇实现拆迁和建设同步推进。被评为郑州市新型城镇化建设“十强”乡镇和河南省中心镇规划示范点，在全县新型城镇化建设工作考评中位居第一，成为全县新型城镇化建设的示范镇和领跑者。

【农业和农村经济】 2014年，大孟镇注重传统产业转型提升。紧紧围绕“一带、三区”，抓好特色农产品生产基地建设，巩固生态观光特色农业，推进产业转型升级，促进农业农村经济持续发展和农民收入稳步增加。“一带”即：沿郑开大道，依托大棚西瓜、蔬菜、草莓等观光农业，规范市场秩序，建设休闲观光特色农业产业带；“三区”即：东区、西区和北区高效生态农业片区。一是农业产业得到提升。完成新郑岗和万胜高标准农田项目6000亩、郑岗和湾张高效农业项目3000亩、土寨和新郑岗低产田改造项目500亩；东区万亩高效农田项目完成规划。全镇新增西兰花种植2300余亩、草莓种植1000余亩；日光温室棚均收入2.5万元，最高收入突破4.2万元。二是农业基础设施持续加强。全镇完成水溃沟和石沟10公里长的树木清障及灌区治理工程；新打机井200眼，配套350眼，地埋线10公里；黄河水灌溉农田2.5万亩5遍；完成洪岗、闫堂、土寨3座危桥的修建；全力做好贾鲁河、郑开大道等河道防汛工作。三是生态环境不断改善。全面落实退耕还林奖补政策，大力发展林业生产。完成700亩植树造造林任务，并顺利通过夏季验收。协助完成县林业局在大孟镇境内的物流通道廊道绿化面积1110亩以及雁鸣大道二级廊道绿化面积1059亩的工作任务。四是移民生产条件逐步提高。筹资100多万元，修建桥涵5座、新修道路2.6公里、新打机井2眼，地埋管线3300米；大力发展高效农业，9座日光温室大棚产生效益，130亩避雨葡萄项目开花结果，465亩土地成功流转，实现了搬得来、稳得住、可发展、能致富。

【创新社会治理】 2014年，大孟镇坚持以网格化为载体，创新社会管理，强化综合治理，全镇社会大局保持稳定。

网格化管理持续深入。注重条块融合，加强部门对接，采取网格长及市、县下沉人员等集中排查，镇机关站所联合督查，村组干部日巡查等形式，全覆盖排查矛盾问题。全镇排查出各类矛盾问题1300余个，对排查出的矛盾问题进行梳理，强化督查、督办，促进各类问题快办快结，矛盾问题办结率达99%。注重发挥网格化作用。在安全生产、食品安全、校园交通安全、违法建设、环境卫生整治、低保排查、秸秆禁烧等工作中，与网格化管理紧密融合，有力促进工作顺利推进。全镇无出现一例安全生产、食品安全和校园交通安全重大责任事故。

违法建设整治强力推进。结合中牟县“城乡规划执法年”活动的开展，大孟镇坚持“清理过去，管住当前，规范今后”的指导思想，突出以绿博大道、雁鸣大道沿线两侧和镇区违章建筑的集中治理为重点，强化措施，全力推进。通过群众举报、巡查发现、部门转办等渠道，全镇对违法建设行为立案77起，下发停工停建通知书66起，拆除违法建筑11起，完成拆除面积4400平方米，物流通道绿色廊道两侧违建全部取缔到位。

环境卫生整治常抓不懈。为各村每500口人配备1名环卫工，有垃圾车3辆，洒水车1辆，垃圾中转站18座，村内清理的垃圾由镇垃圾清运车统一运输到县垃圾处理场集中处理。将物流通道、雁鸣大道沿线及移民村、新农村建设村作为重点整治区域，将环境卫生、交通秩序、出店经营、脏乱广告牌等作为工作重点，采取日督查、日通报形式，对环境卫生整治全程动态管理，每周组织进行检查评比。

综治信访工作不断加强。坚持“一手抓发展，一手抓稳定”的工作原则，认真做好综治信访工作，促进社会和谐稳定。认真落实矛盾排查调处报告制度、领导接待日制度、包案制度等信访工作机制，切实把问题化解在镇村。以开展党的群众路线教育实践活动为契机，全面开展重大矛盾纠纷和积案化解攻坚行动，化解和处理经济社会发展遗留各种矛盾纠纷，努力把问题解决在基层，解决在萌芽状态，从根本上化解矛盾纠纷，做到为民解忧，真正使群众“消怨息诉”。全镇排查解决矛盾纠纷54起，受理转办信访案件25件，较上年同期分别下降33%和50%。大力开展“平安大孟”创建活动和反邪教警示教育活动，年初与各村、镇直各部门签订目标责任书，建立健全平安建设台账，不断加大治安巡逻，进一步完善平安互联网，增强了群众安全感。

经济发展环境不断优化。探索镇域内企业本地用工合作新模式，确立由政府居间协调的原则，积极化解企业与当地群众的误解和矛盾；将优化经济发展投资环境工作作为重点工作来抓，不定时对涉及项目建设的7个行政村督查排名；对抢建抢栽、强装强卸等阻工情况汇总上报，会同县司法机关严厉打击。

三资管理逐步规范。依托阳光村务网平台，继续开展以“村财民理镇监管”为主要内容的村务公开，公开村组账目，接受监督，受理群众投诉7条，回复办理7条；镇三资中心完成全镇32个村209个组的财务审计，受委托管理集体资金1789万元；加强村组账目审计，全年审计村级资金933万余元。全镇实现土地流转近2000亩，涉及10个村170户，流转规模不断扩大，有效盘活集体资产；开展农民负担检查2次；发放农民负担监督卡1.36万份，发放率98%。

秸秆禁烧有效展开。坚持组织领导、政策宣传、明确责任、督查巡查、奖惩落实“五到位”，组建四个联合检查小组，主要领导靠前指挥，人员随时严阵以待，加大巡查力度和密度，确保第一时间发现、第一时间赶到、第一时间扑灭。

完成第三次全国经济普查，全镇普查法人、产业单位298个，个体经营户2029个。

【移民工作】 2014年，大孟镇向上级移民部门申请资金130多万元，完成王万岭村9座日光温室的建设，并以每座大棚每年5200元的价格对外流转，增加村集体收入4.68万元。

进一步搞好高效农田打井配套和道路项目建设，新修田间道路2600米，新打配机井5眼，并对35眼机井验收，新修桥涵5座，疏通污水渠302米，疏通排水渠1500米，为农田旱涝保收奠定基础。

对剩余土地进行流转，对避雨葡萄项目和村其他土地共660亩成功流转，流转资金79.2万元，给群众发放到位。

【社会民生事业】 2014年，大孟镇继续加大民生投入，实施民生工程，着力使全镇人民学有所教、劳有所得、病有所医、老有所养、住有所居。

扎实推进村级换届。严格按照上级要求，周密部署，依规推进。坚持德才兼备和优化组合的原则，选优配强一批“为民谋事、带民致富”的村委班子；同时，严把候选人资格关，查办贿选拉票行为，确保换届环境风清气正、民主和谐。

民政救济全面落实。发放救济救助金10万元，发放优抚款、无保供养款45.1万元，五保集中供养率45.8%；进一步完善公墓建设，火化率100%；五保集中供养率45.76%。

实施老年幸福工程。为全镇53户五保户发放五保供养款12.2万元，集中供养29人，分散供养28人，五保老人集中供养率达到50.88%。建立老年档案，并在春节、中秋节期间对80岁以上老人及老党员进行慰问。

重视群众文化生活。全镇盘鼓、舞狮等文艺队新增26个，文艺骨干1500余人；成功举办第二届“欢乐、幸福大孟”民间文艺大赛，丰富了群众精神文化生活。

计生工作扎实有效。围绕“抓基层、打基础、依法管理、优质服务”，不断加大计生宣传教育，扎实开展“春季生殖健康进家庭”优质服务活动，推动了计生政策落实，全镇人口出生率为3.76‰；医疗卫生条件逐步改善。继续在全镇农村推行新型农村合作医疗制度，全镇新农合参保率达98.3%，大病救助体系逐步健全，提高了群众的医疗保健水平。

失地农民保障落实。组织失地农民转岗就业培训220名，并与县人社局合作，举办失地农民千人人才招聘会；及时发放失地农民补贴款225万元。

大孟镇开展新型农民转岗培训

教育培训力度不断加大。加快镇区社区学校及幼儿园建设配套，持续加大校园周边环境整治，开展幼儿园治理整顿，取缔不合格幼儿园4家，确保校园和师生安全。培训农民工2期780人次，转移农村劳动力620多人。

【中国武术之乡创建】 大孟镇在2011年成功创建河南省武术之乡的基础上，采取“五进五抓五推动”措施，积极争创中国武术之乡。“五进”，即武术进农村社区、进学校、进家庭、进机关单位、进各行各业。“五抓五推动”，即：一抓队伍建设，骨干推动；二抓娃娃习武，培训推动；三抓扶持引导，政府推动；四抓展赛表演，示范推动；五抓以武养武，产业推动。全镇建成大吕、王林庄、大庙李、李小安、草场等为武术示范村，在王林庄、大吕、草场等学校设立武术课，以穆进兴、穆文山、武金科、穆庆敏、王国军、王剑华、赵进岭、赵柯、赵旭、李珂、李凯等示范户，影响带动全镇群众、师生及夫妻练拳、父子爷孙习武，推动大孟镇武术事业的繁荣发展，全镇培养武术骨干200多名，传承优秀拳械套路80多套，获国家及省市武术比赛奖项300多项，赵进岭、赵轲、赵旭、李凯等人曾到北京奥运会、广东亚运会以及到美国、俄罗斯、新加坡等国家和地区进行武术表演，赵轲任教于美国旧金山武术馆，形成大吕、大庙李、王林庄、李小安等武术特色村。大孟镇将武术申报材料及“武动大孟，快乐健康”的视频资料上报文化部，并通过专家评审认定。2014年12月，大孟镇被文化部授予中国民间文化艺术之乡——中国武术之乡称号。

（审核：王会军　撰稿：尚中山　刘明豪）

万滩镇

镇党委书记
张照强

镇长　马素萍

【概况】 2014年，万滩镇位于中牟县西北部，镇政府驻万滩村，距中牟县城22公里，中万公路直达镇政府所在地，北靠黄河与原阳县隔河相望，西邻郑州新区，东邻雁鸣湖镇、大孟镇，南邻刘集镇，全镇总面积62.33平方公里，其中耕地面积4.1万余亩，人均耕地2.2亩；交通区位优势凸显，中万公路、万三公路直达，连霍高速公路贯穿全境。规划的新107国道、沿黄快速通道穿越万滩境内，交通便利、四通八达。全镇辖15个行政村，23个自然村，74个村民组，4056户，18520人，驻镇单位4个。赵口闸灌渠渠首在万滩镇辖区，水利条件良好，全镇水产养殖面积7970.2亩，水产养殖和以奶牛、生猪为主导的畜牧养殖及莲菜种植是该镇主导产业。

2014年，万滩镇党委、政府紧紧围绕“三大主体”工作，以新型城镇化为引领，立足实际，顺势而为，完成镇十四届人大三次会议确定的各项目标任务，实现全镇经济社会全面协调发展。全年实现社会生产总值6.02亿元，同比增长9.3%；第三产业增加值占生产总值35%，综合增速11.4%；规模以上工业企业增加值增长13.3%；公共财政预算收入完成789万元，完成全年任务数的112%；固定资产投资完成2.5亿元，同比增长28.2%；实际利用省外资金3400万元；新增“四上企业”3家，完成年初县政府下达入库任务；农民人均纯收入达1.35万元，增长10.1%；新增人口197人，出生率11.8‰；全镇完成粮食生产总量1.75万吨。2014年，万滩镇获得郑州市信访工作先进单位、郑州市平安建设先进单位等荣誉称号，并在全县生态发展区乡镇综合考评中名列第一。

【机构与领导】 2014年，万滩镇党委、政府下设党政办公室、财政所、国土所、工会、劳保所、三资中心、民政所、协税办、农办、企业办、统计站、创建办、司法所、团委、妇联、综治办、信访办、规建办、计生办、文化服务中心、执法中队等，有领导班子15人。

2014年底万滩镇领导班子成员

第一书记　张建锋

党委书记　张照强

党委副书记、镇长　马素萍（女）

党委委员、人大主席　王更田

党委副书记、综治工作中心主任、政协工委主任　梁全峰

党委委员、规建办主任　冯　凯

党委委员、纪委书记　朱庆红

副镇长　李海涛

党委委员、武装部长　李建栋

组织员　张瑞丽（女）

宣传员　冉云科（女）

统战员　刘　杰

工会主席　张冬冬（女）

司法所长　王贵民

综治办副主任　衡国霞（女）

纪委副书记、监察室主任　张　亮

【党政工作】 2014年，万滩镇党委、政府坚持立足实际，遵循规律，务实重干，圆满完成经济社会发展的各项工作任务。

万滩镇到兰考县焦裕禄纪念园参观学习

党建工作成效显著。圆满完成党的群众路线教育实践活动各项任务，为民做实事28件，有效解决安庄村2座危桥整修、坡岗李村村西桥面安装护栏、王庄等村179眼机井配套、新毛庄等村自来水管道铺设、移民村866亩农田排水工程等一大批群众关注的问题；全年落实党建经费63.9万元，对部分基层党组织活动场所升级改造，建成关家村党代表工作室1个，对全镇远程教育设备进行整修，开机率达100%，对环保设备厂、锦华牧业、邦友公司3个非公企业党支部办公条件进行改善，组织179名党员干部体检，对17户特别贫困党员进行慰问；顺利完成全镇15个行政村“两委”换届工作，换届率和成功率均达100%；对坡岗李、王庄、毛庄3个软弱涣散党组织专项整顿，成功率达100%；积极探索基层党建与网格化管理相结合工作模式，全镇756名党员干部全部纳入网格中，排查出各类矛盾问题5363个，解决问题5240个，着力打造郑州锦华牧业有限公司党支部等3个示范点。

生态资源优势进一步凸显。万元生产总值能耗降低率达13.2%，节能减排各项指标达预期目标；新造林2105.1亩，其中片林1244.5亩，廊道860.6亩；全镇保护耕地总有量和基本农田面积保持稳定，全年无新增违法建设；投入资金400余万元，新建垃圾中转站5座，

配备专职保洁员60多名，完成刘寨等12个行政村“三无一规范”整治任务，创建省级卫生村2个、市级卫生村2个。

稳定大局进一步巩固。深入实施“坚持依靠群众、推进工作落实”长效机制，排查问题4062起，解决4050起；安全生产实现零事故，食品安全领域没有发生1起重大安全事故；调解宅基地纠纷10起，群众满意率100%；专门聘用法律顾问，为群众办理法律援助案件23起，及时化解各种矛盾纠纷，全年无群体性越级上访和群体性事件，实现县级以上部门零上访。2014年，信访稳定工作在全县乡、镇、街道评比中获得第一名，并荣获郑州市综治工作先进单位和信访稳定先进单位称号。

【新型城镇化建设】 2014年，万滩镇新型城镇化建设稳步推进。镇区社区。一期24栋安置楼，约13.5万平方米，其中多层12栋，小高层12栋，预计可安置520户，主体已全部完工，外墙保温和屋面保温施工已基本完成，正在进行上下水管、屋面防水、内墙粉刷等施工；二期征地已顺利完成十里店村76.78亩土地测

万滩镇镇区社区建设

量、附属物清点登记、征地及附属物补偿款发放、附属物清障、文探地探等工作，年底前8栋安置楼已开工建设，正进行筏板工程施工。李显吾社区。48户低层联排建筑内外粉刷已完成，配合县交通局完成道路建设1000米；按照县新型农村社区建设指挥部的要求，李显吾社区及毛庄社区建设暂停。

【农业与农村经济】 2014年，农业基础设施进一步完善。顺利完成中牟县2013年财政统筹农田水利建设资金高标准农田水利建设项目，主要涉及油坊头、七里店、李显吾等行政村，总投资296万，其中新建退水闸5座，进水闸15座，桥涵15座，硬化河道20条，14000米。另外，投资130万元，对李显吾和七里店支渠进行治理，硬化河道2800米，新建桥涵2座，新建进水闸1座、节制闸1座、退水闸1座、斗门6座；1610米石沟清淤工作已基本结束，李显吾沟和油坊头沟清淤工程，已经完成前期勘测、招投标工作；完成打井配套179眼，其中新打机井77眼，配套102眼。

“一喷三防”、良种补贴发放工作顺利完成。2014年，万滩镇配合县农委完成良种补贴2.5326万亩，发放补贴款50.96万元；对2.4184万亩耕地实施“一喷三防”工作，共涉及3940户，发放补贴款12.092万元。

规模养殖、种植业稳步发展。全年完成土地流转1800亩，其中关家村400亩土地流转给郑州市粮食批发市场有限公司用于有机农业种植；安庄村1400亩土地流转给中牟县安庄鑫鑫渔业养殖专业合作社用于渔业养殖。传统农业种养结构逐渐向食用菌、苗木、果树等特色种植，黄河鲤鱼、撅嘴鲢等水产养殖和牛、猪、鸡等畜禽养殖转变。沿黄餐饮旅游业规模初显。赵口闸一带以经营黄河鲤鱼、银鱼、河虾等特色风味的农家乐10余家，游艇、摆渡、垂钓、自助烧烤、自行车骑行等休闲娱乐项目也逐渐兴起。

【社会民生事业】 2014年，万滩镇坚持经济发展与民生改善相统一，各项为民办实事项目均按目标任务如期完成。

2014年，万滩镇转移劳动力1398人，技能培训737人，就业再就业完成84人，居民养老保险办理新参保登记249人，均超额完成县政府下达的目标任务；认真做好重阳节老干部体检工作，每月为老干部免费发放《老人春秋》杂志，及时解决退休老干部提出的各种

问题。

2014年，万滩镇发放低保、五保、优抚、残疾等各类救助金1438270元，其中农村低保款915896元，城市低保款10500元，五保款53710元，优抚款336404元，金秋助学金3万元，精神病医疗救助14400元，三无残疾人补助款32400元；发放棉衣10套，棉被50套，面粉400袋。农业、林业、肉禽补贴资金520万余元，投入敬老院改造资金30余万元，筹集慈善捐款125万元；投资10万元，新建1所社会养老服务中心，配备10张床位，并开放使用；为全镇6名贫困高考生争取金秋助学金5000元/人，解决入学难的问题，并为全镇200余名贫困生出具贫困证明，使万滩籍贫困生享受到应有的优惠政策，为他们减轻经济负担；按政策规定，为全镇5名孤儿办理审批手续，发放生活救助款44960元；督促监督对全镇死亡人员实行火化，火化率达100%；为符合残疾人标准的200余名残疾人办理和换发残疾人证；及时为全镇12名精神病低保人员每人每年发放精神病医疗救助款1200元，使低保家庭精神病患者得到及时治疗；及时为全镇9名三无残疾人员每人每年发放生活补助款3600元，使他们的生活得到保障；为5名重度残疾人申请低保救助，7名残疾人申请阳光家园家庭资助。

2014年，万滩镇坚持以“依法行政，高效便民，群众满意，追求卓越”为重点，在全镇15个行政村建立标准化便民服务站，接待群众1万余人次，办理事件1.5万余件，化解矛盾纠纷8起，群众满意率100%；万滩镇阳光村务工作立足围绕充分给予农民群众民主权利，切实维护群众切身利益的目标，着力规范民主决策、民主管理，重点推行“四议两公开”工作机制，规范村级主要事项的管理流程，督办和回馈群众提出的疑问，全年完成县管理中心督办事项5件，办结率100%。

2014年，万滩镇认真贯彻落实计划生育基本国策，配合县计生委积极开展争创全国计划生育优质服务先进县活动，实行计生工作重心下移，搞好各项优质服务，完成上环手术132例，结扎手术94例，人流手术50例，引产手术32例。

2014年，万滩镇铺设自来水管道4200余米，解决新毛庄、新刘寨、杨家、杜湾等村1300余人安全饮水问题；完成对杨岗、安庄两个市级贫困村495户2257人，调查摸底、资格审查、填写手册、数据录入、建档立卡等工作；完成危房改造12户。

2014年，万滩镇实现农家书屋全覆盖，成立盘鼓、秧歌、旱船、扇子舞、广场舞等特色文艺队，成立镇未成年人活动中心；实现不发生区域性重大动物疫情，一般疫情稳中有降的防控目标。在县政府目标考评工作中，万滩镇获得政府目标考评优秀单位，名列生态发展区第一名。

（审核：冯　凯　撰稿：刘振华）

刘集镇

镇党委常务副书记
刘永强

镇长　李恒

【概况】　刘集镇地处中牟县西北部，辖区面积28平方公里，地势平坦，土地肥沃，资源丰富。2014年，辖10个行政村，21个自然村，63个村民组，人口2万人。刘集镇区位优势显著，位于中原经济区、郑州都市区、郑州航空港经济综合实验区三区叠加的核心区域，建设中的中牟绿博文化产业园区覆盖全境。刘集镇交通便利，四通八达。京港澳高速、连霍高速、郑民高速三面环绕，京广铁路、陇海铁路、郑徐高铁、京港高铁近在咫尺，郑汴轻轨穿境而过，107国道、310国道纵横交错，新郑国际机场30

分钟可达，郑州客运东站、高铁站纳入15分钟交通圈；新107国道、人文路、文通路、文汇路自西向东纵穿南北，新龙路、豫兴大道、平安大道、郑开大道、永盛路、中央大道、新城大道由北向南横贯东西，形成四纵七横主干道、四纵六横次干道交通路网。

2014年，刘集镇党委、政府全面落实县委、县政府和绿博园区管委会的决策部署，充分发挥绿博园区和刘集镇套合管理的机制作用，围绕“建设田园式绿博文化新城”的目标，坚持以新型城镇化建设为引领，以“三大主体”工作、“10+2+1”工程为抓手，按照“夯基础、大建设、优环境、勇创新、求提升、惠民生”的思路，全力以赴做好重点工作，牢固树立危机意识、责任意识、创新意识，抢抓机遇，开拓进取，创先争优，不断提升刘集镇综合实力和良好形象，不断促进经济跨越发展、社会和谐稳定。2014年，刘集镇经济运行态势良好，综合实力不断增强。全镇生产总值9.8亿元，同比增长11%；规模以上工业增加值2.6亿元，同比增长8%；固定资产投资完成39.2亿元，同比增长22.5%；农民人均纯收入达到1.63万元，同比增长25%，财政收入1.86亿元。

2014年，刘集镇获得河南省文明镇、郑州市新型城镇化建设“十快”乡镇、郑州市“坚持依靠群众、推进工作落实”长效机制工作先进单位、郑州市国土系统信访工作先进单位等荣誉称号。

【机构与领导】 2014年，刘集镇党委政府下设党政办、财政所、督查办、长效机制办公室、国土资源所、司法所、信访办、创建办、公路所、民政所、劳保所、计生服务中心、审计站、协税办、企业办、团委、妇联、建管办、农业服务中心、文化服务中心、统计信息中心、武装部，有班子成员20名。

2014年刘集镇领导班子成员

党委第一书记　卢志刚（11月免）
党委常务副书记　刘永强（11月任）
　　　　　　　　李有忠（11月免）
党委副书记、镇长　李　恒
人大主席　王玉成
党委副书记、综治中心主任、政协工委主任
　　　　　　　　吴玉杰
党委副书记　刘永亢　王　坤
党委委员、建管办主任　王　勇
党委委员、纪委书记　渐志刚
党委委员、副镇长　赵　振
副镇长　张志伟　陈新庄
　　　　朱振波　周富森（10月任）
党委委员、武装部长　刘东科
组织员　乔俊晓（女）
宣传员　袁　飞
工会主席　李艳慈（女）
司法所所长　王刚强
综治中心副主任　郭中伟

【党政工作】 2014年，刘集镇党委深入学习贯彻落实党的十八大、十八届三中全会、四中全会精神，扎实开展党的群众路线教育实践活动，认真贯彻执行上级的各项方针政策，勇于创新，紧紧围绕年度工作目标，狠抓落实，为完成各项工作任务和目标提供坚强的思想、政治和组织保证。

加强领导班子建设，认真开展党的群众路线教育实践活动，对收集到的242条问题，班子成员主动认领，明确改进的方向和重点，制订个人整改方案，建立“四件事”工作台账，逐一整改落实。对失地群众生活保障、群众看病难、就业难、养老难等事关群众切身利益的问题进行分解交办。

以“七个一”为主线扎实开展“党建主题活动月”系列活动。培训党员人数500人次，评选优秀党员50人，慰问贫困党员30人。

加大学习培训力度，加强干部队伍建设。坚持党委中心组学习制度，组织开展专题培训，开展股级干部选拔工作，通过自愿报名、资格审查、面试等程序公开选拔股级干部18名。

强化组织阵地建设，整顿软弱涣散党组织。

投入资金 30 万元建设基层组织活动场所示范点。

加强精神文明建设，提高群众文明素质。积极倡导社会主义核心价值观，扎实开展“星级文明户”评选活动和“好婆婆”“好媳妇”“好家庭”等农村“五好”评选，充分挖掘选树身边典型，裕康酱菜厂厂长朱肖云被评为 2014 年 7 月份诚实守信中国好人、刘集镇敬老院院长杜西有被推选为感动中牟十大好人，冉老庄村“最美后娘”屈爱琴获入围奖。

完成村级组织换届选举工作。全镇 10 个村党支部产生支部委员 29 人，其中支部书记 10 人，10 个村委会选出村委会委员 39 人。创新“两级抓村”工作机制，全面推行村组干部绩效考核机制。完善阳光村务工作机制，促进政务村务进一步公开。

不断加强政府自身建设，进一步转变工作作风，密切干群关系，严格执行人大的决议决定，自觉接受政协监督，全年办理人大代表议案、建议 22 件，政协委员提案 16 件。全面推进依法行政，深化政务公开，加强法治政府建设和廉政建设。

【新型城镇化建设】 2014 年，刘集镇基础设施建设日益完善。辖区 9 条续建道路全部完工，3 条新建道路抓紧施工。截至 2014 年年底，紫寰路清障工作基本完成，宝兴路、琼花路在铺设管道。做好郑开城际轻轨站点征地清障工作，配合做好环境优化服务，12 月底郑开城际轻轨站点如期投入使用。安置社区建设稳步推进。绿博一号社区主体工程完成 46%。绿博三号社区涉及刘集的 3 个地块在施工。其中，一号地块全部打桩完毕，在进行土方开挖和护坡降水；二号地块打桩完成 90%，首层土方开挖完成 60%；三号地块打桩完成 40%，首层土方开挖完成 50%。

【产业发展】 2014 年，刘集镇党委、政府以“筑巢引凤”为理念，以“时尚创意、文化旅游、高端商务”为三大主导产业，依托中牟县绿博文化产业园区强大的招商引资平台，积极做好征地拆迁工作，不断优化发展环境。2014 年，绿博文化产业园规划设计园、“中华复兴之路”等重点项目顺利入驻。华强四期、五期、六期顺利签约。完成大冉庄村整村和崔庄 130 户群众的拆迁工作，总征地面积 3100 亩，建成临时过渡安置房 7300 平方米，临时安置群众 500 余人。2014 年 10 月，投资 10 亿元、建筑面积 20 万平方米的海宁皮革城开工建设，将着力打造国家 4A 级旅游景区。方特水上世界对外开放，方特欢乐世界成为国家 4A 级旅游景区。方特全年接待游客数量 280 万人次，门票收入 5.6 亿元，较上年增长 80%。

【社会民生事业】 2014 年，刘集镇优先发展教育事业。镇政府投入资金 200 余万元，对刘集二中及各村小学教学楼、宿舍楼、运动场等维修改造；投入 100 万元在全镇实施中小学生饮用奶工程，每天为每个在校师生提供 1 袋牛奶。

文化事业不断繁荣。组织文化骨干进行培训，促进优秀传统文化活动传承发扬。组织开展元宵节文化活动会演，配合县文广旅游局开展“送戏下乡”12 场，电影下乡 100 余次。

卫生计生工作不断加强。组织开展健康知识讲座等健康教育活动。进一步完善新型农村合作医疗制度，保证参合率 95% 以上。计生工作完成 4 次“三查”任务，为全镇 2000 名重点已婚育龄妇女做生殖健康检查服务，为育龄妇女发放健康生活用品价值 3.4 万元；发放独生子女费 20 万元；发放奖扶特扶资金 4.6 万元。

社会保障不断完善。2014 年发放农村最低保障款 71.3 万元；发放低保户农村医疗救助款 4 万余元；发放各类抚恤优待款 50 万元，发放临时救助款 3.18 万余元，有效地缓解困难群众突发性、临时性生活困难。按时足额发放五保户供养款，投入 25 万元改造提升敬老院配套设施。全镇发放 80 岁以上老人生活补助 20 万元、60 岁以上党员生活补助 8 万元。发放钱物 10 万

刘集镇失地农民转岗就业培训

余元慰问优抚对象和贫困户。发放失地农民生活保障资金639万余元，大病救助金101万余元。2014年完成农村劳动力转移就业1300人；完成专业培训1200人，90%以上实现再就业。

【社会治理创新】 2014年，刘集镇深入实施"坚持依靠群众、推进工作落实"的网格化管理长效机制，排查发现各类矛盾问题611条，其中自行办结592起；上报社情信息1601条，其中自行办结964起。大力开展"违法建设整治年"专项治理活动，拆除违法建设18处，面积8500平方米，违法建设行为得到有效遏制。扎实开展"营造良好发展环境、严厉打击突出违法行为"专项治理活动，经济发展环境进一步好转。持续开展"五无"村创建活动，切实加强技防建设，社会治安防控体系不断完善。创新群众工作机制，将信访工作纳入法治化轨道，排查不稳定因素80起，受理转办信访件57起，处理案件45起，结案率约90%。深入开展食品药品安全专项整治，人民群众饮食、用药安全得到有效保障。严抓安全生产不放松，安全生产形势持续稳定好转，社会安全指数进一步上升。大力开展环境卫生综合整治工作，与镇派出所、工商所等部门联合，开展占道经营、出店经营、小广告等专项整治，镇村面貌不断优化提升。

【农业与农村工作】 2014年，刘集镇配合县农委完成玉米良种补贴11432.47亩、小麦良种补贴4755.3亩的清册上报工作，及时足额发放补贴款，为崔庄、朱塘池等村打井145眼。对镇域内刘集沟进行清淤，清淤总长5500米，配合中牟县水务局完成石沟河道开挖工作。逐村宣传各项惠农政策，确保农民负担监督卡100%发放到户。对镇域内养殖场（户）所有牲畜禽进行春、秋两季防疫。2014年，刘集镇防疫猪5993头，羊756只，牛1500头，鸡25780只。大力开展夏秋两季秸秆禁烧工作，积极拓宽秸秆综合利用途径。

（审核：刘永亢　撰稿：杨芳芳）

郑庵镇

镇党委常务副书记

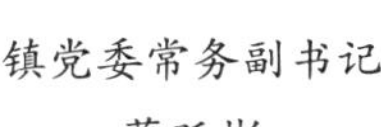

蔡跃彬

镇长　曹西峰

【概况】 郑庵镇位于中牟县城西南方，东邻姚家镇、东风路街道，南邻航空港经济综合实验区，西邻郑州经济开发区，北邻广惠街街道。镇政府驻小庄村，东距中牟县城12公里。辖区交通区位明显，郑民高速和南三环东延横贯东西，郑民高速在郑庵镇境内设有下路口；北距郑开大道18公里、郑开物流大道12公里、连霍高速20公里；西与107国道和京珠高速接轨；西南15公里有新郑国际机场。2014年镇域总面积50平方公里，辖18个行政村，23个自然村，69个村民组，总人口2.6万人。耕地面积5.1万亩，人均耕地面积1.9亩。

2014年，郑庵镇党委、政府以"新型城镇化建设、现代产业体系构建、网格化管理"工作为统揽，围绕"一区一城"（一区指汽车服务业博览园区，一城指万邦国际物流城）建设，团结带领全镇人民，紧紧抓住“三区叠加”的发展历史机遇，奋力攻坚克难，全力推动经济发展和民生改善，全镇社会经济发展取得新成绩。

2014 年，全镇生产总值完成 11.1 亿元，同比增长 10.3%；固定资产投资完成 49 亿元，同比增长 94.4%；规模以上工业增加值完成 3 亿元，同比增长 29.1%，增速全县第一；农民人均纯收入完成 14156 元，同比增长 10.5%；财政收入完成 1.26 亿元，同比增长 124.8%。在 2014 年全县 14 个乡（镇、街道）经济社会发展目标综合考评排序中位居第二。

【机构与领导】 2014 年，郑庵镇党委、政府设有党政办公室、经济发展办公室、社会事务办公室、农业服务中心、文化服务中心、村镇建设发展中心、计划生育服务中心、劳动保障事务所；有党政班子成员 19 人。

2014 年郑庵镇领导班子成员

党委书记　张胜利

党委常务副书记、建管委主任　蔡跃彬

党委副书记、镇长　曹西峰

党委委员、人大主席　胡何林

党委副书记　杨国义　谭志富　吴小川　王俊山

党委委员、建管办主任　张　杰

党委委员、纪委书记　魏院松

党委委员、副镇长　谢舒畅

党委委员、武装部长　李俊峰

副镇长　马治华（女）　朱士杰

综治中心主任　谭志富（兼）

综治办副主任、综治中心副主任　窦志刚

政协工委主任　谭志富（兼）

宣传员　张冰心

组织员　赵青梅

统战员　王献民

司法所所长　惠　祯

【党政工作】 2014 年，郑庵镇党委把建设高素质领导队伍作为工作第一要务，将强班子、带队伍作为科学发展的根本任务常抓不懈，以良好村风、民风的养成为重点，着力制度与机制建设，加强党群、干群交流与沟通，建设一支精干、高效、稳定的干部队伍，建立一套民主法治、公平有序的规范化管理体制。

创新思路，增强工作合力。一是创新机制，激发干事创业热情。为加强全镇村组干部管理，制订《六项工作考核》《村组干部值班》等多项工作制度，镇档案室为全镇 18 个行政村村组干部建立人事档案，纳入规范化管理；镇财政出资为全镇 18 个行政村村支“两委”成员统一发放工资；使连续任职 10 年以上的村民组长享受村级干部待遇，村民组长绩效工资由 110 元提至 260 元；使连续任职 20 年以上村支书享受“终身津贴奖”；离任村干部实施定补，每月为在村任职年的正常离任村干部发放生活补助。2014 年底，全镇 1 人享受“支部书记终身津贴奖”，68 人享受离任干部定补，7 名组长享受委员工资待遇。二是创新载体，发挥党员模范作用。将网格化管理与党建相结合，组建党建网格，把党员、党小组融入网格。在网格化管理中充分发挥党员的示范带头作用。新建镇机关和万邦党代表工作室，其中万邦党代表工作室被评为市级示范点。三是创新形式，围绕经济抓党建。将党组织建在龙头企业上，健全了万邦党委机构，万邦党委增设 2 个党支部，设立党员示范岗，进一步提升企业形象。

严格要求，保障工作秩序。一是严抓党员质量。严格按照“控制数量、保证质量”的要求，全年培养入党积极分子 119 名，发展对象 20 名，通过审查否决积极分子 6 名，发展对象 3 名。二是严格换届程序。在支部换届期间，成立 5 个督导组，对辖区支委换届工作进行全天候严查贿选，并严格按照选举程序产生新一届支委。三是按照“照镜子、正衣冠、洗洗澡、治治病”的总要求，全面开展党的群众路线教育实践活动。结合要求深入开展“送政策、知民情、解民忧，问计于民促发展”活动，全体机关干部进村入户，宣讲政策、化解矛盾，对拆迁群众实行“五包”制度，包入户走访，包签订协议，包房屋腾空，包房屋征收，包信访稳定，有效推进各项工作开展。

稳步推进，夯实党建基础。一是抓人员培训。组织全镇村主要负责人、91 名党员及全镇 139 名入党积极分子、党员发展对象集中培训学习。二是抓班子配备。镇党委按照“能建则建，不能建则派，不能派则代”原则，对党支部不健全的黑牛张村，大庄村，采取干部历练的方式，竞选支部书记；对大汾店村、刘巧和刘庄村分别选派第一支部书记。通过岗位历练和选派第一支部书记，进一步提升农村基层党组织的凝聚力、战斗力，有效推进镇域内道路建设及项目建设等重点工作。三是加大经费投入。为每村拨付 3 万元党建经费。并推行“五登门”措施（群众家里有困难，干部上门慰问；群众家里有喜事，干部上门祝贺；群众家里有白事，干部上门吊唁；群众家里有病人，干部上门看望；群众家里有问题，干部上门解决），帮助群众解决实际困难。

中共中央组织部调研郑庵镇刘巧村党建工作

制定措施，提升工作能力。一是注重自身建设。实行党政领导班子成员联系部门、分管工作区制度。加大机关管理力度，修订完善《机关管理制度》，并对各部门工作实行百分制督评考核。进一步建立健全各项规章制度，有力促进机关干部作风转变。二是建立周学习制度。每周三下午集中学习，党政领导班子成员政治素质和理论水平不断提高。三是建立工作例会制度，每周三、周五召开重点工作推进例会，区委书记汇报分包区工作进展情况，及时分析解决在工作中出现的新情况、新问题，强化工作措施，提升工作能力和水平。四是积极开展党代表活动。4 月组织召开中共郑庵镇第七届代表大会第二次会议，收集代表意见建议 21 条。组织部分党代表实地督导观摩全镇重点工作和重大项目建设。五是健全大学生村干部管理机制，提升其综合素质。通过对大学生村干部提要求、压担子，3 月对 4 名综合素质较高、表现优秀的大学生村干部提拔到副股级岗位历练。

【重点工程建设】 2014 年，河南万邦淡水鱼、海鲜及冻品区开始营业，预计年交易量达 550 万吨，年交易额 750 亿元，将成为全国中部地区最大的海鲜内陆港水产品分拨中心。完成万邦二期土地流转 540 余亩，晨明生态园土地流转 400 余亩；完成陇海铁路和郑民高速生态廊道绿化近 800 余亩任务；完成辖区内长 8 公里，占地 547 亩南水北调管线配套工程清障任务；完成开封至薛店、郑州新区污水处理厂管线、平泰线支线天然气管道 300 余亩清障任务。占地 320 亩的金地粮食储备项目，主体基本完工。规划占地 160 亩的东岗陵园，新迁入坟头 200 余座，共迁入坟头 3000 余座。

【汽车服务业博览园区】 2014 年，博览园区内总投资 86.9 亿元，占地 2787.4 亩的深圳比克新能源汽车、信威汽车、万儒集团、万通物流、华美置业、鑫达实业、华晋达置业、泰祥集团 8 家企业基本建成，并投入使用。总投资 60.8 亿元，占地 770 亩的牧千里、澳达康、中大、同新、大行、汉丰 6 家企业于 12 月开工奠基。总投资 20 亿元，占地 388 亩的北京国能电池项目签约入驻。

县财政投入资金 40 亿元，初步形成汽车服务业博览园区内三纵四横的城市交通路网体系（三纵即万三路、广惠街、文通路，四横即万洪路、纬五路、远航路、顺利路），全部高标准安装路灯，结束郑庵无高标准道路的历史。完成纬四、纬五、纬六、和风、富康、广惠街南延、文通路北延 1188.07 亩道路征地任务。总投资 1600 万元，全长 2.3 公里的郑民高速至春晖社区道路于 10 月建成通车。

【违章建设治理】 2014 年，随着中牟汽车服务业博览园区的快速发展，郑庵镇区位优势日益凸显，以及郑州市中心城区市场外迁工作力度加大，部分群众受经济利益驱动，部分村庄违法建设屡禁不止，呈现高发、多发状态，违法建设整治难度不断加大。为整治镇域内各类违法建设，切实维护镇村建设和管理秩序，有效遏制违法建设蔓延势头，营造良好的经济社会发展环境，该镇积极采取多项措施，强力推进违法建设整治工作。

郑庵镇召开违法建设专项整治动员会

深入宣传违法建设的危害及政府对违法建设整治的政策法规，在全镇 18 个行政村悬挂宣传标语 200 余条。在每天早、中、晚 3 个时间段，利用群众在家休息或进餐时间，宣传违法建设整治的政策法规。组织 4 辆宣传车，灌制磁带，全天候在各行政村内，特别小庄、大庄、前杨、韩河、彦张等 8 个重点村内不间断巡回宣传。大力营造整治违法建设浓厚氛围。

对于在建的仓库、厂棚等违法建筑，通过镇建管办、国土所下发停工通知和限期拆除通知，责成违法建设行为人立即停止其违法建设行为；对一意孤行，拒不听从劝阻突击强建、抢建的违法建设，主动寻求县政府支持，会同县城乡规划局、国土资源局、城乡建设局、综合执法局等职能部门，联动执法，强行拆除违法建筑，形成震慑效果。11 月 22 日、26 日、12 月 2 日，组织执法人员百人以上规模，联动执法行动 3 次，依法强制拆除违建总面积约 15 万平方米。对于占用基本农田较大的仓库、厂棚等违法建设，积极配合县国土资源局调查取证，搜集证据材料，上报上级相关部门联合打击。对于已建成并出租的仓库、厂棚等违法建筑，采取消防隐患排查等方法，迫使承租人知难而退。由镇综治办牵头，工商、国税、地税参与，对前杨、小庄 5 处违建出租仓库查验取证，下发工商停业通知 5 份。派出所、消防队，对前杨、小庄、台前、贾庄、刘巧 5 个村 10 处违建出租大棚开展消防隐患排查，下发消防安全停业整顿书 6 份，要求租赁商户立即关门或限期撤离。对于已建成未出租的违法建筑，各工作区结合日常动态不间断巡查，采取在违法建筑上重复喷涂“拆”字的办法，劝阻出租方向外出租违法建筑。

2014 年，全镇拆除违法建筑 88 宗，拆除面积 20 万平方米。

【农业和农村工作】 2014 年，河南晨明农业观光示范园，建成种植蔬菜、鲜花为主的温室大棚 100 余座，建成总面积达 3000 余平方米的集温泉洗浴、住宿、绿色餐厅一体化休闲场所 1 处；以养殖、屠宰、孵苗、加工为一体的合田盛业实业有限公司，进入生产运行阶段，年产值 650 万元。上半年，完成万邦二期涉及前路佺、韩河 2 个村土地流转 450 亩，晨明生态园台前村土地流转 160 余亩。

城乡环境卫生明显改善。镇里投资 300 余万元，建立健全并保证垃圾清扫、收集、运输、保洁长效机制的正常运转。在镇区安装固定垃圾箱 50 个，可移动垃圾箱 150 个，出动人力 3000 余人次，清理垃圾 5 万余立方米，保障了全镇环境卫生的清扫保洁。完成彦张、郑油磨村省级和市级卫生村的初审检查。顺利通过省级卫生镇复核验收，并连续 4 个季度被郑州市评为流动红旗单位。被评为 2013 年度郑州市爱国卫生杯先进乡镇，是郑州市 5 个卫生镇之一。

还被评为2013年度郑州市城乡管理考评工作先进单位。

【新型农村社区建设】 2014年，春晖社区规划占地893亩，含刘庄、大汾店、彦张、郑油磨4个行政村，安置1141户，4913人，原村庄总占地面积约1202亩，节约土地约568亩。社区一期开工227户，二期开工356户，总开工达583户。福山社区规划总占地875亩，涉及台前、砚台寺、东赵、黑牛张4个行政村，安置人口6138人，1512户，节约土地约489亩。该社区住宅建设开工357户，标准化卫生室主体完工。

2014年，2个合村并点社区完成土地调整1413亩，开工建设1500余户，建成900余户，入住200余户。社区内基础设施建设基本实现“六通十有两集中”。2个社区分别成立社区物业公司，推行物业规范化管理，其中，配备垃圾箱800余个，免费向住户发放垃圾袋，“水、电、气”实行刷卡式消费。规范春晖社区20条道路、福山社区37条道路名称，并高标准安装道路指示牌，社区环境基本实现整洁化、规范化。万邦社区、汽车工业园社区规划总占地947亩，2014年6月开工奠基。

郑庵镇春晖社区首批入住居民奖金发放仪式

【社会事业】 2014年，郑庵镇筹资160万元新建镇区农贸市场，实施规范化管理，并有效缓解镇区交通压力；筹资159万元对全镇居民新农合补贴；筹资50余万元对敬老院升级改造；为各类救助对象发放生活保障金和优抚款60余万元，救灾面粉7500公斤；对全镇60岁以上的老人农村社会养老保险的参保待遇及参保终止情况进行核查；完成劳动力转移1000余人，新增城镇就业170余人；为30名就失业人员办理失业证；设立镇慈善资金，募集善款67万元，2014年发放11.5万元；试行新型农村社会养老保险业务代办，通过镇劳保所代办，有效减少办理环节，群众非常满意。

郑庵镇政府加大对教育基础设施，改善办学条件。2014年，投入1300万元的春晖小学建成投入使用，并为在校师生统一服装；投入300万元的春晖幼儿园建成；投入1100万元的福山小学和幼儿园基本建成；投入4600万元的万邦九年一贯制小学主体建成四层；投入60余万元新建台前小学、中心小学餐厅；拨付专项资金30余万元，对全镇考上本科一批、本科二批及县重点高中的88名学生给予奖励；教师节期间拨付专项资金25万元，对教学成绩优秀的教师奖励；汽车工业园社区学校进行征地拆迁。在2014年中招考试中，全镇105名考生被县重点高中录取，占考生总数的58%。

深入实施“坚持依靠群众、推进工作落实”长效机制，排查问题274起，解决274起。依法严厉打击各类违法犯罪行为，查处行政（违法）案件89起，刑事（犯罪）案件43起，刑拘55人，社会治安形势逐步好转，公众安全感进一步增强。坚持关口前移、源头治理，不断完善班子成员挂牌大接访、定期排查、领导包案等制度，进一步畅通信访渠道，妥善解决矛盾纠纷。2014年，化解各类矛盾纠纷155起，成功化解历史老案、重点信访案件40起，因缠访、闹访刑拘2人，全镇信访形势持续好转。在中共十八届四中全会及北京APCE会议召开期间没有受到来自郑庵的干扰。严格落实安全生产责任制，大力开展安全生产大检查，全年无重大安全责任事故发生。

（审核：吴小川　撰稿：陈　刚）

刁家乡

乡党委书记
钱晓坤

乡长　刘星

【概况】　2014年，刁家乡位于中牟县东南部。辖28个行政村，37个自然村，118个村民组，8679户，4.2万人，全乡总面积82.9平方公里，耕地总面积近6万亩，主要民族为汉族，个别少数民族为出嫁落户刁家的女性。乡政府驻刁家村，距县城25公里。中（牟）刁（家）、黄（店）刁（家）公路在此交会。东、南邻尉氏县，西邻黄店镇，西北邻姚家镇，北邻韩寺镇。全乡地处沙区，地势西南高、东北低，境内有小清河、丈八沟、马河等季节性河流。

2014年，刁家乡紧紧围绕"富裕刁家、和谐刁家、田园刁家"的奋斗目标，以经济发展为中心，以"三大主体"工作为抓手，脚踏实地，持续创新，实现辖区经济社会又好又快发展。全年地区生产总值完成6.8亿元；公共财政预算收入完成285万元；固定资产投资完成1.3亿元，农民人均纯收入达10977元。

【机构与领导】　2014年，刁家乡党委、政府设有党政办公室、经济发展办公室、社会事务办公室、农业服务中心、计划生育技术服务中心、劳动保障事务所、文化服务中心、村镇规划建设管理委员会办公室。行政编制25人，事业编制43人，实有56人，其中在职领导班子成员15人。

2014年刁家乡领导班子成员

党委书记、村镇规建委主任　钱晓坤
党委副书记、乡长、村镇规建委副主任
刘　星
党委委员、人大主席　万晓法
党委副书记、综治办主任　蔡智勇
党委委员、村镇规建办主任　齐　峰
党委委员、纪委书记　张金荣
党委委员、副乡长　范中祥
副乡长杨彦辉　李　玲
党委委员、武装部部长　杨学立
组织员　张贵宾
宣传员　孙军强
统战员　尚军胜
工会主席　赵伟英
综治办副主任、综治工作中心副主任
冯利军（10月免）
司法所长　张晓国

【党政工作】　2014年，刁家乡党委、政府以开展党的群众路线教育实践活动为强大动力，突出转型升级、民生保障、新型城镇化、社会治理等重点，实现经济和社会事业的全面进步。

刁家乡召开党的群众路线教育实践活动专题民主生活会

一是全面落实党建责任制。将党建工作列入重要议事日程，全年召开党委会19次研究安排党建工作。与各支部签订党建目标责任书。扎实开展后进支部整顿，3个后进支部全部升级转化。二是狠抓党员队伍建设。以换届为契机，调整7个支部书记，配齐配强各村班子。从源头上严把党员质量关，全年发展党员18名。注重培训，严格“三会一课”制度，开展培训88期，培训党员2900余人次。2014年刁家乡纳入职业化管理支书6人，宋家村支书贾俊杰考入乡镇正式编制。将大学生村官纳入机关管理，历练成长。同时，对不正之风和违法违纪行为严格查处，全年查处案件10起13人。三是基层阵地建设不断完善。投入100余万元完善各村室，建成付李庄社区5000平方米的综合楼，实现村室的全面达标。四是不断提升党建载体实效。以党建网格为单位开展“四个一”“万民大走访”“五上门”“六不让”等活动；开展基层党建专题调研活动40多次。坚持领导干部接待党员群众制度，开展大走访活动，一线解答群众问题1849件次。五是不断完善党建制度。按县乡两级抓村的总体思路，严格执行村组干部工资绩效考核制度、村党支部书记职业化管理制度、万元党建经费制度、民主集中制等。严格推行“4+2”工作法、阳光村务网、村级财务管理制度、村务公开等制度，致力打造阳光政务、民主村务。六是重点工作成绩突出。以“五比五争”活动为载体，树立凭实绩用干部导向，激发广大党员干部干事创业激情，在新型农村社区建设中，各支部引导群众通过兑、调、租等形式成功兑地1800亩，开工数达1600户。在土地流转工作中，付李庄村、藕池任村成功流转6300亩；坡东李、龙王庙等5个村提前1个月完成万亩高标准农田开发建设前期任务。

【新型城镇化建设】 2014年，刁家乡4个合村并点社区开工1521户，完工636户，实现入住300余户。5所幼儿园、2座污水处理厂、2所卫生所、1座大礼堂、1座垃圾中转站建设工程完工。进展较快的付李庄社区，社区服务中心、社区商业街社区广场完工，教师公寓、敬老院进入施工阶段，一期区域路、水、天然气等配套基础管网工程基本结束，部分投入使用。

刁家乡付李庄社区基本建成

【农业和农村经济】 2014年，刁家乡确定“提档、提效、提速”的农村农业经济发展思路，以完善基础设施建设为基础，以落实惠农政策和完善现代农业服务体系为保证，以大规模土地流转为抓手，大力实施农业结构调整，农业和农村经济发展增速明显。

农村基础设施建设水平明显改善。刁家乡积极争取各级、各类涉农项目资金，修建完善农业基础设施，为农业现代化、集约化和高效化夯实基础。完成付李庄村亚行贷款土地整理项目、石灰窑井电配套及道路建设项目、万亩高标准农田项目一期工程、赵集、小王庄省级贫困村整村扶贫推进项目，新打机井88眼，修复旧井22眼，修复配套旧井87眼，安装变压器9台（含变压器房），架设低高压电线9.28千米，埋设低压线路8公里；项目区修建水泥路、砂石路近63公里。

惠农政策严格落实。全乡发放种粮补贴8289户，补贴资金586.10万元，发放家禽补贴资金77.12万元。全乡36086人参保新型农村合作医疗，收缴合作医疗资金324.774万元。特殊群体（主要为残疾人）照顾资金26640元由财政投入到位。

土地集中流转步伐明显加快。在藕池任、沃孙、付李庄流转土地6400亩，引进万邦农产品物流有限公司的农业示范园项目。

农业升级转型逐渐加速。围绕蔬菜种植大力实施农业结构调整，全乡蔬菜种植面积持续增加，达8000多亩，主要种植品种有番茄、白菜、辣椒、胡萝卜等，亩均收入6000—

8000 元。

【社会民生事业】　2014 年，刁家乡认真贯彻落实国家各项惠农政策，不断完善社会保障体系，各项社会保障事业全面发展，社会环境持续和谐，群众幸福度明显提升。

发放低保、五保、优抚、救助等资金 115 万元，发放救助面粉 360 袋，筹集慈善捐款 114225 元，救助贫（特）困户 492 户，资助贫困学生 18 人。转移农村剩余劳动力 1455 人，技能培训 764 人。

投资 290 多万元完成 5 所社区幼儿园和宋家、韩家等 7 所中小学校舍维修、地坪硬化和围墙建设工程。启用付李庄社区、赵集社区、水沱寨社区、韩家社区幼儿园，在园儿童有 340 名。开展义诊活动 2 次，免费为 260 名群众进行体检，开展白内障患者免费治疗 6 例。顺利完成新农合筹资工作，筹资完成比例达 100%。

计生工作目标完成。人口出生率 4.1‰。与上年同比下降 0.18 个千分点，自然增长率为 1.15‰，年内计划内出生 320 人，符合政策生育率 9.64‰。与上年同比保持平衡，流动人口违法生育为零。奖励扶助对象 48 人，奖金全部落实到位。

经济发展环境明显优化。构建“综治牵头、网格排查、司法调解、信访稳控”的社会综合治理体系，完善信访矛盾排查，领导接访、“四包一”包案等制度，把矛盾处理在基层、消灭在萌芽。乡村两级网格排查调处各类矛盾纠纷 315 起，调解成功 295 起。投资建设社区综治工作站 4 个，村级工作站 23 个，在全乡安装监控设施和技防设施，招收巡防员 40 人，建立平安志愿者队伍 29 支，440 人，协助公安机关开展“雷霆行动” 4 次。管理全乡社区矫正人员 41 人次，矫正中 34 人，解除矫正 7 人，无一重新犯罪。管理刑释解教人员 65 人次，帮教 46 人，并对所有人员逐一建档立卡进行安置帮教。开展非法经营、非法生产、非法建设“三非”集中整治行动 4 次，清理流动摊贩 10 处，铲除小作坊 1 处，强制拆除违法建筑 26 起，劝拆 15 起，2.3 万平方米。

（审核：赵伟英　撰稿：赵　薇）

黄店镇

镇党委第一书记
谷全福

镇长　张小马

【概况】　2014 年，黄店镇地处中牟县南部，东邻刁家乡，南邻郑州航空港区三官庙办事处，西北与郑州航空港区八岗办事处接壤，北邻姚家镇，镇政府驻地黄店村，距中牟县城 22 公里。总面积 55 平方公里。黄店镇是农业大镇，种植业是主要产业，养殖业为辅助产业。黄店镇地势平坦、土地肥沃，全镇主要以种植业、畜牧业为主。种植业主要以小麦、大蒜、玉米、花生为主；畜牧业主要以养牛、猪、羊、家禽为主。

黄店镇下辖马庄、祥付营、王俭、冯家、前杜、庵陈、西谢、武家、绰王、李村、八府赵、段村、袁家、罗家、杓王、冉家、岗陈、黄店、业王、打车李、油坊王 21 个行政村，33 个自然村，79 个村民小组。全镇有居民 6300 户，总人口 2.7 万人。

2014 年，黄店镇紧紧围绕“强投资、夯基础、调结构、求提升”的总体要求，团结和带领全镇广大干群奋力拼搏，凝心聚力促转型，抢抓机遇求突破，完善机制抓落实，全面完成了镇十四届人大三次会议确定的目标任务。2014 年，全镇地区生产总值完成 6.1 亿元，同比增长 9%；地方财政预算收入完成 729 万元；全社会固定资产投资完成 684 万元；农民人均纯收入 11698 元，同比增长 9.7%。获得 2014

年中牟县城乡管理工作优秀单位、年度政府目标管理工作先进单位、妇联目标考核先进集体、工会工作先进单位、县级便民服务大厅先进单位，郑州市小城镇建设二类乡镇、郑州市老干部工作先进单位荣誉等称号。

【机构与领导】 2014年，黄店镇党委、政府下设有党政办公室、文化站、司法所、企业办、城建公路管理所、团委、农经审计办公室、妇联、民政所、劳保所、财政所、信访办公室、计划生育技术服务中心、农业服务中心、统计站、规建办、长效机制办公室、创建办等部门。2014年黄店镇有干部职工104人，其中领导班子15人。

2014年黄店镇领导班子成员

党委第一书记　谷金福
党委书记　胡光程
党委副书记、镇长　张小马
人大主席　刘彦庆
党委副书记、政协工委主任、综治中心主任　丁雪冰
建管办主任　马银凤
纪委书记　周家亮
副镇长　李　磊　陶建梅
组织员　马庆丽
宣传员　李彦伟
统战员　田恒涛
工会主席　高瑞刚
司法所长　刘艳科
综治中心副主任　王伟强

【党政工作】 2014年，黄店镇党委、政府高度重视网格化管理工作，立足“领导沉下去，干部动起来，群众看得到”构建三级网格，实行“定人、定岗、定责”，形成“横到边、纵到底、全覆盖、无缝隙”的管理网格，在全镇划分21个二级网格、79个三级网格。二级网格长14人，三级网格长45人。2014年，在全镇7个重点领域排查出1037个矛盾和问题，妥善办结1012个，办结率达98.26%。

黄店镇党委通过党员承诺、集中培训、年终测评等一系列活动转变党员干部的作风、加强队伍建设。2014年初，黄店镇积极邀请县委党校教师，为镇全体机关干部、村组干部讲授“在新农村建设的情况下如何创先争优”的课题，为加快推进农村社区建设打下坚实基础。

黄店镇党委严格按照“十六字”方针发展党员，坚持“入党自愿，个别吸收”的原则，成熟一个，发展一个。凡新发展的党员全部实行公示制，不经公示的积极分子一律不发展。镇党委定期对入党积极分子进行培训，加强入党积极分子队伍建设，对不参加培训的积极分子，取消其当年发展对象资格。

黄店镇邀请副县级领导吕少先前来授课

以开展党的群众路线活动为契机，创新性建立村级的便民服务站，派驻村干部每天走农户、访民情、吃农家饭、为群众办理代办业务，开展与农民群众“同吃、同住、同劳动”的“三同”驻村活动。驻村干部走访群众1500余户，帮助群众处理实际问题446件，代办业务282件。依靠“坚持依靠群众推进工作落实”长效管理机制，从违法建设、安全生产、信访稳定等7个重点领域下功夫，由镇督查办牵头开展大督查活动，排查出矛盾和问题132个，处理132个，结案率100%。

投入资金80余万元，新建黄店、西谢、业王等7个党支部办公场所，对马庄、冯家、庵陈、杓王等8个村党支部办公场所进行修缮。2014年春节前夕，落实经费8万余元，组织党员干部走访慰问老党员、贫困党员43名，送去

党组织的关怀。

【新型城镇化建设】　2014年，黄店镇党委、政府稳步推进新型城镇化社区及路网建设，新型城镇化率达13.7%。社区调整土地223亩，开工建设213户。其中，打车李社区商业街调整土地67亩，圈地完成，基础设施建设在网上招标。在县交通局支持下，对梁冯路进行修补，修补长度3公里。完成罗家村道路、庵陈至段村、李村社区道路6.7公里的清障工作，使其具备施工条件。

【农业与农村经济】　2014年，在国家种粮补贴等惠农政策的推动下，黄店镇党委、政府进一步强化农业基础地位，在加强农业基础设施建设的同时，不断推广农业新品种、新技术，积极引导群众从传统农业向高效农业、生态农业、设施农业发展，保持了农业经济发展的良好势头。2014年，全镇粮食和油料获得双丰收，粮食总产量达1.7万吨。完成玉米、小麦、花生和棉花的供种及表册上报工作，使良种补贴款及时、准确地发放到农民手中，确保良种补贴惠民政策落到实处。

黄店镇开展土豆种植技术培训

全镇新造林1120亩，超额完成总任务。精心组织开展春秋两季动物集中防疫工作，以“一瘟、二疫、五病”为重点，突出抓好以牲畜口蹄疫和高致病禽流感为主的动物疫病防治工作，防疫率达100%，全年无重大疫情出现。精心组织各村进行瘦肉精排查及危害的宣传工作，刷写固定标语200余条，悬挂条幅80余条，并与养殖场签订瘦肉精专项整治承诺书，有效制止瘦肉精事件发生。2014年底，全镇生猪存栏25416头，大牲畜存栏7219头，羊存栏19304只，家禽存栏453120只。

【新农村建设】　2014年，黄店镇抢抓亚洲发展银行农业综合开发项目落户黄店这一发展良机，利用资金1000余万元对祥付营、打车李、杓王、八府赵等村农田水利设施升级改造。新打机井74眼，修复旧机井64眼，配套机井138眼，修建生产桥7座，修建田间机耕路7.1公里，输变电线路配套37.7公里，埋设低压输水管42公里，为黄店镇农业生产提质增效创造有利条件。利用自来水工程解决农民群众的饮用水安全问题。自来水管网覆盖黄店、罗家、袁家、王俭等6个行政村，完成水厂至打车李社区的自来水管道铺设任务，2015年将达到全镇域覆盖，彻底解决农民饮用水安全问题。

黄店镇党委、政府不断巩固环境卫生大整治大提升成果，将镇环卫工人队伍增至108人，积极开展争创省、市级卫生村活动。夏收开始，把秸秆禁烧工作纳入重要议事日程，投入资金12万余元，加大宣传力度，并组成秸秆禁烧督查组，坚持24小时昼夜巡视。全镇没有发生焚烧秸秆现象，秸秆综合利用率达到100%。

【社会民生事业】　2014年，黄店镇科教文卫事业不断发展。继续开展送文化下乡活动，加强农家书屋的管理，为八府赵、打车李等7个村送戏，丰富群众精神文化生活。建成打车李小学办公楼、李村和袁家幼儿园教学楼，提高中小学教育教学水平，镇初中毕业生考入一高23人，二高18人，四高23人。建成打车李社区卫生服务中心，做好慢性病、地方病防治工作，新型农村合作医疗制度进一步得到落实，全镇27259人参加新型农村合作医疗，参合率达到99.8%。

计划生育工作再上新台阶。全镇新出生人口281人，人口出生率11.51‰，政策生育率93.04%，统计准确率92%，顺利通过上级计生部门年终检查验收。

对全镇城镇 11 户、16 人，农村 451 户、675 人低保户按时发放补助资金。做好救灾救济和社会福利工作。为帮助低保户、困难户顺利度过春荒，发放救助面粉 5000 公斤。加强双拥工作。全镇优抚军人 146 人，铁道兵 25 人，60 岁农村籍 325 人，伤残遗属 10 人，按季度发放救济金。继续推行殡葬改革，全镇遗体火化率达 100%。投资 89 万元建成社会养老服务中心，占地 8 亩，建筑面积 632 平方米，房屋 25 间，配备电视、洗衣机等生活电器，可容纳 35 人入住。

成立黄店镇便民服务中心，投资 20 余万元整修便民服务大厅，配备办公桌椅、电脑等用品，涉及劳保、民政、土地、计生、农经等业务，极大提高机关办公效率，为群众办理业务提供便利。

平安建设扎实有效。在治安防范工作中，黄店镇认真积极开展创建平安镇、平安站所、平安村、平安组、平安家庭等活动，并对全镇所有治安联防人员进行业务培训，提高了人防、技防水平。2014 年，黄店镇投入资金 30 余万元，对 6 个村级综治工作站升级改造，新建监控平台 7 个，更换高清数码探头 140 个，同时对黄店镇其他村的技防设施进行维修，达到进出村口及村内重点设施全覆盖，有效震慑犯罪，确保人民群众生命财产安全。黄店镇开展元旦春节期间、“3·15”国际消费日、“5·1”国际劳动节、中秋国庆假期 4 次安全生产大检查，进行消防安全、危险化学品、烟花爆竹、建筑施工场所、锅炉、液化气充气点、加油站点、学校、幼儿园等专项检查，全年未发生一起安全事故。开展食品安全大检查。2014 年，黄店镇开展“地沟油”“问题奶粉”“瘦肉精”等专项整治活动，检查各类餐饮单位 80 余户次，出动执法车辆 12 车次，工作人员 21 人次，对检查中发现的过期食品、调味品予以查处。进一步加强农村集体“三资”管理工作，规范农村财务管理程序，建立健全全镇“三资”管理长效机制，使全镇“三资”管理工作走上经常化、规范化、制度化轨道。

黄店镇对违法建设采取高压态势，拆除违建 19 处，拆除面积 2810 平方米，有效扼制黄店镇违法建设的高发态势，确保辖区内各种建设合法有序，营造了良好建设环境。黄店镇党委、政府严格执行土地利用总体规划，加强土地征收和用地报批制度，规范审批程序，依法处置闲置用地，切实提高土地节约集约利用水平。加大国土资源法律法规的学习宣传力度，充分利用广播、板报、各种会议、发放宣传资料、张贴标语等形式广泛宣传，发放宣传资料 3600 份，张贴标语 300 余条。

（审核：丁雪冰　撰稿：王　鹏　牛　琳）

姚家镇

镇党委书记
骆照顺

【概况】 姚家镇位于中牟县城南 7 公里处，北邻东风路街道，东北邻韩寺镇，西北邻郑庵镇，南邻黄店镇，东南邻刁家乡，西南邻航空港经济综合实验区八岗办事处，镇政府驻地姚家村。境域面积 83.73 平方公里，下辖 22 个行政村、35 个自然村、112 个村民组，总人口 33146 人，绝大多数居民为汉族，还有回族、苗族、维吾尔族等少数民族居民。

全镇地势平坦，光照充足，雨热同期，水利资源丰富，适宜不同作物生长。以镇政府驻地为中心，全镇划分为南北两区。以黄灌区为主的北部区地质为黄土地，适宜种植小麦、大蒜、玉米等农作物，其中杨桥灌溉渠及堤里小清河等河流给附近村庄农田灌溉提供可靠保障；以沙质土壤为主的南区，则适宜种植西瓜、草莓、花生等经济作物，丈八沟、后孙滞洪区、新沙河、小胡沟等河道承担姚家镇南部的农田灌溉和河道防汛疏通任务。

2014 年，姚家镇党委、政府全镇坚持以经济发展为工作重心，逐步优化产业结构调整，推进新型工业化建设。按照“工业发展、农业高效、强镇富民”的总体思路，结合镇村实际，逐步拉大城镇框架，深化项目建设，全力打造“三化”协调发展新市镇。以创建现代农业生态名镇、宜养宜居城镇、文化名镇为目标，带领全镇人民走“四化协调”“四区并妍”发展之路，深入推进新型城镇化建设，统筹抓好招商引资、设施农业、社区建设、重点项目、计划生育、综治维稳、民生保障等各项工作，各项目标任务超额完成。2014 年，姚家镇地区生产总值完成 18 亿，增长 10%；第三产业增加值占生产总值比重达 30%，增速达 10%，法人单位数增速达 10%；规模以上工业企业增加值增长 20%；公共财政预算收入完成 6500 万元，新入规模以上工业企业 9 家，固定资产投资完成 51 亿元，增长 35%，城镇化率达到 18.8%，同比提高 2.8 个百分点，利用省外资金 6 亿元，农民人均纯收入达到 13560 元，增长 9%。全镇呈现出经济快速发展、社会和谐稳定、环境优美舒适、人民安居乐业的大好局面。

【机构与领导】 2014 年，姚家镇党委、政府设党政办公室、经济发展办公室、社会事务办公室、文化服务中心、村镇建设发展中心、计划生育技术服务中心、统计信息服务中心、农经审计站、农业服务中心、劳动事务保障所。姚家镇党委、政府在岗职工 116 名，其中领导班子成员 16 人。

2014 年底姚家镇领导班子成员

党委书记　骆照顺
党委副书记、镇长　冉建军（11 月免）
党委委员、人大主席　刘海峰
党委副书记　阎恒坡
党委委员、规建办主任　吕玉军
党委委员、纪委书记　李　锋
党委委员、副镇长　张晨锋
副镇长　杨新萍（女）　吕红坡
党委委员、武装部长　肖新峰
组织员　胡巧红（女）
宣传员　耿　晖（女）
统战员　杜桂霞（女）
工会主席　刘伟一
司法所长　赵清元
综治办副主任　刘建朝

【党政工作】 2014 年，姚家镇以网格化管理为载体平台，以党的群众路线教育实践活动为抓手，把全镇工作融入镇域经济发展、新型城镇化建设等重点工作中，深入推进全镇“三化”协调发展，为重点镇建设奠定坚实基础，走出一条在发展中抓党建、抓好党建促发展的新型农业化、新型工业化、新型城镇化共同推进的强镇之路。

姚家镇把全镇党员干部的理论学习作为提升素质的重点，促使全镇党员干部学以立德，学以修身，学以明志。全镇以领导班子领学、专家授课为主，分散自学为辅，切实增强学习的广度和深度；找准与重点工作结合点，提升学习高度，全方位多层次学习，使镇村干部、广大党员提升素质，增强宗旨意识、服务意识。

夯实队伍建设，促进党员干部清正廉洁。全面推进村组干部民主评议。以村组干部民主评议活动为载体，注重评议结果运用，严格奖惩。推进党员干部队伍建设，促农村基层党员干部清正廉洁。

深入开展党员评议活动。对各村党员组织开展民主评议活动，按照“双过半”原则，即参会党员达到该村全体党员数的一半以上，通过率达到全体党员数的一半以上，各村评议结果报镇党委存档备案，并作为年终评先评优的重要依据，推进全镇党员主动作为，切实发挥先锋模范作用，着力增强基层党组织的凝聚力与战斗力。

全面贯彻执行中央和省市委关于领导干部廉洁自律的各项规定，组织开展班子党风廉政建设和反腐倡廉的专题学习。通过示范教育、警示教育等形式狠抓党风廉政建设的学习教育，筑起拒腐防变的思想防线。建立健全各项党风廉政制度，认真落实党风廉政建设责任制。要求镇党委班子成员认真抓好职责范围内的党风廉政建设和反腐败工作，切实管好自己，管好家属、子女和身边工作人员，抓好党风廉政建设。

做好信访稳定工作，确保中央及省交办信访案件的按期结案率达到95%以上；不发生因工作失责引发的重大群体性事件和重大上访事项，不发生在京、省影响较大的恶性上访事件。认真落实社会治安综合治理各项措施，确保社会大局稳定。

落实“三级”责任，规范推进网格化管理工作。进一步规范和完善农村“三资”管理等各项制度。按照县政府要求，做好政府信息公开工作。组建临时便民服务中心，规范运行；新建便民服务中心纳入发展规划。完成县政府确定的依法行政工作目标任务。认真落实县委、县政府关于改进工作作风的要求，严肃会议纪律，严格执行请假报告制度，保持通信联络畅通。按照县政府要求，完成各项督查事项的落实及反馈工作。

【工业】 2014 年，姚家镇坚持“工业扩张”的目标，南（镇工业区）北（汽车产业集聚区）两个工业体系基本建成，在推进工业项目建设过程中，姚家镇通过优化经济发展环境，搭建平台，吸引投资，工业建设进展顺利。南（镇工业区）北（汽车产业集聚区）两个工业体系基本建成。

镇工业区入驻和在建企业46 家，占地面积3043 亩，总投资65.36 亿元。镇政府筹集资金推进工业区基础设施建设，实现绿化、亮化、美化，优化投资平台。坚持“选商引资，选优引强”，2014 年新签约4 家，工业区规模效益不断提高，极大带动全镇经济社会发展。列入河南省重点建设项目的有郑州倍利车轮有限公司中牟分公司等18 家，投资亿元以上的项目有14 家，其中投资5 亿元以上的项目有郑州倍利车轮有限公司中牟分公司等3 家。主要从事汽车配件、机械、建材、机电、食品、新能源、物流、游乐等行业。镇工业区特色亮点企业主要有：

1. 郑州倍利车轮有限公司中牟分公司，该项目总占地面积149 亩，总投资5.7243 亿元，投产后年产汽车轮胎、工程车轮、真空无内胎车轮等各种钢制车轮240 万套，实现营业收入14.88 亿元，可实现年纳税额8690 万元，实现1500 人就业。年底主体工程竣工。

2. 郑州新华重型机械有限公司，建成后可完成年产2.5 万吨汽车钢板弹簧、1.2 万吨机械装备制造、180 台蒸压釜、150 台低温容器任务，占地105 亩，总投资2.1 亿元，可实现年销售收入4.6 亿元，实现400 人就业，2014 年完成设备安装调试，开始试生产。

3. 郑州市汇通水泥预制品有限公司，为年产50 千米混凝土预制装配式公用箱涵项目。占地115 亩，总投资2.45 亿元，主要产品有混凝土预制装配式公用箱涵、混凝土输水管大型箱涵等预制构件，项目建成后预计实现年营业额4.25 亿元，实现年纳税额1230 万元，可实现就业200 人。年底第一条生产线建成，开始试生产。

4. 新入驻的中牟亚龙湾生态水上乐园，该项目占地面积206 亩，拟投资7.2 亿元，将建设完成沙滩浴场、超级大海啸、音乐喷泉、游泳池、冲天回旋、水幕电影、儿童水世界、大型旋转滑梯、大型水赛、彩虹滑梯等大型水上游乐项目。该项目建成后预计实现年营业收入2 亿元。

中牟汽车产业集聚区（姚家辖区），位于姚家镇北部，总规划面积71 平方公里，由汽车生产制造板块和汽车后市场两大板块组成。其中中牟汽车产业集聚区生产制造板块套合全镇七里岗、十里头两个行政村，截至年底汽车产业集聚区完成征用姚家镇土地4400 亩，建成企业23 家，续建企业34 家。2014 年完成征地、清障671 亩。姚家镇发展成为大企业青睐的投资热土，工业对姚家镇经济发展的贡献度切实提升。

【农业和农村工作】 2014 年，姚家镇稳步推进农业示范区建设，促新型农业现代化建设。

继续发展高效农业种植，扩大早熟西瓜、大棚草莓、延秋辣椒三大主导农业的种植面积，强化设施农业建设，提高农业效益。大棚西瓜规模种植面积2万亩，“五洲绿园”等西瓜品牌享誉省内外，发展成为中原地区最大的无公害早熟西瓜生产基地；大棚草莓规模种植6000亩，成立优质草莓合作社，注册“春峰”草莓品牌，成为全国十大草莓生产基地；延秋大棚辣椒，各类蔬菜8000亩，形成“春夏万亩瓜，秋冬万亩菜”的种植格局，农业效益大幅度提高。

依托土地流转，培植龙头企业弘亿国际农民创业园带动周边群众增收致富，着力发展集生产、销售、休闲、观光、旅游于一体的都市型现代农业。该项目计划投资8.6亿元，占地2000余亩，建设日光温室64座，智能连栋温室7座，避光温室4座；建设完成七彩花海、百果岭、农艺手工坊等各类休闲娱乐观光场所；建设完成生态会议中心、美食城、拓展基地等各类商务服务中心，游客接待能力大幅度提升。

姚家镇以提高农民收入为目标，打造“一村一品”特色产业。姚家镇建有农业合作社24家，养殖专业基地12家。其中，中牟县春峰果蔬草莓专业合作社、老八庄强民种植专业合作社等多次被评为郑州市、河南省乃至国家示范合作社和优秀合作社，河南省弘亿国际农业科技股份有限公司这一龙头企业的入驻进一步打造姚家镇草莓的特色品牌，优化农业种植结构，提升产品品质和形象。姚家镇初步形成由户种植到整村种植、由整村种植到连片村庄种植的农业规模生产，包括春岗村的草莓，老八庄村的白灵菇，罗宋村的西瓜和延秋辣椒、杨庄村的甜瓜等等。姚家镇成为中牟县典型的农业示范基地。

【商贸服务业】 2014年，姚家镇镇区农历三、五、十逢集。为妥善安置省道223线拓宽工程被拆迁的沿街商户，保障姚家镇辖区内商户的利益，镇政府加大投资力度，在镇省道223线路西、春水西路路南建设占地约60亩的临时商业安置区，总建筑面积约4万平方米，在上年入驻63家商户的基础上，2014年7月1日二期商户入驻135家，经营项目有服装鞋帽、餐饮、洗浴、家电、电子、五金、建材、日用百货等，极大繁荣镇域经济。

【新型城镇化建设】 2014年，姚家镇加快新型社区建设。全镇建设合村并镇、合村并点及合村并城3类社区，按照“3+3”运作方式，把全镇规划为三个统规统建社区（姚家镇区社区、七里岗社区、春岗社区）和三个统规自建社区（土山店社区、小胡社区、杨庄社区）。

姚家镇镇区社区合并姚家村、雍家村、十八里卢村、校庄村4个行政村，1819户，7844人，耕地11776亩，原村庄占2322.8亩，社区规划占地824亩，节约土地1498.8亩。镇区社区有51栋楼房的建设任务，房屋分45平方米、65平方米、90平方米、130平方米4户型，总建筑面积48万平方米，计划投资10亿元。开工建设安置房29栋，20.2万平方米，占社区总任务51栋楼房的56.9%。镇区社区二期安置房建设开始，二期14栋进行建设。

土山店社区涉及土山店村、梁家村、雷家村、念罗村、闫家村5个行政村，1665户，7039人。原村庄占地1806.9亩，社区规划占地1036亩，节约土地770.9亩。房屋分为180平方米、240平方米、280平方米三种户型，开工建设安置房626户，14.9万平方米，占社区总户数的37.6%。

小胡社区涉及小胡村、大胡村、绪张村、岗王村4个行政村，1367户，6332人。原村庄占地1774亩，社区规划占地920亩，节约土地854亩。房屋分为180平方米、240平方米、280平方米三种户型，开工建设安置房217户，5.21万平方米，占社区总户数的15.87%。

杨庄社区涉及杨庄村、刘张村、时家村3个行政村，安置1278户，5406人。原村庄占地1223亩，社区规划占地920亩，节约土地303亩。房屋分为180平方米、240平方米、280平方米三种户型，开工建设安置房172户，4.2万平方米，占社区总户数的13.5%。

姚家镇小胡社区污水处理系统（朱得粮摄）

春岗社区涉及春岗村、罗宋村、车棚张村、老八庄村4个行政村，1327户，6127人。原村庄占地1438亩，社区规划占地890亩，节约土地548亩。房屋分为180平方米、240平方米、280平方米三种户型，开工建设安置房52户，1.25万平方米，占社区总户数的4%。

【城乡环境卫生综合整治】 2014年，姚家镇把卫生整治工作作为政府工作中的重点，按照“政府领导、部门负责、齐抓共管、综合治理、标本兼治”的整体要求，以创建卫生城镇为着力点，强化领导、营造氛围、加大投入、健全机制、注重管理，使乡村面貌焕然一新，人居环境进一步优化，人民满意度明显提高。

姚家镇加大投入，完善基础设施。全年投入资金280万元，完善临时商业街基础设施，组建镇区环卫队、村保洁队伍、道路保洁队伍，强化环卫基础设施建设，全力打造卫生整洁、环境优美、生态宜居的美丽姚家。

落实责任，集中专项治理。一是垃圾规范化专项治理。要求全镇保洁员每周至少进行两次大扫除，彻底清理卫生死角，达到垃圾“日产日清、集中处理”的整体要求。二是与绩效考核密切挂钩，落实各村卫生整治责任制。对卫生整治不力、存在问题较多和被县级单位列入全县后20名的村，扣除村组干部该项绩效工资。

【项目建设】 2014年，姚家镇开展郑民高速生态廊道绿化工作。根据上级部门时间节点要求，完成郑民高速姚家段704亩廊道附属物清点、补偿款发放以及清障工作，保证郑民高速绿化廊道工作的顺利开展。

做好天然气管线铺设工作。天然气管线的铺设涉及十里头、老八庄、校庄、姚家4个行政村，按照要求进行清障、布管和优化环境等工作，完成占地清障120亩。

做好校庄污水处理厂建设工作。完成进场道路铺修、高压线路架设、机坑和施工通道涉及土地的清障工作。

姚家镇十里头水厂反冲洗泵房建设（朱文博摄）

完成位于十里头的中牟新水厂项目清障77亩、施工管线占地3亩，拆除的1000平方米的1处附属物。

【社会事业发展】 2014年，姚家镇抓住国家义务教育均衡县验收这一契机，协调大量资金对全镇学校的校容校貌、硬件建设进行改善。对镇中学投入65万元维修教师餐厅、男女生宿舍楼；对寄宿制小学投入120万元更换大门，重新修建围墙，对教学楼、餐厅墙体粉刷、对教学楼前地面硬化；对土山店小学投入91万元修建餐厅并投入使用、修建围墙、修建环形跑道和篮球场。对绪张小学投入35万元修建餐厅、大门、围墙。杨庄小学、小胡小学投入26万元，对学校的门窗、墙体进行改造；罗宋小学投入8万元安装空调，更换教室前后门，粉刷墙壁。春岗小学、车棚张小学投入5万元进行校舍维修与改造，对雍家小学、校庄小学、七里岗小学、念罗小学、岗王小学的校园也投入资金进行硬化美化。

镇中心校被评为职业学校招生先进单位、体育工作先进单位；车棚张小学顺利通过国家义务教育均衡县验收，受到专家好评；中心小学获得国家中小学校一级食堂达标单位称号和少林拳操进课堂活动展示大赛先进集体一等奖。

镇综合文化站工程建设项目建成并投入使用，设有图书报刊阅览室、电子阅览室、办公室、管理用房等。镇财政列出专项资金，举办群众性文艺大赛，重大节日期间组织人员在镇区、先进村开展广场舞、盘鼓、秧歌大赛等丰富多彩的群众性文化活动，进一步丰富群众的文化娱乐生活。重视妇女儿童工作，对评选出的“好婆婆”“好媳妇”“致富能手”“星级文明户”等进行表彰。

2014 年，姚家镇接种乙肝 2074 份、麻腮风 1106 份、甲肝强化 50 份、卡介苗 387 份。完成儿童建卡 925 人，建卡率 98%，强化免疫率 100%。完成普查妇女 1097 人，新生儿疾病筛查 257 人，6 岁以下儿童体检 725 人，老年人免费体检 1208 人。2014 年引进中医医师 2 人，应届中医专业大学生 1 人。投资近 10 万元，建成面积 200 余平方米的口腔治疗中心，为卫生院的发展奠定基础。

2014 年，姚家镇发放低保金 145 万元，五保供养资金 40 万元，孤儿救助金 1.44 万元。投入专项资金，对姚家镇敬老院完善升级，强化内部管理，为集中供养老人营造舒适、温暖的生活环境。姚家镇敬老院被评为中牟县唯一的河南省一星级敬老院。

姚家镇政府列出农民工培训专项经费，计划从 2014 年 10 月至 2018 年年底，对全镇有劳动能力的农民开展技能轮训，向企业输送技术人才，为农民向城镇有序转移奠定基础。2014 年，开办焊工班培训 3 期，参加培训 150 余人次。

（审核：杜桂霞　撰稿：袁利刚　李真真　马彦平　朱得粮）

青年路街道

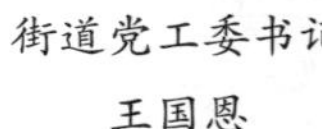

街道党工委书记
王国恩

街道办事处主任
申永强

【概况】 2014 年，青年路街道是县城经济、政治和文化中心，东与官渡镇连接，南与东风路街道相邻，西与广惠街街道接壤，北与大孟镇毗连；辖区总面积 16.4 平方公里，其中耕地总面积 3300 亩，人均耕地面积 0.23 亩；辖区交通便利，有国道 220 线，省道 223 线等主要公路过境，辖区内村村通公路。2014 年末，青年路街道下辖东关、西关、西街、民主街、自由街、明山庙、小孙庄、邢庄 8 个行政村、37 个村民小组和绿云、三公司、东大街、城东 4 个城市社区居委会，辖区总人口 85949 人，常住人口 74853 人，绝大多数为汉族，少数民族有回族、满族、朝鲜族等。

2014 年，青年路街道党工委、办事处以“团结奋进、务实创新、廉洁高效、科学发展”的办事处精神为指导，以基层组织建设年活动为契机，以新型城镇化建设和各项重点工作为重心，凝聚全街道力量，深入贯彻落实科学发展观，坚持服务群众、心系民生，扎实工作，强力推进工业化、农业现代化和新型城镇化建设进程。2014 年，地方公共财政预算收入完成 12060 万元，其中工商税收完成 10600 万元，青年路街道地区生产总值完成 38.6 亿元，同比增长 8%；全社会固定资产投资完成 24.4 亿元，同比增长 23%；规模以上工业增加值完成 14.2 亿元，同比增长 8%。

【机构与领导】 2014年，青年路街道党工委、办事处下设党政办、财政所、统计中心、计生服务中心、农业办、民政所、劳保所、规建办、国土所、创建办、信访办、安监办、便民服务中心、协税办、督查办、文化服务中心、巡消防办等17个二级机构。街道办事处机关有工作人员120人，其中班子成员18名。

青年路街道党政班子任职情况

党工委书记、规建委主任　王国恩

党工委副书记、办事处主任、规建委常务副主任　申永强

党工委副书记、政协工委主任、综治中心主任　魏刘萍（女）

党工委副书记　石　静（女）

刘瑞玲（女）

党工委委员、规建办主任　郝新颜（女）

党工委委员、纪工委书记　路战军

党工委委员、办事处副主任　邱志强

办事处副主任　郭志刚　刘军挚（女）

刘福军

党工委委员、武装部长　宋鹏飞

组织员　刘国瑞

宣传员　孟令敏（女）

统战员　王福有

工会主席　刘喜林

司法所长　杜建立

综治中心副主任　曹天兴

【党政工作】 2014年，青年路街道把建设高素质领导队伍作为工作的第一要务，将强班子、带队伍作为街道科学发展的根本任务常抓不懈，努力建设团结、务实、廉洁、高效的领导班子，更好地服务辖区经济和社会各项事业又好又快发展。

加强自身建设，发挥党工委的龙头作用。一是抓领导班子的学习，促进领导班子提高思想政治水平。建立和健全领导讲学制度和集中学习制度，每周三下午为全体机关干部“集中学习日”、周日上午为领导班子“中心组理论学习日”。二是抓思想，促进领导班子适应新时期的需要。把思想作风建设当作头等大事来抓，深入基层调查研究，密切联系群众，积极为群众解决生产生活中的问题。实行领导包村责任制，做好包村的各项工作，着力为群众办好事、实事，树立勤政为民的公仆意识，更好地服务于农村各项工作。

增强活力，努力建设高效领导班子。建立健全“坚持依靠群众，推进工作落实”长效机制，本着“以人为本，服务为民”的理念，将辖区合理划分为12个二级网格87个三级网格长。街道党工委、办事处将120名机关干部和589名县直下派干部分配到二、三级网格中，按照“小网格、大民生”的思路，在辖区所有居民楼院制作网格化管理公示牌，将网格长、网格员信息公开，全年下访群众1.4万余人次，为群众办实事8235件。打造网格化管理工作三个示范点：西街村实施红色引领，结合联户代表制度创新网格管理；管道三公司社区打造便民服务站，做到精细化一站式服务；官渡世纪花园楼院打造1+x+y网格自治体系（1名三级网格长加辖区下沉联户干部加楼院自身力量）。市组织检查在全县名列前茅。

在街道班子建设中，街道党工委认真执行党的民主集中制原则，进一步完善班子内部议事决策机制，严格按照党工委的职责范围、议事规则和决策程序办事，对重大问题坚持集体研究、集体决策，集体决定后实行分工负责，正确处理好责任与权力的关系，自觉维护班子的团结。在村级班子建设方面，实行村组干部绩效考核制度，对考核成绩较差的村党支部，不仅从工资待遇上区别对待，党工委还对其下达整改通知书，限期整改，其主要领导不能参与各项评先评优。对考核成绩突出的村组，党工委予以表彰、奖励，并记入村级领导政绩档案，优先考虑提拔重用和评先评优。对工作力度大、工作成效好的村干部，年终由党工委统一表彰、奖励。2014年分6期在河南武警培训基地和大别山干部学院开展党性教育集中培训。“七一”前夕，举办党建知识竞赛、争做焦裕禄

式好干部主题演讲比赛、先锋旗帜先进人物评选等系列活动，对党建工作总结，对先进党组织、优秀党务工作者和优秀共产党员命名和表彰。还举办青年党团员志愿服务等一系列活动，着力推进辖区新农村书屋建设，在辖区各村广泛开展“乡村少年宫”创建活动。国庆前夕，组织全体机关干部举办“庆国庆、颂党恩”演讲比赛。

提高素质，强化党员干部队伍建设。深入开展党的群众路线教育实践活动，青年路街道作为市委常委、纪委书记郭锝昌教育实践活动的联系点，扎实推进党的群众路线教育实践活动。一是组织开展“学习弘扬焦裕禄精神、做务实清廉好干部”“五比五争”活动，举办以“让焦裕禄精神在中牟生根发芽”为主题的演讲比赛。二是组织辖区党员干部200余人到郑东新区警示教育基地接受警示教育。将“饮水当思源、为政要清廉”印在一次性水杯上，将廉政格言警句制在机关走廊、村（社区）公示栏上，将“廉政文化”漫画绘在辖区主要街道的墙上，在辖区党员、干部、群众中营造“不想腐、不敢腐、不腐”的良好氛围。三是探索建立“1680”（一路帮你）服务群众工作法：“1”即建立一套网格化管理平台服务群众工作体系；“6”即了解民情、梳理分类、责任分解、工时承诺、开展工作、考核应用6步工作规范；“8”即由街道机关干部、群众代表、党员、入党积极分子、青年志愿者、社会监督员、民情收集员和矛盾纠纷调解员组成的8支队伍，提供全方位服务。“0”即实现服务零距离、群众零投诉。“1680”工作法被省、市推广。邀请省纪委法规室兼研究室主任杨蕾讲《中国反腐败形式与任务》、邀请省委党校教授刘晖《坚持为民务实清廉不断提高群众工作的科学化水平》、邀请省委党校教授于咏华讲《做好道德滋养工作全面推进依法治国》、邀请河南大学教授王利锁讲《孔子的君子人格修养及其现代启示》、邀请郑州大学博士王士祥讲《国学与人文精神》。“七一”前夕，严格遵循“坚持标准、保证质量、改善结构、慎重发展”的16字方针，发展预备党员17名，转正党员55名，培养入党积极分子149名，并严格履行入党手续，坚持“纳新”“转正”两次谈话制度，对党员发展对象进行公示。

出台《青年路街道党工委办事处村组（居委会）干部绩效考核奖罚实施方案》，对各村和村组干部的计划生育、村容村貌、平安建设、违法建设整治、阳光村务涉及辖区的重点工作进行绩效管理，强化村组干部干事创业的工作积极性，有力推动各项工作的开展。街道认真贯彻落实科级以上干部善抓具体日志制度，在县委组织部抽查考核中，街道科级领导干部记录的日志多次被通报表扬。街道党工委将此项制度向所有机关干部和村组干部推广，建立健全“抓具体”工作日志制度，将工作日志作为干部个人年度政绩档案，计入考核。通过村组干部绩效考核和党员干部善抓具体日志制度的实施，转变了党员干部的工作作风，促进辖区各项事业发展。辖区8个行政村中民主街村、明山庙村、小孙庄村、西街村、西关村、自由街村、东关村、邢庄村分别在2014年全年绩效考核全县综合排名中名列第一名、第三名、第十一名、第十二名、第二十五名、第二十八名、第三十六名、第四十九名，在2014年全县经济工作会议上受到表彰。

【党性教育集中培训】 2014年9月10日至10月13日，青年路街道到新县大别山干部学院分6期举办党的群众路线教育实践活动党性教育暨新型城镇化建设培训班，街道办事处班子成员、二级机构负责人、民主街村村组干部及党员、群众代表680余人参加。此次培训有四种教育方式：一是参观革命历史遗迹，弘扬大别山革命精神。全体学员参观鄂豫皖中央分局旧址、鄂豫皖苏区首府历史博物馆、许世友将军故里、箭场河列宁小学及“红田惨案”发生地，并重走“志仁小道”，学习大别山区涌现出的吴焕先等革命烈士的先进事迹。二是聘请专家上课。聘请专家胡光明以《许世友将军传奇一生及留给后人的精神财富》为题给学员讲一堂政治理

青年路街道在大别山干部培训学院开展党性教育培训

论，学习许世友生为国尽忠、死为母尽孝忠孝两全的革命爱国主义精神。三是寓教于乐。组织学员观看情景剧《红色大别山》，观看红色电影《五更寒》《挺进大别山》，用艺术的手法重温大别山区那段峥嵘的革命历史。四是沟通讨论。学员认真听课、积极讨论，提高对大别山革命精神内涵的认识，大多数学员还做笔记，撰写心得体会，表示将这次培训中学到的大别山革命精神带回去与新型城镇化建设的实际有机结合，在工作中“比好、比快、比创新”，“提质、提速、提效率”，为加快推进新型城镇化建设进程，实现辖区经济和社会事业又好又快发展作出积极贡献。

【新型城镇化建设】 2014 年，青年路街道抽调精干人员，组成 3 个工作组在征地拆迁中发

青年路街道组织解放路二期拆迁现场

扬“白＋黑”“5＋2”精神，采取以村为单位，分段管理，责任到人，分包到户的工作方法，坚持实行日碰头，日总结的例会制度，做到问题不过夜，矛盾不集结，倒排工期，挂图作战。一是搞好解放路特色商业街区改造二期（安置区）征地拆迁工作。解放路特色商业街区改造二期（安置区）工程涉及青年路辖区征地面积 259 亩，拆迁户 532 户，其中国有土地 134 户，集体土地 398 户。签约 521 户，签约率达 98%，其中国有土地签约 131 户，签约率达 98%，集体土地签约 390 户，签约率达 98%，截至 2014 年底，完成拆除 520 户，拆除率达 98%。二是县城基础设施完善改造提升工作。按照县基础设施完善改造提升工程安排，配合搞好民族路、深发路、西大街升级改造工作，为工程施工提供良好的外部施工环境，截至 2014 年底，该项工程完成。三是绿色生态廊道建设。完成辖区陇海铁路沿线两侧各 50 米内共 159 亩绿化任务，3 月中旬全部完成造林绿化任务。

【招商引资和项目建设】 2014 年，青年路街道党工委、办事处采取有效措施推进招商引资和项目建设，一是实施项目带动。办事处把项目建设摆在工作的突出位置来抓，牢固树立“抓项目就是抓发展，抓项目就是抓落实”的理念，紧紧抓住中原经济区、郑州都市区、郑州新区三区叠加发展的历史机遇，争取引进一批引领发展的重大项目。二是优化结构，培育产业集群。为做强工业产业，积极调整产业结构，努力拉长产业链条，围绕办事处冶金、化工、造纸、农副产品深加工等重点产业，加大政策扶持、资金协调和人才支持力度。通过举办发展环境优化活动，银企座谈等方式，帮助企业调整结构积极应对经济危机，鼓励企业抓住有利时机，加快膨胀规模，实现产业快速发展，做大做强优势产业。三是大力招商引资。把招商引资作为推动经济发展的总动力，全面加大工作力度，制订了强有力的针对性措施，通过以商招商，党员干部招商，全民招商，共同安商乐商，积极捕捉信息争项目，多渠道开展招商活动。四是加快发展第三产业。依托辖区市场、商铺较多的优势，逐步形成以市场带三产

的发展路子，通过不断完善基础设施，加大招商力度，带动第三产业的快速发展。2014 年辖区固定资产 500 万元以上固定资产项目 25 个，其中新增项目 14 个。完成固定资产投资 237396 万元。

【农业和农村经济】 2014 年，青年路街道发展城郊型现代农业，进一步优化种植结构，明山庙村、邢庄村、小孙庄村大面积种植芹菜 1000 余亩，邢庄村、小孙庄村建成蔬菜大棚 267 座，面积 270 余亩，种植黄瓜、西红柿、豆角等反季节蔬菜供应县城、郑州、开封等地，成为远近闻名的蔬菜种植专业村。辖区有大型农贸市场 3 个，明山庙村蔬菜批发市场升级改造工作完成，将成为辐射豫东地区的蔬菜批零市场之一，冷库 49 座，成为豫东地区重要的冷藏保鲜基地。青年路街道农民经纪人协会有会员 470 余人，在搞好辖区农副产品销售的同时，活跃在全县农副产品销售市场，发展大蒜、珠葱、西瓜等订单农业 1 万余亩，经营产值 5 亿元人民币。大规模发展规模化养殖小区 3 个，免疫生猪 7 万余头，牛 1500 头，羊 6300 余只，禽类 2.1 万余羽，投入消毒药水 4 万余毫升对养殖圈舍消毒，消毒面积 1.2 万平方米，有效防止各类动物疫病的发生，为辖区养殖业健康发展提供坚实保障。

【工业经济】 2014 年，青年路街道紧紧抓住郑州新区建设的历史机遇，争取引进一批引领发展的重大项目，优化结构，培育产业集群。为做强工业产业，积极调整产业结构，鼓励并积极扶持中牟闽航轧钢厂、郑州东盛纸业有限公司、郑州东兴机械化工有限公司等 30 多家知名企业。依托中牟农副产品资源优势，引进以喜万年食品有限公司、郑州黑的蒜生物科技有限公司、绿明脱水蔬菜厂等为龙头的农副产品深加工企业 21 个。

【商贸服务业】 2014 年，青年路街道辖区个体经营户 5235 家，沿街市场 8 个，大型农贸市场 3 个，冷库 49 座，成为豫东地区重要的冷藏保鲜基地，辖区群众 70% 以上收入源于三产服务业。2014 年引进、改造项目 4 个，总投资达 11.9 亿元。

【基础设施建设】 2014 年，青年路街道以国家卫生县城届满复审为契机，全面改善辖区人居环境，并不断的完善环卫设施建设和综合治理工作，通过召开卫生县城复审推进会、环境卫生综合整治工作会等，使各村、社区明确职责、提高认识，并签订卫生县城复审工作目标责任书。不断加大环卫设施的投入，投入 300 多万元，对背街巷道、无主管社区楼院、主街沿线等处 1.5 万多立方米的垃圾进行清理；墙体粉刷、罩白面积 25 万多平方米；清理乱贴、乱画小广告 5000 多条；安装、更换健康教育宣传栏 165 块；购置垃圾桶 1100 个、大型垃圾转运箱 4 个；安装毒饵洞、灭蝇笼等除“四害”工具 1350 个，有效控制“四害”滋生，使辖区环境卫生面貌改善，人居环境得到提升。

【社会事业】 2014 年，青年路街道有幼儿园 11 所，小学 5 所，初中 3 所，高中（含职业中专）5 所，高等学校 2 所，特殊教育学校 1 所，有 872 名教师。初中普及率 100%。辖区内，中牟县第一高级中学为省重点中学，高等学校有河南农业职业学院、郑州电力职业技术学院。

2014 年，青年路街道高标准配备图书阅览室、活动室、瑜伽室、塑料灯光室外球场等。辖区 8 个村均建成篮球场，有演出舞台的农村文化大院、农家书屋和电子阅览室。基本实现公共文化设施建设全覆盖，并免费开放。各村分别有舞龙、舞狮、盘鼓、秧歌、戏剧等民间艺术队，各社区有舞蹈队、合唱队、秧歌队、书画协会、太极拳协会等文艺团体。街道文化服务中心、各个文艺团体依托节庆假日、闲暇之余充分利用活动场馆、街头巷尾，经常开展群众喜闻乐见、丰富多彩的文艺活动和体育比赛。基本实现文化活动全覆盖。在全国乡镇综合文化站评比定级中，青年路街道文化站 2014 年 5

青年路街道办事处举办元旦文艺晚会

月被河南省文化厅评为一级文化站。在“2014 年度郑州市文化示范基地”创建工作中，青年路街道经中牟县推荐，郑州市文化广电新闻出版局初审、专家组现场考察、审核等程序，被郑州市委宣传部命名为郑州市文化工作示范基地。

2014 年，青年路街道内有县第一人民医院、中牟县中医院、县妇幼保健院和青年路社区医疗卫生服务中心 4 所大型医疗卫生机构。8 个行政村都有村级卫生室，新型农村合作医疗保险覆盖率达 100%。青年路街道加大城区创建工作力度，巩固国家卫生县城创建成果，对辖区村庄道路整修，对村容村貌综合整治。组建一支 115 人的保洁队伍，对所有环卫工加薪 300 元作为绩效工资，对环卫工实行“定区域、定职责、定标准、定报酬”，完善扫得净、看得住、管得好的长效管理机制，使辖区城乡环境面貌显著改善，宜居程度明显提高，人民群众对居住环境更加认可。省、市专家组检查评估辖区 8 个村全部达到省、市级卫生村标准。

2014 年，青年路街道农村最低生活保障户数 118 户，人数 247 人，支出 384592 元；农村五保分散供养 3 人，支出 10656 元；国家抚恤、补助各类优抚对象 103 人，抚恤事业费支出 230057 元。青年路办事处建立健全城镇低保、新农合、新农保、老年人生活补助、教育扶助、农民素质教育等社会保障制度，2014 年在各个民生领域投入 3500 余万元，积极做好各项社会事业，为辖区 60 岁以上老人 2055 人发放补贴 682975 元；为辖区考入高中的 68 名学生及考入二本大学的 35 名学生，发放奖金 19.5 万元。2014 年底春节前夕对辖区 138 名贫困户进行临时性救助及慰问，发放资金 2 万元，面粉 120 袋，米 36 袋，食用油 18 桶，棉衣 8 套，棉被 40 床。

2014 年，青年路街道计生工作围绕巩固“国家计生优质服务县”目标，人口自然增长率控制在 7.85‰，创办首个计生家庭居家养老服务站，年内对双女户、独生子女户发放各类奖补资金 63.468 万多元。

【宗教活动场所】 城关基督教堂位于中牟第四高级中学西南方，占地面积 10 亩，建筑面积 3500 平方米。2014 年，基督教众 1 万余人，其中长老 6 人、传道员 200 余人、信徒 1500 人，信徒群众 7200 多人。

西关清真寺位于中牟县（老西关）民族路南段路西。清真寺（包括女寺）占地面积 1068 平方米，建筑面积约 1450 平方米；东院幼儿园占地面积 338 平方米，建筑面积 234 平方米。中牟西关清真寺坊（包括不远处的小新庄）穆斯林常住户原农业户口 550 多人；加上县城其他常住户和非常住户穆斯林有 2000 多人（县南 25 公里的张庄镇有回族三四十口随该坊或随邻近华阳寨、弓马庄坊）。西关清真寺是中牟县伊斯兰教协会所在地。

（审核：王国恩　申永强　撰稿：邱志强　李喜悦　王会英　刘惠杰）

东风路街道

【概况】 2014 年，东风路街道是全县的政治、经济、文化中心，东与韩寺镇相邻，南与姚家镇、郑庵镇接壤，西与广惠街街道相连，北与青年路街道相接。万洪公路、郑民高速、陇海铁路横贯东西，省道 223 线纵穿南北，距郑开大道 5 公里，310 高速 17 公里，京珠高速 20 公里，新郑国际机场 25 公里。境内县乡村道路纵横密布，四通八达，境内 300 余条道路和背街

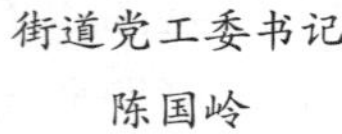

街道党工委书记
陈国岭

街道办事处主任
李军强

小巷全部硬化。辖区面积20.23平方公里，辖区人口4.6万人，其中农业人口1.3万人。辖8个行政村、4个社区、14个自然村、29个村民组。东风路街道辖区内主要是汉族群众，极少数为回族群众。东风路街道地处县城，位于中牟汽车产业聚集区核心区域，招商引资步伐不断加快，可耕地日益锐减，工业和第三产业快速发展。

2014年，东风路街道以党的群众路线教育实践活动为主线，以科学发展观为统领，以县委、县政府对于建设生态田园城市的总体思路和远景规划为着陆点，以年初经济工作会任务为目标，紧抓“中原经济区、郑州都市区、郑州航空港经济综合实验区”三区叠加机遇，继续以新兴工业区定位为中心，团结奋进，开拓创新，狠抓落实，努力创先争优，强力优化环境，推动重点项目，加快新型城镇化建设，各项经济指标持续增长，较好完成各项目标任务。2014年，东风路街道生产总值完成67.19亿元，同比增长14.1%；财政收入完成16360万元；规模以上工业增加值完成43.96亿元，增长15.85%；固定资产投资完成35.8亿元，增长35.1%。

2014年，东风路街道获得郑州市平安建设先进乡（镇、街道）、郑州市民政工作先进单位、郑州市残疾人工作先进单位、郑州市共青团系统先进集体、郑州市“三八”红旗集体、中牟县目标管理先进单位、中牟县秸秆焚烧和综合利用工作先进集体等荣誉称号。辖区的8个行政村全部被评为省级卫生村。

【机构与领导】 2014年，东风路街道党工委、办事处下设党政办公室、社会事务办公室、村镇中心、计生服务中心、财政所、信息中心、民政所、农业服务中心、公路所、三资管理办公室、劳保所、协税办、国土所、创建办、企业办、督查办等16个二级机构。

2014年底东风路街道领导成员

党工委书记　陈国岭

党工委副书记、办事处主任　李军强

人大工委主任　王华萍（女）

党工委副书记、综治中心主任、政协工委主任　蒿永杰

建管办主任　陈书杰

纪工委书记　白国军

党工委委员、办事处副主任　汤广银

办事处副主任　闫　敏（女）　郭卫民　刘亚娟（女）

党工委委员、武装部长　尚海彦

组织员　刘自英（女）

宣传员　任文盛

统战员　屈炳峰

工会主席　黄金霞（女）

纪工委副书记　林萍萍（女）

综治中心副主任　朱庆松

【党政工作】 2014年，东风路街道党工委以组织建设年活动为契机，努力创先争优，加强党的思想建设、组织建设、作风建设、反腐倡廉建设和制度建设，学习贯彻十八大精神，有效增强了党的执政力，保持了党的先进性、纯洁性，提升了基层党建整体工作水平，促进了经济社会又好又快发展。

积极践行党的群众路线。党的群众路线活动期间，党委班子下村入户，开展走访调研，召开座谈会议43次，开展谈心谈话700多人次，走访群众1696户，找出街道领导班子和班子成员“四风”问题、机关作风问题、社区建设、信访矛盾、基础设施建设等方面问题80余条，修订完善制度18项，新建制度9项。

扎实推进基层组织建设。一是多措并举，抓村级组织建设。组织村级班子集中听党课学习培训12次，依托红色基地强化党性教育3次，依托“五比五争”活动选树8名“亲民爱民、科学求实、无私奉献”的焦裕禄式好干部。定期约谈述职，提升基层党务工作能力。约谈各村支部书记4次，开展村支部书记双述双评3次。加强投入，强化阵地建设。筹资30余万元，对五里岗、史庄等村级活动场所改造升级。目前，8个村级场所有6个达到500平方米以上，小潘庄村服务型党组织建设、红色网络家园达到市级示范点标准，大潘庄村级组织建设达到县级党建示范点标准。二是集思广益，抓社区党建。在4个社区建立流动党员动态管理机制，对流出和流入的党员逐个建立档案，依托党教活动，召集社区党员集体学习6次，开展党性党纪教育3次。成立社区党员志愿者服务队，为辖区孤寡老人及儿童提供义诊、家政、家访谈心等服务。2014年义诊120人次，提供家政服务、开展家访谈心150人次。三是群策群力，抓“两新”组织建设。依托党教活动，向泰新内饰、金马肥业等非公企业支部派驻党建指导员，指导非公企业支部召开党员学习4次，召开民主生活会1次，“七一”集中宣誓1次。新设立党员示范岗5个。

东风路街道第八届村级组织选举现场

做好村级干部队伍建设。完成8个村党组织换届选举工作，选优配齐8个村“两委”干部，并在每村挑选2名35岁左右、大专以上文化、致富潜力大的党员作为村党支部书记和村委会主任的培养对象。推荐选拔出农村后备干部17名。

提高基层党员队伍素质。分期对街道农村党员轮训，培训党员700多人次。严格党员发展“四票决、三公示”制度，不断优化党员队伍结构。2014年，街道发展党员13名，转正党员21名。

推进网格化管理工作。东风路街道69个网格长加大采集社情，民情等台账信息，坚持为民利民便民，充分发挥网格化管理作用，坚持依靠群众推进民生实事办理和专项整治。2014年收集社情2107件，办结2018件，办结率95.78%；收集台账2076件，办结1957件，办结率94.27%。

【新型城镇化建设】 2014年，东风路街道搞好解放路特色商业街区二期安置区工程建设工作。解放路特色商业街区二期安置区工程涉及东风路街道被征迁户904户，其中国有土地房屋607户，集体土地房屋297户，共需拆除房屋面积190541.19平方米。2013年5月工程启动，东风路街道党工委、办事处高度重视，成立解放路特色商业街区改造工程东风路指挥部，街道党工委书记任政委，办事处主任任指挥长，抽调11名班子成员任副指挥长。分成9个工作组，其中3个国有拆迁组，2个集体拆迁组，2个协议签订组，1个资金兑付组，1个综合协调组，同时抽调100余名机关干部充实各工作组，任务层层分解，责任到人。每个拆迁组由2名班子成员带队和机关干部、村组干部一起，深入拆迁一线，全力推进拆迁工作。2014年完成签约890户，签约率98.5%，累计拆除890户，拆除面积18768平方米，拆除率98.5%。

搞好中兴路拓宽改造工作。中兴路拓宽改造项目是2014年县城基础设施改造提升重点项目，涉及东风路街道被征迁户72户，其中小潘庄村被征迁户43户，六里岗村被征迁户29户。4月工程开始，东风路街道党工委、办事处高度重视，迅速成立中兴路拓宽改造专项指挥部，抽调3名班子成员、15名机关干部专项负责，小潘庄村组干部、六里岗村组干部全力配合，积极推进中兴路拓宽改造工程拆迁工作开展。2014 年完成签约 68 户，签约率 94.4%，拆除 61 户，拆除率 84.7%。

搞好生态廊道建设工作。2014 年，辖区内占地 391.4 亩陇海铁路生态廊道项目，占地 99.638 亩的郑民高速生态廊道项目，占地 300 余亩、拆迁 33 户的南入市口生态廊道项目均完工。

搞好城中村改造工作。辖区共 8 个行政村 14 个自然村，其中 4 个行政村 6 个自然村列入改造计划。2014 年郭庄村涉及 209 户群众，完成签约 183 户，签约率 87.6%，剩余 26 户。叠路头村、尚庄村等城中村改造项目纳入解放路改造范围，叠路头拆迁工作进入收尾阶段，尚庄村户口认定完成；六里岗村改造项目结合中兴路拓宽改造项目，拆迁工作进入攻坚阶段；十里铺村改造方案报县政府审批。叠路头村、郭庄村 6 月 30 日举行安置房建设开工奠基仪式。

【省市重点项目】 2014 年东风路街道辖区内，郑州市豫兴汽配有限公司、中鼎汽车零部件有限公司、泰戈汽车部件有限公司、郑州国裕管桩有限公司、中牟县中医院、中牟民政局社会福利中心、十里铺商贸中心等占地 381 亩省市级重点项目顺利开展，2014 年全部征地工作完成。中牟县中医院、中牟民政局社会福利中心清障完毕，十里铺商贸中心完成公开招商合作开发工作。

【卫生创建】 2014 年，东风路街道组织美化墙体约 1.6 万平方米，配置垃圾箱 2000 个，修补残垣断壁约 3000 平方米，清理积存垃圾约 5 万立方米，有效改善了群众生活环境。东风路街道 8 个行政村均达到省级卫生村标准，并通过验收，为中牟县“国家文明卫生城市”顺利通过验收打下良好基础。

【违法建设治理】 2014 年，东风路街道不断加大对违章建筑的动态巡查力度，及时发现制止违法建设行为，发现违法建筑 120 处，制止在建违法建筑 120 处，拆除违章建筑 27 处，拆除面积 1.775 万平方米，与各村各社区签订违法建设长效管理目标责任书，并张贴公告 1000 余份。

【社会事业】 2014 年，东风路街道社会保障体系日趋健全。东风路街道积极开展扶贫帮困送温暖活动，及时做好救灾救济、访贫问苦、农村低保、城镇低保等民政工作；按要求发放救灾款、五保款、优抚款、伤残抚恤金、义务兵优待金、农村医疗救助金、低保金、大病救助款。出台实施大病救助、老年人生活补助、教育抚助、金秋助学、计生奖励等政策，落实各种种粮补贴、良种补贴、农机具补贴、汽车补贴、家电下乡补助、新农合、新农保等政策。2014 年，发放各种款项 80 余万元，发放面粉 5000 余公斤，新农保新农合参保比率达 96% 以上。完成新农保“五险合一”集中核对信息 7960 人次，完成养老保险年审 1976 人次，完成养老保险参保、退保 69 人，完成农村劳动力转移 840 人，就业再就业完成 983 人，办理就业失业登记证 58 本，为下岗人员办理小额担保贷款手续，提供资金支持 60 万元，大大增强辖区群众社会保障能力。

东风路街道 2014 年学生奖励基金发放仪式

社会事业发展步伐日趋加快。2014 年，东风路街道综治工作坚持群防群治原则，加强新老巡消队员管理，加强技防设施 14 个监控平台的运行监督，健全安全防范网络，充分发挥 20 多名基层民调员的作用，并多次组织机关党员干部开展夜间志愿巡逻，为辖区群众营造安定的生产生活环境。信访工作以落实领导包村、包案、接待日、下访日制度和责任追究制为重点，切实做好群众来信来访和矛盾的排查化解工作，2014年以来辖区三级上访及时结案率达100%。2014年计生服务中心为符合条件的计生户居民办理独生子证253个，一孩生育证222个，二孩生育证134个，为468对夫妇进行免费优生优育检查，稳定辖区低生育水平，进一步巩固计生国优县成果。

民主管理日趋规范。坚持岗位廉政教育活动，持续完善纠风三级网络，营造浓厚廉政氛围。审计村组集体资金9800万元，纠正完善不规范票据87张，金额637万元，退回不合理收支票据3张，金额19521元。充分发挥便民服务中心和村便民服务站的作用，接待群众问事办事1.26万余人次，办结11250余件次，推进基层民主管理、社会和谐。强化农村5项工作绩效考核，推进农村工作发展。

精神文明建设迈上新台阶。农村思想文化阵地建设日趋完善。为满足人民群众日益增长的精神文化需求，全面提高群众文明素质，东风路街道继续加大农村思想文化阵地建设。加大投入完善各村的文化大院，并在图书、档案柜、活动器材和资金上等进一步支持各村文化大院，在元宵节等以奖代补的形式给予支持。2014年，各村都建有并进一步完善文化大院，让党员干部和群众学习有课堂、娱乐有场所、交流有阵地。

（审核：刘亚娟　撰稿：王永飞　张　行）

广惠街街道

【概况】　2014年，广惠街街道位于中牟县城西部，东与青年路街道和东风路街道相接，南与郑庵镇相邻，西与白沙镇接壤，北与刘集镇和大孟镇毗连。街道下辖有徐庄、桃村李、毕虎、刘圪垱、占杨、后路俭、朱博士、后潘庄、二十里铺、刘申庄、三王、岗头桥等12个行政村，21个自然村，74个村民组，辖区总人口6.9万人，常住人口3.06万人，总面积39.12平方公里。生产总值完成38.95亿元，全县第三，增速9.2%，全县第三；固定资产投资完成55.63亿元，全县第一，增速25%，全县第四；规模以上工业增加值完成17.85亿元，全县第二，增速16.8%，全县第三；社会消费品零售总额完成7.29亿元，全县第三，增速13.9%，全县第一；“四上”企业完成入库15个，完成比例136.4%，全县第一；公共财政预算收入完成4.48亿元，全县第一，完成比例114%。

街道党工委常务副书记
张明科

街道办事处主任
王林祥

广惠街街道被中共中牟县委县政府授予中牟县2014年度政府目标管理工作先进单位，对外宣传工作先进单位，完成环保目标先进单位，民族宗教工作先进单位，电子政务工作先进单位等荣誉称号。

【机构与领导】　2014年，广惠街街道设党政办、安监办、协税办、规建办、信访办、综治办、统计站、财政所、土地所、民政所、劳保所、司法所、经济发展服务中心、环卫管理服务中心、计划生育服务中心、文化服务中心、三资委托代理服务中心等部门。

2014年底广惠街街道领导班子成员

党工委书记　楚惠东

党工委常务副书记、规建委主任　张明科

党工委副书记、办事处主任、规建委常务副主任　王林祥

党工委委员、人大工委主任
冉军岭

党工委副书记、综治中心主任、政协工委主任　　蒿绪珍

党工委副书记　蔡玉彬

党工委委员、副书记　吴寅飞

党工委委员、建管办主任　秦有福

党工委委员、纪工委书记　董莉莉

党工委委员、办事处副主任　姚松洁

办事处副主任　王普峰　吕银军
张小卫　刘相君

党工委委员、武装部部长　吕立场

组织员　都巧梅

宣传员　宋红杰

统战员　孟飞龙

工会主席　安永懑

综治中心副主任　夏　宁

【党政工作】　2014年，广惠街街道以提高党员干部素质为抓手，加强干部队伍建设。一是抓普通党员党性教育，进行农村党员培训，举办培训班2期，培训党员300余人；二是抓党员干部理想信念教育，进行先进人物学习教育，举办培训班2期，培训党员干部260余人，赴濮阳西辛庄实地考察；三是抓党员干部经常性教育，积极开展“周六学堂”，邀请省市党校、郑大、河大专家为机关干部、村组干部讲授实用的工作方法、工作技巧；四是抓干部队伍凝聚力建设，组织街道全体机关干部、村组干部300余人，赴新县大别山干部学院，进一步强化干部队伍的凝聚力；五是抓优秀人才培养，街道4名村主要干部被县委组织选拔参加大专培训班。街道结合辖区城中村改造、项目占地较多的实际，针对失地村的党员干部群众开展转岗就业培训，举办培训班2期，培训400余人。街道在党员干部培训工作上倾注大量的人力、物力、财力，培训支出100余万元。

以基层党组织建设为抓手，加强支部规范化建设。一是抓支部规范化建设，按照农村党支部工作制度及“三会一课”要求，街道党工委为12个村级党支部重新安装制度板面，规范党支部活动；二是抓村级党组织活动场所建设，街道党工委投入资金500余万元，高标准新建岗头桥、占杨2村村室，升级改造后路俭、二十里铺、桃村李3村村室，为因城中村改造暂无村室的毕虎、刘圪垱、后潘庄3村租村室；建成刘申庄、兴基实业2个党建示范点，建成红色网吧4个；三是抓后进党支部整顿，对后进村深入剖析、因势利导、促进转化，朱博士党支部以群众致富为切入点，依托紧邻万邦区位优势，组织党员群众组建装卸队、果蔬加工队，积极带领群众致富，确立支部威信、筑牢群众基础；徐庄党支部以集体经济为切入点，结合该村位于新城区、失地群众多的实情，筹建新城区农贸市场，方便群众、凝聚人心。新城区农贸市场建设被列入2015年政府10件实事，完成选址、规划、设计等步骤；占杨党支部以自身建设为切入点，强化学习、剖析、讨论，通过一系列支部活动，实现顺气、凝心、聚力，顺利实现后进转化。2014年4月，郑州市委组织部副部长刘华安到占杨村调研，5月县委常委会在该村召开，研究部署农村党建工作，10月，该村代表中牟县接受省市督导组验收村级教育实践活动。

以教育实践活动开展为抓手，加强工作作风建设。一是以教育实践活动为依托，加强机关内部作风建设，组织“发现身边美、传递正能量”活动，选树典型、促进作风转变，办理各类为民事项9640余件，群众满意率96%；二是以党员志愿者服务活动为依托，组织“送健康进社区”“送服务进考点”“送政策进村组”等各类服务活动10余次，参加党员300余人次，服务群众6000余人次；三是以三级网格为依托，组织网格排查、专项整治等各类活动40余次，排查各类社情信息12756件，办结率95%。

街道党工委以第八届村级组织换届为契机，科学谋划、精心组织，依法选举出39名支部委员，选举成功率100%，连任率90%，极大提升村级党组织的号召力、凝聚力、战斗力。

【城中村改造工程】 2014 年，广惠街街道后潘庄村下辖 233 户 1006 口人，在人文路拆迁 75 户的基础上，办事处对剩余的 158 户全部拆迁并安置到位，二期安置房建设清障及围墙圈建基本完成。刘圪垱村下辖 256 户 1050 人，完成 241 户 10.1 万平方米房屋拆迁工作，针对遗留的阻碍安置房建设的其他问题，办事处集中力量，全力攻坚，安置房开工建设。刘申庄占李村（含北占杨村）涉及 422 户 1700 人，完成 102 户 400 人的拆迁工作，前期工作全部就绪，房屋丈量工作完成。万邦二期“名车汇”项目涉及朱博士村 111 户 510 口人的拆迁任务，年前达成协议，测量结束，临时过渡安置房建成。

【套合园区项目建设】 2014 年，中牟新区方面，占地 146 余亩的宇通商住项目补偿款发放到位，围墙完成圈建并进行施工；占地 116 余亩的金满地商业街一期工程测量、补偿款兑付和清障全部结束，并开工建设；新城区开发建设房地产项目 18 个，年度投资 38.38 亿元，各项目工程进展顺利。

绿博文化产业园方面，涉及三王村 280 亩土地的 3 号安置小区围墙圈建完成，一期 6 号基坑完成并进行打桩，5 号基坑土方开挖；涉及街道的新城大道、紫寰路等 6 条道路，累计征地 850 余亩，新城大道等 3 条道路竣工，紫寰路等 3 条道路补偿款发放，征地、清障结束；屏华路、新城大道绿化项目，征地清障完成；人文路跨贾鲁河大桥项目有序施工。

汽车产业集聚区方面，比克安惠园（公租房）项目占地 90 亩，围墙完成圈建，“三通一平”全部到位，并开工建设；万邦“名车汇”项目占地 620 亩，432 亩土地清障结束，补偿款发放；万邦二期占地 730 亩，清障完成，围墙圈建；文通路南延及跨桥涵项目基本竣工，人文路南延工程划边定界、附属物清点等结束，文昌街（富康路）项目开始发放补偿款。

【县城基础设施完善改造提升工程】 2014 年，县城基础设施完善改造提升工程涉及广惠街道的有万胜路、寿圣街等 6 条道路，涉及拆迁户 130 余户，拆除面积近 7 万平方米。寿圣街、清阳街、牟山路、万胜路竣工通车；滨河路（新圃街—中万路段）完成工程量的 90%；广惠街南延工程补偿款发放到位，清障完成。贾鲁河生态治理工程绿化、亮化基本结束，涉及广惠街街道 8 个行政村 750 余亩土地的陇海铁路廊道绿化工程，租赁区土地清障、苗木栽植等工作全部完成。

升级改造中的牟州街

【社会事业】 2014 年，广惠街街道以人为本，民生事业扎实开展。街道 138 个网格长加大采集社情、民情等台账信息，坚持为民利民便民，充分发挥网格化管理作用，坚持依靠群众推进民生实事办理，收集社情信息 12725 件，办结 12402 件，办结率 97.5%，收集台账 858 件，办结 851 件，办结率 99.2%。进一步健全社会保障体系，积极开展扶贫帮困送温暖活动，及时做好救灾救济、访贫问苦、农村低保、城镇低

建成并投入使用的商都路小学

保等民政工作；按要求发放五保款、优抚款、伤残抚恤金、低保金等。出台实施大病救助、教育抚助、计生奖励、失地保障等政策，落实各种良种补贴、新农合、新农保等政策。全年发放各种款项1100余万元，新农保、新农合参保比率均达100%。商都路学校按时投入使用，有效缓解辖区学生入学难的问题。完成农村低保退保72户153人，完成农村劳动力转移820人，进一步增强辖区群众的社会保障能力。

强化服务，社会事业全面进步。2014年是中牟县迎接国家卫生县城复审年，街道办事处积极配合县爱卫办全力以赴做好迎检工作，投入400余万元用于清理积存垃圾、墙体罩白、树木美化等，为中牟县“国家文明卫生城市”顺利通过验收打下良好基础。计生工作坚持抓基层、抓日常管理的方针，积极实施出生缺陷干预工程，提高出生人口素质，及时兑现计生户奖励扶持政策，“单独二孩”政策顺利实施，全年新出生215人，出生率9.7‰，办理独生子女证46个，一孩生育证187个，二孩生育证193个，为175对夫妇进行免费优生优育检查，稳定辖区低生育水平，进一步巩固创建国家计划生育优质服务先进县成果。

狠抓管理，社会大局稳定有序。综治工作坚持群防群治原则，加强新老巡消队员管理，健全安全防范网络，充分发挥36名基层民调员作用，并多次组织机关党员干部开展夜间志愿巡逻，为辖区群众营造安定的生产生活环境。信访工作以落实领导包村、包案、接待日、下访日制度和责任追究制为重点，切实做好群众来信来访和矛盾的排查化解工作，全年三级上访及时结案率达100%。违法建设治理工作通过强化巡查排查、树立责任意识、突出依法整治等，发现并制止230户违法违规建设行为，与县规划局联合执法39次，依法拆除30户，拆除面积2.1万平方米，建立和巩固良好的城乡建设秩序。坚持“安全第一、预防为主、综合治理”的方针，立足事故防范，加大宣传，突出重点，强化监管，着力隐患整改，狠抓打非治违。举办安全教育培训班4期，发放宣传资料3120份，检查排查企业、个体工商户800余家，有效遏制重特大事故的发生。

统筹安排，各项工作顺利开展。加强社会主义核心价值观教育和精神文明建设，郑州市文明单位创建有望成功；扎实开展第八届村委会换届选举工作，依法选举产生支部委员39名，村委会委员42名，选举成功率100%；秸秆禁烧、武装、妇联、审计等工作，都取得新成绩。

转变作风，效能建设不断加强。全面贯彻落实中央八项规定和省委省政府和市委市政府有关规定，围绕反对“四风”，扎实开展党的群众路线教育实践活动，政风建设取得新成效，“三公”经费同比减少32%，公务接待费同比减少81%，公务用车运行维护费同比减少9%。

（审核：姚松洁　撰稿：李庆伟）

编辑：李　红

人 物

县处级领导干部

【路红卫】 男，汉族，1969年3月出生，河南巩义市人，中共党员，在职研究生学历，中共中牟县委书记。

1987年9月至1991年7月，在郑州大学电子学与信息系统专业学习，获学士学位。1991年7月至1994年11月，在巩义市广播电视局工作。1994年11月至1997年8月，在巩义市委组织部办公室工作。1997年8月至1999年3月，任巩义市委组织部办公室主任、副科级组织员。1999年3月至2000年6月，任巩义市委组织部办公室主任、正科级组织员。2000年6月至2002年1月，任巩义市委组织部干部科科长、正科级组织员。2002年1月至6月，任巩义市鲁庄镇党委副书记、镇长。2002年6月至2004年4月，任荥阳市人民政府副市长（公选）。2004年4月至2009年2月，任荥阳市委常委、市人民政府副市长。2009年2月至2011年2月，任荥阳市委常委、市人民政府常务副市长。2011年2月至5月，任荥阳市委常委、市人民政府常务副市长，郑州市宜居健康园管委会常务副主任、党委委员。2011年5月至12月，任郑州市城市管理局副局长、党委副书记，荥阳市委副书记（挂职），郑州市宜居健康园管委会常务副主任、党委委员。2011年12月至2013年1月，任郑州市煤炭管理局局长、党组副书记，郑州市监察局副局长。2013年1月至6月，任中共中牟县委副书记（正县级），中牟县人民政府副县长提名人选（主持政府工作），县政府党组书记。2013年4月起，兼任中牟绿博文化产业园区（中牟新区）管委会主任、党工委书记，中牟汽车工业园管委会主任、党工委书记。2013年6月至2014年3月，任中共中牟县委副书记，中牟县人民政府县长，县政府党组书记；兼任中牟绿博文化产业园区（中牟新区）管委会主任、党工委书记，中牟汽车工业园管委会主任、党工委书记。2014年3月起，任中共中牟县委书记。

【潘开名】 男，1973年8月出生，河南信阳人，博士学位，中共党员，2002年3月参加工作，中共中牟县委副书记、中牟县人民政府县长。

1992年7月至1996年7月，在东北大学资源与土木工程专业学习，获学士学位。1996年7月至1999年3月，在东北大学资源与土木工程专业学习，获硕士学位。1999年3月至2002年3月，在东北大学资源与土木工程专业学习，获博士学位。2002年3月至2002年6月，在东北大学资源与土木工程学院工作。2002年6月至2004年7月，任郑州市建设委员会总工程师、党委委员。2004年7月至2009年3月，任郑州市建设委员会副主任、党委委员。2009年3月至2009年8月，任郑州市建设委员会副主任、党委委员，大郑东新区管委会建设环保局局长。2009年8月至2010年1月，任郑州市建设委员会副主任、党委委员，郑州新区建设环保局局长。2010年1月至2010年10月，任郑州市城乡建设委员会副主任、党委委员，郑州新区建设环保局局长。2010年10月至2011年12月，任郑州市城乡建设委员会副主任、党委委员，郑州新区管委会总工程师、建设环保局局长。2011年12月至2013年1月，任郑州市城乡建设委员会副主任、党委委员，郑州新区管委会总工程师、建设环保局局长，郑州国际物流园区管委会主任、党委副书记。2013年1月至2013年6月，任郑州市政府副秘书长（正县级）、办公厅党组成员。2013年6月至2014年2月，任郑州市二七区委副书记（正县级），郑州二七新区管委会常务副主任、党工委副书记。2014年2月至2014年3月，任中牟县委委员、常委、副书记，县政府党组书记，中牟绿博文化产业园区（中牟新区）管委会主任、党工委书记，中牟汽车工业园管委会主任、党工委书记。2014年3月至2014年8月，任中牟县委委员、常委、副书记，县人民政府代县长，县政府党组书记，中牟绿博文化产业园区（中牟新区）管委会主任、党工委书记，中牟汽车工业园管委会主任、党工委书记；2014年8月起，任中牟县委委员、常委、副书记，县人民政府县长，县政府党组书记，中牟绿博文化产业园区（中牟新区）管委会主任、党工委书记，中牟汽车工业园管委会主任、党工委书记。

【楚惠东】 男，汉族，1968年11月生，河南省荥阳市人，1993年1月入党，1988年7月参加工作，硕士研究生学历，中共中牟县委副书记。

1985年9月至1988年7月在郑州纺织工学院纺织工程系供热通风及空调工程专业学习。1988年7月至1991年9月，在河南省建五公司机电安装分公司工作。1991年9月至1994年1月，在湖南大学供热供燃气通风及应用工程专业学习，获工学硕士学位。1994年1月至1996年6月，任郑州市工程质量监督站综合室监督员。1996年6月至1999年4月，任郑州市工程质量监督站综合室主任。1999年4月至2002年6月，任郑州市工程质量监督站综合科科长。2002年6月至2007年1月，任郑州市二七区人民政府副区长。2007年1月至2008年4月，任郑州市二七区委常委、统战部长。2008年4月至2011年6月，任郑州市二七区委常委、办公室主任。2011年6月至2013年1月，任中牟县委常委、组织部长。2013年1月至4月，任中共中牟县委副书记，中牟绿博文化产业园区（中牟新区）管委会常务副主任、党工委副书记，广惠街街道党工委书记。2013年4月起，任中共中牟县委副书记，中牟绿博文化产业园区（中牟新区）管委会常务副主任、党工委副书记，广惠街街道党工委书记，县委党校校长。

【刘玉玲】 女，1958年2月出生，汉族，河南新密市人，1986年5月入党，1978年12月参加工作，中共党员，河南大学政治教育专业大学毕业，河南大学经济管理在职研究生，中牟县人大常委会主任、党组书记。

1978年12月至1985年3月，任河南省密县二中团委书记。1985年3月至6月，任河南省密县县委党校理论教员。1985年6月至1991年5月，任郑州市委宣传部理论科干事。1991年5月至1992年12月，任郑州市委宣传部副科级宣教员。1992年12月至1993年1月，任郑州市委宣传部理论处副处长。1993年1月至1994年8月，任郑州市委宣传部教育卫生处处长。1994年8月至1999年2月，任郑州市委宣传部思想道德教育处处长。1999年2月至2002年6月，任郑州市委宣传部副县级宣教员。2002年6月至10月，任郑州市精神文明建设指导委员会办公室副主任。2002年10月至2003年12月，任中共郑州市管城回族区委常委、宣传部长。2003年12月至2008年11月，任中牟县委常委、组织部部长。2008年12月至2009年2月，任中牟县人大常委会党组书记。2009年2月起，任中牟县人大常委会主任、党组书记（其间，1992年1月至1993年12月，在河南大学经济管理专业研究生班学习；2002年9月至12月，在河南省委党校第十五期宣传干部进修班学习）。

【李延中】　男，1960年3月出生，汉族，在职研究生，中牟县青年路街道人，1976年8月参加工作，1987年6月加入中国共产党，政协中牟县第九届委员会主席。

1976年8月至1981年8月，在邵岗学校任教。1981年8月至1983年7月，在开封第二师范学校上学。1983年7月至1985年8月，在中牟十中任教。1985年8月至1989年10月，任中牟一中政教处主任。1989年10月至1991年4月，任芦医庙乡党委秘书。1991年4月至1992年10月，任郑庵乡党委副书记。1992年10月至1994年5月，任姚家乡党委副书记、乡长。1994年5月至1995年3月，任大孟乡党委副书记、乡长。1995年3月至1998年3月，任中共中牟县纪委副书记、监察局局长。1998年3月至1999年12月，任中牟县交通局党委书记、局长（其间，1996年11月至1998年12月，在河南大学政治经济学在职研究生班学习）。1999年12月至2002年1月，任中牟县检察院党组成员、副检察长。2002年1月至2004年6月，任城关镇党委书记、镇长。2004年6月至2005年1月，任中共中牟县委常委、城关镇党委书记、镇长。2005年1月至2007年1月，任中共中牟县委常委、城关镇党委书记。2007年1月至2011年1月，任中共中牟县委常委、县纪委书记。2011年1月至3月，任县委常委、纪委书记，县政协党组书记、政协主席。2011年3月至2012年4月，任政协中牟县第八届委员会党组书记、政协主席。2012年4月起，任政协中牟县第九届委员会主席。

【张永宪】　男，1961年6月出生，汉族，河南省巩义市人，1986年8月入党，1981年12月参加工作，河南省农校农学专业中专毕业，澳门大学工商管理硕士研究生，中共中牟县委常委、县纪委书记。

1979年2月至1981年12月，在河南省农业学校学习。1981年12月至1982年3月，在中牟县原种场工作。1982年3月至1983年12月，在刘集人民公社工作，历任办事员、管委会副主任。1983年12月至1985年4月，任刘集乡副乡长、刘集乡经联社副主任。1985年4月至1986年9月，任白沙乡经联社副主任。1986年9月至1988年7月，参加郑州市委党校大专班脱产学习。1988年7月至1995年2月，任白沙乡副乡长。1995年2月至1996年1月，任白沙镇党委副书记、副镇长。1996年1月至2002年1月，任白沙镇党委书记、镇长（其间，1995年6月，河南财经学院经济管理专业本科自考毕业；1996年11月至1998年12月，参加河南大学政治经济学在职研究生班学习；1998年9月至1998年12月，参加郑州市委党校中青班学习）。2002年1月至2002年10月，任中牟县人民政府副县长。2002年10月至2006年5月，任中牟县委常委、宣传部部长（其间，2000年11月至2002年11月，参加亚洲〈澳门〉国际公关大学工商管理硕士学习）。2006年5月至2011年3月，任中共中牟县委常委、政法委书记。2011年3月起，任中共中牟县委常委、县纪委书记。

【李文岭】　男，汉族，1966年3月出生，河南新密市人，中共党员，在职研究生学历，中共中牟县委常委、县政府常务副县长。

1986年9月至1990年6月，在信阳师范学院政教系学习。1990年9月至1992年12月，在河南省轻工业干部学校工作，任教师、团总支书记。1993年1月至1998年10月，在郑州团市委工作，先后任学校部部长、办公室主任。1998年10月至2003年12月，在中共郑州市委宣传部工作，任办公室主任（其间，2002年8月，任中共郑州市委宣传部助理调研员）。2003年12月至2006年12月，任荥阳市人民政府副市长。2007年1月至2011年5月，任中共荥阳市委常委、办公室主任（其间，2007年9月至2010年6月，在职攻读中央党校经济管理学研究生，毕业）。2011年6月起，任中共中牟县委常委、常务副县长（其间，2012年3月起在清华大学县域经济高级研修班学习）。

【张书勤】　男，1961年2月出生，汉族，中牟三官庙镇人，1984年12月入党，1982年7月参加工作，河南大学中文专业在职研究生，中共中牟县委常委、县委办公室主任。

1982年7月至1985年9月，任韩寺乡团委书记。1985年9月至1987年9月，在郑州市委党校学习。1987年9月至1989年10月，任姚家乡乡长助理。1989年10月至1992年10月，任中牟县委组织部副科级组织员、秘书科科长。1992年10月至1995年2月，任大孟乡党委副书记。1995年2月至1995年8月，任大孟乡党委副书记、副乡长（正科级）。1995年8月至1998年3月，任大孟乡党委书记、乡长。1998年3月至1999年12月，任中牟县人事劳动局局长、党组书记，中牟县编办主任。1999年12月至2004年7月，任中牟县委组织部副部长，县人事劳动和社会保障局局长、党组书记，中牟县编办主任。2004年7月至2007年1月，任中牟县人民政府副县长。2007年1月至2009年8月，任中共中牟县委常委、城关镇党委书记。2009年8月至2013年2月，任中共中牟县委常委、县委办公室主任。2013年2月起，任中共中牟县委常委、县委办公室主任，郑州现代农业示范区管委会主任、党工委书记。

【王兴林】　男，1958年9月出生，汉族，籍贯山东潍坊，研究生学历，1975年7月参加工作，1981年8月入党，县委常委、统战部长，县政协党组副书记。

1975年7月至1978年3月，夏邑县北镇知情农场知青。1978年3月至1985年9月，任54军炮团一营战士、排长、营部书记、政治处干事。1985年9月至1992年2月，任153医院政治处干事。1992年2月至1999年6月，任河南省军区司令部正营职、副团职秘书。1999年6月至2000年1月，任商丘市梁园区人武部代理副部长。2000年1月至2002年8月，任中牟县人武部部长、县人大常委。2002年8月至2004年4月，任中牟县人武部部长、县委常委。2004年5月至2004年11月，转业待分配。2004年11月至2010年1月，任中牟县人民政府副县长。2010年1月起，任中牟县委常委、统战部部长。2011年起，兼任县海外联谊会会长。2012年起，兼任县企业联合会、企业家协会会长。

【李晓亮】　男，汉族，1975年9月出生，河南省长葛市人，1999年10月参加工作，中国人民公安大学汉语言文学专业毕业，本科学历，中牟县委常委、政法委书记。

1999年10月至2001

年1月，在许昌市中级人民法院工作。2001年1月至2001年5月，任许昌市中级人民法院书记员。2001年5月至2002年10月，任许昌市委政法委员会科员。2002年10月至2005年1月，任许昌市委政法委员会副主任干事。2005年1月至2005年4月，任许昌市委政法委员会政治部副主任。2005年4月至2005年12月，在郑州市纪律检查委员会工作。2005年12月至2007年7月，任郑州市纪律检查委员会正科级检查员、监察员。2007年7月至2009年12月，任郑州市纪律检查委员会干部管理室副主任。2009年12月至2011年5月，任郑州市纪律检查委员会监察综合室主任。2011年6月至2013年2月，任中牟县委常委、政法委书记。2013年2月起，任中牟县委常委、政法委书记，官渡工业园区工委书记、管委会主任，官渡镇党委书记。

【王朝杰】　男，汉族，1974年8月出生，河南扶沟县人，1994年5月入党，1996年7月参加工作，在职研究生学历，县委常委、组织部部长，中牟绿博文化产业园区管委会主任，刘集镇党委书记。

1992年9月至1996年7月，在河南农业大学生物工程学院学习。1996年7月至1997年8月，在郑州市金水区农业开发办公室工作。1997年8月至1998年9月，在郑州市金水区党建办工作。1998年9月至2000年5月，借调省委组织部办公室文秘科工作。2000年5月至2002年5月，任郑州市金水区委组织部科员、组织科副科长、办公室主任。2002年5月至2004年9月，任郑州市金水区委组织部副部长。2004年9月至2005年2月，任郑州市金水区委组织部常务副部长。2005年2月至2007年2月，任郑州市金水区委组织部常务副部长，金水区“两新”党工委书记。2007年2月至2009年7月，任郑州市金水区北林路街道党工委书记。2009年7月至2009年12月，任郑州市委组织部县区干部处处长。2009年12月至2010年6月，任郑州市委组织部副县级组织员、县区干部处处长。2010年6月至2013年1月，任郑州市委组织部副县级组织员、办公室主任。2013年1月至2013年4月，任中牟县常委、组织部部长，刘集镇党委书记。2013年4月起，任中牟县委常委、组织部部长，绿博文化产业园区管委会主任，刘集镇党委书记。

【李长松】　男，汉族，河南开封市人，1973年3月出生，1994年6月入党，1991年入伍，大学学士，正团职，上校军衔，中共中牟县委常委、中牟县人武部政委。

1991年12月至1994年9月，54集团军工兵团特务连战士。1994年9月至1996年7月，工程兵指挥学院学员。1996年7月至1998年12月，任54集团军工兵团筑城伪装营伪装连排长。1998年12月至2000年1月，任54集团军工兵团筑城伪装营筑城1连副指导员。2000年1月至9月，任54集团军工兵团特务连指导员。2001年9月至2002年2月，任54集团军工兵团政治处正连职群工干事。2002年2月至2006年1月，任54集团军工兵团司令部管理股协理员。2006年1月至2007年2月，任54集团军工兵团道路桥梁1营副指导员。2007年2月至2009年3月任54集团军工兵团道路桥梁1营教导员。2009年3月至2009年6月，任54集团军教导大队政治处主任。2009年6月至2012年3月，任54集团军装甲11师装备部直政科科长。2012年3月至2014年1月，任河南省新郑市人武部副部长兼军事科科长。2014年1月至2月，任中牟县人武部政委。2014年2月起，任中牟县委常委、中牟县人武部政委。

【李增辉】　1973年12月出生，男，汉族，河

南鲁山县人，1996年5月入党，1993年9月入伍，本科学历，正团职，上校军衔，中牟县人武部部长。

1993年9月至1997年7月，济南陆军学院学员。1997年7月至1999年12月，任步兵第50师6连、58旅6连排长。1999年12月至2002年6月，任步兵第58旅作战科参谋。2002年6月至12月，任步兵第58旅一营副营长。2002年12月至2008年2月，任陆军第20集团军军务处参谋。2008年2月至2012年2月，任陆军第20集团军军务处副处长。2012年2月至2014年1月，任陆军第20集团军炮兵旅副旅长。2014年1月起，任中牟县人武部部长。

【冯政忠】 男，1955年12月出生，汉族，中牟县刘集镇人，1982年8月入党，1971年1月参加工作，郑州大学政治专业大学毕业，中牟县人大常委会党组副书记、副主任。

1971年1月至1972年1月，中牟县刘集公社职工。1972年1月至1974年8月，中牟县委办公室通讯员。1974年8月至1977年7月，郑州大学政治系学生。1977年7月至1978年7月，任中牟县委办公室干事。1978年7月至1983年10月，任共青团中牟县委副书记。1983年10月至1985年1月，任中牟县万滩乡党委副书记、乡长。1985年1月至1987年10月，任中牟县邵岗乡党委书记。1987年10月至1989年9月，任中牟县冷冻厂党支部书记（其间，1987年10月至1988年1月，参加郑州市乡党委书记岗位职务培训班学习）。1989年9月至1991年10月，任中牟县人民政府经济协作办公室主任。1991年10月至1996年1月，任中牟县蚕业管理局局长、党组书记。1996年1月至1999年12月，任中牟县卫生局局长、党委书记。1999年12月至2003年1月，任中牟县人大常委会委员、党组成员、办公室主任。2003年1月至2007年3月起，任中牟县人大常委会党组成员、副主任。2007年3月起，任中牟县人大常委会党组副书记、副主任。

【郭礼印】 男，1955年9月出生，汉族，中牟县韩寺镇人，1984年9月入党，1976年1月参加工作，省委党校经管专业毕业，中牟县人大常委会党组副书记、副主任。

1976年1月至1989年4月，在中牟县韩寺水利站工作，历任职工、站长。1989年4月至1991年4月，任中牟县刁家乡副乡长。1991年4月至1996年1月，任中牟县水利局副局长。1996年1月至2002年1月，任中牟县农业局局长、党组副书记。2002年1月至2005年1月，任中牟县财政局局长、党组书记。2005年1月至2012年11月，任中牟县人大常委会党组成员、副主任。2012年11月起，任中牟县人大常委会党组副书记、副主任。

【魏玉坤】 男，1963年8月出生，汉族，中牟县白沙镇人，中央党校经济管理专业本科毕业，1988年9月入党，1983年8月参加工作，中牟县人大常委会党组成员、绿博文化产业园区管委会副主任。

1981年9月至1983年7月，在开封市第二师范学校学习。1983年7月至1985年8月，在中牟十八中任教。1985年8月至1986年9月，任中牟县黄店乡团委书记。1986年9月至1988年8月，郑州市委党校学员。1988年8月至1989年9月，任中牟县芦医庙乡乡长助理。1989年9月至1992年9月，任芦医庙乡副乡长。1992年9月至1995年2月，任芦医庙乡党委副书记、乡长。1995年2月至1997年2月，任芦医庙乡党委书记、乡长。1997年2月至1999年12月，任中牟县经贸委主任、党委书记。1999年12月至2002年1月，任中牟县环保局局长、党组书记。2002年1月至2003年1月，任中牟县纪委副书记、监察局局长。2003年1月至2006年2月，任中牟县委组织部副部长。2006年2月至2007年8月，任中牟县人大常委会党组成员、副主任。2007年8月至2008年11月，任县人大常委会党组成员、副主任，中牟产业园区管委会副主任。2008年11月至2009年10月，任县人大常委会党组成员、郑汴产业带管委会副主任。2009年10月至2013年3月，任中牟县人大常委会党组成员、郑州市白沙园区管理委员会副主任。2013年4月起，任中牟县人大常委会党组成员、绿博文化产业园区管委会副主任。

【段长兴】 男，1962年8月出生，汉族，中牟县韩寺镇人，1987年5月入党，1980年8月参加工作，开封第二师范学校中专毕业，河南农业大学农业经济专业大学（在职）学历，中牟县人大常委会党组成员、副主任。

1978年9月至1980年8月，在开封第二师范学校学习。1980年8月至1983年8月，任中牟县城关初中教师。1983年8月至1985年9月，任中牟县委办机要员。1985年9月至1987年8月，河南农业大学经济系学生。1987年8月至1989年9月，任中牟县大孟乡乡长助理。1989年9月至1991年8月，任中牟县黄淮海农业综合开发办公室党支部书记。1991年8月至1992年9月，任中牟县郑庵乡党委秘书。1992年9月至1995年2月，任中牟县郑庵乡副乡长。1995年2月至1997年3月，任中牟县刘集乡党委副书记。1997年3月至1999年3月，任中牟县芦医庙乡党委副书记、副乡长（正科）。1999年3月至2005年2月，任中牟县芦医庙乡党委书记、乡长（其间，2001年7月至2003年7月，任云南大学金融贸易专业研究生班学习）。2005年2月至11月，任中牟县芦医庙乡党委书记（2005年9任副县级干部）。2005年11月至2007年1月，任中牟县九龙镇党委书记。2007年1月至2月，任中牟县人大常委会副主任、九龙镇党委书记。2007年2月起，县人大常委会党组成员、副主任。

【李鸿欣】 男，1962年6月出生，汉族，河南巩义市人，1987年6月入党，1981年9月参加工作，商丘农专农学专业大专毕业，首都经贸大学经济法专业在职研究生，中牟县人大常委会党组副书记。

1978年8月至1981年9月，商丘农专农学系学生。1981年9月至1986年8月，历任中牟县农业局科员、办公室主任。1986年8月至1988年9月，任中牟县委办公室秘书。1988年9月至1992年1月，任中牟县委办公室秘书一科科长。1992年1月至1995年2月，任中牟县委办公室秘书科科长。1995年2月至1997年2月，任中牟县仓寨乡党委副书记。1997年2月至1998年3月，任中牟县人民政府办公室副主任。1998年3月至2002年1月，任中牟县人民政府办公室副主任、法制局局长（其间，1999年9月至2001年7月，通过函授取得首都经济贸易大学经济法专业硕士研究生学历）。2002年1月至2007年1月，任中牟县人民政府办公室主任、县政府党组成员。2007年1月至2月，任中牟县人大常委会副主任、中牟县人民政府办公室主任、县政府党组成员。2007年2月至2012年4月，任中牟县人大常委会党组成员、副主任。2012年4月至2013年6月，任中牟县人大常委会党组副书记。2013年6月起，任中牟县人大常委会党组成员、副主任。

【李五群】 男，1959年8月出生，汉族，中牟县三官庙镇人，1984年11月入党，1980年1月参加工作，开封第二师范学校中专毕业，中央党校经管专业大学毕业（在职），中牟县人大常委会党组副书记。

1978年1月至1980年1月，开封第二师范学校数理专业学生。1980年1月至1982年4月，任中牟十六中任教。1982年4月至1988年9月，任姚家乡副乡长。1988年9月至1992年9月，任团县委书记。1992年9月至1994年5月，任邵岗乡乡长。1994年5月至1996年1月，任姚家乡乡长。1996年1月至1999年3月，任黄店乡党委书记、乡长。1999年3月至2005年1月，任县民政局党组书记、局长。2005年1月至2008年12月，任县财政局党组书记、局长。2008年12月至2009年1月，任中牟县人大常委会党组成员，县财政局局长、党组书记。2009年1月至2月，任中牟县人大常委会党组成员。2009年2月至2012年4月，任中牟县人大常委会党组成员、副主任。2012年4月至2013年6月，任中牟县人大常委会党组副书记。2013年6月起，任中牟县人大常委会党组成员、副主任（其间，1986年9月至1988年9月，在郑州市委党校经济管理专业学习；1995年8月至1997年12月，在中央党校法律专业函授本科学习）。

【李长宝】 男，1973年3月出生，汉族，中牟县城关镇人，1996年9月参加工作，郑州大学法学院法学专业本科毕业，郑州大学法律硕士（在职），中牟县人大常委会副主任、中牟县审计局副局长、郑州市青年联合会第十三届委员会委员。

1992年9月至1996年7月，郑州大学法学院法学专业学生。1996年9月至2003年4月，历任中牟县人民检察院书记员、助理检察员、检察员、民事行政检察科科长。2003年5月至2009年4月，任中牟县人民检察院副检察长。2009年4月至2012年4月，任中牟县人民检察院副检察长、正科级检察员。2012年4月至2012年8月，任中牟县人大常委会副主任、中牟县人民检察院副检察长。2012年8月至2013年12月，任中牟县人大常委会副主任、中牟县审计局副局长。2013年12月起，任中牟县人大常委会副主任（其间，2006年9月至12月，在郑州市委党校第35期中青年干部培训班培训；2009年9月至10月，在郑州市社会主义学院郑州市党外后备干部培训班培训；2011年9月至10月，在郑州市社会主义学院郑州市党外青年干部培训班培训。2007年9月至2010年7月，参加郑州大学法学院在职法律硕士学习，取得法律硕士学位）。

【王家伦】 男，1957年6月出生，汉族，中牟县人，大专学历，1985年9月入党，1980年10月参加工作，中牟农校大专毕业，中牟县人大常委会党组成员、正县级干部。

1978年4月至1979年11月，在中牟农校果树专业学习。1979年11月至1980年10月，在仓寨乡人民政府工作。1980年10月至1981年9月，任中牟县农业局团总支书记。1981年9月至1984年7月，在中牟县农委工作。1984年7月至1994年3月，先后任中牟县政府办农业科科长、八岗乡乡长助理、八岗乡党委书记、三官庙乡党委书记。1994年3月至1995年3月，任中牟县人民法院副院长、党组副书记。1995年3月至2003年1月，任新密市人民法院院长、党组书记。2003年1月至2010年1月，任郑州市上街区人民法院院长。2010年1月至2012年4月，任郑州市上街区人大常委会副主任。2012年4月起，任中牟县人大常委会党组成员、正县级干部（其间，1985 年 9 月至 1988 年 7 月，在河南省委党校行政管理专业学习；1987 年 9 月至 1987 年 12 月，在郑州市委党校第三期中青强化班学习；2001 年 3 月至 2001 年 6 月，在郑州市委党校第 23 期县处级干部进修班学习）。

【孙玉霞】 女，1965 年 12 月出生，汉族，中牟县大孟镇人，研究生文化，中共党员，中牟县人大常委会党组副书记，中牟县总工会主席、党组副书记。

1988 年 3 月至 1993 年 2 月，任中牟县保鲜库经理。1993 年 2 月至 1995 年 2 月，任天然蜂业公司经理。1995 年 2 月至 1996 年 1 月，任中牟县乡镇企业局副局长。1996 年 1 月至 1998 年 3 月，任白沙镇镇长。1998 年 3 月至 1999 年 12 月，任中牟县纪委副书记。1999 年 12 月至 2002 年 1 月，任中牟县商务局局长、党组书记。2002 年 1 月至 2003 年 1 月，任中牟县林场场长、党组书记。2003 年 1 月至 2005 年 1 月，任中牟县委组织部副部长兼工委书记。2005 年 1 月至 2007 年 1 月，任政协中牟县委员会副主席。2007 年 1 月至 2011 年 3 月，任中牟县总工会党组书记、主席。2011 年 3 月至 2012 年 4 月中牟县总工会主席、党组书记，县人大常委会党组成员。2012 年 4 月至 2013 年 9 月，任中牟县总工会主席、党组书记，县人大常委会党组副书记。2013 年 9 月起，任中牟县总工会主席、党组副书记，县人大常委会党组副书记。

【王洪波】 女，汉族，1969 年 1 月出生，河南省登封市人，无党派人士，中央党校经济管理专业在职研究生学历，中牟县人民政府副县长。

1985 年 1 月至 1995 年 4 月，任登封市煤炭运销公司财务科出纳员、总会计。1995 年 4 月至 1999 年 4 月，任登封市送表乡副乡长（公选）。1999 年 4 月至 2002 年 4 月，任登封市妇联副主席。2002 年 4 月至 2007 年 1 月，任登封市人大常委会委员，历任教科文卫委、代表联络信访委主任。2007 年 1 月起，任中牟县人民政府副县长。

【任程伟】 男，汉族，1966 年 11 月出生，1989 年 8 月参加工作，1995 年 5 月加入中国共产党，本科学历，中牟县人民政府副县长。

1985 年 9 月至 1989 年 7 月，在武汉大学学习。1989 年 8 月至 1995 年 5 月，历任巩义市工商局办事员、法制科科员、办公室副主任、经济检查科科长。1995 年 5 月至 1997 年 8 月，任巩义市工商局副科级协理员。1997 年 8 月至 1999 年 8 月，任巩义市政府办公室副主任。1999 年 9 月至 2001 年 8 月，任巩义市政府办公室副主任兼法制局局长（2000 年 3 月兼驻京办主任）。2001 年 8 月至 2002 年 1 月，任巩义市大峪沟镇党委书记、镇长。2002 年 1 月至 2002 年 2 月，任巩义市大峪沟镇党委书记、人大主席。2002 年 2 月至 2006 年 3 月，任巩义市大峪沟镇党委书记。2006 年 3 月至 2007 年 1 月，任巩义市大峪沟镇党委书记、人大主席。2007 年 1 月至 2009 年 9 月，任巩义市副县级干部、大峪沟镇党委书记、人大主席。2009 年 9 月起，任中牟县人民政府副县长。

【张建锋】 男，汉族，1970 年 3 月出生，河南太康人，中共党员，大学学历，中牟县人民政府副县长。

1988 年 9 月至 1992 年 8 月，在河南大学中文系文秘专业学习。1992年8月至1995年9月，任郑州火车站地区综合治理办公室科员。1995年9月至1997年5月，任郑州火车站地区综合治理办公室综合处副处长。1997年5月至1998年2月，任郑州火车站地区综合治理办公室音像文化管理处副处长。1998年2月至1999年8月，任郑州火车站地区综合治理办公室音像文化管理处处长。1999年8月至2000年6月，任郑州火车站地区综合管理办公室纪检办公室主任。2000年6月至2002年9月，任郑州火车站地区综合管理办公室考评办主任。2002年9月至2003年4月，任郑州火车站地区综合管理办公室秘书处处长。2003年4月至2004年6月，任郑州火车站地区综合管理办公室助理调研员。2004年6月至2010年1月，任郑州火车站地区综合管理管委会副主任、党委委员。2010年1月起，任中牟县人民政府副县长。

【杨书立】 男，汉族，1963年6月出生，河南省罗山县人，1980年10月参加工作，1983年6月加入中国共产党，本科学历，中牟县人民政府副县长。

1980年8月至1983年7月，信阳陆军学院学员。1983年7月至1984年9月，任河南省新县人武部正排职参谋。1984年9月至1985年5月，任河南省信阳军分区司令部正排职参谋。1985年5月至1989年5月，任河南省信阳军分区司令部副连职参谋。1989年5月至1992年6月，任河南省信阳军分区司令部正连职参谋。1992年6月至1995年6月，任河南省信阳军分区司令部副营职参谋。1995年6月至1995年12月，任河南省信阳军分区司令部正营职参谋。1995年12月至1998年6月，任河南省军区司令部作训处正营职参谋。1998年6月至2000年1月，任河南省军区司令部作训处副团职参谋。2000年1月至2004年1月，任河南省军区作训处副处长。2004年1月至2006年5月，任中牟县人武部部长。2006年5月至2010年4月，任中牟县委常委、县人武部部长。2010年4月至2010年9月，任中牟县委常委。2010年12月至2012年4月，任中牟县人民政府党组成员、副县长。2012年4月至2012年11月，任中牟县人民政府党组副书记。2012年11月起，任中牟县人民政府副县长。

【牛健】 男，汉族，1963年8月出生，河南省巩义市人，中共党员，大专学历，一级警督，中牟县人民政府副县长。

1982年7月至1984年7月，郑州市人民警察学校法律专业学生。1984年7月至1991年7月，在郑州市公安局二七分局工作。1991年7月至1994年8月，在郑州市公安局二七分局刑侦科工作。1994年8月至1999年6月，任郑州市公安局二七分局刑侦大队副大队长（副科）。1999年6月至2000年3月，任郑州市公安局二七分局刑侦大队大队长（正科）。2000年3月至2003年5月，任郑州市公安局刑侦支队副支队长（正科）。2003年5月至2005年6月，任郑州市公安局刑侦支队副支队长（副处）。2005年6月至2008年5月，任中牟县公安局党委书记、局长。2008年5月至2011年4月，任中牟县政府县长助理，中牟县公安局党委书记、局长。2011年4月至2012年4月，任中牟县政府副县长，中牟县公安局党委书记、局长。2012年4月至2012年11月，任中牟县政府党组副书记，中牟县公安局党委书记、局长。2012年11月至2013年12月，任中牟县政府副县长，中牟县公安局党委书记、局长。2013年12月起，任中牟县政府副县长。

【张胜利】 男，汉族，1969年6月出生，中牟县雁鸣湖镇人，中共党员，在职研究生学历，中牟县人民政府副县长。

1989年9月至1991年7月，在中州大学学

习。1991 年 7 月至 1997 年 3 月，在中共中牟县委办公室工作。1997 年 3 月至 1998 年 3 月，任县委办综合科科长。1998 年 3 月至 1999 年 12 月，任县委办综合科科长、副主任。1999 年 12 月至 2000 年 7 月，任县委办综合科科长、副主任、机要局局长。2000 年 7 月至 2003 年 1 月，任县委办副主任兼县考评办主任。2003 年 1 月至 2005 年 1 月，任狼城岗镇党委书记、镇长。2005 年 1 月至 2008 年 10 月，任狼城岗镇党委书记。2008 年 10 月至 2011 年 4 月，任中牟县副县级干部、狼城岗镇党委书记。2011 年 4 月至 2011 年 6 月，任中牟县副县级干部、大孟镇党委书记。2011 年 6 月至 2012 年 1 月，任中牟县人民政府党组成员、副县长，大孟镇党委书记。2012 年 1 月至 2012 年 4 月，任中牟县人民政府党组成员、副县长。2012 年 4 月至 2012 年 11 月，任中牟县人民政府党组副书记。2012 年 11 月至 2013 年 2 月，任中牟县人民政府副县长。2013 年 2 月至 2013 年 5 月，任中牟县人民政府副县长，中牟汽车工业园管委会常务副主任、党工委副书记，郑庵镇党委书记。2013 年 5 月至 2013 年 11 月，任中牟县人民政府副县长，中牟县科技工信局局长，中牟汽车工业园管委会常务副主任、党工委副书记，郑庵镇党委书记。2013 年 11 月起，任中牟县人民政府副县长，中牟汽车工业园管委会常务副主任、党工委副书记，郑庵镇党委书记（其间，1995 年 4 月至 1996 年 5 月，任在芦医庙乡国庄驻队。1996 年 9 月至 1998 年 7 月，在河南大学中国现当代文学研究生班进修。2001 年 9 月至 2001 年 12 月，在郑州市委党校第 25 期中青班学习。2009 年 9 月至 2012 年 7 月，在河南大学工商管理学院研读工商管理硕士专业）。

【朱清伟】 男，汉族，1965 年 12 月出生，河南省西峡县人，中共党员，本科学历，中牟县人民政府副县长。

1984 年 9 月至 1988 年 7 月，在信阳陆军学院学习。1988 年 7 月至 1990 年 3 月，任步兵第 484 团 2 营炮兵连副连职排长。1990 年 3 月至 1991 年 9 月，任步兵第 484 团 2 营 4 连指导员（以副顶正）。1991 年 9 月至 12 月，任步兵第 484 团政治处组织股副连职干事。1991 年 12 月至 1994 年 1 月，任步兵第 484 团政治处组织股正连职干事。1994 年 1 月至 12 月，任步兵第 484 团政治处组织股股长。1994 年 12 月至 1996 年 12 月，任 54 集团军政治部组织处副营职干事。1996 年 12 月至 1999 年 12 月，任 54 集团军政治部组织处正营职干事。1999 年 12 月至 2002 年 1 月，任 54 集团军政治部组织处副团职干事。2002 年 1 月至 2004 年 1 月，任步兵第 485 团政治处主任。2004 年 1 月至 7 月，任步兵第 162 师政治部副主任。2004 年 7 月至 2010 年 4 月，任步兵第 486 团政委。2010 年 4 月至 2011 年 12 月，任中牟县人武部部长。2011 年 12 月至 2012 年 4 月，中牟县政府副县长提名人选。2012 年 4 月至 11 月，任中牟县政府党组副书记。2012 年 11 月起，任中牟县政府副县长。

【杨勇】 男，汉族，1978 年 3 月出生，河南中牟人，中共党员，本科学历，中牟县人民政府副县长。

1996 年 9 月至 1999 年 7 月，在郑州大学法学院学习。1999 年 12 月至 2003 年 4 月，在中牟县政府办公室工作。2003 年 4 月至 2006 年 3 月，任中牟县政府法制局副局长。2006 年 3 月至 2008 年 3 月，任中牟县政府办公室副主任，县政府法制局副局长。2008 年 3 月至 2009 年 5 月，任中牟县政府办公室副主任、县政府法制局局长。2009 年 5 月至 2011 年 6 月，任中牟县政府办公室副主任，县汽车工业园管委会党委书记、副主任。2011年6月至2012年4月，任中牟县副县级干部，县政府办公室副主任，县汽车工业园管委会党委书记、副主任。2012年4月起，任中牟县人民政府副县长。

【刘海燕】 男，汉族，1962年2月出生，在职研究生，中牟县官渡镇人。1981年7月参加工作，1986年4月加入中国共产党。政协中牟县第九届委员会副主席。

1981年7月至1983年10月，中牟县县直初中教师。1983年10月至1996年1月，任中牟县委机要科副科长、县委办公室副主任（其间，1988年9月至1991年9月在省委党校学习）。1996年1月至2002年2月，任中牟县科委主任（其间，1996年1月至1998年7月在河南大学读研究生）。2002年2月至2006年2月，任中牟县教体局党委书记、局长。2006年2月至2010年2月，任政协中牟县第七、八届委员会党组成员、副主席。2010年2月至2012年4月，任政协中牟县第八届委员会党组副书记、副主席。2012年4月起，任政协中牟县第九届委员会副主席。

【石小书】 男，汉族，1958年11月出生，大专学历，中牟县万滩镇人。1976年7月参加工作，1981年12月加入中国共产党。政协中牟县第九届委员会副主席。

1984年4月至1985年8月，任城关镇人武部干事（其间，1985年8月至1987年6月在市委党校学习）。1987年6月至1989年9月，任城关镇党委委员。1989年9月至1994年3月，任城关镇党委副书记。1994年3月至1997年2月，任东漳乡党委副书记、副乡长（正科级）。1997年2月至8月，任东漳乡党委书记、乡长。1997年8月至2002年11月，任中共中牟县纪委副书记。2002年11月至2006年2月，任中牟县纪委副书记、监察局局长。2006年2月至2012年4月，任政协中牟县第七、八届委员会党组成员、副主席。2012年4月起，任政协中牟县第九届委员会副主席。

【朱怀召】 男，1964年5月出生，汉族，研究生文化，中牟县九龙镇人，1982年7月参加工作，1984年12月加入中国共产党。政协中牟县第九届委员会副主席。

1980年9月至1982年7月，开二师学生。1982年7月至1983年3月，任芦医庙乡办公室秘书。1983年3月至1985年12月，任芦医庙乡副乡长。1985年12月至1990年10月，任中牟县委办机要科机要员。1990年10月至1996年1月，任县委办机要科副科长。1996年1月至1999年12月，任县委办副主任、机要局局长。1999年12月至2005年1月，任县林业局局长、党组书记。2005年1月至2006年7月，任县委组织部副部长。2006年7月至2012年4月，任政协中牟县第八届委员会党组成员、副主席。2012年4月至2013年6月，任政协中牟县委员会党组副书记。2013年6月起，任政协中牟县第九届委员会副主席。

【王连宇】 男，1964年4月出生，汉族，大学文化，高级工程师，河南省杞县人，1982年8月参加工作，2002年8月加入中国农工民主党。政协中牟县第九届委员会副主席，县水利局副局长。

1980年9月至1982年7月，在郑州水利学校水工建筑专业学习。1982年毕业起，一直在中牟县水利局工作。1982年8月至1984年8月，任引黄技术员。1984年8月至1988年8月，任水产“2814”项目办公室技术员。1988年8月至1991年7月，任水利局农水股副股长、助理工程师（其间，1988年考入省委党校经济管理大专班学习，1991年7月毕业获大专文凭）。1991年7月至1992年7月，任水利局办公室副主任。1992年7月至1994年4月，任水利技术开发公司副经理、工程师。1994年4月至1996年10月，任业务办公室副主任、工程师。1996年10月至2000年9月，任业务办公室主任、工程师（其间，1992年9月至1997年12月，在华北水利水电学院水利水电工程建筑函授班学习，获本科文凭）。2000年9月起，任中牟县水务局（水利局）副局长。2007年1月至2012年4月，任政协中牟县第八届委员会副主席。2012年4月起，任政协中牟县第九届委员会副主席。

【申宏尧】 男，1962年8月出生，汉族，大专学历，河南郑州人，1981年8月参加工作，1989年4月加入中国共产党。政协中牟县第九届委员会副主席。

1981年7月至1984年8月，在中牟县韩寺公社中学、教育组工作。1984年8月至1989年10月，任中牟县商业局科员。1989年10月至1995年8月，任中共中牟县委组织部干事、科长（其间，1988年7月至1991年7月，在河南省委党校函授大专经济管理专业学习）。1995年8月至1998年10月，先后任张庄镇党委副书记，党委副书记、副镇长，党委书记、镇长。1998年10月至2003年1月，任狼城岗镇党委书记、镇长。2003年1月至2004年7月，任中共中牟县委组织部副部长。2004年7月至2005年3月，任中共中牟县委组织部副部长，县人社局党组书记、局长，中牟县编办主任。2005年3月至2010年1月，任县人社局党组书记、局长，中牟县编办主任，县八届政协委员。2010年1月至2012年4月，任政协中牟县第八届委员会党组成员、副主席。2012年4月至2013年6月，任政协中牟县委员会党组副书记。2013年6月起，任政协中牟县第九届委员会副主席。

【梁凌达】 女，汉族，1971年9月出生，本科学历，河南省淅川县人。1992年7月参加工作，无党派人士。政协中牟县第九届委员会副主席。

1992年7月至2000年10月，淅川县文化局干部。2000年10月至2005年9月，任淅川县寺湾镇副镇长。2005年9月至2008年5月，任淅川县金河镇副镇长。2008年5月至2011年4月，任淅川县毛堂乡人大主席。2011年4月至2011年7月，任淅川县商圣街道办事处人大联络委主任。2011年7月至2012年4月，任中牟县水务局副局长。2012年4月起，任政协中牟县第九届委员会副主席。

【陈振宇】 男，1963年3月出生，汉族，河南省新密市人，1993年7月入党，本科学历，绿博文化产业园区管委会常务副主任。

1982年9月至1986年7月，在上海铁道学院铁道信号专业学习。1986年7月至1994年8月，任郑州铁路分局电务段技术员、助理工程师、工程师。1994年8月至1995年8月，任郑州铁路分局电务段多种经营办公室主任。1995年8月至2001年12月，任郑州市经济技术开发区财政局主任科员、副局长、局长。2001年12月至2003年1月，任郑州市经开区规划环保局局长。2003年1月至2008年

4月，任郑州市经开区规划与国土资源分局局长。2008年4月至2009年2月，任郑州市经开区管委会规划局局长。2009年2月至2009年7月，任郑州市经开区管委会总工程师、党委委员。2009年7月至2013年3月，任郑州市白沙园区管委会副主任。2013年4月起，任绿博文化产业园区管委会常务副主任。

【王灵】 男，1965年4月出生，汉族，河南省鄢陵县人，研究生学历，1982年10月参加工作，1987年8月加入中国共产党，四级高级法官，中牟县人民法院党组书记、院长。

1982年10月至1985年1月，武警河南总队安阳支队战士。1985年1月至1985年9月，武警郑州指挥学校学员。1985年9月至1986年6月，武警河南总队医院战士。1986年6月至1989年6月，任武警河南总队医院干事（正排）。1989年6月至1992年6月，任武警河南总队医院干事（副连）。1992年6月至1996年8月，任武警郑州市支队政治处干事（正连）。1996年8月至1999年8月，任郑州市中级人民法院书记员（未定）。1999年8月至2000年10月，任郑州市中级人民法院助理审判员（科员）。2000年10月至2002年7月，任郑州市中级人民法院助理审判员（副科）。2002年7月至2003年4月，任郑州市中级人民法院组织人事处副处长、助理审判员（副科）。

2003年4月至2003年11月，任郑州市中级人民法院组织人事处副处长、审判员（副科）。2003年11月至2007年4月，任郑州市中级人民法院组织人事处副处长、审判员（正科）。2007年4月至2010年1月，任郑州市中级人民法院组织人事处处长、审判员（正科）。2010年1月至2011年4月，任郑州市中级人民法院组织人事处处长、审判员（副处）。2011年4月至2012年4月，任郑州市中级人民法院政治部副主任兼人事处处长、审判员（副处）。2012年4月起，任中牟县人民法院党组书记、院长（副处）。

【张捍卫】 男，1964年4月出生，河南长葛市人，1976年12月参加工作，中央党校法律本科，中牟县人民检察院检察长、党组书记。

1976年12月至1988年10月，在部队服役，历任战士、正排、副连、教员。1988年10月至1996年8月，任郑州市人民检察院书记员、助理检察员。1996年8月至1997年12月，任郑州市人民检察院检察员。1997年12月至2001年4月，任郑州市人民检察院审查起诉处副处长。2001年4月至2006年1月，任郑州市人民检察院监所检察处处长。2006年1月起，任中牟县人民检察院党组书记、检察长。

【田金锁】 男，1962年11月生，汉族，中牟县白沙镇人大专学历，1988年5月入党，1978年8月参加工作，开封二师毕业，中牟县人大常委会党组成员、副县级干部。

1978年7月至1982年9月，中牟县白沙刘申庄学校教师。1982年9月至1984年7月，在开封第二师范学校学习。1984年7月至1986年9月，任中牟县直一初中教师。1986年9月至1988年7月，在郑州市教育学院化学系学习。1988年7月至1996年1月，任中牟县城关初中校长。1996年1月至9月，任中牟县城关镇党委委员、东关村党委副书记。1996年9月至1999年9月，任中牟县教委党委委员、副主任。1999年9月至2005年2月，任中牟县官渡镇党委书记、镇长。2005年2月至2006年3月，任官渡镇党委书记（2005年9月，任副县级干部）。2006年3月至2012

年8月，任中牟县教育体育局党委书记、局长、副县级干部。2012年8月至2013年1月，任中牟县教育体育局党委副书记、局长、副县级干部。2013年1月起，任中牟县人大常委会党组成员、副县级干部。

【安红山】　男，汉族，1959年3月出生，中牟县刁家乡人，中共党员，大专学历，中牟县人民政府党组成员。

1976年8月至1977年6月，在黄河鸡场工作。1977年6月至1989年11月，在中牟县公安局工作。1989年11月至1994年3月，任中牟县公安局副局长。1994年3月至1996年3月，任中牟县城关镇党委副书记、副镇长。1996年3月至1999年12月，任中牟县政法委副书记。1999年12月至2003年1月，任中牟县韩寺镇党委书记、镇长。2003年1月至2007年1月，任中牟县政法委副书记。2007年1月至2009年5月，任中共中牟县委群众工作部部长、县委政法委副书记、县政府信访局局长。2009年5月至2013年9月，任中共中牟县委群众工作部部长、县委政法委副书记。2013年9月起，任中牟县人民政府党组成员(其间，1984年9月至1986年7月就读于郑州干部管理学院党政干部管理专业，取得大专学历。2008年9月至2011年7月河南大学新闻传播专业，取得本科学历)。

【李庆中】　男，1963年11月出生，汉族，河南省长葛市人，中共党员，在职研究生，中牟县政府党组副书记，中牟汽车工业园区管委会副主任，党工委委员。

1978年12月，在中牟水泵厂工作。1982年11月至1987年1月，在沈阳军区81237、81250部队服役（其间，在卫训学校学习2年）。1987年1月至1991年7月，在中牟县物资局办公室工作。1991年7月至1992年5月，任中牟县金属回收公司副经理。1992年5月至1994年11月，任中牟县油厂副科级厂长助理。1994年11月至1995年2月，在中牟县委组织部工作。1995年2月至1997年4月，任东漳乡党委副书记、人大副主席、纪委书记。1997年4月至1998年3月，任八岗乡党委副书记、人大副主席、纪委书记。1998年3月至2002年1月，任八岗乡党委副书记、副乡长（其间，1998年9月至2000年8月参加省高等自考，工业企业管理专业)。2002年1月至2005年2月，任八岗乡党委书记、乡长（其间，2002年1月至2004年7月在北师大研究生班学习)。2005年2月至2011年4月，任八岗乡党委书记。2011年4月至2013年12月，任中牟县政府党组副书记。2013年2月起，任中牟县政府党组副书记，中牟汽车工业园管委会副主任、党工委委员。

【王献科】　男，汉族，1960年5月出生，河南省中牟县三官庙人，中共党员，大专学历，中牟县政府党组成员、郑州市雁鸣湖生态风景区管理委员会党支部书记。

1984年8月至1985年11月，任共青团中牟县委干事。1985年11月至1987年4月，任共青团中牟县委办公室主任。1987年4月至1989年9月，任中牟县三官庙乡乡长助理。1989年9月至1992年9月，任三官庙乡党委副书记、乡长。1992年9月至1997年3月，任中牟县刁家乡乡长、党委书记。1997年3月至1999年12月，任中牟县供销社主任、党委书记。1999年12月至2002年1月，任中牟县人民法院副院长、党组成员。2002年1月至2005年1月，任中牟县供销社主任、党委书记。2005年1月至2008年10月，任中牟县林业局局长。2008 年 10 月至 2012 年 1 月，任郑州市雁鸣湖生态风景区管理委员会党支部书记（副处级）。2012 年 1 月起，任中牟县政府党组成员，郑州市雁鸣湖生态风景区管理委员会党支部书记。

【张冬】 男，1973 年 11 月出生，汉族，中共党员，本科学历，中牟县政府党组成员，中牟汽车工业园管委会副主任。

1995 年至 2013 年，在河南省国税局个体税收管理处、征收管理处和纳税服务处工作，历任科员、副主任科员和主任科员（其间，2003 年 5 月至 2004 年 5 月在宝丰县驻村，2008 年 1 月至 2010 年 1 月在汝州市历练副局长）。2013 年起，任河南省国税局纳税服务处副处长（其间，2014 年 5 月起到中牟县历练，任中牟县政府党组成员，中牟汽车工业园管委会副主任）。

【李季扬】 男，汉族，1967 年 9 月生，河南新郑市人，1992 年 9 月参加工作，1993 年 12 月加入中国共产党，大学本科学历，政协中牟县第九届委员会秘书长。

1988 年 9 月至 1992 年 7 月，在河南大学经济管理专业学习。1992 年 9 月至 1995 年 8 月，任中牟县体改委科员。1995 年 8 月至 1997 年 4 月，任东漳乡副乡长。1997 年 4 月至 1999 年 3 月，先后任城关镇副镇长、城关镇党委副书记。1999 年 3 月至 2002 年 1 月，任芦医庙乡副书记、副乡长（正科级）。2002 年 1 月至 2005 年 1 月，任黄店镇党委书记、镇长。2005 年 1 月至 2008 年 4 月，任黄店镇党委书记。2008 年 4 月至 2009 年 1 月，任中牟县副县级干部、黄店镇党委书记。2009 年 1 月至 2010 年 4 月，任中牟县政府党组成员、县长助理。2010 年 4 月至 2013 年 12 月，任中牟县交通运输局党委副书记、局长。2013 年 12 月 6 日起，任政协中牟县第九届委员会党组成员。

【任文利】 男，汉族，1963 年 2 月生，河南上蔡人，1981 年 7 月参加工作，1991 年 12 月加入中国共产党，在职研究生学历，县政协党组成员。

1981 年 7 月至 1984 年 11 月，任中牟县汽拖配件厂工会干事。1984 年 11 月至 1992 年 5 月，任中牟县工商局检查员、股长。1992 年 5 月至 1994 年 3 月，任谢庄乡乡长助理。1994 年 3 月至 1996 年 1 月，任黄店乡副乡长。1996 年 1 月至 1998 年 2 月，任姚家乡党委副书记兼纪委书记。1998 年 2 月至 2002 年 1 月，任刘集乡党委副书记、副乡长（正科）。2002 年 1 月至 2003 年 1 月，任刘集乡党委书记、乡长。2003 年 1 月至 2005 年 1 月，任三官庙乡党委书记、乡长。2005 年 1 月至 2010 年 4 月，任三官庙乡党委书记（其间，2009 年 5 月任副县级领导干部）。2010 年 4 月至 2013 年 4 月，任中牟县科学技术和工业信息化局局长、党委副书记。2013 年 4 月，任县政协党组成员。

【王保友】 男，汉族，1958 年 3 月出生，研究生学历，1984 年 5 月入党，一级警督，河南省杞县人，中牟县公安局党委副书记、政委。

1974 年 7 月高中毕业。1975 年 8 月至 1976 年 12 月，在河南禹县下乡插队。1977 年 1 月至 1980 年 1 月，在部队服役。1980 年 1 月至 1987 年 8 月，在郑州市公安局金水分局工作。1987 年 8 月至 1994 年 8 月，在郑州市公安局金水分局大石桥派出所工作。1994 年 8 月至 1996 年 4 月，任郑州市公安局金水分局刑侦大队副科级干部。1996 年 4 月至 1999 年 8 月，任郑州市公安局金水分局保安公司经理。1999 年 8 月至 2001 年 8 月，任郑州市公安局金水分局经侦大队大队长。2001 年 8 月至 2006 年 5 月，任郑州市公安局管城分局副局长（正科）。2006 年 5 月至 2007 年 5 月，任中牟县公安局党委副书记、政委（正科）。2007 年 5 月起，任中牟县公安局党委副书记、政委（副处）（其间，1995 年 9 月至 1997 年 7 月，参加中国人民公安大学政法管理专业自考学习。1997 年 9 月至 1999 年 6 月，河南大学刑诉法研究生班学习。2004 年 8 月，毕业于亚洲澳门国际公开大学，并获国际商法硕士学位）。

【韩发旺】　男，汉族，中共党员，1960 年 8 月出生，1975 年 5 月参加工作，研究生学历，副县级干部。

1975 年 5 月至 1984 年 1 月，在东漳乡拖拉机站工作。1984 年 1 月至 1989 年 9 月，在中牟县国营渔场工作。1989 年 9 月至 1995 年 12 月，在中牟县国营渔场任场长。1995 年 12 月至 2001 年 10 月，任中牟县水利局副局长。1999 年 10 月至 2002 年 2 月，在中牟县水利局任副局长兼引黄淤灌公司经理，并主持水利局全面工作。2002 年 2 月至 2008 年 7 月，任中牟县水利局局长。2007 年 7 月至 2012 年 10 月，任郑州市雁鸣湖生态风景区管理委员会主任（副处级）。2012 年 10 月，任副县级干部。

【陈贵生】　男，汉族，1958 年 7 月出生，大专学历，1977 年 7 月参加工作，1980 年 6 月加入中国共产党，中牟县黄店镇庵陈村人，中牟县副处级干部。

1977 年 7 月，任中牟县黄店公社通信员、机关伙食会计、办事组办事员。1983 年 11 月，

任中牟县黄店乡副乡长。1987 年 9 月，任中牟县黄店乡代乡长（正科）。1988 年 4 月，任中牟县黄店乡副书记、乡长。1989 年 3 月，任中牟县八岗乡乡长、党委书记。1995 年 3 月，任中牟县交通局党委书记、局长。1998 年 3 月，任中牟县纪委副书记、监察局局长。2002 年 1 月，任中牟县国土资源局局长、党组副书记。2008 年 6 月，享受副处级待遇。2011 年 2 月起，任中牟县副处级干部。

【卢志刚】　男，1968 年 6 月出生，汉族，中牟县白沙镇人，研究生文化，1990 年 7 月郑州测绘学院毕业，1990 年 10 月参加工作，1993 年 7 月入党，绿博文化产业园区管委会副主任，兼任刘集镇第一书记。

1987 年 9 月至 1990 年 7 月，在郑州测绘学院微机应用专业学习。1990 年 10 月至 1997 年 2 月，在中牟县农机站工作。1997 年 2 月至 1999 年 12 月，任中牟县农机站副站长。1999 年 12 月至 2002 年 1 月，任三官庙乡党委副书记、副乡长。2002 年 1 月至 2003 年 1 月，任万滩镇党委鄅书记、副乡长。2003 年 1 月至 2005 年 5 月，任刘集乡党委书记、乡长。2005 年 5 月至 2008 年 11 月，任刘集镇党委书记。2008 年 11 月至 2013 年 2 月，任副处级干部、刘集镇党委书记。2013 年 2 月至 2013 年 10 月，任中牟绿博文化产业园区（中牟新区）管委会副主任、党工委委员，兼任刘集镇党委常务副书记。2013 年 10 月至今，任中牟绿博文化产业园区（中牟新区）管委会副主任、党工委委员，兼任刘集镇第一书记。

【朱则军】　男，汉族，1967 年 5 月出生，本

科学历，1990 年 4 月入党，一级警督，安徽省舒城县人，中牟县公安局党委书记、局长、第一督察长。

1983 年 9 月至 1987 年 6 月，河南大学全日制本科学习。1992 年 1 月至 1995 年 1 月，在郑州市公安局法制室工作。1995 年 1 月至 1996 年 6 月，在郑州市公安局巡警支队三大队工作。1996 年 6 月至 2000 年 4 月，任郑州市公安局巡警支队办公室副主任。2000 年 4 月至 2002 年 4 月，任郑州市公安局交巡警支队法制科副科长。2002 年 4 月至 2006 年 7 月，任郑州市公安局交巡警支队法制科科长。2006 年 7 月至 2008 年 11 月，任郑州市公安局交警支队三大队大队长。2008 年 11 月至 2010 年 1 月，任郑州市交警支队三大队大队长（副处）。2010 年 1 月至 2014 年 2 月，任郑州市公安局法制室主任。2014 年 2 月起，任中牟县公安局党委书记、局长、第一督察长。

【李虎群】 男，汉族，中牟县张庄镇人，大学全日制本科学历，中共党员，中共中牟县委党校党委书记、常务副校长。

1987 年 7 月至 1990 年 5 月，在郑州大学政教部任教。1990 年 5 月至 1998 年 3 月，在中牟县人民政府办公室工作，历任科长、副主任等职。1998 年 3 月至 1999 年 9 月，任官渡镇党委副书记兼人大主席。1999 年 9 月至 2002 年 1 月，任官渡镇副书记兼副镇长。2002 年 1 月至 2005 年 1 月，任刁家乡党委书记兼乡长。2005 年 1 月至 2009 年 10 月，任中共中牟县委组织部副部长。2009 年 10 月起，任中共郑州市委党校中牟县分校常务副校长，中共中牟县委党校党委书记、常务副校长。

【胡光程】 男，汉族，1978 年 2 月 3 日出生，

1997 年 10 月参加工作，2000 年 10 月入党，中牟县黄店镇党委书记。

1997 年 7 月，河南省电子工业学校机要通信专业毕业。1997 年 9 月至 2001 年 12 月，在郑州市委机要局工作。2001 年 12 月至 2004 年 11 月，任市委机要局副主任科员（其间，2003 年 3 月至 2004 年 3 月，到新郑市孟庄镇挂职锻炼任副镇长）。2004 年 11 月至 2009 年 4 月，任市委机要局科技处处长（正科）（其间，2005 年 8 月借调至市委办一秘处工作）。2009 年 4 月至 2011 年 12 月，任市委办一秘处副处长（正科）。2011 年 12 月至 2013 年 10 月，任市委督查室副主任（副处）。2013 年 10 月起，任中牟县黄店镇党委书记。

【吴文鑫】 男，1965 年 1 月出生，汉族，中牟县刘集镇大吴村人，大专学历，助理工程师，中共党员，1989 年 7 月参加工作，郑州市国土资源局副处级干部兼中牟县国土资源局局长、党组书记。

1986 年 9 月，在郑州纺织工学院学习，其间曾担任班团支部书记、学生会宣传部长（1989 年 1 月加入中国共产党）。1989 年 7 月，在河南省纺织技工学校任教。1991 年 9 月，在中牟县土地管理局工作，曾任副科长、科长。1995 年 8 月，任狼城岗镇人民政府副镇长。2000 年 9 月，任中牟县土地管理局党组成员、副局长。2002 年 1 月，任中牟县国土资源局党组成员、副局长（2006 年 7 月为正科级）。2009 年 2 月，任郑州市中牟产业园区国土资源局局长（兼中牟县国土资源局党组成员、副局长）。2011 年 3 月，任中牟县国土资源局局长、党组副书记。2011 年 8 月，任中牟县国土资源局党组书记。2012 年 12 月，任郑州市国土资源

局副处级干部兼中牟县国土资源局局长、党组书记。

【任卫东】 男，汉族，1969年11月出生，郑州经济技术开发区京航办事处任楼村人，研究生学历，1988年10月参加工作，1992年6月加入中国共产党，中牟县政府党组成员，中牟汽车工业园管委会副主任、党工委委员。

1988年10月至1990年11月，在中牟县司法局工作。1990年11月至1994年8月，任共青团中牟县委办公室主任。1994年8月至1998年3月，任中牟县政府办公室科员。1998年3月至1999年3月，任县政府办公室文电科科长。1999年3月至1999年12月，任县政府办公室副主任。1999年12月至2005年1月，任城关镇党委副书记、副镇长（正科级）。2005年1月至2009年1月，任县建设管理局党委书记、局长。2009年1月至2009年3月，任县政府党组成员。2009年2月，当选为郑州市第十三届人民代表大会代表。2009年3月至2012年8月，任县政府党组成员、县政府办公室主任。2012年8月至2013年3月，任县政府党组成员，中牟汽车工业园管委会主任、党工委副书记。2013年3月起，任县政府党组成员，中牟汽车工业园管委会副主任、党工委委员（2014年12月提拔为副县级干部）。

【杨帆】 男，汉族，1979年5月生，河南汝州人，中共党员，研究生学历。

2005年2月至2005年9月，在河南省交权交易中心工作。2005年9月至2010年12月，任中牟县人民政府党组成员、县长助理。2011年1月至2012年9月，任中牟县人民政府党组成员、郑州市雁鸣湖生态风景区管理委员会主任。2012年9月起，任中牟县人民政府党组成员，郑州市雁鸣湖生态风景区管理委员会副书记、副主任。

【杨福平】 男，1962年7月出生，汉族，河南省淮滨县人，1986年6月入党，1983年12月参加工作，河南省委党校经济管理专业研究生。

1983年12月至1989年11月，任郑州地质学校干事。1989年11月至1992年10月，任郑州市委办公厅干事。1992年10月至1994年8月，任郑州市委办公厅副科级协理员。1994年8月至1997年4月，任郑州市委办公厅第一秘书处副处长，主持工作。1997年4月至1997年11月，任新郑市委常委、市委宣传部部长。1997年11月至2001年11月，任新郑市委常委、市委办公室主任。2001年11月至2002年10月，任新郑市委副书记。2002年10月至2003年1月，任荥阳市委副书记、荥阳政协党组书记。2003年1月至2004年2月，任荥阳市委副书记、政协荥阳市委员会主席。2004年2月至2007年1月，任荥阳市委副书记、市人民政府市长。2007年1月至2010年10月，任荥阳市委书记。2010年10月至2011年7月，任中牟县委书记。2011年7月至11月，任中牟县委书记、中牟产业园区管委会党委书记。2011年12月至2013年6月，任郑州新区管委会副主任、党工委委员，中牟县委书记、中牟产业园管委会党委书记。2013年6月至2014年3月，任郑州新区管委会副主任、党工委委员，中牟县委书记。

【李芳】 女，1971年5月出生，汉族，河南新乡市人，研究生，法学硕士，1997年6月毕业于郑州大学现代管理学院科学社会主义专业，1991年7月参加工作，1998年7月加入中国共

产党。

1989年9月至1991年7月，郑州大学哲学系社会工作与管理专业学生。1991年7月至1994年9月，郑铁七中教师。1994年9月至1997年6月，参加郑州大学现代管理学院科学社会主义专业学习，获法学硕士学位（其间，一年半时间在北京大学任交流学者）。1997年6月至1998年2月，任新郑市龙湖镇干事、团委书记。1998年2月至2000年5月，任共青团新郑市委书记。2000年5月至2001年11月，任新郑市和庄镇党委副书记。2001年11月至2007年1月，任新郑市城关乡党委副书记、人大主席、乡长、党委书记。2007年1月至2010年1月，任郑州市妇女联合会党组成员、副主席。2010年1月至2011年3月，任中牟县人民政府副县长。2011年3月至2013年2月，任中共中牟县委常委、宣传部部长。2013年2月至2014年3月，任中共中牟县委常委、宣传部部长，郑州现代农业示范区管委会党工委副书记、常务副主任。

先进人物

【朱肖云】 女，现年50岁，中牟县刘集镇崔庄村人，中牟县裕康酱菜厂厂长。郑州市第十四届人大代表、中牟县第十三届人大代表、中牟县商会副会长。曾当选为中牟县第六、七、八届政协委员，获全国农村妇女“双学双比”致富能手、郑州市劳动模范、郑州市十大杰出女性特别贡献奖、三八红旗手、巾帼科技带头人、中牟县劳动模范等多项荣誉。

创业之初，朱肖云仅有400元钱，雇不起工人，她就自己充当劳动力；买不起机器，就用木板、废锯条和小刀片做成自制“擦子”；买不起炉灶，就拾些砖头垒成锅台；买不起煤，就捡些野蒿当干柴；买不起床，就在地上铺些稻草放上被褥。就这样，打拼的第一年她用自己的勤劳智慧和一股不服输的韧劲儿赚到了人生的第一桶金。1998年，她从蒜农手里赊购30多万公斤鲜蒜，全部腌制成糖蒜，没想到糖蒜的价格直线下滑。为走出困境，她带上锅碗瓢盆、行李被褥来到西安，买来西安市地图，到各个农贸市场去联系客户，看到卖糖蒜的，就把名称、地址、电话记在本子上，三天时间，她登记了60多家客户信息。在市场调查和销售中，经常会遇到阻力和困难，每当这时，她总是暗暗地鼓励自己：不能退缩，办法总比困难多。苍天不负苦心人，在不到20天的时间里，她就售出了10多万公斤糖蒜，还上了部分欠款。腊月二十二日，回到厂里，她又马不停蹄地跑到郑州小商品城，批了些年画、对联拿到中牟县自由贸易区去卖。为了占个好位置，每天夜里一两点钟，当别人还在温暖的被窝里做着美梦时，她就顶风冒雪地去占地方，夜幕下，雪花不停地降落到她的棉大衣上，直到太阳升起时，才慢慢地化去……

朱肖云认为“做企业要先做人，做人要先从诚信做起，诚信二字值千金”。在企业生产经营过程中，从原材料收购，到生产加工，再到销售，她始终严把食品安全关，按照国家食品安全法的有关规定严格执行，决不唯利是图，偷工减料。进购原材料时，质量高、品质好的萝卜条每公斤9块多，而如果收购品质差的萝卜条每公斤6块多，一吨就相差近3000元。裕康酱菜厂每年要收购萝卜条七八百吨，仅此一项，一年就能降低成本200万元。但是本着对企业负责、对消费者负责的态度，朱肖云宁肯降低利润也要采购符合质量标准的原材料。2012年9月26日，工人在对机器进行例行清理保养过程中，发现有一条压菜带上少了一颗1厘米长的螺丝。朱肖云担心这颗螺丝遗落在产品中，为了确保食品安全，她组织厂里20多名员工花了将近一天的时间，对当天的2600箱产品进行仔细检查。在生产工序、产品质量上，朱肖云要求质检人员严格把关，认真细致，批批检验，发现不合格的产品一律封库，决不允许流入市场。建厂20多年，中牟县裕康酱菜厂从未出现过食品安全事故，在国家、省、市、县各个级别的抽检中合格率均为100%。

朱肖云关爱员工，以人为本。20年来，朱肖云一直视员工为亲人，和他们同吃一锅菜，同饮一壶水，一日三餐免费供应，确保员工伙食“每天不重样，顿顿都新鲜”，每年随着季节变更为员工免费发放6套工装；她非常关心员工的身体健康，每年定期为员工组织体检；她积极致力于提高员工素质，经常邀请专家学者举办讲座，为员工补能充电；每年组织员工外出考察两次，以拓宽视野，增长见识；她关爱妇女，对女职工实行特殊的劳动保护，帮助她们树立自尊自爱自立自强观念……

朱肖云重合同守信用，裕康酱菜厂连续多年被县工商局评为文明工商户，被评为2011、2012年度县食品安全诚信经营企业先进单位，2010至2013年连续4次被评县关爱农民工十佳单位。

朱肖云时刻记挂家乡父老的冷暖。逢年过节，朱肖云都给敬老院的每位老人发100元现金，添置一套新棉衣，送去一盒营养品。她每年都为镇中心学校捐资2000元，为家乡小学捐赠图书、体育器材和学习用具，为贫困大学生捐款，为考上大学的员工子女发放奖金。2013年8月，朱肖云邀请镇妇联、工会参加，组织全厂职工，开展2013年度金秋助学活动，为闫钦钦等3名贫困学生捐款，共募得善款28829元，她自己就拿出1万元，帮助他们圆了大学梦。平时遇到生活困难的家庭，她也主动帮助，为他们排忧解难。她曾多次义务修补家乡公路，2013年花费2.9万元为崔庄村安装路灯。农忙时节，她为崔庄村民发放酱菜，仅2013年就免费发放价值6万元的酱菜。在2013年“郑州慈善日”中牟捐款活动中，她捐款18万元。2011年以来，每年“三八”妇女节，她都要拿出1万元现金用于救助贫困妇女儿童。2014年朱肖云出资10万元与镇妇联、工会成立“贫困妇女儿童救助基金会”。点滴善心汇聚成爱的暖流，20年来朱肖云共为社会捐款捐物价值90多万元。

20年来，朱肖云所做的好事无数，许多连她自己都记不清了，她不愿提起自己做过的好事，她认为是自己应该做的。同时，她还让爱心传递，用自己的言行感染周围的人也做好事，互帮互助。她做这些是自觉地、真诚地、发自内心地，不图回报，不为名利。

朱肖云的办公室里挂着这样一幅字画：“感恩、和谐、奉献”，这就是她的立身之本。熟悉她的人听她提到最多的就是“感恩”，她把自己的成功大部分都归功于家庭及社会各界的大力支持。

她感恩父母，恪守孝道。朱肖云认为孝敬老人是天经地义的事，是中华民族的传统美德，要为子女做好榜样，让孝心接力棒代代传承。父母把子女拉扯大不容易，在孝敬老人方面，她认为不能和兄弟姐妹太计较，如果这样就会把亲情割裂。朱肖云在兄弟姐妹中，经济条件比较好，主动承担了老人日常生活及其他一切开销。她认为有钱出钱，有力出力，大家齐心协力把老人照顾好才是根本。朱肖云每年都为母亲过两个“生日”，一个是母亲的生日，一个是她本人的生日。她常说母亲给了她生命，自己的生日也是母亲的受难日。每逢自己过生日，她首先想到的是母亲，再忙也要为母亲亲手煮一碗长寿面，为老人家煮几个鸡蛋。每次得到奖牌的时候，她也是先拿到母亲面前，让老人家高兴高兴。

朱肖云认为企业的发展壮大，离不开党和政府提供的良好发展环境，她力争使企业发展能够更好地回报社会，惠及百姓，能够为促进社会和谐作出贡献。为减轻社会就业压力，朱肖云主动联系郑州市妇联，将中牟县裕康酱菜厂作为巾帼科技培训基地、示范基地和郑州市大学生就业创业导师团基地，每年免费培训酱腌菜技术达1000人次；安置农村劳动力80余人，使他们有稳定的经济收入，促进家庭和睦、社会和谐；积极在企业员工中开展普法教育和政策宣传，使他们理解支持并积极参与家乡新型城镇化建设。

2014年7月，由中央文明办主办、中国文明网承办的“我推荐、我评议身边好人”——“中国好人榜”评选活动揭晓，中牟县刘集镇裕康酱菜厂厂长朱肖云在全国百名“诚实守信”类候选人中脱颖而出，荣获诚实守信好人称号。

【边须海】 男，现年46岁，中共党员，中牟县东风路街道尚庄村委会主任。他政治素质高，办事公道，工作积极，责任心强。多年来带领村民勤劳致富，帮助困难群众，热心公益事业，深受大家好评。2014年9月，由中央文明办主办、中国文明网承办的“我推荐、我评议身边好人”——“中国好人榜”评选活动揭晓，边须海荣获“助人为乐”类候选人称号。

2014年2月12日，边须海和妻子一起去郑州办事，看到《郑州晚报》“即将研究生毕业的弟弟李科伟患上急性肝衰竭，博士哥哥李世伟毫不犹豫要为弟弟捐肝”的报道后，边须海深受感动，当即多方打听，找到兄弟俩所在的医院。他带着妻子立即赶到医院，把随身所带的1.1万元钱全部捐给素不相识的李科伟，鼓励他一定要坚持下去，战胜一切。事后，边须海说，自己是一个农民，小时候家境贫寒，没读过多少书，但是，对知识的渴求，使他多年来对有文化的人一直很尊重，李科伟两兄弟的事让他很感动，愿意伸出手来，尽力帮他们一把。

边须海积极配合村支部，带领村组干部认真完成街道交办的各项工作任务。同时，他认为，带领群众发家致富，为村民办实事、办好事也是村主任的主要职责。他四处托关系，找门路，联系到业务就回乡组织村里的群众，少则七八十人，多则一二百人，边须海带领大家搞建筑、修公路、跑运输、做大蒜等农副产品生意，村里好多都跟着边须海干过活。年轻人想到厂里就业、学习技术，边须海就想方设法帮助。经他介绍进厂务工的村民就有几十人。村民尚军社60多岁，因患脑血栓不敢从事重体力劳动，边须海就托关系给他找了一份门卫的工作，每月几百元的收入，解决了家里的日常开销。

2013年，中牟县进行特色商业街区改造，尚庄村文化大院因临近解放路被拆除，村民们没了娱乐活动场所。边须海把刚盖好的900多平方米的汽车配件仓库腾出作为场地，搭起舞台，并出资近3万元买回舞台音响、灯光、器乐、戏服等。每逢周三、周日都组织群众演出，并把艺术团起名为“众需”艺术团，极大丰富了群众的生活。

【李贵福】 男，1951年8月出生，河南省许昌市人，汉族，中共党员，高级经济师，从事金融工作近30年，2009年起任中牟郑银村镇银行股份有限公司行长。

李贵福坚持“扎根村镇，服务三农，支持小微，同生共赢”的服务理念，带领全体员工团结拼搏，艰苦创业，取得了良好的经营业绩，从建行时的仅有17名员工、1个营业网点的小银行，5年内发展成为拥有340名员工、15家分支机构、在当地拥有较高认知度的农村金融生力军，在当地创造良好的支农支小服务品牌，被中牟县委、县政府称为“服务三农生力军”。向当地政府累计纳税2亿多元，其中国税纳税额跃居全县第五位。2014年，中牟郑银村镇银行主要经营指标均居河南省村镇银行系统首位，在全国上千家村镇银行中名列前茅，在中牟县10家银行中均居第二位。

他真心回馈社会，落实社会责任。吸收200多名当地农民的优秀子弟就业，占全行员工数的60%以上，帮助政府缓解就业压力；累计向中牟县残联、红十字会、学校、慈善总会等单位捐款80多万元，资助贫困、公益、教育等事业近100万元；每年解决50名优秀的农民子女高中阶段三年的学杂费，资助优秀大学生完成学业。

中牟郑银村镇银行被银监部门评为风险监管二级银行；2011—2014年连年被中牟县委、县政府授予纳税突出贡献奖；被河南银监局评为支持小企业金融服务先进单位，被中国金融业协会评为最佳服务三农品牌村镇银行和最具发展潜力村镇银行。

2012年，时任国务院副总理王岐山听取了李贵福的汇报，给予高度评价，并要求相关部门认真研究、分析、总结其服务三农的机制和做法。全国人大农工委委员、原河南省委常委、常务副省长王明义多次到行了解经营情况。2014年4月28日，李贵福在全国地方金融论坛办公室联合金融时报社、金融界网站、中国地方金融研究院等研究机构和媒体开展的评选活动中，当选为2013年度中国地方金融十佳年度人物。2014年，他还获得中牟县慈善好人称号。

【万彩霞】　女，1975年7月生，1996年8月参加工作，大专学历，中小学一级教师，中牟县大孟镇大庙李小学教师。

1996年从教以来，她一直担任大孟镇大庙李小学的语文、英语教学和班主任工作。她扎根农村、默默耕耘、忘我工作、无私奉献。凭着对教育事业的执著和热爱，她19年如一日，以校为家，在教学第一线，勇挑重担。她爱岗敬业，无私奉献，扎根农村教育，无怨无悔，赢得领导和同事的一致好评。

万彩霞教学和班级管理工作成绩突出，多次受到上级的表彰和奖励。1999年被评为中牟县文明教师；2003年获中牟县课堂教学达标优质课一等奖；2004年被评为中牟县十佳班主任；2005年被中牟县政府评为优秀教师；2008年被评为市级骨干教师，所授《陶罐和铁罐》被评为市级优质课；2009年所教班级被评为中牟县文明班级；2014年被评为郑州市第二届乡村最美教师；在镇组织的每次调研考试中，所教学科均名列全镇前茅；参加工作19年，年年被评为镇优秀教师。

【王大卫】　男，中共党员，大学本科学历，中牟县地方税务局党组书记、局长。1988年在中牟县参加税收工作，历任税收专管员、稽查员、税务所长、办公室主任、征管分局局长、中牟县地方税务局副局长，2008年10月以来，担任中牟县地方税务局党组书记、局长。他以科学发展观为统领，确立风清、和谐、规范、高效的管理理念，带领中牟县地方税务局忠实履行聚财为国、执法为民使命，努力构建幸福和谐地税，确保了队伍稳定、事业发展、形象提升。先后荣获河南省人民满意公务员、郑州市“五一”劳动奖章、全省地税系统先进工作者、郑州市送温暖活动和帮扶工作先进个人、郑州新区地税系统三等功、郑州新区地税系统优秀公务员、中牟县十大杰出青年、优秀共产党员等称号。

【孙佩珊】　男，1932年11月出生，开封县杜良乡尚砦村人。1949年6月参加工作，1956年9月加入中国共产党，曾任河南省委、省政府机关科长、秘书。1992年10月在中牟县委办公室离休，做关心下一代工作和诗词书画艺术研究工作至今。

20多年来，孙佩珊为了做好关心下一代工作，一是用嘴讲，二是用手写，三是用腿跑，四是用革命意志坚持。自1986年起，他带领关工委“五老”报告团深入城乡学校、单位，为在校学生、社会青年、公安干警、部队战士、干部和教师等作报告500多场，听众达10万多人次。他从未停止对关心教育青少年的探索和研究，撰写教材、调研文章等30多篇，其中研讨文章获得中关工委《为了下一代》征文一等奖。他坚持参加帮教挽救失足青少年的“接茬”教育活动50多次，很多次都是骑着自行车独自前往，不怕辛苦，不计报酬，他的这种奉献精神无形中影响着失足青少年，教育效果很显著。他与教育部门结合举办示范性家长学校17所，收到良好效果。他因事迹突出，成绩显著，受到省、市关工委的多次表彰。2014年，获河南省离退休干部先进个人荣誉称号。

孙佩珊一生热爱诗词书画艺术。几十年来，他积极探索以书画、诗词、格言、文章、报告等形式来影响教育下一代。他是中牟县老年诗词研究会的创始人之一，担任中牟县老年诗词研究副会长、副秘书长，参与编辑发行出版《中牟诗词》5000余册，发行出版《雁鸣湖诗选》1万余册，收入其诗词作品30多首。同时，他还担任中牟县书画研究会副会长，其书法作品入选《中国书法家》作品选集，被授予优秀艺术家荣誉称号。其书法作品荣获《中国书画艺术》银奖，他的诗词作品曾被授予中华诗词民族奖，他的事迹曾载入《辉煌三十年——纪念中国改革开放30周年专辑》相关篇章中，被评为新中国优秀诗人，被中央文史研究院书画院、中华词赋学会联合授予中国改革开放文艺终身成就奖。

孙佩珊除工作外，还要悉心照顾老伴的生活起居。其老伴双目失明并患有老年痴呆症，除了孙佩珊，几乎不认识其他人。孙佩珊近20年每天晚上起来很多次，问老伴要不要小便，要不要喝水……孙佩珊说，多少次的缝缝洗洗，就是希望老伴过上舒适、健康的后半生。孙佩珊说，只要有一口气在，就会一直支撑这个家，就会一直守护着老伴。孙佩珊用实际行动，将尊老、爱亲的美德广泛传扬，在当地被传为佳话。

【王建国】 男，高级经济师，红宇集团董事、副总经理，郑州红宇专用汽车有限责任公司董事、总经理。

作为郑州红宇专用汽车有限责任公司总经理，王建国按照董事会和上级领导的统一部署，带领广大员工以科学发展观为统领，以产品结构调整为主线，以技术进步与创新为手段，以发展速度扩大规模，以提高质量追求效益，抢抓机遇、强化管理，激情工作、砥砺奋进，充分发扬不等不靠、自我加压、上下一盘棋的团队精神，使公司取得经营规模显著扩大，经济运行质量持续改善，销售收入连创新高的可喜成绩。2006年至2014年，公司销售收入实现由1.5亿元到5亿元的跨越式增长，年平均增长速度达30%，连年全面超额完成各项经营指标，树立了公司发展史上一个又一个新的里程碑。公司的两大主导产品中，爆破器材运输车系列产品连续六年，勇夺销售数量第一、销售收入第一、信誉第一、质量第一、国内同行业排名第一的好业绩。冷藏保温车系列产品在国内众多生产厂家激烈的竞争中，市场占有率排名前列。公司通过努力创新、健康发展，积极为社会创造效益，累计利税超过8000多万元，为社会经济的发展作出应有的贡献，受到当地政府和集团公司的肯定。公司连年以优异的成绩和突出的业绩，被评为郑州市“重合同、守信用”单位，河南省省级企业技术中心，成为中国汽车工业协会专用汽车分会、中国汽车工程学会成员单位，河南省省级企业技术中心，郑州市A级纳税信用单位，获得河南省质量信用A等工业企业、河南省信用建设示范单位、专用车工程技术省级技术中心、河南省名牌产品企业等称号。2014年，该公司被郑州市认定为科技型企业，被河南省批准为第八批创新型企业试点，被河南省安全生产监督管理局评为安全生产标准化二级企业，获2013—2014年度中国冷链“金链奖”十佳运输技术装备服务商称号，获河南省肉类食品行业冷藏物流强势企业称号。2014年，王建国被中国兵器工业集团授予民品经营先进个人荣誉称号。

中牟县十大杰出青年

董礼虎　中牟电视台新闻部主任，编辑
安永康　管道三公司第一工程处油气管道安装工
张　珂　中牟县公安局行政服务科科长
王　栋　广惠街街道综治办主任、巡防队队长
郭建伟　中牟农商银行官渡支行党支部书记、行长
王　晨　中牟县司法局法制仲裁科科长兼公证处副主任
张　川　中牟县地方税务局征收管理科科员
白怀亮　中牟县公安局城关派出所副所长
梁　赟　中牟县老科技工作者协会秘书长

中牟县十大优秀青年

孟　涛　中牟移动公司校园营销中心主任
孙　令　青年路街道办事处文化服务中心主任兼网格化管理办公室主任

史志明　中牟县中医院儿科主任、主治医师
吴宏亮　黄店镇庵陈村党支部第一书记
高帅兵　中牟县人民检察院检察员、公诉局副局长
朱志彬　东风路街道党政办负责人
韩智颖　中牟县公安局交警大队副大队长、事故中队中队长
宋阿芳　中牟县气象局助理工程师
朱海岩　中牟县人民法院刑事审判庭审判员
马　杰　中牟一高教师

郑州市第十二批拔尖人才

王淑英　中牟县建设工程质量监督站副站长
范银磊　中牟县第四高级中学副校长
潘守国　中牟县卫生局党委委员、副局长

第二届河南省优秀农村实用人才

彭双雁　中牟县万滩镇杨岗村
刘伟伟　中牟县恒大实业有限公司
陈松林　中牟县青年路街道西街村
王全力　中牟县官渡镇大段庄村

中牟县慈善好人

丁继红　李贵福　冯安民　杨广立
褚洪涛　边新桩　杜荣花　谢邦友
王　冬　石国社　朱肖云　刘学俊
潘力中　孙海伟　朱忠民

2014 年中牟县教育系统市级以上先进个人

单　位	姓　名	奖励类型	发证单位
中牟县第一高级中学	冉雯晖	国家级优秀教师	教育部
中牟县第一高级中学	刘　洁	郑州市优秀教师	郑州市人民政府
中牟县第一高级中学	丁文久	郑州市优秀教师	郑州市人民政府
中牟县第二高级中学	贺维力	郑州市优秀教师	郑州市人民政府
中牟县第四高级中学	张燕鸣	郑州市优秀教师	郑州市人民政府
中牟县第二初级中学	孔桂云	郑州市优秀教师	郑州市人民政府
中牟县第四初级中学	任刚建	郑州市优秀教师	郑州市人民政府
中牟县第四初级中学	王海选	郑州市优秀教师	郑州市人民政府
中牟县新圃街小学	王志勇	郑州市优秀教师	郑州市人民政府
中牟县城东路小学	李贵安	郑州市优秀教育工作者	郑州市人民政府
中牟县东风路幼儿园	乔寒梅	郑州市优秀教育工作者	郑州市人民政府
中牟县韩寺镇一初中	朱书娟	郑州市优秀教师	郑州市人民政府
中牟县官渡镇板桥小学	丁小伟	郑州市优秀教师	郑州市人民政府
狼城岗镇第一初级中学	张清岭	郑州市优秀教师	郑州市人民政府
雁鸣湖镇孙拔庄小学	刘桂枝	郑州市优秀教师	郑州市人民政府
中牟县刘集镇冯庄小学	王霞妮	郑州市优秀教师	郑州市人民政府

续表

单　位	姓　名	奖励类型	发证单位
中牟县刁家乡中心中学	陶建军	郑州市优秀教师	郑州市人民政府
郑庵镇台前小学	杨军会	郑州市优秀教师	郑州市人民政府
姚家镇中心小学	宋玉嵩	郑州市优秀教师	郑州市人民政府
大孟镇岗头桥学校	姚凯华	郑州市优秀教师	郑州市人民政府
黄店镇第一初级中学	石　强	郑州市优秀教师	郑州市人民政府

专业技术人员

2014 年中牟县高级以上专业技术任职资格人员

姓　名	性别	出生年月	工作单位	职　称	专　业
张利敏	女	1978.10	中牟县水利施工总队	高级工程师	水利
李　凯	男	1977.10	中牟县引黄灌区管理中心	高级工程师	水利
屈功成	男	1968.10	郑州拓野筑路有限公司	高级工程师	建设施工
李景涛	男	1974.6	河南宏盛建筑有限公司	高级工程师	建设工程施工管理
刘敬领	男	1971.89	郑州拓野筑路有限公司	高级工程师	建设施工
张　倩	女	1974.10	中牟县第二初级中学	中小学高级教师	政治
关　锋	男	1972.1	中牟县雁鸣湖镇中心中学	中小学高级教师	物理
段素玲	女	1966.7	中牟县荟萃路小学	中小学高级教师	小学语文
郝峻峰	男	1968.11	中牟县官渡镇卫生院	副主任中医师	中医内科
穆春祥	男	1965.2	中牟县万滩镇卫生院	副主任医师	西医传染病
娄金叶	女	1974.3	中牟县韩寺镇卫生院	副主任医师	心血管内科
王　芳	女	1973.4	中牟县中医院	副主任医师	西医妇产科
蔡战友	男	1976.11	中牟县第二人民医院	副主任医师	心血管内科
弓美兰	女	1973.1	中牟县第二人民医院	副主任护师	外科护理
王　涛	女	1963.3	中牟县人民医院	副主任医师	西医口腔外科
梁李贵	男	1965.10	中牟县人民医院	副主任药师	西医药剂
张丽荣	女	1978.1	中牟县人民医院	副主任医师	西医神经内科
衡奇霞	女	1974.10	中牟县人民医院	副主任医师	心血管内科
赵明枝	女	1973.4	中牟县人民医院	副主任医师	西医神经内科
韩明磊	男	1972.9	中牟县人民医院	副主任医师	西医普外
王　卉	女	1969.1	中牟县人民医院	副主任医师	西医妇产科
张金凤	女	1962.7	中牟县人民医院	副主任护师	妇科护理
王　玲	女	1960.11	中牟县演艺中心	二级演员	演员

续表1

姓　名	性别	出生年月	工作单位	职　称	专　业
雍医英	女	1963.2	中牟县人民医院	主任医师	西医眼科
孔秀珍	女	1971.5	中牟县人民医院	主任医师	心血管内科
孔秀萍	女	1964.10	中牟县人民医院	主任护师	妇科护理
田瑞香	女	1962.12	中牟县第二人民医院	主任护师	妇科护理
姜洪涛	女	1969.3	郑州拓野筑路有限公司	高级工程师	建设施工
陈海水	男	1966.8	中牟县公路管理局	高级工程师	道路与桥梁（航务）工程
付进州	男	1972.2	中牟县卫生职业中专	高级讲师	数学
岳顺岭	男	1964.10	中牟县种子管理站	高级农艺师	农学
刘爱霞	女	1974.2	中牟县第二初级中学	中小学高级教师	英语
王富荣	女	1978.3	中牟县新圃街小学	中小学高级教师	小学数学
张新乐	女	1969.11	中牟县第一职业高中	中小学高级教师	体育
古少莹	女	1974.8	中牟县狼城岗镇中学	中小学高级教师	数学
王庆立	男	1973.4	中牟县大孟镇曾庄小学	中小学高级教师	小学语文
姚凯华	女	1973.3	中牟县广惠街岗头桥小学	中小学高级教师	小学语文
孙会玲	女	1976.7	郑州市中牟外国语学校	中小学高级教师	英语
李志华	男	1973.9	郑州市中牟外国语学校	中小学高级教师	小学数学
张金玲	女	1968.9	中牟县百花路幼儿园	中小学高级教师	幼教
田佰俭	男	1974.4	中牟县第一高级中学	中小学高级教师	数学
边合成	男	1957.7	中牟县韩寺镇第二初中	中小学高级教师	语文
祝建锋	男	1957.9	中牟县韩寺镇第一初中	中小学高级教师	体育
刘自强	男	1977.9	中牟县郑庵镇第一初中	中小学高级教师	语文
贾梅莲	女	1972.10	中牟县郑庵镇第一初中	中小学高级教师	语文
吕玉亮	男	1974.5	中牟县郑庵镇朱博士小学	中小学高级教师	体育
王海舟	男	1961.8	中牟县刁家乡赵集小学	中小学高级教师	小学数学
王建国	男	1972.11	中牟县第五初级中学	中小学高级教师	数学
慕小学	男	1974.10	中牟县第五初级中学	中小学高级教师	数学
闫炳铎	男	1966.12	中牟县第五初级中学	中小学高级教师	数学
李志杰	男	1976.9	中牟县刘集镇第二中学	中小学高级教师	历史
吴新江	男	1969.10	中牟县职业高中	中小学高级教师	体育
万文强	男	1975.8	中牟县雁鸣湖镇中心中学	中小学高级教师	音乐
岳国军	男	1976.10	中牟县姚家镇初级中学	中小学高级教师	化学
张麦喜	男	1970.4	中牟县姚家镇春岗村小学	中小学高级教师	小学语文
陈素丽	女	1971.10	中牟县教研室	中小学高级教师	小学数学
程锋利	男	1972.10	中牟县第六初级中学	中小学高级教师	教育管理

续表2

姓　名	性别	出生年月	工作单位	职　称	专　业
王　芊	女	1971.7	中牟县第六初级中学	中小学高级教师	语文
袁　宏	男	1966.5	中牟县直第三初级中学	中小学高级教师	语文
汤远芬	女	1976.12	中牟县第三初级中学	中小学高级教师	英语
刁国军	男	1978.3	中牟县第三初级中学	中小学高级教师	物理
王拴杰	男	1972.3	中牟县第二高级中学	中小学高级教师	地理
李慧萍	女	1975.9	中牟县第四高级中学	中小学高级教师	语文
魏建业	男	1974.7	中牟县第四高级中学	中小学高级教师	历史
田留志	男	1967.10	中牟县第四高级中学	中小学高级教师	数学
张艳茹	女	1970.2	中牟县青年路小学	中小学高级教师	小学数学
邢姝婵	女	1972.9	中牟县官渡路小学	中小学高级教师	小学语文
李领娣	女	1971.2	中牟县第一初级中学	中小学高级教师	英语
李　敏	女	1978.6	中牟县第四初级中学	中小学高级教师	语文
郭国梅	女	1978.7	中牟县植保植检站	高级会计师	
吕建新	女	1974.8	中牟河务局	高级政工师	思想政治
张书振	男	1962.8	中牟河务局	高级技师	河道修防
张艳军	男	1973.2	中牟河务局	高级技师	河道修防
孙晓新	男	1969.5	中牟河务局	高级技师	河道修防
校文庆	男	1966.2	中牟河务局	高级技师	汽车修理

其他人物

中牟县出席郑州市十四届人大代表

郭锝昌　中共郑州市委常委、市纪律检查委员会书记
马　健　郑州市人民政府副市长、党组成员
杨福平　郑州市人民政府副市长
王福松　郑州市人大常委会秘书长
王春山　郑州市政府秘书长、办公厅主任、党组书记
周亚民　郑州市农业农村工作委员会主任、党委书记
马斐颖　郑州市妇女联合会主席
毛鸿雁　河南省妇女书画家协会主席、市书画家协会主席
沈丕黎　郑州市人大常委会民族侨务外事工作委员会主任
樊福太　中共中牟县委书记
潘开名　中牟县人民政府县长
刘玉玲　中牟县人大常委会主任
王朝杰　中牟县委常委、组织部部长
李鸿欣　中牟县人大常委会副主任
杨海蛟　河南农业职业学院党委书记
张玉国　汽车工业园管委会副主任、党工委委员
刘聚宝　中牟县雁鸣湖镇党委常务副书记
魏国强　中牟县供电公司总经理
张永立　中国石油天然气管道局中牟分公司党委副书记、经理
王冬成　郑州日产汽车有限公司副总经理
苏东荣　辅仁药业集团有限公司副总裁

杨广川　河南万邦国际农产品物流股份有限公司董事长
王启程　郑州华强文化科技有限公司总经理
杜荣花　郑州凯雪冷气设备有限公司董事长
边新桩　郑州泰新汽车内饰件有限公司总经理
张彩霞　中牟县特殊教育学校校长
梁彩虹　中牟县妇幼保健院院长
金培玉　河南中牟农村商业银行龙港支行
袁　媛　中牟县城乡规划局用地科科长
路素红　中牟县水务局农水科副科长
朱肖云　中牟县裕康酱菜厂厂长
朱广英　中牟县广英保鲜库总经理
赵红升　河南赵庆利律师事务所律师
马　波　中牟县狼城岗镇南仁村党委书记
冯新伟　龙大花生种植专业合作社理事长

郑州市政协驻中牟县政协委员

路志欣　刘胜平　皮　磊　陈秀娜
张玉笋　王　远

2014 年中牟县百岁老人

姓　名	性　别	年　龄	出生年月	居住地
张秀玲	女	107	1907.2	狼城岗镇南仁村
曹刘氏	女	106	1908.9	广惠街刘申庄
李永安	男	102	1912.12	大孟镇大庙李村
贾条云	女	100	1914.7	大孟镇张湾村
马周氏	女	105	1909.9	大孟镇茶庵村
乔李氏	女	104	1910.1	大孟镇小韩庄村
王闫氏	女	104	1913.8	官渡镇小王庄
王修田	男	100	1914.1	官渡镇水溃村
朱凤兰	女	103	1911.8	郑庵镇贾庄村
袁香妮	女	106	1908.2	刁家乡豆腐刘村
赵　氏	女	100	1914.7	刁家乡沟张村
胡克凡	女	100	1914.7	黄店镇冯家
范小妮	女	113	1901.7	韩寺镇你悟岗村
张允忠	男	103	1911.1	韩寺镇政府
张　花	女	100	1914.8	姚家镇闫家村
王荣氏	女	100	1914.7	姚家镇杨庄村

（各有关单位供稿）

编辑：徐　园

附　录

重要文件目录

中共中牟县委文件

中共中牟县委中牟县人民政府关于全面深化农村改革加快推进都市型现代农业发展的实施意见

牟发〔2014〕1号

2014年1月27日

中共中牟县委关于在全县党员中深入开展党的群众路线教育实践活动的实施意见

牟发〔2014〕2号

2014年3月10日

中共中牟县委关于在全县开展“以习近平总书记接见为动力，学习焦裕禄精神，争做焦裕禄式好干部”主题教育实践活动的实施意见

牟发〔2014〕3号

2014年3月25日

中共中牟县委中牟县人民政府关于调整中牟县平安建设工作领导小组的通知

牟发〔2014〕3号

2014年1月7日

中共中牟县委中牟县人民政府关于调整中牟县社会管理综合治理委员会成员的通知

牟发〔2014〕4号

2014年1月7日

中共中牟县委关于调整县委维护稳定工作领导小组成员的通知

牟发〔2014〕5号

2014年1月10日

中共中牟县委中牟县人民政府关于中牟县在新型城镇化建设中有关土地问题的请示

牟发〔2014〕6号

2014年1月11日

中共中牟县委中牟县人民政府关于表彰第四届“有技能、守规矩、受欢迎、作贡献”优秀农民工和关爱农民工十佳单位的决定

牟发〔2014〕7号

2014年1月22日

（审核：董宝强　撰稿：李　璠）

中牟县人大常委会文件

中牟县人大常委会关于批准将中牟县姚家镇镇区社区建设项目贷款本息列入财政预算的决议

牟人常〔2014〕1号

2014年1月6日

中牟县人大常委会关于批准将河南省牟发水利工程有限公司贷款本息列入财政预算的决议

牟人常〔2014〕2号

2014年1月6日

中牟县人大常委会关于批准将中牟县林工商公司项目贷款本息列入财政预算的决议

牟人常〔2014〕3号

2014年1月6日

中牟县人大常委会关于批准将百瑞·中牟县贾鲁河生态治理项目信托贷款本息列入财政预算的决议

牟人常〔2014〕4号

2014年1月6日

中牟县人大常委会关于将中牟县国有资产经营有限公司贷款本息列入财政预算的决议

牟人常〔2014〕5号

2014 年 1 月 6 日

关于接受王兆坤等同志辞去中牟县第十三届人民代表大会常务委员会委员职务的决定

牟人常〔2014〕6 号

2014 年 1 月 6 日

关于冯倩恒等同志职务任免的通知

牟人常〔2014〕7 号

2014 年 1 月 6 日

关于罗振华等同志职务任免的通知

牟人常〔2014〕8 号

2014 年 1 月 6 日

关于李长明等同志职务任免的通知

牟人常〔2014〕9 号

2014 年 1 月 6 日

关于任命赵羊群等 137 名同志为中牟县人民法院人民陪审员的通知

牟人常〔2014〕10 号

2014 年 1 月 6 日

中牟县人大常委会关于举行中牟县第十三届人民代表大会第三次会议的通知

牟人常〔2014〕11 号

2014 年 2 月 10 日

中牟县人大常委会关于朱则军、牛健同志职务任免的通知

牟人常〔2014〕12 号

2014 年 2 月 10 日

中牟县人大常委会关于接受路红卫同志辞去中牟县人民政府县长职务的决定

牟人常〔2014〕13 号

2014 年 3 月 13 日

中牟县人大常委会关于任命潘开名同志为中牟县人民政府副县长、代理县长职务的决定

牟人常〔2014〕14 号

2014 年 3 月 13 日

中牟县人大常委会关于郑小卉等同志职务任免的通知

牟人常〔2014〕15 号

2014 年 3 月 28 日

中牟县人大常委会关于印发《中牟县人大常委会 2014 年工作要点》的通知

牟人常〔2014〕16 号

2014 年 3 月 26 日

中牟县人大常委会关于批准 2014 年政府投资项目计划的决议

牟人常〔2014〕17 号

2014 年 3 月 28 日

中牟县人大常委会关于表彰“两先两优”暨信息宣传工作先进单位和先进个人的决定

牟人常〔2014〕18 号

2014 年 4 月 23 日

中牟县人大常委会关于确认许可对县十三届人大代表王小华依法采取强制措施并暂停其执行代表职务的决定

牟人常〔2014〕19 号

2014 年 5 月 27 日

中牟县人大常委会关于批准 2013 年县本级财政决算的决议

牟人常〔2014〕20 号

2014 年 6 月 5 日

中牟县人大常委会关于城乡义务教育均衡发展情况报告的审议意见

牟人常〔2014〕21 号

2014 年 6 月 5 日

中牟县人大常委会关于中牟县土地节约集约利用情况报告的审议意见

牟人常〔2014〕22 号

2014 年 6 月 5 日

中牟县人大常委会关于我县生态林保护工作情况报告的审议意见

牟人常〔2014〕23 号

2014 年 6 月 5 日

中牟县人大常委会关于对我县内河防汛准备工作的视察意见

牟人常〔2014〕24 号

2014 年 6 月 24 日

中牟县人大常委会关于县城防汛准备工作的视察意见

牟人常〔2014〕25 号

2014 年 6 月 24 日

中牟县人大常委会关于对我县巩固国家卫

生县城工作情况的视察意见

牟人常〔2014〕26 号

2014 年 7 月 15 日

中牟县人大常委会关于举行中牟县第十三届人民代表大会第四次会议的决定

牟人常〔2014〕27 号

2014 年 7 月 26 日

中牟县人大常委会关于批准中牟县教育体育局向恒信金融租赁有限公司贷款本息资金列入县财政预算的决议

牟人常〔2014〕28 号

2014 年 7 月 29 日

中牟县人大常委会关于举行中牟县第十三届人民代表大会第四次会议的通知

牟人常〔2014〕29 号

2014 年 7 月 29 日

中牟县人大常委会关于批准郑州官渡园林绿化工程有限公司向上海浦东发展银行股份有限公司郑州分行申请授信本息列入县财政预算的决议

牟人常〔2014〕30 号

2014 年 7 月 29 日

中牟县人大常委会关于批准中牟县兴农小城镇建设有限公司向郑州银行股份有限公司宝龙城支行贷款本息列入县财政预算的决议

牟人常〔2014〕31 号

2014 年 7 月 29 日

中牟县人大常委会关于批准中牟县人民医院向中国环球租赁有限公司融资本息资金列入县财政预算的决议

牟人常〔2014〕32 号

2014 年 7 月 29 日

中牟县人大常委会关于县人民法院《刑事审判工作情况的报告》的审议意见

牟人常〔2014〕33 号

2014 年 8 月 13 日

中牟县人大常委会关于 2013 年县本级财政预算执行及其他财政收支审计工作报告的审议意见

牟人常〔2014〕34 号

2014 年 8 月 13 日

中牟县人大常委会关于 2014 年上半年国民经济和社会发展计划执行情况报告的审议意见

牟人常〔2014〕35 号

2014 年 8 月 13 日

中牟县人大常委会关于 2014 年上半年财政预算执行情况报告的审议意见

牟人常〔2014〕36 号

2014 年 8 月 13 日

中牟县人大常委会关于确定定密责任人和定密承办人的通知

牟人常〔2014〕37 号

2014 年 8 月 13 日

中牟县人大常委会关于接受付东杰同志辞去中牟县第十三届人民代表大会常务委员会委员职务的决定

牟人常〔2014〕38 号

2014 年 8 月 13 号

中牟县人大常委会关于对我县生态水系建设情况的视察意见

牟人常〔2014〕39 号

2014 年 9 月 11 号

中牟县人大常委会关于汽车产业集聚区建设情况的视察意见

牟人常〔2014〕40 号

2014 年 9 月 11 号

中牟县人大常委会关于县十三届人大三次会议代表建议、批评和意见办理情况报告的审议意见

牟人常〔2014〕41 号

2014 年 9 月 30 日

中牟县人大常委会关于县人民检察院侦查监督工作情况报告的审议意见

牟人常〔2014〕42 号

2014 年 9 月 30 日

中牟县人大常委会关于孙书杰等同志职务任免的通知

牟人常〔2014〕43 号

2014 年 9 月 30 日

中牟县人大常委会关于许可对县十三届人

大代表丁玉合依法采取强制措施并暂停其执行代表职务的决定

牟人常〔2014〕44号

2014年9月30日

中牟县人大常委会关于交通路网建设管护情况报告的审议意见

牟人常〔2014〕45号

2014年9月30日

中牟县人大常委会关于批准调整2014年政府投资项目的决议

牟人常〔2014〕46号

2014年9月30日

中牟县人大常委会关于《中牟县近三年饮水安全工程实施情况的报告》的审议意见

牟人常〔2014〕47号

2014年9月30日

中牟县人大常委会关于河南省人口与计划生育条例实施情况报告的审议意见

牟人常〔2014〕48号

2014年9月30日

中牟县人大常委会关于同意撤销雁鸣湖镇设立街道办事处的决议

牟人常〔2014〕49号

2014年12月3号

中牟县人大常委会关于同意撤销大孟镇设立街道办事处的决议

牟人常〔2014〕50号

2014年12月3号

中牟县人大常委会关于批准中牟县人民政府向中国民生银行郑州分行申请贷款的决议

牟人常〔2014〕51号

2014年12月3号

中牟县人大常委会关于批准中牟县人民政府向郑州银行中牟支行申请贷款的决议

牟人常〔2014〕52号

2014年12月3日

中牟县人大常委会关于批准中牟县人民政府向开封市商业银行郑州农业路支行申请贷款的决议

牟人常〔2014〕53号

2014年12月3日

中牟县人大常委会关于批准中牟县人民政府向上海浦发银行郑州分行国基路支行申请贷款的决议

牟人常〔2014〕54号

2014年12月3日

中牟县人大常委会关于批准中牟县人民政府向上海浦发银行郑州分行郑汴路支行申请贷款的决议

牟人常〔2014〕55号

2014年12月3日

中牟县人大常委会关于批准中牟县人民政府向中国环球租赁有限公司融资的决议

牟人常〔2014〕56号

2014年12月3日

中牟县人大常委会关于批准中牟县人民政府向上海浦发银行郑州分行陇海路支行申请贷款的决议

牟人常〔2014〕57号

2014年12月3日

中牟县人大常委会关于2014年实事目标落实进展情况报告的审议意见

牟人常〔2014〕58号

2014年12月3日

中牟县人大常委会关于白钢林同志职务免职的通知

牟人常〔2014〕59号

2014年12月3日

中牟县人大常委会关于李有忠等同志职务任免的通知

牟人常〔2014〕60号

2014年12月3日

中牟县人大常委会关于就业再就业工作情况报告的审议意见

牟人常〔2014〕61号

2014年12月3日

中牟县人大常委会关于2014年政府投资项目计划执行情况报告的审议意见

牟人常〔2014〕62号

2014年12月3日

中牟县人大常委会关于2014年大气污染防治和水污染防治工作情况报告的审议意见

牟人常〔2014〕63号

2014年12月3日

中牟县人大常委会关于对我县新型农村社区建设及入住情况的视察意见

牟人常〔2014〕64号

2014年11月28日

中牟县人大常委会关于批准2014年县财政预算调整方案的决议

牟人常〔2014〕65号

2014年12月27日

中牟县人大常委会关于补选郑州市第十四届人民代表大会代表的报告

牟人常〔2014〕66号

2014年12月30日

（审核：王平　韩俊芳　周国富　撰稿：王红杰）

中牟县人民政府文件

关于做好2014年防汛工作的意见

牟政〔2014〕1号

2014年6月5日

中牟县人民政府关于印发中牟县道路交通安全三年综合整治实施方案的通知

牟政〔2014〕2号

2014年9月3日

关于印发中牟县大气污染防治工作实施方案（2014—2018年）的通知

牟政〔2014〕3号

2014年9月22日

关于印发中牟县2014年依法行政工作要点的通知

牟政〔2014〕4号

2014年9月23日

关于印发中牟县健康服务业发展规划（2014—2018年）的通知

牟政〔2014〕5号

2014年9月22日

关于印发中牟县健康服务业三年行动计划（2014—2016年）的通知

牟政〔2014〕6号

2014年9月22日

中牟县人民政府2014年水利建设意见

牟政〔2014〕7号

2014年11月20日

（审核：雍　超　撰稿：张恒献）

重要文件收录

中共中牟县委　中牟县人民政府
关于表彰2014年度全县“三大主体”
工作先进单位和先进个人的决定

（牟文〔2015〕19号）

（2015年3月5日）

2014年，全县上下深入贯彻落实党的十八大和十八届三中、四中全会精神，在市委、市政府的正确领导下，大力推进新型城镇化建设、现代产业体系构建和以网格化为载体“坚持依靠群众、推进工作落实”长效机制建设“三大主体”工作，全县经济社会实现了持续健康快速发展，涌现出一大批先进集体和先进个人。

为总结成绩，表彰先进，树立典型，进一步激励和动员全县广大干部群众同心同德、创新实干、争先创优，推动全县经济社会又好又快发展。经研究，决定对2014年度全县重点工作中作出突出贡献的单位和个人予以表彰。

一、授予大孟镇等4个乡（镇、街道）、县城乡建设管理局等19个单位2014年度中牟县新型城镇化建设工作先进单位荣誉称号；

二、授予城乡快速路网建设工程等3个指挥部2014年度中牟县重点工程先进指挥部荣誉称号；

三、授予刘集镇等3个乡（镇、街道）、县发改委等12个单位2014年度中牟县现代产业体系构建工作先进单位荣誉称号；

四、授予青年路街道等4个乡（镇、街道）、县工商局等16个单位2014年度中牟县

“坚持依靠群众、推进工作落实”长效机制工作先进单位荣誉称号；

五、授予郑州日产汽车有限公司等 3 家企业 2014 年度中牟县特殊贡献企业荣誉称号；

六、授予河南中牟农村商业银行股份有限公司等 13 家企业 2014 年度中牟县纳税先进企业荣誉称号；

七、授予青年路街道民主街村等 50 个行政村 2014 年度绩效考核先进村荣誉称号；

八、授予张立岩等 190 人 2014 年度中牟县新型城镇化建设先进工作者荣誉称号；

九、授予朱永林等 191 人 2014 年度中牟县“坚持依靠群众、推进工作落实”长效机制先进工作者荣誉称号。

希望受表彰的先进单位和个人珍惜荣誉，发扬成绩，再接再厉，开拓进取，不断取得新的更大的成绩。全县各乡（镇、街道）、各单位、广大企业和干部群众要以受表彰的先进单位和个人为榜样，全县上下统一思想、振奋精神、鼓足干劲，坚定不移地围绕“三大主体”工作，适应新常态、寻找新机遇、开创新局面，为努力实现“产城融合、城乡一体、环境优美、社会和谐”的发展目标作出更大的贡献！

附：2014 年度全县“三大主体”工作先进单位和先进个人名单

此件发至各乡（镇）党委、人民政府，各街道党工委、办事处，县委各部委，县直及驻县各单位，各人民团体

附件：

2014 年度“三大主体”工作先进单位和先进个人名单

一、2014 年度中牟县新型城镇化建设工作先进单位（23 个）

（一）乡（镇、街道）（4 个）

大孟镇　　刘集镇

东风路街道　刁家乡

（二）县直及驻县单位（19 个）

县城乡建设管理局　县新村办

县教体局

县文广旅游局（文化旅游）

县信访局　　县电业局　联通公司

县国土资源局　县林业局

县城改办　　县农委　　县卫生局

县公安局　　县环保局　县发改委

县城乡规划局　县财政局

天然气公司　　移动公司

二、2014 年度中牟县重点工程先进指挥部（3 个）

城乡快速路网建设工程指挥部

县城基础设施完善改造提升工程指挥部

生态廊道绿化工程指挥部

三、2014 年度中牟县现代产业体系构建工作先进单位（15 个）

（一）乡（镇、街道）（3 个）

刘集镇　姚家镇　雁鸣湖镇

（二）县直及驻县单位（12 个）

县发改委　　县商务局

县城乡规划局　县国土资源局

县国税局　　县政务服务中心

县地税局　　县科技工信局

县统计局　　县审计局

县农委　　县环保局

四、2014 年度中牟县“坚持依靠群众、推进工作落实”长效机制工作先进单位（20 个）

（一）乡（镇、街道）（4 个）

青年路街道　大孟镇

狼城岗镇　　广惠街街道

（二）县直及驻县单位（16 个）

县工商局　县计生委　县畜牧局

县司法局

县文广旅游局（广电）县事管局

县林场　　县法院　　县人社局

县民政局　县检察院　县质监局

县安监局　县综合执法局

县食品药品监督管理局

五、2014 年度中牟县特殊贡献企业（3 家）

郑州日产汽车有限公司、郑州宇通客车股

份有限公司新能源客车分公司，各奖励企业总经理现金100万元；郑州凯雪冷链股份有限公司，奖励企业总经理现金30万元。

六、2014年度中牟县纳税先进企业（13家）

1. 税收地方留成高于1000万元且较2013年增幅超过30%的企业：

河南中牟农村商业银行股份有限公司、中牟郑银村镇银行股份有限公司、河南豫矿鑫源矿业有限公司，各奖励现金20万元。

2. 税收地方留成高于1000万元但增幅不高于30%的企业；税收地方留成在500万元—1000万元且较2013年增幅超过30%的企业：

河南省中基建筑安装工程有限公司、河南万邦国际农产品物流股份有限公司、郑州泰新汽车内饰件有限公司、郑州天瑞水泥有限公司、中国平安财产保险股份有限公司河南分公司中牟营销服务部、中国银行股份有限公司中牟支行，各奖励现金10万元。

3. 税收地方留成在500万元—1000万元但增幅不高于30%的企业；税收地方留成在300万元—500万元且较2013年增幅超过30%的企业：

郑州市烟草公司中牟县分公司、中国工商银行股份有限公司中牟支行、中国邮政储蓄银行股份有限公司中牟县支行、河南宏盛建筑有限公司，各奖励现金8万元。

七、2014年度绩效考核先进村（50个）

青年路街道民主街村、官渡镇十里铺村、青年路街道明山庙村、官渡镇党庄村、官渡镇马庄桥村、刘集镇冉老庄村、东风路街道五里岗村、雁鸣湖镇司口村、官渡镇官渡桥村、狼城岗镇全店村、青年路街道小孙庄村、青年路街道西街村、刁家乡石灰窑村、万滩镇关家村、东风路街道郭庄村、东风路街道大潘庄村、刘集镇鲁庙村、官渡镇大段庄村、刁家乡付李庄村、官渡镇邱庄村、黄店镇岗陈村、郑庵镇砚台寺村、广惠街街道毕虎村、狼城岗镇瓦坡村、青年路街道西关村、大孟镇万胜村、黄店镇杓王村、青年路街道自由街村、刁家乡庙张村、黄店镇马庄村、刘集镇大冉庄村、东风路街道小潘庄村、刁家乡龙王庙村、韩寺镇胡辛庄村、广惠街街道后潘庄村、青年路街道东关村、黄店镇武家村、姚家镇雷家村、雁鸣湖镇九堡村、黄店镇冯家村、姚家镇七里岗村、万滩镇刘寨村、姚家镇刘张村、姚家镇闫家村、大孟镇信王村、刁家乡牛家村、广惠街街道岗头桥村、大孟镇张湾村、青年路街道邢庄村、广惠街街道徐庄村

八、2014年度中牟县新型城镇化建设先进工作者（190名）

张立岩　张　龙　孟　华　史国富
王纪萍　何　彬　吴士杰　朱振波
王　坤　王小会　刘新立　吴钟杨
郭元广　张宝会　赵长永　闫小才
黄士勇　韩小顺　张合顺　吴承恒
魏希刚　马志永　陈　河　刘俊才
赵连才　杨俊强　周建立　谢舒畅
张冰心　张新凤　朱士杰　潘王杰
张　杰　袁　征　王增州　刘建朝
耿　晖　吕玉军　王建堂　刘海峰
田　明　郭文明　霍中海　刘新征
黄青岐　刘爱建　胡书利　杨小坡
梁全峰　冯　凯　徐庆亮　衡小杰
王贵民　贺书林　刘彦庆　马银凤
高瑞刚　王清志　张彦军　陈喜民
李　三　王培军　贺中岭　孟宝路
朱志鹏　孟爱民　宋纪兴　张贵宾
杨彦辉　韩丙昌　齐　峰　任伟民
刑爱国　申永强　高二培　郝新颜
刘瑞玲　刘少林　陈松林　杜玉梅
郭国军　林萍萍　潘书林　王艳慧
姚江苹　吕立场　马龙飞　李国民
王普峰　宋　辉　齐建民　代　翔
李艳艳　刘　宁　王　杰　鲁志平
王　敏　王根梅　李艳芬　铁艳丽
张　斌　任　峰　李树臣　耿国勇
冯海昌　刘　磊　马国恩　薛运锁
魏振峰　陈东晖　朱国胜　万国选
赵珂珺　王静宇　邵　峰　田延生

吴建超　关小聚　刘军刚　袁保福
张鹏成　孙海宽　刘文杰　许言科
李　辉　吴　敏　陈　辉　王素梅
白永强　唐刚强　夏建锋　赵国帅
范延春　毛　亮　潘元甫　张信端
冯超英　吴敏景　薛天松　衡志强
田秀英　郭　光　王小媛　於红太
孙　博　王洪州　朱金迪　王国强
张　辉　李建平　袁朝辉　魏　斌
马建峰　刘　志　朱　涛　贾　凡
张会花　秦瑞红　刘　斌　杨喜德
闫书杰　刘志杰　梁四永　娄保庆
王向春　冯进成　高凤娥　毛广志
张国安　李俊峰　张小栓　王庆伟
刘文锋　郭建民　张　培　李　楠
刘运峰　孙晓月　吴全杰　李会卿
王　贞　程相军　种俊峰　付　学
姚书进　李新志　吴志鹏　刘　涛
赵　耀　王海镔

九、2014 年度中牟县“坚持依靠群众、推进工作落实”长效机制先进工作者（191 名）

朱永林　张广勤　冯　凯　张瑞丽
王　坤　王　勇　尚海彦　闫　敏
李士杰　程鸿光　郭岚玉　万彦峰
刘书红　吴　艳　魏院松　谢舒畅
姚松洁　都巧梅　王德虎　李少波
周家亮　石　静　刘国瑞　阎恒坡
李　锋　张双利　张宝会　马　渊
郭会见　牛玉松　衡小杰　芦玉民
马领伟　刘新立　梁金聚　梁保永
王小会　高艳萍　杜周红　李桂菊
武冰旺　马艳闯　贺钟领　张　俊
王大磊　宋国伟　刘会委　张新超
韩本杰　葛桂兰　张　倩　朱国有
张松彦　吴松林　李艳军　贾振波
田大欣　荀军坡　张海栋　刘全岭
朱利军　吕鹏瑞　刘信涛　樊根柱
贾　芳　万宇峰　周建立　张保真
魏　娟　马亚平　王书庆　王文德
朱丹丹　陈喜民　蔡　珍　冉振宇
马浩强　陈专朵　姬伟红　马颜明
宋红轮　朱志刚　马书彦　王留杰
白海峰　黄淑秀　石　有　陈　珂
陈亚宇　马　超　冯　源　张菊伟
李　钦　边　丰　王惠燕　席文献
边智彬　王　贞　王　晨　李　昊
刘爱荣　林芳栋　毛晶璟　姜瑞敏
焦　芳　刘会军　吕　伟　康　娜
周　洁　赵艳旭　樊　恺　翟莉娟
李喜增　王彦昌　李爱玲　王百泉
韩丝楠　辛　瑞　金　鑫　朱继增
胡瑞芳　台慧霞　刘保红　李　越
刘　超　宋　艳　马晓蕾　吕　俊
李超彦　孔松峰　石慧荣　姚　鹏
任亚青　孔令霞　邹家笑　刘记坤
种俊峰　崔国强　朱庆轩　赵志霞
何　军　李　洁　曹　蕊　王　颖
王　娟　王进朋　岳刘亮　袁同乐
丁　伟　林　沛　张敏霞　边　珊
郭海滨　李淑静　吴　森　冉亚辉
梁四永　曹天亮　朱红军　魏树林
孟庆伟　陈利民　王瑞山　朱军伟
刘宪国　陈雯雯　贾秋红　张振平
王体军　李森林　王　浩　陶　俊
贺宝山　刘爱清　陈勇利　王　路
刘　丹　韩定国　闫　帅　刘　娟
张春捷　侯利涛　张秀兰　梅永杰
彭鸿雁　王红超　孟　楠　朱魁英
郭峻阳　张俊平　肖　鹏

（审核：董宝强　撰稿：李　璠）

中牟县统计资料

2014 年中牟县主要经济指标

单位：万元

指　标	总量	增幅±%
一、地区生产总值	2428912	7.0
#第一产业增加值	228904	4.0

续表

指 标	总量	增幅±%
第二产业增加值	1350085	7.4
#规模以上工业增加值	956019	7.0
第三产业增加值	849923	7.6
二、规模以上工业综合能耗（吨标准煤）	110899	-7.1
三、固定资产投资	2733740	18.7
#城乡固定资产投资	2369881	17.2
房地产开发投资	363859	29.5
四、社会消费品零售总额	806307	13.3
五、财政、税收	-	-
地方公共财政预算收入	316544	5.8
地方公共财政预算支出	507136	16.5
各项税收	345868	4.9
国税	149366	27.4
地税	196502	-7.5
六、金融	-	-
#各项存款余额	2726862	*17.7
#城乡居民储蓄存款余额	1833036	*24.2
各项贷款余额	1485753	*22.0
七、城镇居民生活（元）	-	-
#人均可支配收入	22724	10.3
生活消费性支出	-	-
八、农村居民生活（元）	-	-
#农村居民人均纯收入	13849	10.4
生活消费支出	-	-
九、居民消费价格总指数（%）	102.0	2.0

注：带*为比年初增长速度。

2014年中牟县规模以上工业总产值

单位：万元

指 标	总量	增幅±%
工业总产值	4298839	7.7
#本级以上属	177238	21.5
本级及以下属	4121601	7.2
#轻工业	1011863	-6.6

续表

指 标	总量	增幅±%
重工业	3286977	13.1
#国有企业	94067	11.2
集体企业	12472	3.1
股份合作企业	-	-
股份制企业	2670119	13.9
外商和港澳台商投资企业	1265618	11.3
其他	256564	-37.1
#公有制	1408821	12.1
非公有制	2890019	5.8
#大型企业	1261753	12.4
中型企业	1648090	-0.6
小型企业	1388997	14.8

2014年中牟县规模以上工业增加值

单位：万元

指 标	总量	增幅±%
工业增加值	956019	7.0
#本级以上属	33437	20.3
本级及以下属	922582	6.6
#轻工业	230264	-8.5
重工业	725754	13.1
#国有企业	14467	11.2
集体企业	2972	3.1
股份合作企业	-	-
股份制企业	601937	12.7
外商和港澳台商投资企业	279520	11.0
其他	57122	-37.2
#公有制	300013	11.6
非公有制	656005	5.1
#大型企业	278969	12.4
中型企业	363530	-0.7
小型企业	313519	12.5

2014 年中牟县直规模以上工业企业产值、增加值完成情况

单位：万元

名　称	总产值	增加值
全县总计	4298839	956019
县直企业	1537126	329745
郑州日产汽车有限公司	1201402	265114
海马商务汽车有限公司	60351	13855
中牟县电业局	94067	14468
郑州泰新汽车内饰件有限公司	31139	7315
郑州红宇专用汽车有限责任公司	72357	10716
郑州东工实业有限公司	34135	8018
郑州宇傲汽车部件有限公司	25286	5940
郑州江东汽车零部件有限公司	18390	4320

2014 年中牟县规模以上工业产品产量

产品名称	单位	总量	增幅±%
供电量	万千瓦小时	184187	10.9
发电量	万千瓦小时	–	–
水泥	万吨	–	–
饲料	万吨	19	–12.0
纸制品	万吨	20	1.3
饮料酒	千升	1395	–38.6
砖	万块	–	–
钢材	万吨	101	5.2
铝合金	吨	–	–
服装	万件	349	–16.8
家具	万件	43	18.6
速冻米面食品	吨	56258	22.1
汽车配件	万件	1618	46.8
化学药品原药	吨	22050	7.3
汽车	辆	140110	6.9
改装汽车	辆	6141	24.2

2014 年中牟县用电量

单位：万千瓦时

指　标	总量	增幅±%
全社会用电量	184187	10.9
一、生产用电量	140406	36.7
第一产业	17536	11.0
第二产业	95041	17.9
#工业	88745	10.1
建筑业	6296	–
第三产业	27830	337.8
#交通运输、仓储和邮政业	1383	–48.8
信息传送、计算机服务和软件业	248	–9.3
商业、住宿和餐饮业	3868	365.2
金融、房地产、商务及居民服务业	411	36.5
公共事业及管理组织	21920	874.5
二、生活用电量	43781	–30.9
城镇居民	18380	–7.3
乡村居民	25401	–41.6

注：该表数据由中牟县供电公司提供。

2014 年 12 月中牟县居民消费价格指数

单位：%

指　标	以上年同月为 100	环比	累计比
居民消费价格总指数	101.7	100.0	102.0
非食品价格指数	101.1	99.8	101.8
服务项目价格指数	102.3	100.0	103.4
扣除鲜菜鲜果总指数	101.6	99.6	102.1
消费品价格指数	101.6	100.1	101.6
一、食品	103.1	100.6	102.4
#肉禽及其制品	95.7	100.0	95.8
鲜蛋	116.4	95.7	114.9
鲜菜	101.9	108.0	94.8
二、烟酒及用品	100.4	100.0	101.7
三、衣着	108.5	100.0	104.0

续表

指　标	以上年同月为100	环比	累计比
四、家庭设备用品及维修服务	102.9	100.0	101.0
五、医疗保健和个人用品	101.6	100.2	102.6
六、交通和通信	98.6	99.5	97.8
七、娱乐教育文化用品及服务	100.4	100.0	99.8
八、居住	98.3	99.4	103.4

2014年各乡镇（街道）GDP

单位：万元

名称	总量	增幅±%
青年路街道	340383	4.7
东风路街道	682111	7.7
广惠街街道	389471	9.2
韩寺镇	63413	2.5
官渡镇	137522	4.1
狼城岗镇	52895	3.6
万滩镇	35608	-0.5
郑庵镇	111257	10.3
黄店镇	51137	3.1
大孟镇	115507	6.3
刘集镇	97548	6.1
雁鸣湖镇	101003	2.9
姚家镇	182667	11.5
刁家乡	68391	1.8

2014年各乡镇（街道）规模以上工业增加值

单位：万元

名　称	总量	增幅±%
青年路街道	98103	1.6
东风路街道	471518	12.4
广惠街街道	178532	16.8
韩寺镇	1247	-28.0
官渡镇	22653	1.9

续表

名　称	总量	增幅±%
狼城岗镇	0	-
万滩镇	4134	-47.3
郑庵镇	30665	29.1
黄店镇	930	7.4
大孟镇	34647	16.2
刘集镇	26150	2.5
雁鸣湖镇	5153	-34.2
姚家镇	77145	19.6
刁家乡	5142	-12.0

2014年各乡镇（街道）固定资产投资

单位：万元

名　称	总量	增幅±%
青年路街道	186853	-5.8
东风路街道	177782	-32.9
广惠街街道	556250	25.0
韩寺镇	15160	-52.2
官渡镇	153106	-6.3
狼城岗镇	12446	-56.3
万滩镇	12210	-44.9
郑庵镇	490476	94.4
黄店镇	684	-96.7
大孟镇	225749	31.3
刘集镇	392760	14.2
雁鸣湖镇	209236	-20.8
姚家镇	512169	35.7
刁家乡	13118	-57.6

2014年各乡镇（街道）公共财政预算收入完成情况

单位：万元

名称	总量	完成比例%
青年路街道	12078	90.1
东风路街道	16360	91.4

续表

名称	总量	完成比例%
广惠街街道	44818	114.0
韩寺镇	868	108.5
官渡镇	3740	79.6
狼城岗镇	818	100.1
万滩镇	793	113.3
郑庵镇	12601	124.8
黄店镇	729	92.3
大孟镇	10581	78.4
刘集镇	18610	78.9
雁鸣湖镇	12294	71.1
姚家镇	6323	97.3
刁家乡	285	47.5

注：该表数据由中牟县财政局提供。

2014年各乡镇（街道）城乡居民收入完成情况

单位：万元

名称	总量	完成比例%
青年路街道	22785	10.4
东风路街道	22660	10.1
广惠街街道	22703	10.2
韩寺镇	13520	9.7
官渡镇	15255	11
狼城岗镇	15484	9.5
万滩镇	13476	10
郑庵镇	14156	10.5
黄店镇	11698	9.7
大孟镇	16216	11.2
刘集镇	16306	10.8
雁鸣湖镇	13634	10.3
姚家镇	13845	11.3
刁家乡	11737	10.1

（审核：李军法　撰稿：付圆圆　刘志平）

编辑：赵玉杰

索 引

一、本索引采用主题分析法编制，按标引词首字的汉语拼音音序（同音字按声调）排列；首字相同按第二个字的音序排列，依此类推。

二、所有类目、综述分目、概况条目未入索引。

三、主题词后的阿拉伯数字表示内容所在页码，数字后 a、b 分别表示该页的左、右栏。

A

B

C

D

F

G

K

L

M

N

P

Q

R

S

T

W

X

Y

Z